序　言

2019年3月18日，国际著名历史学家陈捷先教授在加拿大温哥华仙逝的讣告传来，我们非常悲痛，深切怀念。冯尔康打电话给阎崇年，提出我们应先做两件事，即出版纪念文集和开追思会。随之，阎崇年赴台北进行学术交流，向冯明珠介绍了冯尔康和他关于筹划出版纪念文集和开追思会的想法，冯明珠说台北的陈先生同事、朋友和学生，也在筹备追思会和考虑撰写纪念先生的文章，于是建议海峡两岸的学者，共同编辑出版《陈捷先教授纪念文集》；追思会可在台北和天津或扬州分别举行。阎崇年回到北京后，即同冯尔康转述和商量，大家就如下事项，达成了共识：

（1）立即筹备出版《陈捷先教授纪念文集》，由阎崇年、冯尔康、冯明珠、常建华共同发起，海峡两岸分别组稿，由常建华集稿，汇齐之后，统一出版；

（2）当时联系本集由天津人民出版社出版，后因故改为九州出版社出版。

（3）出版费用由阎崇年联络，请陈教授家乡江苏省扬州市江都区邵伯镇人民政府资助。

（4）陈捷先教授追思会，台北的追思会已经举行，大陆同仁对捷公的纪念会，将于本集问世之日，同时在天津举行。

本书文章作者，分散在三洲——亚洲、澳洲、北美洲和六地——北京、台北、天津、悉尼、温哥华、冲绳等，且事情仓促而时间紧迫。经过三个半月各方的积极推进，又经过两个月出版社的紧张编辑，终于实现初始设想，《陈捷先教授纪念文集》即将面世。

本书分为上编、下编和附编三个部分：上编，缅怀文章24篇；下编，学术论文16篇；附编：文章3篇，共收录43篇，其作者42人（内一人2篇）。

本书征集稿件、编辑出版，时间紧迫，人手不足，诸多缺憾，敬请见谅。陈捷先教授生前人缘健旺，朋友、学生多多，或因住址不明，或因联络未通，或因年迈多病，或因工作繁忙，先生更多的朋友、学生，没有发来缅怀和纪念的尊文稿件，但对捷公的怀念之思，仰慕之情，会永驻心田，与天地长存。

本书附编《陈捷先教授大事年表》和《陈捷先教授著作目录》由林泩瀚整理、冯明珠校订。

最后，感谢扬州市江都区邵伯镇人民政府为本书出版给予的经费支持，感谢天津人民出版社在本书初始时所付出的辛劳，特别感谢九州出版社社长兼总编辑张黎宏先生、副社长李勇先生、一分社分社长王宇先生和编辑们的热心支持、辛勤工作。

阎崇年　冯尔康　冯明珠

2019 年 7 月 17 日

陈捷先教授
纪念文集

阎崇年　冯尔康　冯明珠 ◎ 主　编

常建华 ◎ 执行主编

九州出版社　全国百佳图书出版单位

图书在版编目（CIP）数据

陈捷先教授纪念文集 / 阎崇年，冯尔康，冯明珠主
编. -- 北京 : 九州出版社，2019.9
ISBN 978-7-5108-8391-0

Ⅰ．①陈… Ⅱ．①阎… ②冯… ③冯… Ⅲ．①陈捷先
（1932-2019）一纪念文集 Ⅳ．①K825.81-53

中国版本图书馆CIP数据核字(2019)第234874号

陈捷先教授纪念文集

作　　者	阎崇年　冯尔康　冯明珠　主编	
责任编辑	邓金艳　王海燕　肖润楷　郝军启	
封面设计	锋尚设计	
出版发行	九州出版社	
地　　址	北京市西城区阜外大街甲 35 号 (100037)	
发行电话	(010)68992190/3/5/6	
网　　址	www.jiuzhoupress.com	
电子信箱	jiuzhou@jiuzhoupress.com	
印　　刷	三河市兴博印刷有限公司	
开　　本	710 毫米 ×1000 毫米　16 开	
印　　张	29.75	
字　　数	520 千字	
版　　次	2019 年 12 月第 1 版	
印　　次	2019 年 12 月第 1 次印刷	
书　　号	ISBN 978-7-5108-8391-0	
定　　价	156.00 元	

目　录

上编　缅怀文章

下编　学术论文

附编

上编
缅怀文章

陈捷先教授与《清代台湾》

——谨以此文怀念陈捷先教授

阎崇年

冯尔康教授从澳大利亚悉尼发来微信，转台北故宫博物院陈龙贵先生电话云，接陈捷先教授之子发出讣告：陈捷先教授于2019年3月18日，在加拿大温哥华，因心力衰竭病逝。噩耗传来，不胜悲痛，特撰此文，敬示怀念。

本文分作三点：陈捷先教授在清代史学史上的地位；陈捷先先生与《清代台湾》一书的缘起、撰写经过和文化价值；陈捷先先生对两岸文化交流所做出的贡献。

一

陈捷先教授（1932—2019年），江苏省扬州市江都邵伯镇人，是国际著名的历史学家、满学家、方志学家，兼事档案、谱牒、琉球史、台湾史、阿尔泰学等诸学科，造诣深厚，成果丰硕。先生1956年毕业于台湾大学历史系，1959年获台湾大学历史研究所硕士学位，后应邀到美国加入哈佛大学访问学人计划研究，返台后任台湾大学历史系教授兼历史系系主任、历史研究所所长等职。

回顾中国清史研究学术历程，辛亥鼎革，民国初年，于清史的研究，奉宽先生、李德启先生等，利用故清宫藏满文档案，得天地眷顾，发表文章，醒人耳目，尚属新芽，亦待拓展。其后，孟森先生利用内阁大库档案、明末清初文集笔记，及"实录""东华录"等资料，研究清史，拓宽眼界，广征博引，著书立说，做出贡献。萧一山先生，研究清史，贯通全清，其《清代通史》，皇皇巨著，超越前贤，有开启之功，亦独着先鞭。但孟、萧二公，囿于时代所限，未用满文档案，未睹老满文档案，其学术研究，便大受局限；但这不可苛求前人，因老满文档案，尚未被学界所知、所译、所研、所用。

到 20 世纪中期，台湾大学广禄教授，系锡伯族人，以其锡伯语文，即满洲语文，开设满语满文课程。陈捷先教授、李学智研究员等，是为中华现代大学培养的第一批利用故清内阁大库珍存的、文物南迁移至台中雾峰的满文档案与文献等，研究清史，孜孜不倦，终生不辍，成绩斐然。陈捷先教授着重于利用满文档案，特别是老满文档案，以及清宫档案①，研究并出版了一系列著作和论文。如《〈旧满洲档〉述略》②，详细论述旧满洲档之命名、由来及其相关诸问题，旧满洲档与满文老档的异同，旧满洲档与满文老档的译述及研究，旧满洲档的价值等。这是一篇具有开创性的学术长文。而后，《满文清实录研究》《满文清本纪研究》、*Manchu Archival Materials*（《满文档案资料概述》）等学术著作相继出版，又发表《三田渡满文清太宗功德碑研究》③ 等重要论文，相继刊出《清太祖推刃胞弟考》《清初婚姻问题研究》《释贝子》④ 等一组论文。其中有的题目，如《清太祖推刃胞弟考》问题，孟森先生做过详细的考据，但没有引用满文档案资料。陈捷先教授的贡献是，利用《旧满洲档》⑤ 史料等进行考证、研究，撰写论文和专著。而后，陈捷先教授利用老满文原档和新满文档案，进行清史、满学研究，并发表一系列学术成果。如《满洲文与清初历史研究》⑥《满文'起居注册'之现状及其价值》⑦《清世宗控制臣僚的工具之一:〈朱批谕旨〉》⑧《盛清皇帝与台湾西瓜》⑨《蒋良骐〈东华录〉版本及其研究略考》⑩《清太祖时期满洲与朝鲜关系考》⑪《清朝皇帝的满文本纪》⑫《略论清初三朝与喇嘛教之关系》⑬ 等，以上所举四本论著和十二篇论文说明，陈捷先教授早期于清史、满学研究的一个

---

① 蒋复璁《旧满洲档·序》："本院迁台之清宫文献，凡二百零四箱，包括宫中档、军机处档、清史馆档、老满文档、起居注、实录、本纪、诏书等。……共计二十五万余件，皆属重要之原始史料。"

② 陈捷先:《〈旧满洲档〉述略》，《旧满洲档》，第一册，台北故宫博物院刊印，1969 年。

③ 阎崇年主编:《满学研究》第一辑，吉林文史出版社，1992 年。

④ 陈捷先:《满洲丛考》，台湾大学文学院刊印，1963 年。

⑤ 《旧满洲档》又称《老满文原档》《满文老档》《无圈点档》等，指的是现存台北故宫博物院图书文献处的、清入关前老满文原档，共四十册，以老满文为主、记载清初史事的编年体史书。

⑥ 陈捷先:《清史杂笔》，第一辑，台北:学海出版社，1977 年。

⑦ 陈捷先:《清史杂笔》，第二辑，台北:学海出版社，1977 年。

⑧ 陈捷先:《清史杂笔》，第三辑，台北:学海出版社，1978 年。

⑨ 陈捷先:《清史杂笔》，第四辑，台北:学海出版社，1984 年。

⑩ 陈捷先:《清史杂笔》，第五辑，台北:学海出版社，1984 年。

⑪ 陈捷先:《清史杂笔》，第六辑，台北:学海出版社，1985 年。

⑫ 陈捷先:《清史杂笔》，第七辑，台北:学海出版社，1988 年。

⑬ 陈捷先:《清史杂笔》，第八辑，台北:学海出版社，1987 年。

特点是，大量运用满文史料和清宫档案，这应是清史研究的新导向与新开拓。

同期，李学智先生着力于老满文档案的翻译，如《老满文原档论辑》①和《乾隆重钞本满文老档签注正误》②，亦做出有益的贡献。

陈捷先教授除上述《满洲丛考》和《清史杂笔》（一至八辑）外，还有《清史论集》《蒋良骐〈东华录〉研究》《清代台湾方志研究》《东亚古方志学探论》等论著，以及《努尔哈齐写真》《皇太极写真》《顺治写真》《康熙写真》《雍正写真》《乾隆写真》《慈禧写真》等，主编《清代台湾》《努尔哈齐事典》《皇太极事典》《顺治事典》《康熙事典》《雍正事典》《乾隆事典》《嘉庆事典》《道光事典》《咸丰事典》《同治事典》《光绪事典》和《宣统事典》等清十二朝事典，以及中英文论文百余篇。

我与陈先生除共同从事清史研究外，还有一条学术连结的纽带，就是满学研究。1989年，我倡议建立北京社会科学院满学研究所。经过一年多筹备，1991年正式挂牌。接着筹备举行"首届国际满学研讨会"。这期间，我同陈先生不断有通信、传真和电话联系。1992年，"首届国际满学研讨会"在北京前门饭店召开，陈先生当时正在筹备第35届国际阿尔泰学会议，难以分身，但还是寄来《三田渡满文清太宗功德碑研究》的论文。随后我在《满学研究》第一辑，刊出陈先生的这篇论文。当编委会讨论在《满学研究》第一辑介绍第一位中国满学家时，大家一致推荐陈捷先教授，并请时任中国社会科学院历史研究所清史研究室主任王戎生先生执笔撰著《满学家陈捷先教授》；同辑介绍的第一位外国满学家，则为日本国的国际著名满学家神田信夫教授，并由日本东京大学松村润教授秉笔撰文。

总之，陈捷先教授是自民元来，中国第一批利用老满文档案研究清史的著名专家。陈捷先教授是率先利用老满文与新满文，利用清宫档案与文献，贯通研究有清一代二百九十六年全清史的第一人。是民元以来，在清史研究领域，不仅利用汉文资料，而且利用老满文资料，研究清朝开国史的引领者与开创者。陈捷先教授知识渊博，学业专精，诸多建树，虚己敬人，是当代学人中的才俊。因此，陈捷先教授不仅在清代史学史上，而且在中国史学史上占有一席之位。

---

① 李学智撰辑：《老满文原档论辑》，台北：文友印刷纸业公司印装本，1971年。
② 李学智撰：《乾隆重钞本满文老档签注正误》，台北：大进印刷有限公司印装本，1982年。

二

我跟陈先生曾经合作编纂《清代台湾》一书，为此有一段长达五年的密切交往。

陈捷先教授创议并主持，由海峡两岸专家学者合作编纂《清代台湾》一书。事情的缘起是：其时，台湾当局的某些人，鼓吹"台独"，歪曲历史，甚至在学校教科书中，将清朝历史从中国史中抽出，列入世界史范畴。台湾还有一些人，说"台湾从来不属于中国，在清朝对台湾的统治也只有八天"。这些违背历史真实的言论和做法，迷惑了不少缺乏历史知识的台湾民众，特别是对台湾广大青少年产生严重误导，罔顾历史事实，产生极坏影响。陈捷先教授长期在台湾大学历史系担任清史的教学与研究工作，退休后一面继续研究清史，一面受聘佛光大学讲授清史，为这种状况感到担忧。

陈捷先教授于是提出由两岸学者共同编著出版《清代与台湾》丛书的重要倡议，同冯尔康先生和我商量，三人一拍即合。于是陈先生以一位历史学家的情怀，使命在肩，敢于担当，勇于直言，首先倡议，于2004年10月20日，正式提出编著出版《清代与台湾》丛书的重要倡议。

陈捷先先生希望海峡两岸的专家学者，合作编著一套清代台湾历史文化丛书。而我由于曾经在台湾教过两个学期的大学清史课程，对此也感同身受，深表支持。

为此，陈捷先教授署名，给胡锦涛主席写信，并请国台办陈云林主任转呈。他的信说：

陈云林主任并请转呈胡锦涛主席：

我长期在台湾大学历史系担任清史的教学与研究工作，退休后现受聘于台湾佛光大学人文社会学院讲授清史。

台湾在明天启四年（1624年）被荷兰人侵占。顺治十八年（1661年）郑成功从荷兰人手中收复台湾。① 郑成功死后，子郑经奉南明正朔。康熙二十二年（1683 年），康熙帝统一了台湾，设台湾府，隶属于福建省，派总兵官一员、率官兵八千驻防台湾。从而加强了中央对台湾的管辖，也促进了台湾经济文化的发展。中经雍正、乾隆、嘉庆、道光、咸丰、同治六朝，台湾的经济文化得到新的发展。光绪十一年（1885 年）九月，清朝"改福建巡抚为台湾巡抚"，正式建立台湾行省，刘铭传为第一任台湾巡抚。刘铭传作为清朝东南台湾省的封疆大吏，在台湾筑炮台、修铁路、架电线、恤民生，发展经济，安定社会。后晋为兵部尚书衔。死后，赠太子太保，建祠祭祀。刘铭传建议并在台湾修建铁路，史称："中国铁路之兴，实自铭传始。"今台北市公园有郑成功、刘铭传等塑像。

但是，近年来台湾当局鼓吹"台独"，歪曲历史，甚至在学校教科书中将清朝历史列入世界史范畴。台湾有一些人说什么"台湾从来不属于中国，在清朝对台湾的统治也只有八天"。这些论调虽然是违背历史真实，却迷惑了不少缺乏历史知识的民众，特别是对青少年产生严重误导。

我们研究清史的学者，听到这些违背历史的言论，感到十分痛心，也深感责任在肩。我们有责任也有义务向台湾民众、向海峡两岸人民、向世界人民说明台湾隶属于清朝中央政府的历史真相。

因此，我们建议：

一、由海峡两岸清史学者合作撰写《清代与台湾》历史丛书。阐述清朝从顺治到宣统，台湾一直在中央政府管辖之下，其社会、经济与文化得以迅速地发展，以及台湾与大陆的关系。

二、按照清朝时代顺序，每朝一册，共计十册，图文并茂，深入浅出，期一年完成。

三、鉴于目前台湾的文化氛围，出版这一套书，难以找到资助，需要有关方面给予人民币壹佰万元的补贴。经费可由北京市社会科学院代管，专款专用。

四、本套丛书出版后在中国大陆、台湾、香港、澳门及海外华人地区发行。

---

① 关于郑成功收复台湾的时间，《辞海》（上海辞书出版社）"郑成功"条说："康熙元年（1662 年）二月一日，荷兰总督揆一投降，台湾重回祖国怀抱。"这种说法欠缺有二：其一，二月一日应是阳历，而不是阴历；其二，1662 年 2 月 1 日，实际上是顺治十八年十二月十三日。康熙元年正月初一日应是公元 1662 年 2 月 18 日。事情虽发生在公元 1662 年 2 月 1 日，却是顺治十八年十二月十三日，本月末为二十九日，这时距康熙元年元旦还有 16 天。因此，从帝王纪年方面，说郑成功收复台湾在顺治十八年（1661 年）可以，说郑成功收复台湾在康熙元年（1662 年）不可以；从公元纪年方面，说郑成功收复台湾在 1662 年可以，说郑成功收复台湾在 1661 年不可以。

本套丛书主要撰稿人有：台湾大学历史系教授陈捷先、中国人民大清史研究所教授王思治、南开大学历史学院教授冯尔康、北京社会科学院满学研究所研究员阎崇年等，其他专家容批示后商请。

以上建议，请陈先生并转呈胡主席批示。

敬颂

祺祥

原台湾大学历史系主任、教授　陈捷先 上
（签字）
2004 年 10 月 20 日 [①]

【附】如蒙批示，请阎崇年教授（北京市北四环中路 33 号，邮编 100101，电话 64873884），转我。

陈教授的上述倡议，反映了海峡两岸清史同仁、广大民众的意愿，得到领导的支持和指示。九州出版社总编辑王杰、编辑室主任张万兴二位先生，根据陈捷先教授上书中提到联系人的姓名和电话，找到了我。他们说：陈捷先教授请陈云林主任转呈胡锦涛主席的信，领导指示我们向您转达并请告知陈捷先教授：（1）支持陈教授的建议；（2）先做一本《清代台湾》；（3）《清代台湾》书稿完成后由九州出版社出版；（4）费用拨九州出版社代管；（5）希望拿出具体方案，尽快落实。

时陈捷先教授侨居加拿大。我及时向陈教授做了转达。陈先生听了之后很高兴。鉴于《清代与台湾》丛书是一项系统的学术与文化工程，全面完成，需待时日，在实际做来，应循序行进。为此，决定先编辑出版《清代台湾》一书，其他再商。陈先生说：立即着手进行，我尽快拉出纲目、章节，开始联络专家、撰写。不久，他给我《清代台湾》十章的目录：一、通纪，二、移民，三、管理，四、经贸，五、教育，六、文化，七、民俗，八、民间信仰，九、妈祖信仰，十、人物。他说：我身在加拿大，不便联络，委托阎教授请人、组稿、联络。我当时非常忙，又不研究台湾史，觉得为难。他态度诚恳热切，我只好勉为其难。陈先生很快写出《通纪》之章，详细论述了清朝以前台湾的历史，着重阐述了清代台湾的历史演进与文化发展，特别记述了清朝中央政府与清代台

---

① 录自陈捷先给《陈云林主任并请转呈胡锦涛主席》的信。

湾地方政府的隶属关系。这既作为全书纲领，又成为本书样稿。这时我在一次会议上，认识了北京联合大学新成立的台湾研究所徐博东所长。他那里刚好有几位新招聘的研究台湾史博士。我们商量选宋淑玉、胡文生两位博士参加本课题工作。后又请厦门大学文学院院长陈支平教授推荐范正义博士，负责撰写第十一章《文献》。这样，《清代台湾》一书共十一章。事情确定之后，我做学术联络。在陈教授主编下，先是拟定《凡例》，继而制定提纲，接着请人撰稿，尔后编辑加工。稿子上来后，经过一审，提出不足，进行修改。修改稿上来后，进行二审，又做修改。三稿上来后，再行修订。陈先生大部时间在加拿大，往返传真，联通电话，递送意见，交流沟通。三稿校样出来后，时我在台湾佛光大学讲学，请台湾辅仁大学《清代台湾军事与社会》著者许毓良教授审读全书，许先生提出了诸多宝贵意见。原拟由我撰写《结语》篇，但未完成，而改作《后记》，实为遗憾。其间，九州出版社王杰总编、张万兴主任，于书稿的撰写、编辑和出版，参与策划，多方关切。有关编辑等，仔细阅读，核对史料，加工修改，审校文字，改进良多。

此书，陈先生不仅主持全局，拟定编写体例，通审全稿，并撰写为全书之纲的《通纪》篇，概述清朝以前的台湾历史，重点阐述清代台湾的历史与文化，特别叙述清代台湾与中央政府的关系。这部书稿，历时五年，多方协作，认真编修，严格审稿，终于在2009年由九州出版社问世。①

《清代台湾》一书，在时间上，大致以清代为限，但为了说明台湾历史的发展脉络，对清以前的历史也有追溯，明郑政权也被纳入这个叙事脉络而加以处理。全书旨趣在于客观地全面地叙述清代台湾的历史、政治、经济、文化、军事、族群等，主要阐明台湾与清中央的关系，清代台湾历史文化发展与大陆的关系。旨在客观陈述清代台湾与大陆的关系，力求使读者在阅读中，对清代台湾的历史发展有客观、公正、全面、系统的了解。重点叙述清代台湾的历史与文化，特别叙述清代台湾与中央政府的关系。

比如，就清代版图，《清代台湾》写道：早在元至正二十年（1360年），元朝设置澎湖巡检司。明兴元亡，台湾在明朝，奉明正朔，隶属明朝。明郑时期，奉南明正朔。清朝接管明朝封疆，继续管辖台湾。清朝盛时版图，约一千三百万平方公里。它东北跨外兴安岭，到库页岛（今俄国萨哈林岛），西北到巴尔喀什湖，西至葱岭，北达贝加尔湖以南以东，东临大海（含乌苏里江以东滨海地

---

① 陈捷先、阎崇年主编：《清代台湾》，北京：九州出版社，2009年。

域），东南包括台湾等岛屿，西南拥有西藏、云南、贵州，南极曾母暗沙。台湾归清，中华金瓯，重新一统。只是在清末，甲午海战，清军失利，台湾地区，割给日本。但是，日本投降，宝岛台湾，回归祖国。历史证明：清代台湾是中央政府辖下的一个行省，清代台湾同大陆密切往来，休戚与共，经济、文化、社会均得到发展。

再比如，就多源一流的台湾文化，《清代台湾》写道：远古时期，台湾先住民的文化，受马来文化的影响。但是，随着大陆移民的逐渐增多，中华文化在台湾地区成为主导文化、主流文化。台湾文化与大陆文化，同文同种，同根同源。以教育而言，据统计，从康熙二十三年（1684 年）在台湾设立儒学起，到光绪二十一年（1895 年）止，二百一十二年间，清廷先后任命府、厅、县学教谕二百六十五人，其中福州籍一百九十人。这些儒生，有进士三十三人①、举人一百二十三人、贡生五十人。另以沈葆桢为例，"教化之本在学校"，他在台湾大量设立"番塾"，就是在先住民中设学堂。

《清代台湾》一书，其文化价值在于：

第一，《清代台湾》的出版，以丰富的资料，确凿的史实，严谨的逻辑，缜密的论述，有力地回击了"台湾从来不属于中国"的谎言与谬说。

第二，《清代台湾》的出版，严肃地回答了"在清朝对台湾的统治也只有八天"的无稽之言，驱散了歪曲清代台湾历史的雾霾。

第三，《清代台湾》的出版，证明以海峡两岸专家学者合作的实践，不仅密切了双方学术深度交流，而且促进了两岸学者合作友谊。

三

陈捷先教授为海峡两岸学术交流做出了贡献。

先是，自 1949 年以来，由于历史原因，海峡两岸文化阻隔，不通信息，中断交流。1992 年，时局变化，文化先行。陈捷先教授率先倡导并主持"海峡两岸首届清史档案研讨会"，开启了哲学社会科学两岸学术交流的破冰之举。这是当时不仅在海峡两岸，而且在国际上，都是一件载诸史册的文化盛事。我作为这次破冰之行的学术参与者，与王钟翰、王戎生、韦庆远、冯尔康、徐艺圃、林岷、刘耿生一起，经香港辗转赴台，参加会议交流，进入台湾的大学讲学，

---

① 《清代台湾进士碑帖图鉴》，北京：台湾会馆编印，自刊本。

参观台北故宫博物院的山洞库房和展厅陈列，时任台北故宫博物院院长秦孝仪先生，还赠送我一部《旧满洲档》精装十册本。

而后，陈捷先教授继续广泛而深入地进行两岸史学交流，促进学术合作，推动中华文脉的延续和发展。而我则先后十次赴台，讲学、交流、参观、考察，并在两所大学任客座教授，在中正大学、淡江大学、台湾师范大学、世新大学等多所大学讲学，并在佛光大学、南华大学授课两个学期，还应邀在台北故宫博物院为其研究专家做过两场学术报告。我的学术著作《努尔哈赤传》和《袁崇焕研究论集》，在台北由文史哲出版社出版。我的《正说清朝十二帝》《努尔哈赤》《明亡清兴六十年》《康熙大帝》《大故宫》《清宫十大疑案正解》《清朝开国史》《阎崇年讲谈录》等，先后在台北由联经出版公司出版。还在台北《历史月刊》发表《顺治帝继位之谜新解》等多篇文章。往事回想，感慨万千，这些皆源于陈先生在 28 年前的倡议、推助和安排。

2009 年，应台北故宫博物院周功鑫院长、冯明珠副院长邀请，我到台北出席"两岸故宫第一届学术研讨会——为君难：雍正其人其事及其时代"。会间，我和冯尔康先生又发现了新的缘分——原来我们俩是同年同月同日生。在高兴之际，同为扬州籍的两位清史俊彦——陈先生和冯先生等共商于 2010 年在扬州举办"盛清社会与扬州"学术研讨会。为使这次两岸的学术交流活动能够顺利进行，我给时任扬州市委王燕文书记写信，请予支持。

尊敬的王燕文书记先生：

最近，台湾大学历史系原系主任陈捷先教授（扬州江都人）、南开大学历史学院冯尔康教授（扬州仪征人）和阎崇年三人，在台湾"雍正朝文物大展"和"雍正学术研讨会"期间，共商在扬州举办"盛清社会与扬州"高端学术研讨会的建议，愿为推助扬州文化兴市和学术发展，尽绵薄之力。

我们建议：2010 年 9 月在扬州举办"盛清社会与扬州"高端学术研讨会。会议规模约 40 人，邀请大陆、台湾、美国、日本、香港等国家和地区国际著名清史专家教授与会研讨，会后出版论文集。由扬州市政府、中国第一历史档案馆等单位主办，鉴真图书馆和扬州相关单位协办。先成立筹备协调小组开展工作。此事已同星云大师沟通，如经费紧缺，鉴真图书馆在食宿等方面可给以加持。

本着节俭原则，估计会议约需人民币 15 万元，望您给予批示、协调和支持。阎崇年可专程前往，商量筹备工作。

陈捷先

冯尔康　同上

阎崇年

2009 年 12 月 28 日

这次学术盛会，得到扬州市王燕文书记、谢正义市长、王玉新副市长等领导支持，于 2010 年，按期举行，圆满结束。会间，又套出一个主意，就是以此次会议论文为基础，再约请未及与会的先生撰写文章，两岸合作，出版一本论文集。事情也巧，一算出版年份，恰是陈捷先教授八十华诞，大家相约以此论集作为向陈捷先教授八十大寿敬示的一个学术纪念。后这本《盛清社会与扬州研究：恭贺陈捷先教授八秩华诞论文集》，汇集中国大陆、台湾和日本等教授专家的 28 篇论文，冯尔康先生和分我别作序，台北故宫博物院冯明珠院长主编，远流出版公司出版，[①] 记录下这件两岸学术交流的文化盛事。

2010 年这次相聚后，我与陈捷先先生再未有机会见面，但是每年春节，我们都会通过电话，遥叙友情。今年（己亥年）大年初一，我拨通了陈宅电话，无人接听，我以为先生外出会友，并未在意。

三月初，我应邀到扬州讲坛讲座，一位来自陈先生家乡邵伯镇的孙友定女士专程在鉴真图书馆等候。她告诉我，2010 年，陈捷先先生和夫人侯友兰女士将部分手稿和书画作品等捐献给家乡，家乡政府决定建立一座"陈捷先·侯友兰夫妇纪念馆"，目前正在筹备展览，计划在秋天开幕，希望我为展览写序言。我当即表示同意，并把纪念馆的设计方案带回北京，仔细看过后将修改意见反馈给邵伯。

没想到离开扬州不久，先生噩耗，从天而降。

回想与陈先生二十多年的交往，陈先生性情之率真、治学之认真、学识之远阔、为人之大器，给我留下了深刻的印象。

性情率真，袒露肺腑，是陈先生给我留下的第一个印象。我因长期受着无形绳索的捆绑、政治运动的拷打，夹着尾巴做人，谨小慎微，万分拘谨。初到台湾第一个感受是，陈先生等学人开朗豪放，言所欲言，纵情畅饮，通宵达旦。

---

① 冯明珠主编：《盛清社会与扬州研究：恭贺陈捷先教授八秩华诞论文集》，台北：远流出版公司，2011 年。

治学认真，著作等身，是陈先生给我留下的又一个印象。先生六十年如一日，勤奋研究，笔耕不辍。从《努尔哈齐写真》到《慈禧写真》等七部书，一人之力，连出七册，仅此一举，可见一斑。① 虽先生仙逝，却著作永存，学术贡献，丰富学林。

学识远阔，领域宽广，是陈先生给我留下的另一个印象。他跟我说：学者治学，不要太窄。他在前述清史、满学等诸多领域，都有著述和贡献；他于清史，从入关前，到同治、光绪、宣统，都有论著。清史学界能将二百九十六年全清史通下来的，陈捷先教授是其中难得的一位。

为人大器，肝胆相照，是陈先生给我留下的再一个印象。陈先生于我，可谓亦师亦友，亦兄亦友，多次来京，欢快相聚，倾心交谈。我也多次受邀乘机飞抵台湾，出席学术活动。精诚所至，感人肺腑。斯人已逝，精神永存。

陈捷先教授作为一棵学术大树，永立于清史森林之中。

---

① 参见本书所载《陈捷先教授著作目录》。

缅怀好友陈公捷先

冯尔康

捷公走了，陈龙贵先生用电子邮件从台北传来噩耗，我的心情沉重下来，几年前，期待与捷公在津门相见，2011 年 8 月 22 日我在冯明珠教授主编的《盛清社会与扬州研究》（台北远流出版社，2011 年）的《序言》中写道："捷公，记得吧，前年（2009 年），您的天津朋友诚挚邀请你们伉俪光临，你们何时成行呢？我们期待着！"与捷公永别了，往日的交游情景一一涌上心头，单是文字的交往，我奉捷公之命写作及与他有关的文章就有十多篇，他亦为拙作赐序。不能多想，立即与捷公好友阎崇年教授、常建华教授联系，以便商议缅怀纪念事宜。同时开始写作这篇哀悼文字。

一、从钦佩到成为好友

我们的相识已有三十四年，这在两岸学者之间难得有这么多的年头。

（一）始识于香港

第一次相会是 1985 年在香江，那是香港大学赵令扬教授举办明清史国际学术研讨会，两岸学者各有近二十人出席，台湾方面捷公、徐泓、庄吉发、冯明珠、赖泽涵、刘石吉等教授，大陆方面王钟翰、韦庆远、学兄郑克晟等教授和我，会间只见台湾一些学者对捷公特别尊敬，称他为老师。两岸学术信息原先缺乏交流，对捷公学术与为人无多了解，但人们对他的尊重看在眼里，克晟兄亦有同样感觉，互相道及，然而不明究竟。其时，我们的经济状况甚差，出席那个研讨会，大陆以外的学者路费、住宿费自理，旅馆费有金额不等的两种，自行选择，台湾学者的交通、宾馆费用公家提供之外，另发七百美元的零用钱，而我们缺少外币，自广州起，港大来人购买好去香港的火车票，领我们入住香港大学公寓（不付费）。开会期间，我一般不主动与台湾学者私下交流，除了性格内向的原因，更主要的是有传统知识分子的自爱因素，因为我们穷，就容易让人看不起，主动联系人，就有巴结人的嫌疑，所以我没有与捷公有什么交往。第二次也是在香港，是1989年春天，港大林天蔚教授主持的地方文献研讨会，大陆方面出席四人，台湾方面不少于七八人，我同捷公再次相遇。一天会间的休息时间有几位台湾学者在闲聊，我从他们身边走过，听到他们窃窃私语："这是学者"。会后，林天蔚教授又请与会者往澳门观光，台湾学者去的多，大陆学者记忆中似乎只有我一人。会议期间，台湾政治大学胡春蕙教授约我为他主持的《韩国学报》供稿（后来我撰写《朝鲜大报坛述论——中朝关系和中国文化传播的一个侧面研究》，台北：《韩国学报》第10期，1991年）我想捷公也是将我视为学人，主动说他将主持第五届亚洲族谱学术研讨会，约我给会议提供论文，客观原因，我虽未能出席研讨会，提交的文章《古代宗族乱以名贤为祖先的通病——以明人〈萧江宗谱〉为例》，收入捷公主编的《第五届亚洲族谱学术研讨会会议记录》（联合报文化基金会国学文献馆，1991年）。由于文中说到捷公任馆长的联合报国学文献馆藏有《萧江宗谱》，捷公在出版说明中，特别指出我关注到台湾的文献收藏，可见他审阅拙文的细致。

（二）赴台湾参加学术研讨会，领略捷公的大家风度

1992年，捷公主办第35届国际阿尔泰学研讨会。阿尔泰学基本上是关于东方的学问，由于历史的原因，会议历来在西方举行，这一届的会议欧洲某国要求主办，捷公与其竞争主办权，终因学术各方面的实力，如愿以偿，会议在台北圆山饭店揭幕。此次会议，承蒙捷公盛情，邀约九位大陆学者出席，我遂得首次观光宝岛台湾。在此之前，捷公有北京之行，离开之前举行答谢宴会，通过柏桦教授约我赴宴，我遂从天津赶去，席开两桌，可见捷公的好客和践履中华传统礼仪。说到赴台，办理申请手续繁难，在九人之中，北京学者八人，我是唯一的外地人，办手续要提交各种证件，统一办理，办成，出发前要开行前会，诸如此类的事情，有我这外地人就更麻烦了，负责人想把手续顺利办妥，意欲将我这个累赘排除在外，是捷公坚持，成员中一定要有我。从约我写文章、北京赴宴及赴台开会，都是捷公主动的，我敬重他，但不主动接近他，仍然是远离巴结人之嫌。

我们一行九人赴台，在香港中转，捷公早联系好我们入住的宾馆，正赶上

中秋节，捷公又特为关照到过节的事。到了台北，研讨会举行隆重开幕式，我们到了会场附近，领队宣布台湾无权举办国际学术会，我们不能出席。大约领队早就向捷公表达了意向，捷公安排一间会议室让我们休息，而同会议各国、各地区学者在一起用餐。期间，又为两岸学者举行了小型"清代档案学术研讨会"。我们同与会学者共同前往台北附近的"红毛城"等地参观。会间，举行晚宴，一二百人的宴会，捷公挨桌敬酒，到大陆同行的坐席，只见他白酒、红酒、啤酒样样来得，年轻时颇能豪饮的王钟翰教授宅心仁厚，见此情状，劝他多吃菜，意在解酒勿醉，捷公表示领会他的好意，真是同胞深情啊！我亦担心他醉酒，也想劝他多吃菜，自知身份不够，没有说出口。捷公夙有酒仙之名，"中研院"张存武教授说他喝酒不误事，是以酒会友。实在是挚友真知。捷公不仅是以文会友，更是以酒会友。这是中国文人的一种传统！

会后，捷公又为我们一行安排在台北及南下台中、台南观光和在文化教育机构演讲，交流学术研究成果。我为这次研讨会提交的论文是《清初吉林满族社会与移民》，后来发表在社科院清史所主办的《清史论丛 1995》（辽宁古籍出版社，1995 年），同时写作《有关清初吉林满族的汉文史料文献》，刊发在阎崇年教授主编的《满学研究》第二辑（民族出版社，1994 年）。自此之后，我在《历史月刊》上不时发表文章，都是捷公约稿。

（三）1996 年的频繁交往，成为好友

1996 年我同捷公交往频繁，他在台北接待我，我在天津迎接他，见此情景的同事张国刚教授说我和捷公是挚友，我这时也主动了，互相视为朋友了。这期间有许多事情，仅就记忆所及回忆几件。

1996 年我应"中研院"史语所之约，去访问一周，住在"中研院"学术活动中心，接着"中研院"近史所约我访问一周，仍住院内；此后应约赴台湾政治大学访问一周，与在那里讲学的韦庆远教授同住该校的客舍；接着赖泽涵教授约我赴中央大学演讲，仍住"中研院"活动中心，次后罗运治教授教授约我去淡江大学访问一周。在我居住"中研院"活动中心期间，与捷公多次会面，其中他的三次盛情令我铭记五内。一次是由他介绍，他的朋友、联经出版公司总经理姚为民先生在日餐厅宴请捷公和我，席间叙谈，海阔天空，无意间说到奖助学生的事，因为我知道我的老师杨志玖教授家境贫寒，山东人，得到家乡一笔高额奖学金，乃能够坚持学业；我是日本籍华裔、天津人王克昌先生设在南开大学的奖学金评委会委员，该会颁发奖学金，人数多，每人金额甚少，对

贫穷学子帮助不大。我的闲话，不想触动了豪爽好义的原籍山东平度县姚先生乡情，当即表示在南开大学历史系设立奖学金，在资助的学生中应有一名平度县人。事情当场敲定，由我来主持其事。我回到学校后，即同系里同仁操办起来，每年评审发放一次，一直到 2002 年我退休结束此项奖助。另一次是捷公主动惠赠墨宝。他派人送来函件，用的是《历史月刊》社信封，书写"专呈 顾真兄"，原来是惠赠一副对联，上联曰"帘外淡烟无墨画"，下联是"檐前疏雨有声诗"。题款"顾真教授雅正"，落款"丙子三月陈捷先书时同在台湾"（韩玉霞编审帮助识读落款文字及释意，特致谢）。娟秀清新的草书，对仗工整的联句，淡泊明志的寓意，令我感动不已，精心珍藏。我没有将它装裱，因为听裱画师傅讲，以原件保存，比装裱更好。如今天津人民出版社为老年学人作口述传记，需要有实物之作的图片，我特意找出捷公墨宝，由该社拍摄，一方面作长期纪念，另一方面可以流传社会，供受众欣赏，藉以传播捷公墨宝和高尚的学术人品。还有一次是捷公派陈龙贵先生送我一笔钱。我忖度其意，多个学术机构请我演讲，招待我食宿，他则刚从台湾大学荣退，不便示意昔日的同事请我去演讲、访问，给我送钱，也等于演讲与酬劳的意思。无功受禄，我无论如何也不接受；同时我也有自尊心，不要让人小看了我。但是推让最后，我还是接受了，我委屈点也罢，因为不能拂了捷公一片心意。

约在 1995 年，捷公请 1992 年共同赴台的王戎生、刘耿生、林岷三位教授和我邀约大陆学者围绕扬州史写论文，出集子，我遂邀请杨佩之志玖师、卞孝萱教授、王振忠教授等学者撰写文章，并写出《清代仪征人才的兴起及原因》。捷公要我为文集《扬州研究》写序言。捷公作为出版者，意在纪念尊翁陈轶群先生百年冥诞。陈轶群先生曾任江都商会会长，喜好读《资治通鉴》等史籍，为人深明大义，抗战中支持国共双方，后有不幸遭遇，是值得记忆的有识之士。捷公缅怀先人，用出版家乡历史的文集以表达尊重先人、爱护家乡的浓情厚意。因此我在《扬州研究》的《序言》中写道："捷先教授多次主持的亚洲族谱学、域外汉籍、中琉关系学术会议，无疑推动了汉学研究，扩大了中华文化的影响，功在中华民族。如今他追念先人，怀念故土，献出《扬州研究》。尔康以为有斯人，实乃乡邦之幸。"《扬州研究——江都陈轶群先生百龄冥诞纪念论文集》，联经出版公司发行于 1996 年。捷公不弃，将我署名"主编"，我只有愧领了。

1996 年，捷公和彭炳进教授应约联袂来南开大学讲学，应聘为客座教授，当然我做了具体的接待事务，如同外事处联系，安排在专家楼食宿；请系主任联系校方举行受聘仪式和安排捷公和彭教授的在历史系的演讲。这期间，在捷公倡议下，彭炳进教授在南开大学历史系设立学术讲座基金，约请名家演讲，然后将演讲稿结集，寄往台湾出版。事情议定，成立基金会，彭教授任名誉会长，捷公为顾问，我遂同常建华教授操办起来。除了聘请南开大学人文学科名教授魏宏运、刘泽华、陈振江、冯承柏、朱凤瀚、张国刚、宁宗一、崔清田等教授，又从北京邀请名家蔡美彪、宋德金、王俊义、陈祖武、庞朴等教授来校演讲。1996—1997 年度的演讲集《中国历史上的农民》（彭炳进教授学术讲座第一辑）于 1998 问世，此后连续出版三集。我在第一集《后记》中说"呈现在读者面前的这部学术专著，端赖于台北彭炳进教授的慷慨解囊，而肇基于陈捷先教授的倡导。陈、彭两位是南开大学客座教授，甚望南开大学教学与研究水平的提高，彭教授决定自 1996 年起在南开大学历史系设立学术讲座基金，聘请著名学者作学术讲演，并将讲稿结集出版；捷公为此作出精心的设计，使之付诸实行。二位教授身在中国大陆之外，而心系中华教育和文化的发展，其博大胸怀，令人敬佩不已，于此谨表衷心的敬意和谢意。"特别感谢捷公的促成劳绩，深情雅意，为史坛留一佳话。

（四）2001 年在桂林为捷公庆寿

2002 年，捷公和我的天津朋友编辑出版了《明清人口婚姻家族试论》一书（天津古籍出版社）副题《陈捷先教授、冯尔康教授古稀纪念论文集》，开篇是一幅捷公和我的彩色合影，说明云："陈捷先教授、冯尔康教授二〇〇一年春于南开园"。为何出版这个文集，事情是这样的：因捷公常到南开大学作客，我的学生参与接待，听他演讲，在一起用餐，豪爽的捷公很善于识人，如将行政能力很强的宫宝利教授戏呼为"大内高手""宫保大人"，更重要的是捷公有恩于众人，他通过我或在津面约大家为《历史月刊》供稿，为他主编的《清史事典》撰稿，杜家骥、常建华、阎爱民、宫宝利、余新忠等学友都应承撰文、撰书。爱民的一篇文章，发在《历史月刊》上，那时他还是刚留校不久的青年教师，但稿酬却按高级别付给，杂志社同时又推文在北美《世界日报》刊出，后又被收入一位华人教授的《老人社会学》书中，又得了两次转载稿费。对于陈先生不论资辈唯文是举和提携后学的做法，让爱民念念于怀，近日还向我道及。学友们都视捷公为老师，敬执弟子礼，这就是该书《后记》里写的：捷公和我两位先生的密切交往，"使其弟子们共沐两位先生之教泽，广结了师生之缘。"众学子怀着敬仰、感恩的心情，决定为捷公庆祝七十大寿（我是为陪衬，因为即使为我，也不能提前两年进行），召开学术研讨会和出版纪念论文集。事情由家骥张罗起来，他于2001年联系在广西师范大学执教的校友，联合在桂林举办学术研讨会，两岸学者出席，韦庆远教授与会，为会议增色。会间各位学友携手游览漓江、阳朔、溶洞，学友们纷纷在船头与捷公合影留念，渡过美好时光。如今听到捷公驾鹤西游噩耗，李庆新、周正庆等晒出那些值得回味的照片。

（五）2009年扬州欢聚

2008年，阎崇年教授和我同在台北参加学术研讨会，常同捷公欢聚，一天捷公提议，我们附议，商定明年在扬州召开学术研讨会，捷公提出会议议题，名曰"盛清扬州与社会"高端论坛。这里需要说明两点，一是"盛清"一词，是台湾学者通行语汇，而大陆学人则习惯于使用"康乾盛世"；研讨扬州史，是捷公继出版《扬州研究》之后，再次关注家乡的历史，表明他对故土的深厚眷念之情，令人钦佩。我是仪征人，当然有志于故乡历史的研究。阎崇年教授以博大心怀热情赞成。议定之后，我们三人分头约请与会人员，阎教授并写信给扬州市负责人，请予支持，乃于2009年金秋季节在扬州举行学术研讨会，两岸学者数十人欢聚一堂，畅谈康雍乾时期中国和扬州社会历史。研讨会期间，扬州市政府特用难得烹制的扬菜"三头宴"招待与会者，我的家乡仪征市政府也在扬州设宴款待所有学者。

扬州会之前，捷公早就同江都政府商妥，召开地方史志学术会，所以扬州会一结束，与会部分人员，阎崇年、常建华教授和我一干人等，在捷公引领下前往江都开会。

扬州会后，征得与会学者同意，论文汇编成庆祝捷公八秩大寿纪念集，这就是冯明珠主编的《盛清社会与扬州研究——恭贺陈捷先教授八秩华诞》（远流出版社，2011年，繁体字本），我的论文《清代乾隆时期扬州人的引领时尚——建设文化教育休憩城的历史启示》在收入庆寿集之外，先期在《安徽史学》2011年第1期以简体字刊出，并作出注释："……庆祝台湾大学荣退教授陈捷先先生八秩华诞，兹以简体文本披露，为挚友之庆"。说明是为庆祝捷公八十华诞而作。我还为该文集写了《序言》，概述捷公的为人与学术贡献。我写道："捷公举办这一系列的学术会议，有着强烈的传播中华文化的使命感，他是要让东方人、西方人了解历史上中国与东北亚、东南亚的密切关系及中华文化的远播，让世界学人了解中国和日本、韩国、越南学者的研究状况和学术观点。事实表明捷公功在中华文化的向世界传播，功在中华文化的继承发扬，功在两岸的学术交流。他是文化交流使者，推动者，正是在这个意义上我说他有叱咤风云的学术气概，令人佩服。"在江都的研讨会，我报告的是《乾嘉以来的江都乡镇志和专志》，后来刊发在《东北史地》2011年第1期。

（六）继续交往中的琐事

前面说的与捷公交往，可谓是写"大事"，还有一些事情，颇能反映我们友情的深度。

（1）在台湾有事请教。到台湾，尤其是初次去，人生地疏，行动不便造次。如初次赴台，有某报社要访问我，我因台湾政情复杂，不知应否接受，于是请教捷公，以决定行止。1992年之后，我多次赴台，得到诸多学友的关照，有一年行将返回天津，我为答谢朋友，想学捷公在北京的做法，请友人餐聚，当然首先考虑的是捷公，我说出约请的心愿，他立即表示异议，说你在天津都请过他们，现在就不用了，我只好打消这个念头。不过，到2002年冬季，捷公不再拒绝，我还是实现初衷。

（2）参加捷公朋友圈活动。捷公在台北的朋友圈，有定期的聚会，藉餐饮交流友情和信息，其乐融融。我在台北时，若有聚会，捷公总是叫上我，就是我在南投埔里，捷公也会约我，我因是文人雅聚，乐于赴宴，即使在埔里，也要坐四个小时的公共汽车赶去。众人不弃于我，有可能是碍于捷公情面，然否，我总领捷公情意。

（3）赴台北迎接捷公和常建华教授赴埔里暨南大学演讲。2002年下半年我在暨南大学讲课，12月常教授适在台北学术访问，我向历史系所主任王鸿泰教授道及，他乃约请捷公和常教授来讲学，请一位学生开车前往台北迎接，我乃随车同往，提前道乏。他们在晚间演讲，非常生动精彩，学生纷纷提问请教，我也向捷公请益，捷公说我就知道冯教授会向我发难，说得风趣。

（4）让我推荐任课教授。捷公荣退后创办宜兰佛光学院历史学系所，时常在那里开课，指导研究生，2002年，承他和系主任李纪祥教授的盛情，邀我去讲学访问，期间说到，本想未来邀我讲学一学期，但年龄关系（我已68岁，开年就69岁），碍于制度难于做到，要我举荐一位学者，我就推荐了杜家骥教授，后来，杜教授就应邀赴宜兰佛光讲学了。

（5）参与议论编写《清代台湾》丛书之事。2003年的一天，捷公、阎崇年教授和我在台北会面，捷公提出编写《清代与台湾》丛书动议，真是友人所见略同，一致认为很有必要，应当立即行动。鉴于此项图书需要颇多出版经费，捷公乃于2004年10月20日写信给国家主席胡锦涛，说明丛书写作的社会意义，希望得到出版资助，署名人，捷公之外，列有阎教授、王思治教授和我。后来捷公同阎教授投入写作，我因其他写作计划安排不过来，未能参与。这项写作本是大事，我因未实际写作，以"小事"记叙于此了。

（6）通过陈龙贵先生联络捷公与我双方。捷公不用电子邮件，晚年常驻加拿大，我亦在澳大利亚时日为多，双方利用电话互问起居，然而使用电话卡，要拨四十来个数码，老年人目光又不好，拨错一个数码就要重来，颇为不便，因此我若向捷公请安，常常通过电子邮件烦请陈龙贵先生转达，并了解他的信息。好在龙贵先生是捷公好学生、好朋友，为人笃诚，信守中华传统交往礼仪，他就成了我们中间的传话人。附带说一句，2009 年我们在扬州开会，天津朋友邀请捷公夫妇得便津门聚会，同时邀请龙贵夫妇，后来客观原因未能实现，我总有愧对龙贵先生的心情。

开篇说到我同捷公的文字交流，多达十余篇，其中捷公命题较多。他大约看出我为人的拘谨，又拙于言辞，自谦自爱，又知我心诚，多加爱护和关照；我则因遇到知己，抛弃矜持，视捷公为朋友，亲密起来。

二、我和捷公的学术交流

我同捷公文字交流，有六种方式，一是我们之间互为学术著作写序言，二为我向读者推介捷公宏著，三是我为捷公写作祝寿文，四是向《历史月刊》供稿，五是替《历史月刊》组稿。还有一项是我参加捷公主编的丛书的写作，此事，放在第三目叙述，本节不予涉及。

（一）捷公与我互相为对方著作撰写序言

捷公视我为同道，不嫌我学识鄙陋，将宏著《东亚古方志学探论》（联经出版公司，1998 年）令我作序，我因十分敬佩他的鸿博学识和热诚治学精神，也为他的学术建树感到由衷的喜悦，于是本着恭敬不如从命的态度，敬撰《代序》。捷公宏著采用的方法是将东亚古方志学与中国古方志学进行比较研究，发现中国宋元学者所制定的方志义例，成为明清时期朝鲜编修方志的蓝本，即在指导思想、体例规范、具体行文、主旨目的诸方面，都与中国相同，是用中国儒家思想为指导，以中国方志为圭臬进行志书的编纂，可见是受中国文化的巨大影响。捷公的结论，由朝鲜志书实物来验证，绝非主观想象出来的，是客观事物的准确说明。中国方志与东方诸国志书的关系，似乎尚无人作系统的深入的研治，捷公的著作无疑地具有开创性，他拓展了中国方志学研究领域，同时也是向人们展示独辟蹊径的研究方法，使人们把对中国方志学史的研究与外国方志学史紧密地结合起来。因此，应当说捷公的新著作是对我国方志学史研究的重大贡献。1997年，捷公惠赐他的《清代台湾方志研究》，我将它与《东亚古方志学探论》放在一起，认为是捷公方志学研究成果的姊妹篇，是中国方志学界研究领域扩展的标志，也许可以说是方志研究史的一个里程碑，因为它们的问世，弥补了台湾方志史和域外方志史两个领域的研究空白。

捷公较为晚近的著作之一，是2008年中华书局梓刻的《蒋良骐及其〈东华录〉研究》，蒋良骐的《东华录》，研究清史的人都知道这是一部重要史籍，它同《清历朝实录》、王先谦《东华录》并为清代编年体史书，也是研习清史者必读书。我们都知道蒋录中多有官修史书不载的内容，非常宝贵，但蒋良骐为什么要著录那些内容，他个人的历史与史观，包括我在内的清史研究者并不很清楚，现在好了，捷公在其专著中给了我们较为清晰的说明。我再次奉命写序，以《学术之路常青——陈捷先著蒋良骐及其〈东华录〉研究》为题，书写读后感，获知捷公的书正是要回答读者疑难的问题。捷公此书的学术贡献，我想在于：（1）详细挖掘资料，论述了蒋良骐的家世和生平，指出他出生在文化世家，父亲为官清廉正直，在良好的家庭教育、熏陶之下，蒋良骐做官忠于职守，善于结交文友，声誉甚佳。成为捷公所说的"盛清名人，在政坛与学界是有相当地位的"人，因而令读者能够理解蒋良骐何以能撰著这部史书。（2）指明蒋录是一部难得的史料集子，尤其是在乾隆间文网严密可怕的时代，他敢"偷"钞出许多国家与皇室机密文件，实在勇气可嘉，难能可贵。今日读者能够看到清代档案，而"蒋录"传世之初一段时间内，人们是见不到的，所以捷公特别强调它在档案未公开以前的作用："乃是唯一传布大内秘档的书籍，确实给研究者提供过不少资料，为清史研究建立过新里程碑，蒋书的历史地位也因此是应该受到肯定的。"（3）指出蒋良骐史学素养不足，杂糅编年体与纪事本末体不当。它如纪年不统一；对清史研究深度不足。因此"蒋录"并非"名著"，"不能列入史书佳作之林"，蒋良骐不能视为第一流学者。但是他敢于偷钞档案史料供给后人，勇气可嘉。（4）详细考证《东华录》的各种抄本、刻本（包括日本印本），其间的诸多差异及出现的原因。（5）探讨了蒋氏撰述的目的问题，指出他搜集史料，涉及清朝屠杀汉人、剃发令、文字狱和满汉矛盾，明朝诸王活动和反清复明运动，之所以对这种历史有兴趣，是"别有用心"，表明蒋良骐具有汉人意识及消极反清的思想与动机。正因此他的书在生前及以后的一段时间内不

能出版，人们记叙他的历史也不提《东华录》一书。捷公为我们析疑解惑，我在 2013 年故宫出版社梓行的《清史史料学》中，讲到蒋氏《东华录》，就吸收了捷公研究成果，所以在书中写道："可喜的是陈捷先撰著《蒋良骐及其〈东华录〉研究》，对此书及其作者作出全面的、客观的评论，可供读者参考。"

我著述《清代人物传记史料研究》（商务印书馆，2000 年）小书，祈请捷公赐序，捷公于 1998 年春在加拿大卑诗省西温哥华山边屋慨然挥毫，首先论述清代在中国历史上的重要而特殊的地位，接着讲述人是人类社会的主体，人创造历史，因此人物传记史料研究就有无比的重要性，进而鼓励我，说拙作"可以作为我们研读与利用清人传记资料的指南"。因为是朋友的善意言论，我只好愧领了。

（二）推介捷公宏著

（1）拜读《康熙写真》的感受

捷公撰著清朝皇帝的写真，《康熙写真》是最早的一部，系台北远流出版公司于 2000 年 12 月印行。我应约写出《话说〈康熙写真〉》，作为"推荐人的话"刊登在《康熙写真》和《历史月刊》（2000 年 12 月）上。我在介绍此书内容之外，特别强调捷公作为学术大家书写通俗读物的社会意义，以及作为朋友，我们志向的契合。

捷公向读者推荐什么样的康熙皇帝呢？他写了关于康熙历史的五十个方面，向读者展示活生生的康熙：是自然体的人，生活中的人，家庭中的人，同时是理政的君王。捷公谈到善于养生的康熙，久病成医，成了"医生天子"；他懂得补药，对人们宝贵的人参能不能用，在什么情况下吃有独到的看法，他还有治病的妙方——坐汤、食补、偏方。家庭生活中的康熙，按照皇室家法，满人和汉人是不能通婚的，可是康熙有汉人的妃嫔，而且为他生育子女；他崇奉汉文化，爱好学习，为人又谦虚，读书很多，颇有心得，具有多种艺能，写得一手好字。他组织学者修书，中国第一部大类书《古今图书集成》，基本上是他倡导编纂成功的。康熙生活俭朴，然而有其乐趣，喜好戏曲；嗜好打猎捕鱼，怕热，在热河建立避暑山庄，每年要有几个月居住在那里，得到了狩猎的方便。因为健康的关系，有一段时间好饮西洋葡萄酒。康熙的处理朝政，捷公叙述了五个方面，一是皇位问题，讲他的继位，那时他年方幼稚，自己不能做主，至于皇太子允礽的立与废，就是他办的事情了。二是乾清门临朝御政，鼓励亲信臣工书写秘密奏折，亲自在上面写批语，主张并实行君主乾纲独断，大权不假手于人。三是稳定边陲，粉碎蒙古噶尔丹的进攻，加强对西藏的经营。四是经营和开发台湾，台湾内附与决策建设台湾，重视台湾先住民的才艺，在内地试种台湾芒果，并选优良品种来台试种西瓜。五是对外关系，击败沙皇俄国的东侵，遣使欧洲，图理琛出使俄国，学习西方科学文化技术，用西洋人测绘地图，同时中国古籍也经过传教士传播到西方。捷公写真的康熙，聪明好学，以汉学为主，兼收西洋文化，多才多艺，爱好运动，勤于理政，所向成功，生活朴素，晚年家难，伤透脑筋。他把康熙个人的禀赋、性格、理政、生活几乎全面托显出来，并且透过他的活动，将康熙一朝的政治经济文化政策，特别是重大政治事件表现出来。人们说一部好的人物传记，能够反映出他那个时代，捷公的书，岂不是康熙时代的缩影！

捷公是有名的史学家，却书写通俗的历史读物。他在本书动笔之前，对康熙历史作过多方面的探讨，这里仅想举一个事例，读者便自可知晓。一九九九年捷公在南开大学举办的"明清以来中国社会国际学术讨论会"上，发表了题为《康熙与医学——兼论清初医学现代化》的报告，全面论述了康熙对中西医的认识和政策：他患疟疾，服用西药金鸡纳霜治好的，从而对西医产生好感，征集西洋医药专家到北京，炼制西药，使用西医西药为人治病，打破传统观念，下令推广种牛痘。他自己钻研西洋医学知识，指使最好的画家专画人体解剖图像，他对中西医学从不迷信，有用、有益的成分就拿过来使用，否则不予考虑，对西药是先接受其实物，而不是西医制度。康熙开启了中国医学现代化，但没有走得多远。捷公把这样专深研究的成果，转化到《康熙写真》中，难怪"医生天子"等篇内容丰富，文字流畅，令读者易于接受。这就是深入浅出，不是捷公这样的大家很难做得到。

《康熙写真》，给我们的不仅是一部真实的康熙的历史，也是历史学家以通俗的著作与读者交流，是热忱地希望能给予读者以知识的启迪和阅读的享受，捷公说，"一个人多读历史书可以增长应付未来生活的能力，多读伟人传记可以提升人的高尚情操，完美心灵智慧"。我想，他以这部高品位的著作，必能与读者合作，达到这种理想的境界。读者诸君，倘若要想从古人那里获得知识的启示，《康熙写真》就是一部可供选择的佳作！

捷公使用通俗的语言，写真实而有趣的历史故事，我们好友的心是相通的，我们作为读书人，学术品味竟是这样地相同：捷公用这部著作，实践他撰写通俗读物贡献给读者的主张，而我在1996年出版《清人生活漫步》小书，在前言中说到写作用意，是想写"知识量丰富的、贴近人们生活的、富有情趣的东西"，

"让读者在轻松的气氛下阅读，看了是一种精神上的享受，既增长了知识，又愉快地度过闲暇时光，岂非一举两得。"可见我们的趣味是多么地相投啊！

（2）捷公康雍乾三帝《写真》读后感

继《康熙写真》之后，捷公又给读者贡献出《雍正写真》《乾隆写真》，我遂写出《评介陈捷先著康雍乾三帝〈写真〉》（《历史月刊》第181期2003年2月），绍述三部著作的四个特点："讲故事""解疑惑""正视听""新体例"。

捷公讲的康雍乾三帝历史故事，重要的内容是他们的生命史。对康熙的生命史关注较多，我在《话说〈康熙写真〉》文中已有绍述，这里从略。对于雍正的个性，捷公的着墨要比康熙多得多，指出他自幼形成的"喜怒不定"的毛病，虽然以"戒急用忍"为座右铭，但是并没有改掉旧习，故而对年羹尧加以杀戮；而且为人精明刻薄，在臣工的密折上批写骂人、侮辱人家人格的话："胡说""混帐""孽障""恶种""无耻小人""不是东西""朽木粪土""庸愚下流""不学无术""良心丧尽""看你有些疯癫"，等等，可见其为人狠毒凶残。雍正还特别迷信祥瑞，用它来骗人，巩固统治地位。他还热衷于批八字、打卦算命，连行军打仗的日期、路线、方位都要根据占卜的结果来决定，不能不说他是"迷信的君主"。雍正皇帝密令督抚推荐通晓医术道士的手谕，由此可知雍正皇帝颇信服道家丹药。雍正善于书写，见于"朱批谕旨"的就有二、三万件，他为军机处写的"一堂和气"的匾额，"不但俊美精妙，匾文的用意也是极佳的"。捷公作出如是之评价。讲故事，是历史学者最基本的职能。讲故事首先要把事情弄清楚，其次要说明白，可不是简单的事。读者固不可将文学艺术的故事与此混同起来。历史学家也不必总端着讲解历史规律的高明架子。捷公之作，当然故事讲得好。

清朝历史上的疑案相当多，有些是关于皇家的。康熙为什么能继位？是否被害中毒死亡？雍正是依据康熙遗诏还是窜改遗诏继位的？他是被仇家刺杀的抑或是病故、丹药中毒死的？乾隆是汉人的儿子吗？出生在北京还是承德？英国使臣马戛尔尼是否向乾隆帝行了跪拜礼？这些历史疑案，有的是历史上政治斗争的产物，也是辛亥革命时期问难清朝的资料，有的至今在民间传播，学术界争论。捷公将他对历史材料的解读条分缕析与读者作出交流。如康熙有兄长、弟弟，顺治何以选择他继承皇位？官书上说是赞赏他的愿学父皇的志向与特别聪明，捷公认为不足为据，因为他并不为乃父所喜，那么原因究竟何在？原来满洲人最怕天花，许多满人、蒙古人、西藏人到北京因出痘而死亡，康熙幼年出过天花，不会再有因此夭亡的危险，故而皇太后及皇家主要成员提出这样的建议，并为顺治接受，可是这种原因若见于官书，有碍于康熙的圣明形象，故而加以隐匿，亏得传教士汤若望的记载说明真相，捷公予以引用，谜底就在这里。乾隆是许多汉人津津乐道的浙江海宁陈阁老的儿子，是雍正用女儿偷换来的，若是这样，应当出生在北京，可是又有说是生在承德雍正的别墅狮子园，说他是雍正与丑陋的宫女野合而生，他的诞生地与京都雍和宫无关，真是故事外有故事，谜中有谜，令人难辨。要解决这种难题，捷公提出的研究方法是先摒弃乾隆生母是陈氏汉人和宫中丑女的成见，跳出野史与小说家所制造的传闻框架，产生新思维，获知朝臣在嘉庆、道光承递之际，利用乾隆出生地的问题掀起一场政治斗争，捷公掌握如此丰富的史实，从而否认乾隆为汉人之子及生于承德的说法。至于英使马戛尔尼的觐见乾隆，清朝官书说他行了跪拜礼，英国使团主要成员说只行单膝下跪礼。捷公利用一个小官的七律诗"一到殿廷齐膝地，天心能使万心降"，证明马戛尔尼双膝跪地了。有的历史之谜不能破解，是历史造成的，是学术界整体的事情，不是苛求那一位学者所能做到的。正是因为这种客观现实，我在这里运用"解疑惑"的话语，而没有说是"去疑惑"，"去"是使"疑惑"径行消释，是不好随便使用的。

正视听。捷公的写作，对诸多历史疑案的解析不遗余力，就是希望将真实的历史知识交给读者，从文学艺术家制造的迷惘中走出来。

新体例。捷公的《写真》，被史学史专家仓修良教授归结为开创历史人物纪事本末体。他说："捷公的《乾隆写真》，实际上是用中国传统史学中纪事本末体撰写而成，也许这是捷公没有想到的。但是经过捷公的努力，使这种古老的史体'返老还童'，富有了新的生命力，为史学走向通俗化，走向人民大众开辟了一条通道，开创了历史人物采用纪事本末体的先河，这是可喜而成功的一举，可以肯定。《乾隆写真》不仅会受到人们的欢迎而广为流传，而且所使用的体裁与形式也会很快得到推广和使用。在史学通俗化方面将会产生深远的影响。"（《乾隆写真·推荐人的话》）笔者作这样的长篇引述，实在是因为仓教授说得太精彩了，是我想说而没有能力说出来的话。史学必须走通俗化之路，走出史学家自我禁锢的小圈子，摆脱孤芳自赏的困境。史学家来写通俗著作，让史学读物走向民间，为民众所接受，此乃当今史学界的任务，岂可小觑！

（三）为捷公撰写祝嘏文章

冯明珠教授为庆祝捷公七十大寿，邀约海内外学人写作文章，我高兴地写出《清人谱法中求实际与慕虚荣的矛盾观念》，被收入《文献与史学——恭贺陈捷先教授七十嵩寿论文集》，2002 年远流出版公司梓刻。

前述 2009 年，"盛清扬州与社会"高端论坛，我的论文收入论文《清代乾隆时期扬州人的引领时尚——建设文化教育休憩城的历史启示》收入《盛清社会与扬州研究——恭贺陈捷先教授八秩华诞》，毋庸复述。

说到扬州研讨会和《扬州研究》之作，我已指出捷公的浓郁乡情，我还知道一件事情，在这里附带道出。捷公藏书极富，又是书法家，夫人侯友兰女士，在美国史丹福大学中心执教有年，是著名敦煌佛画名家。捷公夫妇将珍藏的图书和书画赠送故乡江都，部分赠予扬州人、当代高僧大德、佛光山创始人、星云法师在扬州设立的鉴真图书馆。

（四）向捷公主编的《历史月刊》供稿

《历史月刊》先后披露我的文章（有的署名顾真），前述评介捷公两篇《写真》之外，尚有：

《古代著名沦落女子为何受褒扬》，1996 年；

《清代粥厂》，1997 年第 5 期；

《清代官绅的晚年生活》，1997 年第 6 期；

《人物传记的别体——年谱》，1997 年第 8 期；细心的读者会明了，1996 年我在台北，捷公来南开大学，我们直接亲近交流较多，故当年及次年应命向他主编的刊物供稿较多，当然，以后仍有随笔在月刊上注销。

《清代节烈女子的精神世界》，1999 年第 4 期；北美《世界日报》1999 年 4 月 30 日—5 月 3 日转载；

《鸦片战争与中国近代化》，1999 年 11 月号；

《学者教育家郑天挺先生》，2000 年第 11 期。

（五）为《历史月刊》组织专栏及组稿

直接由捷公或《历史月刊》社让我协助专栏组稿，我记得有两次，阎爱民接受是撰稿人，他帮助我回忆有三四次。一次是组织"纪念壬辰战争三百年"稿件；二次是 1996 年刊发的"妓的历史考察"几篇文章；三次是 1997 年的专栏"中国古代的灾荒血泪与危机处理"，四次也是 1997 年发表的关于古代老年社会专题。作者中有友人杜家骥、常建华、阎爱民和我。

此外，2000 年 8 月南开大学主办马可波罗国际学术讨论会，杨佩之志玖师作主题报告，会议开得很成功，《历史月刊》杂志社富有学术敏感性，打电话要我帮助组稿，出一个专栏，其中点名要有杨志玖教授的论文，我遂协助杂志社组稿，请求佩之师写文章，得到允诺。

三、捷公令我钦佩不已的勤奋治学精神和杰出成就

行文之初，本拟在此罗列捷公宏著，说明他是极其勤奋的著作等身的学者，现因本纪念集收有捷公著述目录，这里从略，唯论及捷公学术和学术事业的贡献，那就是：颇具世界眼光的中国史研究法；致力于将中华文化、中国历史研究推广于东方和世界；两岸史学研究交流平台的建立者；以史为鉴，对现实的高度关怀。

（一）将中国历史研究放在世界历史中考察的意向

前面叙说捷公《东亚古方志学》学术贡献，意犹未尽，从该书我看到捷公研究历史的世界眼光，将中国史放在世界史中研究的意向。他特别论述对于中国学和中国史的研究意义，指出朝鲜方志"对于探讨中韩历史关系与中国文化东传等重要问题，也具有相当的参考价值"。他勤于披阅朝鲜、日本、琉球、越南汉文志书，在关于越南志书的一篇论文的结束语中说，东方诸国的志书，"不能仅仅视它们为各该国的汉文珍藏，应当把它们看作是整体中国汉文化产业的一部分。我们如果要了解博大精深、历史悠久的中国文化，东亚各国的汉文古方志就应该一起加以研究，否则我们可能得不到全面完整的答案，终将是一项缺陷"。要想全面地、深入地研究中国文化，仅仅着眼于我国内部情况，仅仅依靠国内文献，显然是不够的，必须放宽视野，考察中国与世界的联系；扩大研究资料的范围，向世界各国、各种文字搜求有关中国文化的材料，域外汉籍应是重要的一项。捷公以他成功的研究，为人们做出表率，并且证明这是中国文化史研究迅速发展的必不可少的一种方法，那就是将中国历史放在世界历史中考察。对此捷公虽然没有明确论说，但意思是那样的。

（二）致力于将中华文化、中国历史研究推广于东方和世界

这也是史学研究的世界眼光的体现，不过这里是想说明捷公将中华文化推向世界，是设法让异国人知道中华文化、中华文明，以利于中国立足世界。前述 1992 年捷公主持召开"第 35 届世界阿尔泰学会议"，捷公向我说及为什么要主办这种学术会议：我们东方人不能不参与东方学的研究，过去没有条件，如

今就要努力去做。他又说，他之所以用英文写作 *The Manchu Palace Memorials* 一书，就是要向世界学术界表示中国人有能力研究中国学问。我在台北圆山饭店目睹东西方学者云集，出入会议室，深深感到捷公此举为中国人增光。阿尔泰学研讨会，仅仅是捷公主持的国际学术会议的一例，由他创设和主持召开的学术会议有："亚洲族谱学术研讨会""中韩历史关系国际学术会议""中国域外汉籍国际学术会议""中琉历史关系国际学术会议"，等等。这些学术会议都是一而再再而三地多次进行，比如族谱学研讨会举行九次，第八届是捷公与香港大学赵令扬教授联合举办的，我亦应邀出席；第九届族谱研讨会，题为"海峡两岸族谱学术研讨会"，是我所服务的南开大学、扬州大学等单位和捷公合办，人民大学刘耿生教授、戏曲学院林岷教授协助办理，1996 年在扬州举行。因为两岸关系，那时不得与台湾方面联合举办会议，不能接受经费资助，可是经费又难于筹集；台湾方面又需要有第九届亚洲族谱研讨会的会标，真是难煞捷公和我这主持人。事在人为，研讨会还是成功举办了。中琉关系史研讨会持续进行，台北、冲绳、北京轮流坐庄，第七届中琉历史关系国际学术研讨会，1998 年在台北召开，我出席并提交《清代出使琉球官员的情趣》论文，收入《第七届中琉历史关系国际学术研讨会 中琉历史关系论文集》，台北中琉文化经济协会出版于 1999 年。捷公开创的这些研究活动，促进谱牒学、方志学、韩国学、琉球学、汉学诸多领域的研究蓬勃发展，培养了一批中外青年学者，是以人们说捷公"既开风气且为师"。

这一系列的中国学学术研讨会的举办，因此我认为作为清史学家、文献学家、满学家的捷公，是推动世界汉学研究的文化使者，扩大了中国文化的影响，功在中华民族，是颇有"叱咤风云"味道的权威学者，令我由衷地感佩。

（三）两岸史学研究交流平台的建立者

1992 年，捷公邀请我们九人赴台参加学术研讨会，不仅是两岸学者较具规模的学术活动，可以说为两岸学者建立学术交流平台打下良好基础。其时两岸学者在台湾相聚机会极少，人文学科方面无有此规模者，在此之前，台湾学者时或出现在大陆举办的学术研讨会，但人数是个别的，零星的，大陆学者能到台湾，更是微乎其微，而这一次竟然有九人之多，是首创。而其意义更在于开展了较为广泛的学术交流。且看捷公为我们安排的学术交流活动。作为《历史月刊》主编的捷公，组织台湾学者、史学爱好者和大陆学者座谈"清史疑案大家谈"，与会者发言记录则发表在《历史月刊》上，内有我发表的浅见。捷公又特地为我们安排台北和赴台中、台南观光及学术交流。在"中研院"，我们九人都都作了演讲，我讲述个人、大陆同仁中国社会史研究及阅读台湾学者著述的情况。捷公还安排我们到台北故宫博物院，与秦孝仪馆长座谈，阎崇年教授获赠一套《旧满洲档》；往"总"图书馆参观，看来该馆事先作了精心准备，将馆藏我们每人的著述目录都打印出来了。在政治大学，包括我在内的几位同人发表了学术演说。在台中，东海大学校长与我们共进早餐，有几位同行者在中兴大学、台南成功大学演讲。台南永康乡，是刘石吉教授的家乡，在他筹备下，当地农会宴请我们，并赠礼品。在台北以及南下观光、演讲，都是捷公个人魅力所致，不是他的威望，我们哪里能够受到那样热情的接待。当然，我们一行是两岸学者在台湾进行的是较具规模的学术交流，各方面的学者都表现出热情。我虽然演讲不多，但结识许多学友，如在"中研院"演讲结束之时，梁其姿教授就向我赠送关于年鉴学派的著作，自此之后我们成为学友，我到台北几乎都承她关照，在她所在的中山人文研究所演讲，特别是 2002 年，我在嘉义中正大学，她约我去演讲，但在预定的日子遇上飓风，交通中断，她又让我次日改乘飞机赴台北，如此热情，令我感动不已。我约请她到南开大学演讲，期间余新忠教授向她求教，结下友情，时至今日，余教授请她到校发表演说、出席研讨会，她都拨冗允诺。捷公安排的大陆学者集体活动结束之后，在 1989 年林天蔚教授主办的研讨会上结识的文化大学李德超教授约我在台北附近作一日游，1998 年他参与善同文教基金会假文化大学主办的"章太炎与近代中国"研讨会，约我出席，我遂以《章太炎清史研究平议》论文与会。我离开台北，胡春蕙教授送我到机场，其时我们受赠很多图书，胡教授见我的书肯定超重，为免交托运费，他找一位不相识的同机乘客，帮忙携带一些。不说大陆同仁在台湾的学术活动，就我个人这些经历，可知捷公邀请我们此次台湾之行的学术意义：两岸学者进行了一定规模的学术交流，互相了解学术研究状况，大陆学者认识到台湾文化、学者的实力和能量，台湾学者获知大陆学者的研究动态，为进一步开展学术交流打下坚实的基础，而能够获得如此丰硕果实，非捷公之力莫能办。

在 1992 年学术交流的基础上，次后，捷公又在两个方面促进学术交流，这是：

（1）组织两岸学者的合作研究，撰写著作。捷公主编《清史事典》，自撰《清太祖努尔哈齐事典》《清逊帝宣统事典》，台北故宫博物院庄吉发教授、中国人民大学刘耿生教授各著两朝事典，其他是我的好友杜家骥作《清太宗皇太极事典》，宫宝利著《清世祖顺治事典》，常建华作《清高宗乾隆事典》，杜家骥、李然撰《清仁宗嘉庆事典》，余新忠著《清宣宗道光事典》。我奉捷公之命写作《清圣祖康熙事典》，寻因承担新编清史"宗族志"的编写，颇费功力，遂请求友人王思治教授合作成编。这一套丛书十二册，大陆学人完成八部，捷公的天津朋友鼎力相助，皆因敬仰捷公为人，致力写作。捷公还与阎崇年教授合著《清代台湾》，前已交代，毋庸赘述。捷公对《清代与台湾》丛书作出规范，因规模较大，难于实现。捷公在主持两岸学者合作研究之外，参与国家清史编纂工程的工作，组织台湾学者参加写作，清史办在北京开讨论会，捷公、冯明珠教授、政治大学张哲郎教授等多位学者出席，台湾学者独立承担《乐志》的写作，"台湾志"的编纂更非台湾学者莫属了。

（2）两岸学术研讨会。2002年国家清史编纂工程正式启动，2003年，捷公就在台北主办第一届国际清史研讨会，除了国际学者，两岸清史研究专家汇聚一堂，共同研讨清代历史问题。会后，捷公与清史办学者共同编辑出版了《清史论集》（人民出版社，2006年），拙文《从召见臣工看道光、咸丰的理政与性格》，原载2005年第四期《江汉论坛》，入了捷公法眼，被他编入《论集》，再次与读者见面。

总而言之，捷公于两岸的学术交流，三致力焉。他搭建的学术交流平台，在他仙逝之后，期望在热心者继续努力下开展学术活动，继续以丰硕的学术成果贡献给两岸社会。

（四）以史为鉴，对现实的高度关怀

关注现实社会，撰著"以古鉴今，痛下针砭"的学术杂文集《不剃头与两国论》。与阎崇年教授合著《清代台湾》，共同主编《清代与台湾》丛书，目的是针对李登辉的"两国论"和"台独"思潮。"台独"论调泛滥，甚至在教科书中将清代台湾史列入世界史范畴，对这类违背历史事实的"台独"做法，捷公义愤填膺，认为："我们有责任，也有义务向台湾民众、向海峡两岸人民、向世界人民说明台湾隶属于清朝中央政府的历史真相。"所以自撰《不剃头与两国论》杂文之外，更想用学术性强的史学著作予以驳斥，是以有"清代与台湾"研究的设想和某种践履。

写到这里，归结我对好友捷公的认识；

著作等身的清史、满洲史、方志学、谱牒学、台湾史以及东亚各国关系史的富有创识的学者；

致力于向东亚以及世界人民推介中华文化的民间使者；

热爱家乡的两岸史学家学术交流的卓有成绩的促进者。

安息吧，好友捷公，您的学术贡献，您的面向国际推动中外文化交流的业绩，民众会记住您的！

2019 年 5 月 9 日写于悉尼

满学家陈捷先教授

王戎笙*

陈捷先，江苏江都人，一九三二年生。台湾大学历史系及史学研究所毕业。赴美国哈佛大学"访问学人计划"研究。曾任台湾大学历史学系主任，史学研究所硕士班、博士班主任。台湾大学历史系教授，台湾《联合报》文化基金会国学文献馆馆长。

陈捷先于一九六〇年完成的硕士论文《满洲丛考》，是由李宗侗、广禄两位教授指导的。《满洲丛考》列入合湾大学《文史丛刊》，于一九六三年六月出版。台大《文史丛刊》是台湾大学文学院中国文学及历史学两研究所应届毕业生的学位论文中"足供学人参考之作"，经过校方"慎选"后分册印行的。《满洲丛考》一书包括 10 篇长短不一的考证文章。陈捷先发挥自己所学满文的优势，利用《满文老档》（当时还没有找到原档），对清初一些重要问题作了考证。其中许多文章所考证的问题是国内外清史学界感兴趣并且是有争议的问题。例如：《说"满洲"》《清国姓爱新觉罗考》《清太祖推刃胞弟考》《清初继嗣探微》《清初婚姻问题研究》，等等。

《幼狮学志》第一卷第一期上，发表了陈捷先的《说"满洲"》一文。该文认为，"满洲"一词是清太祖统辖部族的称号，《满文老档》提供了可信的证据。至于西方佛号、族内尊称以及酋长意义等，似乎都不是理想的解释。

《清初婚姻问题研究》一文经修改后发表在《幼狮学志》第一卷第四期上，改题为《明末女真之婚姻问题研究》。关于明末女真的婚姻形式，陈捷先认为，是以"购买"的形式来成就婚姻的，"购买"的代价以金银及一些日用品为主。从程序上看，明末女真的婚姻，主持人常由族中首长担任。"媒妁"其人虽然存在，但不是绝对的必要。关于婚姻的仪注，陈捷先用"质朴而亲敬"加以概

---

* 王戎笙，中国社会科学院历史所研究员、清史研究室主任。

括，主要是指纳征、迎亲和大宴。他根据有关史料，认为当时女真所实行的是一夫多妻制。首领以下的臣属乃至一般人民，也是一夫多妻的制度。陈捷先还指出："明末女真的婚姻因为是出诸'购买'的形式，所以在组织上是很受财富影响的。"

因为婚嫁常取决于财富，女子嫁夫，也是没有次数上的限制的。因为在购买形式的婚姻当中，女子不啻是件物品，固然可以由家长任意处分，也可以被关系人任意买卖。关于明末女真婚姻的制限，他说，在地位、身份方面的制限是非常注意而严格的，至于普通的制限，如在汉族中实行的近亲不婚等，则是不重视的。在清太宗以前，女真部族里是不禁止近亲嫁娶的。

《清国姓爱新觉罗考》一文后来在《大陆杂志》第二十卷第十期上发表。陈捷先在文章中认为，清室原有的姓氏实在就是"觉罗"，而"觉罗"这个姓氏的由来，是因居地而得。他们的祖先曾经姓过佟姓或童姓，那是因为他们假借了汉人的姓氏，一方面自高门第，一方面便利上达于朝廷。到了清太祖创建龙兴大业的时候，因为自己的势力强大了，同时又为了激起女真民族的同情，所以舍弃了汉人的姓氏，在自己旧有的姓氏"觉罗"上，加添一个"金"字，这就变成"爱新觉罗"了。

"为了介绍满洲人的语文，为了了解满洲人的历史文化"，陈捷先于一九七八年由台北大化书局出版了他的《满文清实录研究》，作为《满文档案丛考》的第一集。第二集也于一九八一年由台北明文书局出版，书名《满文清本纪研究》。陈捷先在写《满文清实录研究》的时候，已经开始整理《旧满洲档》了，所以他能利用这批珍贵的原始档案与"满文清实录"进行比较研究。陈捷先指出："就'满文清实录'的数量言，应该远比汉文的为多。"台北故宫博物院现藏"满文清实录"，在版本与收藏数量方面都是独特的、唯一的、无可匹比的。陈捷先对"满文清实录"的史料价值作了如下的评述："'满文清实录'记载了有清一代的中外大事，内容可以说是包罗万象。尤其是清初帝王的实录部分，若干记事是汉文本中漏译或语焉不详的，满文记载很有参考价值。太祖等朝的满文实录，若以定本与初修本相较，则讳饰窜改之迹立现，对追考嬗变之由是最好的依据。至于满洲人的风俗习惯等等，在满文实录中也记载得亲切而清楚；对研究满洲文化传统而言，满文清实录是绝对有帮助的。""由于'满文清实录'成书于不同的朝代，有古老的《太祖武皇帝实录》，也有清末受汉化很深的新满文作品，在文字与文法上颇有先后的不同，对满文的汉化及演变情形提供不少珍贵的资料，可以说是满洲语言学者的不可或缺的瑰宝。[①]

陈捷先在《满文清本纪研究》一书中，比较了世界各地图书馆和收藏中心所藏满文书档之后说：像台北故宫博物院现藏的满文本纪，这种朱丝栏本写制的钞本，这样有系统的并且有着几百卷册数量的史书，可以说是没有的。关于清朝皇帝满文本纪的史料价值，陈捷先认为：从时间上说，它记载了清代由兴起而强盛乃至于衰亡的完整过程。从内涵上说，它反映了清朝皇家的活动、帝王的生平、政府对内措施以及对外的交涉等等。满文本纪是清代各朝大事的记略，对于研究清史，是很重要的史料。同时又由于本纪修于不同的时代，从中可以了解满洲文字在入关以后的演变情形以及汉化不断加深的程度。

除教学与著述外，陈捷先教授还参与整理台北故宫博物院珍藏的清代档案，其中最重要的就是一九六九年八月出版的《旧满洲档》。陈捷先把他在参与整理这批档案的心得，写成《〈旧满洲档〉述略》，作为该书前言。所谓《旧满洲档》，是指清太祖、太宗朝的原始档案。广禄、李学智认为，这是与乾隆重钞本很不相同的满文原档，所以命名为《老满文原档》。陈捷先则认为，《满文老档》已作为乾隆重钞本的专用名称，长期为中外学者所沿用，而广禄、李学智命名为《老满文原档》，也不十分准确。因为这批档案虽然大部分是用老满文写成，但也有一部分用新满文写成，所以经过反复研究之后，决定命名为《旧满洲档》。他说："用《旧满洲档》来命名这批旧档，实际上是从清高宗上谕里得来的灵感，主要的相信这个名称既可以分别旧档与乾隆重钞本在时间上的有先有后，同时也可以包含早期满洲人在关外用老满文和新满文两种文体所记的档案。"[②]

关于《旧满洲档》的史料价值，陈捷先教授从六个方面加以论述：第一，《旧满洲档》可以钩考满文由旧变新的原始与过程；第二，《旧满洲档》可以发明和补足清初的史事；第三，《旧满洲档》可以解释若干满洲专门名词；第四，《旧满洲档》可以给重钞的《满文老档》证误；第五，《旧满洲档》可以帮助看出重钞本《满文老档》残缺的真相；第六，《旧满洲档》可以反映部分明末辽东地方的实况。

他在《从清初中央建置看满洲汉化》一文中认为，清初中央衙门的设置，并不像一般人所说的那样全部仿行了明朝的制度。其实，满洲人在借取明朝典章制度的时候，常常是有条件的、有限度的。他们常是经过理性的思考，不是一味盲目的模仿，而且是择善而从，首重本身利益的。满洲人在了解到汉化不

---

① 陈捷先：《满文清实录研究》，台湾大化书局，1978年，第161—162页。

② 陈捷先：《〈旧满洲档〉述略》，台北故宫博物院，1969年，第2页。

能避免时，在接受明朝典章制度的时候，他们仍注意保持住自己的民族文化。满洲人利用西藏的喇嘛教控制了蒙藏地区的黄教世界，汉化只是为了掌握全国统治权的一种手段，正如兴黄教以曳蒙古，信喇嘛而不侫佛一样，满洲人的汉化并不愿被汉人完全同化。

陈捷先教授的治学领域是非常广泛的，除了研究上述有关满族先世、满族语言文字、满族婚姻习俗以及满族汉化等方面的问题以外，他多年来致力于清代政治史、文化史、清代档案与文献的研究，钩考綦详，多有创获。他用中英文在学术刊物上发表了有关清史的学术论文百余篇，其中一部分辑为《清史杂笔》，自一九七七年起由台北学海出版社陆续出版。近年来，对蒋氏《东华录》产生了研究兴趣，先后发表了《蒋良骐〈东华录〉所记南明与台湾史事研究》《蒋良骐〈东华录〉校释》（台北《汉学研究》杂志上连载）、《蒋良骐〈东华录〉版本及其研究略考》《论蒋良骐编纂〈东华录〉的动机》等等。①

陈捷先教授在国际学术界非常活跃，与各国清史学界的朋友保持着良好的关系。他为了促进清史研究的广泛开展，为了筹集出版台北故宫博物院珍藏档案的资金，利用经常出席国际学术会议的机会，向各国学界朋友呼吁，得到美、英、日等国学者的支持，终于在一九七三年春获得美国学术团体联合会（ACLS）捐赠的一笔可观的出版基金。台北故宫博物院利用这笔基金，编辑出版了《宫中档光绪朝奏折》，按年月编排，每月出书一册。全书共 26 辑，嘉惠学人，有口皆碑。

陈捷先还多次组织国际学术会议，如"阿尔泰学会议"，"清史档案研讨会"、"中国域外汉籍国际学术会议"等等。对促进国际学术界的联系、文化思想的交流、研究项目的合作，均有贡献。近年来，又热心和大陆同行们为促进海峡两岸学术界的学术交流共同努力。

（本文原载阎崇年主编《满学研究》第一辑，吉林文史出版社，1992 年。经作者同意，收入本集。）

---

① 陈捷先教授:《蒋良骐及其〈东华录〉研究》,中华书局,2008 年。

文献足征：陈捷先教授与故宫档案的整理出版

庄吉发

  史料与史学，关系密切，没有史料，便没有史学，史料有直接史料和间接史料的分别，档案是一种直接史料，具有高度的史料价值，历史学家凭借档案，比较公私记载，作有系统的排比、叙述与分析，使历史的记载，与客观的事实彼此符合，始可称为信史，发掘档案，掌握直接史料，就是重建信史的正确途迳，近数十年来，由于档案的不断发现及积极整理，颇能带动清代史的研究。

  清宫文物，主要是我国历代宫廷的旧藏，故宫博物院即由清宫递嬗而来，民国六年（1917）七月，张勋复辟，破坏国体，违反清室优待条件，民国十三年（1924）十一月五日摄政内阁总理黄郛代表民意，修正皇室优待条件。废除皇帝尊号，溥仪即日迁出紫禁城，并交出国玺及各皇宫，国务院成立办理清室善后委员会，以接收清宫，敦聘李煜瀛为委员长。李煜瀛，字石曾，早年赴法留学，并加入革命党，他深悉巴黎罗浮宫（Louvre）为昔日法国王宫，大革命后改成博物馆，返国后即倡议改清宫为博物院，以利中外人士的参观。同年十一月二十日，李煜瀛正式就职任事，办理清室善后委员会开始分组点查清宫物品，民国十四年（1925）九月二十九日，因点查工作将次告竣，为遵照组织条例的规定，并执行摄政内阁的命令，办理清室善后委员会乃筹备成立故宫博物院。同年十月十日双十节，在清宫乾清门内举行开幕典礼，北平故宫博物院正式成立。

  北平故宫博物院的成立，不仅成为中外人士参观游览之所，其有裨于历代文物的保全，更是功不可没。北平故宫博物院成立后，即在图书馆下设文献部，以南三所为办公处开始集中宫内各处档案。民国十四年（1925）十二月，提取东华门外宗人府玉牒及档案存放宁寿门外东西院。民国十五年（1926）一月，北平故宫博物院向国务院接收清代军机处档案，移存大高殿，同年二月，着手整理军机处档案。八月提取内务府档案，存放南三所。民国十六年（1927）十一月，改文献部为掌故部，民国十七年（1928）六月，掌故部接收东华门内清史馆。民国十八年（1929）三月，改掌故部为文献馆，同年八月，着手整理宫中懋勤殿档案及内务府档案。九月，接收清代刑部档案，移存大高殿。十月，清史馆档案移存南三所。十一月，清史馆起居注册稿本移存南三所。十二月，着手整理清史馆档案，寿皇殿方略移存大高殿。民国十九年（1930）三月，提取实录库所存汉文实录及起居注册，移存大高殿。同年六月，清理皇史宬实录。八月，整理乾清宫实录。民国二十年（1931）一月，着手整理内阁大库档案。

九一八事变后，华北局势动荡不安，为谋文物的安全，北平故宫博物院决定南迁。民国二十一年（1932）八月，文献馆所保存的各种档案对象，开始装箱编号。十一月，北平故宫博物院改隶行政院，民国二十二年（1933）二月六日起文物分批南迁上海，民国二十三年（1934）十月二日，公布修正《国立北平故宫博物院组织条例》。民国二十五年（1936）八月，南京朝天宫库房落成，十二月八日，文物由上海再迁南京朝天宫，七七事变发生后，文物疏散后方，分存川黔各地，抗战胜利后，文物由后方运回南京。

民国三十七年（1948）十二月，徐蚌战事吃紧，北平故宫博物院与南京中央博物院筹备处决议甄选文物精品，分批迁运台湾，民国三十八年（1949），迁台文物存放于台中北沟。同年八月，北平故宫博物院、中央博物院筹备处等单位合并组织联合管理处。1955年11月，改组为"国立故宫中央博物院联合管理处"，1961年，"行政院"在台北市郊士林外双溪为两院建筑新厦。1965年1965年8月，新厦落成，"行政院"公布"国立故宫博物院管理员会临时组织规程"，明定设立"国立故宫博物院"，将"中央博物院"筹备处文物，暂交"国立故宫博物院"保管使用。新址为纪念孙中山先生百岁诞辰，又称中山博物院。同年十一月十二日，正式开幕。

台北故宫博物院现藏清代档案，按照清宫当年存放的地点，大致可以分为《宫中档》《军机处档》《内阁部院档》《史馆档》及各项杂档等五大类，从时间上看，包括明神宗万历三十五年（1607）至清宣统三年（1911）的清朝官方档案，此外还有少量宣统十六年（1924）的档案，从文字上看，绝大部分是汉文档案，其次是满文档案，此外也含有少量藏文、蒙文、回文等少数民族文字档案。从文书的性质看，有上行文书、下行文书、平行文书等，亦可调品类繁多。

《宫中档》的内容，主要是清代历朝君主亲手御批及军机大臣奉旨代批的奏折及其附件。此外，谕旨的数量，亦相当可观。从时间上看，主要包括康熙朝中叶至宣统末年，按照书写文字的不同，可以分为汉文奏折、满文奏折及满汉合璧奏折。清初本章，沿袭明代旧制，公事用题本，私事用奏本，公题私奏，相辅而行。康熙年间采行的奏折是由明代奏本因革损益而来的一种新文书。定例，督抚等题奏本章均须投送通政使司转递内阁，奏折则迳呈御览，直达天听，不经通政使司转递。奏本与题本的主要区别，是在于文书内容的公私问题，奏折则相对于传统例行文书的缺乏效率及不能保密而言，不在内容公私的区别。凡涉及机密事件，或多所顾忌，或有滋扰更张之请，或有不便显言之处，或虑获风闻不实之咎，等等，俱在折奏之列。奏折在采行之初，一方面可以说是皇帝刺探外事的工具，一方面则为文武大臣向皇帝密陈闻见的文书。臣工进呈彻览的奏折，以朱笔批谕发还原奏人。皇帝守丧期间，改用墨批，同治皇帝、光绪皇帝都以冲龄即位，他们亲政以前，都由军机大臣奉旨以墨笔代批，而于守丧期间，改用蓝批。因御批奏折，以朱批者居多，所以习称朱批奏折。康熙皇帝在位期间，奏折奉御批发还原奏人后尚无缴回内廷的规定。雍正皇帝即位以后，始命内外臣工将御批奏折查收呈缴，嗣后缴批遂成定例。御批奏折缴还宫中后，贮存于懋勤殿等处，因这批档案原先存放于宫中，所以习称为《宫中档》。

军机处开始设立的名称为军需房，是由户部分设的附属机构，其正式设立的时间是在雍正七年（1729）。其后名称屡易，或称军需处，或称办理军需处。雍正十年（1732）办理军机事务印信颁行后，因印信使用日久，遂称"办理军机事务处"，习称"办理军机处"，简称"军机处"。雍正十三年（1735）八月二十二日，雍正皇帝崩殂，乾隆皇帝继承大统，以总理事务王大臣辅政。同年十月二十九日，乾隆皇帝以西北两路大军已经撤回，故谕令裁撤办理军机处，总理事务处遂取代了办理军机处。由于准噶尔的威胁并未解除，军务尚未完竣，军机事务仍需专人办理，乾隆二年（1737）十一月，因庄亲王允禄等奏辞总理事务，乾隆皇帝即下令恢复办理军机处的建置，并换铸银印。军机大臣以内阁大学士及各部尚书、侍郎在办理军机处办事或行走，而逐渐吸收了内阁或部院的职权，其职掌范围日益扩大，它不仅掌戎略，举凡军国大计莫不总揽，逐渐取代了内阁的职权，国家威命所寄，不在内阁，而在办理军机处，台北故宫博物院现藏《军机处档》，主要分为月折包和档册两大类。月折包主要为《宫中档》奏折录副存查的抄件及原折的附件如清单、图册等，其未奉御批的部院衙门奏折，或代奏各折，则以原折归档，俱按月分包储存，称为"月折包"。台北故宫博物院现藏月折包始自乾隆十一年（1746）十一月，迄宣统二年（1910）

七月。除月折包外，各种档册的数量，亦相当可观。依照现藏档册的性质大致可以分为目录类、谕旨类、项目类、奏事类、记事类、电报类等六大类，主要为军机处分类汇抄经办文移的档册。

皇太极在位期间，积极仿效明朝政治制度。天聪三年（1629）四月，设立文馆，命儒臣翻译汉字书籍，并记注满洲政事。天聪五年（1631）七月，设吏、户、礼、兵、刑、工六部。天聪十年（1636）三月，改文馆为内国史、内秘书、内弘文三院，各置大学士、承政、理事官等员，顺治十五年（1658）七月，内三院更名内阁，其大学士加殿阁大学士，别置翰林院，军国机要，综归内阁，自从雍正年间设立办理军机处后，内阁权力虽然渐为办理军机处所夺，但它承办例行刑名等政务的工作，并未轻减，所保存的文献档案，亦极可观。徐中舒撰《内阁档案之由来及其整理》一文已指出，"清代内阁在雍乾以前为国家庶政所自出之地，在雍乾以后犹为制诰典册之府，所存档案，都是当时构成史迹者自身的叙述。虽不免带些官家的夸张，究竟还是第一等的史料。"台北故宫博物院现藏内阁部院档，大致可以分为五大类：第一类是内阁承宣的文书，如诏书、敕书、诰命等；第二类是帝王言动国家庶政的当时记载，如起居注册、六科史书等；第三类是官修书籍及其文件，如满汉文实录等；第四类是内阁日行公事的档册，如上谕簿、丝纶簿、外纪簿等；第五类是盛京移至北京的旧档，如满文原档等，各类档案都可说是直接史料。

史馆档包括清朝国史及民国初年清史馆的档案。清代的国史馆，设在东华门内，成为常设修史机构，附属于翰林院。民国三年（1914），国务院呈请设立清史馆，以修清史史馆档的内容，主要为纪、志、表、传的各种稿本及其相关资料。

史学研究并非单纯史料的堆砌，也不仅是史事的排比。史学研究者和档案工作者，都应当尽可能重视理论研究，但不能以论代史，无视源文件资料的存在，不尊重客观的历史事实。治古史之难，难于在会通，主要原因在于文献不足；治清史之难，难在审辨，主要原因在于史料泛滥。有清一代，史料浩瀚，私家收藏，固不待论，即官府历史档案，亦可谓汗牛充栋，民国十四年（1925），北平故宫博物院成立之初，即以典藏文物为职志，其后时局动荡，迁徙靡常，惟其移运来台者，为数仍极可观。1949 年迁台文物，存放于台中北沟后，虽曾获中国东亚学术研究计划委员会补助，着手整理宫中档朱批奏折，可供中外人士参考，但因地处乡间，经费有限，人手不足，无法进一步从事出版的工作。

档案资料的整理与出版，可以带动历史学的研究。1965 年，台北故宫博物院在台北市郊士林外双溪的新厦落成后，文物北迁，院长蒋复璁先生为宣扬中华文化特质，流传珍贵史料，开始积极整理院藏清宫档案，敦聘台湾大学历史学系讲授清史文献资料等课程的陈捷先教授，为台北故宫博物院顾问，规划院藏文献档案的整理和出版。

清太祖、太宗时期记注满洲政事的档册，始自万历三十五年，是以无圈点老满文及加圈点新满文记载的满文原档，共计四十大本。院长蒋复璁先生、顾问陈捷先教授本着资料共享的精神，决定将院藏珍贵的满文原档全部影印出版，公诸世界。这是出版界的大事，也是研究清史和满洲语文学者的大喜信息。1969 年，《旧满洲档》十巨册，正式问世，由陈捷先教授撰写《〈旧满洲档〉述略》专文，文中将陈捷先教授在台北故宫博物院工作经年的心得，《旧满洲档》的命名由来，满文原档的史料价值，作了详尽的介绍和分析。陈捷先教授在专文中指出，"公开史料，不仅代表我们观念的进步，更足以促进我们学术界水平的提高，而这些都还是今天国内最需要的。"在当时风气保守的环境里，陈捷先教授大公无私的精神，可以说是国际清史学术界的一大福音。

台北故宫博物院典藏宫中档的内容，主要是清代各朝皇帝亲手御批的满汉文奏折，都是史料价值极高的第一手原始资料，但因子量庞大，出版经费有限，一时无法全部刊行。1969 年冬天，在广文书局的支持下，台北故宫博物院创办了《故宫文献》季刊，聘请陈捷先教授担任主编，有计划地选印汉文奏折原件，满文奏折译汉，并以季刊部份篇幅发表有关清代专题论文，作为学术研究的提倡，同年十二月，正式出版第一卷第一期。由于《故宫文献》季刊的问世，对院藏清宫档案的典藏及整理概况，产生了宣扬的作用，嗣后，美国、日本等国学者相继来院从事研究。

台北故宫博物院典藏历代经、史、子、集善本古籍，颇为丰富，为宣扬文化及选印善本，1970 年 7 月，台北故宫博物院继续与广文书局合作，创办《图书季刊》，陈捷先教授受聘为编辑委员。第一卷第一期选印《清太祖武皇帝实录》初纂本，共四卷。为保存史料原来真貌，俱按原书影印出版。这一年，《故宫文献》季刊发行经年，海内外学术界对这份刊物相当重视，在各方鼓励之下，院长蒋复璁先生决定在季刊创刊周年之际，编印袁世凯的全部奏折，列为增刊专号的第一集，由陈捷先教授策划出版事宜。为了保存史料真貌，专辑不用排字印刷，而以袁世凯奏折的原件影印出版，朱批部分，则套印红色。1970 年 10 月，《袁世凯奏折》专辑，正式问世，共计八册，以答谢各界对《故宫文献》季刊的支持和爱护。

为了提倡学术研究，院长蒋复璁先生极力鼓励院内同仁从事学术研究工作，并积极培养修史人才，于是有纂修清代通鉴长编的计划。所谓长编，是属于一种编年史体裁，司马温公纂修《资治通鉴》之前，先将各种记载按其年月排比，先作丛目，丛目既成，始修长编，复据长编，予以删节，方成通鉴，所以纂修长编，宁失之于繁，不可失之于略。民国十六年（1927）秋天，《清史稿》刊行后，因纪、志、表、传前后歧误，为史学界所诟病。院长蒋复璁先生为整修清史先做准备，决定纂修清代通鉴长编，于是敦聘史学大师钱穆先生主持其事，并聘陈捷先教授协助编纂审阅工作，自 1970 年夏初着手搜集海内外满汉文相关史料，先抄卡片，翻译满文原档，年经月纬，按日排比，列举纲目，附录史料原文，并注明出处。数年之间，清太祖、太宗两朝通鉴长编初稿告成。在纂修长编期间，陈捷先教授提供相关资料，审阅满文原档译汉初稿，孜孜不倦。

在雍正年间，川陕总督年羹尧是一位争议性很高的人物，他与雍正皇帝之间戏剧性的变化，亦非年羹尧本人始料所及。但年羹尧与清朝边疆的开拓，种族的融合，都有直接的贡献，向为治史者所重视。1971 年，《故宫文献》季刊发行进第二周年，在陈捷先教授的策划下特将院藏年羹尧满汉文奏折汇集成编，朱批部分套印红色，继《袁世凯奏折》专辑之后，续印《年羹尧奏折》专辑，于 1971 年 12 月正式出版，共计上中下三册，作为《故宫文献》特刊的第二辑，使治清史者有资考定。

台北故宫博物院在士林外双溪恢复建置后，为了服务学界，提供中外学人利用档案资料，一方面积极整理档案，一方面有计划地出版档案，在几年之间，已经出版了数千件的宫中档朱批奏折，但那只是浩瀚中的几点水滴，实在微乎其微。因此，设法大量出版档案，一直是学术界的期待。陈捷先教授每次出席术会议的时候，总利用机会向世界学术界呼吁出版故宫档案重要性。1972 年冬天，美国学术团体联（ACLS）的代表刘广京教授来台期间，和陈捷先教授为出宫中档事宜，曾数度当面讨论出版内容和出版方式，并参观台北故宫博物院档案库房，实地了解，有了初步的结果，台北故宫博物院随即正式向美国学术团体联合会申请出版补助。1973 年春天，美国学术团体联合会无条件地慨赠一笔可观的基本基金，宫中档的大量公开，至此成了定案。陈捷先教授促成出版补助计划的实现，贡献良多。台北故宫博物院利用这笔赠款作为出版基金，回环运用，进行有计划的长期出版，1973 年 4 月，此项计划商妥后，由陈捷先教授着手筹划光绪朝宫中档满汉文奏折的编印事宜，文献处同仁从事编目影印工作，每月出书一册，每册约千页，作为《故宫文献》季刊的特刊。同年 6 月，《宫中档光绪朝奏折》第一辑正式出版，先后出版二十六辑。其后继续出版《宫中档康熙朝奏折》，共九辑。《宫中档雍正朝奏折》，共三十二辑。《宫中档乾隆朝奏折》，共七十五辑。

近世以来，忧患频仍，国家多故，清史馆开馆后，经《清史稿》付梓，因未遑审订拮据，时启时闭。民国十六年（1927），纰缪之处，到处可见。综合学术界的评论，可谓得失互见。例如断限参差不一，叙事方法不明，违反详近略远原则，纪志表传相矛盾，列传烦冗浮滥，事件人物漏略，书法乖谬，记载失实，义例欠当，一人两传，体例不一致，事迹年月不详载，人名、地名同音异译等等，都是《清史稿》荦荦大端的缺点。《清史稿》也有它的优点，清史馆修史人员，虽然多属前清遗老，但对于金人入贡于明廷诸事，清太祖本纪中直书不讳，尚存直笔。诸撰稿因多出身旧式科举，娴于国故，优于辞章，其合于史法、书法善者，颇有可观。史稿中独传、合传等，多合史例，纪传论赞亦颇扼要。史稿积十余年的岁月，经数十学者的用心，又有当时的官书、档案为依据，史料采撷颇为丰富，故以内容充实见胜。"虽以违悖潮流，致遭禁抑；而网罗一代事迹，要为一部大著作，未尝不可以作史料观。"

重修清史，既非计日可待，《清史稿》也是得失互见，长久以来，流传极广，国内、国外先后重印，以致出现多种版本。最早印成先在沈阳流通的是所谓关外本，在北京修正发行的是所谓关内本，当关外本、关内本禁止发行后，金梁修正关外本，在东北影印发售的称为东三省第一次改正本。后来又增翁方纲、朱筠诸人传，是为东三省第二次增修本。日本广岛据第二次增修本改为精印本，是所谓广岛本。抗日战争期间，南京又就东三省第二次增修本割裂影印，成二大巨册，是所谓南京本。民国三十一年（1942），上海联合书局影印出版洋装本，称为上海本。1960年10月，香港文学研究社据东三省金梁修正关外本影印出版洋装二册出版，是为香港本。1977年4月，香港益汉书楼又据关外本影印出版洋装三册，书名改为《清代史料汇编》。《清史稿》由于版本多种，流传于海内外，久为中外学术界广泛研究利用，已经为治清史或研究近代中国史不可或缺的重要参考资料。因此，修正《清史稿》的纰缪，就成为刻不容缓的工作。

1978年10月，钱穆与台北故宫博物院院长蒋复璁、"国史馆馆长"黄季陆商议校注《清史稿》，讨论体例，不改动原文，但予句读，以稿校稿，就院藏史馆档纪志表传稿本校正现刊关外本《清史稿》，以改正刊刻脱漏或舛讹。同时以卷校卷，就史稿纪志表传各卷，前后互校，其同音异读，逐条列举。凡有歧误者，分别注出，并取实录、史馆档传包传稿、黄绫本本纪、皇朝《国朝耆献类征》志书年表、《清史列传》、《满汉名臣传》、《碑传集》及各种档案资料等等，予以考订。所引资料，标明出处，以备查阅史稿者参考。院长蒋复璁先生敦聘史学大师钱穆先生主持其事，并聘陈捷先教授协助审阅工作。

《起居注册》是属于日记体的一种史料，也是后世史官纂修正史的主要依据。由于《起居注册》编写于每一位帝王生前，是第一手的原始记录。清代历朝《起居注册》，向来深藏禁宫，非一般人所能翻阅。1985 年，在陈捷先教授的奔走下，促成台北故宫博物院与联合报文化基金会合作影印出版《清代起居注册》，包括：道光朝 100 册、咸丰朝 57 册、同治朝 43 册、光绪朝 80 册，合计 280 册，可以说是一部大型史料丛刊，由陈捷先教授撰写《影印清代起居注册前言》专文，说明《起居注册》的源流及其史料价值。

近年以来，台湾历史的研究，颇受世界学术界的重视，目前已成为海峡两岸显学之一。1991 年，为便利学术界研究台湾历史，在陈捷先教授策划下，约请专家学者汇集台北故宫博物院典藏宫中档奏折原件，军机处档奏折录副及"中央研究院"内阁大库明清档案中涉及台湾史研究的各类文书，自顺治初年至乾隆三十年（1765），计约两千余件，费时数载，于 1993 年十二月出版《台湾研究资料汇编》，分装四十册，作为第一辑，由联合报文化基金会国学文献馆影印出版。

台北故宫博物院典藏清代档案资料，无论巨篇零简，或片纸只字，往往不失为重要史料，皆未敢轻忽，俱作最妥善的保管，进行全面的整理。台北故宫博物院一向本着学术公开，资料共享的原则，以服务学术界。清史专家陈捷先教授策划档案的整理和出版，备尝艰苦，厥功至伟。多年来，台北故宫博物院对院藏清宫档案的典藏保管、整理出版及服务精神，都深受国际学术界的肯定，这些贡献，实在应该归功于陈捷先教授的积极推动和策划，才有今天的规模，我们谨向陈捷先教授致以最高的敬意。

陈捷先教授与台大艺术史研究所

陈葆真

陈捷先教授（1932—2019）虽已别世，但他对台大艺术史研究的推动之功却永远不会被遗忘。"台大艺术史研究所"自1989年成立至今已整整30年，规模初具，正持续地蓬勃发展，在华人世界中是重要的艺术史研究据点。但长江大河滥觞于涓涓细流，"台大艺术史研究所"也不例外，它的前身原是历史研究所中的"中国艺术史组"。该组创立于48年前（1971），主要推动者便是当时担任历史系主任的陈捷先教授与台北故宫博物院院长蒋复璁博士（1898—1990）。

两位都是高瞻远瞩之士，特别是对台湾在培养年青学子从事清宫文献和中国艺术史研究的推展方面，更是功不可没。他们的合作是在当时特别的时空背景与因缘际会下形成的。那与1965年从台中北沟迁移到台北士林外双溪的台北故宫博物院，有十分密切的关系。台北故宫博物院态度开放：因有感于所藏文物珍贵，且数量庞大，而原有研究人员有限，因此，积极延揽文史专才，加强清史和文献研究，并计划培养年青的艺术史研究人才，以应所需。陈捷先教授因专精满文和清史研究，又是台大历史系主任，因此，成为当时台北故宫博物院最理想的合作对象。从1967年开始，陈老师便受邀在台北故宫博物院文献处主持清史研究室，带领多位台大历史所的毕业生（包括刘家驹、庄吉发、萧璠、张葳和赵绮娜（1949—2013）等学长），从事满文档案研究编译，其后又参与由钱穆先生在台北故宫博物院主持的《清史稿》校注工作。1970年台北故宫博物院召开有史以来第一次国际性的"中国古画讨论会"，引起了海内外学界的重视，因此，更感培养年青艺术史研究者的迫切性。1971年，陈老师接任台大历史系主任后，台北故宫博物院蒋复璁院长便与陈老师合作，积极地计划在台大历史所中增设"中国艺术史组"，以培养艺术史研究人才。

但当时要推动这个计划却是困难重重。主要的原因是在1970年代以前，台湾学界对于"艺术史研究"究竟是在做些什么，几乎没什么认识；对于它竟然可以是一种综合美术、考古、历史、与文化史的学术研究的这种概念，更是闻所未闻。虽则这门学科在德国已发展了 200 多年，而当时的欧、美和日本等国某些重要大学，不但开授了许多艺术史课程，并且更进一步与博物馆合作，设立博士班，积极培养艺术史的专业研究人才。然而，在台湾，一般人却以为"艺术史"只是"古董学"或艺术欣赏而已。当时的师范大学和中国文化学院虽都已设有"美术研究所"，但它们的重点都在培养创作人才，而非从事艺术史研究。因此，在那时台大与台北故宫博物院合作，计划在历史研究所硕士班中增设"中国艺术史组"培养艺术史研究生一事，可谓在华人教育史上划时代的创举。虽则如此，陈老师在台大推动这个计划时并不顺利。历史系所提出的原因之一是系里没有员额可以聘用专任教师开足够的艺术史课程。当时在台大唯一能开艺术史研究课程的老师只有 1 位：那便是由港大来台访问一年的庄申教授（1932—2000）；但他在 1972 年便将离台返港。其次是艺术史图书昂贵，历史系没有经费可以购置相关的图书资料和幻灯片图档等必要的教学设备。

眼见这项计划即将胎死腹中，幸好，台北故宫博物院及时救援。蒋复璁院长慨然承诺以台北故宫博物院可用的人力和物力资源，尽量协助台大解决以上的这些困难。在师资方面，台北故宫博物院聘请院内专家李霖灿（1913—1999）、江兆申（1925—1996）两位先生教书画鉴赏，那志良先生（1908—1998）教玉器史，谭旦同先生（1906—1996）教铜器史，吴玉璋先生（1905—1988）教陶瓷史。这些教师的授课钟点费都由台北故宫博物院支付。其次，台北故宫博物院开放图书馆和院藏文献供"中国艺术史组"的研究生使用。其三，由台北故宫博物院向"亚洲基金会"（The Asia Foundation）申请特别经费，购置图书并补助该组研究生的生活费，为期 2 年。其四，台北故宫博物院提供该组研究生于第 3 年时在台北故宫博物院工读实习，以增进对博物馆工作实质内容的了解。从以上这几项措施来看，蒋院长和陈老师当年可谓煞费苦心地在各方面寻找资源来培育年青学子。他们的热忱令人感佩。

在以上条件具足之后，台大破例在那年秋天已经开学之后，又特别举行了"中国艺术史组"的招生考试，10 月发榜，11 月入学。个人幸运地考上，成为该组第一届的研究生。同学共有 5 位本地生（郭继生、陈芳妹、陈擎光（1949—1995）、宋后楣和笔者），两位外籍生（Mette Siggstedt 和 Roger Noether）。记得入学不久，陈老师特别在系办公室召见我们，对我们鼓励有加，并说：中国艺术史研究已经国际化，同学将来也应到国外进修，打开视野，共同发展这个领域。后来，陈老师又亲自带领我们同学 7 人，一起到台北故宫博物院去拜会蒋复璁院长和将来的老师们，其客气慎重如此。我们每星期要在台大和台北故宫博物院上许多门课。在台大必修的 3 门课，包括：陶晋生先生所授"研究实习"，和庄申先生所开的"中国美术考古学史"以及"比较艺术史"。在台北故宫博物院，我们则必修前述 5 位老师所授书画和器物方面的课，目的是扩充我们对文物的知识并学习鉴定古文物的方法。

刚开始的前两年，一切进行顺利；但后来"中国艺术史组"在台大历史系的发展却不如预期。主要原因仍然在于教师员额与经费方面一直受到限制，所以难以再扩充发展。特别严重的是：当 1972 年庄申教授客座期满回港大之后，台大有很长的一段时间未曾开过艺术史方面的专题研究课。而当 1972 年陈捷先老师卸下系主任之职，离开台大，借调到成功大学创办历史系之后，这种情况更无人专责积极改善，一直持续了 10 多年。在这期间，除了曾一度聘请海外学者如 Anne Clapp 和 Richard Stanley-Baker 教授来客座之外，其余所有艺术史方面的课程仍然全部依赖台北故宫博物院的文物专家们传授。

虽则如此，但每年从该组毕业的硕士生却适当地发挥了当时陈老师和蒋院长合作设立该组所预期的效能。这些毕业生或直接进入台北故宫博物院，或担任与艺术史专业相关的工作，贡献所学服务社会；有的则再赴海外进修，后来进入大学或研究机构，推展艺术史的教育与研究。特别是在 80 年代之后，该组早期的毕业生郭继生、石守谦、和颜娟英等人赴美进修学成后回台，在台大历史所"中国艺术史组"开课，解决了该组长期以来师资来源不稳定的困难。于是，到了 1989 年，"中国艺术史组"终于在当时的历史系主任徐泓教授和文学院朱炎院长（1936—2012）的努力和校方的支持下，正式独立为现在的"艺术史研究所"，持续担负培育艺术史研究人才的重任。而这距离 1971 年当陈捷先教授和蒋复璁院长合作创立"中国艺术史组"的时候，已经过了 18 年之久。万事起头难，饮水思源。假使当年没有他们两位的努力，排除各种困难，创办"中国艺术史组"的话，恐怕不会有今日的"艺术史研究所"。

1991 年春天，个人离开普林斯顿大学，回到"台大艺术史研究所"服务。长期以来，几乎没有机会再遇见陈老师。听说他退休之后便移居温哥华。虽然如此，但每当我写到有关"台大艺术史研究所"的发展史时，一定会提到陈老师和蒋院长两人在当年的创始之功。直到 2005 年台北故宫博物院召开"文献足征——清代档案文献研究研讨会"时，个人才见到与会的陈老师。我便把握良机当面向他致意，感谢他当年创立"中国艺术史组"的功劳。2010 年，在艺术史所计划召开"乾隆时期的宫廷艺术"研讨会之前，我特别打电话到温哥华，邀请他出席，以便艺术史所公开当面向他致谢和致敬。但他却因长途飞行不便而婉谢了。

　　而今虽然陈老师和蒋院长两位师长都已辞世了，但他们两位对台湾艺术史研究的推展功不可没。特别是他们早在半世纪之前，当台湾还处在物资窘迫的艰困之时，就能高瞻远瞩、排除万难、通力合作，在台大创立了"中国艺术史组"，为培育艺术史研究人才，善尽教育者传承文化的使命。《老子》曰："生而不有，为而不恃，功成而弗居。夫唯弗居，是以不去。"谨此向陈老师和蒋院长二位致敬。

典型在夙昔

——陈捷先老师与成大历史系

蔡幸娟[*]

4月1日早上，移居加拿大的黎拔刚学长 email 说："陈捷先老师已经离开我们了！"打从心里抗拒着不愿相信，心里想"今天愚人节，学长请您不要开玩笑！"凝神再仔细看一遍，屏幕上映出的还是"今天终于得到陈老师的消息。恸！我们敬爱的陈捷先老师已经在 2019 年 3 月 18 日于温哥华的 Burnaby Hospital 因心肺功能衰竭过世，享年八十有七。遗体火化后亦已撒葬在温哥华附近的海上。很难过，也就不多言了。"怎么会？再三叨念着。可是，字字斗大。这是多么不是"愚人节"的愚人节啊！好难过。

去年暑假，我们就开始盼着老师的回来，我们将一起庆祝"成历五十"。上次见面是台湾成功大学历史系"四十不惑"之时，10 年了。台湾成功大学历史系自 1969 年创立，今年 2019 刚好"50 岁"。我们邀请老师在 5 月 17 日系庆当天担任"2019 台湾史国际学术研讨会"开幕的 Keynote Speaker 进行主题演讲。老师欣然答应。这期间我们保持联系。每一次电话传来弘亮有力的声音，内心总是雀跃的，因为我相信，只要白内障手术顺利，还算硬朗的老师，5 月"成大行"一定可以如期的。只是，3 月 18 日开始就无法透过电话联系上老师。焦急辗转请问台大历史系古伟瀛老师和陈南之助教，仍未能有所掌握。没想到，学长带来的竟是老师骤然离世的不幸消息。

原来，老天爷和上帝都不给商量的，硬是把老师带走，让他无法如期出席"成历五十"，让我们留下无限的失望与永远的遗憾。"爽约"不是老师的 style，就是那么无奈那么情非得已。今年二月农历新年假期，老师打来电话，我们还聊了聊，也互相祝福。这一通电话，就变成了我们师生俩之间的绝响。1 月 22

---

[*] 蔡幸娟，台湾成功大学历史学系第 11 届毕业生（1983 年 6 月毕业），现为台湾成功大学历史学系老师。

日老师嘱托回台南过年的加拿大邻居徐先生，带来的祝贺历史系50周年系庆的亲笔书法对联，当然也成了他对成大历史系最后且永远的祝福了。翁嘉声主任暨全体师生视如珍宝，早已裱褙好悬挂系馆以兹感怀。"成历五十"老师缺席了，以后我们再也无法相聚。愿老师安息。

1973年2月老师自台大历史系借调到本系，负责系务行政，是本系创立以来的第三位系主任；1976年7月底期满归建返回台大。老师回忆说，61年岁末，承蒙沈刚伯老师提携，将他推荐给吴振芝老师，终得因缘到成大。老师在成大历史系只待三年五个月，就1200多个日子而已，可是诚如老师所说，这三年多的实务获益良多，这里的人与事都令他难忘，这段生涯岁月深具重要意义。（谨将老师为成大历史四十年系史编纂所写的《但开风气不为师》全文附录于后。）[①] 同样地，对成大历史系师生来说，老师在这里的用心擘画与经营付出，也是充满感佩与怀念的——不管是过去、现在与未来。老师记忆犹新地细数着这三年多，在同仁全力合作与支持之下，他为刚成立不久的成大历史系所做的五件事：（一）进行课程的调整与修订，让学生能有更广阔与深度的学习；（二）基于台南地利之便，制定"台湾研究"计划，企图打造本系成为台湾南部有名的台湾研究中心，以彰显成大历史系的特色与地位；（三）增强外国历史知识和外国语言训练的课程；（四）增加对邻近国家历史认识的课程；（五）争取与哈佛燕京学社（Harvard-Yenching Institute）建立合作关系。现在回头来看，这五件事不仅是深根府城的基础奠定，更是打造成大历史系跻身海内外学术之林，迈向国际成就世界的出航，掷地铿锵意义深远。

1973年8月，在老师的擘画之下，确定亚洲史和台湾史为本系发展的重点。最关键的当然是延聘师资。留学日本具有教授日据台湾史、日本史专业的梁华璜先生，留学韩国可以开授"韩国史""韩国思想史"以及"韩文"的蔡茂松先生，专攻台湾史研究的台南市文献委员会委员黄典权先生，都是老师极力延揽的。其中，黄典权老师的"台湾省志"在当时可是大学历史系首开其例的台湾史课程。日本史、韩国史外，再加上陈铁汉老师的"东南亚史"以及"荷兰文"，可谓是师资坚强、课程创新。

其次，老师在打造成大历史系成为台湾南部有名的台湾研究中心的目标上积极实践。开设课程外，进一步将"史迹勘考小组"扩编组成"史迹研究室"，分资料、采访、典藏、发行四组，鼓励学生志愿参加，由石万寿、李冕世以及黄

---

① 陈捷先：《但开风气不为师》，收录于《不惑之眼——成大历史学系四十年》，台南：成功大学历史学系，2009年，第248—251页。

典权老师负责，带领学生踏出教室走入田野，针对古迹展开勘察（1973.5）。再来则是聘请台北故宫博物院等专家南下，为学生示范与指导拓碑技术，积极培养学生"上穷碧落下黄泉，动手动脚找东西"的能力（1973.5）。这些动手动脚找回来的文物，在本系"文物研究室"布置完成后常态展出（1975.9）。事实上，本系何培夫老师（本系第4届毕业生）在1999年完成与"中央图书馆"台湾分馆合作执行的"采拓整理台湾地区现存碑碣计划"，编印出版成《台湾地区现存碑碣图志》13册的学术成果，毋庸置疑的是学生时代受到这些训练而成就的。接着就是把和历史博物馆合作研究之成果汇集发表出版《史迹勘考》创刊号（1973.7）。老师的《发刊前言》提到："台南为本省古都，系一具有光荣历史之名城。……其在历史上之重要性与特殊地位实非其他城市所能比拟。本系有鉴于此，……即于年前发起成立史迹研究室，由师生三四十人参加，从事台南地区史迹之调查与勘考工作，并整理台湾省志之有关资料，冀以训练史系学生，且为中原与本省文化之渊源关系作一深入之阐证。"可见其初衷。收到本刊之海内外学术机关、大学以及专家学者，对于本系从事地方史迹之研究成果大为肯定。旅居美国的吴相湘教授、美国伊利诺大学科捷·泰纳教授等都来信表达感谢与鼓励。

当然，向外寻求资源以及合作交流绝对是必要的。众所周知这正是老师的才能，凭借着老师个人的关系和奔走，本系得与台北故宫博物院、历史博物馆、台北"国军历史文物馆"、"国史馆"、台湾省文献委员会合作。1974年4月历史博物馆何浩天馆长与本校倪超校长签订"历史文物学术合作计划"。地方上则有台南市政府以及省立台南社会教育馆等。例如：承办增进中等及大专教师对台湾文化源流与史迹了解的"台湾史迹研究会"（1973.7）；协助台南市政府整理郑成功复台前后历史文物资料（1974.3）；与台南市政府签订《文物勘考合作协议书》，进行台湾地区文化发展史研究、绘制台南古迹地图与古迹整修资料（1974.4）；协助整理延平郡王祠及安平古堡陈列的前清古炮图案（1974.4）；协助查考亿载金城之建筑日期，以及安平古堡、亿载金城、延平郡王祠炮台垫座之规划（1974.6）；配合台南市政府古迹整修提供史料（1975.4）。当时也曾与台南市政府合办"台南市观光年史迹研讨会"，台湾大学历史系方豪与杨云萍两位教授应邀莅临演讲（1975.4）。1975年6月本系老师合编的《台南市名胜古迹考证资料专辑》也透过台南市政府印制出版（1975.6）。

同样地，在老师的拓展下，本系也跟省立台南社会教育馆签订《地方文物勘考研究合作协议书》（1975.6）。很快地，1976年2月就合作承接台南市南门古迹45座碑林的拓印计划。在李冕世和黄典权两位老师带领学生何培夫等4

位同学展开拓碑工作，编印成册以供日后学界研究之用。在1976年4月与台南市政府及省立社会教育馆两个单位先后合办了"总统蒋公台南市沛泽暨前清台湾知府蒋元枢文物特展"以及"台湾史料学术与台湾地区文物维护研讨会"。前者，老师应邀作专题演讲；后者在闭幕典礼中，还获得台湾大学文学院院长陈奇禄先生评赞为台湾史学术性会议最成功的一次。本次会议成果收录刊载于《史迹勘考》第四期（1976.4）。1976年的4月还联合举办了"加强保存与维护地方文物座谈会"以及"研究发展今后台湾地方史的学术探研座谈会"。台北故宫博物院院长蒋复璁先生亲临参加。

综观上述，老师确实在奠定深根府城的基础上不遗余力。至于打造成大历史系跻身学术之林，迈向国际成就世界的出航，成果更是亮眼。在老师刚到成大历史系的第一个学期，美国亚洲协会即派汉学家史威廉先生到本系参观史迹研究室（1973.6.26），提供《史迹勘考》之创刊很多宝贵意见，并协助将刊物名称译成英文，在老师和史威廉先生的合译下，使得《史迹勘考》可以扩大寄赠到世界各大学，跨步迈向国际。1975年2月，迈向国际再次出航——聘请韩国庆熙大学尹永春教授到系交换，讲授"中韩文化交流史""韩国史专题研究"。同时也选定周翠兰同学到韩国庆熙大学进行交换学习。

接着，在1973年的12月老师又尝试地向美国哈佛燕京学社提出五个专题研究计划的经费补助申请。经过老师与哈燕社积极联系，当时负责人培尔哲（John C. Pelzel）博士来函表示愿意跟我们合作，从1974年7月开始资助本系专题研究计划之进行。当年度首次有吴振芝老师及陈捷先老师的《澎湖历史文献之搜集与调查》（美金1050元）、李冕世老师及黄典权老师的《清代台湾物价之研究》（美金700元）、石万寿老师的《台湾庙宇的调查》（美金700元）等三个计划获得补助。这是本系第一次获得哈燕社补助，在当时，除了"中央研究院"与台湾大学之外，本系是获得补助的学术单位之一，非常不容易，老师居功厥伟。1974年10月24日为了执行计划，本系组成"澎湖史迹考察团"，师生一行前往澎湖深入勘考，收获满载。遗憾的是，1985年在国际世界局势瞬息变化与计划执行的一些问题之下，哈燕社停止与本系合作。尽管如此，陈捷先老师为本系争取的第一个国际学术合作计划，确实璀璨。老师有一个想法，他说一个人或一个单位，若要跻身学术之林一定得在著述上有所表现，否则无法收到"自我推销"的效果。为了鼓舞老师同仁学生多写文章，除了《史迹勘考》外，1974年3月出版了专属学生发表的园地《史学》，7月让老师显示研究成果的《成功大学历史学系历史学报》也创刊，老师请来国学大师钱宾四先生为封面题字。此真迹墨宝裱褙珍藏悬挂系馆，以兹跻身学术之林，迈向国际成就世界目标之惕厉。

老师在课程的调整与修订上，不仅着重学生学习的广阔与深度，更以增强外国历史知识和外国语言训练为目标，所以，新聘美国籍哈佛大学博士艾文博先生（Robert L.Irick）讲授"中美外交关系史""中国史英文名著选读"；美国籍芝加哥大学博士傅士卓先生（Joseph Fewsmith）讲授"西洋近代史""西洋现代史"。老师自己则是开设"清史文献学"和"清史"。63级王兴民学长回忆老师的训勉说："你出去一定要有一样东西比别人强，就是语言要比别人强。"[1]63级黄献荣学长心中的老师是，他的"清史"很叫座，老师温文儒雅、通晓满文、博闻强记，不需带教本上课，听他上课如沐春风，脱口而出尽是稗官野史，随手拈来尽是清宫档案。[2]65级林秀娴学姐的印象中，老师的课很多人上，好像都"爆满"。[3]由此可见，他是一位受学生爱戴学识渊博的好老师，学生也从老师那里学到做人处事的态度和方法。

老师告诉我，成大历史系的生涯岁月让他领悟到"改革旧制度很难，开创一个新局面比较容易被人接受"的道理。他以龚自珍的诗"河汾房杜有人疑，名位千秋处士卑。一事平生无齮龁，但开风气不为师。"来定义自己的人生事业并自我期许。对成大历史系而言，老师就是那个开创时代风气的舵手，引导我们深耕府城，跻身学术之林，迈向国际，成就世界。接续老师负责系务的蔡茂松老师赞誉他说"陈捷先先生是历史系发展方向的设计者与执行者""陈先生英文好，人缘好，做事能力强，又懂满文"。[4]当时的同仁对他更是敬佩与肯定。彭小甫老师称许他"处理系务驾轻就熟，大刀阔斧，剑及履及"[5]；陈良佐老师也说"陈捷先主任是我看到最能干的一位，他举重若轻，处理事情明快，坚强果断"[6]。生命有限，而老师的影响是无限，正所谓"哲人日已远，典型在夙昔"。

最后，祝福老师自由逍遥徜徉在天地宇宙之间。

2019年6月20日写于成大历史系

---

[1] 《不惑之眼——成大历史学系四十年》，第409页。
[2] 《不惑之眼——成大历史学系四十年》，第419页。
[3] 《不惑之眼——成大历史学系四十年》，第440页。
[4] 《不惑之眼——成大历史学系四十年》，第254页、第258页。
[5] 《不惑之眼——成大历史学系四十年》，第324页。
[6] 《不惑之眼——成大历史学系四十年》，359页。

附

但开风气不为师

陈捷先

　　前些时候台湾成功大学历史系教授蔡幸娟万里外来书，告知我今年是该校历史系成立四十周年，向我提出八个问题，希望我能做些响应。我虽然一直都在台湾大学教书，但在 1973 年至 1976 年，曾经借调到成功大学历史系授课并兼任系主任职务，由于这层关系，蔡教授的提问我是不能辞也不敢辞的，现在就简要地略述我的经历与感言如后。

　　1972 年岁末有一天，台大文学院前院长沈刚伯老师突然间问我有无意愿到成大历史系"帮忙"。沈老师是我一直尊敬的师长，他在学问与生活方面都给我指导与照顾很多，我知道这是他对我的又一次提携。不久之后，成大历史系主任吴振芝女士便来我家了，我们相谈甚欢，原来她是沈老师早年在大陆中央大学的弟子，来台后她与中大师友们颇有联系，是她透过沈老师找上我的。我也在她坚邀下决定南下了。说实在的，我去成大也还有些另外的原因，诸如我初到台湾时在高雄住过三年，对台湾南部的风土人情有着特别的喜爱；又如当时我刚从美国归来不久，心里总存有一些要为台湾史学界做些贡献的热情，去新成立历史系的成大工作应该是正确的选择。

　　我到成大历史系之后，发现老师同事们都对我很好，在各方面都给予我合作与支持。同学们给我的印象更是深刻，他们纯朴勤俭，对老师尊敬，对课业认真。整个系里可以说充满了平静和谐的气氛。在这样愉快的情况下，我专心全力的为发展系务做了以下的一些工作：

　　（一）我在系里师长们的共识下，给通史、断代史、专题研究、西洋史、国别史等课程作了一番调整与修订，一则符合了"教育部"规定的要求，再则也为学生修习史学内容更有广阔与深度的充实。

　　（二）台南是自明郑以来台湾岛上著名的府城，文化历史内涵比任何都市要深厚，因此我制定了"台湾研究"的计划，与台北故宫博物院、台南市政府等单位合

54

作，从收集文物资料、进行田野调查、合开学术会议等方面推动系列活动，希望能把成大历史系变为台湾南部有名的台湾研究中心，以彰显成大历史系的特色与地位。

（三）多年以来，台湾各大学的历史系只重中国历代政治史的研究，课程重点也不出这个范畴。外国史部分只有西洋通史与中俄、中美交涉关系史一类的，是为"教育部"必修课程规定而开设的课。为了增强外国历史知识的讲授与外国语文的训练，我聘请了艾文博（Robert L. Irick）、傅士卓（Joseph Fewsmith）等几位美国朋友来系教授美国史、西洋断代史以及英文史料选读的课程，让外国史的内容起生色、添内涵，也给同学们在英语方面增强阅读与写作的能力。

（四）国民党政权退台后，为了"反共抗俄"与台美友好，大专院校中都列俄帝侵华史为必修课，台美关系史也有学校讲授的，其他国别史除台湾大学外都极少开设。我始终觉得我们身处亚洲，为什么不多了解近邻的历史呢？所以我向校方争取名额，先后聘请了梁华璜、蔡茂松两位留学日、韩的学者来系专任，开讲日本史、韩国史以及有关的课程，这在当时的一般大学是少见。原本我还想再延聘几位中亚、东南亚学者来校任教，但由于人事与经费以及我个人借调期满等原因，一时未能实现。

除了以上几点之外，我在任内还达成了一项"外交"任务，那就是与美国哈佛大学哈佛燕京学社（Harvard - Yenching Institute）建立了合作关系。他们每年提供一些补助费，让我们在台南地区做学术研究与台湾史田野调查之用，并接纳系里同仁去哈佛进修。我们知道："哈燕社"是国际知名的学术财团，多年来他们对"中央研究院"与台湾大学等少数单位给予补助，拨付经费给台湾南部的成大历史系是该社历史上的头一遭，这与我个人的关系及奔走有关的。

我在成大期间为期不算长，但有不少的人与事令我至今难忘的。在人的方面，吴振芝教授的慈祥正直、金铄先生的憨厚率真、李冕世先生的乐于助人、黄典权先生的勤于治学，尽管他们都归去道山了，但他们留给师友、学生们的良好风范相信是后辈应该学习的。另外原廷璧先生的认真负责，孟立功先生的勇于任事，他们虽是职员工友，但与我相处如同家人，直到今天我还时常感谢他们对我的深情厚谊。在事的方面：我担任系务期间，对台湾史研究的提倡是值得一述的。历如成立台湾文物展览室，与台北历史博物馆签订历史文物学术研究计划，与台北故宫博物院合作举办台湾史学术座谈会与研讨会，组成史迹考察团赴澎湖考古以及在台湾南部做田野调查并作口述历史纪录等等，这一些工作曾为台湾南部掀起过台湾研究的热潮。

我一直有一个想法：一个人或是一个单位，若要跻身学术之林，一定得在著述上有所表现，否则无法收到"自我推销"的效果，因此我常向朋友与同学们建议应多写文章，多显示自己的学术成就。作为一个教学与研究的历史系所，当应更必须要有系刊、所刊来发表同仁的钻研成果了，这也就是我先后在台大创刊《台大历史学报》、在成大创刊《成功大学历史学系历史学报》与《史迹勘考》等刊物的原因。

其实让我感到欣慰最多、收获最大的是我在成大认识了不少年轻的朋友，像丁煌、石万寿、苏梅芳、林瑞明、王文霞、廖秀真、何培夫、蔡幸娟以及范毅军、张瑞德等等，他们却已是目前史学界的名家了，我以认识他们为荣。还有一些忘年交的好友，他们也是成大历史系出身的，如王兴民、黎拔刚、关家帷等，我们现在同城而居，时常联络，有时还把酒言欢、闲话当年呢！

蔡幸娟教授来信中对我提出的最后一个问题是："请老师谈一谈，您负责成大历史系务的这一段生涯岁月，在您事业当中的意义。"我坦白地说这段岁月对我日后工作是有重要意义的。我回台大任教后，曾专心地为台北故宫博物院出版清宫秘档的工作过一段时期的努力，结果得到美国学术联合会（ACLS）的慷慨资助，实现了我公开清朝宫中档的刊行梦想。这批清史数据的问世，确为海内外清史研究建立了新的里程碑。其后我又利用教学与研究的余暇，帮助联合报系成立国学文献馆，搜求海内外中国遗珍，供学者作研究参考之用，确实也帮助过一些专家们完成专书与论文的写作。同时在我的策划之下，国学文献馆先后召开过十次中国族谱国际学术研讨会及十次中国域外汉籍国际学术研讨会，使联合报系在世界汉学研究学坛上也占有了一席重要的地位。在我退休移居海外之后，仍然关心清史研究，曾经协助佛光大学举办过一次颇具规模而内容也有相当水平的国际清史研讨会。另外又邀集了台湾专家学者多人，参与中国大陆大清史的修纂工作。我举出以上这些事例，主要是想说明我从成功大学回到台湾大学任教后，领悟到一个事理，即改革旧制度很难，因为那样很可能损及一些人的既得利益；而开创一个新局面比较容易被人接受，因为可能为大家带来益处。我推动清宫秘档的出版，搜求海外遗珍，举办族谱等学术会议，参与大清史的纂修工作，种种都是台湾学界创新的事业，而自己不管名位，只问耕耘，而一路走来算是通畅，成大三年实务，对我而言，可谓获益良多了。最后我就以清人龚自珍的一首诗作为本文结尾吧："河汾房杜有人疑，名位千秋处士卑。一事平生无齮龁，但开风气不为师。"

陈捷先二〇〇九年一月二十九日于加拿大西温哥华山边小筑

陈捷先教授与中琉关系史研究

——以中琉关系档案的发现与研究为主题

赤岭守

  陈捷先教授是台湾相当具代表性的清代史研究学者，在举凡档案学、满族学、方志学及族谱学等各项研究领域都留下了非常杰出的研究成果。此外，陈教授也积极推动台北故宫博物院典藏的档案史料之出版，著名的有《旧满洲档》《袁世凯奏折》《年羹尧奏折》《宫中档康熙朝奏折》《宫中档雍正朝奏折》《宫中档光绪朝奏折》。另在其担任联合报文化基金会国学文献馆馆长的时期，将台湾关系档案缀辑由台北故宫博物院收藏的档案史料及"中央研究院"内阁大库收藏的明清档案史料，出版了《台湾研究资料汇编》及其他等等，由于陈教授对在台湾档案史料出版的不遗余力，其成果也提供予海内外历史研究学者高度利用，于是广受瞩目并驰名于全世界。

  战后，陈教授在台湾举办国际学术会议之活跃，应无其他研究学者能出其右。经其主办的国际学术会议有："海峡两岸清史档案学术会议""亚洲族谱学术会议""中国域外汉籍国际学术会议"等，另第53届世界阿尔泰学术会议的首次在亚洲选定于台北，也是出于陈教授所邀。陈教授是台湾历史学界上架海擎天般活跃的学者，很荣幸地也是我留学台湾大学研究所时的恩师。

  在中国的正史中，"琉球"这个名词首度出现于《隋书·东夷传》（81、列传卷第46），被记载以"流求国"。其后在《北史》（94、列传卷第82）、《宋史》（491、列传卷第250）中，也同样记以"流求国"。《元史》（210、列传卷第97）中改记以"瑠求"，但在之后编纂的《新元史》（卷之532、列传卷第150）中则又与《隋书》《北史》《宋史》同样地记为"流求"。关于"流求"与"瑠求"之名，曾有台湾之说，至于把"流求"或"瑠求"推断为冲绳之说为何，至今尚未有定论。当今的冲绳以"琉球"之名始现于中国正史，是在《明史》（卷

323、列传卷第 211)《外国四》的记载之后了。在清代也延续了"琉球"这一国名,在《清史稿》(列传 312)的《属国一》中可见"琉球"之名的记载。琉球受到统一中国的明朝太祖洪武帝的招谕,1372 年中山王察度派遣泰期为使进贡,其后历代的国王皆受中国的册封,琉球即以中国为宗主国被编入其进贡册封体制中。其与中国间有关进贡册封的关系史记录,在《明实录》和《清实录》中为数之多是众所周知的。

陈教授就有关琉球的进贡与册封,曾在其《琉球访古记》①的手稿中做了以下的叙述。

琉球的入贡:按照明清两朝的规定,琉球是来年入贡的。每次入贡除了正副使臣以外,另有随行的至少约有二百人同来。他们分乘两艘大船,由那霸出发,时间常在秋冬之交,在到达福州之后,这两百人通常分为三组,一组由正副使率领,约二十人,由陆路北上京师,担当贡朝的主要任务。这一行人多经由杭州、扬州、淮安等地,到京城时正赶上新年前后,他们随班行礼,奉表献物,也接受天朝的恩赐。第二组人则留在福州经商或学习技艺。另一组则在抵闽后不久先行返琉。大约到第二年的夏天,朝贡的专使一行回到福州以后,再会同留闽的经商人等,一起搭船归国,结束入贡的行程。因此琉球的入贡是有政治、经济、商业、文教多重目的的。

天朝的册封:按照明清制度,在琉球国王死后,他们应该立即派报丧使来华,中国方面也就派出专使,去琉球为新王册封。不过由于中国派去的册封天使常带从客、兵丁、杂役等多到五百人,而且因为当年的交通不便,海上风信无常,天使等一行常需留驻五至六月,甚至经年始能返国;这对地小贫瘠的琉球来说,确是一项负担。加以琉球人好客,而后来国家经济又遭荷、葡、日本等国的侵削,所以报丧请封的事也有不按规定办理的,有时候天使去册封的是世孙,有时候经几代才一经册封的。总计明清两代,中国先后派去的册封正副使共约四十四人,其中明代二十八人,清代十六人。五百年中,若以册封的数次而言,则前后共有二十三次;清代使琉可考的有八次之多。明代赴琉的册封使多半是"行人""给事中";清代则多选自内阁与翰林院;他们都是"学问优长,修容美好"的官员。政府准许他们携带从客同往,从客则多是名家,能作诗作画的,或是书家,因此册封使赴琉,对琉球的文化影响至深。由于册封使

_____

① 《琉球访古记》是陈教授 1980 年 6 月拜访冲绳时,在史迹考察之际的手记原稿,未经出版。(由笔者收藏)

和从客们都是文人，他们常把使琉的见闻经过，写成专集，目前尚可看到的这类"使录"计有陈侃、高澄的《使琉球录》；高澄的《操舟记》；郭汝霖等的《使琉球记》；萧崇业等的《使琉球记》；谢杰的《日东交市记》；夏子阳、王士祯的《使琉球录》；胡清的《杜天使册封琉球真记奇观》；张学礼的《中山纪略》；汪楫的《使琉球杂录》《中山沿革志》《海东吟稿》；徐葆光的《中山传信录》；周煌的《琉球国志略》；李鼎元的《使琉球记》；林鸿年的《使琉球录》；赵新的《续琉球国志略》等等，这些著述，实在都是中琉关系史与中国人对琉球认识的珍贵史料，值得注意。天使赴琉虽然给琉球不少负担，但琉球人永远欢迎明清特使们光临的，封船抵埠时常是"迎舟数千，独木船双使一帆者又数百桨"和"倾国人士聚观于路"的场面。天使返国之日，则又是"官民送者如蚁，皆以汉官威仪不可复睹，至有泣下而不忍去者"，情景实在感人。不少琉球高官甚至还说："君子归兮，其泽维遗；其泽为何？恤我实多！"也有人说："威仪将国典，廉节抚夷民。莫谓中山僻，歌声达紫宸。"字里行间，不难看出他们对中国的崇敬和对使臣的怀念。

陈教授是清史研究专家，另一方面也由中国史研究的观点探讨琉球的历史以及中琉关系史，将琉球研究领入其专长的档案学、方志学及族谱学领域，发表了以下创新及富有启发性的研究论文，获致高度的评价。

1.《清代奏折资料与中琉关系史研究》，《第一届中琉历史关系国际学术会议论文集》，中琉文化经济协会，1987年。

2.《清代琉球使在华行程与活动略考》，《第二回琉中历史关系国际学术会议论文集》，琉球中国历史关系国际学术会议实行委员会，1989年。

3.《琉球久米系家谱研究》，《第三届中琉历史关系国际学术会议论文集》中琉文化经济协会，1991年。

4.《明清时代华人对中国文化东被琉球的贡献——以食衣住行等事为论述中心》，林天蔚主编《亚太地方文献研究论文集》，香港大学亚洲研究中心，1991年。

5.《明清中琉封贡关系源流略考》，《第四回琉中历史关系国际学术会议琉中历史关系论文集》，琉球中国关系国际学术会议，1993年。

6.《谈清代成书的几种琉球地方志》，《第五届中琉历史关系学术会议论文集》，福建教育出版社，1996年。

7.《康熙皇帝对中琉关系延续与加强的贡献》,《第六届中琉历史关系研讨会文集》,中国第一历史档案馆,2000年。

8.《琉球王位继承略考》,《第八回琉中历史关系国际学术会议论文集》,琉球中国关系国际学术会议,2001年。

9.《东亚文化圈的形成与发展——以琉球王室汉化为约论中心》高明士主编《东亚文化圈的形成与发展:政治法制篇》,台湾大学历史系,2003年。

陈教授将如上其本身有关中琉关系史研究论文的内容,在《华夷秩序と琉球王国》中,分类为2,进行说明:

1.在明清时代有关中琉间封贡关系的论文中,首先针对明初封贡关系的成立,其次就清代双方关系的密切发展以及进贡使节的上京路程和活动等进行检讨。

2.明清时代中国文化的传播及其影响。论文中探讨,究竟中国的衣、食、住、交通、音乐和教育等物质文化及精神文化是如何传播的,而王室内又是以何种方式接受了中国的制度,更进而讨论中国特有的文化产物之"地方志"和"族谱"又是如何传到了琉球等问题。正因为明清时代琉球接受与融合了多层面的中国文化,所以直到现在,我们在琉球都还能深刻地感受到中国文化所留下的影响。[1]

琉球历明清两代派遣留学生到南京或北京的国子监,即所谓的"官生"。明清两代对中国的留学生派遣,在中国的属国之中琉球是绝无仅有的。陈教授在以上的论文中虽未有关于官生的论考,但在其《琉球访古记》手稿中,以"学子的留华"为题做了以下的叙述。

明初洪武、永乐年间,为了在琉球传布中国文化,曾经有所谓"赐三十六姓(闽)人教化三十六岛"的事。这批炎黄子孙,在琉球一直保存中国语文并充任琉球贡使及在他们国内担任教席。他们对琉球后来的文教事业关系很大,对琉球的向心中国也有极大的影响。三十六姓的子孙和一些琉球贵族子弟,为了深造,常有派送来华读书学艺的。他们之中有人入国子监作为官学生的,也

---

① 《华夷秩序と琉球王国》,榕树书林,2014年,第1页。

有只在福州求学的。官学生得到政府的照顾，并可携带书僮前来。清朝对琉球官学生尤为优待，国子监里特设琉球学一科，房屋三间，正厅匾额为"海藩受学"，旁联是"所见异、所闻异""此心同、此理同"含意亦见深远了。康熙年间，官生三人，"日给鸡一，肉二斤，茶五钱，腐一斤，椒、酱、盐、菜等俱备。"另外春秋赐袍褂裤帽，每月有纸墨朱笔银，连从人都有赏赐，待遇实在优厚。他们留华约三四年，然后就返国任官了。留在福州一地读书或习艺的，地方官也对他们多方照拂，不少琉球大儒、史家和制糖、制瓷等业的专家，都是由此造就出来的，他们之中有在闽省长住七八年之久的。琉球学生既在中国"取得"更多，他们对中国的感恩自然不在话下了。

陈教授在《华夷秩序と琉球王国》的序文中，也曾就明代以后的中琉关系，记述了以下感怀的心境。

14世纪后半明初洪武年间，中琉双方正式确立了外交关系。之后历500年以上的时光，两方互有往来，一直维持着友好的关系。号称其为世界史中外交关系的模范，也绝不为过。两国之间于公于私都留下了许多文字的记录，如今读起这些记载仍不免怀古之情油然而生。[①]

陈教授虽是清史研究的专家，但也相当重视与我方琉球学者间人脉及学术的交流。琉球与台湾双方学者间的学术交流始于1983年10月。当时台湾大学收藏的《历代宝案》抄本、"中央图书馆"台湾分馆收藏的《冲绳关系史料》，以及台湾省文献委员会收藏的《总督府文书》备受瞩目，"历代宝案研究会"核心人物冲绳大学教授岛尻胜太郎率领一行12人的学术访问团造访台湾，此行也为台湾大学的《历代宝案》抄本、台北故宫博物院的档案史料、"中央图书馆"台湾分馆所藏《冲绳关系史料》等的考查阅览创了开端。在与陈教授、台湾大学研究图书馆主任曹永和以及"中央研究院"的张存武教授等的恳谈会上，琉球方面与会的学术访问团提出了促进双方学术交流以及举办学术会议的建议，于是1986年11月在陈教授的积极推动下，以中琉文化经济协会为主办单位在台北召开了第1届中琉历史关系国际学术会议，这也是首次以中琉关系史研究为题召开的国际学术会议。1988年10月在那霸举办了第2届中琉历史关系国

---

① 《华夷秩序と琉球王国》，第1页。

际学术会议，1990 年 11 月在台北召开了第 3 届中琉历史关系国际学术会议。1992 年 11 月在那霸举办第 4 届中琉历史关系国际学术会议以后，学会不再局限于与台湾学者的学术交流，在学会体制的改革下，突破了中国大陆与台湾两地共同与会的屏障，使中国大陆的学者也开始得以共同参会。在第 4 届学会召开的前一年 7 月，成立了以冲绳国际大学教授高宫广卫为会长、浦添市立图书馆馆长高良仓吉为事务局长的"中国琉球关系国际学术会议"，将自始以来的执行委员会改制为学会组织的事务局体制，成功地邀请了中国大陆的学者（厦门大学教授杨国桢、中央民族学院教授王钟翰、中国人民大学教授刘耿生、福建师范大学教授谢必震）与会。实现了中国大陆学者参加中琉学会的创举，实际上其背后的功臣也是陈教授。而后，学会于 1994 年 11 月在福建省的福州和泉州由福建社会科学院、福建师范大学、泉州海外交通史博物馆、华侨大学共同举办。1996 年 10 月在北京召开的第 6 届中琉历史关系学术研讨会由中国第一历史档案馆主办。① 1998 年 11 月在台北举办了第 7 届中琉历史关系国际学术会议，2000 年 11 月在那霸举办第 8 届中琉历史关系国际学术会议，2002 年 11 月在福建武夷山举办第 9 届中琉历史关系国际学术会议。拟在台湾举办的第 10 届中琉历史关系国际学术会议因故延期 1 年，于 2005 年 12 月在台北市南港的"中央研究院"举办，2007 年 11 月在那霸举办第 11 届中琉历史关系国际学术会议，2009 年 11 月的第 12 届中琉历史关系国际学术会议由山东省的中国海洋大学主办。之后学会也一直如期举办，从无间断，2011 年 11 月在福州举办第 13 届中琉历史关系国际学术会议，2013 年 11 月以台北"中央研究院"为会场举办第 14 届中琉历史关系国际学术会议，2015 年 12 月在琉球大学举办第 15 届琉中历史关系国际学术会议，2017 年 11 月在福州举办第 16 届中琉历史关系国际学术会议。接着今年（2019 年）11 月预定在山东省的中国海洋大学举办第 17 届中琉历史关系国际学术会议。现今中琉历史关系国际学术会议（以下略称为中琉学会），在台湾（"中央研究院"）、大陆（福建师范大学及中国海洋大学）、日本（琉球大学）都各设有事务局，学会在各地轮流来年举办。自学会创办以来至第 6 届，都由陈教授担任核心人物主导学会的进行，如今中琉学会已有 30 余年的历史，并随着一届届不间断地举办而成长着。对于中琉学会，陈教授即便未能与会也一如以往地抱持着创始者的胸怀，温暖地守护着。

陈教授不仅主导学会，更在学会发表了许多有关中琉关系的论文。如上述

---

① 第 6 届中琉历史关系国际学术研讨会在中国第一历史档案馆的举办，也是出于陈教授的策划。

之《清代奏折资料与中琉关系史研究》《清代琉球使在华行程与活动略考》《琉球久米系家谱研究》《明清中琉封贡关系源流略考》《谈清代成书的几种琉球地方志》《康熙皇帝对中琉关系延续与加强的贡献》《琉球王位继承略考》，都是发表于中琉学会的论考。在《清代琉球使在华行程与活动略考》中，介绍了收藏于法政大学冲绳文化研究所的《福建进京水陆路程》，此内容是由魏学源所记载由福州到北京的进贡使臣上京路程，亦是唯一记载琉球王国时代由福建进京的水陆路程的史料，该史料因其可信度高，一直都被视为第一手史料，然而陈教授却察觉了其中驿站名及驿站间里程数的误记，而给予详细的指正，另又藉由对朝鲜史料《燕行录》的研究，查明了一向鲜为所知的进贡使节在北京的活动等。陈教授各项令人瞩目且划时代研究成果至今仍广为学者引用，并获得高度的评价。陈教授之于中琉关系史在此必须特以加笔的就是，始终坚持利用档案史料展开研究。陈教授在台北故宫博物院所收藏的"军机处档""宫中档""上谕档""起居注册"等档案中，发现了中琉关系档案史料并进行收集，据此也有多项研究发表。在中琉关系史研究中，首次利用了台北故宫博物院的档案史料进行论述的论文，是陈教授发表于第一届中琉历史关系国际学术会议的《清代奏折资料与中琉关系史研究》①，论文中利用"军机处档"及"宫中档"探讨了进贡的相关问题，进而与《历代宝案》的内容进行了比较，强调了档案史料的重要性。②

在陈教授积极利用档案史料展开研究之同时，对台北故宫博物院收藏的中琉关系档案史料进行网罗式地考查收集，并提供予"冲绳县立图书馆史料编集室"（以下简称为"史料编集室"，2011年4月起改称为"冲绳县教育厅文化财课史料编集班"），对于冲绳县自1990年起所推动的琉球王国时代外交文书，亦即《历代宝案》，之校订本的编辑事业大有帮助。

琉球与中国间的宗属关系共持续了500余年。在这段悠久的交往历史中，

---

① 《第一届中琉历史关系国际学术会议论文集》，中琉文化经济协会、1987年，第289—304页。
② 关于台北故宫博物院收藏的中琉关系档案史料，其后庄吉发《故宫档案与清初中琉关系史研究》一文针对册封、进贡及漂流难民的抚恤问题，利用"起居注""方本上谕档""军机处档月摺包""宫中档"加以探讨，并详细论述了中琉关系史研究中满文档案的史料价值（《第二回中琉历史关系国际学术会议论文集》，琉球中国历史关系国际学术会议实行委员会，1989年，第58—88页）。强调满文资料重要性的论著还有石桥崇雄《中琉关系史研究と清朝满汉文档案史料——〈各科史书〉所收の乾隆3年12月21日付けの题本をめぐって》，该文具体地介绍了乾隆三年12月21日琉球船漂流有关的满文资料，并将汉文档案与《历代宝案》的内容进行了比较和探讨（《第四回琉中历史关系国际学术会议 琉中历史关系论文集》，琉球中国关系国际学术会议，1993年，第67—81页）。

首里王府保存了中国皇帝所赐的诏敕、琉球国王上呈中国皇帝的表奏文书的抄本、与福建布政使司和礼部间有关进贡册封及飘风难民送返等问题的咨文等各类文书。而这些文书经过有系统的抄写编辑之后，成为《历代宝案》。《历代宝案》收录文书的时代跨度由明永乐二十二年（1424）至清同治六年（1867），网罗了如上述的诏书、敕书、表文、奏文、咨文以及渡航证明书之类的执照、符文等文书。当时《历代宝案》编纂了两部，分别保管于首里王府（王府本）和久米村（久米村本）天妃宫。1879年王国灭亡时，日本政府没收了首里城所保管的诏书、敕书、表文、奏文、咨文等中琉关系文书，《历代宝案》亦包含在内。这些文书被收缴于内务省书库，之后悉数毁于1923年的关东大地震，《历代宝案》王府本就此佚失。久米村本《历代宝案》在王国灭亡后，长期被作为秘密文书，辗转藏匿于久米村的士族家。直至1931年，商业学校的教师仲元英昭因收集王国时代的法制史料，偶然在久米村的神村家发现了该书。这个大发现对琉球王国对外关系史研究发展而言是项轰动一时的创举。之后，《历代宝案》被托管于县立图书馆，并在县立图书馆制作了副本，公开阅览。二战前，该史料与日本的南进政策结合，掀起了一阵琉球对外关系史研究的热潮，涌现了大量的研究成果，如小叶田淳的《中世南岛通交贸易史の研究》、伊藤忠太与镰仓芳太郎合著的《南海古陶瓷》、秋山谦藏的《日支交涉史研究》、东恩纳宽惇的《黎明期の海外交通史》、安里延的《日本南方発展史》等。但久米村本却也不幸地佚失于第二次世界大战中。

虽然久米村本在冲绳战役中沦为牺牲品，但幸运的是它在台湾大学留下了抄本。台湾大学的前身是日本殖民地统治下的台北帝国大学，在《历代宝案》公开当时，该大学文政学部研究明代日中交涉史的小叶田淳对此稀世的外交文书极为关注，并亲自筹划久米村本的抄写工作，由久场政盛负责抄写的《历代宝案》保管于文政学部的研究室。1962年，台湾大学将《历代宝案》抄本进行缩微化处理，并赠予哈佛大学、伦敦大学、夏威夷大学、日本东洋文库及琉球大学。东洋文库随即便以和田久德先生和神田信夫先生为中心，成立了"历代宝案研究会"，当时从事缩微化相关工作之台湾大学的曹永和先生正在日本研修，也加入并开始了《历代宝案》研究。其后，1972年台湾大学同时出版了《历代宝案》1集、2集、3集（全15册），并受到了国内外研究学者的关注，《历代宝案》于是又再度被视为明清时代的对外关系史，特别是中琉关系史研究的基本史料而广受使用。

尽管台湾大学收藏的《历代宝案》抄本所跨越时代之长及收录文书之多，

是它类外交史料所未及，但并未收录《历代宝案》原件文书的全部。《历代宝案》的版本除了台湾大学抄本以外，目前尚存的有二战前晒图制作的《镰仓影印本》（第 1 集 36 卷、第 2 集 17 卷、第 3 集 2 卷、别集 1 卷）、《东恩纳影印本》（第 1 集 24 卷）、同是二战前抄写的《旧县立图书馆藏抄本》（第 1 集 31 卷、第 2 集 65 卷）、《东恩纳抄本》（全 30 卷、第 14 卷重复）、《横山抄本》（13 册）、《东京大学藏抄本》（第 1 集 38 卷）以及 19 世纪久米村人郑良弼节选样式抄本的《郑良弼抄本》。因此，虽《历代宝案》之王府本和久米村本两部原件皆已佚失，但根据晒图影印本及手抄本，足以将《历代宝案》的大部分复原。史料编集室自 1989 年起在 20 余年的长期计划实施下，将台湾大学的抄本与国内残存的其他抄本及影印本进行核对，展开《历代宝案》的校订本及译注本出版的编辑事业。就影印本而言，因在战前进行晒图影印时，原本已受虫蚀等损害，文章和文字都有缺漏，所以收藏于台湾及中国大陆同时代行政文书的档案史料，之于这项校订工作尤显重要。经过与档案史料相印证可判断出，笔误的订正及缺漏部分的复元在某种程度上的可能性。①

冲绳县的史料编集室积极进行档案史料的收集，而台北故宫博物院收藏的档案史料的发现，如上所述都需归功于陈教授的努力。

陈教授发现了故宫博物院收藏的《军机处档》和《宫中档》503 件（乾隆十三年至光绪十年 1748—1884）、《上谕档》181 件（乾隆十五年至光绪五年1750—1879）、《起居注》104 件（康熙三十年至嘉庆二十年 1691—1815）等中琉关系档案史料，并将其影印提供给史料编集室。其中《军机处档》已被运用于《历代宝案》的校勘作业，如下：

① 日本国内可确认现存的诏敕及咨文的原本只有两件，分别为成化二十三年（1487）12 月 25 日的敕谕（冲绳县立博物馆·美术馆藏）和道光二十八年（1848）4 月 27 日福建布政使司的咨文（冲绳县立图书馆东恩纳宽惇文库藏）。最近又在日本国内新发现了景泰五年（1454）3 月 27 日的敕书。关于抄本，宫内厅书陵部中收藏有康熙二十八年（1689）10 月 10 日的满汉合璧"康熙帝赐琉球国王尚贞敕谕写"。在法政大学冲绳文化研究所的"楚南家文书"中发现了表奏文书（抄本），另在天理大学附属天理图书馆的"古义堂文库"中也发现了"康熙封琉球国王敕（满汉合璧）""琉球表文""琉球国王咨""福建布政司咨""琉球国王尚泰久封国写"（皆为抄本）的存在。

文书编号	历代宝案底本	校勘档案
二·一二〇·〇六	鎌仓影印本	《军机档（嘉庆期奏折）》
	广东省奏请委员伴送赴京声明琉球夷船□桅被风吹折粤省并无大木桅料请将夷船变价同原存箱□器械给还该夷装载巡洋师船递送闽省附搭回国嗣夷使王秉行在粤供称大桅堪以帮镶驶用自愿□坐原船□闽复经粤省购料帮镶并为添补船蓬索桩杠棋等件修葺完整给发口粮并赏给绵布等物由广东虎门开行□贰拾壹年陆月贰拾玖日护至闽省参拾日安插馆驿照□抚恤	广东省奏请委员伴送赴京声明琉球夷船内大桅被风吹折粤省并无大木桅料请将夷船变价同原存箱物器械给还该夷装载巡洋师船递送闽省附搭回国嗣夷使王秉行在粤供称大桅堪以帮镶驶用自愿乘坐原船赴闽复经粤省购料帮镶并为添补船蓬索桩杠具等件修葺完整给发口粮并赏给绵布等物由广东虎门开行于二十一年六月二十九日护至闽省三十日安插馆驿照例抚恤
二·一二二·〇二	旧县立图书馆藏抄本	《军机档（嘉庆期奏折）》
	伍拾捌人由西锦州置买黄豆至等物要回本籍嘉庆拾玖年拾壹月贰拾玖日在山东威海澳开船在洋遭风漂至琉球国八重山岛搁礁打破淹毙捌人尚存伍拾人又朝鲜国人一千得等原共柒名嘉庆拾玖年拾壹月初参日在祭州开船回籍亦因遭风漂至琉球国太平山岛地方淹毙同行壹人尚存陆人均经该处夷官援救送到中山泊村该国王将各难民安顿抚恤遣都通事王秉行等率领官伴水梢共陆拾柒员名配至海船壹只护送	五十八名由西锦州置买黄豆等物要回本籍嘉庆十九年十一月二十九日在山东威海澳开船在洋遭风漂至琉球国八重山岛搁礁打破淹毙捌人尚存五十人又朝鲜国人千一得等原共七名嘉庆十九年十一月初三日在祭州开船回籍亦因遭风漂至琉球国太平山岛地方淹毙同行壹人尚存六人均经该处夷官援救送到中山泊村该国王将各难民安顿抚恤遣都通事王秉行等率领官伴水梢共六十七员名配坐海船一只护送
二·一九一·一八	台湾大学藏抄本	《军机档（咸丰期奏折）》
	浙江省送到琉球国难夷村滨筑登之等叁拾贰名俱系琉球国那霸府人坐驾小海船壹只小脚船壹只并无牌照军器本年参月贰拾日奉差到太平山岛催收粮米	浙江省送到琉球国难夷村滨筑登之等三十二名译讯供称内村滨筑登之等二十三名俱系琉球国那霸府人坐驾小海船壹只小脚船壹只并无牌照军器本年三月二十日奉差到太平山岛催收粮米

　　文书编号二·一二〇·〇六，是嘉庆二十一年 7 月 13 日福建布政使司发给琉球国王尚灏的咨文，其中"内""物""乘""赴""于""例"之字迹脱落处，参照嘉庆二十一年闰 6 月 29 日福建巡抚王绍兰之奏折（军机档）得以补全。文书编号二·一二二·〇二，是嘉庆二十二年 8 月 4 日琉球国王尚灏发给福建布

政使司的咨文，其中"至""一千""至"之误字，同样参照了福建巡抚王绍兰之奏折（军机档），得以更正为"豆""千一""坐"。文书编号二·一九一·一八，是咸丰二年 4 月 27 日琉球国王尚泰发给福建布政使司的咨文，文中脱落之"译讯供称村滨筑登之等二十三名"，参照奏折（军机档）中所付之"单"得以补全。

台北故宫博物院在 2015 年出版了《清代琉球史料汇编——宫中档朱批奏折》（上·下），2016 年出版了《清代琉球史料汇编——军机处档奏折录副》（上·下），今后还预定出版《史馆档》《上谕档》《月折档》《奏折档》《起居注册》《清实录》《四库全书》中的琉球关系史料。

在台湾除了台北故宫博物院以外，南港的"中央研究院"历史语言研究所收藏的"内阁大库档"，由联经出版社出版了《明清档案》。史料编集室在《历代宝案》编集事业推展中，对于台湾档案史料的收集，除了取得如上所述已出版的"中央研究院"藏档案史料以外，史料编集室并获得社会科学研究中心刘序枫教授的协助，积极推动明清档案的收集，借此档案史料为《历代宝案》的校订及译注作业提供了丰富的情报。

史料编集室另对中国第一历史档案馆收藏的档案史料也进行收集。中国第一历史档案馆收藏的明清时代档案据说有一千万件以上。1991 年 3 月，冲绳教育委员会与中国第一历史档案馆在那霸市签署了《关于中国第一历史档案馆与日本国冲绳县教育委员会互相交换清朝时期有关档案缩微胶卷等事宜备忘录》。之后中国第一历史档案馆便开始向冲绳县提供清代档案的缩微胶卷。

记录中琉关系的档案史料有《历代宝案研究》第 3、4 合并号（1993 年）中收录的徐艺圃《中国第一历史档案馆所藏の明清代の中琉关系に关する档案の概要绍介》一文中介绍康熙期《起居注》的记述及《封琉球国世子尚育王爵诏书》的草稿。在《历代宝案研究》第 10 号（1999 年）中，刘余才以《内阁礼科史书调查状况の绍介》、屈六生以《上谕档と中琉关系史料》为题分别作了档案史料的介绍。

自 1992 年起，"琉球·中国交涉史研讨会"在那霸和北京轮流举办，中国第一历史档案馆的研究人员与《历代宝案》编集委员会委员在会上发表相关研究成果，从此介绍中国第一历史档案馆馆藏中琉关系史料的论文以及利用相关馆藏史料撰写的论著逐渐增多，在《第 2 届琉球·中国交涉史研讨会论文集》（1995 年）中，秦国经以《清代中琉关系文书研究》为题，在介绍馆藏档案的同时，对"相关衙门与行文制度"、"档案史料的类别·格式"也作了论述。另在《第 7 届琉球·中国交涉史研讨会论文集》（2004 年）中，邹爱莲曾在《清宫档案中有关的琉球的舆图》一文中，就有关中国第一历史档案馆收藏的舆图加以报告。在中国第一历史档案馆研究人员的积极与会下，研讨会利用了档案馆所藏的《宫中朱批奏折》《军机处录副奏折》《内阁礼科题本》《内务府来文》《内务府奏案》《内阁礼科史书》《内阁满文秘书院档》《内阁满文礼科题本》《内阁满文礼科史书》等丰富的档案史料发表了诸多琉球与中国交涉史相关的研究论文。此外，史料编集室每年还邀请中国第一历史档案馆的研究人员，以研究参考顾问的名义，赴琉球进行档案史料的相关报告。至今为止，共有邹爱莲《档案资源の発掘　中琉关系史研究の推进——中国第一历史档案馆の 1999 年における中琉关系史档案调查状况》（《历代宝案编集参考资料》8，史料编集室，2004 年），邢永福《中琉历史关系档案の整理と提供及び研究の回顾と展望について》（《史料编集室纪要》28，冲绳县教育委员会，2003 年），吴兆波《中国第一历史档案馆所藏の外交类における中琉关系朱批奏折についての概略》（《历代宝案编集参考资料》8，同上）等论文报告。由上可见，由陈教授首开先端之《历代宝案》相关档案研究也在中国扩展开来了。

　　如上所述，史料编集室积极地进行中琉关系史料的收集工作，并在《关于中国第一历史档案馆与日本国冲绳县教育委员会互相交换清朝时期有关档案缩微胶卷等事宜的备忘录》的签订基础上，从中国第一历史档案馆获得了不少的档案缩微胶卷。其中有：1992 年《军机处录副奏折》（662 件，1472 片）；1994 年《内阁题本》（315 件，2808 片）；1998 年《内阁礼科史书》（515 件，2170 片）；1999 年《内务府来文》《内务府奏销档》《起居注》（511 件，1277 片）；2000 年《军机处照会》《军机处录副奏折》（72 件，230 片）；2001 年《军机处上谕档》（257 件，427 片）；2002 年《内阁黄册》《内务府呈稿》（162 件，934 片）；2003 年《宫中朱批奏折》（626 件，1510 片）；2004 年《内务府奏案》（157 件，332 片）。中国第一历史档案馆在向冲绳县提供缩微胶卷后，亦对这些中琉关系档案史料进行编辑和出版。其出版物主要有：1993 年《清代中琉关系档案选编》（收录乾隆二年至光绪二十四年 1737—1898，《宫中朱批奏折》《军机处录副奏折》863 件）；1994 年《清代中琉关系档案续编》（收录乾隆二年至光绪十六年 1737—1890 礼部尚书、闽浙总督、福建巡抚等的题本 289 件）；1996 年《清代中琉关系档案三编》（收录乾隆元年至光绪元年 1736—1875 致内务府咨文以及致稽房察移会等 511 件）；1997 年《清代琉球国王表奏文书选录》（收录雍正元年至同治十三年 1723—1874 之表奏文书 154

件，其中表奏文书原文 49 件、史书录本 105 件）；2000 年《清代中琉关系档案四编》（收录雍正元年至同治十三年 1723—1874 的内阁礼科史书之中琉关系档案 502 件）；2002 年《清代中琉关系档案五编》（收录康熙二十年至光绪元年 1681—1875 之《内阁汉文起居注》100 件、《内阁黄册》141 件、《上谕档》247 件）；2005 年《清代中琉关系档案六编》（收录乾隆三年至光绪元年 1738—1875 之内务府档案《奏案》104 件、《呈稿》106 件）；2009 年《清代中琉关系档案七编》（收录清末有关琉球归属问题之《上谕》《宫中朱批奏折》《军机处录副奏折》《照会》等 107 件）。

关于中国第一历史档案馆收藏的中琉关系档案史料，一系列系统的编辑出版工作止于《清代中琉关系档案七编》，现在中国第一历史档案馆将已出版的档案史料再以《中琉历史关系档案》为刊名，顺次以编年体出版，目前此项出版已进行到道光年间。

东亚圈内中国的属国除了琉球以外，还有朝鲜、泰国和越南等，台北故宫博物院、"中央研究院"以及中国第一历史档案馆都收藏有大量与属国间的档案，然而将这些档案史料进行网罗式的收集者，却只有冲绳的史料编集室。但即便收集工作如此马不停蹄地进行着，对台北故宫博物院、"中央研究院"以及中国第一历史档案馆收藏的中琉关系档案，至今仍未尽数收集完成。如"中央研究院"收藏的顺治十一年 7 月 1 日的《封琉球国王诏书稿》《封琉球国中山王诏书》及道光二十八年 8 月 7 日的《世子尚泰之表文》等。另在中国第一历史档案馆除了已出版的档案史料以外，据指出现存的诏书档案中，还有明万历三十一年（1603）的《册封琉球国王尚宁诏书》及同治四年（1865）11 月 10 日的册封琉球国中山王世子尚泰诏书草稿、琉球国的进贡、册封、飘风抚恤、入监读书等有关的上谕、寄信等文书，以及前军福建留守司隶属的福州右卫、建宁左右卫、汀州卫 3 处之卫所武职选簿。另在东京大学史料编纂所编辑的《中国第一历史档案馆所藏中日关系档案整理目录——清代朱批奏折·录副奏折卷》中，也收录到了至今未曾有的档案史料。对于此类档案史料的收集，也会是今后努力的方向。

在陈教授对收集工作的积极协助下，史料编集室已在 2016 年完成了校订本全 15 册的出版。现在接着进行译注本的出版。今后还预定出版《历代宝案语汇辞典》，此项工作还需有效利用相关档案史料。

在对历代宝案同时代史料考查收集与出版的进行中，中琉关系史研究的方向首先是以陈教授提出之《历代宝案》与档案史料的比较研究而展开，如今各方研究日益深入，更发展由各层领域以实证的观点进行研究。自中琉学会的创办、档案史料的收集以至档案研究的提出等，陈教授在学术上伟大的贡献，是有目共睹的。于此谨持最诚挚感怀之心，对我的恩师陈捷先教授致上最崇高的敬意和谢意。

《活计档》《陈设档》
与陈捷先老师的督促

嵇若昕

　　大三那年选修了陈捷先老师开的"清史"课程，这是我在大学求学阶段，与陈老师建立的唯一缘分。研究所毕业后多次转换跑道，从国画大师张大千先生的私人秘书，中间历经报社记者、初成立的"文建会"（现已改制为"文化部"）小公务员，这3年多都未曾再有机会接受陈老师的教诲，直至1983年春转入台北故宫博物院工作，又从书画处借调器物处后，才正式再度重拾学术研究工作。

　　身为艺术史研究者，又在博物馆工作，研究工作当以院藏品为目标，虽然毕业论文是论述元代的墨梅画家王冕，[①]此时也须改为研究器物了。由于身为器物处珍玩科（当时称"杂项股"）的一员，所直接接触的文物类别相当多样，而且以宋代以后文物为夥，尤其是明清两代更属大宗。但是珍玩科的藏品中也有不少早期玉器，或晚近东瀛莳绘漆器与西洋钟表（以表居多）、鼻烟盒等，此时个人关注的范畴相当广泛，所曾撰述的文章也甚庞杂，诸如新石器时代玉器、汉代文具、六朝唐宋古砚、宋代文具、明清雕刻、清代服饰等都曾或多或少涉猎。[②]虽然如此，由于兴趣偏好，对于历代文人品味与用具的钻研，用力较多。

　　2001年开始，为了筹划翌年十月将推出的"乾隆皇帝的文化大业"特展，得知北京中国第一历史档案馆与香港中文大学文物馆合作，计划出版有关清代内廷造办处的活计档案，已先期制作雍正朝与乾隆朝内廷活计清档——《各作

---

　　①　此篇《王冕与墨梅画的发展》修改并删除一章后分三次发表于《故宫学术季刊》，见该刊第二卷第一期（1984秋），第37—58页；第二卷第二期（1984冬），第41—66页；第二卷第三期（1985春），第29—52页。

　　②　关于个人主要著作资料，请参阅 https://arspb.most.gov.tw/NSCWeb/modules/list.do?listspec=Rsm05List.xml。

成做活计清档》的微卷备用，^①在时任文献处文献科科长、也是策展小组成员之一、曾任台北故宫博物院院长的冯明珠研究员联系下，个人以"乾隆皇帝的文化大业"特展主策展人的身份签准购买了这批微卷，交由台北故宫博物院图书馆庋藏，并供海内外学子借阅，后来台北故宫博物院图书馆打印了这批微卷影，并装订成册供读者阅览。接着，台北故宫博物院图书馆又再价购嘉庆朝以后的清代内廷活计档案微卷，也一并打印上架供览。^②虽然后来中国第一历史档案馆与香港中文大学文物馆合编、出版了《清宫内务府造办处档案总汇》(北京：人民出版社，2005 年，皇皇巨著 55 册，除了景印雍正与乾隆两朝《各作成做活计清档》外，尚将此二朝造办处相关"广储司行文""买办库票""杂项库票""各作暂领银""杂录档""养心殿造办处行取清册""做钟处收贮赏用钟表档""做钟处收贮钟表档""做钟处宫内陈设钟表档""做钟处新收钟表等项""做钟处宫用钟表等项档""造办处收贮物料清册""贡档"等，亦依年序并同景印刊行。^③至今尚未编印嘉庆朝以后的活计档案，台北故宫博物院图书馆架上的清宫造办处《各作成做活计清档》影印本成为除了中国第一历史档案馆外，可算是最完整的清宫造办处活计档案。对研究者而言，相较于中国第一历史档案馆的借阅规定，台北故宫博物院图书馆的查阅更加便利，实为学界一大福音。

在尚未一睹清宫造办处档案之前，个人即曾藉前辈学人发表的文章中引用到的活计档案，论述了清前期宫廷与民间工艺的关系，^④如今能详查《各作成做活计清档》，更是喜出望外，如获至宝。因为相关藏品内容而面临的疑问，以及个人关注的面向，当面对相关内廷活计档案时，首先注意到档案内容提及来自江南与广东的南匠薪俸给予细节，遂撰写了《乾隆朝内务府造办处南匠薪资及其相关问题研究》，并于 2003 年 10 月在陈老师于佛光大学召开的"第一届清史

---

① 这批微卷的乾隆朝部分包含清高宗为太上皇的三年余，即嘉庆元年至嘉庆四年，后者有标示为嘉庆元年、嘉庆二年、嘉庆三年者，也有标示乾隆六十一年、乾隆六十二年与至乾隆六十三年者。

② 这部分的微卷从嘉庆十一年开始，就目前所知，嘉庆四年至嘉庆十年（1799—1805）的档册付之阙如，嘉庆朝以后的《活计档》缺道光十一年一至三月、同治十年、光绪二十五年一至三月、光绪二十七年、宣统二年六月之档案。

③ 《清宫内务府造办处档案总汇》至乾隆六十年为止，故不包含嘉庆元年至嘉庆四年的内廷档案。

④ 嵇若昕：《试论清前期宫廷与民间工艺的关系——从台北故宫博物院所藏两件嘉定竹人的作品谈起》，《故宫学术季刊》，第十四卷第一期（1996 年 10 月），第 87—116 页。Chi Jo-Hsin, Summer 1999, Chinese Imperial and Folk Decoration Arts from mid-17th to mid-18th Century, Oriental Art, Vol. XLV, No.2, pp.50-61.

国际学术研讨会"上宣读。①

　　此后，个人依据这批微卷，除了在个别短文中引用以讨论台北故宫博物院所藏相关文物外，②也撰写了讨论18世纪宫廷牙匠的文章，③同时评介了朱家溍所撰雍正朝的《养心殿造办处史料集览（第一辑）》。④2005年秋，个人依据《各作成做活计清档》，分3个时段检视该档案中有关内廷如意馆的载录，以厘清乾隆朝造办处如意馆的角色演化，文末提出：乾隆时期的如意馆可谓"造办处内的首席作坊。初期如意馆所成做的活计并没有特定的范围，相较于造办处的其他作坊（例如玉作、牙作、砚作等），如意馆实可谓为综合性作坊。""虽然从如意馆设置以来，绘画活计乃其大宗，然并不可视之为清代的画院。"⑤同年11月4日在台北故宫博物院举办的"文献足征——第二届清代档案国际学术研讨会"上宣读该文后，⑥不但台湾大学艺术史研究所教授陈葆真学姐私下赞曰："Good paper。"陈老师在会议中段休息时也表示："这篇文章写得不错！但是以后不能再这么做了！"当时与会不少学人欲趁此次会议机会当面请教陈老师相关问题，个人遂未能聆听老师详说。以后的数年，仍有不少较资浅或初进入清代艺术史范畴的学子孜孜于查阅《各作成做活计清档》或《清宫内务府造办处档案总汇》（以下将两者并称为《活计档》），撰写有关清代内廷造办处成做活计的文章，即使个人，也继续发表了几篇有关内廷工艺的论文。⑦虽然如此，个人心中仍不时咀嚼着陈老师的叮嘱：不能再仅赖《活计档》进行清代工艺史研究了。

　　因为工作上的接触以清宫旧藏为主，尤其是清代内廷工艺，当时内廷的载

---

①　该次会议的文章刊印在陈捷先、成崇德主编：《清史论集》，北京：人民出版社，2006年，拙文刊登于上集，第519—575页。

②　嵇若昕：《从文物看乾隆皇帝》，载于《乾隆皇帝的文化大业》，台北故宫博物院，2002年，第231—240页。

③　嵇若昕：《十八世纪宫廷牙匠及其作品研究》，《故宫学术季刊》，第23卷第1期（2005/秋季），第467—530页。

④　嵇若昕：《评介〈养心殿造办处史料辑览〉第一辑（雍正朝）》，《东吴历史学报》，第十三期（2005年6月），第165—175页。

⑤　嵇若昕：《乾隆时期的如意馆》，《故宫学术季刊》》，第23卷第3期（2006年春季），第127—152页。

⑥　有关会议议程请查阅 http://npmhost.npm.gov.tw/tts/ching/04.html（检索日期：2019年6月16日）。

⑦　嵇若昕：《从〈活计档〉看雍乾两朝的内廷器物艺术顾问》，《东吴历史学报》，第十六期（2006年12月），第53—105页；嵇若昕：《上下五千年，东西十万里——清宫中的百件件》，《故宫文物月刊》，总294期（2007年9月），第4—15页；嵇若昕：《雍正皇帝御赐松花石砚》，《故宫文物月刊》，318期（2009年9月），第42—51页；嵇若昕：《清世宗的艺术品味》，《雍正：清世宗文物大展》，台北故宫博物院，2009年，第400—413页。

录实是第一手史料。自从 1924 年清逊帝溥仪离开紫禁城，紫禁城内留存的清代档案甚夥，运至台北故宫博物院保存者也不在少数，[①] 但是与国计民生较无关连而属于当时史学"另道"的清代内务府档案，尤其是有关造办处的档案，就不在南迁之列了。这也是二十世纪下半叶此间学子若想从事有关内廷艺术的研究而需运用造办处档案时，往往需转引故宫博物院前辈学人所引用过的档案，因此受限甚大，所能研究的课题相对而言也较有限。如今虽然有《活计档》可供查阅，当个人获知故宫博物院图书馆藏有不少内廷陈设档案时，总欲寻觅机会前往查阅。

陈设档案是清内务府对宫内外各个殿堂陈设物品造具的清册之总称。除各殿实际陈设的清册外，还包括赏用、库贮、新收、开除、浮记等账目清单。[②] 1924 年北平故宫博物院成立时，档案馆中所典藏的陈设档案包含紫禁城、各行宫、苑囿与清东陵、清西陵等之档案。1949 年之后，中国第一历史档案馆成立，原内廷所藏档案几乎悉数移拨至中国第一历史档案馆典藏，但是故宫博物院为了逐步布置紫禁城内各宫殿，以推出宫殿原状展览，遂留存了为数不少的紫禁城内各宫殿相关陈设档案，由故宫博物院图书馆保管；此外尚包括圆明园、景山与雍和宫的陈设档。因此，清代内务府的陈设档案遂分贮两处，故宫博物院所藏约占 10%，以大内各殿为主；中国第一历史档案馆等机构所藏约占 90%，以皇家苑囿和行宫为主。前者虽然仅占 10% 左右，却也近 682 册之多。[③]

因缘际会，2009 年底与 2010 年上半年，个人承香港北山堂赞助，前往故宫博物院进行考察与研究。为了保存与使用，在个人于 2009 年底抵达北京执行第一届"利荣森纪念交流计划"前，故宫图书馆将其所藏陈设档案全部数字化，除有原档案图像文件外，亦可全文检索。因为刚完成数字化，个人成为全面查阅、使用该数字档案之第一人。个人为了配合策划台北故宫博物院于 2011 年 10 月将推出的"康熙大帝与太阳王路易十四——中法艺术文化的交会"特展，同时运用《活计档》与在故宫图书馆查阅到的相关陈设档案，撰写了第 1 篇查阅内廷陈设档案后的心得报告——《记一件康熙朝玻璃器的最高成就》。[④]

因为使用者日多，故宫博物院遂于 2013 年 8 月将其已数字化的内廷陈设档

---

① 清宫档案文献有 386729 册件，满蒙藏文文献有 11501 件。

② 朱赛虹：《〈故宫博物院藏清宫陈设档案〉的价值》，《中国文物报》，2014 年 1 月 3 日，4 版。

③ 李福敏：《故宫博物院藏清内务府陈设档》，《历史档案》2004 年 1 期，第 127 页。

④ 嵇若昕：《记一件康熙朝玻璃器的最高成就》，《盛清社会与扬州研究》，台北：远流出版事业股份有限公司，2011 年，第 421—438 页。

案影印出版成《故宫博物院藏清宫陈设档案》，连同最后一册的目录索引，皇皇巨著共 45 册；经和前述故宫博物院数字化的陈设档案稍加比对，发现档册中的黄签与黄浮签虽已尽量印出，仍有黄浮签漏印的情形。至于第一历史档案馆所藏清代内务府的陈设档案，也陆续整理、编纂成《清代皇家陈设秘档》，自2014 年开始由文物出版社分批出版，第一批出版静明园卷 16 册；[①] 未来全部出版后，其卷秩势将浩繁庞大。

由于故宫博物院所藏的陈设档案与故宫的藏品关系密切，并已全部出版，学界使用者较多，所以一般通称《陈设档》时多仅指称藏于故宫博物院者，即《故宫博物院藏清宫陈设档案》之省称。

近年来多次为两岸的学人审阅稿件，发现双方都有不少博物馆研究人员利用《活计档》进行各自院藏文物的研究，也偶见年轻学人进而利用《陈设档》撰写文章；每当此时，总忆起当年陈老师督促的话语，顿时佩服陈老师对清史档案的熟稔与在清史研究上的远见！如今哲人已逝，吾人当仅记其念兹在兹的深化清史研究的期望！

---

① 李国荣、覃波：《清代内务府陈设档的编纂出版及其珍贵价值》，《历史档案》，2014 年 2 期，第 131—135 页。

陈捷先教授的满文《实录》《本纪》研究

叶高树

  台湾大学历史学系名誉教授陈捷先先生在清史、满文、档案学、方志学、族谱学诸多研究领域的成就与贡献，享誉国际。早在70年代后期，先生为介绍满洲人的语文、了解满洲人的历史文化，特规划出版《满文档案丛考》，以说明这批珍贵却为人遗忘的档册内容，并藉以补正清代汉文史书记载的不足与缺失。[①]其中，以专书形式出版者，有《满文清实录研究》《满文清本纪研究》两种，[②]是探究清代官修史书的史料来源、纂修过程、满汉文本、史料价值，以及庋藏概况的重要参考。

  清朝皇帝以"敬天法祖，勤政爱民"为施政信条，其中"法祖"一项，既标举对父、祖典范的遵循，也强调对历史经验的重视，是以诸帝无不致力于国史的编修。有清一代，官修国史种类繁多、体例多元，有书成便刊刻流传者，如纪事本末类的《方略》、政书类的《会典》等；亦有纂就后不公开者，如编年体的《实录》、纪传体的《本纪》等。历朝《实录》定稿，抄成满、蒙、汉3种文本，分藏于内廷、乾清宫、皇史宬、盛京崇谟阁、内阁实录库；至于《本纪》，则由国史馆以先汉后满的方式编成，即分函装修谨贮，并另缮一份进呈御览。

  《实录》《本纪》等深藏宫禁秘阁的瑰宝，直到1925年故宫博物院成立，始渐次整理、开放，世人方得窥其堂奥，也掀起一股研究的风潮。就《实录》而

---

① 参见陈捷先：《满文清实录研究·自序》，台北：大化书局，1978年，第3页。

② 继《满文清实录研究》之后，先生出版《满文清本纪研究》，台北：明文书局，1981年，复择是书部分内容改写，收入《清史杂笔》。分见陈捷先：《清朝皇帝的满文本纪》，收入《清史杂笔（七）》（台北：学海出版社，1988年），第1—54页；《略论故宫博物院珍藏乾隆两种满文本纪》，收入同书，第55—88页。又先生在《满文清实录研究》的序言中提及，"满文档案丛考"系列还将包括满文《起居注》，实则已完成相关论文两篇，但未结集成书。分见陈捷先：《清代起居注馆建置略考》，收入《清史杂笔（一）》（台北：学海出版社，1977年），第81—94页；《满文〈起居注册〉之现况及其价值》，收入《清史杂笔（二）》（台北：学海出版社，1977年），第69—112页。

言，前辈学者在肯定其史料价值之余，犹不免批评其修改、粉饰之处，且忽略满文《实录》的存在。就《本纪》而言，由于1927年《清史稿》刊布，时人着意于臧否其得失，而无视清国史馆的业绩，遑论满文《本纪》的价值。因此，先生研究满文《实录》《本纪》之作，意义非凡，弥足珍贵。谨将书中要旨，分述于下。

《满文清实录研究》一书，除引言、结语外，分满文清太祖实录之纂修与改订、旧满洲档与满洲实录、清太宗及其后各朝满文实录之修缮、满文清实录之现藏概况4章。先生开宗明义指出《清实录》的特点：一、相较于过去朝代，《清实录》全部都保存着；二、清初因汉化、政争等因素，《实录》曾一修再修；三、清帝以"清语"为国家根本，官方修史至少要有满文、汉文两套。

先生根据《旧满洲档》所载，确定太祖努尔哈齐的第1部《实录》，成书于太宗皇太极天聪九年（1635），即官书所说的《太祖实录图》。此书以图画为主，系画匠张俭、张应魁根据满文档案的记述，将太祖事迹绘制而成。次年，改元崇德，以文字为主的《太祖武皇帝实录》告成，有满、蒙、汉3种文字的本子，满文档案和初纂本《太宗实录》皆称此时完成的是"太祖承天广运圣德神功肇纪立极仁孝武皇帝、太后孝慈昭宪纯德贞顺承天育圣武皇后实录"，唯康、乾年间修改过的《太宗实录》则说当时修成的是"太祖实录"。其后，《太祖实录》先有多尔衮摄政期间、顺治皇帝亲政后的两次改缮，康熙朝复以太祖改谥"高皇帝"为由而重修，再经雍正十二年（1734）的校订，至乾隆四年（1739）始成《太祖高皇帝实录》定本。先生不仅就入关后《太祖实录》的增补、删改，详加析论，更在《实录》制作先写满文再译成汉文的事实上，举台北故宫博物院藏满文《太祖武皇帝实录》封面题签："*daicing gurun i taidzu horonggo enduringge hūwangdi i yargiyan kooli*（大清国的太祖武皇帝的实录）"为证，确认现存满、汉文本《太祖武皇帝实录》当属顺治年间，且是顺治皇帝亲政之后敕修的版本。另一方面，对于《高皇帝实录》增载的53道谕旨，则从《旧满洲文件》等资料找出其出处，证明并非伪造。

其次，先生对于乾隆皇帝整理太祖时代文献资料的贡献，给予极高的评价，原因在于：一、乾隆六年（1741）将关外时期的"旧档"逐页托裱装订，并于乾隆四十年（1775）重抄两份，分藏北京宫中和盛京崇谟阁。"旧档"的原件，即1969年台北故宫博物院出版的《旧满洲档》（2005年再版，重订书名为《满文原档》）；藏在盛京的重抄本，于1905年为内藤湖南所发现，定名《满文老档》。先生认为，若非乾隆皇帝的热心维护，今日要研究满文由旧变新的过程，要想了解300年前的"满洲秘史"，就无法如此方便。二、乾隆四十六年（1781），完成兼有满、蒙、汉3种文字、附图77幅的《满洲实录》，分别存放在北京、盛京和热河避暑山庄3地。《满洲实录》可说是《太祖实录》的一种，先生仔细比对不同版本《太祖实录》的满文，不仅厘清各本间的关系、历次改修的情形，更进一步指出《满洲实录》的内容和顺治朝《太祖武皇帝实录》完全一样，且《满洲实录》在重抄时又改正若干《武皇帝实录》手民之误，故史料价值可能更胜一筹。当然，先生主张清太祖的生平文献，还是以《旧满洲档》最好、最多、最可信。

再次，先生以历朝满文《实录》修缮概况，说明《清实录》能完好存在的原因。《太宗实录》有初纂本①、重修本②、定本③之分；《世祖实录》也有初纂本④、定本⑤两种，各版本的差异，在于将俚俗的文字进行修润、不雅的旧俗加以隐讳，但仍有改正错误的优点。《圣祖实录》⑥《世宗实录》⑦纂修进度迟缓，则与康熙朝晚期至雍正年间政争激烈有关，皇帝本人和纂修官员对材料取舍、措词用字，无不字斟句酌、费心琢磨。自《高宗实录》以降，历朝《实录》纂修情形大致相同，不过《德宗实录》到民国以后才修成，宣统朝则称《政纪》，两种皆无满、蒙文本。清朝每修《实录》，必修缮5套，分藏内廷、皇史宬、内阁、盛京，为大型的红绫封面，另有小型的用黄绫作封面者，则是乾清宫的御览本。又规定，《实录》每两年要"抖晾"一次，避免霉湿糟烂；尊藏各处的《实录》，有因种种原因而重缮或改缮；遇有天灾人祸而遭毁损者，则有补缮或修补之议。总之，清代帝王极为重视《实录》的修纂与收藏，无论是纂著、缮写、存藏或保管，都有定制，都用专人。

先生研究满文《清实录》，是利用台北故宫博物院珍藏的大型红绫抄本，鉴于前此有关满洲文献的目录从未有述及者，故特别进行调查与介绍。台北故宫博物院现藏的满文《实录》，来源有二：一是1970年由"国史馆"转赠台北故宫博物院，起自太祖高皇帝以迄穆宗毅皇帝，共计千余卷，先生详列各卷起讫时间、现存册数、原编卷号，以供检索。一是国立北平图书馆暂藏故宫博物院，

---

① 顺治十二年（1655），40卷。
② 康熙二十一年（1682），67卷。
③ 乾隆四年（1739），67卷。
④ 康熙八年（1669）。
⑤ 乾隆四年（1739）。
⑥ 雍正九年（1731）。
⑦ 乾隆六年（1741）。

虽然只有 3 册 3 卷[①]，却是清初编成的《大清太祖武皇帝实录》。在先生研究满文《实录》之前，日本天理大学今西春秋教授曾影印出版原藏于北平图书馆的《*daicing gurun i taidzu horonggo enduringge hūwangdi i yargiyan kooli*（大清太祖武皇帝实录）》[②]，经先生比较发现，两种版本的题名、字迹、行款、文字等，都略有不同，并从今西氏重印本中的若干空白处，正好是后来重绘《满洲实录》[③]的分卷处，进而判断是乾隆朝重绘《满洲实录》前不久抄的，或是为重编《满洲实录》而重抄的。先生之说独具慧眼，极富参考价值。

《满文清本纪研究》一书，除针对体例溯源讨论的《本纪述略》外，分《清代纂修的满文本纪》《故宫博物院现藏满文本纪概况》《清代本纪满汉文文本间的关系》《略论现存乾隆朝两种不同钞本满文本纪》《满文本纪的史料价值平议》等 5 篇。关于满文《本纪》的纂修，清朝国史馆附属于翰林院，修纂国史的体例，和历史上其他朝代修正史的情形相同，分纪、志、表、传等部分；史官写定稿本后，即进呈御览。先生指出，雍正朝以前的帝王《本纪》，纂修的时间较晚，如《太祖本纪》直到乾隆元年（1736）才完成初稿，太宗、世祖、圣祖 3 朝《本纪》在乾隆初年还在纂修；乾隆皇帝即位后，世宗的《本纪》《实录》同时展开编修，才使这项工作步入正轨。唯德宗《本纪》在清末虽已纂修而未能完成，但在清国史馆的文献中藏有德宗汉文《本纪》稿本 44 册，其中增删润饰之处颇多，确实是官方的产品。

早年北平图书馆、故宫博物院在整理满文书籍时，曾编制"联合目录"，其中提及有《世祖章皇帝本纪书》《圣祖仁皇帝本纪书》残本两种。先生根据该目录将"本纪"的满文写作"*ben gi bithe*"，台北故宫博物院现藏者则是"*da hergen i bithe*"，遂判断不是同一版本，并公开多年来阅读的成果，详列历朝《本纪》函、册、卷数，及其起讫时间，供研究者参考。就现存满文《本纪》的数量而言，太祖、太宗、世祖、圣祖、高宗、仁宗、宣宗各朝都完整无缺；世宗朝缺雍正八年（1730）以后的纪事，文宗朝仅存原书的二分之一，穆宗朝缺失者似已超过半数。这批满文《本纪》，是 70 年代发现的珍贵史料，若无当时台北故宫博物院开箱彻底整理，相信难以确知其留存情形；如非先生的辛勤抄录、无私公开，学界也无由了解其史料价值。

其次，《本纪》的文字内容不出《实录》范围，修纂过程都是由汉文译成

---

① 缺第 1 卷。

② 1967，3 册 3 卷，缺第 1 卷。

③ 8 卷。

满文，史料价值自然不能与《旧满洲档》《实录》《起居注》等相提并论。虽然《本纪》满、汉文本少有不同，先生仍从历朝《本纪》中挑选实例，既用以证明两种文本的内容一致，又指出除少数的满洲人名和特有的满洲字汇外，满文部分是以汉文作底本转译而成。值得注意的是，由于满文比较详明，不少汉文记载简略含糊的，经转译为满文后都变得清楚；具有满文、满语原来意义的字词，只有用满文书写才能表现无遗，绝非汉字所能说明的，这正是满文《本纪》的价值所在。

再次，台北故宫博物院现存乾隆朝满文《本纪》共有两种钞本，一是黄绫封面的"完整本"①，一是封面已褪色，红、黄不能确辨的"残缺本"②。两者最大的区别，在每卷纪事时间的不同③，先生不惮其烦逐页比对，而有重大发现：一、两书有不少卷的文字内容相同，但书写的笔迹有差，每页字数也略有出入。二、两书也有内容文字不尽相同者，从用字遣词来看，译文绝非出于一人之手。三、"完整本"译文比较流畅，"残缺本"不乏逐字对译者，以致失去满文的特有风格，故应是两种不同的译本。

满文《本纪》成书的时间晚，又据汉文翻译，史料价值相对而言较低，唯先生仍能从中发掘其意义。包括：一、在满文《本纪》中，随处可见满洲语文的汉化演变情形，是研究阿尔泰语言学必要的文献。二、《清史稿·本纪》错谬之处俯拾皆是，利用满文《本纪》足以纠正其误。三、满文《本纪》出现大量满洲人名，从名字的字义、分写或连写的方式，可了解满洲旧俗与清朝制度，对汉文官书也有补充与发明的功用。四、就版本而言，台北故宫博物院现藏的满文《本纪》是朱丝栏本写制的钞本，实为外国多数专家闻所未闻。总之，满文历朝《本纪》的版本精善、数量庞大，叙事也有系统，不仅是一批新发现的珍贵史料，也是一批有特殊价值的史料，先生精辟的评析，实发人深省。

从《满文清实录研究》《满文清本纪研究》两书，可窥知先生学养深厚、洞识精微。尤其在信息流通不易的年代，先生有系统地译介满文《实录》《本纪》，并以实证的方法解析满、汉文本的异同，不仅将台北故宫博物院的珍藏公诸于世，更发挥启迪后学的作用。

谨纪念清史研究的导师。

---

① 16 函，62 卷，62 册。
② 存 11 函，44 卷，44 册。
③ "完整本"每卷纪 1 年，残缺本每卷纪 6 个月。

陈捷先老师与联经出版公司

方清河

话说 1981 年，《联合报》创办 30 周年，本着回馈社会与发扬中华文化的宗旨，创办人王惕吾先生设立了"联合报文化基金会"。基金会成立初期的两个主要工作，一是邀请刘岱教授由美返台，主持编写并出版《中国文化新论》，由联经出版公司负责执行，后来也由联经公司承担了主要的财务支出；一是搜藏海外中国研究资料，供国内学者研究参考与一般社会人士利用，为此特别在基金会底下设立了国学文献馆，作为负责执行的常设机构。

国学文献馆的馆长就是陈捷先老师，他不但实际负责国学文献馆的日常运作，我觉得很有可能从一开始就是请他负责擘划的。陈老师在 1995 年发表的一篇介绍《联合报文化基金会国学文献馆》（刊登在 1995 年 12 月出版的《图书馆学与信息科学大辞典》）的文章里，提到文献馆的成立宗旨有三：

（1）调查、收集海外珍藏之我国文献资料，并摄制微卷，归国存藏，以便国内学者与一般社会人士利用；

（2）编印国学资料丛书，提供各界参考；

（3）举办学术活动，以提升我国之国学研究水平。

这些都是老师长期关注并且擅长的工作，所以很快就取得了不错的成绩。

国学文献馆收集的资料，以国内收藏不多的中国族谱资料及清人诗文别集为主。族谱部分由初期购自海外的微卷近 2 千种（据 1982 年出版《国学文献馆现存中国族谱目录》），到 1995 年已增至 8 千余种（范围也扩大到大陆及台湾家族谱牒资料）；清人诗文别集部分有 1 千余种。另外有清宫档案（起居注册与奏折等）3 万多叶。国学文献资料之搜集工作也扩展至中国大陆。

收集资料的目的是要供人利用，所以国学文献馆是开放给一般社会大众阅读的。因为大多数馆藏是微卷，只能在馆内利用机器阅读，毕竟有些不便。为了便于检索及普及信息，便需要编辑馆藏目录，以利读者查考，有需求时再登门借阅。当然，出版的本身也有推广普及的寓意在。提到出版，便与报系内部专司出版的联经出版公司分不开了。而我正好在 1980 年 11 月参与了联经出版公司的工作，后来又长期负责编辑组的业务，因此与国学文献馆的出版品多少也沾上了一点边。

文献馆初期的出版品是两线并进的：族谱与文集。《中国历代诗文别集联合书目》由王民信主编，以馆藏的清人诗文别集为基础，向上推到三国时代，在 1981—1985 年共出版了 14 册（第 1 册三国、两晋，第 2 册南北朝、隋，第 3 册初唐、盛唐、中唐上，第 4 册中唐下、晚唐上，第 5 册晚唐下、五代，第 6 册北宋、南宋上，第 7 册南宋下，第 8 册元，第 9 册明上，第 10 册明下，第 11—14 册清代）。族谱部分先在 1982 年出版了《国学文献馆现存中国族谱目录》，1983 出版盛清沂主编的《中国族谱序例选刊》（初辑 10 册）；再配合与"行政院文建会"等机构联合举办全省巡回展或在台北一地举办大规模族谱资料展（1982 年起，每年 4 月教孝月），也印行了《中国族谱资料展览目录》（1983 与台湾省立台中图书馆合编）及《中国族谱资料展目录》（1984 与"行政院文建会"合编），另外还有《族谱家训集粹》（1984 与"文建会"合编，估计也与展览有关），让读者知道国学文献馆藏有近两千笔的族谱微卷，而兴起寻根探柢的兴趣，上门来寻找门径；这些出版及展览活动对谱学研究的提倡与修谱兴趣与方法的提升，有着正面的影响。

国学文献馆对外开放所藏资料（主要是族谱），每日上午 9 时半至下午 5 时半为阅览时间，星期日及例假日休息。这些馆藏的族谱确实引起了不少人的兴趣，也有热心人士帮着推广（例如郑恒萃先生就专文介绍《国学文献馆之族谱资料》，刊在《山东文献》8 卷 3 期，1982 年 12 月 20 日）吸引了不少人上门。每当我到文献馆串门子时，总会看到许多人在机器前翻检微卷。我自己也有亲身的经验。我们家族的族谱因为年久未修，又因历经战乱，为免遭毁损而藏在墙壁的暗坎里，结果因保存条件不好反遭虫蚁啃咬而造成缺损。族里的长辈为了要重修族谱，曾经多方设法，要将残缺的旧谱补齐。那个年代要他们从金门来台湾做这件事并不容易，当然由我来代劳，结果就在文献馆所藏的微卷里找到了答案。

我再次接触这批微卷，已经是 21 世纪的事了——在编校萧公权先生大作

《中国乡村》的中译本时。萧老的大作征引了大量的地方志及谱牒资料，有些资料后来经过一些出版单位的系统性整理出版，在"国图""中研院"及台大等图书馆里都不难查核；但也有些是较为罕见的，尤其是明清时期的族谱，并不易见，所以其中有些引文一看就知到是从英文字面直译，文字显得有些突兀，必须设法解决。我在"国图"的联合书目里查到了不少线索，也在"国图""中研院"（包括史语所、近史所、文哲所）及台大图书馆等处的馆藏里克服了大部分的问题。最后还有若干种族谱的微卷，典藏在台北故宫博物院的图书馆里（为他处所无），估计是当初陈老师为国学文献馆搜罗来的馆藏品，后来捐给台北故宫博物院的。我透过陈龙贵兄的介绍，跑了几趟台北故宫博物院图书馆借阅，总算把问题都克服了。其中有一种折腾了好几回，原来是萧老原书注记上有一些跳跃，原书注明是在该谱的末卷，只是末卷只有不多的篇幅，翻来覆去的看，就是找不到想要的东西。还好后来耐着性子将微卷往后翻卷，发现别有洞天，原来该谱后面还有好几个附录，其中一个就是我需要的，这才把问题解决了。

顺着馆藏的议题发展，国学文献馆举办的学术活动也是双线进行的：族谱与域外汉籍。陈老师在上述介绍文献馆的文章里说：

1986 年起即倡意召开中国域外汉籍国际学术会议及亚洲族谱学研讨会。前者曾在中、日、韩、美等地轮流举办 8 次，1994 年第 9 届会议在日本福冈举行。后者多在台北市召开，第 8 届将于 1994 年底与香港大学合办，会议地点在香港。

两项学术会议事后都有出书，这些书都是由联经出版公司印行的。

《亚洲族谱学术研讨会会议纪录》第 1 届至第 7 届，共出版 7 册（第 1 届 1984 年，第 7 届 1996 年）；会议纪录出书通常都在活动举办后，从《纪录》出版的年份来看，"亚洲族谱学研讨会"最初的召开时间，应该比老师文章中所说的略早，最迟应该在 1984 年，也就是在举办族谱资料展的同时或稍后。

《中国域外汉籍国际学术会议论文集》第 1 届至第 6 届，出版了共 6 册（1987—1993），第 7、8 两届则是出版了一个合刊本，时间是 1996 年。学术会议论文集的出版，因为与会者的论文都需要修改增润，往往迁延时日，而且愈后面愈难。以"域外汉籍国际学术会议"为例，第 9 届（1994 年）都举行过两年了，第 7、8 届才勉强出了个合刊本，后面就难以为继了。在"国图"的书目资料里，还可以查到《第 10 届中国域外汉籍国际学术会议论文集》，1999 年由联合报出版，署名是"陈捷先主编"，当时国学文献馆的编制应该已经取消了吧，所以不是由国学文献馆主编。

国学文献馆的另一项宗旨是："编印国学资料丛书，提供各界参考"。这一方面，陈老师推出的是一个庞大的工程——《清代起居注册》。1983年推出第1期（咸丰朝57册；同治朝43册），合计100册。1985年推出第2期（道光朝100册），1987年推出第3期（光绪朝80册）；3期合计280册。剩下的部分计划没有继续执行，据我的推断，原因可能是：康熙、雍正及嘉庆朝的起居注原件，两岸各拥有一部分，单独出版未能看见全貌；而乾隆朝的篇幅又大得惊人，实在难以处理。后来我在国学文献馆移交给联经出版公司的资料里，翻出《清代起居注册》尚未出版的影印资料，提取康熙与雍正朝的部分，经比对藏品目录后发现台北与北京所藏篇幅相当。经过公司高层的联系协调，向台北故宫博物院申请出版授权，与北京中华书局采取各自出版联合发行的模式，终于让《清代起居注册》康熙朝与雍正朝得以完整地与世人见面。当编印工作进行到最后阶段时，请陈老师惠赐一篇导言冠于书首，老师都是一挥而就，不数日即交卷。相信老师也是乐于见到他当年限于情势而无法完成的工作，终于又往前走了一步。

至于嘉庆朝，台北故宫博物院所藏甚少，实在做不了什么事。而乾隆朝因为部头太大，当初国学文献馆都搁置而没有影印，现在想要向台北故宫博物院申请出版，将会是一个庞大而艰难的工程，所以也就只好继续搁置了。《清代起居注册》的出版，没有当初陈老师的擘画与推动，是简直无法想象的事情。

国学文献馆在"编印国学资料丛书"的另一项重大出版项目，是1994年推出的《台湾研究资料汇编》（第1辑）40册。本辑资料主要取材自台北故宫博物院宫中档、军机档，"中研院"史语所明清档案（顺治朝部分），以及台银研究室之台案案录。主要为清代台湾资料。在我的印象中，这类大部头的书，在联经出版公司都是由当时的副总经理万步青先生亲自发落，交由出版组直接进厂执行印制（编务工作多半是文献馆陈龙贵兄带领一批伙伴干的）。直到2018年退休前夕，在整理文件准备移交时，赫然发现《台湾研究资料汇编》的编印报告，当时竟然是我签的，转眼二十几年过去，早已不复记忆。

配合着出版计划转向台湾研究，国学文献馆在学术活动方面也举办了"台湾地区开辟史料学术座谈会"，并出版了《台湾地区开辟史料学术论文集》（1996），这可能也是国学文献馆交给联经印行的最后一种书了吧！

陈老师的文章里还提到几种出版品：

Proceedings of the 35th Permanent International Altaistic Conference（1992）

《第一届中琉历史关系国际学术会议论文集》（1册）

《且兰考》（余若泉著）

《明清时代福建的土堡》（杨国桢、陈支平著）

《中国族谱编纂简说》（盛清沂著）

这几种书我曾经在仓库看过两种（《且兰考》和《中琉会议论文集》），其他的没有什么印象。在"国图"的目录里还可查到《庆祝札奇斯钦教授八十寿辰学术论文集》（1995），也是由联经出版公司经销的。

另外，国学文献馆曾经出版过一种《国学文献馆馆讯》，根据"国家图书馆"期刊文献信息网／出版期刊指南系统，第1期是1982年6月出版，刊期是双月刊。"国图"和台大图书馆都藏有第1期（1982年6月号）。GooglePlay的扫描文件，倒是可以看到两笔：一笔是《国学文献馆馆讯》第1—12期（1982）。另一笔是《联合报文化基金会国学文献馆馆讯》，第1—18期（1982）。1982应该只是代表开始的日期，因为是双月刊，12期就是两年份，18期是三年份了。查台大图书馆相关资料，研图闭架书库有n.1（1982）—7（1984），15（1986）—18（1989）；杨云萍文库收有n.1—2（1982），4（1983），6（1983）—10，12（1985），15（1986）—18（1987）。注记出版日期不同，不过看来，至少已经很难维持双月刊的刊期。

陈老师个人著作在联经公司出版的，反倒是一本小书：《千湖国杂记》，1977年出版，收在"天下文萃"系列中。从相关资料看起来，开本很小，只有19公分高，应该是48开本；篇幅也不大，只有66面。"天下文萃"系列在我进入联经公司后就没有再出版过新书，所以也就没有特别留意，只记得看到过这个书名。前两年龙贵兄问起时，我有提到这本书，当时因为公司陈列的种子书已经打包送回仓库封存，也就没有特别去翻检。后来查看种子书装箱清单，竟然发现"它"还在种子书里面。只是我现在已退休了，没有特殊理由，也不好去调借了。

陈老师除了主持国学文献馆之外，也曾担任过联合报系《历史月刊》的总编辑。《历史月刊》创刊于1988年2月，实际上是《联合月刊》停刊后改名重新出发的（根据"国家图书馆"期刊文献信息网／出版期刊指南系统所载）。社长是刘洁先生，创刊时由石守谦、杜正胜、李永炽、邢义田、吴文星、胡昌智、张瑞德、黄宽重、雷家骥、蒋孝瑀、刘石吉、赖泽涵等十二人（依姓氏序）为编辑委员，负责第 1 年 12 期主题的规划。首任总编辑为关绍箕（只担任 2 期），随后由副社长刘振志兼任总编辑（第 3—16 期），第 3 任总编辑是林载爵（第 17—55 期）、陈捷先老师是第 4 任总编辑（第 56—115 期）、第 5 任是王曾才老师（第 117—144 期）、第 6 任由副总编辑陈昭顺升任（第 145—185 期）、第 7 任由联经出版公司副总经理东年接任（第 187—263 期）。205 期起杂志改为横排，216 期起刘洁退休，由东年以社长兼任总编辑，直到 263 期（2009 年 12 月号）停刊。在历任总编辑中，以历史专业教职出身者来说，陈老师是任期最长的，前后历时 5 年（1992 年 9 月至 1997 年 8 月），总共 60 期（其次是林载爵的 39 期，和王曾才老师的 27 期），负责规划约稿，工作是非常繁重的。

在同仁们的共同努力下，陈老师任总编辑期间，《历史月刊》连续 5 个年度（1994—1998）获得金鼎奖的肯定，包括人文及社会类杂志出版奖、杂志编辑奖，以及 4 次推荐优良杂志奖；另外获得 1996 年度教育部的奖励期：丙类（增进一般大众知识之通俗性刊物）。辛苦的工作总算没有白费。

顺带一提联合报文化基金会的另一项工作，由联经出版公司负责执行的《中国文化新论》编写计划。由刘岱教授出面邀集当时青壮年的学者近百人（包括部分香港地区学人及美国学人），分别由根源、学术、思想、制度、社会、经济、文学、艺术、科技、宗教礼俗等十个面向切入，全面探究中国文化，期望以尽量浅白的文字，将当时学术界的研究成果，加上个人的创获心得，对中国文化以一个较新的视角勾勒出一个完整的面貌。在刘岱教授的主持下，从每篇文章的标题、写作大纲到初稿完成，都以小型研讨会的方式，集合众人的力量来进行。那一年之内，在台北市"国父纪念馆"旁光复大楼刘岱教授的落脚处，不知上演了多少场密集的小型研讨会，终于在两年之内，出版了一套 13 册的《中国文化新论》（思想及文学各两册，加上刘岱教授的序论），随后也获得金鼎奖"图书出版"与"图书主编"奖项的双料肯定。虽然其中有部分同仁因各别的因素未能顺利完成原定的写作计划，但参与的朋友事后回忆起来，都认为是一个百年难遇的经验，在中国的出版史上，不仅是前所未有，以后可能也不容易再现。我个人在 1980 年 11 月进入联经出版公司，开始我的职业生涯，正好恭逢其盛，真是获益良多。

2019 年 7 月 16 日

陈捷先教授与联合报系国学文献馆

陈龙贵

谈到台湾地区的族谱学术研究与发展，不能不提陈捷先教授与联合报系国学文献馆。

创立缘起与建馆宗旨

联合报系文化基金会国学文献馆（简称国学文献馆）成立于 1981 年 9 月 16 日。其创立缘起与宗旨见于《国学文献馆馆讯》第一号的《创立缘起——代发刊词》（1982 年 6 月）：

……兹为达到复兴与光大中华文化之目的，联合报有感于三十年来，社会各界对本报之爱护、支持，拟回馈读者，服务社会，特于 1981 年九月十六日正式成立"联合报文化基金会"，其下并设"国学文献馆"，将有计划、有系统搜集海外中国学文献资料，并予整理、流通、宣扬，以与"中央图书馆"所属之"汉学资料服务中心"，相互配合，以协助完成建立台湾为世界汉学中心之宏愿。吾人熟知：西洋人研究中国文化，称为"汉学"，或曰"华学"；惟以国人自称，当以"国学"名之为宜。

为了研究"国学"，并使台湾成为"世界汉学中心"，于是国学文献馆"调查搜访海内外所藏现存我国历代文献、典籍资料，以及近代学人研究成果，予以制成微片集藏整理，宣扬流通，并提供资料服务，以便利研究，期使世界有志国学研究之学人从此毋需他求，俱可藉本馆达到其目的"。尤其搜集中国流落散佚于海外的文献资料，以提供国人研究国学的方便。

国学文献馆自创立伊始，便由陈捷先教授负责主持，上述建馆宗旨也是由陈教授所提出。但是因为"散佚海外之资料至伙"，因此陈教授指出，国学文献馆的初期计划以搜集中国族谱与清人文集为主。此后这两部分的工作，并成为国学文献馆的主要工作内容；尤其是族谱学术的研究、推展与修谱、寻根活动的推广，在陈教授主持下，更是开台湾地区风气之先河。除馆内的一般阅览外，以下即分类概述国学文献馆的工作。

族谱的搜集与研究推广

族谱的工作，可分三方面加以说明：族谱资料的搜集，族谱学术研究与推展，修谱、寻根活动的推广。

一、族谱资料的搜集

我国历代的文献资料，浩若烟海；散落海外的典籍文献亦复不少。族谱资料与国史、方志，向来被学者并称为我国历史文献的 3 大宝库。国史与方志的研究多矣，而族谱资料的搜集与研究利用，从民国以来，先后虽然有柳诒徵、潘光旦、罗香林等前贤加以倡导，为人所重视的程度还是不够的。然而欧美与日本等国家，为了了解研究中国，自清末民初以来就不断地、大量地搜集我国的文献典籍，其中也不乏族谱资料的收藏，美国与日本的收藏为最，达数千种之多。于是国学文献馆以此为着力点，广为搜集散落美日等各大图书馆所藏的族谱资料。这批收藏在美日各大图书馆的族谱资料，加上香港大学冯平山图书馆的收藏，皆已由美国犹他家谱学会摄制成微卷；国学文献馆征得原收藏者之同意，即向犹他家谱学会购置微卷归国存藏，计约 3 千余种。以上皆为明清时期与民国初年在大陆所纂修的族谱，为了搜集在台湾地区编制的家谱，也先后向犹他家谱学会购买其在台湾地区作田野调查时所摄制的家谱微卷，共计 6 千余种。以上共约 1 万种族谱资料，构成了国学文献馆所搜集族谱资料的主体；此外尚有一些读者与修谱者，闻知国学文献馆有族谱的收藏，亦将其家藏或编修的（纸本）族谱捐赠予国学文献馆，这部分约计近二百种。

二、族谱学术研究与推展

有鉴于族谱资料的良莠不齐，厘剔族谱资料的利用价值，陈捷先教授为加强族谱学术研究，并提高族谱资料的研究利用价值，于是起而倡导、推展族谱学的研究，国学文献馆因此先后召开了多次的族谱学术会议，不仅开创了台湾地区族谱学术研究的先河，而且将族谱学的研究推向了新的境界。

首次召开的族谱学术会议，是在建馆的一年后，于 1982 年 9 月 15 日在台北市联合报举行"中国族谱学术研讨会"。其目的是"为提倡谱学研究，加强睦族寻根工作"。

为了扩大会议的研讨范围、增进谱学的研究成果，而且我国明清以来族谱的纂修及修谱体例亦传播影响及于周围的朝鲜、琉球、越南、日本等国家，第二年起举行召开的族谱学术会议乃改为"亚洲族谱学术研讨会"，并自是 72 年，1983 年 9 月起，继续分别于 1984 年、1985 年、1987 年、1989 年、1991 年、1993 年、1994 年与 1996 年连续召开了九届研讨会，前七届都在台北市举行，第八届首度移师台湾地区以外的香港举行，第九届则在江苏的扬州市举行。连续 9 届的亚洲族谱学术研讨会，除了海峡两岸及香港的学者外，共有来自日本、韩国、琉球、美国、澳洲、法国等国家和地区的学者共发表了二百多篇论文，而参加研讨的学者与研究生、社会人士则在二千人以上。会议论文除后两届外都已结集出版。论文内容，在区域上涵括了上述亚洲的各个国家地区；就时间而言，则远自上古的殷商时期，近至民国，上下三千多年；就主题言，则有族谱与伦理、族谱的功用等，至于利用族谱资料做历史学、社会学、人口学、区域学等研究者，更是所在都有。两岸的开放，自第五届起也有了大陆学者的参与发表论文，虽因手续等问题而不能莅临会场，两岸族谱学术研究的交流沟通则持续进行着，也成为后两届移师香港、江苏扬州举行的契机。陈教授同时还注意到族谱学术研究人才的培养，总不忘记在会议中邀请年轻学者参与发表论文，每次会议都有青年面孔出现，尤其香港与扬州的会议里，更涌现出大量年轻学者出席发表论文，族谱学研究人才因而层见叠出。

三、修谱、寻根活动的推广

这方面的活动，首先是族谱资料的展览。先是在 1982 年 9 月为庆祝国学文献馆成立周年并配合"中国族谱学术研讨会"，举行了中国族谱资料展览会。1983 年 4 月为纪念蒋介石逝世 8 周年并参与教孝月倡导，在台中市与省立台中图书馆联合举办"中国族谱资料特展"。为庆祝蒋经国先生就任"总统"，于1984 年 5 月至 7 月间为配合联经出版公司、"文建会"、台湾省政府联合主办的"全省万种好书巡回展"，国学文献馆提供了收藏的族谱资料参与全省巡回展览。每次展览，国学文献馆皆有专人在会场为读者解答有关修谱、寻根的各种问题，使得参观阅览的民众读者都能欣然满载而归。

"中国族谱研习班"的举办。国学文献馆为提倡族谱学术研究，传授正确修谱方法，以振兴我国传统族谱之学并加强敦亲睦族之社教功能，于是与文建会、台北市文献会于1984年4月联合主办"中国族谱研习班"。课程内容有：中国族谱发展小史浅说、中国名谱举例解说、中国族谱家训简介、中国族谱常用名词解说、有关中国族谱参考书简介、中国族谱的社会功能、中国族谱编纂方法浅说、中国族谱制作实习、台湾地区族谱概说、台湾地区的氏族概说。此一活动虽属首创，各界回响则相当热烈，因而继续举办了第2期至第4期的研习班；使得一般民众在寻根修谱时有了正确的知识与方向。

"我从哪里来"寻根活动。国学文献馆与联合报副刊为协助社会各界人士了解各人的"姓氏源流"，因而举办"我从哪里来"的寻根活动。此一活动依"百家姓"次序，每2周举行一次小型集会，每次以介绍一个姓氏源流为原则；前后活动10余次，共介绍20多个姓氏。

族谱资料、目录的出版。1.《国学文献馆现藏中国族谱资料目录初辑》，该书系配合中国族谱资料展览会而编印。2.《国学文献馆现藏中国族谱序例选刊初辑》十册，此书的出版乃因应读者要求，将各族谱之序例，选取具有代表性者印刷成册；因为台湾地区人口，陈、林、黄、张、李、王、吴、刘、蔡、杨10大姓约占50%以上，于是从该10姓作起。3.《族谱家训集粹》，该书是中国族谱研习班的教材。4.《中国族谱资料展览目录》，是为全省万种好书巡回展而编印者。

清人文集的搜集

散佚海外的文献典籍，清人文集亦复不少，也是国学文献馆搜集的主要内容之一。原收藏者有日本的东洋文库、东京大学东洋文化研究所、京都大学、内阁文库、韩国汉城大学奎章阁、美国哈佛大学燕京图书馆等，经征得原收藏者同意后，摄制成微卷归国存藏，计有二百多盒微卷、七八百种清人文集。这些文集多为国内所无者，对于台湾地区的研究者而言，可说是提供了不少研究上的方便。

域外汉籍会议

陈捷先教授为了倡导对散佚海外各种文献的学术研究，可谓不遗余力；除了在其主持下的国学文献馆经年累月搜集海外文献遗珍外，并且透过国学文献馆举办各种学术会议，以增进累积各种国学文献的研究成果。除了上述的"亚洲族谱学术研讨会"外，一系列的研究成绩当属"中国域外汉籍国际学术会议"最为丰硕。

1986年9月，国学文献馆为庆祝蒋介石百龄诞辰，并配合联合报系联经出版公司主办日本"中华民国优良图书展"，扩大书展影响，在联合报系、"文建会"、"新闻局"、亚东关系协会赞助下，与日本明治大学、美国夏威夷大学韩国研究中心联合举办了"中国域外汉籍国际学术会议"。会议论文内容主要涵括了下列的主题：有关中国域外汉籍的流传、出版与版本问题；有关中国域外汉籍现存情形与研究概况等问题；有关中国域外汉籍史料价值以及中国与亚洲各国当年关系等问题。这些学术论著多是以往汉学家们不曾注意，或是根本生疏的，因此这次会议的成果受到了学界的肯定。

由于会议的成功，国学文献馆乃继续主办此一会议，并且年年不中断地举办了10年，直到第10届之后才结束了此一有意义的工作。期间为了扩大会议的影响与研究成果，除了在台北举办与第1届是在日本东京召开之外，并曾先后轮流在韩国忠州、美国夏威夷、日本福冈、韩国大邱等地举行（曾尝试到越南举行，不果行）。参与会议发表论文者则有来自中国大陆与台湾、日本、韩国、琉球、美国、法国、越南、俄国等国家和地区的学人。同样地，陈教授并不曾忘记提携、培养后进青年学者参与研讨并发表论文；经过10年的工夫，也同样出现了一批年轻的研究人才。

其他工作

下列工作虽然没有上述的那么凸显，也是国学文献馆的重要工作内容，同时呈现出陈捷先教授与国学文献馆多样性的贡献。

一、出版工作

1.《中国历代诗文别集联合书目》14辑

王民信主编。以国内各图书馆典藏及坊间刊行之我国历代诗文别集，辑录成编，供学界参考之用。从 1982 年开始出版。

2. 影印《清代起居注册》

国学文献馆征得故宫博物院之同意，合作影印《清代起居注册》。各朝出版时间如后：

咸丰同治朝：1984 年元月

道光朝：1985 年 11 月

光绪朝：1987 年 4 月

所以先行出版道光朝以后各代的原因，在于清代中晚期以后，我国处于新旧交替、内忧外患频仍之际，在社会、政治、军事及经济各方面均有重大变革，除对清史之研究有补充发明之功用外，对于探讨中国近代史各种问题也均有重要参考价值。

3.《中国家训》

与"文建会"合作编制，为《族谱家训集粹》一书的补充。1987 年 10 月。

二、唐代史系列讲演

此一系列讲演是国学文献馆与唐代研究学者联谊会为提振国人研究唐史之兴趣而发起的。其先后讲演人与讲题如下：

严耕望　唐代户口实际数量之检讨

潘重规　敦煌唐人陷蕃诗及残卷作者的新探测

李树桐　唐人的婚姻

苏莹辉　敦煌唐代资料在文史艺术及科技诸方面的贡献

昌彼得　现存唐人文集的版本

王梦鸥　《长恨歌》、传与小说发展之关系——从志怪到传奇

林天蔚　《括地志》与《元和郡县图志》对方志学的影响

三、其他学术会议

1. 台湾地区开辟史料学术座谈会 1985 年 9 月

此一学术座谈会是国学文献馆为庆祝成立 4 周年暨台湾光复 40 周年，以纪念先民"筚路蓝缕以启山林"之艰苦开辟精神而举办。

2. 蒋介石与国学文献 1986 年 9 月

国学文献馆为纪念蒋介石百年诞辰，庆祝联合报创刊 35 周年暨该馆成立 5 周年而举办。

3. 中琉历史关系国际学术会议 第 1 届 1986 年 11 月

此一会议实为陈捷先教授与琉球方面的学者所成立推动的。该会议每两年举行一次，自第 1 届在台北开始举行，已先后在琉球那霸、福建福州、北京等地举办了 8 届，虽然自第 5 届之后国学文献馆即不再参与其事，第 1 届实为国学文献馆协助举行者，至第 4 届为止，国学文献馆都投入人力协助此会。

国学文献馆成立于 1981 年，15 个春秋之后，联合报系文化基金会因为阶段性工作已告一个段落，于 1996 年 11 月结束了国学文献馆的工作，并将国学文献馆所有的上述收藏都捐赠予台北故宫博物院，以期使得族谱资料与清人文集都能获得更佳的保管维护与运用。

在国学文献馆存在的 15 年期间，自始至终都是由陈捷先教授负责主持的。虽然时间并不算长，上举各项工作也仅是就其荦荦大端者言，已足以看出陈教授在国学文献工作的开创性与多样性。首先，认识到国人对族谱学的研究与对族谱资料的利用尚有不足，陈教授朝向族谱资料的搜集，并戮力于族谱学术的研究倡导，又以此为基础，将正确的族谱知识推广及于民众的修谱寻根，不仅带动了风潮，且开族谱学术研究结合修谱寻根推广工作之先河。其次，陈教授的研究并不"独善其身"，往往藉由主持的组织以及国学文献馆等，将其研究成果推广于学界与社会，譬如与台北故宫博物院合作编辑出版清代文献史料，早期的《旧满洲档》、国学文馆时期的《清代起居注册》是如此；因担任成功大学历史系主任之便利，认识到台南在清代曾长期为台湾地区的行政中心，不只因此开始台湾史的研究，并将台湾史研究列为成大历史系的主要研究工作，即便到了国学文献馆，仍然不忘初衷，藉由国学文献馆召开了台湾地区开辟史的学术研讨会；其他诸如中韩学术会议的研讨、中琉学术会议与域外汉籍会议的召开等，亦复如是。

国学文献馆从海外所搜集归国存藏之文献典籍虽止于族谱与清人文集，但是其工作明显并不受限于所搜集资料的范围，陈教授借着各种学术会议的召开，展现出了国学文献馆多方面工作的成绩。设若没有陈捷先教授的主持，国学文献馆的工作将不复如此多姿多彩。

学习陈捷先教授的
《满文清本纪研究》心得
——哀悼陈教授仙逝

刘耿生 *

陈教授是我的恩师，2019 年 1 月春节前，我给旅居加拿大的陈教授打电话，向他祝贺春节，电话中听他说话不清，他讲是拔牙了，相约年后我再打电话问候。过年不久，阎崇年教授即给我打电话，说陈捷先教授已仙逝，惊悲之余，写此文以悼念陈教授，纪念陈教授的最好方式是学习他在清史研究上的卓越贡献。

台湾大学历史系著名教授、国学文献馆馆长陈捷先先生，从事多年清代档案及清史的研究和教学工作，他尤其对满文档案的钻研，造诣颇深，其学术成就，对我国档案事业的发展，有极大贡献。因此，陈捷先教授的声望，不仅在台湾很高，就是在大陆及国外，名气亦很大，他的关于清代档案研究的论著，在北京的中华书局公开发行，受到大陆档案界及清史界学者的重视和欢迎。本文就陈捷先教授所著《满文清本纪研究》（《满文档案丛考》第二集，台北明文书局 1981 年出版）结合自己的学习体会做一点评介。

满文《清本纪》，即雍正至光绪，各皇帝即位后派国史馆官员将前朝皇帝的大政活动按年月记载纂修而成的满文史书，属于满文档案文献的一种。满族是我国古老民族之一，具有悠久的历史和文化，曾创女真文，因历史变迁，女真文失传。16 世纪末创满文，清代定满文为国文，有清一代凡与外国行文、颁行重要文书、纂修国史，均为满文、汉文并用，由此形成了满文档案与汉文档案。满文档案在整个清代档案中占有很重要的地位，特别是清初以及咸丰、同治朝形成的大量满文档案，尤为珍贵，其史料价值很高。因此对满文《清本纪》的

---

* 刘耿生，中国人民大学档案学院教授、博士生导师。

研究，是研究满文档案的重要组成部分。

陈捷先教授在《满文清本纪研究》的第一部分"本纪述略"中，首先解释了"本纪"一词的意义，他援引唐代司马贞在《史记索隐》中的解释："纪者，记也；本其事而纪之，故曰本纪。又纪，理也，丝缕有记，而帝王书称纪者，言为后代纲纪也。"本纪就是按年月记载帝王事迹的史篇，乃纪传体史书的一部分。司马迁在《史记》中有《本纪》十二篇，记载了从黄帝到汉武帝三千余年历代大事，以年月贯穿记载事件的始末。因此，一般学者多认为《本纪》这一体例始于《史记》一书，陈教授则认为："《史记》书中虽有《本纪》一体，但似乎也不全然是司马氏的创作，而应该是有所本的，因为在我国古史当中，早就有了《禹本纪》一类的文体，《史记》的《大宛传》中也引述过这类记载，所以司马迁借其体例而记帝王事迹是很可能的。"根据梁启超在《中国历史研究法》一书中所讲："其本纪以事系年，取则于春秋。"陈教授的论断是正确的，关于研究《本纪》的意义，陈教授精辟地指出："自《史记》确立《本纪）一体，上论轩辕，下穷汉武以后，我国历代所作正史，都递相祖述，不能出其范围，一般官修正史之中都有《本纪》一种体例。"

本书第二部分为"清代纂修的满文《本纪》"。纂修满文《本纪》的任务归清国史馆，陈教授较详尽地介绍了清国史馆的机构沿革：康熙二十九年（1690）三月，山东道御史徐树谷疏请纂修努尔哈赤、皇太极和顺治三朝国史，礼部等衙门经议复"应如所请"（《康熙实录》卷三），奉旨"着内阁翰林院会同详议具奏"（同上）。四月开国史馆以大学士王熙为"三朝国史监修总裁官"，督率馆臣"纂修三朝国史"，（同上），史成馆停。乾隆五年（1736）三月"命续修国史"，重开国史馆，以大学士鄂尔泰为总裁，纂修努尔哈赤、皇太极、顺治、康熙和雍正五朝《本纪》及表、志、传等，十四年十二月五朝《本纪》成，史馆又停。乾隆三十年十月为重修国史列传，复开国史馆，自此常设，隶属于翰林院。

陈捷先教授认为，"雍正以前的几朝帝王《本纪》，纂修的时间比这些皇帝的《实录》和《圣训》要晚得多"。努尔哈赤的《本纪》于乾隆元年才完成初稿，比《实录》的初修晚了一百多年，皇太极、顺治、康熙这三朝的《本纪》，"乾隆年初还在纂修，到嘉庆八年（1803）的时候才修成存放在国史馆中，但当时尚未装潢成帙'（《大清会典·事例》卷一〇四四）"，雍正的《本纪》也是在乾隆年间开始纂修，可见清《本纪》在雍乾时期才着手纂修的，"而乾隆即位后这项工作才走上正轨，前一朝帝王的《本纪》与《实录》从此都在新皇帝继承后不久就开始修了。"陈教授这一论断，解决了清《本纪》开始纂修起自何时这一问题。

　　本书第三部分为"台北故宫博物院现藏满文本纪概况"。首先介绍了在1936年2月，日帝入侵前夕，为免于战火，将北平故宫博物院文物及3773箱档案文献运往上海，后又运抵南京，1948年运往台湾，在多辗转迁徙中，损失严重，现在台北故宫博物院所存清代档案文献仅204大箱了。陈教授以自己"这些年在故宫（台北）阅览的结果"，介绍了现藏满文《本纪》情况："自清太祖（努尔哈赤）以迄清穆宗（同治），历朝都有存藏，其中虽有部分残缺、水渍或虫蚀的情形，但大体尚存，可以说保存得相当完整与良好"，详列了"这批世界仅存瑰宝的详细数量及记载年月"，并提出自己的三点看法:（1）满文《本纪》"这批资料自故宫博物院（台北）成立以后，可能就从未经人整理或编目过，同时再由这些满文《本纪》的装箱情形看，虽然其中有不少是按顺序存放箱中的，但也有零乱放置的，例如嘉庆一朝的满文《本纪》杂乱无章地分藏在院藏"的几个"同号码的箱中"，"如果不是经过前几年的开箱彻底整理，相信很少会确知嘉庆朝的这批《本纪》已经全部还到台湾，而且保存得非常良好"。（2）就现存满文《本纪》的数量看，雍正、咸丰、同治三朝的不全，其他各朝都"完整无缺"。（3）就其纂修情况而言，"满文《本纪》体例不算谨严"。

　　本书第四部分为"清代《本纪》的满汉文本间关系"。陈教授首先介绍了满洲贵族入关前，用满文书写而形成的《满文老档》，后来成为努尔哈赤和皇太极汉文《实录》及其他官书的依据，但《满文老档》中"常记当时八旗琐事和一些俚俗不雅丑闻，而这类记事在后来修纂汉文官书时都被隐讳删略，成为后人不能窥得的"秘史"。陈教授由此得出结论："早年的档册不但初成于满文，后译为汉本，而且满文本子的记事较多，汉文本子则不比满文本的内容详瞻精彩。"而自1644年清王朝建立后，满文逐渐成为官方文字，纂修《本纪》则先用汉文书写，再译成满文存储。陈教授以对这两种文体的《本纪》精深的研究和运用满文深厚的功力，列举《本纪》中大量满汉文字对照，认为:满文和汉文的《本纪》"在内容方面可以说是完全相同的"，"但是由于满文比较详明，不少汉字记载简略含糊，在满文翻译中都变得清楚了，而具有满文满语原来意义的字和词当然只有在满语记录中才表现无遗，绝不是汉字所能说明的"。

　　本书第五部分是"略论现存乾隆朝两种不同钞本满文本纪"。现存在台北故宫博物院中的乾隆朝满文《本纪》共有两种抄本，一种是黄绫封面，计十六函，六十二卷，六十二册，完整无缺；另一种是残缺不全，仅有十一函，四十四卷，四十四册，封面已褪色，红黄不能确辩，质料也似比前一套的封面为粗。陈教授深入地研究了这两种不同钞本，列举若干语句段落，在综合比较的基础上得出结论：这两种钞本，有一部分卷册是抄写字迹不同而文字内容相同的，也有不少卷册抄写字迹不同，史事记述的用词用字也互异。一般说来，现存黄绫封面完整本的文字比较流畅正确，语法及若干专有名词的译字也都源本于满洲形式的。残缺本在这些方面稍差。

本书第六部分为“满文本纪的史料价值平议”。陈捷先教授实事求是地认为，作为清代中央的官书之一的满文《本纪》，因是雍乾时期才开始修纂的，故在文字与内容等方面比《满文老档》及清初《实录》在满文风格上要差，《本纪》中史事的记录也比很多官书为简略，因此满文《本纪》在研究及参考价值上比源文件逊色多了。不过满文《本纪》毕竟是一套系统的官书，是外间不能共见的满文钞本珍品，故仍有其特殊的史料价值：

（1）从满文《本纪》中反映出满文的汉化问题

十五六世纪之前，满族无本民族文字，必要时借用蒙古文或一些汉文。明万历二十七年（1599）清太祖努尔哈赤命儒臣巴克锡额尔德尼、噶盖二人创制满文，他们参照蒙文字母，按照满族语音特点，草创了没有圈点的“老满文”，后人称之为“无圈点满文”。“老满文”与蒙文同属一个语系，互有联系，又有区别，这种文字字体简古，字形不一、缺乏规律，语法不规范，结构不严谨，地方口语多，不易辨识，读起来较难理解。天命十一年（1626）努尔哈赤病死，皇太极继承汗位，在与明王朝多年的政治、经济、军事交往中，先进的汉族文化对满族社会的发展产生了巨大的影响。天聪六年（1632）皇太极又命儒臣巴锡克达海将“老满文”加以整理，他感到“老满文”十二字头“和向无圈点，上下字雷同无别”（《太宗实录》卷十一），遂在“老满文”若干文字旁边加上一个小圆圈或一小点，以区别无圈点的字母，并创制了专为拼写外来语词的特定字，这是满文的一次重大改进，后人称之为“加圈点满文”或“新满文”。乾隆时期“新满文”的发展更臻完善，实质上是满文受汉族文化影响而发生的变化。在满文《本纪》中，几乎到处可见这种变化，是研究满文化发展极可贵的原始材料。

（2）就满文《本纪》来考证《清史稿》一书的误谬

《清史稿》是民国初期纂修的纪传史。1914 年北京政府设清史馆纂修清史，主事者皆以前清遗老自命，由于内阁大库档案尚未开放，不得利用，加之这帮遗老素质太差，修史方法不善，多方回护清统治者，肆意诬蔑历次革命，且记事重复、错乱、疏漏，互相失于照应，1927 年完成初稿，未及修改定稿，即付梓刊印，故名《清史稿》。1929 年发行，故宫博物院院长易培基列举十九条理由呈请禁止发行，南京国民政府于是年 12 月 14 日下令禁止发行此书。因无系统全面清史可代，此书基本可满足某些要求，故当时政府虽有禁令，实则刊行未绝。陈教授以满文《本纪》考订《清史稿》，一一校勘，发现《清史稿》所记时间、人物、史实、地点错误很多，满文《本纪》比起《清史稿》，更可作为信史来研究。

陈捷先教授一生著述颇丰，仅写点滴心得，以志纪念。师生之谊，悬而不断；念旧之情，老而不衰。纸短情长，临池依依。

愿陈教授在天之灵，安息。

2019 年 5 月 8 日于北京

陈捷先教授我们永远怀念您

林　岷

　　今年四月份的一天，忽然接到平时从没有联系的阎崇年教授打来电话，下意识地心里一惊：大概哪位出情况了？没想到阎先生不急不忙询问我近况及身体，我一一作答后，他又以更缓慢地速度告诉我：陈捷先教授走了！听到这个突然消息，当时就觉得脑子发蒙，头皮发麻！我带着疑惑喃喃说：这是真的吗？什么病让他走了？阎先生告之"据说是心力衰竭！"接着说：由他和南开的教授共同负责集稿，出一本哀思集，让我也写一篇。我毫不犹豫就答应了：应该，应该！我写，我一定写！

　　放下电话后的那几天，心里始终不得安宁，我想不通，为何有人活百岁？上天为什么让他这样一位大才子，走得这么匆忙，如果能多留他二三十年，他会对清史研究做出更多更大的贡献！像他这样精通新老满文的清史大家，大陆几乎绝代，台湾亦所剩不多，尤其老满文材料大部分尚未整理，先生的谢世，实在是两岸清史学界无法弥补，无法替代的巨损啊？惜哉！哀哉！心痛不已！真是无可奈何！

　　这些日子，脑海里不时浮现出与先生相处、合作、共事的一桩桩、一件件往事。我记得和先生相识于 1991 年 12 月。当时台湾尚未向大陆开放，每年只邀请五位所谓的"特殊人士"访台，我有幸 1991 年底，列为继大师画展赴台之后的第五位。这次批准我在台访问 33 天，于 1992 年元月 5 日离台。在台负责陪同接待我的台湾大学缪全吉教授，他是我林纪东叔叔的得意学生（叔叔林纪东，被誉为"台湾法学界泰斗"），通过他介绍我认识了台湾"文建会副会长"张植珊，张先生与我堂哥林征祁是乡友、挚友。林征祁原任"台湾驻联合国官员"，后任台湾"中央日报"社的社长）。还认识了台北故宫博物院的昌彼得副院长。当时他们每周都有聚会，喝酒吟诗，讲各种典故和笑话，我从中获益匪浅。我清晰记得第一次和陈捷先教授相聚，是他请缪教授和我到台北一家江浙私家小馆，他特别介绍其中的红烧鲫鱼味道独特，菜上桌后，杭州籍的缪教授大为点赞，接着先生举杯说：欢迎从大陆来的林小姐，有幸见到林公的后人，我们研究清史的，对林公非常敬仰，他的虎门销烟，销出了中国人的志气和骨气，希望林小姐多来台湾走走。令叔纪东老师是我们十分敬重的师长，学问极渊，师德极佳。席间又谈到明年下半年度，准备在台北圆山饭店召开国际学术会，届时请林小姐参会。

这第一次的相识、交谈，给我留下极为深刻的印象，知先生在台湾史学界位高权重，口碑极佳，为人师表，严格要求自己和学生，让我对先生产生是位值得尊敬的严师的感想；也因为先生的邀请，使我 1992 年头尾两次访台，接触了不少海外学者，以后的多次聚会，差不多都有他的学生陈龙贵、冯明珠，还有一位韩国研究生。我从细微发现先生着装，每次见到总是循规循矩很合体的西服、领巾、衬衫，和他做学问、待人接物一样一丝不苟。

我们有一次很愉快的合作，那是受先生之命，由天津南开大学冯尔康教授，中国人民大学的刘耿生副教授，还有我，我们三人负责在国内的江苏扬州，筹办一场亚洲谱牒学术研讨会。当时我大弟林坚正是扬州市政协常委，诸多的高规格都是由我弟负责联系，使扬州市四套领导班子都高度重视。这首次接待台湾团队，不仅保障了学术研讨会的成功，也在生活上给予极大的方便和照顾，先生十分地满意。会议结束后，又临时加了一场，为其先父的文集出版，举行首发式。这次会议前后几天下来，我们和先生的沟通更进了一层，他也为答谢家乡的盛情，会后还专门组织带动了一些台湾扬州籍的企业家到扬州投资办厂，他自己则捐资助学。我们的文化合作，成功转型促进了扬州的发展，经济上了个大台阶！也获得扬州政府对他的表彰！这是我们双方共同努力，友好合作，文化搭台、经济唱戏结出的硕果。（这次会议情况，我均图文并茂地放在拙著中，向世人展示）

有天，先生看到我长子郑林书写的《林则徐回疆竹枝词二十四首》，他夸奖隶书体书法写得蛮有特色，便主动提出，由他带回台湾出版。至今这个版本尚存，这是作为对先生最好的纪念物（注：数年后，发现先祖共写了三十首，又由香港侨领林铭森乡贤协助在港出版了《林则徐回疆竹枝词三十首》）。和先生不断地深入交往，深感他是一位有情有义，善待他人的典范中国文人。

又，20 世纪 90 年代中期，他率台湾团到大陆来考察长江三峡时，电话里告诉我：专门为我带来了从台北故宫博物院珍藏的，林则徐任云贵总督时的一份奏折，此奏折未曾向世人公开，我在查资料时发现，脑子里立刻想到您一定用得着，赶紧复印了送你。真挚质朴的语言让我感动不已！我如获至宝，正好用在即将于 2010 年要出版的《林则徐与中国图录》上，我特别注上先生所赠。如今，先生驾鹤西去，他送我的这份珍贵档案，永远伴随拙著留存人世！

不久，接他电话说已考察回京，表示要请我吃饭，我说：先生您颠倒了，应该由我尽地主之谊才是！我坚持说，北京有句名谚"到了北京，不到长城非好汉！不吃烤鸭真遗憾！"我请您吃是您平时吃不到的最正宗的北京烤鸭，因为该店负责人是全聚德的第五代传人，是我的闺蜜。哦，他在电话那头笑得很开心，说："好吧！听林教授安排！"我们如约到了前门全聚德老字号店，在等上菜时，细细听他介绍考察三峡情况及他向李鹏总理报告建议……从他谈话中，我感受到先生对国家、对民族的那份责任感与担当精神。不一会儿上菜了，我建议他细品每道菜，他直说：与我平时在×××地方所食，是完全不一样，当他品到鸭肝时，直呼好吃，太好吃了！我说，那就再要一份，您带回宾馆晚上独享！先生爽快地直点头，好，好，好！开心地笑了！我以后要介绍台湾朋友来品尝，不过您得出面帮忙啊！我说：这小事一桩，没有问题！

我记得最后一次与他相聚，是刘耿生副教授，请他品尝老北京小吃，什么豆汁、卤煮麻豆腐等，也约我同聚。我是福州人，至今也不甚爱吃这些，但我发现先生兴致勃勃地品味着每道小吃，由此我进一步懂得入乡随俗，乐观随和的重要性！尤其作为史学工作者，了解熟悉各地饮食文化也是一门学问啊！

不久，为补上中国二十四史中没有清史之憾，成立了国家清史编纂委员会，先生是特邀的台湾学者，他曾多次来京参加专家会议，每次总是来去匆匆，有次会议后，再也没见到先生了，但偶有电话联系，长子郑林，是戴逸先生请去在该机构任职的，每次会议结束，组织上都是派郑林陪同台湾学者参观游览，有冯明珠夫妇、陈龙贵先生，他们之间有不少游览留影，每次先生都嘱郑林代他向我问候！记得有一次电话里告诉我：最近眼睛不适，很难受！我说您多忙也要抓紧时间赶快就诊，别耽误！眼病不可小视，可能是身体某部分器官的病理反映！他回答：好的，谢谢林教授关心！

今天回想起 20 多年与先生相识，开始后的一切一切，犹如昨日清晰，然而这一切物是人非，我们已阴阳两相隔了，但愿捷先教授的灵魂能听到我们对他的哀思！我略知他的后半生太累，太累了，既要自己做学问、做表率、带学生，还要为夫人的佛系画找归宿，还为儿子的婚姻劳神（这两件事，先生曾和我谈过，希望我帮忙。我放在心上，前项帮了忙，后项未及帮上。儿子已找到对象。）

我万万没想到先生最后是因心力衰竭夺走了他的宝贵生命！在痛失先生的同时，我有感曾和先生共事过的我们，要吸取教训，年过七旬，必须关爱自己，没有了身体，万事归零啊！

此文献给捷先教授，我们永远永远地怀念您！

深切怀念陈捷先先生

常建华

我敬仰的陈捷先教授于 2019 年 3 月 18 日在加拿大温哥华寓所逝世，享年 87 岁。惊闻噩耗，悲从中来。先生是国际著名满学与清史学家、东亚族谱学家、方志学家，享誉学术界。先生致力于中外、两岸的学术交流，事功卓著。先生与业师冯尔康教授为扬州同乡，年龄相仿（冯师小两岁），二人治学方向相近，结为挚友。先生受聘为南开大学客座教授，贡献良多。我因业师的关系，结识先生，视同老师，惠我实多。先生才华横溢，热情爽朗，奖掖后学不遗余力。先生的音容笑貌重新浮现眼前，让我想起了与先生交往颇受恩惠的种种往事。

一、族谱学拙稿承蒙谬奖

我受冯尔康老师的影响，研究生阶段接触中国族谱，已知陈捷先教授是研究亚洲族谱的著名学者。陈先生是台大历史系教授，出任过系主任、历史研究所所长。他的社会兼职较多，如 80 年代协助联合报系创立国学文献馆，兼任馆长，在他的计划下，除了收集散失在海外的古中国族谱资料，还大力开展族谱研究。从 1983 年发起召开"亚洲族谱学术研讨会"起，至 1996 年共举办了九届。第九届亚洲族谱学术研讨会又名"海峡两岸族谱学术研讨会"[①]，1996 年 8 月在江苏扬州举办，南开大学历史系是合作方，我协助冯老师办会，第一次见到了陈先生，被他的"高大帅"与组织才华所吸引，看到台湾学者对陈先生的尊敬态度，便知他在这些学者中的崇高地位。陈先生向会议提交的论文为《简介两部古朝鲜汉文族谱》，我的论文则是《元人文集族谱序跋数量及反映的谱名与地区分布》。1984—1996 年，陈先生主持出版了第一至第七届的"亚洲族谱

---

① 这次会议的综述，可参看常建华《族谱与社会》，《国际学术动态》1997 年第 4 期。

学术研讨会会议记录"专书，成为族谱学研究的重要学术成果。

我在族谱学研究上受惠陈先生，首先反映在 1998 年由上海人民出版社发行的拙著《宗族志》一书。该书第四章族谱实为中国族谱编纂简史，除了自己的研究成果外，我的写作综合了学界的众多论著。其中参考了陈老师的两篇宏文：《唐代族谱略述》不仅勾勒了唐代族谱学的面貌，使用了一些新资料，实为开创性的论文；《清代"谱禁"探微》在文献学家杨殿珣先生研究的基础上，向前推进了一大步。① 正是由于吸收了陈老师等学者的成果，保证了拙著的学术质量。

陈先生也是华人研究朝鲜族谱的开创性学者，他的三篇大作，② 是我 2005 年由天津古籍出版社发行的《朝鲜族谱研究》一书的重要参考文献。我在该书前言中提到自己的研究朝鲜族谱的经过："我注意到中国保存着一些韩国族谱，韩国保存的本国族谱更多，朝鲜时代的族谱都是用汉文写成的。我也知道目前已经有一些韩国学者从事族谱研究，也有个别台湾学者和美国、日本学者研究。然而中国大陆基本上还没有人研究韩国族谱，应该补充这一空白。我有兴趣进行韩国族谱研究，以便同中国族谱进行比较，并且进一步扩大对亚洲族谱的认识。感谢韩国高等教育财团为我提供了研究韩国族谱的机会，我的《朝鲜族谱研究》课题得到了财团批准和资助，得以在 2001 年 9 月至 2002 年 9 月滞留韩国一年进行学术研究。"拙著出版前，我向陈先生请序，陈老师十分爽快地答应，很快寄来。我在书的后记中说道："特别需要感谢的是台湾大学名誉教授陈捷先老师，他不仅强有力地倡导中国族谱研究，还是华人中率先也是最重要的朝鲜族谱研究者，推动了亚洲族谱的研究。自己研究朝鲜族谱，首先是从陈教授主持的'亚洲族谱研讨会会议纪录'七册论文集了解到学者特别是韩国人对于传统族谱研究的。陈教授是学术前辈，更是我多年来仰慕和钦佩的族谱学家，本书出版前，我向陈老师请序，陈老师在百忙中赐予序文，并对我鼓励有加，令我十分感动。陈老师的序文也是优美的书法作品，我将珍藏纪念。"

研究中国以及韩日琉越汉文族谱的学者，受到陈老师影响的不少，他对亚洲族谱研究的贡献有目共睹。2017 年，台北的三民书局出版了陈老师的《族谱学论集》，该书分为三编，甲编"中国的族谱"，收录文章 12 篇；乙编"韩国与琉球的族谱"，收文 5 篇；丙编"附录"收文 4 篇。我认为这部书是族谱学最有

---

① 陈捷先：《唐代族谱略述》，《第一届国际唐代学术会议论文集》，1988 年；《清代"谱禁"探微》，《故宫学术季刊》第 1 卷第 1 期，1983 年。

② 陈捷先：《中韩族谱比较研究》，《中日韩文化关系研讨会论文集》，台北，1983 年；《略论中国族谱学对韩日琉越汉文族谱的影响》，《第一届中国域外汉籍国际学术会议论文集》，台北，1987 年；《韩国〈新安朱氏世谱〉读后杂记》，《第七届亚洲族谱学术研讨会会议记录》，国学文献馆，1996 年。

价值的专著之一，应当引起学术界的高度重视。

陈老师向南开大学历史系捐赠了一批台湾出版的书籍，其中有关族谱学方面的。如第一至第七届的"亚洲族谱学术研讨会会议记录"，还有盛清沂先生主编的《中国族谱序例选刊》初辑 10 册。成为南开历史学藏书的亮点，为研习族谱学提供了重要的参考资料。

二、实现清史圆梦之作

陈先生是台湾满学与清史研究的领军人物，他于 1956 年毕业于台湾大学历史系，1959 年获台大历史研究所硕士，硕士论文《满洲丛考》由李宗侗、广禄两位教授指导，列入台湾大学文史丛刊，于 1963 年 6 月出版，故而陈老师成名甚早。此后学海出版社自 1977 年至 1987 年出版了陈老师《清史杂笔》一至八辑，陈老师同时从事满文档案研究，出版《满文清实录研究》（台北：大化书局，1978 年）、《满文清本纪研究》（台北：明文书局，1981 年）、*Manchu Archival Materials*（台北：联经出版社 1987 年）、*The Manchu Palace Memorials*（台北：联经出版社 1988 年）等书，奠定了满学与清史学家的地位。此后，又有《清史论集》（台北：东大，1997 年）、《蒋良骐及其〈东华录〉研究》（北京：中华书局，2008 年）、《满清之晨：探看皇朝兴起前后》（台北：三民书局，2012 年）、《透视康熙》（台北：三民书局，2012 年）、《青出于蓝：一窥雍正帝王术》（台北：三民书局，2017 年）、《以史为鉴——漫谈明清史事》（台北：三民书局，2016 年）等著作不断问世。陈老师也致力写作雅俗共赏的普及读物，如他独立完成清帝的"写真"系列。陈老师的满学与清史著述，不仅在学术界有很大影响，而且在社会上也影响很大。

陈先生促进海峡两岸清史学界的学术交流与合作，如组织两岸学者合作出版《清史事典》12 种，每种的承担者如下：努尔哈赤（陈捷先）、皇太极（杜家骥）、顺治（宫保利）、康熙（王思治、冯尔康）、雍正（庄吉发）、乾隆（常建华）、嘉庆（杜家骥、李然）、道光（余新忠）、咸丰（庄吉发）、同治（刘耿生）、光绪（刘耿生）、宣统（陈捷先），这套书 2005—2008 年台北远流出版公司分批发行，以后大陆又出版了简体字版。这是第一部结合传记、年表、辞典的工具书性质读本，书末还附有"后妃表""子女表""年代对照表""辞条索引""译名对照表"等，以便读者查阅检索，内容设计很有巧思。

《清史事典》中有半数是南开学者承担，可见陈老师与南开学者的友谊以及信任。我则承担了《乾隆事典》一书，这部书达成了我多年的一个愿望。我在《乾隆事典》的"后记"中写道：

> 大学与研究生时代上冯尔康老师的清史课程，老师讲了有关雍正皇帝及其时代的专题研究，得知老师出版《雍正传》，当时有些学者研究康熙而专门关注乾隆的人很少，我想何不顺着老师的研究继续探讨乾隆帝及其时代呢？于是开始关注乾隆时期的历史，自己的研究生学年论文写的就是乾隆朝蠲免钱粮的论文，而且还发表了，算是与乾隆帝有缘分吧。由于乾隆朝的史料实在丰富，需要研究的课题太多，自己感到力不从心，加上有其他研究爱好与任务，不能全力以赴投入精力研究乾隆。不过自己尽力而为，还是写了有关乾隆时代的五六篇论文。
>
> 感谢陈捷先教授的"清史事典"计划，使自己有机会圆了学生时代的梦想，全面叙述了乾隆时代的历史，这或许印证人们常说的一句话："不怕做不到，就怕想不到。"

所以，《乾隆事典》是我的圆梦之作。

陈老师晚年对于清前期历史的研究也多有开拓性的贡献，如侧重于从社会文化的角度看待清帝。我印象深的有几篇陈老师的大作，如 1999 年 8 月 31 日—9 月 2 日，南开大学为纪念校庆 80 周年和著名历史学家郑天挺教授百年诞辰，主办了"明清以来中国社会国际学术讨论会"，陈老师应邀出席会议，提交重要论文《康熙与医学——兼论清初医学现代化》，分析了康熙对中西医学的认识，指出康熙重视西洋医学，但未能以政令普遍推行，致使医学现代化不能成功。这是有关康熙时期中外文化交流的新论，应允在南开大学中国社会史研究中心主办的《中国社会历史评论》第二卷（天津古籍出版社，2000 年）发表，为会议与刊物增色不少。

近年来，我对于康熙帝的艺术与物质文化感兴趣，也写了几篇康熙帝书法问题的论文。后来才发现陈老师很早就有相关论文。清史学界 20 世纪 80 年代末的一些研究南书房的著述，较早触碰到康熙皇帝书法活动。正式就康熙皇帝书法活动进行研究始于陈捷先老师，他的《康熙皇帝与书法》（《故宫学术季刊》第 17 卷第 1 期，1999 年秋季号）一文，提出了不少重要的问题：如利用满文档案，注意到"有一位名叫梅玉峰的官员，他可以仿写康熙皇帝的字，到了可以乱真的地步，皇帝也极为赏识他。"再如指出康熙皇帝"也希望他的儿子勤练书法，以皇太子胤礽而言，就可以得到证实。"又如指出："康熙皇帝因为重视书法，他常以臣工写字好坏来决定他们的前途。"还有就是指出：康熙皇帝"他的绝大多数墨宝，是由他自己赠送给当时的王公大臣、士绅百姓以及一些僧道人士，还有某些特定场所了。"我也写过《康熙朝大内善刻能匠梅玉峰》(《紫禁城》2012 年第 5 期) 探讨五台山与山西巡抚噶礼御书楼勒石，华山华阴庙、西安广仁寺与万寿亭刻石，大内刻书与梅玉峰 3 个问题。没想到陈老师早我十几年已经关注梅玉峰这个人了！陈老师《康熙皇帝与书法》一文开创性的研究，应当受到清史学界更大的重视。

三、一本杂志与两次祝寿的情谊

台北联合报系创办有印刷精美的历史普及性杂志《历史月刊》，陈捷先老师长期担任总编辑。陈老师鼓励我们年轻学者投稿，还共商组织专栏，因此，我在《历史月刊》发表多篇文章，算起来有 12 篇之多，锻炼了我写普及性文章的能力。南开研究社会史的学者较多，陈老师希望组织一些这方面的选题，他与冯老师同我协商一些专题，我们组织了社会史方面的三个专题，一是女性史的，《历史月刊》1996 年第 12 期集中刊出，我写了《明清劝善书中的戒娼》(署名萧驷)、《中国娼妓史研究概述》二文，翌年第 1 期我又发表《论宋代"营妓"》[①]一文；二是灾荒史的，1997 年第 5 期集中刊发，我写了《禳灾之俗述丛》(署名萧驷)、《中国灾荒史研究述略》二文；三是老年史的，集中刊发于 1997 年第 6 期，我写了三文，即《中国古代对老年的界定》[②]《中国古代礼遇老年的制度》《中国古代的老人与乡村治理》(署名萧驷)。还组织了一次人物传记的，1997 年第 8 期集中刊发，我发表了《中国族谱的人物传记》《中国地方志人物传记述评》(署名萧驷) 二文。此外，我还发表了两篇女性史的文章，即《出身皇家的悲剧：易代之际的崇祯长平公主》(1997 年第 11 期)[③]《中国古代的节娼》(1998 年第 3 期)。

上述文章中，有三篇被美国纽约华文《世界日报》转载，产生了更大的社会影响。特别是老年史那一组的《中国古代对老年的界定》《中国古代礼遇老年的制度》被著名社会学家蔡文辉《老年社会学》(台北：五南图书出版公司，2003 年) 作为附录文摘，这个专题中我的同事闫爱民教授的文章《中国古代老

---

① 美国纽约华文《世界日报》1997 年 11 月 30 日"上下古今"版并载。
② 美国纽约华文《世界日报》1997 年 6 月 23 日、24 日"上下古今"版并载。
③ 美国纽约华文《世界日报》1997 年 11 月 30 日"上下古今"版并载。

人的怡乐会社》也在附录之列，可见我们这个专题在中国老年史研究方面还是有学术价值的。我写的女性史的文章较多，后来收入拙稿《婚姻内外的古代女性》（中华书局，2006年）下编，我在书的前言中说："这5篇文章均发表在台湾刊行的《历史月刊》杂志上，在此也向这份雅俗共赏、图文并茂、品质优良的刊物表示由衷的感谢！"表达了自己的心情。

2002年陈先生七十大寿，海峡两岸不少朋友愿意为先生祝寿，南开的朋友想到陈老师与冯老师的深情厚谊，更愿意为两位老师一起祝寿，学者采取的祝寿最佳方式，可能莫过于举行学术研讨了。于是南开大学历史学院联合广西师范大学社会文化与旅游学院，在桂林举办了"海峡两岸明清史"学术研讨会，[①]中国大陆和台湾的30多名专家学者出席会议。会上，陈老师演讲题目是"从经筵日讲看康熙好学"，冯先生则演讲了"历史教学中的爱国主义教育——以明代郑和下西洋为题"。南开冯门弟子奉献给会议《明清人口婚姻家族史论——陈捷先教授、冯尔康教授古稀纪念论文集》（天津人民出版社，2002年），作为贺寿礼。我在文集中发表了《试论明代族规的兴起》一文，表达对两位老师的敬意。此外，台湾的陈老师晚辈学者也为先生出版了冯明珠教授主编的《文献与史学：恭贺陈捷先教授七十嵩寿论文集》（远流出版事业股份有限公司，2002年），我应邀也写了《明代家庙述论》一文，以为献芹。

2010年10月23日—24日，由陈捷先、冯尔康、阎崇年三位教授共同发起，扬州市政府主办，南开大学、北京社科院、扬州大学等单位协办的"盛清社会与扬州"高端学术研讨会在扬州举行，[②]陈老师发表《雍正与酒——兼谈雍正禁酒与扬州》一篇有意思的论文，冯老师发表《清代乾隆时期扬州人的引领风尚》一文，会议期间，学者提议为陈先生八十诞辰贺寿，于是部分会议论文以及新邀论文合为一集，出版了冯明珠主编《盛清社会与扬州研究》（远流出版事业股份有限公司，2011年12月）祝寿文集。我为会议所写《盛清扬州的城市生活》一文，也收入文集之中。

四、品德与风骨

陈先生是1948年离开大陆去到台湾的，那时他是中学生，可谓"少小离

---

① 参看马斗成：《"海峡两岸明清史"学术研讨会综述》，《青岛大学师范学院学报》2002年4期。

② 参看常建华：《"盛清社会与扬州"学术研讨会综述》，《清史研究》2011年第1期。

家"，此后与留在大陆的父亲天各一方。1963 年父亲去世，他也是后来才知道的，直到 1991 年陈先生有机会回到故乡扬州江都县邵伯镇，然而已是老屋倾坏，亲长尽逝，"老家已是彻底毁灭不存了"。然而，陈先生对于父亲怀有深沉的热爱，对于家乡怀有难忘的情谊，对于母国怀有崇高的敬意。

1996 年 8 月在扬州举办"海峡两岸族谱学术研讨会"，同时举办了冯尔康先生等编《扬州研究——江都陈轶群先生百龄冥诞纪念论文集》（台北联经出版事业公司，1996 年）新书发布会，书中有陈先生饱含深情所作的《我的父亲》，读来令人为父子情深而动容。冯先生在书序中，称赞陈先生"具有我国传统的孝道美德"。

陈先生分别在扬州倡议举办"海峡两岸族谱学术研讨会""盛清社会与扬州"高端学术研讨会，并出版《扬州研究》《盛清社会与扬州研究》两本专书，也是以学术回报家乡。陈先生曾向江都县档案馆捐赠一批书籍，表达游子对于家乡的深厚感情。

陈先生长期致力于海峡两岸学者的学术与交流，甚至在退休移居加拿大温哥华后乐此不疲，体现出对母国的深厚感情。他很早就公开反对"台独"，出版了《不剃头与两国论》（远流出版事业股份有限公司，2001 年）一书，从清初郑氏政权归清讨论"台独""两国论"的荒谬。某国外研究清代满蒙著名专家与陈先生亦有私交，但陈先生对其研究持保留态度，认为其有的观点与中国统一多民族的历史不甚符合。

陈老师受聘为南开大学客座教授，很关心南开学子。1996 年因陈老师的关系，台北联经出版公司总经理姚为民先生表示在南开设立奖学金，每年给南开历史系学生评定发放姚为民奖学金，并为姚先生的家乡山东平度籍学生一人发奖，此事持续到 2002 年评奖委员会主任冯尔康先生退休。1997 年，陈先生又促成彭炳进教授在南开历史系设立讲座基金，在冯老师主持下，邀请京津学者讲学，出版演讲论文集，持续三年。陈先生的这些倡议，有助于促进南开历史系教研工作，反映出陈先生对于青年学子的一片爱心。

天不眷顾，立德、立功、立言如陈捷先先生者驾鹤西归！学术界特别是满学与清史学界的两岸交流，会感到斯人已逝的寂寞，他的丰功伟绩、个人魅力还会流传在学术江湖……

2019 年清明节次日于家中

追忆陈捷先教授

段昌国

捷公是有情有义的人。他是我的老师，1968年在台湾大学教我清史档案，为我打开了一道门。那年的课，他有一半的时间不能来上，因为他正努力把源远流长却只剩一口气的中国历史学会重振起来。他就是那样的人，哪儿需要他出力，他就义不容辞，跳下去做了再说，也没有不成的。

捷公一生与我情深义重。除了他到成大创办历史系那几年，我们没有见面之外，其余的年岁都有割不断的情缘。我们住在同一条巷子，他在巷头，我在巷尾。他在台北故宫博物院主持清史文献研究，在联合报文化基金会主持国学文献馆，职涯最后几年在佛光大学以至退休隐居温哥华期间，或者有形或者无影，电话相连，没有中断过。卧隐人生别有缘，未道海边烟波尽。前人说："都是缘，都是命。珍重吾师话酒伴，又寻旧路探春来。"

捷公喜饮酒，每饭无酒不欢。他不挑酒，见面即成酒伴。本来酒到微醺是最美的，捷公必至尽头。最后把脸一抹，是他的老习惯。然后吃一碗饭，也不挑食，菜汤一泡下了肚，便觉此饭已了。酒醒何处，只要无愁有伴，不觉冷落，便胡天盖地一番。我们有次在南园开完会，回到住家时夜已深了，他不忍惊醒师母，忽然想到我当时是独居（妻小到美国读书去了），便到我的蜗居，仰卧在沙发椅上。当时另有一伴，是江苏东台的沈谦教授。柳永的词说："千种风情，更与何人说。"现在有三人，他可以天南地北，畅所欲言，说到天方既白，真是暮暮朝朝，然后一跃而起，披衣返家。我则乘车去机场飞往美国。真如他所说，太平洋两岸的时差，便在谈笑声中，化为乌有。

佛光大学在宜兰，风光明媚。课暇之余，我们常聚一起喝酒聊天。同学们看到捷公平易近人，谈笑风生，无不一见如故。有次他与我打赌，输者请一桌。我也有几分手艺，但都不如他做的扬州狮子头有名。那次我没赢，捷公侠肝义胆，十分体谅人，伤了我的情在其次，让满桌同学失望更不得了。反正材料工具都备妥了，他就边做边说，说扬州狮子头的诀窍在于，肉要用刀剁，双刀下去直到肉不沾刀，放一点盐，除此之外什么都不加。煮上一锅汤，把肉揉捏成一颗一颗，丢进汤里，大火煮开，便用文火慢炖，直至肉香四溢，便可起锅。那天他还展现了一道红烧鱼，手艺考究，搭配各类美酒。我的苦心换得大家开怀畅饮，不知去落何人厨，便知捷公不是浪得虚名。直至中夜，月色妩媚，人也一番豪情，大家才各自到梦中寻花问柳。

有一年捷公与师母侯友兰女士过生日，台北故宫博物院、佛光大学与成大一起为他们设宴庆生。当时好像韦庆远先生应聘在成大，台大师友也共聚一堂。每人献上一份贺词，听到后头便觉无甚新意。他们知道我最会别出心裁，把我留在后头压轴。我想了想，便借用四郎探母"回令"那段临时改编。正巧师母有两位弟弟，可扮成二位舅爷。回令时，太后问说："怎么把四郎寻回的？"我改编为，大国舅争功，说是他找到的；二国舅也说是他的功劳。我又借两位台大的师长为临演。大国舅说："他在酒庄里找到的人，虽是七醺八醉，但经他暗地里寻访，都说此人虽好酒，但对咱们老祖宗的文物掌故深有研究，不像另一位搞什么外交史驻英使馆的，外交风云诡谲，最讲利害关系，风头变了便转舵，不靠谱。"二国舅说："他在饭肆里找到的人，正吃了碗面疙瘩，要付钱上路，一问之下，知此人对老家的八旗情深义重，不像另一位弄什么圈地研究，那是咱们要改的。不想我们找的是同一个人，想是公主所要的，所以就送上来了。"说得有趣，博得大家赞赏，捷公夫妇也为之莞尔。

捷公夫妇鹣鲽情深，一书一画是人间美谈。我读书时，常去拜见傅乐成教授，他一人住在学校大杂院中，那幢宅院又老又大，四周树影深深。他的桌前放了一幅画，便是师母侯友兰女士画的，是一幅杨贵妃像。傅老研究隋唐，杨贵妃是他的伤心妃子，遥忆独想不知多少灯前雨下。师母最知他是性情中人，读史多是在古人别离人间伤心时，若能画出几分神髓，可以抚慰平生，也是人间一得。

捷公晚年隐居温哥华，其实有违他的性情。人生实难，若在得意时能尽欢也是一乐。他选择住在加拿大，想来是地广人稀之处。我在美读书时，便常觉寂寞闲散。那时专心念书，偶亦有悔教夫婿觅封侯之感，还好举家三人在一起。加拿大空旷寂寥，远离尘嚣。住在台湾时，虽然不是得意东风，至少有酒当歌。我看他写给我的字，多半引用憨山禅师的诗，"流水不是声，明月更（元）非色，声色不相关，此境谁能得"，心境大为不同。

"死别已吞声，生别常恻恻"，斯人已去，常怀去思。最后引用圣经箴言 8：31-33"踊跃在他为人预备可住之地，也喜悦住在世人之间。"在另一个世界，我们又能共进一杯酒，快意人生。

陈捷先 1996 扬州行拾零

林坚 *

  1996 年，大陆方面由南开大学冯尔康教授、中国人民大学刘耿生教授和中国戏曲学院林岷教授共同负责，台湾方面由台湾大学陈捷先教授负责，共同邀请两岸学者 40 余人准备召开第九届亚洲族谱学术研讨会暨海峡两岸族谱学术研讨会。林岷教授考虑到扬州是中国历史文化名城，是陈捷先教授的老家，而笔者（林岷的胞弟）时任扬州商检局副局长、江苏省政协委员、扬州市政协常委，因此希望会议能安排在扬州召开。

  当时正值改革开放的热潮中，各地也把对台任务栏为重点开展，笔者向扬州市领导汇报后，得到了市政协和统战部的大力支持，认可会议放在扬州召开，开了扬州市接待台湾团的先例。经笔者具体联系安排，八月下旬陈捷先率领台湾有关知名大学、报社和台北故宫博物院的冯明珠研究员（后升任台北故宫博物院院长）一行十数人取道香港来到扬州，代表中有几位扬州籍的专家学者。8月 25 日会议如期在扬州市汶河西路的"蓝天宾馆"召开。

  陈捷先教授是扬州市江都县（区）邵伯镇人，他少小离家，1948 年底到台湾，1956 年毕业于台湾大学历史系，1959 年获台大历史研究所硕士，后应邀赴美加入哈佛大学访问学者计划研究，返台后曾任台大历史系主任，历史研究所所长，联合报国学文献馆馆长、历史月刊杂志总编辑等职。作为海外游子，他对家乡充满了眷恋和爱戴，曾于 1991 年回乡探视过。1996 年适逢他父亲陈轶群先生百年冥诞，于是他联络了海峡两岸诸多学者，各写了一篇有关扬州的学术论文，共 23 篇汇集成册，书名《扬州研究》，由台北联经出版事业公司赶在会前出版成功，然后亲自带来扬州，结合"海峡族谱学术研讨会"的召开，于1996 年 8 月 29 日在扬州蓝天宾馆正式举行了首发式。书中他饱含深情写了一

---

* 林坚，原江苏省政协委员、扬州市政协常委，林则徐嫡六世孙。

篇前言《我的父亲》，天津南开大学冯尔康教授（扬州籍仪征人士）专门为书写了序，23 篇论文中包括家姐林岷撰写的《马可波罗与扬州》和笔者撰写的《林则徐与扬州》。

为了使会议开的生动活泼，增进大家对扬州的了解，会议期间抽空游览了扬州市容市貌，笔者还亲自安排专家学者会余参观众多名胜古迹，如汉广陵王刘胥的"黄肠题凑"棺椁，隋炀帝下扬州传说入住的江都宫"迷楼"遗址和看维扬一枝花、四海无同类的"琼花观"，唐"二十四桥明月夜"的瘦西湖，唐鉴真和尚东渡日本前主持的"大明寺"，宋欧阳修"远山来与此堂平"的"平山堂"，梅花岭抗清英雄史公祠（史可法）和衣冠冢，扬州八怪纪念馆，还有扬州名园——个园、何园等，真是"唐宋元明清，从古看到今"，大家看后对扬州悠久的历史、深厚的底蕴、灿烂的文化大为赞叹，兴奋不已，而陈捷先先生作为本地人，对此特别感到自豪，他利用自己渊博的历史知识和对扬州的熟悉（抗战胜利后陈捷先到扬州中学寄宿读书近三年），途中经常自告奋勇充当导游，为大家引经据典讲解助兴。

扬州是中国四大菜系淮扬菜的发源地，陈捷先先生生于斯长于斯，对家乡菜的风情口味自然情有独钟、念念不忘。蓝天宾馆的厨师们精心安排，顿顿变作花样在原料、刀工、火候、烹调上下功夫，推出诸如清炖蟹粉狮子头、大煮干丝、软兜长鱼、水晶肴肉、松鼠鳜鱼等淮扬名菜，让与会代表大饱口福，也博得陈捷先先生的高度赞赏，说："周游世界，哪里都有扬州炒饭，但这里的扬州炒饭和菜才是最正宗的。"出于对家乡菜的痴迷，陈捷先还带领台湾来的代表十余人专门光顾扬州百年老店富春茶社和冶春茶社，品尝了著名的维扬细点（翡翠烧卖、千层油糕、三丁肉包、蟹黄汤包等）和"三头宴"（清炖狮子头、拆烩鲢鱼头、扒烧整猪头），席间大家觥筹交错、赞不绝口，陈捷先先生也对家乡蜚声中外的饮食文化满面生辉、倍感骄傲，表示回去后要大大宣传，推荐朋友多多来扬品尝。

陈捷先先生的家乡江都邵伯镇就坐落在京杭大运河畔，距离扬州市区水路不足 20 公里，陈捷先先生是枕着运河水长大的，因此对古运河怀有深深的情结。扬州会议结束后的最后一天，笔者安排包了一艘游轮，陈捷先带领台湾团的全体成员参加了古运河一日游。清晨从扬州东关古渡码头出发，沿着穿城而过的千年古道运河，途经普哈丁墓园、文峰塔（鉴真第一次东渡日本渡口）、高旻寺（康熙、乾隆南巡行宫）、瓜州古渡口，从这里过"京口瓜洲一水间"的长江直抵镇江的焦山，登岸游览后再折返。一路上大家追忆大运河的历史和功绩，饱览两岸风光，人人夸奖有加、赞赏不已，都认为此行不虚。不过途中也有遗憾，面对当时市区段局部驳岸临河民居的杂乱无章和生活垃圾对河道的污染，陈捷先先生发出强烈的感慨，他既认真又诚恳地对笔者直言，希望扬州政府能切实加以整治，还运河一个清白，由此可见他的拳拳赤子之心。当然，十数年后大运河终于整治一新，扬州作为大运河沿线城市的牵头单位正式向联合国申遗，并于 2014 年 6 月 22 日大运河获准列入《世界遗产名录》。

陈捷先先生对两岸关系爱憎分明，对"台独"势力是警醒的，深恶痛绝的。1996 年当人们还看不清李登辉的真实面目，一些人还对他抱有一丝希望之时，陈捷先先生一来到扬州就会里会外大声痛斥李登辉是日本皇民的后代，是彻头彻尾的"台独"分子，并对台湾未来的前途表示深深的担忧，这样鲜明的立场给笔者留下深刻的印象。同行的台湾专家学者有两位将在加拿大读书并放暑假的孩子带来扬州，他们对母语显然已经陌生或淡忘，无论吃饭、散步、出去游玩都用流利的英语交谈，陈捷先先生看到后深深的忧虑，他对笔者说："这些小子将来都是假洋人，对中国历史、文化、国情都不了解，很难指望他们对中国能有归属感。"会议期间，应陈捷先先生要求，笔者还陪同他专程拜访了扬州师范学院，之后笔者才知晓，陈捷先先生筹备在扬州高校设立"陈捷先基金会"，用以扶助贫困学生读书完成学业，这是一种多么高尚的情操。

海峡两岸族谱学术研讨会在大家的努力下取得圆满的成功，以陈捷先为首的扬州籍专家学者自此回台后，多次组织"台湾扬州籍乡亲"回扬州探亲访友、捐资助学、投资办厂，助推了扬州的对台交流与文化商贸合作。扬州市委统战部和对台办相关领导自此也与陈捷先先生结为了好朋友。

2019 年 5 月 30 日

忆陈捷先主任

苏梅芳 [*]

　　2019 年 5 月 17 日是台湾成功大学历史系 50 周年的系庆，系里有一连串的活动，包括邀请陈捷先教授返台参加活动并演讲。陈主任（我在他借调台湾成功大学历史系期间的 1973 年 8 月开始担任助教，所以很自然称他主任）虽已高龄，但身体状况似乎不错，所以他答应回台参加，可见台湾成功大学历史系在他记忆中是占一席之地，有着深厚的情感，大伙也引颈期盼再度相聚。哪知 4 月 1 日蔡幸娟老师传来信息（与陈主任的联系均由蔡老师负责）谓陈主任已于 3 月 17 日逝于加拿大温哥华。这一令人震撼的消息，让人不敢置信，再两个月就可见面，怎会如此？人生的无常，就是如此无奈！

　　1973 年 2 月，新学期开始了，这是我大学生活最后一个学期，但历史系来了一位新主任——陈捷先教授，是自台湾大学历史系借调本系为专任教授兼系主任，新学期有新主任，对学生而言，充满了新奇与喜悦。开授的课程是"清史文献学"，上课时他在黑板上秀出一笔好字及满文。初识满文，觉得好奇。老师讲课的精彩，也引发对清史的兴趣。虽然后来的研究领域锁定在晚清，但仍需在清代史里搜寻相关背景，否则无法理解晚清历史的发展。

　　毕业前夕，照例都有"谢师宴"，但很特别的是本班的"谢师宴"，却是系主任亲自下厨，平常他是西装笔挺打领带，此刻却是卸下西装、领带，挽起袖子做羹汤。我们知道陈主任不只是美食家，做菜功夫也是一流。所以，他是文武兼备，不止一笔好字，也是一流手艺。作为历史系第一届毕业生，真是好幸福，直到今天，那一幕主任做菜的场景，仍历历在目。心想，怎会有如此好老师、好主任！

---

　　[*]　苏梅芳，台湾成功大学历史学系第 1 届毕业生（1973 年 6 月毕业），陈捷先老师担任台湾成功大学历史学系系主任时之受业学生，陈捷先老师借调台湾成功大学历史学系主任期间之助教，台湾成功大学历史学系退休老师。

毕业之后,留系服务,所以称他主任变成习惯。在他任内(1973.2.1—1976.7.31)规划了成大历史系的发展宏图,除了中国史、世界史外,进而推动"台湾史"、东北亚史(日、韩)、东南亚史的发展,也可以说在通史、断代史、专题研究、"国别史"等课程做一番调整与修订,使同学修习史学内容更为广阔与深度。在这些课程的规划当中,很特别的是"东南亚史"与"荷兰文"的课程。这在当时的大学课程中是少有的,而讲授此两门课的是印度尼西亚华侨陈铁汉老师,他只会讲英文与闽南语,在那禁忌年代,在大学授课不会讲"国语",是很令人惊讶的。但为了"东南亚史"与"台湾史"的发展,在课程上有此安排,也可看出陈主任他的魄力与独到眼光。

在拓展"国际学术"的交流方面,本系与美国哈佛大学哈佛燕京学社(Harvard-Yenching Institute)的学术合作研究计划,提供一些补助费,让我们可以在台南地区做学术研究与"台湾史"田野调查之用。如1975年6月陈主任安排规划历史系组织了一个"澎湖史迹调查团",由吴振芝老师、李冕世老师,以及黄典权老师等带领师生一行人搭机前往澎湖做实地的调查,这是成大历史系与哈燕社合作的计划之一。此次活动,我也参加了。我们在澎湖马公、白沙、西屿各岛做深入的勘考,此次活动最特别的是拓印了澎湖马公天后宫后进的"沈有容谕退红毛番韦麻郎等"碑文,过程辛苦,但字迹的清晰度令人满意。现此碑文拓本在历史系收藏保存着。此对"台湾史"的研究着实有它的意义。之后,吴振芝老师和陈捷先主任两人共同将成果撰写成《澎湖历史文献之搜集与调查》一文,发表在《史迹勘考》第四期(1976.4)。

1975年10月台湾省农工企业股份有限公司嘉义机械厂高雄县后红地方的"冈山工场"施工时掘出两门古炮:一为道光六年(1826),一为同治十二年(1873),赠予本系。当时陈主任与李冕世、黄典权两位老师以及助教,会同总务处人员亲往"冈山工场"督导搬运安放,置于光复校区小西门旁,之后,参研《钦定大清会典图》提出了炮架设计图案,由总务处召匠施工。炮架完工即将二门古炮上架,上了架的古炮,果然气势非凡。从此不仅成为教学观摩的实体教材,也是参观者取景的对象。对于此二门古炮的运回与炮架设计,陈主任都是亲力亲为,查阅资料的认真踏实,令人动容。

此外,陈主任更鼓励同仁、学生发表研究成果,因而有了《史迹勘考》《史学》《成功大学历史学系历史学报》等刊物的出版,推进成大历史系向学术领域发展。印象深刻的是《成功大学历史学系历史学报》的封面,陈主任请了钱宾四先生题字,从第一期迄今,《成功大学历史学系历史学报》已有它的学术定位。在这刊物出版的背后，有它的辛酸史，即经费的来源是一问题。经常可以看到他在学校行政单位的会计室奔波筹措经费，这些刊物才能顺利出刊。系主任的工作，真的是很辛苦！

综观陈主任在成大历史系的日子（1973.2.1—1976.7.31），三年半的时间不算长，但他却为本系奠定了深厚根基，以至于才有"成功大学 2019 台湾史国际学术研讨会"的召开。走笔至此，他虽缺席了，但应感欣慰。

2019 年 6 月 19 日写于成大历史系

怅望千秋一洒泪

黄献荣[*]

在成大历史系求学期间，记忆中有几门课程让人印象深刻，陈捷先老师的清史课程很叫座。陈老师温文儒雅，通晓满文，博闻强记，他上课从不带教本，听他的课如沐浴在春风里，脱口而出尽是稗官野史，随手拈来尽是清史档案，上他的课，笔记下来的资料就足以编辑成一部细说清史。对陈老师的溘然辞世，学生有"泰山其颓乎？哲人其萎乎？"的不舍，谨赋诗二首追思：

追怀捷公吾师

一

弦歌回荡凤凰林，历史长廊子弟吟。

史笔纵横天下事，鸿儒开济国民心。

博通满汉知兴替，治乱兴衰鉴古今。

月落屋梁思绛帐，春风化雨何时临。

二

西门风月难重返，历史长廊梦里寻。

久别恩师方问讯，他乡惊恸断弦音。

寒驴行走崎岖路，龙凤挥毫赠子衿。

悬念鸿鹄将至梦，愧当宰予眲中吟。[①]

---

[*] 黄献荣，台湾成功大学历史学系第 2 届毕业生（1974 年 6 月毕业），陈捷先老师担任台湾成功大学历史学系主任时之受业学生。

[①] "汉家城关何处寻，历史廊外有西门，悠悠兴亡千古事，晓风残月看星沉。"这是我拙作《蹇驴嘶》中的一首诗，陈老师以行书挥毫此诗赠予，今睹物思人，倍感春风化雨之暖。

翩翩风采捷先老师

王兴民 *

在台湾高速铁路完工前，位于台南的成功大学地处边陲，离首都遥远，资源、设备、大环境都不足，连学生考大学联招填志愿时，都会思考再三，别说找到愿意委身于此的好老师。陈捷先老师是建立我们成大历史系未来宏图的第一位功臣，他打开了学生的史学眼界，打通了成大历史系国际学术通路，没有他，成大历史系的台湾史研究翘楚地位绝不可能在那样短的时间内就建立起来。要说筚路蓝缕，以启山林，捷先师绝对是先驱。

我于 1970 年考入成大历史系，那时系才开办第二年，创系的是"中研院"史语所的吴缉华老师。他在罗云平校长力邀下，每隔一周从台北搭火车来系一次。初创的系，百事待举，吴主任待学生和蔼可亲，学人风范令人景仰，但对于一个新创的系来说，总是感觉事事不足。两年后，罗校长入阁任"教育部长"，校长换了，吴主任也忽然打包回台北。我们不知道其中发生了什么事，接任的吴振芝老师临危授命，她是一位具有宗教家襟怀的学者，任上积极为本系找好的系主任人选，最后，在她的恩师台湾大学沈刚伯教授的力荐之下，吴老师三顾茅庐，亲将甫卸下台大历史系主任职位的捷先师请到了成大历史系，振芝师自己只担任了一年的系主任。

捷先师来系里第一天，振芝师约了我们十来个学生与他见面，她一一将我们介绍给新主任，闲聊片刻就先行离开。中午捷先师请我们在校园的餐厅吃饭，那来自台北的知名学者的温文儒雅的细致动作，对我们南部的学生来说，真如暖阳，我忽然觉得，这个系值得读下去。捷先师也是隔周从台北来系一次。

毕业三十年后，我和同班同学关家惟、黎拔刚都移民在温哥华，与同样长

---

* 王兴民，台湾成功大学历史学系第 2 届毕业生（1974 年 6 月毕业），陈捷先老师担任台湾成功大学历史学系系主任时之受业学生。

居于温哥华的捷先师重逢，尽管长久失联，一见面，那温暖亲切的师生感觉全回来了。我们学生分别做东，请老师伉俪到家中吃饭，捷先师则报以亲自下厨，请我们到他拥有无敌美景的高级豪宅餐叙。我终于见识到江湖传言美食家捷先师的厨艺。不说别的，就那一道扬州狮子头，食材精致、刀工细腻、形状讲究、入口即化，就让我怀念至今。

温文儒雅之外，捷先师真是个精力旺盛的人，除了清史成就，他还是一位具有雄才大略的行政长才。他上任未久，《史迹勘考》《史学》《历史学报》这些刊物就陆续创刊，勘查台南历史古迹的田野调查也开始了，学生从静态上课进入动态学习，对我们而言，那些全是崭新的经验，整个系终于动了起来。成大历史系的学术头角因而开始在国内外崭露，并逐渐成为台湾史国际研究重镇。捷先师为成大历史系打下的基业，是可以加载史册的。

当年三十多岁的捷先师个高而帅气，站上讲台如玉树临风，白衬衫长袖卷起来，确实有几分偶像架势，真是鸿儒硕学、翩翩风采。他开的第一门课是清史，选修这门课的同学大概跟我一样，有着一种特殊的感觉：怎么有人不用教材就能连讲两三小时的课？那材料从哪里来的？年轻的陈老师说话不疾不徐，重点处，抑扬顿挫毫不马虎，课堂上他侃侃而谈地说史，学生听课如沐春风。

郭碧华有一天竟然跟我说，她好想去拔老师长长的睫毛！这话，我在三十多年后在温哥华跟老师重逢时，告知了他，老师仰头大笑。班上的谢玲承认，当年是老师的翩翩风采让她"眼睛一亮"，心情大好，因而选了清史这门课。我想，捷先师生前的粉丝，也许女学生居多。

班上的张莲萍毕业多年，考入佛光大学宗教研究所硕士班，那时捷先师已自台大退休，在佛光大学历史系研究所教课，莲萍说，佛光大学历史所有个镇所之宝，就是捷先师。莲萍因而又多了两年近身请教的机会，硕士论文答辩时，陈老师是她的答辩委员之一，真是她的福气。

我们班上跟捷先师有一段共同回忆，这回忆，大概谁也忘不掉。在我们大学最后一年的一个秋日晚上，系会在系馆旁举办音乐会。成大是以理工科为主的综合大学，那时校内的男女比例是七比一，系上的女生个个是君子好逑的对象。那晚，有几个经过的"侨生"看到当中的女生，就过去搭讪，不知哪位男同学请他们离开时，大概在态度上没有很得体，于是，发生了一场成大有史来从未发生过的群殴事件。

大学里大量招收"侨生"，是那个特别时代的政策，由于"侨生"程度比不上"内地生"，学校对"侨生"的管理也没有特别的要求，因此，有些"内地生"与"侨生"之间的龃龉难免发生。那晚料想不到的是,那几个"侨生"竟然回到宿舍,招集一群"侨生",在音乐会结束,人群渐散,只剩下系会男生干部整理善后时,手持棍棒、铁器、尖物忽然围上寻衅。历史系男同学立即退入系馆内,紧闭门窗。那时没有手机,办公室都锁上,学生没有电话可以对外联系,而那群"侨生"竟然用石头砸碎玻璃门,非要打那场架不可。系馆内打群架,那会是何等景况?男同学无奈,在我们班上高头大马的许凯的指挥下,只好拿出成功岭接受军事训练时学到的一点防卫招式,大声喊叫,冲出系馆,一场混战下来,系总干事被打晕在地,多位同学受伤。喊叫声引来学校警卫,斗殴也就结束,"侨生们"作鸟兽散,留下一地的狼藉。

吴振芝老师深夜得讯后震怒,立即电告时在台北的陈主任,捷先师即刻乘车南下。那时成大训导处怕事,已将事件定位为学生互殴,双方皆有错,如果要处罚,就一起处罚,否则,彼此都不追究,医疗各自负责,如此学校责任撇清,亦可向上级交差。

捷先师一到,立即向校方表明严正立场:历史系学生的行动不是互殴,是护系——护卫系内资产;系会总干事送医,入单人病房,所有受伤同学的医疗费用完全由学校负担;滋事"侨生"必须严惩。我们从没见过一向温和谦逊的陈主任那种气壮山河的谈吐气概,他以自身去留来要求学校,最后学校接受了陈老师的条件,但最终是以校外人士破坏历史系公物结案,至于"侨生"是否受到惩罚,我们不知道。

大学四年,我们班经历三位系主任,三位都已作古,个个令人怀念,陈捷先老师留下的典范非常特别,班上同学谈到他,共同的感觉,除了饱学多闻、著作等身、温文儒雅外,便是他的翩翩风采。想起捷先师,我们就想起当年那位永远面带微笑、年轻干练、风度翩翩的清史学者。

那是我们共同的记忆。

回忆陈捷先老师

廖秀真 [*]

　　1973 年 2 月至 1976 年 7 月，陈捷先老师从台大历史系借调至成大历史系接掌系务，历时三年半。这期间也是第四届同学大学四年的大半岁月。我们大一下学期老师来成大，大四毕业那年，老师也因借调期满回台大。

　　成大历史系创于 1969 年，属于新成立的系。老师风华正茂，规划系务目光远大，有意发展该系的特色。鉴于台南历史文化地缘因素，开设台湾史（时名"台湾省志"），又扩及亚洲，有日本史、韩国史、东南亚史，甚至有"荷兰文"课程。

　　老师组织师生田野调查、拓碑；创办刊物《史迹勘考》，并鼓励将学术成果发表其上；收集来的文物则成立"历史文物馆"；办台湾史研讨会等，履践其规划蓝图；在"国际化"上也争取哈燕社的补助。

　　成大位于台湾南部，学生对于北部学术机构自然陌生，老师于是在暑假期间带学生参访台北故宫博物院、"中央研究院""国史馆"等单位，还记得进到库房看档案，让同学开了眼界。

　　系上时常有演讲，也请兼任老师授课以补课程不足之处。那时没有高铁，来往台南台北光是交通就是一天的时间。演讲也罢，兼课也罢，势必过夜，舟车劳顿，愿意南来，自然是老师恳切的邀请。记得除了台湾老师还有美国籍、韩国籍老师。

　　老师时时西装笔挺，精神饱满，授课引经据典，音调徐缓，风度翩翩。清史课上将皇帝的个性、面貌介绍得栩栩如生，至今印象深刻。尤其一手满文惊艳大家。我们毕业时老师以满文"人相敬则争心自息"题字毕业纪念册上。

---

　　[*] 廖秀真，台湾成功大学历史学系第 4 届毕业生（1976 年 6 月毕业），陈捷先老师担任台湾成功大学历史学系系主任时之受业学生，台湾成功大学历史学系退休老师。

据闻老师厨艺了得，果真在谢师宴上验证了，有几道菜老师亲自操厨。有同学炒菜时要盖上锅盖，老师制止："这样菜会变黄。"有时同学在早餐店吃烧饼油条，遇见老师，老师笑呵呵地买单。如今这也是无比温暖的回忆。

老师掌系务三年半期间，系上呈现热情的学习气氛，动态静态兼具，有欣欣然气象。第四届毕业同学在前后几届里继续读研究所的最多，应该与老师掌系务任内的教导有关。

我有幸升学台大硕士班，继续当他的学生，修了老师的"清史文献学"。毕业后蒙他介绍至台北故宫博物院文献处校注清史稿，为期一年。之后回到他灌注心力的母系任教。一路蒙受师恩，不敢或忘。原以为今年五月成大历史系五十周年庆可以见到老师（台湾史研讨会开幕式老师演讲），想象同为银发之龄的师生会面将是幅美丽幸福的画面，始料未及传来老师过世噩耗。虽则"人事有代谢，往来成古今"，思之，仍黯然神伤不已。

老师曾以龚自珍"但开风气不为师"自况（2009），我以大学期间所见所闻见证了老师的开风气。

谨以此文敬悼老师在天之灵。

望之即之，俨然也温

——怀忆陈捷先教授印象

闫爱民

从师门微信群里知道了陈捷先教授仙逝的消息，陈先生虽以米寿之年驾鹤西去，闻讯后仍依然哀伤不已！陈先生曾为南开客座教授，又为导师冯尔康先生挚友，吾辈亦可称为陈先生门外学生，有弟子之礼。与陈先生相识和文字交流时间并不长，主要是在 20 世纪 90 年代末，但印象深刻，弥久难忘。一些往事也逐渐清晰起来。陈先生是清史、满族学、方志学、族谱学、东亚史的大家，谈及陈先生的治学，爱民才疏学浅，不敢及于万一，但陈先生提携后学、惠施学林之事，则可言及一二。

我与陈先生文字上的交往开始于 1992 年年底，那时陈先生除了掌管台大历史系外，还兼任台湾《历史月刊》的总编辑。冯先生从港台参加学术会议回来后，提起陈先生在《历史月刊》要搞一组纪念壬辰战争 400 年的文章，冯先生要我也写一篇，直接寄给陈先生。彼时自己刚留校不久，有这样一个机会非常高兴，便认真准备。明万历年间的壬辰援朝战争，明朝称为"朝鲜之役"，朝鲜称为"壬辰倭乱"，日本则称"文禄之役"，是东北亚三国历史上的重要事件。此次战争中明朝先后两次大规模出兵援助朝鲜抗击日军，有"再造番邦"之功。仔细考察这段历史，史家提及第一次援朝战争及平壤会战大捷，多委功于镇前统兵作战的主将李如松，而对于幕后运筹帷幄的主帅宋应昌却不甚重视，于是写了《壬辰战争中的明军统帅宋应昌》一文寄给陈先生。因为投稿晚，没有赶上那组论文，晚了一期发表在《历史月刊》1993 年 4 月期上。原来的题目有些平庸，刊发时陈先生在宋应昌前加上"被遗忘"的修饰语，凸显了主题，成为文章点睛之笔。陈先生对文稿的审定和修改不多，但都是要点，然自己非常受益，懂得了文章要点的提炼，通俗史学关注点的把握。

在陈先生的主持下，《历史月刊》与南开历史系的合作也频繁起来。后来陈先生又委托常建华教授代为组稿，搞了三组专辑研究。有"妓的历史考察"6篇文章，刊发在1996年12月期上，南开的作者有冯先生（顾真）、建华兄（萧驷）和我，校外的作者还有艾之玉和刘达临等。"中国古代的灾荒血泪与危机处理"专辑有4篇文章，《历史月刊》1997年5月期刊出；还有"历史上怎样看待老人"的专辑，发表在《历史月刊》1997年6月期。自己分别写了《断袖之欢——历史上娼妓中的男色》《古代荒政中的植树备荒救灾之策》《中国古代老人的怡乐会社》等不同领域的几篇文章。月刊的文章涉及领域宽泛，注重时效，雅俗兼通，通过几次给月刊的投稿，锻炼了自己文章写作的能力，文章自觉写得越来越好，进步明显，而其中的两篇文章又被推荐到《联合报》系的纽约中文报纸《世界日报》上刊出。

给月刊投稿，除了锻炼了自己文章的写作能力外，而且还得到了不少的稿酬收获。我第一次给月刊的6000字文章稿费是100美元左右，是基本的稿酬，但后来那篇同样字数的《中国古代老人的怡乐会社》刊出时，稿费增加到近150美元，那时我是刚留校不久的青年教师，但稿酬却按高级别付给，拿到稿费时非常诧异，对于陈先生不论资辈唯文是举的做法，难于忘怀。这篇老人怡乐会社文章，被《世界日报》转载后，又被收入美籍华人教授蔡文辉先生的《老年社会学》书中，这篇6000字的文章稿费加上转载费获得了近250美元稿酬。那时工资水平比较低，青年教师更甚，月刊丰厚的稿酬又于生活不无小补。

到了1996年陈先生被聘为南开大学客座教授，他和他的友人彭炳进教授在南开设立学术讲座基金和学生奖学金，多次来南开讲学。作为陈先生挚友冯先生的学生们，和陈先生的交往也就不限于文字上了。虽然文字上的交往已对陈先生有所了解，但鉴于陈先生在海内外学界的声望，高山仰止，初见陈先生，不免还是有些惶恐敬畏心态，不过大家很快打消了拘谨。陈先生给晚学的印象，高大威猛，声音亢昂，豪迈侠义；既师既傅，如兄如友，有古士大夫之风！

陈先生文章大家，酒量亦奇。本来在津冯老师弟子以善饮传闻于历史系，师门聚宴时必尽酒而欢，坊间甚至杜撰有冯先生招收弟子必考察酒量环节的谐笑之谈。在欢迎陈先生的宴会上，众弟子考虑到陈先生当时年龄已在耳顺古稀之间，敬酒时总是希望先生点到而已。然而陈先生却把盏相对，逢敬必干，大口喝酒，不在年轻人之后。师生间没有了距离感。宫宝利兄处理事务协调能力极佳，酒力亦强，陈先生戏称其"宫保大人""大内高手"。陈先生饮酒有量，自己也不掩饰，他常讲起他的老师末代衍圣公孔德成先生的酒量和雅事。历史上的文人墨客，常是文章与佳酿并行。读书人的先师孔夫子就是善饮的，孔子对饮食有所讲求，但"惟酒无量，不及乱"。陈先生也是这样，酒量很大，但自有节制。他是以文会友，以酒交心。

　　于道德文章，陈先生是一位大家巨擘；于子弟学生，他又是德高望重的长者、可以交心的挚友；于"家国"天下，他怀有浓厚乡土情怀。他对岛内美化日据时代殖民统治和"两国论""台独"思潮，极为反感和鄙视，激愤之情，常常溢于言表。子夏有言，"君子有三变：望之俨然，即之也温，听其言也厉"。其也谓陈捷先教授者也夫！

闫爱民记于己亥年夏月

怀念陈捷先老师

宫保利

　　从师兄常建华老师今年 4 月 4 日在"冯门聚"微信群中所发布消息，得知陈捷先老师 3 月 18 日在温哥华去世的消息，心情万分悲痛。顿感自己失去了一位非常敬重的前辈，失去了一位对我多有抬爱的长者，学界更失去了一位满学家、清史研究大家。陈捷先老师曾任台湾大学历史系教授、系主任，常年致力于两岸学术人文交流，对南开大学历史学院贡献良多，与导师冯尔康教授及其冯门弟子更是交情深厚。

　　陈捷先老师与冯尔康老师关系甚好，感情笃深，自己有幸能够在大陆多次拜会陈捷先老师均为业师冯尔康老师引荐和器重。在一些学术研讨会或者学术交流活动期间自己在聆听两位先生精彩的学术报告之余，尚能在酒席间近距离领略陈捷先老师娓娓道来、谈吐儒雅的大家风采，在敬酒之时也是得到陈老师的许多勉励和夸赞，陈老师在哪里谁想不热闹是绝不可能的。陈老师平易近人，常常打趣，由于自己的姓氏，陈老师在席间诙谐地"御封"我"宫保大人""大内高手"，虽经二十余年至今记忆犹新。

　　2002 年 9 月大家在桂林一起庆贺陈捷先老师七十寿诞之时，我当时还不是教授，在南开大学再从冯老师攻读博士学位，陈先生勉励我在学术上多有成就，预祝"很快就是教授"。每当回想起当时陈先生对我讲这番话的场景，老人家的身姿、面容、神态、语气一一再现脑海中。

　　2010 年 10 月，在冯尔康、陈捷先、阎崇年三位清史泰斗共同发起的"盛清社会与扬州"学术研讨会上再次有幸领略了陈先生的风采。到会后，便主动前往陈先生下榻之处拜见他，一见面便称呼起"大内高手"，虽然感觉老先生略有老态，但依然是精神矍铄、神采奕奕。陈捷先老师与业师冯尔康老师祖籍同为扬州，两位老师情怀依依、乡谊酣畅。无论是在研讨会上聆听他的精彩演讲，还是随同他考察盐商遗迹、游览瘦西湖盛景，陈先生即景生情便是畅快淋漓一番谈笑，对扬州的历史、现状和发展兴趣甚浓，谈吐之间看得出老先生对故乡的拳拳之心，深情厚谊。

自己与陈捷先老师非常有缘，每一次与陈先生相聚都有一种喜悦。多年来，特别愿意多有机会聆听陈先生心情放松、令人兴奋的话语，内心期盼常有酒局恭敬陈先生心情愉快，福寿安康！

一切祝愿已化为思念，追忆陈捷先老师三二事，以寄托自己对老先生的怀念。

2019 年 6 月 28 日于天津新典居寓所

永怀陈捷先老师

林洁翰 [*]

各位老师、学长姐、学弟妹各位好，我是佛光大学历史研究所的第一届学生。关于老师的成就先前各位长辈说了不少，今天我说一些比较少人提到的事情。

我个人从老师身上学到的东西在课堂外比较多。在学校时老师、同学们认为我常跟在老师旁边时，可以吃到不少老师做的狮子头。趁这次机会必须跟各位坦白澄清："虽然我比较常跟在老师旁边，到目前为止算起来，只吃了一颗狮子头。"老师住在宿舍里时，每当要亲自下厨宴客的时候，因为山上物资缺乏，能用的器具也有限，所以我常开着红色战车载着老师下山去采购，回到宿舍后帮忙清洗与料理，实际上各位所吃的狮子头比我还多很多呢。老师曾经问过我："小胖子，你怎么都不吃呢？"我回应："没关系啦，客人吃饱比较重要，而且跟着老师采买跟煮了几次饭之后，想吃的话，回去自己煮就行，没问题的。"最常被提到的除了扬州狮子头外，还有红烧肉、杂烩锅汤等料理，当大伙享受着天外美食时，很难想象出，在山上宿舍种种限制下，老师都只凭着几个汤锅、一个电磁炉跟汤勺就能做出这些佳肴吧！

与陈老师请教聊天时，每当提到扬州话题，老师总会提道："有机会一起去扬州，我带你们去吃'三头宴'，桌上摆上大猪头、羊头、大鱼头，这才是真正的扬州传统宴客。"这个许多年前的约定，随着老师的逝世，最终无法成行了。

老师的酒量也让大家难以忘怀，平时老师常会聊起过去种种喝酒时的趣事，像是孔德成老师讲台上会放着一瓶酒，边上课，边喝酒，遇到上课迟到的学生，就先罚三杯才能入座。老师数年前与几位好友，组成"酒党"，老师自诩为酒党常任主席，另外设有酒仙、酒王、酒霸、护法等职位，每年聚会一次。老师甚

---

* 林洁翰，第一届佛光大学历史研究所硕士生、陈捷先老师指导学生。

至提议大家集资，将某个酒场买下来，这样子除有喝不完的酒外，大家毕业后还可直接到酒场工作，不用担心就业问题。

过去常开车载着老师参加饭局，上车前老师会问："我们战车里的弹药够不够？不够的话等会儿，到路边卖酒的店铺补给一下。"下车时，换我问老师："老师，今天要带哪些弹药？要不要多带些以防万一？"平时老师几瓶酒都会存放在我那辆老爷车上，所以名副其实地成为红色战车。为了避免喝太多酒，总以必须将老师安全送回宿舍为借口，餐桌上又不能失礼，于是效法老师在课堂上提到"请令酒"方式：先与老师喝完3杯请令酒后，开始酒循一轮，结束后再3杯跟老师请示结束。当老师指示舀菜汤吃饭时，表示酒宴差不多要结束了。大家都知道老师来酒不拒，很会带动喝酒气氛，但可能不知道有种情况下老师不喝酒——那就是心情不好时候。记得老师曾经提道："什么时候喝酒都好，只有心情不好的时候绝对不要碰酒，除了误事外，还很伤身。"当时我笑着回应说："还好我心情不好的时候只会灌牛奶"，使得老师哈哈大笑："不愧是小胖子。"

当年师母在宜兰举办佛像画展期间，有次我与老师、师母吃饭时，先敬了3杯后厚着脸皮说："师母工笔画师承于张大千，每幅佛像看起来都相当庄严，只是我比较俗气，展出的这么多幅画中，最喜欢却是师母的'没骨青牡丹'，我家徒四壁没什么装饰品，希望画展结束后能不能赏赐这幅画给小的？"老师与师母对看了一下说："确定吗？这青牡丹颜色上跟你不搭配，往后再说吧。"原本以为期望落空，没想到老师、师母回加拿大之后，寄来了一幅"没骨富贵牡丹"，我高兴地随即裱框挂于家中。

陈老师对学生在课业、就业、生活甚至夫妻感情上的关心，无法用只言片语就可以述说得了。当年与内人在日本为了寻求推荐生产医院，却受到"台湾驻日交流协会"的互踢皮球时，电话中老师不加思索地说："买机票来温哥华吧！这里华人多，医院、月子中心好解决；我们家房间多，不用担心住的问题。东西收一收快点飞过来吧。"虽然最后没成行，但老师的一席话听得我夫妻俩点滴在心头。这几年家中连逢大变，不便与老师联系，正巧3月底某夜晚突然刮起大风，晚上梦到许久未见的老师来找我说："今年我会回台湾，刚好可以找你们大伙聚一聚。"隔天早上才笑着跟太太说："昨晚老师说今年要回来了。"当时未放在心上，未料几天后却接到老师在温哥华过世的消息后，一直到现在依然让人难以接受。一日为师，终身为父。感谢老师生前的教导及照顾，此等师恩永留心中。谢谢。

行到山穷处，坐看云起时

——陈捷先师与我谈学术本土化

梁毅鹏[*]

  余自进大学时即受业师育铭指导，极力破除史学观念中的意识形态，克服主观立场，务求培养己身保持客观中立的史学观念，至大四时遇彦良、高树等师，前者将我导入经济学理论，让我深思广觅其中，后者为我带来清朝十三皇朝的浩瀚时空。临毕业之际，高树师云，若想深探清朝历史，近处宜兰林美山上即有当代清史大师，可追随之。

  终愿至宜兰，大师虽年迈，仍翩翩绅士，气度非凡。久经相处，术业德行做人处事，无不是楷模。把酒言欢，老少同乐，忘却世间繁华，不知今夕何年，哪怕对影三人，师生皆非宜兰人，您我两心系一方，但愿他乡作故乡。

  一日，夜深人静，师召我见，问及论文事宜，余年少气盛，即告之对西方理论及清朝皇朝有浓厚兴趣，不知能否将之结合，师治学多用传统史料方法，对材料证据之要求十分严谨，所谓"一分材料一分说话"，不希望天马行空。师听闻理论一词脸有难色，仍掩其意，续问："尔是澳门人，对澳门历史可认识乎？"余学有不及，只能支吾以对。师续曰："我虽然专治清代政治史，不过，但凡涉及台湾历史的项目，一到我手上基本都马上批准，近年我与大陆多番合作，常被台湾方面的学者指责，不过无所谓，我认为'国际化'与'本土化'都是时代的大趋势，二者并不是你死我活的二元对立，像我这样治学上因为领域的关系必须'国际化'，与对岸合作、与美国合作、与国际合作。在审批项目上我则会多鼓励本土化，其实清代台湾史的研究我是十分支持的，你作为澳门人，应该对澳门的历史多做认识，认识多了，再将他放在整个清皇朝的脉络来观察，两者并不矛盾，至于你说的西方理论，能有就有，包装起来比较好看，

* 梁毅鹏，佛光大学历史系研究所第三届硕士班，陈捷先教授硕士班指导学生。

若没有也无妨，材料齐备该写什么就写什么，那就足够了。"

是故硕士论文改写澳门，但才疏学浅，把握有所不及之处，回澳后连忙投入本土化的研究，而后，真如师之所料，研究澳门史成为趋势，余虽力有不逮，成果拙劣，不过总算还能学以致用，贡献社会。

是时台湾仍蓝绿对峙得厉害，从政治到社会到文化到学术等等扩展到各个领域，师在被指责之时，仍能心系本土，不视对方为敌人，不仇恨与己身不同意见者，并能切身处地理解对方立场，又能居高临下地分析趋势，其风骨值得敬佩，其道德价值受人景仰。日后，师退休移居加国，系所师长送上八字真言，是为对吾师治学治身治人最贴切的总结，"先生之风，山高水长"。

愿吾师安息
祥和

学生
澳仔：毅鹏
2019 年 7 月 1 日于澳门

下编
学术论文

"粉骨碎身全不惜"的"救时宰相"于谦

徐　泓[*]

　　明正统十四年（1449）秋，瓦剌入寇，英宗受奸宦王振怂恿，仓促亲征。土木之役，五十万大军一败涂地，英宗被俘。遭此突变，朝野惶恐，一些意志不坚的官员、势豪纷纷做逃跑打算。在这国家存亡的关头，挺身而出，领导抗战，保卫祖国，迎回皇帝，使"靖康之耻"没能重演的，就是这位"粉骨碎身全不惜"的"救时宰相"[②]——于谦。

一、立志学文天祥：慨然有天下己任之志

　　于谦（1398—1457）是浙江钱塘人，虽然祖父在洪武初年做过官，但父亲未涉官宦，他以一介平民百姓，靠个人才学，进入政界。据他自己说，在"垂髫髪如漆"的少年时，"锐意取功名"，"濡首下帷，足不越户"，"辛苦事纸笔"。[③]十五岁考中秀才，二十三岁中举人，二十四岁中进士，顺利地通过科举考试的窄门。[④]

　　那时，明朝皇帝为便于统治，特别注重统治人民的思想，规定考生只能按御定注疏发挥，于是一般考生只读御定的《四书大全》《五经大全》等，对于其

---

　　[*]　徐泓，男，福建建阳人，南开大学历史学院讲座教授、台湾暨南国际大学荣誉教授、厦门大学人文学院终身讲座教授，历史学博士。

　　[①]　语出于冕：《先肃愍公行状》。见于谦著，魏德良点校：《于谦集》（杭州：浙江古籍出版社，2013年），第671页。《明史》（北京：中华书局点校本，1974），卷170，《于谦传》：于谦"生七岁，有僧奇之曰：'他日救时宰相也。'"王世贞《于太傅公传》："谦生而颖哲，美容止，七岁，僧兰古春善相，见而大奇之，曰：'所见人无若此儿者，异日救时宰相也。'"钱国莲：《风翀与高：于谦传》（杭州：浙江人民出版社，2006年），第一章《湖山灵秀》。

　　[②]　《于谦集》，第482页，《忆老婢》。于继先：《先忠肃公年谱》。

　　[③]　朱保炯、谢沛霖编：《明清进士题名碑录索引》，上海：上海古籍出版社，1979年。

他书籍则"漫不加省",以致"与之交谈,两目瞪然视,舌木强不能对"。[1]于谦则不然,不以追求利禄自限,慨然"有天下己任之志";他除了研读御定教本外,兼习先秦两汉的经书、子书和史书,并选了唐朝陆贽的奏疏,手钞成册,朝夕披阅,以研究古今治乱兴亡的道理。

读书之余,他留心古人行事大节,尤其敬仰文天祥,书房内挂着文公画像,座旁悬一篇赞词,随时提醒自己,效法文天祥"殉国忘身,舍生取义""宁正而毙,弗苟而全"的"孤忠大节"。[2]他曾写过两首诗寄托雄心壮志,《石灰吟》:

千锤万击出深山,烈火焚烧若等闲。
粉骨碎身全不惜,要留清白在人间。[3]

《咏煤炭》:

凿开混沌得乌金,藏蓄阳和意最深。爝火燃回春浩浩,洪炉照破夜沉沉。鼎彝元赖生成力,铁石犹存死后心。但愿苍生俱饱暖,不辞辛苦出山林。[4]

他愿为国家,为人民,不惜粉骨碎身,燃烧自己。其后,于谦巡抚地方,为民解困,土木之役后,领导抗战,都是他少年时代壮志的体现。

二、但愿苍生俱饱暖不辞辛苦出山林

从永乐十九年(1421),到正统十二年(1447),于谦二十四岁到五十岁之间,先后担任过山西道监察御史、江西巡按御史和山西、河南巡抚,在地方上

---

[1] 宋濂:《宋学士文集》(上海:商务印书馆《四部丛刊初编》本,1929年)第5册,《銮坡集》,卷7《礼部侍郎曾公神道碑铭》。

[2] 于谦著,魏德良点校:《于谦集·拾遗》(杭州:浙江古籍出版社,2013年),第648页;《文山先生像赞》。

[3] 阎崇年认为此诗非于谦所作,而出于明万历年间咏史小说《于少保萃忠全传》,详见阎崇年:《于谦〈石灰吟〉考疑》,《于谦研究》2001年第2期。但史洪权考证此诗原型出于宋元之际释信息禅诗的一首僧偈:"工夫打就出深山,烈火曾经煅一番;粉骨碎身全不同,要留明白在人间。"详见史洪权:《石灰吟——从僧偈到名诗——兼谈〈石灰吟〉的作者问题》,《文学遗产》2006年第5期。也有可能是于谦依此僧偈改写传世。

[4] 《于谦集》,第513页。

改革弊政，拯救饥民，安抚流亡，爱护人民，不畏权势，廉干刚正。①

由于明初承大乱之后，偏重生产力的恢复，对于抑制土地兼并方面不太注意；②久之，土地分配愈来愈不均，使许多农民在生活上陷入困境，若遇到天灾，更是苦不堪言。于谦深切了解农民生活的疾苦，他的文集中，也以这类诗最多，如《田舍翁诗》：

田舍翁，老更勤，种田可曾辞苦辛，鸡皮鹤发十指秃，日向田间耕且劚。雨旸时若得秋成，敢望肥甘充口腹。但愿公家无负租，免使儿孙受凌辱。吏不敲门，犬不惊，老稚团栾贫亦足。可怜憔悴百年身，暮暮朝朝一盂粥。田舍翁，君莫欺，暗中朘削民膏脂，人虽不言天自知。③

又如《悯农诗》：

无雨农怨诸，有雨农辛苦。农夫出门荷犁锄，村妇看家事缝补。可怜小女年十余，赤脚蓬头衣蓝缕。提筐朝出暮始归，青菜挑来半沾土。茅檐风急火难吹，旋爇山柴带根煮。夜归夫妇聊充饥，食罢相看泪如雨。泪如雨，将奈何？有口难论辛苦多，嗟尔县官当抚摩。④

又如《收麦诗》：

大麦收割早，二麦收割迟。带青摘穗不候熟，老稚藉此聊充饥。去年夏旱秋又水，谷麦无收民受馁。今年种来十二三，纵有收成无积累。了却官租余几何？女嫁男婚债负多。公私用度皆仰给，可喜时清无重科。有司牧民当体此，爱养苍生如赤子。庶令禄位保始终，更有清名播青史。剥民肥己天地知，国法昭昭不尔私。琴堂公暇垂帘坐，请诵老夫收麦诗。⑤

① 钱国莲、叶仁美：《论于谦晋豫两省的民本思想实践》，《浙江工业大学学报（社会科学版）》2011年第4期，第361—366页。

② 吴晗：《明初社会生产力的发展》，中国人民大学编：《中国资本主义萌芽问题讨论集》（北京：三联书店，1959年），第126—159页。

③ 《于谦集》，第470页。

④ 《于谦集》，第477页。

⑤ 《于谦集》，第477页。

这些诗都是教地方官要同情农民，要为农民解困，绝不可剥削农民。

为了解救农的困苦，于谦抱着"人溺己溺"的精神，全心全力地工作，在任上，不偕眷。虽然有时也想家，但一想到许多农民在过着流亡的生活，就顾不了家。他有一首诗说道："民安足遂中心愿，年壮何妨到处家。"① 正统十年（1445），于谦妻子董氏病逝，他回家办完丧事，便立刻赶到山西、河南，进行抚绥流民的工作。于谦夫妇情爱笃深，董氏死后，于谦便不再娶，全心为公事而奔忙，甚至连病中也"每念公家事"。②

于谦时时刻刻以解民困为念，最痛恨迫害人民的贪官污吏。正统年间，王振专政，招权纳贿，败坏政风。于谦清廉朴素，不馈赠权要，进京从不带礼物，有人劝他带些土产做个最普通的人情，于谦说：只带两袖清风送人，手帕、蘑菇与线香等土产，虽不值多少钱，究竟是人民日用之资，岂可馈送权贵！③ 也就因为清廉刚正的作风，引起权贵的嫉恨。正统六年三月，王振就嗾使通政使李锡诬害于谦，判了下狱禁锢，山西、河南人民纷纷上书为他诉冤，王振以众怒难犯，终于在五月释放于谦，降调他为大理寺左少卿。④ 但是要求于谦官复原职的呼声不断，王振只好顺从舆情让他再去巡抚山西、河南。于谦努力赈济灾民，安集抚绥，拨给荒田或黄河边的新生地及耕牛和种子，使流民得以复业。其恩惠流行，连太行山群盗，见了他也"遂奔散"。⑤

---

① 《于谦集》，第 477—478 页。

② 《于谦集》，第 512 页，《连日灯花鹊噪漫成》。

③ 《于谦集》，第 568 页，《病中起写怀》。

④ 叶盛：《水东日记》（两淮盐政采进本），卷 5，《于节庵遗事》。

⑤ 于谦入狱正统六年（1441）三月，44 岁的于谦被关进了都察院狱，判了禁锢。于继先《先忠肃公年谱》谓于谦下都察院狱事在正统十一年（1446）。《明史·于谦传》（北京：中华书局点校本，1974 年）、《明英宗实录》（台北："中研院"史语所校勘本，1965 年）（卷 77，第 2 页，正统六年三月癸卯条）等均记为正统六年（1441），从后说。又，于谦入狱的直接原因是上奏自陈在外年久，请召回京，并荐举参政王来、孙原贞自代，而据《明史·王来传》和《明史·孙原贞传》，王来任山西左参政、孙原贞任河南右参政的时间在正统初年和正统八年间，以此推算，于谦入狱的时间不可能是正统十一年。于谦释放降调大理寺左少卿事见《明英宗实录》卷 79，第 9 页，正统六年五月甲寅条。

三、运筹决战砥柱不移，摧陷大敌中华底宁
——宰相救国难

正统十三年（1448），于谦五十岁，奉调入京，升为兵部右侍郎。[1]不久，土木之变发生，消息传来，人心恟恟，群臣聚哭于朝。当时北京城内只有"赢马疲卒不满十万"，"城内军士有盔甲者仅十之一"，许多人认为宋朝南渡的历史就要重演了，纷纷把妻子和贵重的财物运回家乡，只留自己一人在京城，准备随时逃遁。朝廷上讨论战守大计时，翰林侍讲徐珵（后改名徐有贞）就公开倡言赶快南迁，以避大难。就在群臣惶惑失措时，于谦挺身而出，厉声斥责徐珵说："言南迁者可斩也。京师、天下根本，一动则大事去矣。独不见宋南渡事乎？"[2]这个严正的抗战主张，获得大部分人的支持。在这场抗战与逃跑的论争中，于谦慨然以国家安危为己任，挺身而出，接任殉职兵部尚书邝埜的遗缺，领导抵御外侮的战争。

在一系列抗战措施中，于谦首先要求追究土木之变的责任，借以平息民愤，激励士气。打死王振余党，诛灭王振家族，没收其聚敛的财产。为稳定人心，推监国的郕王为景泰皇帝，遥尊英宗为太上皇，减轻瓦剌领袖也先敲诈的资本。在军事方面，调集各地勤王军，赶造武器，加强战备，鼓励军士往通州输送军粮，号召人民献纳谷草。在军民精诚团结的合作下，在短短的四五十天内，把一个人心惶惶、危若累卵的京城，整备成一座坚强的抗战堡垒。当瓦剌军队到达京城时，于谦身率军士，背城列阵，迎头痛击。京城居民也配合官军奋勇杀敌，他们爬上屋顶，飞投砖石打击敌人，杀声震天。当时也先劫持英宗，威胁明朝屈服，但于谦认为"社稷为重，君为轻"，坚拒敲诈。也先见无隙可乘，只好退去。而战争敌对的结果，蒙古人民失去与中原人民交流货物的机会，要求和平的呼声日渐高涨；因此，对瓦剌来讲，英宗虽奇货可居，却不得不无条件送他回国。

战争胜利了，但于谦认为："上皇虽回，国耻未雪。"[3]杜绝边患，只有充实国防。于是一面整饬边军，一面创立团营法，"择精兵十五万，分十营团操"，加强训练，提高京军的素质。国防的巩固，使瓦剌不敢再轻易侵扰明朝的边境。

---

[1] 于冕：《先肃愍公行状》，《于谦集》，第673页。王宏钧：《但愿苍生俱饱暖不辞辛苦出山林：于谦的诗篇和为人》，《文史知识》，1982年第3期，第74—79页。

[2] 《明英宗实录》，卷167，第6页，正统十三年六月丁丑条。

[3] 《明史·于谦传》，第4545页。

139

四、鹭鸶水上走，何处寻鱼嗛——英雄含冤死

于谦的功业还不止于抵御也先入寇，当时南方有邓茂七、叶宗留、黄萧养等乱事；西南也有边族骚动，都是他调动指挥平定的。为于谦《奏议》作序的李宾说："公才识弘达，练习旧章，奋其激发之衷于枢务丛委之间。每朝下，得四方警报，众庶陈言，文记沓至，剖析如流。凡某可将，某可攻，某可守，某城可军，某军可调，某人言可用不可，一日或上四五疏，一疏或数千言，无不审周精详，算无遗策。郎吏罢于缮写。兵民上下，觇公起居以为命。"[1]他指挥调度皆合机宜，视为国操劳为当抚，已入"处之裕然若无有"之化境。军情紧急时，便不回家，留宿朝房。他一向有痰病，终因劳累过度而发作。时人称赞说："彼日夜分国忧，不问家产，即彼去，令朝廷何处更得此人？"[2]

在《小像自赞》一文中，于谦说他自己："其性虽僻，其情则真；所宝者名节，所重者君亲，居弗求安逸，衣弗择故新。"[3]有真性情，富正义感，决不乡愿，决不与恶势力妥协。他最看不起那些无能无行又挟势欺人的权贵，对他们从不假以颜色。于谦本来就"以定社稷功，为举朝所嫉"，加上他这种刚正作风，不但得罪利禄之徒，也给选要大臣勋旧贵戚和同僚很大压力，他们觉得于谦"意颇轻之，愤者益众"。于谦最讨厌阿谀的小人，石亨为了讨好他，上疏推荐他的儿子于冕，于谦不但不允，反而上请皇上斥责石亨，他说："国家正多事，做大臣的不应顾及私恩。石亨身为大将，从不为国家提拔有用的人才，独独推荐小儿，这是什么意思？军功怎可滥给呢？"于谦这种孤高自负，不结交党羽，独往独来，得罪了大多数人，当他遭诬陷时，朝中大臣想的是怎样投合得势者以获得恩宠，没有人站出来为于谦辩护。[4]

于谦一心为国，不计名利，朝廷加爵加俸，一再请辞。他立身严谨，平日居家，仅以读书消遣。生活极为俭约，居住的地方，仅蔽风雨而已，皇帝赐给他一所房子，他一再辞谢说："国家多难，做臣子的怎么敢求安乐呢？"真是一个不耻恶衣恶食、志存社稷、忧国忘家的君子。[5]他的心中只有人民，只有国家，不计个人的利益，甚至把国家的利益置于君主之上，可说是儒家"民贵君

---

① 《明史·于谦传》，第4548页。
② 《于谦集》，第3页，《少保于公奏议序》。
③ 《明史·于谦传》，第4550页。
④ 《于谦集》，第636页，《小像自赞》。
⑤ 钱国莲、叶仁美：《从于谦的人际关系论其人生悲剧的成因》，《浙江工业大学学报（社会科学版）》，2009年第3期。

轻"传统的真正传人。当也先劫持英宗威胁明朝屈服时，他明知道得罪皇帝的后果，但他仍以"社稷为重，君为轻"，坚拒。[①] 于谦这种只要对国家有利，不计个人利害的刚正作风，不但得罪了权贵，也得罪了英宗，种下后来夺门之变的杀身之祸。[②] 明代后期史家何乔远就说："上皇车驾至城下，于谦主论不纳，欲求无诛，岂可得乎？"[③] 《明史·于谦传》也说："（谦）又始终不主和议，虽上皇实以是得还，不快也。"[④] 黄宗羲又说："景皇惟恐其兄之入，英宗惟恐其弟之生，富贵利害，伐性丧恩。"[⑤] 处于英宗与景帝兄弟的皇权斗争漩涡之中，由于英宗为确立其复辟的合法性，非杀于谦不可，复辟大功臣徐有贞说："不杀于谦，此举为无名！"于谦下场悲惨是必然的。[⑥] 景泰八年（1457）正月十六日，石亨、徐珵、曹吉祥等阴谋发动"夺门之变"，推翻景帝，迎接英宗复辟。政变集团便以"意欲谋反"的罪名，强加于谦身上，作为他们搞政变的借口。

于谦的刚正作风，不求个人权势与私利，不忮不求的作风，引起同僚对他不满，甚至连景帝也对他不满。当景帝要易储时，于谦最初并不支持，后来勉强同意，已使景帝不悦。易储后，景帝令凡兼任东宫属官的支给两职俸禄。大臣们都不推辞，唯独于谦一再推辞，甚至把景帝前后赐给他的玺书、袍服、银锭之类，全部封存。使景帝觉得于谦如此不领情，因而心生不满，甚至对他起了疑心，认为于谦廉洁到不可思议的地步，莫非另有所图。在夺门政变发生时，钟鼓声传来，景泰帝大惊，询问左右："于谦（篡位）耶？"既知为英宗复辟才连声说："哥哥做，好！"[⑦] 家天下的皇权政治下，功臣往往为表现其心无大志，以避皇帝之猜忌，如萧何之"求田问舍"；然于谦反之，终罹大祸。《明英宗实录》说：于谦"恃才自用，矜己傲物，视勋旧国戚若婴稚，士类无当其意者，

---

① 蒋祖缘：《简论于谦的"忧国忘身""忧国忘家"精神》，《广东社会科学》，2001 年第 4 期。

② 李佳：《忠君与忠社稷关系辨：论明代土木之变中的士大夫政治价值观》，《求是学刊》，2012 年第 4 期。

③ 黄山松：《从于谦的悲剧看儒家传统与君主专制的关系》，《中共杭州市委党校学报》，2004 年第 2 期。

④ 谈迁：《国榷》，北京：中华书局，1958 年，卷 32，第 2023 页。

⑤ 《明史》，卷 170，《于谦传》，第 4549 页。

⑥ 黄宗羲，《万里寻兄记》，收于沈善弘主编：《黄宗羲全集·南雷诗文集（上）》，杭州：浙江古籍出版社，2005 年，第 123 页。原文为："景皇惟恐其兄之入，英宗惟恐其弟之生，富贵利害，伐性'伤'恩，已视府君，可不谓天地纲常之寄反在草野乎？"樊树志：《于谦之死：工于谋国，拙于谋身》，《领导文萃》，2012 年第 1 期，第 84—87 页。王思怀：《于谦之死与景泰年间中央权力的再分配》，《北方论丛》，2006 年第 3 期，第 86—89 页。

⑦ 陈学文：《略论于谦的悲剧历史命运》，《天中学刊》，1998 年第 6 期，第 82—84 页。陈剩勇：《于谦的悲剧：一个政治学的解读》，《杭州师范学院学报（人文社会科学版）》，2001 年第 2 期。

是以事机阴发，卒得奇祸"。①

于谦，这位爱国爱民的"救时宰相"，就在丑恶的皇室内部权力斗争中，冤枉地"粉骨碎身"了。天下人听说于谦冤死，又惊又疑，痛哭说："鹭鸶冰上走，何处寻鱼嗛？"英宗明明知道于谦是忠心爱国的，却因为于谦坚拒也先敲诈而有"于谦弃我"的不快，遂无端牺牲一位爱国志士。

历史是公正的。于谦死后不久，那些为个人利禄搞起政变的人，相继败亡。接续于谦出任兵部尚书的陈汝言，到任不及一年，便因贪贿无度遭抄家，赃物满车满屋；相较于于谦获罪抄家时，家无余物，唯有书籍，真乃天壤之别。此时，英宗才"深悟其冤而悔之"，太后也说："于谦曾效劳，不用，当放彼归田里，何忍置之于死！"②但是，英宗还是无法释出"昭雪平反"之告示。直到宪宗即位，才诏告天下：于谦"当国家之多难，保社稷以无虞，惟公道而自持，为权奸之所害。在先帝已知其枉，而朕心实怜其忠。"③于是释放其戍边的子嗣，给还家产，并遣官致祭，改于谦故宅为"忠节祠"，榜曰："怜忠"。孝宗即位，更为于谦建祠于墓所，赐额"旌功"，命地方官春秋祭，并颁谥号"肃愍"。④万历神宗即位，更改谥"忠肃"，颂扬于谦："赤手扶天，不及介推之禄；丹心炳日，宁甘武穆之冤。"⑤江西、山西、河南人民还纷纷立祠，颂于谦功德，甚至在家中挂于谦像，"饮食必祝"。王阳明题于谦墓曰："赤手挽银河，公自大名垂宇宙，青山埋白骨，我来何处吊英贤！"既表于谦忠节大功于国家，亦为于谦之冤死而慨叹。⑥

---

① 杨瑄：《复辟录》(《续修四库全书》影印浙江省图书馆藏明刻《广百川学海》本)，第6页，引祝允明：《苏材小纂》及朱国桢辑：《皇明大事记》，卷19，第25—26页。杨瑄云："成化改元，修国史，瑄询史馆，未载是事（夺门复辟之事）。瑄乃身为目见，故谨录于斯，以彰国史之公，以备修史者采焉。"《复辟录》所记是杨瑄"身为目见"，应该可信。

② 《明英宗实录》(台北："中研院"史语所校勘本，1966)，卷274，天顺元年正月丁亥条。

③ 《于谦集》，第682页，于冕：《先肃愍公行状》。

④ 《于谦集》，第669页，《明宪宗谕祭文》(成化二年十二月十一日)。

⑤ 《于谦集》，第669—670页，《明孝宗赠官谕祭文》(弘治三年三月十四日)。

⑥ 《于谦集》，第670页，《明神宗赐谥忠肃谕祭文》(万历十八年二月初一日)。

明代治理黄河成绩的检讨

——兼评述潘季驯的治河

林天人

一、前言

"黄河"一直是我国自然界中最大的威胁；从可稽的记载看出：河水在近3000 年间决口泛滥达 1600 余次，平均二三年泛滥一次；重要的河道改道也近30 次。每一次的泛滥与改道，都波及难以数计的生命与财产。至于大规模的河道迁徙，在历史上更有 7 次的记录；变迁一次所造成的影响，都使得整个华北、华中平原的生态与文化景观大幅改变。因此，历代政府投注在治理黄河的人力物力与对策确已竭尽所能，但仍未能改善黄河"善淤、善决、善徙"的事实。

根据文献数据记载，从先秦以降迄于清末，黄河下游决口泛滥达 1595 次，平均 3 年决口 2 次；重要的改道 26 次。清初学者胡渭从古代黄河数千次泛滥、改道的记载中，予以整理归纳，在《锥指例略》中提出"五大徙"说。① 其后加

---

① 《锥指例略》中，胡渭曰："河自禹告成之后，下迄元、明，凡五大变。……一、周定王五年……；二、王莽始建国三年……；三、宋仁宗时商胡决河床……；四、金章宗明昌五年……；五、元世祖至元中……"但在《禹贡锥指》卷 13《附论历代徙流》中，却只指出黄河改道分 4 期：一、定王五年岁己未，下逮王莽始建国三年辛未；二、王莽始建国三年辛未，下逮宋仁宗景佑元年甲戌；三、宋仁宗庆历八年戊子，下逮金章宗明昌五年甲寅；四、金章宗明昌五年甲寅，下逮元世祖至元二十六年己丑。本文所据《禹贡锥指》系胡渭著、邹逸麟整理，《禹贡锥指》（上海：上海古籍出版社，1996 年）。其实黄河决堤改道，学者有不同的看法，如阎若璩《四书释地续》列举 4 次河变，分别是：一、周定王五年河徙邺东；二、汉武帝元封二年至宣帝地节元年河决馆陶，分为屯氏河，东北至章武入海；三、宋神宗熙宁十年河分两派：一合南清河入淮，一合北清河入海；四、明洪武二十四年河全入淮，永乐九年虽复疏入故道，而正统十三年终合并于淮。阎氏之说与胡渭不同；盖"徙道"的标准，殊难定出划一的模式；黄河溃决溢出原河道，便可视为改道的情况。若此，则历史时期黄河变迁河道，何止 6 次。参氵仲勉《黄河变迁史》，（台北：里仁出版社，1982 年），第 19—25 页，然长期以来学术界沿胡渭之说久矣。

上咸丰五年（1855）铜瓦厢决口改道，统称"六大徙"。[①] 黄河每次的水患，都造成相当惨重的损失，情况甚至严重到改变了华北地区自然生态环境。

历史上许多执政者，莫不殚精竭虑地思考治黄理河的水利政策。治黄政策不会有一劳永逸的治理方法，因为河患的问题层出不穷，其间牵涉人为、自然等等因素，因此历史上治理黄河就常以不同的方法，对于河患提出针砭之道。郑德坤就历代治理黄河的方法，整理出十种方法；[②] 但似乎没有一种方法，可以根除水患的问题。这说明了历代的水患问题，无法以单纯的"解决方案"来整治。

历史上治河的理论与技术，历代各有不同的主张，但基本上，大多从经验中提炼出来。从放宽河面、分流杀水到筑堤疏浚，在不同时期都曾试验过。不过，其间虽不断有人主张以"经义治河"，即据《禹贡》所述河向，以恢复"河故道"为治河的张本；这种"泥古"的治水理论，正所谓"以书御者不尽马之情，以古制今者不达事之变"，一直未成为治水的主流。[③]

从历史上河患与河防的发展看来，治水真正进入全盘的考虑，大概始于元、明之际。其因基本上是宋以后，黄河开始由泗入淮或夺淮出海。黄河改道南向后，整个长江以北、黄河以南的华北平原，进入了黄泛区。《明史·河渠志一》载：

> 黄河，自唐以前，皆北入海。宋熙宁中，始分趋东南，一合泗入淮，一合济入海。金明昌中，北流绝，全河皆入淮。元溃溢不时，至正中受害尤甚，济宁、曹、郓间，漂没千余里。

另外河防与漕运的问题，从宋、元以后，开始纠结在一起；为了保持漕运的通畅，"治河保运"成了河防政策最高指导原则。叶方恒曰：

---

① 《清史稿·河渠志》载："（咸丰）五年六月，决兰阳铜瓦厢，夺溜由长垣、东明至张秋，穿运注大清河入海，正河断流。"此次决口结束了金末以来黄河南流的河道，并逐步形成今天黄河下游河道。

② 参郑德坤：《治理黄河的我见》，载于《东方杂志》第30卷，第23期，1934年；后收于郑德坤著《中国历史地理论文集》，台北：联经出版社，1986年，第321—336页。其实历史上整治黄河的方法，何止十种，郑氏仅举其大荦。

③ 一直到明代仍有人提出这种治水的理论，景泰四年，漕运都督徐恭复奏引山东佥事江良材言，曰："三代以前，黄河东北入海，宇宙全气所钟，河南徙，气岁迁转。今于河阴、原武、怀、孟间导河入卫，以达天津，不特徐、沛患息而京师形胜百倍。"这段话颇代表"禹贡"时期，治理河水的规律。见《明史》卷87《河渠志五》。

自至元二十六年开会通河以通运道，而河遂与运相终始矣。概自元以前，河自为河，治之犹易；至元以后，河即兼运，治河必先保运，故治之较难。①

除了"治河"为了"保运"外，"治淮""护陵"等问题，亦纠结在一起而互相牵制。在"治河"的方法上，如"治黄保运""束水攻砂""遏黄保运""分流杀水"都成了辩论的焦点。因此，明代河防政策的复杂与矛盾及治河之难，远超过任何朝代所能比拟的。

大抵河防的政策，至明代逐渐制度化。明成化七年（1471），始设"工部侍郎，总理河道"，此为河防史上首次因事设官之始；②同样的关于治河的技术与理论，亦从明代开始逐步成熟。

二、明代的河患与河防政策

虽然明代开始注意治河需立制度与设官分层负责，但似乎终明之世，河患的问题一直都没获得真正的解决。明立国276年，从《明史·河渠志》的记载看来，河患的问题，几乎无年不有。明初，黄河多在开封、归德（今商丘市）一线决口；洪武二十四年（1391），黄河决口于原武（今原阳）黑洋山，遂合颍入淮，从此黄患肆虐的范围更为扩大。《明史·河渠志一》载：

二十四年四月，河水暴溢，决原武黑洋山，东经开封城北五里，又东南由城州、项城、太和、颍州、颍上，东至寿州正阳镇，全入于淮。而贾鲁河故道遂淤。

---

① 《经世文编》卷96。
② 《明史·河渠志一》载："成化七年，命王恕为工部侍郎，奉敕总理河道。总河侍郎之设，自王恕始。"从成化年设官总理河道后，至明末共有79位出任该职；某些时候甚且以原兵、刑、工部尚书转调此缺。似乎明代朝野亦重视此一职务；嘉靖四十四年十一月十一日颁敕谕潘季驯，曰："今特命尔前去总理河道，督率管河、管洪、管泉、管闸等官，时常来往亲历，多方经划。遇有淤塞之处务要挖浚深广。……严督各该官员量度事势缓急，定限工程久近，分投修理。……"（见潘季驯：《河防一览》卷1；又本文《河防一览》一书，系采台湾学生书局，1965年。）从敕谕中看来，总理河道大臣可能是1个集工程决策、工程实施、河工技术、工程管理、河物监督于一身的行政官员。关于明代总理河道官之设置与制度及相关问题，可参蔡泰彬：《明代漕河之整治与管理》，台湾中国文化大学史研所博士论文，1985年，第6章《漕河之管理组织及其演进》，第522—621页。

《河渠志》中所谓"贾鲁河故道",指的是元末以来黄河下游行经的河段。[①]因此,洪武二十四年的决口,是一次大的变动;从此,黄河由涡、颍入淮,黄患进入了混乱的时期。此时黄河的干流泛区,有颍、涡、睢等支流泛区(今河南、山东西南部、安徽的淮北地区);到了后期河患主要在淮、泗地区,曹县至徐州的黄河东流泛道区(今苏北地区及皖、豫、鲁交界地区)。一直到弘治八年(1495)塞断黄陵岗,修筑"太行堤",才用治标的方式改变了洪武以来的情形;不过,治标的方式又衍生了其他问题。

明代前期治黄政策,从永乐朝迁都北京之后,又关系到"保运"的问题,使得河防问题治丝愈棼。所谓"保运",即防止黄河南北决口,而影响漕运的畅通。其中"保运"的功能,关系到明王朝的经济命脉;因此明王室对于"治黄保运"尤为重视。

沟通京、杭漕运的问题,从元代开始就因会通河水源不足,[②]以至于"岸狭水浅,不任重载";因此"终元之世,海运为多"。[③]《行水金鉴·序》云:

今之运河,则自元明始,然元创之而不用。明用之以转运荆、扬、徐、兖、豫诸州数十百万之粮,贡于京师。[④]

明初洪武定都南京,漕运的问题并未困扰明王朝;因此对于河漕未加疏浚整治。洪武二十四年(1391),会通河终遭淤塞了。《明史·河渠志一》载:

二十四年四月,河水暴溢决原武黑洋山……又由旧曹州、郓城两河口漫东平之安山,元会通河亦淤。

① 《明史·河渠志》及《禹贡锥指》屡提及"贾鲁河",但贾鲁河在文献中有两条,因此常被混淆。《图书集成·职方典》引《归德府志》曰:"贾鲁河在府城西北四十里,元工部尚书贾鲁督修,因名。"而《续行水金鉴》卷19引乾隆四十四年九月上谕,曰:"贾鲁河系元时所开,其时黄水即由此河经行,归入江南,必非径穿洪泽湖下注;其后,贾鲁河于何时梗塞,改用今河。"似乎两河常被混而为一。
② 《元史》卷64《河渠志》载:"会通河起东昌路须城县安山之西南,由寿张西北至东昌,又西北至于临清,以逾于御河……以便公私漕贩。……其长二百五十余里,中建插三十有一,度高低、分远迩以节蓄泄……赐名会通河。"从《元史》看来,元人似乎仰赖会通河,然而实际情况如何呢?潘季驯说:"元漕江南粟,则由扬州直北庙湾入海,未尝溯淮。"(《明史》卷84《河渠志二》)。
③ (清)张伯行:《居济一得》卷1《运河原委》。
④ 参清傅泽洪录:《行水金鉴》之《序》。本文引用《行水金鉴》,台北:商务印书馆,1968年台1版。

明成祖永乐迁都北京，南北漕运的问题亟待解决。南粮北运最初采海、陆并行，但"海运多险，陆挽亦艰"。因此，永乐九年（1411），明王室命工部尚书宋礼等疏浚会通河；《明史·河渠志一》对会通河疏浚及固堤载之甚详：

> 是时，会通河已开，黄河与之合，漕道大通，遂议罢海运，而河南水患亦稍息。已而决阳武中盐堤，漫中牟、祥符、尉氏。工部尚书蔺芳按视，言："堤当急流之冲，夏秋泛涨，势不可骤杀。宜卷土树桩以资捍御，无令重为民患而已。"又言："中滦导河分流，使由故道得北入海，诚万世利。但缘河堤埽，止用蒲绳泥草，不能持久。宜编木为囤，填石其中，则水可杀，堤可固。"诏皆从其议。

从此漕运大通，一时蔚为盛况。《明史·陈瑄传》载：

> 初运二百万石，寝至五百万石，国用以饶。

《明英宗实录》卷220，亦载：

> 汉唐若宋都秦、都汴，岁漕粟不过十万、三十万、二十万石而已。我国家定鼎北平，非四百万石无以恃命，非浮江、绝淮、挽河、越济无以通达京师……故我朝经理漕河之臣最称隆重，其经理漕河之废意最称浩繁。

帝国的命脉完全仰赖漕运，所造成的结果是王朝倾全力保持漕运的畅通；连治理黄河的目的，都是为了保住漕运。《明孝宗实录》卷27，载：

> 古人治河，只是为民除害。今日治河，乃是恐防运道，致误国计，其所关系，盖非细故。

终明一代河防官员似乎都奉行此一政策。

为了保住漕运的畅通，明王室以筑堤的方式来固定河道。明弘治三年（1490），白昂治河时，筑北岸阳武长堤，自原武经仪封（今河南兰考境）至曹县，以防大河进入张秋运河；南岸引中牟决水经淮阳由涡河、颍水入淮，修汴堤，浚汴河下徐州入泗。① 明弘治八年（1495），令刘大夏筑塞黄陵岗等地，修筑"太行堤"，让淮水独立承受黄河。刘大夏云：

修筑前项堤防，筑塞东北注河口，尽将河流疏导南去，使下徐，邳，由淮入海。②

黄河夺淮入海的变动，胡渭在《禹贡例略》中，甚且把此次黄河的变动，视为黄河史上第5次河道大变。③

这种逆河之性的河防政策，以筑堤来围堵随时漫溢的河水，终非治水的上策。况且治河的工程只在加强北堤；而南岸未筑堤岸亦不堵口，只是疏通各支流，希望借各支流来"分杀水势"。④ 因此涡、颍、睢等河，虽承受了黄河分流并存的事实，其结果又影响了徐州以下干道的水源。弘治十一年（1498）《实录》载："其小河口北抵徐州水流渐细，河道浅阻。"⑤ 到了嘉靖十三年（1534）刘天和奉命治河，仍坚持白昂、刘大夏等人的"北堵南分"的治河策略。刘天和谓：

黄河之当防者惟北岸为重。当择其去河远者，大堤、中堤各一道，修补完筑，使北岸七八里间联属高厚。⑥

刘天和之目的也是为了保护漕运不被冲毁；因此对于黄河南岸，仍采分疏之法，使河水分支入淮。

这种"北堵南分"，以筑堤方式强迫河水南行，实为逆河之性，胡渭说：

---

① 《明史·河渠志一》。
② 见《明史·河渠志一》，刘大夏：《议疏黄河筑缺口状》。
③ 弘治八年，明政府为了确保京杭大运河漕运的畅通，派副都御史刘大夏筑断黄陵岗、荆隆等7处，北岸筑长堤起自胙城，历滑县、长垣、东明、曹州、曹县，抵虞城，凡360里，称"太行堤"；胡渭在《禹贡锥指》卷40，曰："遂筑断黄陵冈支渠而北流于是永绝，始以清口一线受万里长河之水。"在《禹贡例略》中，将筑断黄陵冈视为黄河第5次大变。
④ 岑仲勉在《黄河变迁史》中胪列了多则明代河臣上疏议借分水以疏通南岸支流，可参见第516—519页。
⑤ 《孝宗实录》卷139。
⑥ 刘健：《黄陵岗塞河工完之碑》，收于《明经世文编》卷53。刘天和十分赞扬蔡石冈之言："黄河南纵，国家之福，运道之利。当冲郡邑，作堤障之，不坏城郭已矣；被灾军民，免其租役，不致流徙已矣。"（见刘天和：《问水集》卷2）在嘉靖以前，北岸筑堤，南岸采"分疏"之法，基本上是治河主要方针。

南行非河之本性，东冲西决，卒无宁岁，故吾谓元、明之治运，得汉之下策，而治河则无策。何也？以其随时补苴，意在运而不在河。设会通有时而不用，则河可以北。①

然而强迫河水南行，基本上是明代中期以前的治河方针；黄河河道固定南向后，极易造成南岸分流渐渐淤塞。其因是黄河河道固定后，河流平缓流入黄淮平原，河床迅速淤积泥沙，不久就成为高出地面的"悬河"；②这是黄河"多泥沙"的特性使然。再者河道因徐州与淮阴间丘陵地形的限制，河床较为狭窄。明清以来，黄河下游河道上宽下窄，河南境内河身宽4—10里；从山东到江苏境内仅0.5—2里；至徐州境内更窄了。河床由宽变窄，易形成壅水，因此在明代河道南移之后，黄河决口最多之处是徐州以上至山东曹县之间。③因此，《明史·河渠志》载隆庆（1567—1572）以后河工的重点"不在山东、河南、丰、沛，而在徐、邳"。

此时黄河的入运口经常摆荡在渔台与徐州间，有时甚至分成10余股注入运河及昭阳湖；④昭阳湖因子水注入，以致形成沙壅。嘉靖六年（1527），胡世宁奏：

河自汴以来，南分二道：一出汴城西荥泽，经中牟、陈、颍，至寿州入淮；一出汴城东祥符，经陈留、亳州，至淮远入淮。其东南一道，自归德、宿州经虹县、睢宁至宿迁。其东分五道：……六道皆入漕河而南会于淮。今诸道皆塞，惟沛县一道仅存，合流则水势既大，河身亦狭不能容，故溢出为患，近又漫入昭阳湖，以致流缓沙壅。

---

① 胡渭：《禹贡锥指》卷40。

② 《明史·河渠志·黄河》载万历时，徐、邳、泗3州和宿迁、和桃源（今泗阳）、清河3县境内的河床都高出地面。《行水金鉴》卷37引《通漕类编》记当时徐州城外河堤几与城齐，水面与堤相平。

③ 参邹逸麟：《黄河下游河道变迁及其影响概述》，收于谭其骧主编：《黄河史论丛》,（上海：复旦大学出版社，1986年），第221—242页。

④ "昭阳湖在沛县，原位运道东岸，纳沙、薛诸河水，及沛、曹、单、金乡诸县之山坡水。此湖专备南运，在湖南端有二水闸供放水济运。"（引自蔡泰彬：《明代漕河之整治与管理》，台湾中国文化大学史研所博士论文，1985年，第349页。）《明史·河渠志一》谓："（嘉靖）七年正月，应期奏上，如世宁策，请于昭阳湖东改为运河。"按盛应期于嘉靖六年治河，首先主持在昭阳湖东开凿运河新道，后称"南阳新河"；但工未竟而罢。30年后，朱衡完成其未竟之工。

　　当昭阳湖及附近湖泊调节功能遭沙壅破坏时,[①] 漕运的问题等于未改善。因此,在嘉靖十六年(1537)及嘉靖二十一年(1542),先后从丁家道口及小浮桥引水至黄河入徐州的干道,同时堵塞住南岸分流水口;从此黄河遂成为单股汇于淮入海的河道。[②] 刘尧诲曰:

　　　　弘治间,惧黄河之北犯张秋也,故强北岸而障河使南。嘉靖间,以黄河之南徙归宿也,故塞南岸而障河使东。[③]

　　大抵所指即为此时黄河出海的情形。

　　到了嘉靖以后,治河问题又多出了"护陵"的顾虑。焦竑曰:

　　　　方欲引而东,又防黄有决会通之患,及其障而南,又防其为陵寝之患。[④]

　　所谓"护陵",即防止黄河在睢宁、泗阳一带向南决入泗州的祖陵,或夺涡、颖入淮后至下游黄淮交会口,因排泄不畅引起倒溢而波及皇陵、王陵等。[⑤] 谢肇淛说:

　　　　至于今日,则上护陵寝,恐其满而溢,中护运道,恐其泄而淤,下护城郭、人民,恐其湮汩而生谤怨。水本东而抑使西,水本北而强使北。……今之治水者既惧伤田庐,又恐坏城郭;既恐防运道,又恐惊陵寝,既恐延日月,又欲省金钱,甚至异地之官,竞护其界,异职之使,各争其利。[⑥]

---

　　① 昭阳湖及附近诸湖泊考,见靳辅:《治河奏绩书》卷1,《诸湖考》;(《四库全书·史部十一》)。另参靳辅:《河道敝坏已极疏》,收于《文襄奏疏》;(《四库全书·史部六》)。

　　② 淮河,古四渎之一,其海口亦称淮子口。北宋神宗熙宁七年,黄河决堤分两水,往南一支即于淮阴会淮水,东入海;后不久即修塞,但这是黄河首次侵入淮河水系。金世宗大定二十年,黄河决于延津,流向商丘,东出徐州,合泗入淮;"有史时期,这是第1次以一淮受全黄之水"。参岑仲勉:《黄河变迁史》,台北:里仁出版社,1982年,第407页。

　　③ 刘尧诲:《治河议》卷41《利病书》。

　　④ 《古今图书集成·山川典》引《治河总论》。

　　⑤ 与明代治河有关的皇家陵寝,共有3处。一处是朱元璋叔父寿春王诸园陵,在安徽寿县;二为朱元璋父亲的陵园,为皇陵,在安徽凤阳;三为朱元璋祖父的陵园,为祖陵,在泗州,即今江苏泗洪东南、盱眙东南的洪泽湖中。其中祖陵与治河关系最密切,祖陵"居泗州东北十余里,平原中突出之高阜,较泗州城址高二丈三尺一寸。沙、陡二湖,潴蓄于前,面淮被黄",地势相当不利;特别是高家堰堤修成之后,洪泽湖水位上升,壅高了淮水上游水位,如此便危及祖陵。参潘季驯:《河防一览》卷1,《祖陵图说》。

　　⑥ 谢肇淛:《杂记》。引自岑仲勉:《黄河变迁史》,台北:里仁出版社,1982年,第514页。

嘉靖以后，"护陵"的问题尤为迫切；朝中大臣纷纷上疏陈述，河患的问题危及祖陵、王陵。如嘉靖六年（1527）章拯奏：

荥阳北孙家渡、兰阳北赵皮寨皆可引水南流，但二河通涡入淮，又东至凤阳长淮卫，经寿昚王诸园寝，为患巨测。

嘉靖十一年（1532），戴时宗奏：

河四道惟涡河经祖陵，未敢轻举，其三支河颇存古迹，故宜乘鱼台壅塞，逼使河水分流，并前三河共为四道以分泄之。

嘉靖十三年（1534），朱裳奏：

孙家渡、涡河二支俱出怀远会淮，流至凤阳，经皇陵及寿春王陵，至泗州经祖陵，皇陵地高无虑，祖陵则三面距河，寿春王陵则尤为迫切。[①]

河防问题的顾虑将"护陵"列为重要因素，亦堪称历史上少有的。护陵的问题一直持续到明代末期；到了万历时，因黄河倒灌入淮，洪泽湖水位上升，又给祖陵带来严重的威胁。万历二十一年（1593），《实录》载：

工部复：今日河道之患皆起于河身高，故自鱼（台）、沛至徐、邳一带，泛漫淹滋，大为可虞，甚且淮流梗塞，弥及祖陵。

有些大臣甚将"护陵"更视在"保运"之上，常居敬奏曰：

首虑祖陵，次虑运道，次虑民生。[②]

《北河记》中，亦载：

至于今日，则上护陵寝恐其满而溢；中护运道恐泄而溢；下护城郭人民，

---

① 以上例子皆引自岑仲勉：《黄河变迁史》，台北：里仁出版社，1982年，第478—480页。

② 潘季驯：《河防一览》，卷14，录常居敬：《祖陵当护疏》。

恐其湮汨而生谤怨，水本东而抑使西，水本南而强使北。[①]

这些都造成当时治河复杂又相互牵制的矛盾情况。

虽说明代治河已累积了前代许多经验，但综观明代 200 多年的河防政策，不难发现明人治理黄河，常处于决策举棋不定的犹豫中；因此，河患的问题一直无法彻底解决。王轼说：

> 圣朝建都于西北，而转漕于东南；运道自南而达北，黄河自西而趋东。非假黄河之支流，则运道浅涩而难行，但冲决过甚，则运道反被淤塞。利运道者莫大于黄河，害道者亦莫大于黄河。[②]

其中很能表现出明人治河"引黄又惧黄"的矛盾。到了中、晚期以后，河防政策又缠绕在"保运"与"护陵"之间，而使得河工治河受到掣肘。在治河技术上，又以"筑堤"为方针来抑遏水势的蔓延；在筑堤的考虑往往迁就漕运的畅通而北重南轻。

明代治河的政策，虽出现了许多诸多问题；但明代同样出现了许多对后世影响甚深的河工及治河理论，其中以潘季驯、万恭[③] 等人最著名。

虽然万历二十五年（1597），总兵杨一魁上疏条陈明代 230 年黄河变迁大势，指出嘉靖中期以后河患偏向南岸，实有一些人谋不臧的因素。他说：

> 嘉靖二十五年（1546）以后，南流故道始尽塞，或繇秦沟入漕，或繇浊河入漕，五十年来全河尽出徐、邳，夺泗入淮，而当事者方认客作主，日筑堤而窘之，以致河流日壅，淮不敌黄，退而内潴，遂贻盱、泗祖陵之患。此实由内水之停壅，不由外水之冲射也。[④]

杨一魁的批评是针对潘季驯的治河理论与方法而提出的；他的批评与万历二十二年（1594）张企祥所奏，都是以为潘季驯治河的方法，造成黄、淮合并

---

① 引自《黄河水利史述要》，北京：水利出版社，1982 年，第 252 页。

② 《明经世文编》第 3 册，卷 184《王司马奏疏》。

③ 万恭，字肃卿，江西南昌人。隆庆六年被任命为兵部左侍郎兼右佥都御史，总理河道，提督军务，主持黄河运河事务两年多。他主张"以堤束水，以水攻沙"，是"束水攻沙"论的代表性人物，著有《治水筌蹄》。《明史》卷 223 有传。

④ 《行水金鉴》卷 39 引《明神宗实录》万历二十五年三月戊午条。

后的河道壅塞溃决。张企祥曰：

> 前此河不为陵患；自隆庆末年高、宝、淮、扬告急，当事狃于目前清口既淤，又筑高堰以遏之，堤张福以东之，障全淮之水，与黄角胜，不虞其势不敌也。

清代治河的河工对潘季驯的评价甚高，几乎把潘季驯的治河理论奉为治河的圭臬。[①] 到底潘季驯治河的成效如何？他的治河理论与明代其他治河理论比较又如何呢？

三、潘季驯治水理论评议

潘季驯，字时良，号印川，浙江省湖州府乌程县人；明正德十六年（1521）生，逝于明神宗万历二十三年（1595）。《明史》卷223《潘季驯传》称：

> 季驯凡四奉治河命，前后二十七年，习知地形险易，增筑设防，置官建闸，下及木石桩埽，综理纤细。

潘季驯一生出掌4次河务，分别是：第1次在嘉靖四十四年（1565）十一月，第2年十一月便因丁忧而离职；第2次在隆庆四年（1570）八月，五年十二月被雒遵弹劾而免官；第3次在万历六年（1578）二月，至八年（1580）秋，擢南京兵部尚书；第4次在万历十六年（1588）五月，至二十（1592）年三月罢。任职期间以第4次最久，但以第3次在职，推动的工程最多。

潘季驯出掌河务与明代当时的政经环境有极密切的关系；明代中期以后国家的财政已到了濒临破产的窘况。嘉靖之后，穆宗初继位，户部奏："'太仓所存仅足三月，计今岁尚亏九月有奇，边军百万悉无所需。'帝大骇……"[②] 隆庆六年（1572）张居正为内阁首辅，主政后当务之急即为广拓财源，以实现其"足食足兵、富国强兵"。因此，如何确保南方的资源无虞地运往北方，遂成为明内

---

① 胡渭说："观其所言，若无赫赫之功，然百余年来治河之善，卒未有如潘公者。"见胡渭：《禹贡锥指》卷40。

② 《续文献通考》卷30，《国用一》。

阁首先关切的议题；而这个条件即建立在漕运畅通无阻的基础上。^①但这个基础在未通盘解决前，根基并不稳。万历三年（1575）八月，《明史·河渠志二》载：

> 河决砀山及邵家口、曹家庄、韩登家口而北；淮亦决高家堰而东；徐、邳、淮南北漂及千里。自此桃、清上下河道淤塞，漕艘梗阻者数年，淮扬多水患矣。

对此张内阁对于寻求一位可委以重托的治河人才，实有迫在眉睫的必要。因此，在万历六年（1578），潘季驯接替了病逝的原河漕总督吴桂芳，出任了"督察院右都御史兼工部左侍郎、总理河漕兼提督军务"；这是潘季驯第3度出任河漕总督，也是潘季驯一生治河事业中最巅峰的岁月。

在张居正的主导下，潘季驯获得充分的授权，也是潘季驯治水得以有成的重要原因。《河防一览》卷1载"敕谕"：

> 今特命尔前去督理河漕事务，将河道都御使暂时裁革，以其事专属于尔。其南北直隶、山东、河南地方有与河道相干者，就令各该巡抚官照地方管，俱听尔提督。

这种职权的专一，的确给潘季驯治水权责上极大的空间；正如潘季驯所奏的疏中，曾谓：

> 夫当两河泛滥之时，意见互异，遂至因循，若非陛下大破拘挛之见，特专总督之权，合河漕为一事，并河抚为一官，则甲可乙否，朝令夕改，水患何时已哉？此实成功一大机轴也。^②

在潘季驯主持河务期间，他提出一些破除传统成见的做法：把治沙与治水等同视之，将分疏与合流视情况使用，以治河为保漕的根本。在充分了解河性

---

① 张居正执政初期，曾书函致漕运总督王宗沐，曰："今方内艾安，所可虑者，漕运为最。"（见张居正：《答河漕总督王敬所》，收于《张太岳全集》卷24）。第2年（万历元年），张居正得知400万石安全北上，张喜不自胜再书函致王宗沐，谓："……自仆有知以来，实未见有如是之盛者。一日侍上，语及今岁漕事，天颜喜悦，殿上侍臣，咸呼万岁。"见张居正：《答河漕王敬所言漕运》，收于《张太岳全集》卷25。
② 潘季驯：《总理河漕奏疏》卷4《辞免疏》（明万历刻本，北京图书馆藏）。此则引自贾征：《潘季驯评传》，南京：南京大学出版社，1996年，第78页。

的前提下，提出完全创新的"筑堤束水、借水攻沙"的治河方略。

对于"治河"与"保漕"两者的权衡，远在潘季驯第 1 次主持河务时，已见端倪了。在"保漕"方面，潘季驯的想法系浚运河故道；这一点他与另一总理河漕工部尚书的意见相左。按朱衡的主张在于疏浚秦沟下游，最后将停潴在此的洪水慢慢导开；然后将原位于昭阳湖西岸的运河故道牵引至昭阳湖东岸，[①] 以躲开黄河的威胁，保持漕运的畅通。而潘季驯以为"新河土浅泉涌，劳费不赀，而留城以上运河故道初淤可复也"，因而主张"复故道"。[②] 然而经过实地勘察后，潘季驯将"复（运河）故道"改为"复（黄河）故道"。嘉靖四十四年（1565），潘季驯上《浚秦沟等处下流疏》：

> 臣惟治水之道不过开导上源与浚疏下流两端。而今之所谓上源者，非新集口与庞家屯等处乎？议者谓其地远费广，且虑黄河已弃之故道开亦无益。臣询之舆论，大略相同，委难轻议，姑置之矣。夫上源不可导，则下流在所当疏。而今所谓下流者，非秦沟浊河飞云桥与沛县西门诸水乎？秦沟浊河飞云桥等处俱各浅涩，惟西门一流，冲决长堤，逆上西北，径入湖陵城，至将鲁桥南阳等闸泉水壅阻漫流，则今日为运道之害者，西门一流为最也。夫水性避高就下，而水势南顺北逆。秦沟浊河颇近徐、吕二洪，其流为顺；而沛县北去徐州百五十里，故飞云桥与西门之水为逆。然诸流异派而同宗，秦沟浊河之势胜则飞云桥与西门之势衰，是秦沟浊河者又飞云桥与西门水之下流也。欲杀沛县之水，非导秦沟浊河不可。[③]

潘季驯所谓"开导上源"，指的是疏浚从新集到赵家圈的黄河故道；"疏浚下流"则指通过疏浚秦沟和浊河来减杀黄河北流趋势，疏导沛县以北地区流潴的洪水。如此便可通过治河的办法，保护从南阳到境内的运河不受冲毁。潘季驯"复（黄河）故道"的建议并未受朝廷接纳，只有"复（运河）故道"的部分被采用。对于朱衡、潘季驯之争，清人评之曰：

> 衡与季驯同理河事，衡欲循应盛期之旧迹，季驯思复贾鲁之故道。……衡

---

① 朱衡大致是接纳了盛应期的观点；他观察昭阳湖西岸的运河旧渠已淤积成陆，而湖东岸盛应期所凿的新河故迹尚在。

② 潘季驯与朱衡的争论，见《明史·河渠志一》。

③ 潘季驯：《总理河漕奏疏》，卷 1。

以治漕为先，季驯以治河为急。……衡之所见在近，驯之所见在远，治黄而运在其中。①

万历六年（1578），潘季驯全面考察了黄、淮、运河，提出《两河经略疏》；疏文中对于黄、淮、运河的河流特性进行分析，并驳斥了长期以来被奉为金科玉律的"分疏"之法，而提出了"筑堤堵决""束水合流"的治河思想。

以臣等度之，非惟不必另凿一口，即草湾亦需置之勿浚矣。故为今之计，惟有修复平江伯之故业，高筑南北两堤以断两河之内灌，而淮扬昏垫之苦可免；至于塞黄浦口，筑宝应堤，浚东关等浅，修五闸，复五坝之工次第举之，则淮以南之运道无虑矣；坚塞桃源以下崔镇口诸决，而全河之水可归故道。至于两岸遥堤或葺旧工，或创新址，或因高岗，或填洼下，次第举之，则淮以北运道无虑矣。淮黄二河既无旁决，并驱入海，则沙随水刷，海口自负，而桃清浅阻又不足言矣。此以水治水之法也。②

根据这个基本架构，潘季驯提出了治理"两河"的 6 条著名原则，此即"治河六议"：③

一、议塞决以挽正河之水

潘季驯说："河水旁决则正流自微，水势既微则淤沙自积。民生昏垫，运道梗阻皆由此也。"潘季驯察觉淮河以东则有高家堰、朱家口、黄埔口 3 处决口；此淮水旁决处也。桃源上下则有崔镇口等大小 29 决口，此为黄河河道旁决处也，俱当筑塞。

二、议筑堤防以杜溃决之虞

潘季驯认为堤以防决，堤不筑则决不已。故堤欲坚，坚则可守而水不能攻；堤欲远，远则有容而水不能溢。筑堤必寻老土，基必从高厚，又必不与争地。再对黄、淮、运两岸堤防，进行一次大规模的修筑；如此才能使诸堤悉固，全河可恃。

---

① （清）康基田：《河渠纪闻》。《明通鉴》对于朱、潘的评价较为含蓄，但似肯定潘的治河策略，《明通鉴》曰："朱衡开新河，潘季驯复故道，《明史》两是之；盖新河之利在目前，故道之利在永久也。若是时开新河者，衡主其事，季驯不得列衔具奏，而季驯寻以忧去。"若《实录》所载，谓："季驯亦已中变其说，似非也"。

② 潘季驯：《河防一览》，卷 7，《两河经略疏》。

③ 参潘季驯：《河防一览》，卷 7，《两河经略疏》。

三、议复闸坝以防外河之冲

潘季驯说：原修的闸坝及管理规范，因年久渐弛，闸坝倾圮，以致黄、淮二水倒灌运河，而冲毁运道。今宜修复闸坝，重肃漕规，以保证运河畅通。

四、议创建滚水坝以固堤岸

虽然潘季驯不主张分流，但仍考虑个别地区的需要，建议修建几座滚水坝，"秋伏之间，淫潦相仍，势必暴涨，两崖为堤所固，水不能泄，则奔溃之患，有所不免"，因此建筑了几座"比堤稍卑二三尺，阔三十余丈，万一水与堤平，任其从坝滚出。则归漕者常盈，而无淤塞之患；出漕者得泄，而无他溃之虞。全河不分，而堤自固矣"。

五、议止浚海工程以免糜费

在潘季驯上任之初，朝中有人认为"两河"决溢的症结，在于河口被阻塞住了，因此主张大兴浚海工程。最初，潘季驯对此也略为犹豫，他说："开海口一节，于理为顺，方在犹豫。"等到他实地观察后，发现海口广袤，而河口复因近年淮、黄分流后，河道仅为涓滴细流。因此治理海口"徒费无益也"，海口"不必治，亦不能治，惟有塞决挽河，沙随水去，治河即所以治海也"。

六、议暂寝老黄河之议以仍利涉

老黄河在清口对岸，清河县城北一带。嘉靖以前，黄河主流流经此地；嘉靖初黄河主流迁徙到清河县南，直接在清口汇淮。万历初，清口被泥沙淤积，淮水不得出，遂破高家堰东流而去。因此，有些河工主张重开黄河故道，引河绕过清口，北流而去。经过勘察后，潘季驯认为开老黄河故道有三不便；同时"两河"诸堤疏浚后，清口不浚自通。因此主张不必复老黄河故道。

综观"治河六议"的整体理论与实践，不难察觉潘季驯至此似已形成一个系统的治水方案。这个方案的基本要点，就是堵决、筑堤、复故道，而实现这些理论的依据，则在于以水治水、借水攻沙等方法来实践；同时，经过耐心的解释，张居正也批准了潘季驯这些治河方略。

从治河的整体规划上看，潘季驯的治河方略是从宏观角度与治河技术层面上来建议，而落实这些技术层面，也要在人事方面加强，方能配合整体方案的进行。因此，潘季驯又在同年奏上了《河工事宜疏》。在奏疏中，潘季驯提出治河过程中，人与社会关系的一些建言；此即所谓的"河工八事"。此八事分陈：一议支放、一议分督、一议责成、一议激动、一议优恤各工夫役、一议蠲免、一议改折、一议息浮言。① 在此潘继驯表现出很丰富的工程管理思想，这也是治河史上，最早且考虑层面较为周全的河工工程管理思想。

在治河技术与工程管理的配合下，潘季驯先后动用了 8 万人，耗资 567 万两，历时 1 年，终于在万历七年（1579）七月，完成治理两河的主体工程部分。这些工程包括：创筑土堤 10 万余丈、砌石堤 3300 丈、堵筑大小决口 139 处、建减水坝 4 座、拦河顺水坝 10 道、涵洞 2 座、减水闸 4 座、浚运河淤塞 10 万余丈、栽种过堤柳树 80 余万株及一些零兴小工程。整个工程耗费比预算总资节省了 24 万两之多。②

工程结束后，潘季驯上了一本奏疏，评估整体计划的成效。他说：

今岁（万历七年）伏出骤涨，桃清一带水为遥堤所束，稍落即归正漕，沙随水刷，河身愈深，河岸愈峻。前岁桃清之河，胶不可楫，今深且不测，而两岸迥然高矣。上流如吕梁两崖，俱露巉石，波流湍急，渐复归鸿，徐邳一带，年来篙探及底声，今测之皆七八丈，两岸居民，无复昔年荡析播迁之苦，此黄水复其故道之效也。高家堰屹然如城，坚固足恃。今淮水涓滴尽趋清口，会黄入海，清口日深，上流日涸，故不特堰内之地可耕，而堰外坡，渐成赤地。盖堰外原系民田，田之外为湖，湖之外为淮，向混为一壑，而今始复其本体矣。其高宝一带因上流俱已筑塞，湖水不至涨满，且宝应石堤，新砌坚致，故虽秋间霖潦浃旬，堤俱如故。黄埔八浅筑塞之后，俱各无虞；柳浦湾一带新堤，环抱淮城，并无齿损，不特高宝田地得以耕艺，而上自虹泗胎，下及山阳兴盐等处皆成沃壤。此淮水复其故道之效也。见今淮城以西，清河以东，二渎交流，俨若泾渭，诚所谓同为逆河以入于海矣。海口之深测之已十余丈。盖借水攻水，以河治河，黄淮并注，水涤沙行，无复壅滞，非特不相为扼，而且为用。故当秋涨之时，而其景象如此，昔年沙垫河浅，水溢地上，只见其多；而今沙刷河深，水由地中，只见其少。地方士民皆谓二十年来所旷见也。③

从上疏得知，治河工程完成之后，徐州以下的河道很快就被刷深达七八丈；另外，"高家堰"除了扼制淮水东泄，捍卫堰外淮扬地区数万顷良田，亦壅高了洪泽湖的水位，加大清口水流的挟沙力，稀释清口以下黄河泥沙，达到蓄清刷

① 潘季驯：《河防一览》，卷 7，《河工事宜疏》。
② 参潘季驯：《总理河漕奏疏》，卷 3（三任），《恭报河工省剩钱粮疏》。
③ 潘季驯：《河防一览》，卷 8，《河工告成疏》。

黄的作用。

潘季驯第 4 次主持河防，在万历十六年（1588）五月，至二十年（1592）三月间。此时徐北上游河道，因年久失修，堤防破败，随时有全线溃决的危机。万历十五年（1587）秋七月，封丘、偃师、东明、长垣等地屡遭冲决。[①] 因此，潘季驯再度衔命治徐北以上河南境内河道。

万历十八年（1590）夏，黄河沿线和淮、运的修守工程终告一段落。潘季驯奏上《恭报三省直堤防告成疏》，将万历十六年（1588）来，南直隶、山东、河南 3 省境内堤防修守情况做全面的总结。他说：

> 臣自万历六年奉命治河，即请筑遥堤以防其溃，筑缕堤以束其流。八九年间，河流顺轨，故道晏然，业有成效矣。而岁久官更，弊滋法弛，以河防为末务，视堤工为赘疣，一溃莫加，万夫间旷。而车马之蹂躏，风雨之剥蚀，河流之汕刷。……旧有而今圮者则议加帮；旧无而宜有者，则议创筑。……较之己卯（万历七年，1579）告成之功，更为详密，而夏镇河南山东往岁原来未经理者，皆一体增建矣。[②]

潘季驯将修守堤防作为此次治河的首要任务，并且从理论上提出坚守长期修守堤防的重要性。

总计在这两年，潘季驯指挥各级河工共修筑了堤坝 20 多万余丈，创建堤坝 2 万 8 千余丈，成绩也称丰硕。整体而言，此时期潘季驯的治河的理论与思想，基本上仍未跳脱前一次的格局，不过在"筑堤"方面表现了很高的成就。这段时期另一项功绩为疏浚渠道 2 万 4 千余丈，结果终于排掉徐城的积水，避免被河压迫而迁城的困境。

潘季驯主持第 4 次河务时，已经 68 岁了；尽管他能以老当益壮的精神栉风沐雨、风餐露宿，但体力毕竟大不如前了，潘季驯亦深深感叹时不我允。因此，他利用第 4 次任内的期间，将历年领导治河的文稿、疏奏，从 200 多篇中筛选出 50 余篇，经过增削删补以《河防一览》14 卷，为名行世。书中的《序》，潘季驯申明：

---

① 这些情况，在万历六年潘季驯已上疏预言到。见《河防一览》所收《黄河来流艰阻疏》《申明河南修守疏》《恭陈远地修守当严疏》。

② 《河防一览》卷 12《恭报三省直堤防告成疏》。

驯殚心力者，二十七年。今且归而死矣。不敢以一得之愚质诸后之君子。万历庚辰（八年，1580）河工告成。司道诸君曾以不佞奏议及诸明公赠言。编刻成书，名曰《塞断大工录》。然其事止于江北，而诸省直无所发明。事体未备，检阅未详。故兹春锸之暇，复加增削，类辑成编，名曰《河防一览》。①

潘季驯4度奉命治河，前后27年，深知地形险易，增筑设防，置官建闸，木石桩埽堤硊，综理纤悉。《河防一览》可以说是潘季驯治河思想体系形成的具体实践。②

综观潘季驯一生治河的经验，我们可以概括几项他所提出的具体成就：

明代在潘季驯以前的治河理论以"分流"来"分杀水势"为主，如白昂、刘大夏、刘天和均为此中主张较力的人，同时由此制定治河方略；但他们忽视了黄河多沙的特性。潘季驯治河特以此为诟，他说：

分流诚能杀识，然可行于清水河，非所行于黄河也。③

潘季驯了解河性，知道河中泥沙含量甚高，分流不但不能解决问题，反而制造淤积的困扰。他说：

黄流最浊，以斗计之，沙居其六。若至秋伏，则水居其二矣。以二升之水，载八升之沙，非极汛流，必遭停滞。④

---

① 《塞断大工录》，一些收录的书又称《宸断大工录》；这是潘季驯最早刊印的著作，是潘季驯在第3次主持治河时，他的僚属把此次治河的河工奏疏与别人对潘季驯的赠言汇编成集，取名《塞断大工录》10卷。此书《明经世文编》有著录。另潘季驯的友人又将他有关河工奏疏的文章汇编成册刊印，分别题名《两河经略》4卷、《两河管见》3卷。其中《两河经略》为潘季驯第3次治河的奏疏，内容与《宸断大工录》大同小异，《四库全书》有著录；另《两河管见》仅见于《四库全书总目》地理类存目，原书似已佚。

② 潘季驯过世后，其将《河防一览》中的工部复文删改，另把奏疏中雷同的文字删削，存其精要，定书名为《河防榷》12卷。在潘季驯逝后4年，其亲属又将潘季驯生平所有的河工奏疏按任总河次第编排，定名为《总理河漕奏疏》14卷；《总理河漕奏疏》除了具体地反映潘季驯一生治水的完整过程外，也反映了潘季驯一生思想体系形成的过程。《河防一览》为潘季驯第三次总河时期的奏疏文稿，此次为潘季驯一生最重要的治水过程；于此之前的奏议一篇未收。从常情上判断，我们是否可以认为，潘季驯似以这段时期的奏疏较能代表他个人对治水的主张与坚持呢！

③ 潘季驯：《总理河漕奏疏》卷6，《条陈熟识河情疏》。

④ 潘季驯：《河防一览》，卷2，《河议辨惑》。

"分水"让水势减缓，但同样失去冲刷的动力，故"水分则势缓，势缓则沙停，沙停则河塞"。① 因此，他极力反对"分流"之议。在《河防一览》中，说：

> 徒知分流以杀其怒，而不知水势益分，则其力益弱，水力既弱又安望其能导积沙以往于海乎？②

扭转传统的观点，需要真知与坚持。潘季驯就在这样的基础下独排众议，而提出了"筑堤束水，以水攻沙"的治黄方略；这在治河史上，绝对是一项带有突破性的贡献。③

配合"束水攻沙"的理论，另一项实践的措施为"蓄淮刷黄，以清释浑"。"蓄淮刷黄"的理论包含两种意思：一是借淮之水势以冲沙，水合则势猛；二是借淮之水清以释浑，水清则沙刷。潘季驯所持的为后者，他以为黄河若不旁决而冲漕力专，淮若不旁决而会黄力专，因此：

> 尽令黄淮全河之力，涓滴悉趋于海，则力强且专，下流之积沙自去。下流既顺，上流之淤淀自通，海不浚而辟，河不挑而深矣。④

另外，要实现"束水攻沙"的理论，首先必须固定河槽，固定河槽全赖堤防的巩固。他说：

> 堤固，则水不泛滥而自然归槽。归槽，则水不上溢而自然下刷。沙之所以涤，渠之所以深，河之所以导而入海，皆相因而至矣。⑤

固定河槽不能单靠"缕堤"，必须仰赖"遥堤"作为后盾；因此，在潘季驯第2次总理河事时，已主张"筑近堤以束河流，筑遥堤以防溃决"。⑥ 限于经费，

① 潘季驯：《总理河漕奏疏》，卷6，《条陈熟识河情疏》。
② 潘季驯：《河防一览》，卷2，《河议辨惑》。
③ "束水攻沙"的理论非潘季驯首先提出的，但是他坚持采用此法来治河。《四库全书总目》，卷69，录："考《汉书》载，王莽时，征治河者大司马史张戎，已有水自刮除成空语，是借水刷沙，古人已露其意，特从未有见诸行事者。"因此，潘季驯在治河史上首先尝试"束水攻沙"的方法来治河，从意义上说，仍具有相当分量的价值。
④ 潘季驯：《河防一览》，卷10，《申明修守事宜疏》。
⑤ 潘季驯：《总理河漕事宜》，卷1，《申明修守事宜疏》。
⑥ 潘季驯：《总理河漕事宜》，卷3，《议筑长堤疏》。

到第 3 次治河时，才在徐州至淮安之间筑了遥堤、徐州至邳州间筑了双重堤防，因此，此段河道 10 年间安澜无患。

在筑双堤的过程中，潘季驯总结了经验，于其间体会出"淤滩固堤"的想法。这是在缕堤与遥堤之间修筑了"格堤"，其作用在于保护遥堤。潘季驯说：

> 纵有顺堤之水，遇格即返，仍归正槽，自无夺河之患。①

"格堤"修成之后，河工们才发现它还有淤高滩地的妙处，"水退，本格之水仍复归槽，淤留地高，最为便宜"。

这层发现启发了潘季驯，于是下令在黄河南岸从徐州房村到宿迁峰山的遥、缕 2 堤之间，共修了 7 道格堤，作为淤滩固堤的措施。他说：

> 倘岁岁增修高厚，可永无分流夺河之患。……北岸亦仿而行之……多多益善。②

另外在筑坝、修闸、建涵洞方面，潘季驯亦表现出严格要求河工以笃实的态度施工。值得一提的是对于植物护堤方面，潘季驯除了继承刘天和"植柳六法"外，又提出栽菱苇草子护堤。此即在大堤临水面下宽约一丈的范围内密栽芦苇或菱草，将来繁密后即使遇到强风亦鼓不起浪，因此对于土堤的侵蚀可降低其破坏程度。这是借生物的繁殖来保护堤土的做法。③

对潘季驯在治河史上的评价超过古人，又有来者难追之势；清代以来的河工至近代治河的工程理论，很多是从潘季驯的经验中悟出的，如张鹏翮、陈潢、靳辅等人。④ 因此，郑肇经云：

> 宋、明以来，司河者唯知分河杀势，如庸医之因病治病而不寻其本源；季驯天才卓越，推究阃奥，发前人所未发，成一代之殊勋，神禹以来，一人

---

① 潘季驯：《河防一览》，卷 3，《河防险要》。
② 潘季驯：《河防一览》，卷 3，《河防险要》。
③ 潘季驯：《河防一览》，卷 4，《修守事宜》。
④ 张含英说："有清一代皆遵潘季驯遗教，靳辅奉之尤谨。及其后也，虽渐觉仅有堤防不足以治河，但无敢持疑义者；即减坝分导之法，亦未能实行，不得已而专趋防险之一途。……"见张含英：《治河论丛》（台北：商务印书馆，1936 年），第 29 页。

而已。^①

　　整体来说，他的治河技术与理论并非无可商榷之处。

　　以潘季驯在治河史上首先试用，而最被后世推崇的"束水攻沙"来说：束水的作用清了徐、邳一带的积沙，但黄河之沙含量仍未减少，因此它仍带到下游出海口沉淀。如此一来，海口河床日高，河口渲泄不易，仍将造成河水逆流的窘况，但潘季驯反对疏浚海口，认为那是徒劳无功的。^② 对此，张伯行批评：

　　宿迁以上之黄河，果谁为刷之乎？而何以不闻其遂淤也。岂不淤宿迁以上之黄河，而独淤宿迁以下之黄河乎？^③

　　朱泽昙的《治河策》云：

　　夫季驯之策，束水不得北徙，并趋入海，可以暂行，不可经久。盖桃、清黄河阔止二三里，二水陡发，必不能深，上决崔镇，下决安东、马逻，可料而知，且黄强、淮弱，周家桥不能骤泄，高堰、六坝安能无虞？^④

　　治河无法专主一法，于此似能说明，束水攻沙之策亦非万能，仍有其局限性。对此清初徐旭旦所论更为深刻，朱氏云：

　　前此治河者创为束水涤沙，岁增长堤若干丈，岁筑埽坝若干处，即为治河得善策矣，而不知此朝三暮四之术也。所谓束水涤沙者，果遂能涤之以归于海乎？无论旋涤于此，复停于彼，且河暴发，并前堤坝尽化而为河身矣，此与载土实河者何异，河身安得不日高也？^⑤

　　类似的批评，明清至民国以来学者不乏其人。^⑥
　　再说潘季驯所强调的"固堤"来确保河道，是否为不移之论呢？万历五年

---

① 郑肇经：《中国水利史》，台北：商务印书馆，1976 年，第 59 页。
② 见潘季驯：《河防一览》卷 7，《两河经略疏》"第五议"。
③ 《明经世文编》，卷 97。
④ 《明经世文编》，卷 97。
⑤ 参徐旭旦：《治河挑浅策》，收于《经世文编》，卷 102。
⑥ 参岑仲勉：《黄河变迁史》，台北：里仁出版社，1986 年翻印，第 523—528 页。

（1577）施天麟即上奏，评之曰：

> 未有不先黄河而可以治淮，亦未有不疏通淮水而可以固堤。①

专事固堤仍恐有溃决之虞。元至治元年（1321）沙克什在《河防通议》中说：

> 盖由河堤太狭，一川不能兼受数河之任，虽增高堤防，劳费百倍，而亦不能免溃决之患耳，此必决之势一也。又河水一石，而其泥六斗，既而河道久不移徙，其易为淤淀也，可知矣。今堤外民田在河水之下几已数尺，故塞而复决，此必决之识二也。②

明代许多总理河务大臣多次上疏，陈述治河不能专注固堤，自有其见地。类似的分析，王士性亦曾剖析：

> 故今行河堤上者，与徐州城上人高相等。倘一溃决，可畏孰甚焉。然而昔之河臣议此堤者，亦谓旧河漫溢于徐、邳上下，贻民患，阻运道，故议为缕堤、遥堤以束之，使归于一。夫归于一，则徐、邳上下，近无河患，此堤之故也。然束益急，则河益迅，而全委于淮。淮不力敌，是以淮为壑也。此亦堤之故也。何也？盖堤益高，则水涨，而水以堤为卫，水落而泥随堤以淤。故今徐、邳以下，堤高于地一丈余二三尺，而夏秋水涨不没于堤者，仅亦二三尺耳。是水高于地一丈，非行地中也。水高则建瓴而下，故昔时黄、淮合，今黄强而淮缩，而不敢合矣。③

因此，疏浚与固堤需相互配合，方能有效疏导河势；而疏浚宜上游、下源兼顾，至此似无待多言。

分水之议，为潘季驯所反对的治河之法；但"分水"对于治河实际影响，是否如潘所担心的"分流"之后，水势骤缓易致泥沙淤积。其实从河道的环境

---

① 引自岑仲勉：《黄河变迁史》，台北：里仁出版社，1986 年翻印，第 527 页。

② 沙克什：《河防通议》，卷 1《河议第一》"古今河患"；收于《文渊阁四库全书·史部十一》。

③ 王士性：《题为祖陵当护运道可虞淮民百万危在旦夕乞复黄河故道以图永利疏》，收于《王士性地理书三种》，上海：上海古籍出版社，1993 年，第 444 页。

上看，"分水"来治河，有些情况更符合实际需要。朱泽昙就说：

> 刘大夏之治河也，使不分河由中牟至颍州，由亳州入涡口，虽有胙城、徐州之长堤，吾恐金龙口之决必不能塞，黄陵冈之溃必不能止。又使不分河由宿迁小河入淮，则济、沛、邳、徐必不免于冲决。……上流既可分而为三，下流独不可分而为二乎？……夫黄至清河，其必分者势也，开封而东，或二或三，时淤时浚，分不一道，独至清河则归于一，黄至清河，将入海之处也，犹九河亦将入海之处也。……今合淮、黄而为一，欲黄不灌淮，淮不东溃，得乎哉？[①]

因此，"分水"与"合流"亦需视实际情况来斟酌。

四、小结

历史上治河的经验发展到明代，已累积了相当丰富的知识；同时由此提炼了许多理论。不过，河患的问题到明代，并没有根除。其主要原因为当局在治河方面，表现出瞻前顾后的矛盾策略；同时在河政上，无法通盘规划，将河、漕、淮、湖，整体纳入擘画的格局中思考。

总理河务大臣在治河上无法将河政贯彻一致，恐又是另一项原因。本来治河无法墨守成规，这基本上是河工们的共识，而提出一套治河方略，经常是掌河务大臣，经过一段的深思熟虑；因此，在理论上似都可执行一段时间再予评估。明代历任的总理河务大臣，任期都不长，治河策略就经常"政随人转"。是故，治河的政策无法贯彻与连续，政绩就不太容易突显。

再者，总理河政官员受到当局的支持程度与否，亦为治河成功与否的条件之一。这些例子在本文中多有陈述，此不再赘言。

虽然潘季驯胼手胝足、栉风沐雨的处理河务，但他也得天独厚地拥有上述的成功条件；其间虽亦有波折，但基本上是处于稍占优势的情况下，以坚强的意志来贯彻他的主张。潘季驯所实行的治河主张与做法，虽瑕瑜互见，但从整体上来说，他可以说是代表明代治河的榜样式的人物。

---

① 朱泽昙：《治河策》上，收入《经世文编》，卷97。

从《旧满洲档》到《满文原档》

林士铉

　　我个人很荣幸曾经参与故宫博物院建院 80 周年院庆（2005 年）特意出版《满文原档》的编校工作，当时陈捷先老师曾为序一篇，收入《满文原档》册 1，重点讲述这批清朝入关前的满文珍档于 1969 年初次出版时，以《旧满洲档》之名，至当时已历经 36 年，销售早罄，而重订书名为《满文原档》，改以存真之影像，重现原档文件，目的仍是因应清史、满学界对于这批档案的重视，及研究需求。当时未料及的是，《满文原档》出版后未经数年，亦早已一套难求。这两次的出版，都有陈捷先老师的巨大身影，没有他的极力支持，学界是不会享有这样便利的资源。

　　满洲文字的创制是清朝最明显的特色，加速满洲文化的发展。清太祖努尔哈齐为文移往来，及记注政事之需而创制满文，借用蒙古文创制满文，反映满蒙族群的政治、文化关系十分紧密。明神宗万历二十七年（1599）二月，由太祖指导创制的满文，即所谓"老满文"，又称为"无圈点满文"。天聪六年（1632）三月，清太宗皇太极为使记注与翻译更为精确，命巴克什达海将老满文在字旁加上圈点、增添新字母，进一步规范拼写书法，此可称为"有圈点的满文"，习称"新满文"。《满文原档》正是一大批记录清朝入关前史实的满文档案，内含 40 册档簿，共 5000 余页，其纪事年代起自明朝万历三十五年（1607），迄于清太宗崇德元年（1636）。

　　现代满文档案出版史当可反映 20 世纪以来，史学界倡议新史料、新史学的重要成果，亦是故宫博物院成立以来，以文物保存管理、提供学术使用，及社会推广教育等存在目的之成果。事实上，《满文原档》流传有序的历程亦见证时代。

　　民国二十四年（1935），故宫文献馆李德启先生编译出版《阿济格略明事件之满文木牌》，这应该是最早出版满文档案影像的著作。该书收录了当时发现的26 枚满文木牌照片，对满文木牌的来源、文字特点，和形成时间做了详尽的考证，且逐一音译和意译；附录刊登了原档（当时仍泛称作《满文老档》）照片 2幅、《无圈点字书》照片 4 幅。此后，直到 1969 年台北故宫博物院出版《旧满洲档》，中断 30 余年的满文档案影像出版，竟得以在台湾接续进行。

当时陈捷先老师特别撰文《"旧满洲档"述略》，收入《旧满洲档》册 1，页 1 至 56，此篇长文为读者整体介绍此批档案的由来及内容特色。该文分为："旧满洲档之命名、由来及其相关之诸问题""旧满洲档与满文老档""旧满洲档与满文老档的译述及研究""旧满洲文件的价值"等 4 大子题，综述当时对于这批原档的认识及新近研究发现，亦涉及努尔哈齐时期文书语种情况，及诸多清朝前史研究课题。原档中的许多特别处，陈捷先老师均一一指出。例如：所用文字不一，内含无圈点老满文、过渡期新满文及加圈点新满文；所用纸张不一，有明代辽东各衙门的旧公文纸，也有高丽笺纸；有内容单一份的，也有重复的本子；记载有纪事本末体的，也有编年体的；纸张尺寸不一，书写的书法、行款和风格都不尽相同；涂删增饰、糟旧残缺之处均有之。陈捷先老师亦提示了研究方法上应注意之处："这批档案的特别处，也是这批档案产生问题的原因所在。虽然这些特别处有助于研究旧满洲档的若干问题，但是仅仅根据这些特别处而臆测很多有关问题，是绝对危险的。"同时，对档案制作和重抄等问题，提出初步看法，认为行款不一、字迹草率，用纪事本末体记载的，在制作时间上要比行款及字整洁、用编年体记载的早一点。用纸情况，则和当时在明代辽东的扩张有关，天命三年攻陷抚顺，至六年攻占辽阳、沈阳，此前应不可能大量使用明朝的公文纸；而使用高丽笺纸则不一定要晚到天聪时代。天命元年以来已采用编年形式，虽记载内容不多，但值得注意；天命六年二月起，明显已有清楚的系统及丰富的内容。至于明末、清入关前这批档案重抄的时间断限，限于史料不足，陈老师认为还不能确定重抄的范围及时间。（《"旧满洲档"述略》，第 5、8 页）

上述特色描述及提问问题，随着原档之出版、公开化，愈多学者利用，至今已有不少研究成果。原档内容其实也还有蒙古文书以及有以刻板印刷的文件等等特色。40 册之中，未经乾隆年间装裱的 3 册，亦可能属于其他文书系统的簿册。陈捷先老师的这些综合史料学性质判断及内部、外部考证的观点，对后辈学者来说，也有很大的启发意义。

《满文原档》本身历经数个世纪，其身世故事极富戏剧性。清军入关后，

《满文原档》由盛京移至北京，交内阁掌管，提供八旗查明牛录根由及解决承袭问题。乾隆六年（1741），清高宗鉴于内阁大库所藏无圈点档案，年代久远，为追本溯源使后人知晓满文无圈点字的由来，谕令鄂尔泰、徐元梦按照新满文编纂《无圈点字书》（tongki fuka akū hergeni bithe），令宗室觉罗学及国子监各学抄写一部贮藏。乾隆四十年（1775）二月十二日，军机大臣因原档仅只一份，擦损陈旧，奏请依照通行新满文，另行抄出一份。当时所见无圈点老档共 37 本，由"国史馆"办理重抄，而重抄本有 2 种，一为照新满文缮写的重抄本，一为仿照无圈点老满文抄录；这两种重抄本即后世所谓"满文老档"，或可以《加圈点老档》和《无圈点老档》名之。重抄本共抄 3 份，包括内阁本（亦称北京藏本，其定本、底本现存北京中国第一历史档案馆）、上书房本（今下落不明），以及崇谟阁本（亦称盛京藏本，现存沈阳故宫）。

满文老档及原档的公开，其系谱化脉络始有可能清晰明白，也显示"满文老档学"已然成立。近现代中国的满文档案工作，其发端可以说即以这批档案为核心，至今仍持续进行。

近代首先发现的是崇谟阁抄本，日本学者内藤虎次郎（Naitō Torajirō）访问沈阳时，清光绪三十一年（1905），以用晒蓝方法复印 1 套，回国后撰文公开介绍"满文老档"，重抄本即因此得名，亦有依此称名原档者。1916 年，时任奉天地方官的清末进士金梁亦接触崇谟阁抄本，即组织、聘用通晓满汉文者 10 余人翻译《加圈点老档》，以《满洲老档秘录》之名，于 1924 年出版；1933 年重印再版时，稍做增减，改名《满洲秘档》。另外，自 1935 年 6 月至 1936 年 6 月间，又将部分译稿以《汉译满洲老档拾零》之名，连载于《故宫周刊》。当代满文档案出版的重要推手吴元丰亦说："金梁先生可谓近代主持翻译满文档案的第一人，其译著成为中国满文档案汉译作品的开山之作，产生了一定的影响和作用。同时，也标志中国满文档案翻译出版工作开始起步。"

民国二十年（1931）三月，北平故宫博物院文献馆整理内阁东库档案时，陆续发现《满文原档》37 册及其抄本，即制定《整理内阁大库满文老档之缘起与计划》，组织人员开始整理，又发现原档 3 册，年份为天命九年（1624）、天聪六年（1632）、天聪九年（1635），此 3 册未经装裱，或为乾隆年间未曾发现装裱，亦未重抄。当时还曾计划编撰各种字典、总目、细目，校勘原文及抄本等工作，并欲选译其中重要的史料出版。

民国二十四年（1935），文献馆整理内阁大库残档时，文献馆前后发现的 40 册原档，再经文物南迁，为台北故宫博物院所珍藏。《满文原档》于文献馆时代已正式进行研究，公布部分图版；李德启、张玉全等学者于《文献论丛》撰文论述其数量、形式及特征，李德启尚进行 2 页的转写与汉译，这是最早的汉译成果；唯因民国二十五年（1936）二月，原档南迁至上海迫使研究中断；三月，复于内阁大库里发现崇德三年（1638）全年份原档 1 册。早些年，由于内阁大库原为此类原档存放之处，部分老满文残页档案亦因宣统元年（1909）内阁大库整修而移出清宫，几经转手，现存"中央研究院"历史语言研究所。

《满文原档》随故宫文物运至台湾，曾暂存于台中北沟；1962 年 3 月，台湾大学教授广禄及李学智将原档进行摄影，展开研究工作，于 1965 年撰成《老满文原档与满文老档之比较研究》一文，附照片 150 张，重启学术界对于原档之认识。李学智先生曾因无法取得授权原档影像，与其译注成果一起出版，对于《旧满洲档》颇有微词，此亦显示完整出版这批原档以利各界使用，确有迫切性。《旧满洲档》出版时虽限于非专业因素及技术条件，留有缺失，但是学界透过此书开始了解原档全貌，可谓是满学研究史的划时代之举。此后学界对原档的研究成果日渐增多，充实今人对清朝前史的认识。

大陆自 1980 年至 2000 年，中国第一历史档案馆（一史馆）的满文档案出版成果颇丰，此阶段一般采用单纯汉译文编辑出版的形式。诸如：《清代中俄关系档案史料选编》第 1 编（1981）、《三姓副都统衙门满文档案译编》（1984）、《盛京刑部原档》（1985）、《郑成功满文档案史料选译》（1987）、《满文土尔扈特档案译编》（1988）、《锡伯族档案史料》（1989）、《清初内国史院满文档案译编》（1989）、《清代内阁大库散佚满文档案选编》（1992）、《盛京内务府粮庄档案汇编》（1993）、《年羹尧满汉奏折译编》（1995）、《康熙朝满文朱批奏折全译》（1996）、《六世班禅额德尼入觐档案史料》（1996）、《雍正朝满文朱批奏折全译》（1998）、《清代西迁新疆察哈尔蒙古满文档案全译》（2004）等等。其中也有《满文老档》（1990）。

自 2000 年后，一史馆改采用满文档案原件影像与译文合集的形式出版，颇能便利懂得满文的学者对照引用。2001 年，出版《清代鄂伦春族满汉文档案汇》，应是首次。其后，《清宫珍藏海兰察满汉文奏折汇编》（2008）、《军机处满文准噶尔使者档译编》（2009）、《清宫珍藏杀虎口右卫右玉县御批奏折汇编》（2010）、《清代军机处满文熬茶档》（2010）、《乾隆朝军机处满文寄信档译编》（2011），等等。其中亦有《内阁藏本满文老档》（2009），使今人得以直接接触乾隆年间精良的重抄本。就在直接出版档案原件影像的趋势过程中，亦有将学界急需利用的部分满文档案，逐件缮拟汉文标题，按一定的体例编辑出版的现象。乃因满文档案的需求量越来越大，然而满文专业翻译人员毕竟极为有限，若满文档案都要进行翻译才出版，根本不可能满足社会需求。因此，一史馆又陆续出版了《清代雍和宫档案史料》（2004年）、《清内阁蒙古堂档》（2007）、《清代中哈关系档案汇编》（2006—2007）、《珲春副都统衙门档》（2006）、《清前期理藩院满蒙文题本》（2010）、《清代新疆满文档案汇编》（2011）等等，都只进行编目，连同满蒙文档案原件影像一并出版。2005年，台北故宫博物院复以清晰图像仍分10册定名为《满文原档》重新出版，亦可谓是此趋势之作，亦堪称满文档案出版品的最高水平。其为现存最早的清代档案及满文档案之双重性质，也曾入选2011年台北故宫博物院《精彩一百："国宝"总动员》年度大展其中20件图书文献类选件之列。

《满文原档》除了有丰富的史料价值，利用原档可针对满洲崛起及入关前的军政文教各方面的史实，提供较可信的史料，尤其在满蒙民族关系、满洲三仙女神话、爱新觉罗姓氏、清朝国号由来、八旗制度，乃至于清代文书制度的初始过程等等重要议题能有所突破。无论是原档本身，或是乾隆年间的重抄本及其解读签注，其价值均至为重要；透过重抄本解读《满文原档》，正是乾隆年间留给后人的重要线索。又《满文原档》本身已是内含编年体、纪事本末体的档簿，已然是清初文书流转、通往官书撰述过程中的遗留物；档册里所呈现的老满文到新满文文字变化、从关外时期的记录簿册到存放于关内宫禁里的内阁大库、从原档原件到乾隆年间的各种重抄本，再历经民国年间的重新发现、复随文物南迁至台北故宫博物院，其书写、保存及利用、公开的种种过程，可视为400年来时代变迁的见证物，更无疑是一部宏大历史的缩影。

总之，1956年的《旧满洲档》代表一个满文档案出版品的时代，艰难地在战火之余展开了；2005年的《满文原档》亦列位近年来满文档案出版品之林，且仍是现今满文档案以原件影像出版的最高水平。从《旧满洲档》到《满文原档》是"满文老档学"的重要面向，也是陈捷先老师之于清史、满学界诸多贡献中的要项。

争胜古人

——两文敏一大千

王耀庭

一

中国是个"好古"的国家，"尊古法制"成了一句口头禅。若以个人为言，传统的儒家教育，总是教人处世要温良恭俭让，谦虚是做人的原则。个人技艺成就敢与往古先贤相比较，可以说相当少见。古今相较，父子对比，（唐）孙过庭《书谱》（台北故宫博物院藏）载有："王羲之云：'顷寻诸名书，锺张信为绝伦，其余不足观。'可谓锺、张云没，而羲、献继之。又云：'吾书比之锺张，锺当抗行，或谓过之。张草犹当雁行。然张精熟，池水尽墨，假令寡人耽之若此，未必谢之。'此乃推张迈锺之意也。"又记："（谢）安尝问敬（子敬。献之）：'卿书何如右军？'答云：'故当胜。'安云：'物论殊不尔。'于敬又答：'时人那得知！'"羲献父子的论调与自负，史上是难得一见的。米芾《论书帖》（台北故宫博物院藏）："草书若不入晋人格辙，徒成下品。张颠俗子，变乱古法，惊诸凡夫，自有识者。怀素少加平淡，稍到天成，而时代压之，不能高古。高闲而下，但可悬之酒肆。誓光尤可憎恶也。"也是以古为准。若（宋）郭若虚"论古今优劣"："若论佛道人物，士女牛马，则近不及古；若论山水林石，花竹禽鱼，则古不及近。"① 所言正是唐宋之别，一语中的。这是画论中少见的客观评鉴。黄宾虹："唐画如曲，宋画如酒，元画如醇。元画以下，渐如酒之加水，时代愈近，加水愈多，近日之画已有水无酒，故淡而无味。"② 这是绝对的崇古论。

---

① （宋）郭若虚：《图画见闻志》"论古今优劣"（文渊阁四库全书本），卷1，第18页。

② 转引自孙旗：《黄宾虹的绘画》，台北：天华，1979年。

从书画的创作，敢说自己超越古人，史上几乎难得一见，有之"两文敏一大千"。

二

书画学习的过程中，取资于往古先贤，求得"古意"，往往被视为能出"新意"。"汲古润今"仍被高举为法门津渡。"汲古润今"，赵孟頫（1254—1322）的画论，提出"古意"一语。对"古意"的诠释，已非新题。列举赵孟頫的自我题词，以为论述。

图 1 赵孟頫《双松平远图》（美国大都会博物馆藏）

赵孟頫自题《双松平远图》："仆自幼小学书之余，时时戏弄小笔，然于山水独不能工。盖自唐以来，如王右丞、大小李将军、郑广文诸公，奇绝之迹不能一、二见。至五代荆、关、董、巨、范辈出，皆与近世笔意辽绝。仆所作者

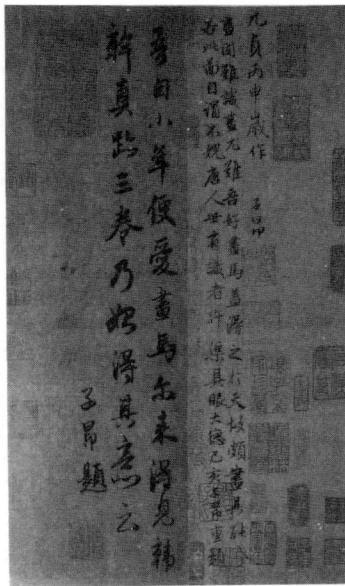

图2　赵孟頫自题《人骑图》
（故宫博物院藏）

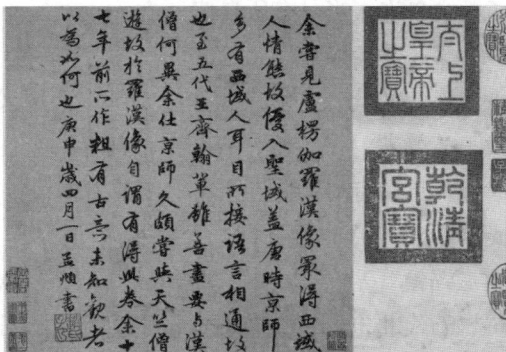

图3　赵孟頫《红衣罗汉图》及自题
（辽宁省博物馆藏）

虽未敢与古人比，然视之近世画手，则少异耳。因野云求画，故书之其末。"
（图1）就此，以"至五代荆、关、董、巨、范辈出，皆与近世笔意辽绝"为
"古"。不满近世，跳跃过近世，取法更古的典范，赵孟頫自谓："作画贵有'古
意'，若无'古意'，虽工无益。……吾作画似乎简率，然识者知其近古，故以
为佳。"① 取古为意，超过时流，进而能胜古否？又说："宋人画人物不及唐人远
甚。余刻意学唐人，殆欲尽去宋人笔墨。"更具体的学画经验表述，对学习唐人
的成就，赵孟頫相当自负，《人骑图》（故宫博物院藏）有自题两则，其一："吾
自少年便爱画马，尔来得见韩幹真迹画卷，乃始得其意云。"其二："元贞丙申
岁 (1296) 作。画固难，识画尤难。吾好画马，盖得之于天，故颇尽其能事。若
此图，自谓不愧唐人。世有识者，许渠具眼。大德己亥（1299 年）子昂重题。"
（图2）自道"自谓不愧唐人"，表示至少能与唐人比肩并席，当然是超越过宋
人一代。更进一步，又题："余自幼好画马，自谓颇尽物之性。"友人郭佑尝赠
其诗云："'世人但解比龙眠，那知已在曹幹上。'曹、韩固是过许，使龙眠无恙，
当与之并驱耳。"这固然是借他人赠言，却清楚地自许："曹、韩固是过许，使
龙眠无恙，当与之并驱耳"。《人骑图》拖尾有赵孟頫之弟赵孟吁跋："当今画马，

---

① （明）赵琦美编：《铁网珊瑚》（文渊阁四库全书本），卷 5，第 27 页。

真得马之性，虽伯时复生不能过也。大德三年(1299年)三月八日子俊书。"这句话，或可视为弟代兄言。赵孟頫是见过李公麟（1049—1106）的《五马图》，有诗:《题李伯时元祐内厩五马图，黄太史书其齿毛》:"五马何翩翩，潇洒秋风前。君王不好武，刍粟饱丰年。朝入阊阖门，暮秣十二闲。雄姿耀朝日，灭没走飞烟。顾盼增意气，群龙戏芝田。骏骨不得朽，托兹书画传。"[1] 见过此画，赵孟頫之自许，当是有所自信。

又，赵孟頫自题《红衣罗汉图》(图3):"余尝见卢棱伽罗汉像，最得西域人情态，故此人圣域。盖唐时京师多西域人，耳目所接，语言相通故也。至五代王齐翰辈，虽善画，要与汉僧何异？余仕京师久，颇尝与天竺僧游，故与罗汉像，自谓有得。此卷余十七年前所作，粗有'古意'，未知观者以为如何也？庚申岁(1320)四月一日，孟頫书。"是画此《红衣罗汉图》，又是自许超过"五代王齐翰"辈。《人骑图》来自学唐人"古意"，画马能与李公麟抗衡，画人物超越五代北宋。古意与新情，字面上是相对的，古意可以生新情，新情借古意表述。"古"所指也未必有一定的时段。赵孟頫之学古，此"古"是隔代，或者说，南宋时期山水、人物，非他所能满意。单纯地说，风格发展到极致，又重回到转寻更早的源头，所谓"风格循环"。

三之一

后赵孟頫300年，同样谥号"文敏"的董其昌（1555—1636），于书画高自标许，更具体地喜与赵孟頫、沈周、文徵明对垒。

整体的书法史发展，董其昌自豪地说出:"吾书无他奇，但姿态高秀，为古今独步耳。心忘手，手忘笔，笔忘法，纯是天真潇洒。"[2] 具体地置身于时代长流，即便是率尔酬应的书写，"吾书无所不临仿，最得意在小楷书，而微于拈笔，但以行草行世。亦都非作意书，第率尔酬应耳。若使当其合处，便无能追踪晋、宋，断不在唐人后乘也"。[3] 董其昌自信是一个书画变局的引领风骚人物。"然余学书三十年，不敢谓入古人三昧。而书法至余，亦复一变。世有明眼者，必能知其解者"。[4] 这"亦复一变"，该如何说，有明一代帖学，无非笼罩在赵孟

---

① （元）赵孟頫:《松雪斋集》(文渊阁四库全书本)，卷2，第22页。

② （清）倪俊瞻:《倪氏杂著》"笔法"，收入《明清书法论文选》，第423页。

③ （明）董其昌:《容台别集》"杂记"，收入《中国书画全书》第3册（上海:上海书画出版社，1992），卷4，第1901页。

④ （明）董其昌:《容台别集》"杂记"，卷4，第1931页。

颇及实际科考书写的馆阁体。董其昌的书法以"生",以"润秀",乃至于"平淡天真",跳脱了此一传统。当然董书由于清圣祖康熙的钟爱,影响成风,该是他生前所未能料及,却也应验了这句话——"字之巧处,在用笔,尤在用墨,然非多见古人真迹,不足以语此窍也!"①书写用墨,墨汁本以匀整为主,董其昌却注意到书写时从醮墨的由湿到干,再醮墨的整篇变化。古来论书都重用笔,殊不知笔须托墨,才能留笔迹。怀素《自叙帖》:"初疑轻烟澹古松""古瘦漓骊半无墨""驰豪骤墨剧奔驷"诸语即是。"多见古人真迹"才能知墨色,而非墨拓本的黑纸白字所能见。董其昌的用墨观点,也开启后来者如王铎(1592—1652)一辈的书风特色之一。

对董其昌书学的历程研究,已是车载斗量,众所周知,董其昌自述其所以发奋学书:"吾学书在十七岁时,先是吾家仲子名传绪,与余同试于郡,郡守江西袁洪溪以余书拙置第二,自是始发愤临池矣!初师颜平原(多宝塔)碑,又改学虞永兴,以为唐书不如晋、魏,遂专仿《黄庭经》及锺元常《宣示表》《力命表》《还示帖》《丙舍帖》。凡三年,自谓逼古,不复以文徵仲、祝希哲置之眼角比,乃于书家之神理,实未有人处,徒守格辙耳。比游嘉兴,得尽睹项子京家藏真迹,又见右军《官奴帖》于金陵,方悟从前妄自标评。"②这段话,充满着"自豪"又"自省"。

对于赵孟頫,具体地道出:"与赵文敏较,各有短长。行间茂密,千字一同,吾不如赵。若临仿历代,赵得其十一,吾得其十七,又赵书因'熟'得俗态,吾书因'生'得秀色。赵书无弗作意,吾书往往率意;当吾作意,赵书亦输一筹。第作意者少耳。"③相关于"生"与"熟",董其昌解释:"余素不学赵书,以其结构,微有习气。"④因技巧熟练,而有习气的俗。又有相同的说法,"吾于书似可直接赵文敏,第少生耳。而子昂之熟,又不如吾有秀润之气。惟不能多书,以此让吴兴一筹。画则具体而微,要亦三百年来一具眼人也。"⑤赵与董,都曾致力于学习李邕(678—747)。台北故宫博物院藏《杂书册》(约书于天启六年[1626])董自跋:"学李北海书五十五年矣!初时专习,颇为近之,近复忘其旧学,然时一拟,书亦不落吴兴后也。"又"余年十八,学晋人书,得其形模,便

① (明)董其昌:《画禅室随笔》"论用笔",卷1,第3051页。
② (明)董其昌:《画禅室随笔》"评书法自叙答",卷1,《丛书集成新编》,(台北:新文丰,1985年)册50,第5054页。
③ (明)董其昌:《容台别集》"书品",卷4,第1894—1895页。
④ (明)董其昌:《容台别集》,卷4,第1901页。
⑤ (明)董其昌:《容台别集》"杂记",卷4,第1902—1903页。

目无吴兴。今老矣，始知吴兴书法之妙。"① 这些名言，也一样地充满着"自豪"又"自省"。

三之二

相对于书法，绘画一面，董其昌于赵孟頫并无微词。万历癸未（1583）见《鹊华秋色图》于项元汴家。② 董其昌于《鹊华秋色》赞美："吴兴此图。兼右丞北苑二家画法。有唐人之致。去其纤。有北宋之雄。去其犷。故曰师法舍短。亦如书家以肖似古人不能变体为书奴也。万历三十三年（1605）。晒画武昌公廨题。其昌。"③ 于跋《宋高宗书七言律诗册》（暮春三月巫峡长，晶晶……。台北故宫博物院藏）："思陵书杜少陵诗，赵吴兴补图，乃称二绝。赵画学王摩诘，笔法秀古，使在宋时应诏，当压驹、骕辈，为宗室白眉矣！甲辰六月（1604）观于西湖画舫。董其昌题。"

于画，董其昌也未必尽信古胜今，也有今胜古之处。台北故宫博物院藏明顾正谊《云林树石轴》，董为题跋："仲方此画，自李营丘寒林中悟得，故于迂翁有夺蓝之趣。其昌观于玄赏斋题。"④ 就原画水准所见，疏树修篁顽石，顾自题款也仿倪瓒（1301—1374）书风。董氏此跋难免为友朋相互揄扬之语。钤印做"太史氏"，当在董氏年四十以后。⑤ 做于丙申（1596）的《燕吴八景册》（上海博物馆藏），时年从三十八至四十二，此册有一段重跋，写道："重一展之，总不脱前人蹊径，俟异时画道成，当作数图以易去，以当忏悔，即余亦未敢自谓技穷耳。"⑥ 自省之中还是以"道成"自期，"道成"所以独步古今。

早年董氏普遍学习各家，加以阅历丰富，归结出："画平原师赵大年（活动于 1070—1100 年），重江迭嶂师江贯道（活动于 12 世纪初），皴法用董源（10

---

① （明）董其昌：《跋赵吴兴书》，见《三希堂法帖》，卷4。

② "余二十年前，见此图于嘉兴项氏，以为文敏一生得意笔，不减伯时莲社图，每往来于怀。今年长至日，项晦伯以扁舟访余，携此卷示余，则莲社已先在案上。互相展视，咄咄叹赏。晦伯曰，不可使延津之剑久判雌雄。遂属余藏之戏鸿阁。其昌记。壬寅（1602）除夕。"见台北故宫博物院藏。图版见《故宫书画图录》十七册，第77—79页。

③ 台北故宫博物院藏。图版见《故宫书画图录》十七册，第77—79页。

④ 台北故宫博物院藏。图版见《故宫书画图录》八册，第269页。

⑤ 董其昌用印，"太史氏"为四十岁（1594）授命修史，终于六十八岁擢太常寺卿。"宗伯学士"为天启三年（1623）任礼部侍郎兼侍读学士。"大宗伯"为崇祯五年（1632）抵京应宫詹大宗伯。"青宫太保"为崇祯九年（1636）诏加太子太保致仕以后。

⑥ 见原画，上海博物馆所藏。

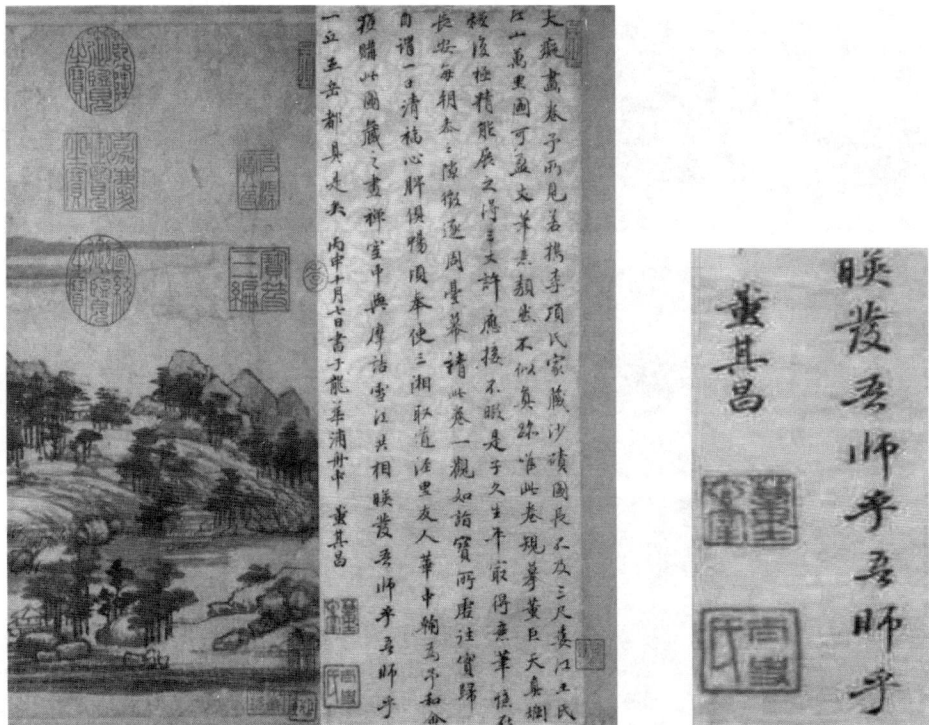

图4　董其昌于黄公望《富春山居图》，于前隔水裱绫，大呼此卷"吾师乎！吾师乎！"

世纪初）麻披皴及《潇湘图》点子皴，树用北苑、子昂二家法，石用大李将军（653—718）《秋江待渡》及郭忠恕（活动于10世纪）雪景，李成（916—967）画有小幅水墨及著名青绿，俱宜宗之。集其大成，自出机轴，再四五年，文（徵明1470—1559）、沈（周1427—1509）二君，不能独步吾吴矣！"[1]董其昌试图用来超越前辈的信念，"再四五年，文（徵明1470—1559）、沈（1427—1509）二君，不能独步吾吴矣！"妙方是集各家优点而大成的方法。

　　万历癸巳（1593）董其昌在北京见到黄公望的《富春山居图》，万历丙申（1596）收得黄公望《富春山居图》，于前隔水裱绫，大呼此卷"吾师乎！吾师乎！"（图4）[2]就中何以如此，从实际画技论，以今日能见董其昌曾收藏董源画如《潇湘图》诸作，所见的画法是五代北宋时（10世纪）董源的密实作风，恐

---

①　（明）董其昌：《画说》《美术丛书》（16）（板桥：艺文，1975），第309—310页。

②　台北故宫博物院藏。图版见《故宫书画图录》十七册，第281—284页。

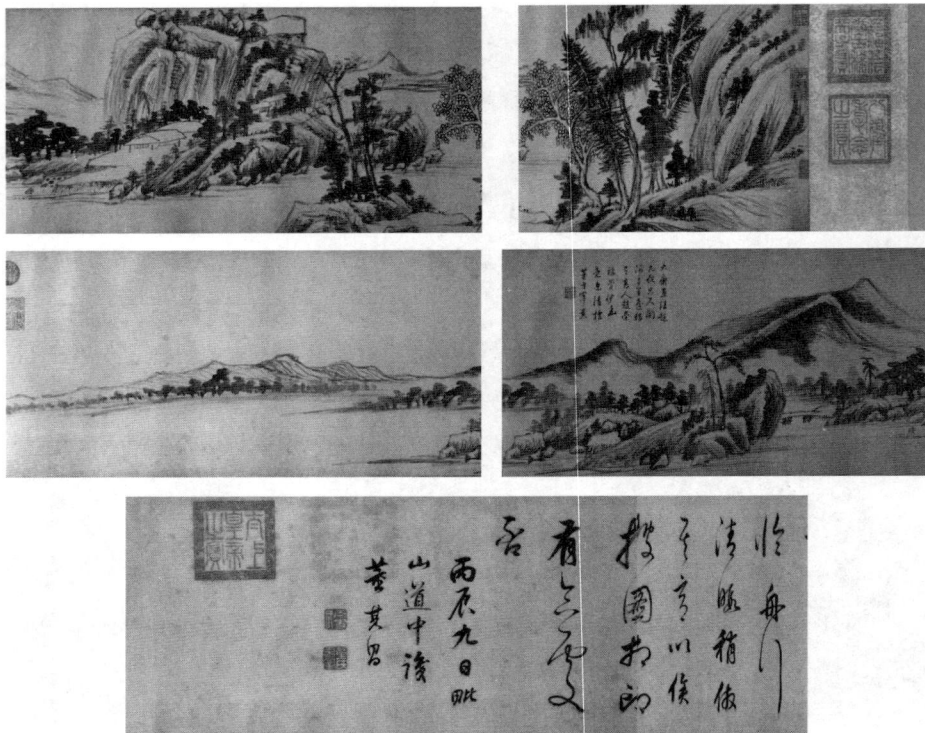

图 5　董其昌《仿黄公望山水卷》

非董其昌个人画性与技法所能从容驾驭，反而松秀恬和的元四大画家，才真正让董其昌"画性"都所发挥，尤其是黄公望。就董氏见闻年代序，他是先见王维、赵孟頫、黄公望，后见董源。因此《富春山居图》入董其昌收藏后，能朝夕相随。此卷的笔墨，固然"披麻皴"笔法是"吾家北苑"，然而"墨法"的蒙养，该是给董氏更多的启发与实际应用。董氏自谓"用墨须使有润，不可使其枯燥"。①于画、书，用墨之讲究，董其昌《仿黄公望山水卷》（图 5，台北故宫博物院藏）款题云："大痴画法超凡俗。咫尺关河千里遥。独有高人赵荣禄。赏伊幽意近清标。董玄宰画。（后有董其昌印，一印）"②董于幅后又自跋："余得黄子久所赠陈彦廉画二十幅，（脱一字）及展临，舟行清暇，稍仿其意，以俟披图相印，有合处否？丙辰（1616）九日昆山道中识。董其昌。（后有太史氏。董氏

① 董其昌：《画禅室随笔》，收入《中国书画全书》第三册（上海：上海书画出版社，1992年），第 1000 页。
② 台北故宫博物院藏。图版见《故宫书画图录》十九册，第 417—418 页。

图 6-1　董其昌《夏木垂阴》(局部)

图 7　黄公望《富春山居图》局部

图 6　董其昌《夏木垂阴》

玄宰二印，卷前有画禅一印)"，[①] 在意于对黄公望"有合处否？"所指虽非黄公望的《富春山居图》，目前也不知《黄子久所赠陈彦廉画》二十幅是何面目，但从本卷的笔墨气息与《富春山居图》比较，并无两样。可见《富春山居图》于董其昌笔墨发展之关键。

　　董其昌《画禅室随笔》论用墨：用墨须使有润，不可使其枯燥，尤忌秾肥。[②] 董其昌之擅用墨，其得来自黄公望，上两卷所显现的墨"润"可为说明。张庚论述董其昌用墨："麓台（王原祁）云，董思翁之笔，犹人所能，其用墨之鲜彩，

---

①　台北故宫博物院藏。图版见《故宫书画图录》十九册，第 417—418 页。
②　董其昌：《画禅室随笔》，收入《中国书画全书》第三册，上海：上海书画出版社，1992年，第 1000 页。

图 8　董其昌《江山秋霁》(美国克里夫兰博物馆藏)

一片清光，奕然动人，仙矣！岂人力所能得而办？"[1]董其昌巨轴《夏木垂阴》(台北故宫博物院藏)[2]，因水墨的交融，画境爽朗潇洒，生机处处，而这种特征成为董其昌的特殊风格，然而，与黄公望的《富春山居图》局部（图7）相比对，则知其所来自。

以董其昌之心境，岂能臣伏于人。他颇多与古对话，表现出争胜古人。常为学者引用的是："余与文太史（徵明）较，各有短长。文之精工，吾所不如，至于古雅秀润，更进一筹矣！"针对黄公望，董其昌的《江山秋霁》（图8）(美国克里夫兰博物馆藏)董自跋："黄子久《江山秋霁》似此，常恨古人不见我也。"这用词典故是中国古已有之的案例。"（张）融善草书，常自美其能。帝曰：卿书殊有骨力，但恨无二王法。答曰：非恨臣无二王法，亦恨二王无臣法。……常叹云：'不恨我不见古人，所恨古人不见我。'"[3]

董其昌在中国山水画史发展，最大的贡献是将山水画"墨"之美，表现得淋漓尽致。董其昌也建立了抽象的山水空间之美，如《江山秋霁》即是代表作，难怪，董其昌自信满满地写下"恨古人不见我也"的心情。董不愿当"书奴"，又岂可能当"画奴"。董屡屡高呼"吾家北苑"，但真正地落实在作品上，也是如他自己本相的书法、画法，某某家云云，是意有所指，还是自我的董其昌。董氏五十九岁（1613）有名的《论书》亲写本（台北故宫博物院藏），他参禅的领悟用之于书法，或者说为他的临古说法。《论书》中写道："哪吒拆肉还父，拆骨还母，须有父母未生前身，始得楞严八道之义。"要的是自我本相。是以看董书董画都作如是观。

---

[1]　张庚：《图画精意识画论》，收入黄宾虹、邓实编：《美术丛书》(1)（台北：艺文印书馆，1975年），3集第2辑，第105页。

[2]　台北故宫博物院藏，图版见《故宫书画图录》8册，第231页。

[3]　《南史》(文渊阁四库全书本)，卷23，第23页。

四

后350年出现了张大千（1899—1983），与董其昌一样的集书画家兼藏家于一身。张大千对其部分收藏，曾有两次著录行世，一是癸未（1943）之《大风堂书画录》；一是1954年于日本东京出版《大风堂名迹》。《大风堂名迹》之序言，以自信的口吻写道："余幼饫庭训；冠侍通人。刻意丹青；穷源篆籀。临川衡阳二师所传，石涛渐江诸贤之作，上窥董巨，旁涉倪黄，莫不心摹手追……其后瞻摩画壁，西陟敦煌……一解纸墨，便别宋元，间櫵签蕗，即区真赝……世推吾画为五百年之所无，抑知吾之精鉴，足使墨林（1525—1590）推诚，清标（1620—1691）却步，仪周（1683—1744）敛手，虚斋（1864—1949）降心，五百年间，又岂有第二人哉？"这序文，简略地说到，他个人涉猎的古代名家，宋元以来无所不包，更有古人所未及的魏唐敦煌。此书其后于1978年再版于台北，大千重序此书，又明言收藏的目的是："挹彼菁华，助我丹青。"他也清楚地表达，以一己的力量网罗前代名迹，要的是为己所用，大千自己是此中豪杰。历史的累积愈来愈深厚，后来者欲居上，大千的学习是追寻走过历代画家的步伐，来壮大自己，雄心伟志是以"集大成"的理想为志业。

1920年至1930年之间所画《二叟赏梅图》（图9），人物的造型应是从任伯

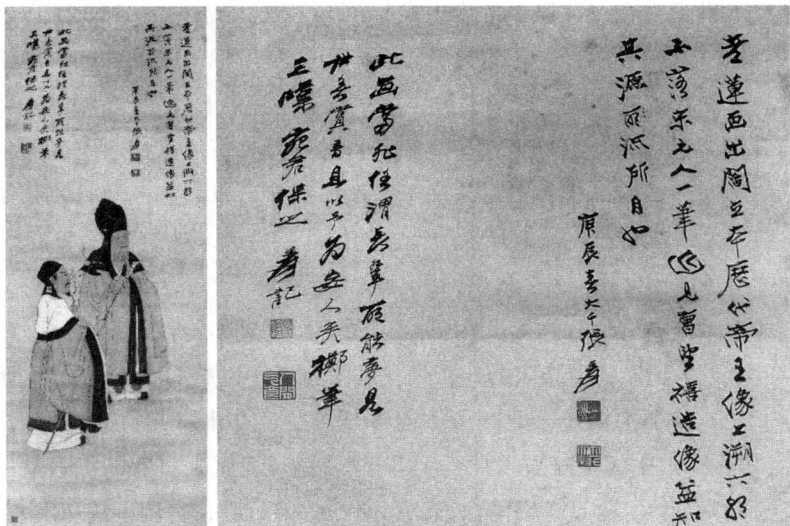

图9　张大千《二叟赏梅图》

图 10　张大千《定林萧散图》

图 11　张大千《临唐代　图 12　张大千《秋山红树图》
杨升峒关蒲雪图》

年与陈洪绶画风交融得稿。画成时即题："此画当非任渭长（1823—1857），辈所能梦见。世无赏音，且以予为妄人矣！掷笔三叹。婉君（1917—）保之。爰记。"庚辰（1940）再题，"老莲画出阎立本历代帝王像，上溯六朝，未落宋元人一笔。近见曹望禧造像，益知其源（所；点去）流所自也。"本幅第一题有此自负的口吻，显然是上溯陈老莲（洪绶，1599—1652）的风格，所以说是任渭长、任伯年这一系脉，张大千自认已不为然，因此可以超越任渭长。曹望禧造像是北魏正光六年（525），正是陈洪绶追随的六朝古风。

　　1967 年画《定林萧散图》（图 10）题："龙眠居士有《定林萧散图》，盖为王荆公居金陵定林寺所作也。此图见之著录，而墨迹不传，每欲追橅，以目翳为止，近顷目力稍胜，遂想象为此。效龙眠人物者，以赵鸥波（子昂）、张叔厚（？—约 1356 前）为嫡传，此图虽不能方驾二公，亦未肯与仇、唐作后尘也。丁未春，爰。"画中的王安石（荆公），以李公麟（龙眠）贯有的玉箸篆白描为之，流畅不失工整，这是正宗的白描法，必与古人争胜，自信不输唐寅、仇英，看出大千的自豪。

图 13　张大千题临《唐杨升峒关蒲雪图》

图 14　董其昌《秋山红树》

对于 16 世纪所产生的"没骨山水"，张大千更直接对垒于董其昌。《临唐代杨升峒关蒲雪图》（图 11）指出："峒关图董其昌临本甚多。"这也说出张大千在此时已注意到这种色彩浓厚的"没骨山水"。本幅与他后来的"没骨山水"更忠实于董其昌或晚明所有的色彩式"杨升山水"，这可见于树干与点叶，基本的山水树石勾勒，还是一般的山水画法，没有他后来画此风格的强烈敷色。题临此幅《唐杨升峒关蒲雪图》："青绿没骨出于吾家僧繇，董文敏数临之，此又临文敏者，丁亥（1947）二月张大千。"左方又题诗一首"华亭（董其昌）一代老宗师，瘦树枯山淡逾宜。谁信峒关蒲雪起，却从绚烂出雄奇。"好一句"却从绚烂出雄奇"。这是对色彩的礼赞。1963 年《秋山红树图》题："精鉴华亭莫漫衿，误将蒲雪许杨升。老夫自擅传家笔，如此秋山得未曾。董文敏盛称杨升《峒关蒲雪图》，而吾家僧繇《秋山红树》，实为没骨之祖。此图约略似之，癸卯（1963）六月既望。蜀郡张大千爰。"（图 12）[①] 这首题诗说出张大千本人对青绿没骨的见解是超越董其昌。1949 年作，一样取名《峒关蒲雪图》，画的题款，可以说是大千对青绿没骨山画的总结表白："此吾家僧繇也，继其法者，唐有杨升，宋有王希孟，元无传焉，明则董玄宰，戏墨之余，时复为之，然非当行。有清三百年遂成绝响，或称新罗能之，实邻自郐，去古弥远。余二十年

① 诗见王方宇：《从张大千看张僧繇》，收入巴东、黄春秀执行编辑：《张大千纪念文集》（台北：历史博物馆），第 19 页。

183

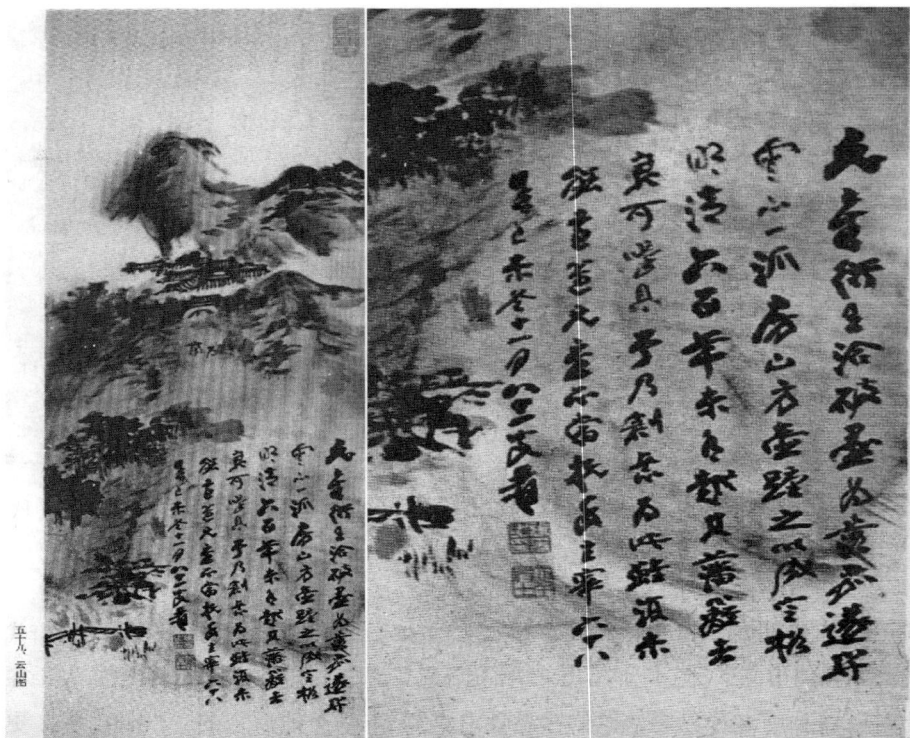

图 15　张大千《云山图》

来，心追手写，冀还旧观，斯冰而后，直至小生，良用自喜。世之鉴者，毋乃
愕然而惊，莞尔而笑耶。己丑（1949）润七月廿七日爰。"得意之色溢于言中，
更巧妙的因与张僧繇同姓，引用唐代李阳冰（721—722）对秦李斯（？—前
208 年）的篆书继承，自诩成就，视董其昌、华岩（1682—1756），不足观也。
受到董其昌笔下每每说"吾家北苑（董源）"的意念，姓张的大千则是两个："吾
家张大风（飌）""吾家僧繇"。唐之"吾家僧繇"，比董之"吾家北苑（董源）"
更古了，连追溯祖先也要调侃一番。

　　张大千的见闻极广，见过张僧繇和杨升的画作或传称的作品，吾人不必置
疑，然就今人容易得见的诸作，一是和存世的董其昌《秋山红树》（图 14）对
比，而更令人想起的是敦煌 320 窟盛唐《日想观》山水，必是大千所熟悉的。
董其昌虽云"没骨山水"，画来还见树干有勾勒圈叶，山有皴法，赋彩犹是清
雅，张大千更是浓重，直接施朱敷白，涂青抹绿，已然如壁画的重厚，已然非
"没骨"一法所局限。

　　大千晚年的泼墨、泼彩为世所重，甚至是被认为臻至化境旷古未曾有的自我创作。对此，张氏强调来自唐人王洽（4世纪前半）的泼墨法，《云山图》（图15）自题"元章（米芾，1501—1107）衍王洽破墨为落茄，遂开云山一派，房山（高克恭，1248—1310）、方壶（约1301—1378后）踵之，已成定格。明清600年来未有越其藩篱，良可叹惜。予乃创意为此，虽难远迈元章，当抗身玄宰（董其昌）"，又是与董其昌对垒。

<h1 style="text-align:center">五</h1>

　　清代诗人赵翼（1727—1814），名句（《论诗》）："李杜诗篇万口传，至今已觉不新鲜。江山代有才人出，各领风骚数百年。""江山代有才人出"，"两文敏一大千"隔世交锋，还是如是观。有为者，不必叹"既生瑜何生亮"。

乾隆茶舍与茶器

廖宝秀

一、前言

清高宗乾隆皇帝嗜茶及对茶事的追求，在中国茶史上无人能出其右，可谓：前无古人，后无来者。他虽无茶事专著，但对茶诗、茶画、茶具、茶室陈设的投入，可谓历代帝王之冠。他个人专属的"茶舍"，虽仅有部分保存下来，但他留下与茶事相关的茶器、绘画、诗文、档案等不胜枚举，也让后代研究者对这位皇帝茶人有所了解。

笔者称乾隆御用品茗的宫廷苑囿建筑为"茶舍"，是直接取材自乾隆御制诗文，如"山房""精舍""书屋""茗室""茶寮""斋"等名称，为求统一，均以"茶舍"名之。本文选择茶舍讨论的标准，大致依据下列三种文献：

一、《清高宗御制诗文全集》（以下简称《御制诗文集》）内有关各宫室苑囿茶舍以咏茶事物为主之诗文。

二、《养心殿各作成做活计清档》（以下简称《活计档》）或《御制诗文集》内有关各地茶舍之活计制作，以茶器具及陆羽茶仙造像为要项。

三、御制诗文记载有关茶舍之功能，以茗事为主，兼及读书、看画、弹琴，或赏景，与皇帝平常休憩之房舍有所区别。

本文所述碧琳馆、玉壶冰、清可轩、玉乳泉、池上居等处所，皆位于京畿及皇城近郊的行宫御苑。从建筑物名称往往无法理解其功用，只有查阅清宫档案或《御制诗文集》，方可得知乾隆皇帝对这些建筑之定位及功能。例如建于热河避暑山庄的"味甘书屋"或西苑的"焙茶坞"，它们的主要用途既不是书斋，也不是焙茶房，而是供乾隆品茗憩息之所；在乾隆朝《钦定日下旧闻考》之

《国朝宫室》及《国朝苑囿》中并未特别提及用途，仅载地理位置，并择录数则相关御制诗文而已。因此，若欲了解建筑物与功能是否名实相符，必须考证《御制诗文集》或其他档案资料。又如"书屋"在乾隆朝宫室苑囿中不知凡几，一般多做书斋解释，专供乾隆读书写字用，如"长春书屋""抱素书屋""贮清书屋""夕佳书屋""味知书屋""味腴书屋""四宜书屋""探真书屋""得趣书屋""解温书屋""桐荫书屋""养素书屋""涵德书屋""补桐书屋"等等皆然。以瀛台"补桐书屋"为例，乾隆曾在诗注中提道："予昔年曾于此读书，庭有双梧，一为风雨所摧，甲子岁命补植之，因称补桐书屋"，[①] 故而得知名称由来及用途。然而，同为书屋的"味甘书屋"，则必须细审乾隆诗文，否则是无法得知此书屋实作茶舍使用。

关于乾隆茶室研究，除笔者曾发表数篇介绍外，似尚无相关专论。[②] 笔者曾介绍过的乾隆茶舍，计有：位于香山碧云寺的"试泉悦性山房"、西苑"焙茶坞"、盘山静寄山庄"盘山千尺雪"、西苑"瀛台千尺雪"、避暑山庄"热河千尺雪"、清漪园（颐和园）"春风啜茗台"等6处。其中，"焙茶坞"茶舍实体建筑仍然存在，其他则多遭毁坏，有些残存，也仅是象征性的遗址，如"试泉悦性山房"的天然门户，300年以上的曲折老桧木，仍伫立于香山碧云寺旁茶舍遗址上。再者，笔者于茶舍专文内曾列表介绍的乾隆茶舍有：竹炉山房、竹炉精舍、碧琳馆、玉壶冰、露香斋、清可轩及味甘书屋等处，[③] 这些茶舍遍布紫禁城、圆明园、玉泉山静明园、香山静宜园、万寿山清漪园，以及热河避暑山庄、蓟县静寄山庄等行宫御苑。

乾隆皇帝品茗吟哦的茶舍，除上述外，《御制诗文集》尚言及多处，唯其内容并不全然与茶事相关，但清宫《活计文件》中记载乾隆皇帝曾为这些地方制作茶器，配置茶具陈设，而诗文中亦常与茶泉并题，因此本文亦将玉壶冰、碧

① 廖宝秀：《乾隆茶舍再探》，《茶韵茗事——故宫茶话》，台北故宫博物院，2010年，第146页。

② 王河真理：《从〈御制诗文集〉看乾隆的茶文化活动与鉴水品泉理论》，《农业考古——茶文化》专集，内有简略涉及乾隆茶舍者，《农业考古》，2004年第2期，第213—219页。

另亦有学者对乾隆茶诗做过精辟的研究，但不涉及乾隆茶舍，赖功欧：《论乾隆茶诗的儒释道理趣与艺术格调》，《农业考古》，2001年第2期，第200—208页。

近年即使有"千尺雪"等之研究文章，但大都以探讨园林建筑为主。如朱蕾、王其亨：《乾隆帝的"连锁"园林——以"千尺雪"为例》，《新建筑》，2012年第6期，第113—116页。

徐卉风主编：《宫廷风：圆明园》，上海：上海远东出版社，2014年，第69—79页。

③ 本文中有关"竹炉山房""竹炉精舍"或"竹茶炉""竹炉"等用语，笔者文为求统一均以"竹炉"称之；而引文自乾隆《御制诗文集》内则依照诗文所用，文集内《竹炉山房》大多作《竹垆山房》，也有《竹炉山房》，《竹炉精舍》亦然。

琳馆、池上居、清可轩、玉乳泉、清晖阁、露香斋等建筑物，纳入乾隆茶舍。证之于《御制诗文集》《活计档》及乾隆纪实画卷等文献，得以知道这些宫室的取名与设置，大多专为品茗而建，并兼有读书、题诗、观画、赏景的作用。笔者近年来关注乾隆皇帝品茶的景观建筑，而陆续发现多处茶舍。这些茶舍的建构均有其特殊目的，并不单为解渴怡情；其茶具亦多质朴素雅，与日常清宫使用的华丽用器迥然有别，显见乾隆对茶舍品茶与一般饮茶有所区隔。品茗吟诗是乾隆茶舍生活的重点之一，写作诗文更是乾隆一生的嗜好；时人曾谓皇帝"诗尤为常课，日必数首"，"御制诗每岁成一本，高寸许"，① 御制诗文的内容是乾隆生活的写照。以乾隆日记式诗文探讨皇帝茶舍实为第一手直接史料。

二、乾隆茶舍综览

清宫档案显示，乾隆皇帝题咏茶舍，大致出现在他建构个人茶舍之后。查考《活计档》，乾隆十六年以前少见茶具制作或配置茶器，乾隆十六七年间各地千尺雪及竹炉山房等茶舍陆续造成之后，高宗每年于一定时节内，② 必亲临品茗鉴画，或赏景作诗。乾隆品茗不仅讲究茶品、水品、用器，还注重空间及整体环境；室外包括茶舍景观经营，室内则讲究器物陈设、营造整体气氛等。茶舍是乾隆品茗中心，他于各处茶舍品茗鉴画，与古人神交，并吟诗作文描述情境，由此形成之特殊品茗艺术，在历代帝王中实属仅见。

乾隆茶舍遍布各处行宫苑囿，其中"玉乳泉""清晖阁"及"春风啜茗台"建于乾隆十五年（1760）南巡之前，其余多构筑于南巡之后。综观乾隆茶舍从名称至陈设布置，均受江南文人习尚影响，其中尤以无锡惠山听松庵竹炉山房"竹炉文会"的影响最深。不仅茶舍直接取名"竹炉山房"，煮水茶炉亦模仿惠山"竹茶炉"制作；如玉泉山静明园的"竹炉山房"、香山静宜园的"竹炉精舍"，而所有茶舍内均置竹茶炉。

"玉壶冰"与"碧琳馆"为紫禁城内的茶舍，或因位于京畿行政区，乾隆皇帝较少在此品茗赋诗，所见诗文不若其他行宫茶舍多。根据乾隆诗文，有以下

① 陈捷先：《略论乾隆朝的文化政策》，《乾隆皇帝的文化大业》，台北故宫博物院，2002年，第229页。
② 笔者据《御制诗文集》茶舍做约略统计，每年新正大多在西苑瀛台千尺雪品茶，故诗中所述亦多瑞雪场景；新正至仲春期间则多在焙茶坞；仲春左右则为竹炉山房以及盘山千尺雪。如至盘山千尺雪时间大多在2月底仲春至3月中旬暮春之间，因此题盘山《千尺雪》诗题跋则多书仲春或暮春。参阅前引文《清高宗盘山千尺雪茶舍初探》附表，第96—105页。

9 处茶舍立意清楚，且自述其命名设立缘由，将之定位为乾隆皇帝专属茶舍应无疑问。以下依建构时间及地点，略述 9 处乾隆茶舍的特色。

（一）清漪园春风啜茗台

"春风啜茗台"位于清漪园（颐和园）昆明湖南岸，建于乾隆十五年（1750），此处景观幽美，视野辽阔，乾隆御制诗描述曰：

> 湖中之山上有台，维舟履步登崔嵬。
> 水风既凉台既敞，延爽望远胸襟开。
> 竹炉妥帖宜烹茗，收来荷露清而冷。
> 固非汉帝痴铸盘，颇胜唐贤徒汲绠。
> 绿瓯闲啜成小坐，旧句新题自倡和。
> 以曰循名斯未能，早是春风背人过。①

较之其他茶舍，乾隆留下的吟咏不多，但依据上引御制诗、命名及内部陈设有陆羽陶塑像及竹茶炉，"春风啜茗台"可确定为乾隆茶舍。笔者曾于 2005 年 2 月探访"春风啜茗台"遗址。②

（二）静明园竹炉山房

竹炉山房位于静明园十六景"玉泉趵突"之侧，建于乾隆十六年（1751），茶舍原型来自无锡惠山"竹炉山房·听松庵"，系由江南招来工匠筑成，乾隆皇帝于《御制诗文集》内一再提及此事："玉泉竹炉煎茶数典于惠山听松庵，因爱其精雅，命吴工造此，并即以名山房。"③又据《钦定日下旧闻考》《国朝苑囿·静明园》描述："山（玉泉山）畔有泉，为玉泉趵突，其上为龙王庙，庙之南，循石径而入，为竹炉山房。"山房面临玉泉湖，是依乾隆命为"天下第一泉"的玉泉山泉而建，自有最佳山泉可资瀹茶，故备受乾隆喜爱。笔者曾于 2012 年有幸探访，其景仍与《钦定日下旧闻考》所载相同，唯"竹炉山房"茶舍建筑与其他三山五园一样，皆毁于战火乱世，仅留白墙一道，但乾隆皇帝御题"天下第

---

① 乾隆三十四年六月二十三日，《御制诗文集》，3 集，卷 83。
② 廖宝秀，《乾隆皇帝与春风啜茗台》，《故宫文物月刊》第 288 期，2007 年 3 月，第 24—41 页。
③ 乾隆五十年《竹炉山房》诗注，《御制诗文集》，5 集，卷 13，第 14—15 页。

一泉"① 及"玉泉山天下第一泉记"② 石碑仍伫
立于泉畔。

"竹炉山房"茶舍建筑虽已不复存在，然
大体样貌仍可由乾隆十八年（1753）御笔亲
绘《竹垆山房图》（图1）中得窥。"竹炉山
房"为面开二楹式茶舍，通过乾隆《竹垆山
房图》及《御制诗文集》咏"竹垆山房"诗
文皆可得到印证。诗云：

图1 清乾隆十八年，乾隆御制《竹
炉山房图》，故宫博物院藏。图内
面泉二楹草堂水榭建筑即"竹炉山
房"茶舍，其左墙桓有一道门。

> 第一泉边汲乳玉，两间房下煮炉筠。
> 偶然消得片时暇，那是春风啜茗人。③
> 近泉不用水符提，篋鼎燃松火候稽。
> 两架闲斋如十笏，一泓碧沼即梁溪。
> 春泉喷绿鸭头新，瓶汲壶烹忙侍臣。
> 灶侧依然供陆羽，笑应不是品茶人。④
> 舍身碕岸步坳宽，两架山房清且嘉。
> 早是中涓擎碗至，南方进到雨前茶。⑤
> 山房咫尺两间开，就近烹煎试茗杯。
> 竹鼎松涛相应答，九龙缩地面前来。⑥

乾隆《竹垆山房图》显示，"竹炉山房"的确是面泉二开间架于玉泉上的草
堂水榭建筑，竹窗茅顶，简朴雅致，在接近龙王庙及"天下第一泉""玉泉山天
下第一泉记"石碑的石径边上筑有白墙一道，现今"竹炉山房"遗址上此道墙
面依旧存在，"瓶形"墙门上方的门额两面刻有乾隆御笔行书"粲华"与"沁
诗"，其上并有"乾隆御笔"钤印，此二面门额刻字亦与史实相符。虽然御制
《竹垆山房图》墙门上并无细部描绘，但《皇朝通志》上有关"静明园"的记载
却清楚记录了此段史料："御书粲华二字，沁诗二字，乾隆十七年（1752），行

---

① 《皇朝通志》载御书"天下第一泉"5 字，乾隆十六年正书。
② 《皇朝通志》载御书"玉泉山天下第一泉记"，乾隆十六年汪猷敦奉敕正书。
③ 乾隆二十三年《竹炉山房烹茶作》，《御制诗文集》，3 集，卷 2，第 21 页。
④ 乾隆三十一年《竹炉山房烹茶作》，《御制诗文集》，3 集，卷 54，第 19—20 页。
⑤ 乾隆三十八年《竹炉山房》，《御制诗文集》，4 集，卷 19，第 23 页。
⑥ 乾隆五十二年《竹炉山房》，《御制诗文集》，5 集，卷 45，第 21 页。

书，竹炉山房。"① 此亦为乾隆皇帝喜爱的茶舍留下一丝可供后人瞻仰的回忆。

查阅《活计档》可知"竹炉山房"内部的茶器陈设与其他茶舍相同，主要茶器有：带紫檀木座竹茶炉1份、紫檀木茶具1份，以及陆羽茶仙像1尊等。与乾隆御笔《竹炉山房图》中茶舍内部陈设比对，亦见香几上置有上圆下方的竹炉1式。再者，乾隆四十四年（1779）《竹炉山房》诗亦云：

图2　清乾隆，竹茶炉带紫檀木座，故宫博物院藏。

> 竹炉茗碗自如如，便汲清泉一试诸。
> 四壁前题历巡咏，阙吟已是两年余。
> 贡来芽是雨前新，亦有灶边陆羽陈。
> 数典不忘惠山寺，重寻清兴指明春。②

不仅证实了室内陈设器皿与《活计文件》记载相符，也说出来年春再度南巡无锡惠山竹炉山房的期盼。

乾隆不仅于十八年春亲绘《竹炉山房图》悬于静明园"竹炉山房"壁间，更将历年题咏竹炉山房的茶诗揭于山房楣楹上；题满后又将之刻于山房外的山壁勒石上。乾隆五十二年（1787）咏《竹炉山房》诗提道：

> 汲泉就近竹炉烘，写兴宁论拙与工。
> 新旧咏吟书壁遍，选峰沏句用无穷。③

题咏竹炉山房诗共40余首，显见乾隆对山房的喜爱。不仅如此，他更将乾隆十六年（1752）南巡由苏州带回、仿自惠山"竹炉山房"的竹茶炉置于茶舍中，并将当时题咏竹炉诗刻于炉底。通过《竹炉山房》诗文当能充分了解乾隆皇帝十分喜爱这所茶舍：

> 每到玉泉所必临，为他山水萃清音。

---

① 《皇朝通志》，卷117。
② 《御制诗文集》，4集，卷61，第2页。
③ 注曰：历年题句揭山房楣楹间者已遍，自今有作，当于山房外选石沏之，绰有余地矣。《御制诗文集》，5集，卷29，第22页。

最佳处欲略延坐，火候茶香细酌斟。^①
每至山房必煮茶，筠炉瓷碗称清嘉。^②
山房咫尺玉泉边，汲水烹茶近且便。
涤虑沃神随处可，惠山奚必忆前年。^③

御制诗中一再提及，每次到玉泉山静明园必临"竹炉山房"，汲天下第一泉，竹炉烹茶，以瓷碗品啜浙中雨前贡茶，小坐山房试清供，更可涤虑又沃神；茶舍依泉筑，雅静似山家，正是品茶的至高境界："只取幽闲不取奢"，"竹炉山房"遂成为京城御苑中乾隆驾临次数最多的茶舍。

（三）静宜园竹炉精舍

香山静宜园竹炉精舍与静明园竹炉山房，名称皆源自无锡惠山听松庵"竹炉山房"。由乾隆《竹炉精舍》诗及注释："因爱惠泉编竹炉，效为佳处置之俱"，^④说明了精舍与山房的竹炉渊源。根据于敏中（1714—1780）《钦定日下旧闻考》记述竹炉精舍位置在：

芙蓉坪西南为香雾窟（静室），东南北小坊座各一，东面大坊做一正宇七楹。后为竹炉精舍。

精舍靠近静宜园芙蓉坪，"游目天表"与"镜烟楼"前。乾隆十六年六月《御制诗文集》中《西山晴雪》亦载：

古寺钟清隔院鸣。新傍香山构精舍，好收积玉煮三清。^⑤

揭示"竹炉精舍"建于乾隆十六年夏，也就是南巡返京后不久所设。而精舍内所置竹茶炉与"竹炉山房"相同，皆来自江南吴工之手。即如乾隆御制诗所述：

① 乾隆三十二年，《御制诗文集》，3集，卷65，第19页。
② 乾隆三十四年，《御制诗文集》，3集，卷79，第18—19页。
③ 乾隆五十一年，《御制诗文集》，5集，卷23，第25页。
④ 诗注曰：辛未南巡过惠山听松庵爱竹炉之雅，命吴工效制，因于此构精舍置之。《御制诗文集》，5集，卷39。
⑤ 《御制诗文集》，2集，卷29。

到处山房有竹炉，无过烹瀹效清娱。

质诸性海还应笑，大辂椎轮至此乎。①

　　2000 年，笔者考察乾隆茶舍曾寻访至此，当时静宜园芙蓉坪一带已淹没于荒烟蔓草中，无法确认"竹炉精舍"遗址。2003 年笔者再探静宜园，原址复建了"游目天表""香雾窟""集虚室""静室""镜烟楼"等几栋主要建筑，然并未扩及"竹炉精舍"。时至今日，后人也仅能通过乾隆时期清桂、沈焕、崇贵等合绘之《香山静宜园图卷》一窥样貌，图中显示"竹炉精舍"位于"镜烟楼"前，是独栋的二层三楹的建筑。

　　乾隆题咏"竹炉精舍"诗文仅 10 余首，数量实难与"竹炉山房"40 余首相较；笔者以为因香山另有"试泉悦性山房"与"玉乳泉"两处可供乾隆品茗赏景的场所，而皇帝日理万机，仅能在机暇之余离开圆明园前住香山盘桓，正如乾隆御制诗中云："香山精舍偶临此，即曰无泉泉岂无"。②"竹炉精舍"的茶器陈设据《活计文件》记载安有竹炉、漆茶具 1 份、陆羽茶仙像、糊黄锦置内盛文竹器 7 件等，茶画则有方琮条画。

（四）碧云寺试泉悦性山房

　　"试泉悦性山房"位于香山碧云寺左侧、"洗心亭"之后。（图 3）2000年秋，笔者曾循乾隆御制诗："老桧枝下垂有石承之，俨然如门盖，数百年以上之布置也，入门为试泉悦性山房。"走访香山碧云寺，觅得"试泉悦

图 3　清乾隆，清桂、沈焕、崇贵等合绘《香山静宜园图卷》（局部），"试泉悦性山房"位于碧云寺区内"洗心亭"之后，中国第一历史档案馆藏。

图 4　清乾隆，张宗苍《画山水》轴，台北故宫博物院藏。

---

① 乾隆三十三年《竹炉精舍戏题》，《御制诗文集》，3 集，卷 73。
② 乾隆三十三年《竹炉精舍戏题》，《御制诗文集》，3 集，卷 73。

性山房"遗址。山房建于乾隆十七年（1752），景色幽致，林翠、泉声、竹色，静无尘埃，是乾隆极喜爱的茶舍之一，每游香山必至此。乾隆十八年，他特命宫廷画师张宗苍（1686—1754）依山房景色绘制《画山水》轴一幅（图4），悬饰于壁间，此后40余年间，每至"试泉悦性山房"烹泉品茗必于画上题咏。张宗苍这幅《画山水》茶画，现藏台北故宫博物院，也为爱好品茗作诗的乾隆皇帝留下弥足珍贵的茶事见证。① 此处茶舍环境清幽雅致，也是笔者甚为喜爱的一处乾隆茶舍遗址，曾数次探访，每每感叹祈望这棵弯曲倚石干枯的老桧天然门户，可以受到保护长存，以供后人思古幽情。

（五）瀛台千尺雪

"瀛台千尺雪"又称"西苑千尺雪"，位于西苑瀛台内"淑清院"响雪廊东南室。"千尺雪"既是茶舍名，也是景观名，原为苏州寒山别墅中的一景，由明代隐士赵宧光所辟，凿山引泉，流泉沿峭壁而下，如千尺飞雪，因而得名。绝壁飞泉，境美如画，深得乾隆皇帝喜爱，每次南巡必访之地，并于帝京西苑、热河避暑山庄及盘山静寄山庄等3处，仿千尺雪景造园构舍，作为赏景品茗茶舍。"瀛台千尺雪"筑于乾隆十六年（1751）夏，因其位置邻近紫禁城西苑御园区，自然成为乾隆在京时常造访的茶舍之一。所在为现今西华门内中南海禁区，建筑房舍应还存在，只是一般无法入内探察。②

虽然无法探访"瀛台千尺雪"遗址，有些遗憾，但庆幸的是，现藏故宫博物院由词臣画家董邦达（1699—1769）所绘《西苑千尺雪图》卷内的《西苑千尺雪图》留下了原建筑景观面貌（图5）。董邦达《西苑千尺雪图》卷为乾隆皇帝钦命制作，共绘4卷，乾隆十七年（1752）完成瀛台《西苑千尺雪图》及盘山《西苑千尺雪图》，避暑山庄《西苑千尺雪图》卷绘制于乾隆十八年（1753），是乾隆皇帝置于避暑山庄"热河千尺雪"茶舍的4卷4地《千尺雪图卷》之一。图卷中段依流倚石面开三间的房舍即"千尺雪"茶舍建筑；乾隆御制诗中也一再描述：

> 流杯亭是胜朝迹，从未临流泛羽杯。
> 却拟吴中千尺雪，茶舍三间倚松开。③

---

① 廖宝秀：《乾隆皇帝与试泉悦性山房》，《故宫文物月刊》，第225期，2001年12月，第36页。
② 前引文，《乾隆茶舍再探》，第149页。
③ 《御制诗文集》，2集，卷40，第17页。

图 5　清乾隆，董邦达《西苑千尺雪图》，故宫博物院藏。

> 三间精舍倚峻嶒，每爱清幽辄憩凭。
> 假藉南方千尺雪，真如陈老一条水。①

《钦定日下旧闻考》中也说：

> 素尚斋西有室，曰得静便，向南室曰赏修竹，廊曰响雪，响雪廊东南室曰千尺雪。

"响雪廊"长廊也可从董邦达画卷中觅得，再向东南端，只见三开间式"千尺雪"茶舍倚建于峻嶒峋嶙的山石之间。

笔者又根据《活计档》查得"瀛台千尺雪"茶舍内的具体陈设，包括竹炉、香几、竹茶具一份，另有陆羽茶仙像以及有足踏的树根宝座。②这些设备与乾隆其他茶舍大同小异，其中竹炉、茶仙像、茶具都为茶舍制式陈设，唯有茶具质材不同而已。茶具则有紫檀木、斑竹、棕竹、瘿木及漆制等不同变化。

（六）盘山静寄山庄千尺雪

"盘山千尺雪"建于乾隆十七年（1752）春，筑成后乾隆皇帝曾御书《盘山千尺雪记》以资纪念。盘山千尺雪茶舍位于静寄山庄西北隅"贞观遗踪"泐石前方，现"贞观遗踪""千尺雪"泐石依然存在，房舍已毁。乾隆皇帝酷爱此茶舍，不仅亲绘《盘山千尺雪图卷》，并将钟爱的明人唐寅（1470—1524）《品茶图》悬挂壁间，每次至此品茗，均有题吟书于两图上，内容均与茶事相关。证

---

① 《御制诗文集》，3 集，卷 31，第 5 页。
② 《记事录》，《活计档》，乾隆十七年十一月。

图6 唐寅《品茶图》轴，台北故宫博物院藏。

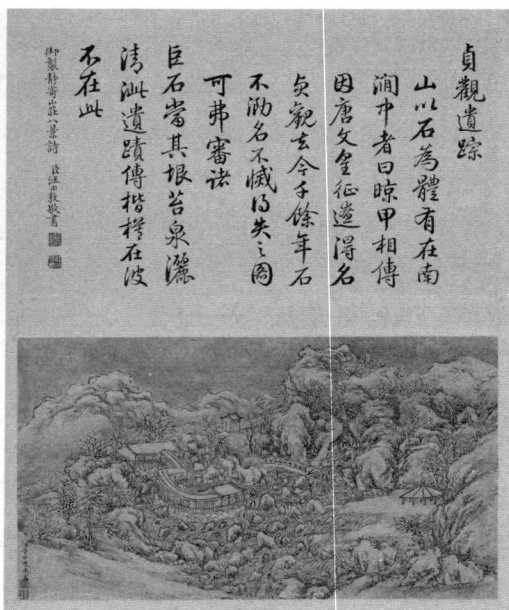

图7 清乾隆，汪由敦书，董邦达画《御制静寄山庄八景诗图册》之"贞观遗踪"，台北故宫博物院藏。

之于台北故宫博物院典藏的唐寅《品茶图》（图6），图上尽为乾隆于千尺雪茶舍的品茗感言。

根据《钦定盘山志》附图，以及董邦达（1699—1769）《御制静寄山庄八景诗图册》之"贞观遗踪"（图7），盘山千尺雪茶舍建构于流泉岩石之上，为曲弧形建筑，乾隆皇帝可于此俯观流泉，以竹炉烹茶自娱，一面回味江南胜景，一面品茗读诗、观画；若意犹不足，还可展阅4卷《千尺雪图》，同时欣赏其他3处"千尺雪"景，于是4处千尺雪尽在眼前。《盘山千尺雪图》卷是乾隆皇帝御笔亲绘，图卷上题满每次至盘山千尺雪的诗文。乾隆三十四年后（1769），因图卷上已题满遂移题于董邦达所绘《西苑千尺雪图》卷上；至乾隆五十四年后（1789）董卷复题满，又转题于钱维城的《热河千尺雪图》卷。这些御题诗文均为乾隆在千尺雪茶舍的生活写照。

（七）热河避暑山庄千尺雪

热河避暑山庄是清代的夏宫，也是皇帝夏天必至之地。乾隆先后于此建构两处茶舍，一为"热河千尺雪"，一为"味甘书屋"。"热河千尺雪"建于乾隆十六年秋（1751），位于避暑山庄"曲水荷香"左侧溪水旁，茶舍内安置有竹茶炉，作为汲泉烹茶品茗之用。是秋，乾隆于山庄度过中秋节，写成《热河千尺雪歌》①，歌颂"千尺雪"完成。虽然热河千尺雪已毁于乱世，然据钱维城所绘多幅《热河千尺雪》图卷及乾隆四十六年版《钦定热河志》附图所示，其景朴雅，流泉飞丈，也是一处景色极佳的品茗山房。②

（八）西苑焙茶坞

西苑"焙茶坞"建于乾隆二十三年（1758），位于西苑"镜清斋"（现为北海静心斋）内。斋内景致如诗似画，有"抱素书屋""韵琴斋""鼍画轩"等建筑，也是一处可供乾隆读书、弹琴、看画、品茗自娱的好去处。

乾隆于《焙茶坞》诗中一再提及，称之为"焙茶"只是借名而已；然而，现今静心斋内的说明却将其误解为"帝后焙茶之所"。查考乾隆《御制诗文集》有22首关于"焙茶坞"诗文，得知二十三年至五十六年间，每年新正乾隆几乎均至西苑"焙茶坞"品茶，诗中记载他在这里品啜"雨前龙井茶""顾渚茶""三清茶"等，这些都是乾隆平时常饮用的茶品。雨前龙井及顾渚茶皆为江南贡品，三清茶则是乾隆喜好的茶，以梅花、松子、佛手烹煎，偶尔加泡龙井茶，乾隆的茶舍风雅可见一斑。③

（九）避暑山庄味甘书屋

"味甘书屋"可能建于乾隆二十九年（1764），《御制诗文集》出现题咏《味甘书屋》诗亦始于乾隆二十九年，诗云：

> 书屋临清泉，可以安茶铫。
> 取用乃不竭，奚虑瓶罍诮。
> 泉甘茶自甘，那系龙团貌。
> 展书待尔浇，颇复从吾好。
> 是中亦有甘，谁能味其调。④

---

① 《御制诗文集》，2 集，卷 30。
② 前引文，《乾隆茶舍再探》，第 151 页。
③ 廖宝秀：《乾隆皇帝与焙茶坞》，《故宫文物月刊》，第 244 期，2003 年 7 月，第 50—60 页。
④ 《御制诗文集》，3 集，卷 41。

乾隆三十三年（1768）又云：

寺后有隙地，可构房三间。

竹炉置其中，乃复学惠山。

石泉甘且洁，就近聊烹煎。

中人熟俟候，到即呈茶盘。

我本无闲人，亦不容我闲。①

说明"味甘书屋"是乾隆在热河避暑山庄内的另一处茶舍。证之于乾隆二十九年以后 26 首有关"味甘书屋"的御制诗文，均与品茗什事相关，例如：诗文中提及"味甘书屋"内的竹炉、茗碗及陆羽茶仙造像等；《味甘书屋戏题》诗注亦提及："味甘书屋亦效江南竹垆，每至则内侍先煮茗以俟，盖若辈藉以当差，不足语火候也。"② 再者，《活计文件》内记载书屋内的御书横批及挂屏等，也与茶事相关，因此笔者率先揭露"味甘书屋"亦为一处专供乾隆品茶的处所，也应是乾隆最后完成建构的茶舍，此后未见乾隆再建茶舍。③

"味甘书屋"位于避暑山庄右前方，碧峰寺后，房舍已遭破坏夷为平地。数年前笔者曾实地探访，虽觅得大约位置，然草木丛生，无法确认基石。不过，附近确有泉源可供烹茶，一如乾隆诗中所形容"石泉甘且洁，就近聊烹煎""向汲山泉饮而甘，书屋味甘名以此。竹炉茗碗设妥帖，试而烹斯偶一耳。"④ 山泉甘洁，烹茶"味甘"，故而得名。⑤

以上 9 处为乾隆御制诗中明确表明为茶舍者，笔者亦一一论证如前述。以下再介绍数处，文献鲜有记载，《御制诗文集》仅偶尔提及，但笔者查考清宫《活计档》有关乾隆调度茶器的记录，复对照查证御制诗文，将之归类为乾隆品茗读诗的茶舍，应无疑虑，详述如下。

---

① 《御制诗文集》，3 集，卷 75。

② 乾隆五十年，《御制诗文集》5 集，卷 17。

③ 《乾隆茶舍再探》，第 151—152 页。

④ 乾隆三十九年，《御制诗文集》，4 集，卷 23。

⑤ 廖宝秀：《只取悠闲不取奢——避暑山庄的两处乾隆茶舍与茶器》，《两岸故宫第四届学术研讨会——乾隆皇帝的艺术品位论文集》（上），2013 年 11 月，第 41—45 页。然本论文集后因故未出版。

笔者另《乾隆茶舍：热河千尺雪与味甘书屋》，《美成在久》总第 26 期，2018 年 11 月，第 20—31 页。

三、紫禁城与行宫苑囿内的茶舍

（一）玉壶冰与碧琳馆

根据前述，乾隆皇帝喜爱吟哦读书品茶，于行宫园囿几乎皆设有专用茶舍，茶舍园居亦多建于京城郊区，或行宫景区内具备山泉景致的绝佳之地。紫禁城禁宫大内，多为宫殿建筑群，非为乾隆皇帝所中意的山明水秀茶舍建构处所，然而也有例外者，本节介绍的"碧琳馆"及"玉壶冰"即位于紫禁城建福宫内御花园区，乾隆在此设置二处品茶所，可见其雅好茶道。笔者以为"碧琳馆"及"玉壶冰"系紫禁城内弥足珍贵的茶室，构建于别具特色建福宫内，颇受乾隆喜爱，建福宫御花园别具特色，甚至成为宁寿宫花园的构建蓝本。

在乾隆《御制诗文集》中仅有少数几则诗文言及这两处宫阁，据笔者统计"碧琳馆" 5 次，"玉壶冰" 7 次，内容多为对时态物景的吟咏，只有一诗偶及茶事。乾隆三十五年（1770）的《赋得玉壶冰》诗云：

> 十笏容文席，一窗含假山。望如增茗邀，积矣更屏颜。[1]

然而根据《活计文件》记载，乾隆曾多次为此两处宫阁调度茶具。例如乾隆十七年十月《活计档》中《记事录》载：

> 十月十八日员外郎白世秀达子七品首领萨木哈传旨：将茶具在玉壶冰陈设一分；盘山（千尺雪）陈设一分；其未做得的活计，俟做得时安设。钦此。

同年十一月《活计档》中《记事录》又载：

> 七日员外郎白世秀、达子七品首领萨木哈传旨：将竹茶具一分安在玉壶冰；将玉壶冰换下茶具一分，再将造办处收贮树根宝座查一分，俱安碧云寺北墙橱柜，安在南墙半元桌，安在西墙。

档案中明确记载"玉壶冰"新添置了"竹茶具"，[2] 而"玉壶冰"原使用的茶具

---

[1] 《御制诗文集》，3 集，卷 85。

[2] 乾隆茶具一般通指茶楹、茶器柜，并且带整套品茗用器。茶具名称或源自唐代陆羽《茶经》，《四之器》中的"具列"有陈设及收纳茶器的功能。

则移至碧云寺北墙橱柜。

乾隆于十八年二月《活计档》中《记事录》又记载了一次调整茶具摆设：

初四日员外郎白世秀来说太监胡世杰传旨：玉壶冰现设茶具一分，着安在青（清之误）可轩。钦此。

同年十二月《活计档》中《如意馆》又载：

于十一月初八日，太监董五经持来宣纸一张，来说太监胡世杰传旨：建福宫玉壶冰楼上茶画一张，着方琮画。钦此。

值得注意的是，这里提到"茶画一张，着方琮画"。据此，笔者认为"玉壶冰"应该是一处品茗处所，也是乾隆在紫禁城内的茶舍之一；否则，乾隆不至于费心摆设全套茶器，甚至于着挂"方琮茶画"。不过，"玉壶冰"似在乾隆十八年（1753）改造工程由1楼搬至2楼。[①]

同处于建福宫内的"碧琳馆"，位于敬胜斋西侧，与西南转角积翠亭斜对面的"玉壶冰"距离不远。"碧琳馆"作为茶舍使用最晚应始于乾隆十七年（1752）。是年《活计档》载：

七月十六日太监胡世杰传旨：碧林（琳）馆用画条画一张，着张宗苍画。钦此。

两年后，乾隆十九年二月：

初八日员外郎白世秀来说：太监胡世杰传旨：瀛台千尺雪并碧琳馆现设茶具内安地壶、香几，将地壶撤去，另安长五寸屉板，将果洗安在上面。钦此。

又载：

于本月初十日付催总海升将茶具、香几二件，添得屉板持赴千尺雪、碧琳

---

① 《乾隆茶舍再探》，第152—153页。

馆安设讫。①

同年四月《记事录》：

二十七日员外郎白世秀来说太监胡世杰传旨：碧林（琳）馆现安茶具内着做紫檀木双圆茶盘一件，商丝银里茶钟盖二件，上安玉顶。钦此。

于本月二十八日员外郎白世秀来说太监胡世杰交"永乐款镶铜口青花白地诗意茶钟二件"，足具有磕处。传旨：着紫檀木双圆茶盘、钟盖先做样呈览，准时拉道填金。钦此。

四月十九日员外郎西宁将"永乐款镶铜口青花白地诗意茶钟二件"，足具有磕处，配得紫檀木勾金双圆茶盘一件、钟盖二件，玉顶持进交首领张玉呈进讫。

乾隆十九年正月《如意馆》：

初八日副领催六十一，持来员外郎郎正培、催总德魁押帖一件，内开为十八年十二月十八日太监胡世杰、太监王自云来说太监胡世杰传旨：着做陆羽茶仙一分，陈设在碧林（琳）馆茶具内，衣服用绫绢做，其紫檀木桌椅，交造办处做。钦此。

以上如此多项茶具、茶仙陆羽像等茶事调度，且行事又与"盘山千尺雪"、西苑"瀛台千尺雪"等茶舍并列，一起设置茶器，再次证明"碧琳馆""玉壶冰"作为茶室的属性。档案中 4 月 19 日的"永乐款镶铜口青花白地诗意茶钟二件"品名与现藏台北故宫博物院清宫旧名为"青诗意镶铜口茶钟二件"（图 8）

图 8　明末清初，永乐款镶铜口青花白地诗意（《赤壁赋》）茶钟一对，台北故宫博物院藏。

相同，②笔者以为这两件带"永乐年制"伪托篆款的青花《赤壁赋》茶钟应该就

---

① 《木作》，《活计档》，乾隆十九年二月。

② 廖宝秀主编：《芳茗远播——亚洲茶文化》，图版 I—37 说明，台北故宫博物院，2015 年 11 月，第 104—106 页。

是原来"碧琳馆"内所使用的茶器。唯1924年清室善后委员会清点故宫物品时，这对"永乐款青花镶铜口诗意茶钟"已被移置景阳宫，此宫所藏多为明代瓷器。

（二）清可轩

"清可轩"位于万寿山后山中段"赅春园"内。乾隆御书"清可轩"三字题匾及题咏诗均始于乾隆十七年；然而乾隆十六年九月《活计文件》中《记事录》记载：

> 员外郎白世秀来说太监胡世杰传旨：四分茶具做得时圆明园摆（怡情书史）一分、万寿山（清可轩）摆一分、静宜园（竹炉精舍）摆一分、热河（千尺雪）摆一分。钦此。

说明"清可轩"茶具陈设始于乾隆十六年九月。又据笔者调查，万寿山除"清可轩"外别无乾隆茶舍，由此可知，"清可轩"内设置茶具早于御书题匾，茶舍设置备妥后，皇帝题匾悬挂，亦合乎程序；后述之"画禅室"及"怡情书史"亦复如此。

乾隆十八年二月《活计档》中《记事录》载：

> 初四日员外郎白世秀来说太监胡世杰传旨：玉壶冰现设茶具一分，着安在青（清）可轩。钦此。

又将原设于紫禁城建福宫"玉壶冰"内的茶具移至"清可轩"。又乾隆十七年三月御制诗初咏《清可轩》中提道：

> 金山屋包山，焦山山包屋。
> 包屋未免俭，包山未免俗。
> 昆明湖映带，万寿山阴麓。
> 恰当建三楹，石壁在其腹。
> 山包屋亦包，丰啬适兼足。
> 颜曰清可轩，可意饶清淑。
> 璆琳匪所宜，鼎彝或堪蓄。

挂琴拟号陶，安铫聊仿陆。
人尽返淳风，岂非天下福。①

全文不仅描述了"清可轩"建筑概貌，也说明了"清可轩"的陈设与用途。"清可轩"构建在万寿山岩壁内，是一处殊为别致的洞天奇景，乾隆称它：

倚壁构轩楹，壁乃在堂庑。
望山恒于外，而斯在里许。②

又言："屋中有峰峦，清托高士志。"③
乾隆皇帝在"清可轩"内也有不少品茗感言：

一晌早延清，三间岂嫌窄。
茶火软通红，苔冬嫩余碧。④
匡床簟席凉，适得片时坐。
不磴拾松枝，便试竹炉火。⑤
倚峭岩轩架几楹，竹垆偶效惠山烹。
中人早捧茶盘候，岂肯片时许可清。⑥

上述皆证明"清可轩"是皇帝读书、澄观、品茗的休憩处。⑦

据嘉庆十八年《清可轩陈设清册》的记载及图标，可以看出"清可轩"内家具陈设布置是以茶具槅为中心，因为装置茶具的紫檀高香几就设在树根宝座及楸木书桌的正前方，书桌右方则置炉鼎、香插。以位置格局而言，带茶具的紫檀木香几，绝对是位居轩内的明显位置；更证实"清可轩"的陈设以茶具为主。再细阅《清可轩陈设清册》：

---

① 《御制诗文集》，2集，卷33。
② 乾隆十八年《再题清可轩》，《御制诗文集》，2集，卷40。
③ 诗注：是轩倚石壁构之，峰峦宛包屋内；乾隆五十三年《戏题清可轩》，《御制诗文集》，5集，卷36。
④ 乾隆二十一年，《御制诗文集》，2集，卷60。
⑤ 乾隆二十六年，《御制诗文集》，3集，卷15。
⑥ 乾隆五十一年，《御制诗文集》，5集，卷20。
⑦ 廖宝秀:《乾隆皇帝与清可轩》，《故宫文物月刊》，第357期，2012年12月，第4—17页。

……靠山石下青绿诸葛鼓一件随紫檀架，紫檀高香几一件，上设紫檀茶具几一份一件，紫檀茶具格一件，竹炉一件；几下设古铜面渣斗……

更可确认"清可轩"是乾隆在万寿山啜茗怡情的园居处所。

（三）玉乳泉

"玉乳泉"为香山静宜园二十八景之一，建于乾隆十年（1745），故茶舍的设置早于南巡。玉乳泉位于香山之西，乾隆以此地"有泉从山腹中出，清泚可鉴。因其高下，凿三沼蓄之。盈科而进，各满其量，不溢不竭"。[1]遂建构白屋三间，偶来品茗俯泉涤尘。"玉乳泉"出自唐代张又新（生卒不详）《煎茶水记》（825）的记录，张氏夸位在丹阳县东北观音山的"玉乳泉"为天下第四泉。乾隆亦曾于诗文中解释因泉水清澈故取名："灵山必有泉，有不一其所。清泚斯为最，因之名玉乳。"[2]"玉乳泉"泉水清泚，汲泉烹茶，是皇帝所好，此处成为乾隆鉴泉品茗茶舍，亦属必然。[3]

《御制诗文集》中所录静宜园"玉乳泉"诗共有24首，曾多次谈及茶事，且数次提及于此处烹试顾渚茶与雨前龙井茶：

烟霞供啸咏消，林泉堪赏托。
顾渚不须烹，云浆此洞酌。[4]
山泉经雨壮，石礨喷珠花。
便拾松燃火，因揩瓯瀹茶。[5]
奚必筠炉重烹瀹，神参海阔与天空。[6]
陆家茶灶犹嫌污，王肃何当诩酪奴。[7]
岂必竹炉陈着相，拾松枝便试煎烹。
煎烹恰称雨前茶，解渴浇吟本一家。

---

① 乾隆十一年，《御制诗文集》，初集，卷30。
② 乾隆三十九年，《御制诗文集》，4集，卷21。
③ 《乾隆茶舍再探》，第155页。
④ 《御制诗文集》，初集，卷33。
⑤ 《御制诗文集》，2集，卷90。
⑥ 《御制诗文集》，3集，卷73。
⑦ 《御制诗文集》，3集，卷81。

忆在西湖龙井上，尔时风月岂其赊。①

有茶亦可烹，有墨亦可试。

仆人欣息肩，而我引诗意。

一举乃两得，句成便前诣。②

山泉不冻滴淙淙，小憩三间朴舍逢。

已逸人劳可弗念，品甘况足适清供。③

由上列诗句看来，乾隆在"玉乳泉"似未安置他所喜爱的竹茶炉，但诗文提到"奚必筠炉重烹瀹""岂必竹垆陈着相"，显然设有其他款式的茶炉。值得注意的是"乾隆写真画像"中亦偶有出现竹茶炉以外的铜茶炉或白泥茶炉等。④更何况乾隆五十七年（1792）有题为《玉乳泉烹茶作》的诗作，再而说明"玉乳泉"是乾隆赏泉品茗茶舍。

（四）圆明园清晖阁露香斋

据笔者查考，乾隆皇帝在圆明园内品茗茶舍至少有两处，一为"清晖阁"，乾隆三十年以后移至新建的清晖阁四景之一"露香斋"；另一为"池上居"，又名"画禅室"或"怡情书史"。"清晖阁"与"池上居"皆位于九州岛岛清晏三大殿之西，是乾隆驻跸圆明园的日常园居处所。"清晖阁"院内苍松如盖，景致幽美，乾隆甚爱此处，亦曾令宫廷词臣画家绘《弘历松荫消夏图》等纪实画作。

董邦达（1699—1769）绘《弘历松荫消夏图》所示，"清晖阁"作为乾隆品茶弹琴消夏之所，应不晚于乾隆九年（1744）或更早，因御制诗早在乾隆八年（1743）完成，诗曰：

图 9　清乾隆十八年，张宗苍《弘历抚琴图》，乾隆皇帝于此读书、写字、品茗及焚香，故宫博物院藏。

---

① 《御制诗文集》，5 集，卷 23。

② 《御制诗文集》，53 集，卷 31。

③ 乾隆五十七年，《玉乳泉烹茶作》，《御制诗文集》，5 集，卷 76。

④ 清宫院画家所绘乾隆行乐图，如乾隆十八年张宗苍画《弘历抚琴图》或乾隆三十七年《乾隆雪景行乐图》画中可见青铜茶炉与白泥茶炉，两画皆收藏于故宫博物院。

鼠尾麝煤梧几静，松涛蟹眼茗炉喧，如酥脉起初耕便，消得恩膏自御园。[①]

董邦达《弘历松荫消夏图》则绘于乾隆九年，图上御书跋文亦提到诗作于"清晖阁"；画面上乾隆闲坐于阁前松荫下读书品茗，侍者正在一旁煽火备茶。张宗苍（1686—1756）绘于乾隆十八年（1753）的《弘历抚琴图》，内容与此雷同，景致亦大同小异。此外，同为张宗苍所绘《弘历松荫挥笔图》，则绘高宗于石桌上写字场景，侍者蹲坐竹炉前煮泉烹茶。这3幅纪实写景画作，应该都是圆明园四十景之三"九州岛岛清晏"内"清晖阁"的院景。笔者做如是主张的主要原因有二：

一、在董邦达《弘历松荫消夏图》上，乾隆自题书于"清晖阁"："梦中自题小像一绝。甲子（乾隆九年·1744）乙丑（乾隆十年·1745）季夏清晖阁再书。"

二、董邦达、张宗苍的画上，描绘乾隆所在处周围有9株乔松；而乾隆御制多首《清晖阁》诗及诗注，均提到"清晖阁"前9株乔松，其中乾隆十二年（1747）初夏《清晖阁松籁》云：

清晖阁前九株松，绿钗经雨何菁葱。……年来年去忧乐中，九株松自清晖阁。[②]

《清晖阁四景——松云楼》有："阁前小院久位置"句，诗注曰："九洲清晏之西为清晖阁，此阁盖康熙年皇考建圆明园时所造。阁前向有乔松九株。"[③]因此，笔者可以确定此3幅所绘地点皆为"清晖阁"前景致，而煮泉备茶亦为3幅画内的主要活动之一。足证"清晖阁"为乾隆于圆明园内主要品茶茶舍，殆无疑义。[④]乾隆十六年五六月间《活计档》中《木作》曾记载圆明园九州岛岛清晏内设置茶器事：

于五月十七太监胡世杰传旨：将黑漆茶具二分并现做紫檀木茶具二分俱伺候呈览。钦此。

于本日员外郎白世秀将漆茶具二分（内一分随家伙全）、紫檀木茶具二分、

① 《御制诗文集》，初集，卷13。
② 《御制诗文集》，初集，卷40。
③ 嘉庆二年四月十二日，《御制诗文集》，余集，卷12。
④ 《乾隆茶舍再探》，第156—157页。

并紫檀木双圆茶盘、钟盖八分（内一件商得银丝未完）、画得茶具空内纸样五张（计字画十二张）、上少磁缸四件、钟盖上玉顶八件俱持进，交太监胡世杰安在九洲清晏（应为清晖阁或池上居）。呈览奉旨：将以商丝之茶盘不必交如意馆做，着外边雇商丝匠找做一分，其余七分俱拉道填金。画片交张宗苍、董邦达等分画，背后写字俱用旧宣纸，所少磁缸玉顶向刘沧洲要，赶六月内俱各要得。钦此。

于六月十五日催捻五十将茶盘一件、钟盖二件持进交如意馆收讫。

以上所引《乾隆御制诗文》中《活计档》及纪实写景绘画等显示，"清晖阁"应为九州岛岛清晏内乾隆时常品茗的地点之一。乾隆二十八年（1763）清晖阁前乔松遭祝融，两年后补植新松，并新筑"清晖阁四景"——松云楼、露香斋、涵德书屋及茹古堂。此后，"露香斋"成为乾隆在清晖阁内主要品茗处所。正是：

过雨晴明露气瀼，收来不用结丝囊。
竹炉瓷碗原清秘，煮茗偏欣分外香。[①]
雨足园林露气浓，叶芬花郁滴重重。
南方新贡芽茶到，却可收烹助净供。[②]

诗中描述乾隆于此设置竹茶炉，一边品啜南方新贡芽茶，一边欣赏御园雨景。由前述绘画、御制诗以及茶具配置等，"清晖阁""露香斋"作为乾隆在圆明园内的茶舍，应该是毋庸置疑的。

（五）怡情书史池上居

圆明园内另一处茶舍为"池上居"，又名"怡情书史"或"画禅室"。香山静宜园及盘山静寄山庄内亦各有同以"池上居"为名的建筑，它们都是乾隆用来鉴赏董其昌所评书画的场所。乾隆每次至此，大多携带紫禁城"画禅室"所藏书画，在此品鉴或题诗写字。圆明园"池上居"最大功能除了赏鉴书画外，就是作为品茗处所。[③] 圆明园"池上居"别称"怡情书史"，门楣上挂有名为

---

① 乾隆三十一年六月，《再题清晖阁四景——露香斋》，《御制诗文集》，3集，卷58。
② 乾隆三十二年，《再题清晖阁四景——露香斋》，《御制诗文集》，3集，卷65。
③ 《乾隆茶舍再探》，第157—158页。

"画禅室"的额匾，此事见载于乾隆十七年六月《活计档》：

初九日太监赵玉来说首领桂元传旨：怡情书史现挂画禅室之匾，照门改做一般宽。钦此。于本月十一日员外郎白世秀将改做得画禅室匾一面持进挂讫。

说明圆明园"怡情书史"就是"画禅室"；而此处作为茶舍，亦始于乾隆十六年，早于挂饰门匾。

乾隆十七年十一月《活计档》中《记事录》又载：

初七日员外郎白世秀来说太监胡世杰传旨：将竹茶具一分安在玉壶冰（建福宫）；将玉壶冰换下茶具一分、再将造办处收贮树根宝座查一分，俱安碧云寺北墙橱柜，安在南墙半元桌，安在西墙。其碧云寺（试泉悦性山房）换下茶具，一分安在怡情书史池上居（圆明园九州岛岛清晏）；漆茶具一分安在静宜园静室（竹炉精舍）；紫檀木茶具一分送在热河千尺雪安设。钦此。[①]

乾隆十八年十二月《活计档》中《记事录》再记：

十八日员外郎白世秀来说太监胡世杰交茶仙二分，传旨：着在瀛台千尺雪摆一分；怡情书史池上居（圆明园九州岛岛清晏）摆一分。钦此。

于本月十九日柏唐阿舒敏将茶仙一分送赴瀛台千尺雪安讫；于十九年正月十七日员外郎白世秀将茶仙一分持进池上居交讫。

从上列几则《活计文件》中的记载，可知"怡情书史"与"池上居"皆属同一地点；再由《活计档》有关怡情书史池上居的茶具调度看来，此处的另一主要功能确为烹茶品茗。再者，乾隆于十六年冬至前完成的《圆明园画禅室对雪有作》诗，提及：

积素山逾远，寒侵夕益绵。
即真应大雪，景恰媚名园。
鹤讶翔松顶，蝗知避麦根。

---

① 括号内地名为根据笔者过去乾隆茶舍研究所加注。

竹炉新仿得^①，活火正温存。^②

诗句"竹炉新仿得"，证明"画禅室"（即怡情书史池上居）的竹炉制于乾隆十六年，同年此室也成为乾隆皇帝的茶舍看画处。乾隆十七年由碧云寺"试泉悦性山房"转来茶具、十九年正月摆设"陆羽茶仙像"等等，都是笔者论断"怡情书史池上居"作为茶舍的重要依据。

以下再选录几首乾隆咏"画禅室"及"池上居"的诗文，加强说明"怡情书史池上居"又名"画禅室"，乾隆每次到访必携名画同来，烹茶看画，机暇怡情。乾隆在二十三年所作《沧浪屿》诗注中说：

雅似御园画禅室。^③
一般搞澡构吟思。^④

乾隆十六年咏《池上居》诗：

每遣闲中夏，爱凭波里天。
松篁披静籁，书史究真诠。
乐意参鱼计，吉光玩画禅^⑤。
吟安刚五字，一晌似常年。^⑥

乾隆四十八年咏《初夏池上居》诗：

凭窗近可俯澄波，池上居佳绝胜他。有暇便看古书画，无愁以对节清和。^⑦

诗注中所列宋元明等真迹，曾为董其昌所藏，而"画禅室"亦取自董其昌

---

① 诗注曰：仿惠山制竹炉收雪水烹之。
② 《御制诗文集》，2集，卷30。
③ 诗注：御园池上居又名画禅室，长夏恒憩息处，是室似之。
④ 《御制诗文集》，2集，卷81。
⑤ 诗注：所携画禅室中真迹，每驻跸圆明园即于是室贮之。
⑥ 《御制诗文集》，2集，卷28。
⑦ 诗注曰：室内别额曰画禅，宫中画禅室所弄董其昌名画大观册及黄公望《山居图》、米友仁：《潇湘图》、李唐：《江山小景》，宋元明真迹册。又予新集唐、五代、宋、元王维、周昉等画帧，凡幸圆明园则携来以贮此室。《御制诗文集》，4集，卷97。

书斋额名。乾隆每临香山"画禅室"（池上居），亦必携曾经董其昌收藏的四美图——顾恺之的《女史箴图》、李公麟的《蜀江图》《九歌图》《潇湘卧游图》等4卷同往。

圆明园内乾隆的两处品茶建筑相距甚近，同建构于九州岛岛清晏内，笔者推断，此两处茶舍与建福宫的碧琳馆及玉壶冰相同，或轮流交替使用。

四、茶舍陈设与茶器

根据清宫《活计文件》记载，乾隆皇帝对茶舍的茶器安置均有定规。一般必备的茶具有：竹茶炉、宜兴茶壶、茶钟、茶托、茶盘、茶叶罐等主要茶器；而冰盆、银勺、银漏子、银靶圈、竹筷子、瓷缸等辅助茶事的备水、滤水或备火之器，亦随盛装茶器的茶具（茶籯）或茶器柜等置备齐全。由《活计文件》记载得知，乾隆十六年至乾隆二十四年为茶舍茶具制作调配的高峰期，所有上述乾隆茶舍及内部的陈设布置大多完成于此期间。最早见载于档案的整套茶具配备始于乾隆十六年五六月，这时间就是乾隆南巡返京后不久。以下择数则介绍：

乾隆十六年五月《活计档》《行文》："二十三日二等侍卫永奉旨：着催图拉现做竹器、宜兴器急速送来。钦此。"

乾隆十六年六月《活计档》《木作》载："初十日员外郎白世秀、催总德魁来说太监胡世杰交：黑漆茶具二份（内一份画竹子随钵盂缸；内一份画金花随有屉缸）、夔龙式银屉冰盆一件、水漏子二件、宜兴壶三把、银方圆六方茶罐三件、茶罐三件（大件多镶）、青花白地茶钟二件（随双圆盘一件）、磁缸一件（随藤盖一件、西洋盖布一件）、木靶银钩子一件、木靶铜簸箕一件、竹快子一双、铜方圆火盆二件、铁火镊子一把、快子一双、纱杓子一件。四夔龙式银屉冰盆一件、宜兴壶三把、银圆方六方茶罐三件、青龙白地宣窑茶钟一对（随腰圆茶盘一件）、磁缸一件（随藤盖、布盖、银杓子一件、水漏子二件、竹快子一双）、铜方火盆一件、木靶铜簸箕一件、铜镊子一把、解锥一把，传旨：将水盆上面高处去了银里补平，茶具底下空塌挪中。钦此。"

乾隆十六年九月《记事录》："九月十一日员外郎白世秀来说太监胡世杰传旨：四份茶具做得时圆明园（清晖阁）摆一份；万寿山（清可轩）摆一份；静宜园（竹炉精舍）摆一份；热河（千尺雪）摆一份。钦此。"

乾隆十六年十一月《苏州织造》："十一月二十九日，员外郎白世秀来说太监胡世杰传旨：着图拉做棕竹茶具二分；班珠尔茶具二分，每分随香几一件、竹炉一件。钦此。

于本年十一月初五日员外郎白世秀将苏州织造进安宁送到茶具四分随香几、竹炉四件俱持进交太监胡世杰呈进讫。”

由以上乾隆十六年五月至十一月间，多次的活计承做及发布情形，可以概见乾隆茶舍茶具制作以及安设的情况。短短半年之间，至少完成了茶具 8 份，其中黑漆 2 份、紫檀木 2 份、棕竹 2 份及斑竹 2 份，并可得知乾隆所订茶具器皿等，多为苏州织造安宁所承办。

再者，承办的茶器项目颇多，有各式材质，诸如竹、漆及紫檀木等茶具，以及宜兴茶壶、茶叶罐、茶钟、木盖、茶盘、香几等等，通常茶具均与竹炉及宜兴壶等配套组合。这些茶器具相较于清宫所用瓷胎画珐琅、洋彩、铜胎画珐琅玉石、玛瑙等质材茶器，显得雅洁朴实。乾隆皇帝在各茶舍的摆设，内容大多相同，检索《活计文件》的记载，绝少使用华丽珐琅彩瓷、玻璃或玉石、玛瑙等质材茶器；仅偶尔交办依宫中所藏釉色华丽的珐琅彩茶器仿制成宜兴壶。[①] 根据笔者的考察与研究，华丽昂贵质材的茶器多用于宫中庆典或其他场合，在乾隆茶舍里使用的基本上是带文人风格的素雅茶具，如竹茶炉、宜兴器、竹木茶具等。这些茶器虽不具宫廷富丽风格，但却强烈代表乾隆个人品位，宜兴茶壶及茶叶罐上通常是一面御制诗、一面绘画；紫檀木茶具上则贴饰有词臣于敏中等之书画小品，这些都彰显了乾隆的文人雅兴，是有别于康熙、雍正二帝的。

乾隆茶舍御用的宜兴茶壶与茶叶罐等茶器，皆由宫廷内务府工匠承皇帝旨意特别设计，经过乾隆认可，再发往宜兴烧造，与一般民用大为不同。如仔细核对《活计档》，可以确知茶壶、茶叶罐为一面御制诗、一面绘画，画稿为乾隆命宫廷画家丁观鹏（活动于 1737—1768）、张镐所制，然样稿、木样必须呈览核准后才可制作。据《活计档》巨细靡遗的记载，可了解各茶舍，完全由乾隆主导完成。今日保存于故宫博物院的多套乾隆茶具与《活计档》所载雷同，而且深具文人茶器的简朴特征，此与乾隆朝的其他华丽器物相比殊为特别。虽然

---

① “九月初二日员外郎白世秀来说太监胡世杰交：青玉有盖壶一件、洋彩诗字磁壶一件、铜胎珐琅菊瓣壶一件（珐琅有磕），传旨：着图拉照样各做宜兴壶一对，再变别花样款式做样呈览，准时亦交图拉成做。钦此”。“于本月十一日员外郎白世秀将变得宜兴壶木样二件持进，交太监壶世杰呈览奉旨：将木样二件俱落堂，一面贴字、一面贴画准交图拉将茶具内宜兴壶与他看，着照宜兴壶身份，照木样款式各做四件，分八样颜色俱要一般高。再将茶具内银茶叶罐亦着木样交图拉照样做宜兴茶叶罐亦要与宜兴壶一般高。钦此”。《活计档》，《苏州织造》，乾隆十六年九月。

有学者批评乾隆一面赞同苏州一带文人所使用质朴素雅宜兴壶瀹茶，但他命作的宜兴壶却装饰华丽的金银彩。[①] 其实，由档案及实物观察，这些宜兴胎金银彩御制诗如《花港观鱼》山水图茶壶上的诗文，所咏与茶事无关，而诗为乾隆二十七年南巡至杭州西湖十景之一"花港观鱼"所题，与乾隆十六年（1752）至乾隆二十四年（1760）之间所定制的单色贴泥御制茶诗宜兴壶差别甚大；再由前述故宫博物院发表数套茶具所附的宜兴壶，皆以素色堆泥图画装饰，亦可做一比较。因此，笔者怀疑乾隆未必将这类装饰绚丽的宜兴胎加彩器置于茶舍使用，其或属一般场合用器。

乾隆皇帝莅临各茶舍的次数不一，御制茶诗的多寡也未必与造访次数成正比，然而茶舍内摆设却一项也不少。这不仅表示乾隆对所有茶舍皆以等同地位看待，亦代表茶舍在乾隆心目中有一定的象征意义。乾隆皇帝对仿自惠山竹炉山房的竹茶炉情有独钟，他喜爱竹炉的雅致，[②] 更爱竹炉的历史意涵，以此作为实践惠山听松庵的品茗精神，故为各处茶舍之必备茶器。[③] 乾隆咏赞竹茶炉云：

竹炉肖以卅年余[④]，处处山房率置诸。
惠寺上人应自笑，笑因何事创于予。[⑤]
屋弄竹炉肖惠山，春风啜茗趁斯闲。
却予心每闲不得，忆到九龙问俗间。[⑥]
到处竹炉效惠山，武文火候酌斟间。[⑦]
石上泉依松下风，竹炉制与惠山同。[⑧]
竹炉茗碗浑堪试，内苑吴山本一家。[⑨]

---

① Jan Stuart ，" Qianlong as a Collector of Ceramics," in *Splendors of China's Forbidden City The Glorious Reign of Emperor Qianlong* ，Chuimei Ho and Burnet Bronson（London：Merrell Pub.，2004），233-235.

② 乾隆五十九年《竹炉精舍漫题》诗中提道："陆羽炉旁兀然坐，诗注：惠山听松庵竹炉不过爱其雅洁，因命仿制于此间及盘山等处，构精舍置之，每来驻跸辄命烹茗，藉集清暇。而中人伺备匆忙，殊失雅人深致。"《御制诗文集》，5 集，卷 89，第 2、3 页。

③ 廖宝秀：《乾隆皇帝与竹茶炉》，《故宫文物月刊》，第 367 期，2013 年 10 月，第 4—17 页。

④ 诗注：自辛未命仿制，逮今三十八年矣。

⑤ 《竹炉山房》。

⑥ 《春风啜茗台二首》。

⑦ 《竹炉精舍烹茶作》。

⑧ 《焙茶坞》。

⑨ 《题瀛台千尺雪》。

以上诗句皆提及所设茶炉仿自惠山；乾隆二十七年（1762）第3次南巡至无锡惠山听松庵"竹炉山房"品茶时，题咏《竹炉山房作》即提到诸行宫茶舍山房所置茶垆皆仿自惠山："竹炉是处有山房，^① 茗碗偏欣滋味长。"^② 乾隆独爱竹茶炉，自有其独特见地，乾隆认为外形上圆下方的竹茶炉为宇宙象征，也是儒、道、释合一的境界，安置茶舍，最为恰当。

乾隆皇帝在茶舍御用啜茶的茶碗、茶壶或茶叶罐上，多装饰有不同时期的御制茶诗，尽管内容不尽相同，但茶器的形制、纹饰几乎相同。例如，他在相同造型的茶碗上，分别饰以乾隆七年《雨中烹茶泛卧游书室有作》诗、乾隆十一年《三清茶》诗、乾隆二十四年及乾隆二十九年不同内容的《荷露烹茶》诗，以及乾隆五十六年的《烹雨前茶有作》诗等。这是乾隆茶舍茶器中一个非常特殊的现象，终其一生，乾隆茶舍里不可缺而且造型几乎不变的茶器，就是竹茶炉和御制诗文茶碗。

另一项重要的茶舍装饰陈设，就是陆羽茶仙造像，其具体形貌，依据档案记载：

内开本年三月五日员外郎郎正培等将陆羽茶仙纸样一张呈览，奉旨着照样准做。脸相用泥捏做，衣服绫绢做，其桌椅用紫檀木做。^③ 并着安茶具之处，无有茶仙的即送往安设。^④

每处茶舍均必安设陆羽茶仙造像，并附设紫檀木桌椅，与陆羽像搭配，足证乾隆对造像摆饰的重视。

唐代陆羽（约733—803）精于茶道，著有《茶经》，被奉为茶圣，乾隆则尊称为茶仙。茶舍里置茶仙像，一则表示乾隆对茶事的敬重，一则可与之对话，倾诉品茗心得。这类与古人对话情境，在御制茶诗中可以概见，例如乾隆五十年题"盘山千尺雪"茶舍内所悬挂的唐寅《品茶图》上，即请陆羽别见笑：

品茶自是幽人事，我岂幽人亦品茶。
偶一为之寓兴耳，灶边陆羽笑予差。^⑤

---

① 诗注曰：自辛未到此爱竹炉之雅，命吴工仿制，玉泉、盘山诸处率之。
② 《御制诗文集》，3集，卷20。
③ 《如意馆》，《活计档》，乾隆十八年十月。
④ 《记事录》，《活计档》，乾隆十九年十月。
⑤ 《御制诗文集》，5集，卷14。

乾隆三十一年《竹炉山房试茶作》也提道：

春泉喷绿鸭头新，瓶汲壶烹忙侍臣。
灶侧依然供陆羽，笑应不是品茶人。①

乾隆三十三年《试泉悦性山房》、乾隆三十四年《焙茶坞戏题》茶舍内品茗时亦述及：

灶边亦坐陆鸿渐，笑我今朝属偶然。②
应教笑煞陆鸿渐，似此安称试茗人。③

乾隆五十年《竹垆精舍》再次提道：

灶边陆羽莞然笑，忙杀中涓有是乎。④

乾隆五十八年《味甘书屋试茶》诗云：

只论全备不论俗，陆羽旁观笑弗禁。⑤

以上所引多首咏茶舍诗，均具体提到于竹炉侧摆饰陆羽茶仙坐像事。乾隆自称陆羽每每嘲笑他，这副匆忙或即兴式的品啜方式，应非茶人应有态度；这正是乾隆惯用的自嘲自喻虚拟手法，是乾隆茶舍特有的艺术表现，也是茶史极鲜见的现象。茶室中陈设陆羽像自古有之，乾隆皇帝当然了然于胸的，他在六十年作《竹垆山房》品茶诗中补注说明前人及陈设陆羽像情况：

新到雨前贮建城，⑥ 因之活火试煎茶。

---

① 《御制诗文集》，3 集，卷 54。
② 《御制诗文集》，3 集，卷 73。
③ 《御制诗文集》，3 集，卷 77。
④ 《御制诗文集》，5 集，卷 15。
⑤ 《御制诗文集》，5 集，卷 82。
⑥ 诗注：建城贮茶器也。以箬为笼封茶以贮高阁，见明高濂：《遵生八笺》。

座中陆氏应含笑，似笑殷勤效古情。①

他一面未能免俗地"殷勤效古情"，一面却将古人齍供陆羽像作为守护角色，转换为茶舍内神交对象，视为精神指导，时而警惕并期勉自己脱俗寻幽，竭尽所能做到品茶人应有的修养；借物与古人神交，以达咏怀诗情与茶情的境界。

古代文人品茶尚雅崇幽，晚明文人著作时常提及幽静清雅的茶舍是文人品茗的首选。江南文人追求品茗的境界与传统，对乾隆影响甚大，江苏宜兴茶器的使用即为一例。通过《活计档》及清宫乾隆朝诸多茶器，② 乾隆茶舍所用茶器以宜兴器为主；宜兴茶壶与茶叶罐上除以乾隆御制茶诗装饰外，呈现的是胎泥本色，质朴无华，做工繁复的宜兴胎彩漆或雕漆茶壶，甚至不置于茶舍使用。清宫茶宴或茶库所贮茶器，伴随御窑厂官瓷发展以及时代风格流行，多为釉色华丽、彩瓷茶壶或茶钟，这些富丽堂皇的宫廷茶器，通常不使用于乾隆茶舍，前文已一再论述，证之实物亦然，显见乾隆对在茶舍品茗与一般饮茶是有严格分别。由茶舍所在的选择，以至茶器具的布置，乾隆茶舍的器用反映了精神与文化层面的交融，形成了乾隆独自的品茗特色，这也是乾隆诗中一再提及"泉傍精舍似山家，只取幽闲不取奢"的"雅"与"洁"美学境界，由此亦见乾隆不仅深谙汉族传统文人的品茶风尚，而且堪称皇帝茶人。

五、结语

茶舍是乾隆机暇怡情寄意林泉，释放翰墨诗情的最佳处所，品茗赋诗则是他茶舍生活中的最大乐趣。茶舍是他最佳创作空间，而陆羽仙像、竹茶炉、茶钟及茶罐等陈设皆激荡出他创作诗文的灵感泉源。他在茶诗中不断抒发自己的感触，吐露他的人生哲理，也不时观照反思。例如，他在乾隆十八年《试泉悦性山房》诗中提道：

德水堪方性，澄渟见本初。每来试汲绠，便以拟浇书。

---

① 诗注：唐书载陆羽嗜茶，著经三篇，言茶之原、之法、之具尤备。时齍茶者至陶其形至炀突间，祀为茶神。今山房内亦复效之，未能免俗，应为羽所窃笑也。《御制诗文集》，5集，卷95。

② 收藏于故宫博物院的茶器与茶具大多可与《活计档》文献对照得出，如竹炉、宜兴茶壶、茶叶罐或江苏织造所进各式漆、斑竹、紫檀木茶具等等。

五字片时就，千峰一牖虚。松门章奏鲜，适可悦几余。①

乾隆十九年《竹炉山房》诗云：

隔岁山房此一过，试泉偶尔乐天和。
悦心得句恒于是，夏鼎商彝较则那。②

乾隆三十四年《题春风啜茗台》：

竹炉妥帖宜烹茗，收来荷露清而冷。
绿瓯闲啜成小坐，旧句新题自倡和。③

乾隆四十一年《味甘书屋》题：

石泉汲以烹，略试文武火。既非竟陵癖，更殊赵州果。
擎杯吟五字，爽然有会我。味泉或偶宜，味言殊未可。④

乾隆四十六年，热河《千尺雪二首》提道：

天高塞远是源头，千尺小哉论短修。南北去年吟雪意，一齐分付与东流。
砏磤澎汃落深潭，声色枞枞正好参。瀑议每年来着句，忘言谁得似云岚。⑤

来年四十七年，热河《千尺雪二绝句》又提道：

初来望雨懒吟诗，既雨斯来又一时。落涨挟沙顿改色，薛昭绛雪略同之。
卜筑山边复水边，临流摘句亦多年。拈须已是古稀者，耳里清音不异前。⑥

___

① 《御制诗文集》，2集，卷43。
② 《御制诗文集》，2集，卷46。
③ 《御制诗文集》，3集，卷83。
④ 《御制诗文集》，4集，卷38。
⑤ 《御制诗文集》，4集，卷83。
⑥ 《御制诗文集》，4集，卷91。

乾隆五十年《清可轩》品茶题：

境惟是朴朴堪会，物以含华华可寻。
历岁泐题将遍矣，古稀仍未戒于吟。①

乾隆五十一年《玉乳泉》诗中则强调：

岂必竹炉陈着相，拾松枝便试煎烹。煎烹恰似雨前茶，解渴浇吟本一家。
忆在西湖龙井上，尔时风月岂其赊。②

对乾隆皇帝来说，茶舍品茗与旧句新题、浇书题诗、摘句、得句脱不了关
系，所谓"每来试汲绠，便以拟浇书""五字片时就""悦心得句恒于是""每年
来着句""临流摘句亦多年"等等，都是为"浇吟解渴本一家"，赋诗写作的创
作而来，甚至古稀之年仍未戒于吟。乾隆常在茶舍静思澄观：

若为相假借，藉以入哦吟。
竭尔归澄观，悠悠彻远心。
……
便拾松燃火，因揩瓯瀹茶。③
每因山阴游，坐憩宜澄观。
所惭成句去，未兹九消闲。④

乾隆也常将在茶舍中吟哦得句的诗文镌刻于茶舍岩壁上，"盘山千尺雪""竹
炉山房"以及"清可轩"虽然建筑物早已毁坏，却留下了永恒的茶舍品茗篇章：

一晌早延清，三间岂嫌窄。
茶火软通红，苔冬嫩余碧。
傥来辄凭窗，促去不暖席。

---

① 《御制诗文集》，5 集，卷 16。
② 《御制诗文集》，5 集，卷 23。
③ 乾隆十四年，《玉乳泉》，《御制诗文集》，2 集，卷 9。
④ 乾隆四十二年，《清可轩》，《御制诗文集》，4 集，卷 42。

便宜是诗章，往往镌琼壁。①
汲泉就近竹炉烘，写兴宁论拙与工。
新旧咏吟书壁遍，选峯泖句用无穷。②
有茶亦可烹，有墨亦可试。
仆人欣息肩，而我引诗意。
一举乃两得，句成便前诣。③

以上所引为数甚多的御制诗，皆说明乾隆为自己定下"吃茶得句"一举两得的结论。作为一位统治者，乾隆于各种不同的场合地点，时刻警惕反省，念兹在兹系于民生，尤其雨水关乎农作百姓生活，茶舍品茶时亦不祈雨泽润。他在《碧琳馆》《竹炉山房》等茶舍诗中表达了雨沾霖霈的安慰与反省警惕：

节节雕琼叶叶栾，韶春真是报平安。
三冬望泽常眉皱，博得今朝慰眼看。④
己肌己溺圣人思，余事惟茶姑置之。
设使相如类消渴，育才时亦念乎斯。⑤

又《初夏池上居》云：

凭窗近可俯澄波，池上居佳绝胜他。
有暇便看古书画，无愁以对节清和。⑥
壁上题诗卅首多。⑦ 益善惟希膏继霈，阴晴又问夜如何。⑧

《试泉悦性山房作歌》亦云：

---

① 乾隆二十一年，《清可轩》，《御制诗文集》，2集，卷60。
② 诗注曰：历年题句揭山房楣楹间者已遍，自今有作当于山房外选石泖之，绰有余地矣。乾隆五十年《竹炉山房》，《御制诗文集》，5集，卷29。
③ 乾隆五十二年，《玉乳泉得句》，《御制诗文集》，5集，卷31。
④ 乾隆三十五年，《碧琳馆》，《御制诗文集》，3集，卷85。
⑤ 乾隆三十七年，《竹炉山房》，《御制诗文集》，4集，卷5。
⑥ 诗注：自三月廿七日得透雨，四月初七日复得彻雨，越今又几及旬矣。
⑦ 诗注：四壁题诗多望雨望晴之作，无非祈年之意也。
⑧ 乾隆四十八年，《御制诗文集》，4集，卷97。

略沾继望方寸中，安能怡豫试茗杯。①
来此试茗安能怡悦，安能怡豫试茗杯。
壁间题句亦屡矣，羞看昔往仍今来。②
此来犹殷望泽，拈毫只增惭恧。③
听松何异事烹煎，④ 江南民物安恬否，未免临风一缭然。⑤

茶舍品茗不忘民间疾苦，犹望雨泽，五谷丰收，祈年丰收，否则安能愉悦试茗，拈笔徒增羞愧而已。茶舍试茶也是乾隆不时反思自省的场所。

最后笔者仍必须为这位爱茶皇帝说明：他虽然于御制茶诗中不断自嘲陆羽笑自己不像品茶人，但他对茶事仍极具信心的，他自豪地说：

中冷第一无竹炉，惠山有炉泉第二。玉泉天下第一泉，山房喜有竹炉置。瓶罍汲取更近便，茗碗清风可弗试。四壁图书阅古人，大多规写烹茶事。忽然失笑境地殊，我于其间岂容厕。⑥

于泉、于炉、于诗、于书，乾隆均满怀自信，他自认拥有天下第一玉泉山水，吴中名匠精心制造了竹炉，茶舍中陈设有四壁古书，悬于壁间的自书茶诗，均超越前人，充分表现出这位前无古人后无来者的皇帝茶人对茶事的精通与喜爱。

① 诗注曰：出旬三次之雨，田中藉以沾润，跸途阅视少觉慰怀。然犹须继泽，方能深透；日前云势颇厚，而未获沾膏。
② 诗注曰：每岁来此率有题咏，书悬壁间悦之，亦多望雨之句。
③ 乾隆五十九年，《御制诗文集》，5集，卷89。
④ 诗注曰：惠山寺听松庵为竹炉数典处。
⑤ 乾隆四十年，《竹炉山房》，《御制诗文集》，4集，卷27。
⑥ 乾隆三十年，《竹炉山房戏题》，《御制诗文集》，3集，卷50。

君臣酬唱与诗文交流

——以乾隆皇帝与词臣钱陈群为例

郑永昌

一、前言

乾隆四十四年（1779），清高宗乾隆皇帝（1711—1799，在位 1736—1795）已年近 70 岁之年，在回忆以往接触的臣子并曾与他共同经历的人生岁月中，特地选取出 23 位臣僚，写下《怀旧诗二十三首》诗文，缅怀追思他们的功过，并给予评价。[①] 此 23 人中，或为幼年弘历的帝师、或作文学侍从、或曾对朝廷有赞襄之谋、或为国家建立汗马战功，或在地方树立保境安民之劳。其中，作为翰林文学的侍从官员，五词臣之一的钱陈群，竟以其个性温和与诗才洋溢，深获清高宗赏识。透过诗文唱和，君臣间得以建立起深厚情谊。本文撰写目的，即尝试藉由清代奏折档案、文集笔记与传记年谱等文献史料，在以往相关研究

---

① 《怀旧诗二十三首》，计三帝师：福敏（1673—1756）、朱轼（1665—1736）与蔡世远（1682—1733）；五阁臣：大学士鄂尔泰（1677—1745）、张廷玉（1672—1755）、傅恒（1720—1770）、来保（1681—1764）以及刘统勋（1698—1773）；五功臣：协办大学士兆惠（1708—1764）、户部尚书阿里衮（？—1769）、云贵总督明瑞（？—1768）、大学士舒赫德（1710—1777）、四川提督岳锺琪（1686—1754）；五督臣：陕甘总督黄廷桂（1691—1759）、两江总督尹继善（1694—1771）、江南河道总督高斌（1683—1755）、直隶总督方观承（1696—1768）、两江总督高晋（1707—1779）；而五词臣是大学士梁诗正（1697—1763）、刑部尚书张照（1691—1745）、吏部尚书汪由敦（1692—1758）、刑部侍郎钱陈群（1686—1774）、礼部侍郎沈德潜（1673—1769）等 23 人。有关清高宗对他们生平的描述与评价，详参清高宗，《怀旧诗二十三首》（乾隆四十四年），收入清高宗，《御制诗四集》，清乾隆间《钦定四库全书》文渊阁写本，卷 58，第 8a—28a 页；卷 59，第 1a—21b 页，台北故宫博物院藏。

基础上，就钱陈群与清高宗间君臣关系做一补充性分析与讨论。①

钱陈群（1686—1774），字主敬，又字集斋，号香树，又号休亭，晚年自号柏南居士，室名香树斋，浙江嘉兴人，康熙六十年进士。②他的先世事迹可追溯到南宋年间，历经数百年，成为浙西一带名门家族。事实上，钱陈群的仕宦生涯并无太多显赫事功，康熙末年中进士后，历经雍正，在乾隆十七年（1752）引疾辞官归里，距他到乾隆三十九年（1774）89岁高龄辞世之时，几乎后半生岁月都是在家乡渡过。然而在告老在家这段时光，却使他与清高宗之间建立起异乎他人的君臣情谊，彼此透过诗文往返唱和，让我们认识到清高宗与其他大臣间不同互动的微妙关系。本文即希望透过史料解读，探讨钱陈群与清高宗间君臣关系建立的基本背景，与钱陈群获得清高宗赏识以及对其家族眷顾的原因，透过清高宗与钱陈群诗文的唱和，反映清高宗诗文艺术特色的面貌。

本文讨论主要分为三大部分：（一）首先讨论清高宗以及清代时人对钱陈群的记述，藉以了解钱陈群的个性与诗才；（二）探讨钱陈群的诗友关系与钱陈群的诗作理念，以分析钱陈群诗文得以获得清高宗赏识的理由；（三）清高宗与钱陈群诗文理念的契合，是君臣两人友谊的建立基础，本节将进一步讨论两人对诗文创作的见解，从中了解清高宗诗文的艺术特色。

---

① 以往有关钱陈群的研究成果相当有限，早期论著多偏向有关钱氏文物或对钱氏家族的讨论，如郭福祥：《往来酬唱君臣情——兼记钱陈群进乾隆的两方印章》，《紫禁城》1994年第5期，第18—19页；房学惠：《〈钱陈群六十小像〉非闵贞作品考》，《文物》1999年第11期，第87—91页，上述两文属于考证或摘记类文章，而孟玉芳：《乾隆皇帝对女画家陈书作品的鉴藏及其原因》，中央美术学院人文学院硕士论文，2009年5月与李湜：《世代公卿·闺阁独秀——女画家陈书与钱氏家族》（台北：石头出版社，2009年），则主要围绕着钱陈群母亲陈书女士的分析。晚近研究趋势转向于对钱氏个人文学诗歌讨论以及从君臣关系讨论钱氏与乾隆皇帝的互动。前者包括王宝刚，《钱陈群诗歌研究》，河北大学文学硕士论文，2012年6月；于广杰、魏春梅：《钱陈群及其诗歌创作探析》，《天津职业院校联合学报》第15卷，2013年第4期，第76—78页；董海春：《钱陈群文学成就初探》，《郑州航空工业管理学院学报》（社会科学版）第34卷第2期，2015年，第13—16、21页；后者有张杰：《清高宗与"五词臣"的家人父子情》，《沈阳故宫博物院院刊》2011年，第139—169页；刘欢萍：《乾隆南巡与"江浙二老"交游的政治文化意蕴》，《中国高校社会科学》2018年第5期，第111—121页。

② 关于钱陈群姓名问题，煮雨山房辑：《故宫藏历代画像图鉴》，北京，北京古籍出版社，2005年5月，第一版，上册，第220页提到："钱陈群，字主敬，号香树，浙江嘉兴人。少孤贫，随母陈太夫人育外家，故以钱陈为姓。"从钱陈群两位弟弟钱峰、钱界名字来看，钱陈群原名应作钱群，因少时孤贫托养于母亲外家，故名字中有"陈"字，以示不忘养育之恩。另钱仪吉编，《钱文端公（陈群）年谱》则记述康熙二十六年（1687）钱陈群2岁时，所居嘉兴县白苧村痘疫肆虐，村中幼童多感染死亡，陈群父母遂将陈群托育于陈书外家，至九岁始归，见《年谱》（收入沈云龙主编，《近代中国史料丛刊》，第35辑，据光绪甲午（二十年，1894年）3月刊本印，卷之上，第85—93页。

二、清代君臣僚友对钱陈群为人与诗文造诣的描述

　　钱陈群 11 岁时开始学习写诗，其诗歌作风颇受到当时浙江名士朱彝尊（1629—1709）、彭孙遹（1631—1700）、李良年等人的赞许。[①] 康熙四十四年（1705），陈群时年 20，值圣祖第 5 次南巡，陈群迎驾于吴江县境，曾献《圣驾时巡诗》及《烟雨楼诗》，深获圣祖肯定，除赏赐荷包外，并命来年进京应试，后却因母亲陈书患病无法赴阙。[②] 康熙五十二年（1713），因家贫流离往返于京师与浙江家乡之间，是年适逢圣祖 60 万寿，钱陈群却在同年恩科乡试中落第，但他向朝廷献上《圣祖六旬万寿颂》1 册，仍深受大学士李光地（1642—1718）赏识并将其诗评为上等。[③]

　　由于钱陈群的家世背景以及人生遭遇的磨练，为他在诗歌创作注入更多的雅正气度与社会关怀。乾隆四十四年（1779）清高宗所写的《怀旧诗》中，对钱陈群生前诗文作出这样的评价："故学有渊源，于诗尤粹精""倡和称最多，颂中规亦行"。[④] 清高宗欣赏钱陈群诗文，不仅在于钱陈群诗句造诣的精湛，同时也因为钱陈群与皇帝之间大量唱和诗歌内容中，除歌颂帝德之余，亦不忘藉由诗歌将社会民情传达给君主，这是钱陈群作为文学侍从诗歌带有浓厚歌颂升平之馆阁风、翰苑风外，流露出对社会民生关注的经世情怀，这正是他诗文上得以与清高宗契合的重要因素。清国史馆编纂《钱陈群列传》中引述清高宗对钱陈群诗作另一番话：

　　陈群深于诗学，书法亦苍老，家居以后，每岁录寄御制百余篇，命之和。陈群既和韵，并写册页以进，册必有跋，字体或兼行草，余甚爱之。诗多不经人道语，而其香山诗有"鹿驯岩畔当童扶"之句，喜其超逸。[⑤]

　　引文中"鹿驯岩畔当童扶"一句，是乾隆三十六年（1771）钱陈群赴京祝嘏，恭贺皇太后八旬慈寿之际，奉命游香山时写下的诗文。次年春，钱陈群抵家，遣家人赍折具奏归里日期，并附恭和诗及所书御制诗文以进。时高宗适驻

[①] 《钱文端公（陈群）年谱》，卷之上，第 97—98 页。
[②] 《钱文端公（陈群）年谱》，卷之上，第 116—117 页。
[③] 《钱文端公（陈群）年谱》，卷之上，第 123—124 页。
[④] 清高宗：《御制诗四集》，卷 59，第 7b 页。
[⑤] 《国史大臣列传，正编》，卷 133，《钱陈群列传》，清国史馆本，故传 005745，台北故宫博物院藏。

香山，有《钱陈羣奏抵家乡信至诗以赐答》。内容写道：

> 就道轻舆发残腊，高年抵里尚初春。逾三千路尘食履，望九旬身超类伦。幅幅书笺仍健逸，章章和句总清新。香山适接还乡信，即景尤思扶鹿人。①

钱陈群的诗文与书法，深为清高宗喜爱，而在君臣彼此唱和过程中，相对地也使得钱陈群慢慢受到清高宗诗作的影响。②

在他结交的同僚诗友中，如嵇璜（1711—1794）、姚鼐（1731—1815）以及彭启丰（1701—1784）等人，对钱陈群的诗作俱有相当高的评价。嵇璜曾言："公既家世通儒，达经史，尤工于诗。少游京师，以诗鸣"；③ 著名桐城派古文学者姚鼐更指出：

> 钱公登朝为名卿，老而告归，上承圣人之殊眷，下为海内文学之士宗仰为耆硕者。……上尤爱公诗文之美，尝乐与考论今古，称为故人。公之归也，上每思见之，公之所作诗，奏进，上览之未尝不称善也，……。吟诵诗章，音节抑扬要眇，说先朝故事，历历首尾，……长洲沈文悫公在吴，公在嘉兴，天下以为齐名。虽上亦称二老也。④

而雍正五年榜中状元的彭启丰，据称对钱陈群的诗作更是爱不惜手。钱陈群一篇为彭启丰诗文集所写的序文中曾忆述：

> 公（彭启丰）后校士两浙，舟行至婺州，携予集读之，竟三日不休。至序予诗，谓可与吾禾文苑诸公相伯仲。予愧不敢当，然不可谓非相知之深者矣！⑤

引文中提到彭启丰所携钱陈群诗集，即指钱氏在乾隆十六年（1751）间刊

---

① 清高宗：《御制诗四集》，卷4，第31b页。

② 《钱陈群列传》，故传007799，清史馆本，其记曰："陈群诗，纯悫朴厚，如其为人，赓唱既久，亦颇斅御制诗体。"

③ 嵇璜：《诰授光禄大夫内廷供奉经筵讲官太子太傅刑部尚书予告在籍食一品俸晋赠太傅赐祀贤良祠谥文端钱公神道碑铭》，收入《钱文端公（陈群）年谱》，卷之上，第45—46页。

④ 姚鼐：《诰授光禄大夫刑部尚书晋赠太傅崇祀贤良钱文端公墓志铭》，收入《钱文端公（陈群）年谱》，卷之上，第73—77页。

⑤ 钱陈群：《大司马芝庭彭公诗文集序》，《香树斋文集续钞》，收入《四库未收书辑刊》，北京市，北京出版社，2000年，第9辑，第19册，卷4，第383页。

行的《香树斋诗集》。姚鼐认为钱陈群诗文可与当时沈德潜（1673—1769）齐名，即是清高宗所尊的"二老"；而彭启丰认为钱陈群诗作实力，与浙江嘉兴著名前辈诗人不相伯仲。由此可见，钱陈群诗文享誉一方，自皇帝以至臣僚诗友，对他皆给予相当高的评价与称许。

乾隆三十四年（1769）六月间，发生沈德潜在编辑《国朝诗别裁集》中竟将朝廷视为"贰臣"的钱谦益（1582—1664）置于卷首，此一举措无疑有碍诗教、有乖体制而触怒了清高宗。当时沈德潜辞世未久，高宗乃下令高晋等江苏官员全面对钱谦益存世的《初学集》《有学集》等文学作品进行查禁销毁。[①] 与此同时，清高宗随之思及沈德潜生前好友钱陈群，并认为钱氏家中必藏有钱谦益诗集，遂进一步下令将钱陈群家藏书籍列为查禁对象。九月间，经过地方官仔细搜查，除未发现钱陈群私藏违碍书籍，钱陈群亦同时向高宗上奏，解释家中所以无私藏钱谦益诗作的原由。据钱陈群指出：

> 臣家本寒素，所藏书本少，又臣自幼学为诗文，于大节有亏者，屏弃不阅，平时训子若孙，暨门弟子乡里后进，无不切实告诫，至再至三，不令少染恶习。若钱谦益者，身本悖谬，每于他处见其题咏一二，必鄙夷不观，实臣禀性如此，并非因钱谦益悖逆败露，始持此论也。[②]

清高宗对于钱陈群家藏无违碍书籍以及诚恳的具奏看来相当满意，也因此进一步对钱陈群增加信任。为了安抚陈群情绪，谕旨指称："钱陈群于钱谦益诗文，似非其性之所近。且久直内廷，尚属经事，谅不至以应禁之书，转视为可贵"。[③]

作为皇帝的文学侍从，既可以因文字获宠，也可能因文字获罪。沈德潜即是明显例子，而钱陈群的诗才与个性戒慎，无疑是他获取高宗长年宠信的重要因素。清高宗《怀旧诗》中曾对沈、钱两人做了以下的比较：

> 沈德潜与钱陈羣，余尝称为江浙二老，施恩则同，而守分承恩，则沈不逮钱远甚。[④]

---

① 有关沈德潜选辑《国朝诗别裁集》所引发的文字狱风波，可参见刘靖渊：《沈德潜〈国朝诗别裁集〉案略论》，《山东师范大学学报》（人社版），第 51 卷第 3 期，2006 年，第 32—37 页。

② 钱陈群：《据实覆奏家中并无收藏钱谦益诗文》，乾隆三十四年九月，军机处档奏折录副，第 010754 号，台北故宫博物院藏。

③ 同前注。

④ 清高宗：《故礼部尚书衔原侍郎沈德潜》，《御制诗四集》，卷 59，第 8a 页。

钱陈群儿子钱汝诚（1722—1779）撰写的《记先府君行述》一文，提到父亲待人处事与撰诗习性有概括性描述：

> 府君器宇春容，度量渊雅，胸无城府，曲尽人情。……尝以"惜福安份"四字训示子弟，终身守之不渝。……居恒小心恐惧，不待临事始然。……为文章不喜艰深，钩棘以文从字顺，各适职为归。……以清真雅正为宗。其它韵语跋识，率取陶写性灵，绝去雕饰，要以气韵生动，词条流逸为上乘。尤耽吟咏，行住坐卧，未尝偶废，兴会所至，出口便有佳句。……囊直禁廷大司马拙修嵇公，爱读府君诗，能通篇成诵，每以遗忘相叩，便于广座朗吟高唱，一字不失，府君为之解颐。①

由此可知，钱陈群的受君上知遇尊宠，不仅由于诗才声誉，也由于个人行事惜福安分，始得以殊眷终身。

三、钱陈群的诗文养成与诗论

钱陈群少时作诗，即广受长辈肯定与赞赏。他 11 岁之年曾在半完先生家中受命作五言古诗，其中有"蚯蚓长于蛇，薜荔阴似鬼"二句，颇受当时席间朱彝尊、彭孙遹等人的激赏；②又 12 岁之年，祖父钱瑞征（1620—1702）绘《墨松》画一幅，命钱陈群题识，随即信手献诗，内有："携来一疋胡威绢，写出千枝陶令枝"，其文思敏捷，博得祖父与长辈间的称许。③

然而，真正影响并奠定钱陈群诗体风格的时间，是在他 14、5 岁之年。据钱陈群《自跋所书词卷后》中忆述他一生诗体写作的历程：

> （余）年十四、五作近体诗，先大父颇赏之，遂命作古体诗，为彭美门先生所知，曰：吾邑诗家未见有是胸次。竹垞先生亦云：他日当让出一头地。自是遂肆力为之，五七近体，渐多疎硬，长短句更不暇问也！……或有谓词与诗两途，工于词恐妨五古，业师盘夫陶先生持论尤坚，遂弃去。又有谓予资性近汉

---

① 《钱文端公（陈群）年谱》，卷之下，第 273—282 页。
② 《钱文端公（陈群）年谱》，卷之上，第 97 页。薜荔，常绿灌木，蔓生，叶卵形，花小，果实像莲蓬，遂称作"木莲"，也称"木蔓头"。又佛经中称饿鬼也叫"薜荔"。
③ 同前注，第 100 页。

魏，若并弃近体，便可入古诗奥穴，遂专守陶谢，旁及王孟韦柳，既而读太白、子美、退之之集，爱不能舍。后游京师，见诸名下竞守西昆体，都推重西斋吴先生、西崖汤先生所著，复问津于元白苏陆，沈浸者数年，非惟不作词，且懒读前人所作。……因识予诗境学力颠末。①

引文彭羡门即彭孙遹，朱竹垞即朱彝尊，皆属当时诗坛翘楚。钱陈群一生诗歌写作以古体诗为主，其根源即童年受前辈师长启导有密切关系，而他对近体诗、长短句之疏远，同样也是受启蒙老师陶日襄的影响。②

除了诗体外，引文也具体指出钱陈群写作诗风的变化。忆述中，钱陈群早年以汉魏诗风为主，后兼唐诗，尤爱读李白、杜甫及韩愈等人诗作。直到20余岁游京师，开始受宋诗影响，诗歌风格遂糅合中晚唐至两宋间，诸如白居易、元稹、苏轼与陆游诗风。从钱陈群的诗风趋向可以清晰反映其诗歌创作属于唐宋兼宗的理路上，此一现象又与清初顺、康年间外在环境由唐入宋的诗风趋向俱有一致性的脉络。③后来钱陈群曾写给鄂尔泰（1677—1745）长子鄂容安（1714—1755）的一封信中提到，诗作须"讨源于汉魏，集益于唐宋"。④此时，看来已是钱陈群诗风渐趋定形的时期。

虽然钱陈群不同于沈德潜穷毕生精力整理前人诗歌，编纂诗集，甚至发展出自成一套格调派的诗歌主张，但透过钱陈群文集中其与亲朋好友往返书信等文章内容，也能具体反映钱陈群诗歌创作观念。而这些观念，又大多奠基于康熙晚期钱陈群30岁前后旅居天津时与诗友唱和过程中逐渐形成。

清代天津为四方名士汇集之处，当时钱陈群经常与龙东溟（龙震1657—1726）⑤、佟蔗村（佟鋐）、蔡绣垫、武练湖等著名诗人日聚吟咏，自是诗作日富，其诗笔率真见性，即胚胎于此。⑥其后给姚蒯信中指出："诗虽不工，而情意真切，无一字肤泛，可自信也"。⑦

① 钱陈群：《自跋所书词卷后》，《香树斋文集》，卷18，第202页。
② 钱陈群：《陶先生传》，《香树斋文集》，卷21，第229页。
③ 有关清初诗坛唐宋诗风趋势的发展，可看王纬：《论沈德潜的宋诗观》，《武汉大学学报》，第62卷第1期，2009年1月，第51—55页；王玉媛：《论清代格调派产生的历史背景》，《合肥工业大学学报》，第26卷第3期，2012年6月，第45—50页。
④ 钱陈群：《与鄂虚亭宫詹》，《香树斋文集》，卷9，第89页。
⑤ 钱陈群有《东溟先生又存诗稿序》，见《香树斋文集》，卷12，第130页。龙东溟，即龙震，字文雷，号东溟，天津人，为人狂放不羁，喜与佛道交游，著有《玉红草堂诗集》。
⑥ 《钱文端公（陈群）年谱》，卷之上，第129—130页。
⑦ 钱陈群：《与姚范冶》，《香树斋文集》，卷9，第89页。

诗笔应见真性、情真意切外，温柔敦厚的诗教要旨也是钱陈群诗作的重要主张。山东著名鉴赏家安岐（1683—1744/1746？）曾向钱陈群请教写诗之法，钱陈群当时不假思索回说："温柔敦厚，言忠言孝可矣！"① 又乾隆初年写给大学士史贻直（1682—1763）的信中同样提到：

> 拙诗固未能超轶前贤，然幸际尧舜在上，世登熙皞，年未古稀，得栖息衡茆，寄兴吟咏，诗不在多，时有见道，语亦不堕禅悟，不入理障，庶几温柔敦厚，不失言志永言之义。②

在梁诗正《矢音集》作序时也说道：

> 群与先生联辔并楫，群得于谈谐间，收切劘之益者，亦复不少。……夫诗本性情，有尊君亲上之旨，温柔敦厚之遗，即诘曲聱牙，亦足以载道。③

给从孙钱载（1708—1793）书信中，也反映钱陈群诗以平和敦厚、言忠言孝的诗教精神：

> 仆尝与人论诗，不但怨天尤人为非，和平之音每见。大学问、大著作，未有不由忠敬感激。……仆于诗文一道，无见长处，惟一生只寻自家之过失，从不曾见得亲戚朋友之过失。只此一事，平生少多少埋怨人家不是处，久而久之，心上更无一豪块垒，下笔便觉安适，吾于诗得养生焉！④

写诗可以养生，是一个颇有趣味的看法。他在替谢道承（1691—1741）所著《小兰陔诗集》序文中进一步表达了写诗养性的观念，陈群说：

> 诗本性情，学者出其性情以为诗，即以诗自治其性情，而凡读其诗者，引

---

① 见钱陈群：《麓村五十寿序》，《香树斋文集》，卷13，第148页。陈群云："麓村性嗜古，居津水三十年。凡名人翰墨，见辄别其真赝，不爽丝黍，近代所称赏鉴家。"
② 钱陈群：《与溧阳师相》，《香树斋文集》，卷8，第78页。
③ 钱陈群：《梁芴林太宰矢音集序》，《香树斋文集》，卷14，第154—155页。
④ 《钱文端公（陈群）年谱》，卷之上，第143—144页。

伸触类，莫不以其性情受治于诗焉！此诗之所由以作也。①

在钱维城（1720—1772）《少司寇诗集》序言中也指出：

诗以言志，志之所在，自然呈露，如形声之于影响不能自已者。②

诗以言志，也是诗人对情感的表达，诗可以兴、可以观、可以群、可以怨。透过诗文创作，可以陶冶性情，可以增广知识、可以结交朋友，甚至可以宣泄情绪。钱陈群另一篇为李孝廉《哀鸣集》的序文，对诗作与情感间的关系有深刻的描述：

客有问于余。曰：诗何为而起乎？

曰：起于情之不能已也。

曰：情有七，皆可以为诗乎？

曰：可。

曰：诗以何为工？

曰：情之长者。

曰：是情以何为长？

曰：哀。

曰：哀可以长矣！可以工乎？

曰：不可，方其哀也，不知其哀也，不知其哀，有安能计其工乎！凡见为工者，非作者之旨也。

曰：哀不可极任之乎？抑止之乎？

曰：不可任，亦不可止。

曰：若之何？

曰：以诗鸣之可也！任其哀而传于诗，诗传而哀可止矣。③

既然诗是传达感情的工具与桥梁，是以钱陈群极力反对斤斤计较于形式技法。他认为："至于诗学，全意放开心眼，大胆做去。若拘拘然惟恐失拈以求成章者，未之有成也。盖诗兼赋比兴三义，随处触发皆有之。"④ 然而，过度讲求情

---

① 钱陈群：《小兰陔诗集序》，《香树斋文集》，卷11，第128页。谢道承，字又绍，号古梅，闽县人，康熙辛丑进士。官至内阁学士，兼礼部侍郎。

② 钱陈群：《家稼轩少司寇诗集序》，《香树斋文集》，卷14，第164页。

③ 钱陈群：《李孝廉哀鸣集序》，《香树斋文集》，卷12，第132页。

④ 钱陈群：《与黄建中文中兄弟四十三则》，《香树斋文集》，卷10，第99页。

感，诗文内容空洞，以致无病呻吟，又非作诗之道。钱陈群曾回忆幼年时期曾就有关学诗之道向彭孙遹请教，当时孙遹给予眼前这位少年答复是："读书万卷、行万里路，下笔便有奇气。"① 这段箴言，无疑成为钱陈群毕生作诗的宗旨。历经多年，人生阅历更加丰富的钱陈群，晚年在方观承（1698—1768）所著《述本堂诗集》序言里，便将早年受益于彭孙遹教导为诗宗旨给了进一步的阐释：

> 天之成就人才，与天之成就诗人，其理有相同者。版筑鱼盐、海滨市贩，极人世流离困顿之境，而帝师王佐，勃然兴焉！所谓动心忍性，增益其所不能者也。孤儿羁客，绝域塞垣，当上下无交之日，而白石河梁，发于音声，令人读之，流连往复而不能去，所谓穷而后工者也。……然不能读万卷书，行万里路，其诗学必不能苍老俊拔若是，即其才亦必不能肆应通达若是。……予少时贫贱，游学都下，其艰苦之状，有略似者。②

读万卷书，行万里路，是充实个人知识与人生磨练基础，也是成就诗文创作，达到俊拔与通达的境界。《清史臣工传》中对钱陈群读书与诗文有如下的描述："陈群少读书，颖悟过人，未二十游京师，已与诸名士论文，倡和相得，时言才士，即曰钱君"。③ 才识、阅历、交游，是诗学养成的基石，加上钱陈群平易温和的个性，诗歌直抒感情，强调温柔敦厚、忠君言孝的诗教要旨，这些诗作观念与诗文风格，与清高宗乾隆皇帝诗文艺术特色不谋而合，也为君臣之间诗文唱和谱写出一段艺坛佳话。

四、君臣唱酬与诗文契合

清高宗乾隆皇帝喜爱作诗，他曾说"平生结习最于诗"④ "几务之暇，无他可娱，往往作为诗古文赋"；⑤ 又说："曩吾诗兴豪，即景抒清思，非云夸别裁，藉

---

① 钱陈群:《松桂堂文集序》,《香树斋文集》, 卷11, 第123页。
② 钱陈群:《制府太保方问亭述本堂诗集序》,《香树斋文集》, 卷14, 第153—154页。
③ 协修姚永朴撰:《清史臣工传·钱陈群列传》, 清史馆本, 第9—10页, 故传006767, 台北故宫博物院藏。
④ 清高宗:《题郭知达集九家注杜诗》(乾隆四十年),《御制诗四集》, 卷25, 第18b页。
⑤ 清高宗:《初集诗小序》(乾隆十四年),《御制文初集》, 清乾隆间《钦定四库全书》文渊阁写本, 卷11, 第11a页。

以道已意"。① 再如乾隆十六年（1751）间沈德潜曾上《归愚集》并请高宗为之作序，序中清高宗同样也提到："余虽不欲以诗鸣，然于诗也好之习之，悦性情以寄之"，② 言词间云淡风轻，但事实上有时为了写诗，甚至到了废寝忘食的地步。③

至于有关诗作内容，清高宗晚年退位后曾撰《鉴始斋题句识语》一文，描述他一生写诗作诗的宗旨。他说：

予少时即喜作诗，不屑为风云月露之词。自御极以来，虽不欲以此矜长，然于问政勤几，一切民瘼国是之大者，往往见之于诗。……予以望九之年，所积篇什，几与全唐一代诗人篇什相埒，可不谓艺林佳话乎！然于初非以韵语一事与文人学士絜量多寡也。夫诗以言志，言为心声，非仅缔章绘句，……阅事既多，析理尤审。即寻常题咏，亦必因文见道。④

诗以言志，言为心声，反对饰章绘句，讲求平实与文必见道的观念，与上文钱陈群诗作观念正不谋而合，亦必然成为君臣间诗文交流的主要因素。

然而，清高宗身边文学侍从为数不少，钱陈群起初不过是众多翰林词臣之一，未必如官书所言开始即备受眷顾宠信。清高宗与钱陈群之间诗文唱和，从数据显示，实应以乾隆十七年为开端。

钱陈群存世诗文集中，其《香树斋诗集》主要辑录乾隆十六年（1751）以前的诗作。这些诗歌，固然因其身为翰苑词臣而收录许多应制恭和作品，但大多仍属于单向式的和诗。然而从乾隆十七年始，清高宗与钱陈群之间君臣来往双向式的唱酬日趋频繁，而某些诗作更是一和再和，从中透露出君臣关系的微妙变化。

上述早期君臣关系可以从乾隆元年（1736）钱陈群母亲陈书病逝一事提供了具体的佐证。当年陈群任顺天学政，正月间奉派出京，按试保定及易州等处，期间接获家书通知母亲"忽感寒疾，饮食罔进"，钱陈群惊惶之余，随即具奏请

① 清高宗：《冬夜偶作》（乾隆元年），《御制诗初集》，清乾隆间《钦定四库全书》文渊阁写本，卷1，第15b页。
② 清高宗：《沈德潜归愚集序》（乾隆十六年），《御制文初集》，卷11，第15b页。
③ 例如清高宗《读朱子全书》（乾隆六年）诗歌中即透露："措思每废餐，兀兀忘昏晓。虽云俗虑无，却被诗魔扰"。见《御制诗初集》，卷5，第3b页。
④ 清高宗：《鉴始斋题句识语》，《御制文余集》，卷2，第16b—17b页。

假返家探望，①却未被高宗允准。2 个月后，陈书因病重逝世于钱陈群顺天学政寓所。对钱陈群而言，为人子母亲弥留之际不能在侧守候，当死讯传来，心情之沉痛与哀伤难以言喻，而当他返抵寓所之际，却接获直隶总督李卫代转圣旨，内载：

> 钱陈群前次奏请回京，称伊母偶感寒疾，朕以其本属微恙，且伊离京未久，故未俞允。谁知伊母乃大病不起之症也。是则伊措词之失，非朕不使伊亲视含殓之咎也。将此批令钱陈群知之。②

字里行间，君臣关系看来不过仅是公务式的往来，也看不出钱陈群与清高宗之间有多少的君臣情份。虽然乾隆八年（1743）钱陈群曾进呈其母生前所画《历代帝往道统图》给高宗，并获得高宗赏识，但我们仍无法看出君臣关系有多大的转变。③

乾隆十七年（1752）初，当钱陈群将其所刊《香树斋诗集》进呈御览后，其诗集卷 5 内有钱陈群所写《敬题家慈夜纺授经图》，描述其幼年贫苦，母亲陈书含辛茹苦养育兄弟 3 人的情况，诗句情真意切，孝感动人。④清高宗读后也不禁恻然，从此对这位久值内廷，且已过耳顺之年的文学词臣，油然产生怜悯之情。清高宗提倡忠孝两全，鼓吹孝行为先。他事母至孝，出巡、秋狝都要将母亲孝圣献皇太后（1693—1777）带在身边。钱陈群描述慈母陈书和他童年的经验，自然与清高宗侍母至孝，鼓吹以孝治国的主张相契合。⑤清高宗当时读后诗兴大发，并成二绝句赐与钱陈群：

> 篝灯课读澹安贫，义纺经锄忘苦辛。家学白阳谙绘事，成图底事待他人。
> 五鼎儿诚慰母贫，吟诗不觉鼻含辛。嘉禾欲续贤媛传，不愧当年画获人。⑥

---

① 钱陈群：《请假省母疏》（乾隆元年），《香树斋文集》，卷 3，第 35 页。

② 钱陈群：《陈谢天恩疏》（乾隆元年），《香树斋文集》，卷 3，第 36 页。

③ 有关乾隆八年陈群呈献《历代帝王道统图》一事，可参见李湜：《世代公卿·闺阁独秀——女画家陈书与钱氏家族》，第 62—67 页的讨论。

④ 钱陈群：《敬题家慈夜纺授经图》，《香树斋文集》，卷 5，第 189 页。

⑤ 参见孟玉芳：《乾隆皇帝对女画家陈书作品的鉴藏及其原因》，中央美术学院人文学院硕士学位论文，2009 年 5 月，第 31 页。

⑥ 清高宗：《赐题夜纺授经图》（乾隆十七年正月），《御制诗二集》，清乾隆间《钦定四库全书》文渊阁写本，卷 31，第 25a 页，台北故宫博物院藏。

钱陈群接到御赐绝诗后除具奏谢恩外，[①] 又以元韵与高宗敬和，题曰：

祖泽风微家故贫，负薪中落极悲辛。若非主绩垂明训，那有承前启后人。
生逢有道岂长贫，只为攀梯愿受辛，臣职未完慈未报，自惭不可以为人。[②]

钱陈群和诗内容，虽仍属恭维诵德文词，但却从此拉开君臣间唱和的契机。同年秋，钱陈群因病请辞获准，但清高宗对他离开朝廷显得依依不舍，再赐诗曰：

三尸素所灭，二竖胡为作，予告遂颐和，还乡谚如约。陛辞意垦款，请诗应允诺。怜汝身日羸，壮汝神犹铄。达生有至论，庸医无大药。辟谷方赤松，先忧后原乐。[③]

年底，钱陈群返抵浙江嘉兴家门，除具奏归途情形外，同时将在家期间所作诗文寄呈高宗。奏折中高宗温语关怀道："汝养疴之人，诸凡留心，殊可嘉也"；[④] 又赐诗曰：

北海惟客待，杜陵诡身谋，胜会开名园，新诗步秦州。
犹记陛辞时，流火方新秋，何事大江北，闲寻溪壑幽。
养疴许谢庄，遁迹非田畴。故乡山水佳，药饵颇易求。
颐摄冀良愈，待泛还朝舟。江头有锦春，何妨一命游。
几杖儿孙侍，樽核宾从稠。江湖信可乐，廊庙岂忘忧。
迟迟有深意，欲迈还停收。况彼五亩间，卷阿我曾留。
即是矢音地，扈赓忆从头。诗筒附奏笺，翰苑传风流。
故知解脱心，疾等浮云浮。从兹一苇南，遥望心与悠。[⑤]

① 钱陈群：《谢赐御题夜纺授经图札子》（乾隆十七年），《香树斋文集》，卷5，第190页。
② 钱陈群：《恭和御制索观钱陈群集有题其母夜纺授经图慈孝之意恻然动人且以见陈群问学所自来也辄成二绝句题之元韵》，《香树斋续集》，卷14，第528—529页。
③ 清高宗：《赐钱陈群归里》（乾隆十七年七月），《御制诗二集》，卷35，第25a—b页。
④ 钱陈群：《奏报归途情形》，乾隆十七年十二月，军机处档奏折录副，第009734号，台北故宫博物院藏。
⑤ 清高宗：《钱陈群养疴归里进途中所作诗因用其会锦春园和杜韵诗率题书赐》（乾隆十八年正月），《御制诗二集》，卷38，第6a—b页。

诗中流露出清高宗一心希望钱陈群能赶快将疾病治愈，期待他日泛舟还朝。为解君臣思念之情，表达彼此藉诗唱和心意。钱陈群与清高宗透过诗歌酬唱与交流，遂在钱陈群因病辞官的背景下展开，也是君臣间始料未及的一段因缘。

自此以后，不论是国家重要大礼，或一时诗兴大发，清高宗皆命人寄诗，并指示钱陈群和韵，而钱陈群每次率慎重其事，除了敬谨恭和外，更亲自抄录御制诗原有内容，装帧成册进呈。又每当高宗南巡之际，亦必向钱陈群赐诗，君臣酬唱，礼遇之隆，眷宠之深，当时传为美谈。袁枚后来为钱陈群所写的神道碑中有如下的记述：

> 公天才警敏，藻思坌涌，每扈从赓歌，帐殿前诸黄门环而伺之，晷刻未移，百韵已就。归田后上有吟咏，辄寄示公，络绎往来，至千余首。凡国家大礼毕，武功成，公必进雅颂数十章，玺书褒美，赏赉不可纪极。[1]

钱陈群的诗句以清新简洁见长，深受清高宗喜爱。乾隆三十三年（1768），在《津水早春词用钱陈群韵并寄去命和之》一诗中高宗曾写道：

> 香树斋集偶披翻，清虚婉约真除烦，
> 早春津水词更美，正值三月停巡轩。
> 近海民计夙所廑，幸看气象犹饱温，
> 摩肩接踵日辐辏，迎銮出欲空巷村。
> 江南舆情一例笃，为忆诗客安诗魂，
> 当年佣书此阅岁，每有佳句无斧痕。
> 自从归去乐桑苎，直沽塌淀空潺湲，
> 诗筒遰寄俾赓韵，翠然南望纷川原。[2]

钱陈群随即奉旨恭和七古四韵诗一首进呈，以志荣幸：

> 南湖湖畔荷盖翻，黄梅作雨添蒸烦，

---

① 袁枚：《诰授光禄大夫刑部尚书加赠太傅钱文端公神道碑》，收入《钱文端公（陈群）年谱》，卷之上，第52—53页。
② 清高宗：《津水早春词用钱陈群韵并寄去命和之》（乾隆三十三年二月），《御制诗三集》，卷64，第18b—19a页。

忽惊天章五云下，来自畿近之行轩。
春巡观河驻春淀，恩光荡漾浮春温，
衢歌巷舞迎户户，鱼腔水调来村村。
臣本此邦流寓客，能勿依恋非清魂，
木门柳色澹于水，浅深犹记春沾痕。
江南冀北水襟带，春冰渐处通潺湲，
他年倘再列扈从，识途老马嘶平原。①

乾隆三十五年（1770），清高宗再度巡幸天津，想念起时年已85岁的钱陈群，遂又以《津水早水词》题诗并命钱陈群恭和。清高宗题诗曰：

大沽赴海清波翻，海口昔阅兹不烦，
兹来实以俞众吁，祝釐揽胜奉翟轩。
似绘花柳秀而野，渐长风日和且温，
吴山广陵有同约，来贺诇止津瀛村。
香树斋翁命且俟，更怜归愚地下魂，
二老外与言诗少，片云空宇宁留痕。
津水早春词重和，还乡直达波潺湲，
东坡先生例具在，不妨险韵数迭原。②

诗中归愚即指沈德潜，为乾隆所喜爱的另一词臣，与钱陈群被乾隆皇帝尊称为"江浙二老"。③乾隆三十五年，时沈德潜已辞世一年，身边可与谈诗之士又少一人，把握光景，念及钱陈群，遂命和诗。钱陈群乃奉敕题诗恭和：

迎銮乐府词新翻，衰龄儱诵言非烦，
频年庆典洽寰宇，敷天寿域跻羲轩。
津民喜遂近光愿，如宾日出旸谷温，

---

① 钱陈群:《香树斋续集》，卷 23，第 621 页。
② 清高宗:《再叠钱陈羣津水早春词韵仍寄去命和》(乾隆三十五年三月)，《御制诗三集》，卷 89，第 9b—10a 页。
③ 《国史大臣列传，正编》，卷 133，《钱陈群列传》，清国史馆本，故传 005745，台北故宫博物院藏。乾隆二十七年，清高宗第三次南巡，驾过常州，陈群偕德潜来迎，御制诗各书一通，其中有："二老江浙之大老"句。

春沽夹镜好风日，遶堤士女喧花村。

白头望云依北斗，有时握管驰吟魂，

百十二珠耀蓬藿，墨光带露浮烟痕。

门前活水通析木，櫂歌生里流湋湋，

翠华改岁指东岱，跸路又见歌平原。①

《津水早春词》一诗，实作于康熙五十九年（1720），钱陈群时年 35 岁，适自浙江家乡处理父亲钱纶光与二弟钱峰两人身后事，家境萧然，无以为养，遂只身北上，客居天津期间所写的诗文，② 而这段经历却引起清高宗的兴趣，偶然于春巡天津，勘察河工路上，翻检钱陈群诗文集早年所写《津水早春词》，此诗后遂蒙清高宗多次命钱陈群和诗。乾隆三十八年（1773），清高宗又撰《三叠钱陈羣津水早春词仍寄去命和》：

光阴真似逝水翻，万几那敢谢劳烦。

搜题摘句乃余事，时亦引兴因游轩。

而惟观民体休助，衣食计欲饱与温。

斯来本为阅河务，因缘复至章武村。

行馆憩息春之暮，蝶梦不离花间魂。

屏额勒昔和钱句，彼无斧凿我有痕。

一篇寄付北风去，望予渺渺波湋湋。

即今可与言者孰，莫辞更选险韵原。③

钱陈群遂又奉命和诗，撰曰：

近巡芝盖东风翻，迎銮士女郊垌烦，

皇情怡愉一眷旧，墨卿应召趋行轩。

---

① 钱陈群:《再叠钱陈群津水早春词仍寄去命和》,《香树斋续集》, 卷 30, 第 698—699 页。

② 《钱文端公（陈群）年谱》, 卷之上, 第 140—143 页。原诗曰:

腊鼓声欲动地翻，迎年儿女巷曲烦，石国花儿擅胡舞，朱毛火毯明花轩。

商家少女嫁及时，妆成啼笑争春温，殷勤馈遗道相望，连畛接陌无空村。

我来此土两阅岁，梅花梦断西溪魂，闲骑老段遶河去，马蹄踏蹴冰花痕。

七十二沽水势活，冻纹开处飞屑湋，平林晻暖归欲暮，弄晴野鸟鸣高原。

③ 清高宗:《三叠钱陈群津水早春词仍寄去命和》（乾隆三十八年),《御制诗四集》, 卷 12,

第 16a—b 页。

万毫齐力书新句，金和玉节清且温，

寄读回思少贱日，数椽犹掩芦荻村。

怅触六十年中事，捻髭技养非诗魂，

兰舟平移花柳外，轻烟宿雨留春痕。

臣心似水非瞀井，感激脉脉流湲湲，

传观棐几诵万遍，穆然有会如逢原。①

　　清高宗与钱陈群之间这种反复往来酬唱，一叠、再叠以至多叠的和诗，上述的情况并非仅有例子，诸如《田园杂兴诗》《登烟雨楼》等，两人皆以同样的诗文往来方式，乐此不疲。对清高宗而言，钱陈群虽是臣僚，也形同诗友，在2、3、4次南巡将抵浙江前，清高宗诗文中流露出期待与旧友即将相逢的喜悦心情。如乾隆二十二年（1757）第2次南巡有"跸路迎銮多旧侣，就中颇喜此人来"；②二十七年（1762）第3次南巡抵将嘉兴，清高宗提诗中写到"境临秀水聊心喜，为晤林居有老生"；③三十年（1765）第4次南巡，钱陈群80岁高龄，清高宗下旨传令钱陈群不必远迎，题诗曰："肩舆弗许远迎催，喜过新年八秩开。民数无央觐銮路，就中遥识地仙来"。④至于钱陈群恭和的诗句，大量收录在乾隆十七年后编辑刊行的《香树斋续集》中，与十六年以前刊行的《香树斋诗集》内容，形成鲜明的对比，从中反映了清高宗与钱陈群君臣的转变关系。

　　乾隆三十九年（1774）年正月，钱陈群以89岁高龄写下遗折后与世长辞，清高宗获悉后深表哀伤，五词臣中以诗文获宠的沈德潜与钱陈群两人先后辞世，顿使清高宗深感失去两位生平挚友之伤感。二月，除公开发布了一道上谕外，也撰诗表达悼念之情。谕旨中指出：

　　钱陈群老成端谨，学问渊淳，……奉职恪勤，嗣因养疴予告，优游林下者二十余年，为东南搢绅领袖。……时以御制诗章，寄令赓和，儒臣老辈中能以

① 钱陈群：《恭和御制三叠钱陈群津水早春词韵》，《香树斋续集》，卷36，第788页。
② 清高宗：《和钱陈群田园杂兴十首书以赐之》（乾隆二十二年），《御制诗二集》，卷70，第3b页。
③ 清高宗：《过嘉兴再和钱陈群田园杂兴十首》（乾隆二十七年），《御制诗三集》，卷21，第9b页。
④ 清高宗：《三和钱陈群田园杂兴诗十首》（乾隆三十年闰二月），《御制诗三集》，卷49，第1b页。

诗文结恩遇，备商确者，沈德潜故后，惟钱陈群一人而已。^①

至其悼念诗句内小注上写道："沈德潜、钱陈群皆耆年宿学，凡御制诗章，时命赓和。壬午（乾隆二十七年）南巡，两人同舟迎驾，曾赐以诗，有二老江浙之大老句，德潜故已五年，今陈群又复溘游，此后更无可与言诗之儒臣老辈矣"。^② 具体表达了失去两位生平诗友的沉痛心情。

五、结 论

臣僚荣获皇上知遇恩典的因素是多方面的，或起于赞襄之功，或来自汗马战功，但如钱陈群以诗文获宠，诚属异数。在 18 世纪文字狱的压迫下，沈德潜先后以钱谦益及徐述夔文字狱案身后遭受夺谥扑碑的下场，^③ 钱陈群却以其敦厚谨慎得以善终，扬名身后，并且荫及子嗣，^④ 除钱陈群的诗才受知遇外，进退守份无疑是维系双方君臣的重要因素。

然而，钱陈群生前身后备受尊荣，而他刊行的诗文集虽倍受清高宗欣赏，但在乾隆后期编辑《四库全书》时未准予收录，而仅是置于四库未收书籍之列。在乾隆四十二年（1777）底发生江西瑞昌府新昌县举人王锡侯撰《字贯》一书引发的文字狱案，^⑤ 或许提供我们了解其中缘由。据案发后清高宗给两江总督高晋一道廷寄指称：

王锡侯《字贯》一案，……有侍郎李友棠古诗一首，……是以降旨将李友棠革职，然亦不另加罪。又查该犯王氏家谱，内有原任大学士史贻直序文，其《经史镜》及《唐人试帖详解》，内有原加尚书衔钱陈群序文，使伊二人尚在，

---

① 《钱陈群列传》，收入《国史大臣列传·正编》，卷 133，清国史馆本，故传 005745，台北故宫博物院藏。

② 清高宗：《钱陈群故诗以志惜》（乾隆三十九年二月），《御制诗四集》，卷 19，页 4a—b。诗曰："沈去钱存势已孤，徒观遗奏故人无。江南忽尔失二老，天子原非友匹夫。蒙邑应成蝶醒梦，香山那复鹿重扶。诗邮罢赵北风寄，郢垩怜亡为质吾。"

③ 周晨：《沈德潜与〈一柱楼〉诗案探讨》，《扬州职业大学学报》，第 8 卷第 4 期，2004 年，第 15—18 页。

④ 王崇烈辑：《清史臣工列传·钱陈群列传》，故传 006349，清史馆本，台北故宫博物院博物馆藏。

⑤ 有关王锡侯字贯案发生与朝廷审办经过，详参庄吉发《王锡侯字贯案初探》，收入《清史论集》，台北：文史哲出版社，1997 年，第 127—146 页。

自必向其究问，今伊二人俱已身故，亦不复深求。[①]

　　谕旨虽对钱陈群"不复深求"，但显然钱陈群一生守身守份，却因为替江西王锡侯《经史镜》等书作序而误蹈禁网，此无疑是钱陈群生前所料未及，最后终不免被卷入文字狱中，其诗文集所以未能入选《四库全书》，或许提供了一个解释，同时也画下钱陈群与清高宗间君臣诗文交流的一场最终结局。研究指出，清高宗对钱陈群与沈德潜江浙两位大佬的拉拢，背后不过是帝王为控制江南政治文化策略。[②]但若仔细比较钱、沈两人身前身后的作为遭遇，也透视出清高宗刚柔并济统治政策上，其因人因事而有不同的对策。

　　（原载《茶韵茗事——故宫茶话》《乾隆茶舍再探》，2010 年 11 月初版。部分修订）

---

　　① 第一历史档案馆编：《纂修四库全书档案》，上海：上海古籍出版社，1997 年，上册，第 747—748 页。

　　② 刘欢萍：《乾隆南巡与"江浙二老"交游的政治文化意蕴》，第 120—121 页。

清代满族君臣在对待满汉关系上的
复杂性及其变化

杜家骥

    惊闻陈捷先先生去世，甚感突然与悲痛。回想先生生前多次来南开大学讲学，与冯尔康老师暨我们冯门弟子共聚、畅谈，我们以陈先生为老师，陈先生也把我们冯门弟子视同自己学生，关爱提携，先生为人豪爽，对我们坦诚相待。回忆这些往事，不禁热泪盈眶。陈先生是清史、满族史研究大家，来南开园讲学，我们深受教益，记得曾与陈先生谈及清代满族及满汉关系问题，虽有某些想法，而一直未能成文。今撰得《清代满族君臣在对待满汉关系上的复杂性及其变化》，谨表对先生的追思与纪念。

一

    入关后的清朝，是以满族为统治主体实行满汉联合统治的王朝。维持满族的主体统治、保障满族的政治经济特权，是满族统治者一贯秉承的原则。如实行满人占优势的官缺制，以满洲缺固定授予满人，以保障其任官。在中央机构长官的满汉复职制中，以满人掌印，并实行以满人为主的旗人要员集议军国大政的议政王大臣会议制度。另外，以满语为国语，彰显满族的主体统治地位。此外，还厉行满汉不通婚，保持带有满族标志性特色的习俗，以维持满族的独立性。总之，是体现为首崇满洲、满汉有别的满汉关系，在这点上，满族君臣具有一致性，以上史事也多为学界所熟知。但如果只停留在这一层面的笼统认识上，尚属浅显简单。实际上，满族君、臣由于角色不同，他们在满汉关系、满汉有别以保持满族独立性等等方面，其行为、态度、做法以至立场上，有时并不一致，情况较复杂，不同时期也有不同体现。揭示这些不同情况与其产生原因，以及相关的一些史事，对于全面准确地理解清代满汉关系，乃至认识清朝历史，都是有意义的，爰对此试做简要阐述。

以下从顺治朝及康熙初、康熙前期至乾隆中期、乾隆中期以后、晚清时期这四个时段介绍。

二

（一）顺治朝及康熙初

清初满族入主中原，为了对中原广土众民的汉族实行有效、稳定的统治，满族统治者实行满汉联合管理的政策。由于满族是以武力镇压取得统一，而且厉行剃发、易衣冠、逃人法、圈地等政策，以致当时不仅社会上满汉矛盾尖锐，而且满汉官之间的矛盾冲突也时有发生，议政或处理某些政务时，有时也是满官一种意见，有些汉官持另一种意见，明显是以民族区分。而顺治皇帝，虽然也具有较强的本民族意识，维护满族统治，但他作为国家最高掌权者，又必须从国家整体的协调性上考虑，不能一味地倾向满族，不能像满族官员那样偏激，还需照顾到汉官、汉民的利益，以有效地利用汉官、缓和满汉矛盾，为此而实行某些政策措施，以下主要介绍顺治帝在职官制度上的一些做法。顺治亲政以前，清廷制定了中央机构长官的满汉复职制，同一官职，满汉二人同任，但又规定，满人品级高于汉员，印信由满官掌握。另外，最初曾按明朝之制设立翰林院，以吸纳汉族文人翰林，以备充实其他行政机构的官员，但不久就取消其独立性，将翰林院并入满族旧有的内三院，以满族旧制掌控。顺治帝亲政后，鉴于这些做法不利于利用汉官，因而实行满汉官员品级平等，规定："六部满汉尚书俱作正二品"，通政使司通政使、大理寺卿等，满汉"俱作正三品"……① 由于是按照汉官的品级（按明制）制定，所以实际是将满官降级，以同于汉官。在印信的掌握使用上，也不分满汉官，为此发布上谕："向来各衙门印务，俱系满官掌管。以后各部尚书、侍郎，及院寺堂官，受事在先者，即着掌印，不必分别满汉"。② 同时改满族旧有机构内三院为明制的内阁，而将翰林院独立出来。③ 另外，为了笼络利用汗藩王，他亲政后，还曾把多名皇家公主、王女嫁

---

① 《清世祖实录》卷119，顺治十五年七月戊午。其他机构满汉官员之同品级从略。

② 《清世祖实录》卷129，顺治十六年十月，辛卯，谕吏部"向来各衙门印务，俱系满官掌管。以后各部尚书、侍郎，及院寺堂官，受事在先者，即著掌印，不必分别满汉。尔部即传谕各衙门一体遵行"。

③ 《清世祖实录》卷119，顺治十五年七月戊午。

与汉藩王之家。①

顺治帝的这些措施，尤其是降低满官品级以与汉官划一平等，令那些具有狭隘民族利益观念的满族权贵们极为不满，因而在顺治帝逝世后，这些制度立即被满族权贵们取消，反映出他们君臣之间这方面的矛盾性。康熙帝继位初，由满洲四大臣辅政，这些满洲权贵强烈的首崇满洲的民族意识，在辅政期体现得淋漓尽致，在事关满汉关系的事务中，反顺治帝之道而行之。顺治十八年四月，也即顺治帝死后仅四个月，辅政大臣们便迫不及待地开始提升满官品级，首先将六部的满司官品级普遍提高。两个月后，取消内阁，恢复满族旧有机构内三院，仍将翰林院并入。同年，又恢复各衙门的满官掌印。②次年即康熙元年后，又修改官员品级及升转次序的《品级考》，③康熙六年二月确定，全面恢复以前满官高于汉官的品级制。满洲四大臣辅政期，还几次掀起残酷打击汉族士人的大案，这就是众所周知之的哭庙案、奏销案、通海案、明史案。以上事件，使开始缓和的满汉民族矛盾又趋尖锐。至康熙帝亲政以后，才逐渐扭转。

（二）康熙前期至乾隆中期

康熙帝于亲政后清除鳌拜集团，真正行使其皇权，先后恢复了乃父顺治帝注重利用汉官、满汉官品级平等的制度。康熙九年，恢复满汉官品级相同之制，从此也不再更改，满汉官品级划一成为定制。同年，又将内三院恢复为内阁，仍将翰林院分出，固定为独立机构。康熙中期以后，满族主体统治稳固，国家承平，满汉矛盾趋于缓和。康熙帝还致力于满汉关系的调和，如笼络利用汉人、南巡、祭孔、开博学鸿词科，实行薄赋政策等等。这些方面的史事学界熟知，毋庸多述。由于这一系列的政策措施，清初官场、社会上尖锐的满汉矛盾缓和，此后，满汉关系趋向调融，在教育、行政及日常生活的接触中体现得较为突出。

康熙是一位对汉文化孜孜汲取的满族皇帝，对皇子皇孙们实行严格的教育制度。满族王公、官员们也聘请汉族文人为家塾教师，教育本府子弟，这种满

---

① 顺治十年八月，顺治皇帝之妹嫁平西王吴三桂之子吴应熊。顺治十二年六月，顺治帝侄女（肃亲王豪格第七女），嫁给靖南王耿继茂之子耿精忠。顺治十二年九月，贝子苏布图长女嫁与耿继茂另一子耿昭忠。顺治十七年六月，顺治帝抚养宫中的侄女（承泽亲王硕塞女）封和硕公主，出嫁平南王尚可喜之子尚之隆。以上均见宗人府《玉牒》023号，中国第一历史档案馆藏。

② 光绪《大清会典事例》卷55，《吏部·满洲遴选·满官掌印》："顺治十八年题准：各部院衙门堂、司，悉令满洲官员掌印。六科及京畿道、河南道掌印，由都察院题请钦点，其余各道，以现任资深者转补。各部院属司，由各该堂官遴委郎中掌印，若郎中有事故，则遴委员外郎掌印"。

③ 《清圣祖实录》卷7，康熙元年十二月庚子。同书卷9，康熙二年四月甲寅。同书卷11，康熙三年四月乙巳。

汉之间的师生关系，对密近满汉士人官僚之间的关系起到了特殊的重要作用。雍正帝在位期间，曾多次兴起文字狱。另一方面，在官员的任用上又无论满、汉官，只注重能力、行政效果，还以满汉大臣共同办理机要事务的军机处，取代只有旗人要员商讨军国大政的议政王大臣会议。与此同时，一般满人之汉化也进入自然发展阶段。由于满汉官长期共事，满人汉化，满汉官员、士人间，满汉关系趋向融洽，以前满族王公官员那种较强烈的满汉有别的民族意识与观念逐渐淡化。具体表现在以下几方面。

1. 满汉文人之间的师生关系、交往关系

满人学子，无论是在官学，还是在本宅的家塾中，都有汉族文人为师，尤其是家塾，主要是聘请汉人授读，长期的教学，自然结下汉满师生情谊。汉族尊师重教，以师为尊贵的"西宾"，崇尚师徒为父子，这种师生关系及其伦理，也影响着满人，包括其家庭其他成员，共同结成密近关系，甚至延续到后代而成家庭家族之间的"世谊"。这种关系还缘于人的自然本性，满洲人与汉人一样，都有自然品性的一面，日常交往，不可能只是单单的满汉人之民族性、政治性起作用。以上有满汉师生关系的满洲家族，叶赫那拉氏明珠一家、皇族中的安亲王府是典型代表，这些满洲家族还"喜延接文士"，满汉师生、文人之间以文会友，往来频繁，结成高雅的文人情谊。与明珠一家关系密切者有严绳孙、顾贞观、秦松龄、陈维崧、姜宸英等，明珠父子还救助流放于东北的江南汉族诗人吴兆骞，并把吴兆骞聘为家塾之师，死后为其送葬，尤为士林称道。纳兰性德英年早逝，为其作挽词、祭文以及墓志铭等的汉族文人，多达47名。[1] 安亲王府的蕴端（初名岳端），是安亲王岳乐之子，其诗作颇为诗坛领袖人物王士禛称道，很多汉族文人也乐与交往，蕴端因而"纳交东南名士殆遍"。[2] 再如宗室博尔都，由于汉文诗作"清稳可诵，一时名士画人，多从之游"。[3] 康熙帝第二十一子胤禧，能诗善画，而且"喜从南士游"，[4] 与郑板桥过从甚密，结为挚友。满族文人、书画家鄂尔泰、鄂容安父子以及噶尔玺、音布、伊福纳、图清格、保禄等，都与郑板桥结下情深谊长的翰墨缘。鄂尔泰与汉族著名诗人袁枚

---

① 据《通志堂集》卷19、卷20统计。上海古籍出版社1979年影印本，下册第737—895页。

② 《明史·河渠志》及《禹贡锥指》屡提及"贾鲁河"，但贾鲁河在文献中有两条，因此常被混淆。《图书集成·职方典》引《归德府志》曰："贾鲁河在府城西北四十里，元工部尚书贾鲁督修，因名。"而《续行水金鉴》卷19引乾隆四十四年九月上谕，曰："贾鲁河系元时所开，其时黄水即由此河经行，归入江南，必非径穿洪泽湖下注；其后，贾鲁河于何时梗塞，改用今河。"似乎两河常被混而为一。

③ 邓之诚：《清诗纪事初编》，下册，上海：上海古籍出版社，1984年，第636页。

④ 邓之诚：《清诗纪事初编》，下册，上海：上海古籍出版社，1984年，第639页。

的情谊也颇深。^①另外，当时的科举中也流行结为师生关系，科举被录取的满人士子，与负责考试的汉人主考官、同考官，也认作师生关系，不过这种师生关系带有功利性，不如授业师与学生之间的师生关系纯朴。满汉文人之间交往密切，结为契友，无疑对缓解满汉矛盾关系具有良性影响。满洲旗人大学士舒赫德祖护其业师汪由敦之子一事便值得注意，汪由敦之子汪承霈因罪被题参革职，舒赫德奏请为其捐复原官，受到乾隆帝的斥责："汪由敦系舒赫德业师，（舒赫德）今为汪承霈具奏，显欲周旋世谊……舒赫德照徇庇降三级调用例，降三级调用"，^②舒赫德的做法属于因私违法，但他敢于冒满汉关系这一政治问题的风险，而为汉人业师着想，也可见他把与汉人的师生情谊看得很重，甚至超过了满汉政治关系。

2. 满人取名抛弃本民族习俗，而循从汉族习俗

满汉两民族的取名习俗大不相同。汉族取名冠姓，一人多名，有小名、大名，很多人还有字、号等，取名讲究用字之义，予以美意、寄托美好愿望，注意用字文雅，或具宗法性而以字排辈。这些带有特色的取名形式与内容，也成为汉族人的一种特征。满族旧有取名方式则完全没有这些讲究，名不冠姓，以满语（或蒙古语）取名，终身一名，无大小名，不讲究名义，很多人以动物、粗俗鄙陋之词取名，贵族、官员、平常人都是如此，这种日常生活中称谓频率颇高的名字，对他们的形象非常不利，给人一种落后之"夷"的印象，满汉文人之间、官场上尤为在意。因而满人在取名上多方面纳入汉族习俗，如：（1）以汉字写其名字，摒除"兔""儿"等不雅字词，以"图""尔"等汉字代替。（2）以汉字取名，且带有美好寓意。如康熙诸皇子们的名字胤禔、胤礽、胤祉、胤禛……等等。这以字排辈取名也是汉俗，康熙皇帝以后子孙都按字排辈取名，不少满洲人也是如此。（3）取冠汉姓的汉人名。前述以汉字取名，尚不冠姓，带有满族名不冠姓的旧俗。而以汉字取冠汉姓名，则完全是汉族人的名字了。满族在入关初的顺治朝，就有取冠姓汉人名的，如满洲第一个状元麻勒吉（瓜尔佳氏），便取汉名马中骥。此后取汉名的满人不断增多，如康熙朝的礼部尚书顾八代，伊尔根觉罗氏，其子名顾俨，孙名顾琮。同时期的满人吏部左侍郎傅继祖、参赞大臣傅鼐，以及马齐（大学士）、马武（领侍卫内大臣）、李荣保（察哈尔总管）等，皆为富察氏。雍正朝大学士徐元梦，舒穆禄氏。刑

———
①　参见张菊玲：《郑燮与满族士人的翰墨缘》，《中央民族大学学报》1995 年 1 期。
②　档案：《录副奏折》，乾隆三十九年六月初十日，左都御史观保等《奏报遵旨严加议处吏部堂官事》。

部侍郎杭奕禄，完颜氏。雍正、乾隆朝两代大学士尹泰、尹继善父子，则是章佳氏。还有一些满人所取汉字名，不一定是汉人姓，但以后子孙们就以其名字的头一个字连续取名，这个汉字就成了其后代沿用的汉姓，名字也成冠姓汉人名。如大学士鄂尔泰，西林觉罗氏，因其父名鄂拜，遂以鄂为姓，鄂尔泰之弟名鄂尔齐，其子、侄、孙皆名鄂某。乾隆朝军机大臣舒赫德之子名舒常、舒宁，则是以原姓舒穆禄氏之头一字"舒"为姓，并取冠舒姓的汉式名子。（4）取名讲究用字之字义的文雅，或寄寓美意、愿望，诸如烨、福、祯、祥、弘、琼、明、泰、华、寿、松等字眼，在满人所取名字中非常多。（5）仿汉族文人雅士取字、号，如前述之明珠，取字端范。宗室蕴端，取号红兰主人，康熙皇子胤禧，取号紫琼道人等等，取字、号在满洲贵族、官员、士人中已成很普遍的现象。另外，还仿效汉人在名字上实行避讳。总之，满族很多人在取名上已多方面仿从汉族。[①]

3. 满人放弃本民族语言而用汉语

满族以少数人长期生活在汉人文化圈内，其语言习俗必然要循从多数人的汉语、汉俗。其满语自然逐渐退出日常生活之中。汉人教师与满族学生教学汉文，互相交流，是用汉语，满汉官员交流，汉官用汉语，都促使满人习用汉语，逐渐地，在社会生活中，汉语成了满人的日常用语。雍正六年，雍正帝说："近见挑选之侍卫、护军等，弃其应习之清语，反以汉语互相戏谑"。[②] 这方面的情况已是学界熟知，不赘举。满人以汉语为日常用语，也说明这些人并不循从官方意志而在语言上保持满汉有别，而且这种做法也不现实。

4. 满汉通婚繁衍混血性民族后裔

满族统治者在清初曾宣布满汉不通婚，此后满族男子纳汉人女为妾的现象则大量存在，进而繁衍很多满汉混血后裔，皇家也是如此，比如：顺治帝皇子，满汉混血者占 50%。康熙帝皇子，满汉混血者占 37.5%。雍正帝皇子，满汉混血者占 80%。[③] 皇家以外的其他满族家庭中，纳汉人女为妾者也不少，这在满人家谱中有很多记载，[④] 也繁衍着满汉混血的后代。这是满汉关系在满汉不通婚政策下出现的实际变化现象。

---

① 以上详见杜家骥：《从取名看满族入关后的习俗与文化》，《清史研究》1993 年 2 期。

② 《清世宗实录》卷 65，雍正六年正月庚辰。

③ 吕浩月：《清代皇族满汉血统融合研究》，南开大学硕士学位论文，2014 年。

④ 较典型者，可见《镶黄旗钮祜禄氏家谱》，家刻本。《（吉林）他塔喇氏家谱》，北京：中国社会科学出版社，1989 年影印版。并参见拙作《八旗与清朝政治论稿》第十四章"八旗旗人的婚姻及其与政治相关内容——以家谱为主的考察"。北京：人民出版社，2008 年。

以上满族之变化，以及其他方面诸如满族仿效或循从汉人之婚俗、贞节观念、葬俗、祭俗、丁忧守制、纂修家谱等等汉化行为，都在促使满汉有别的内容逐渐减少、满族的民族性趋向模糊。

（三）乾隆中期以后 [①]

上述满族弃本民族之满语而说汉语，取冠汉姓的汉字汉人名，满人纳汉人女而繁衍满汉混血的满族后裔，等等方面的汉化，不断削弱着满族的独立性，到乾隆中期仍在发展，满族君臣中的臣，以及一般满人，虽身处这一汉化之中，但一般并无过多考虑，不大意识到对本民族满族的不利影响，因而不自觉地继续充当汉化的客观实践者。而身为整个满族最高之主的乾隆皇帝则不同，他从本民族主体统治的政治方面，意识到问题的严重性，他出于本能的民族意识而感到，这些方面的汉化若任其发展，作为少数人之满族将失去其独立性，被汪洋大海式的汉族"化"掉！因而决心大力制止，恢复某些满汉有别的内容，以维持满族之独立性。但是在不少汉化方面却又无奈，比如满族在风俗习尚、贞节伦理观念等方面所受汉族潜移默化的影响，以及满人与汉人日常生活的交往中说汉语，等等，他是无法改变的。再如满人纳汉女为庶妻而繁衍有汉族血分的后裔，一直存在于满洲旗人乃至其皇家之内，难以制止。还有以汉字取名，以字排辈取名，这是其祖辈们早就仿效的，乾隆自己及其儿孙们也仍在实行，他也不能否定祖宗的做法。因而只能在以下几方面采取措施，并作为定制，令子孙皇帝们嘉庆、道光、咸丰帝等遵从实行。而有明显效果的，只有前两方面。

1.取名上虽可用汉字，但禁用冠汉姓的汉族名，保持满族名不冠姓的特色标志。

满人取名本来不冠姓，这也是满人带有特色的称呼与标志。如果满人取冠汉姓的汉族名字，将使满人失去存在于社会的这种外在性标志，而成为汉人标志，这一点让乾隆皇帝感到尤为严重。满人的长相本来就与汉人无异，这一时期的穿戴也不完全是清初的满族服装（官服早已融入汉族官服品级图饰、礼俗的内容。而其日常生活的便服，也已是满汉互相影响的服装 [②]），日常生活已说汉语，如果社会上大家互相称呼满人再都是汉族名字，那么满人已无社会存在的标志，或者说是混同在广大的汉族之中而不复独立存在。对此，乾隆再也

---

① 乾隆帝的某些做法，在乾隆前期就已实行，而重要的、大部分做法是在乾隆中期以后。故本小节以乾隆中期为阶段划分。

② 钟文燕、王高媛、许凡：《清代满汉服装的相互影响》，《广西纺织科技》2010 年 2 期。

不能听之任之了，因而制定了严厉的制约政策、禁令，以阻止其发展。既然无法阻止以汉字取名，只有令其不冠姓以保持满族特征。鉴于清朝时期的汉人多取三字名，因而他下令：满人若以汉文取名，严禁用三字。如果用两个汉字取名，头一个字也不能是汉姓。另外，严禁几代人的名字开头用同一个汉字，以免沿用此字而成为汉姓。乾隆曾几次发布以上禁令，发现违反者，则予以严厉申饬，勒令更改。以后的嘉庆、道光也几次发布类似谕令，以延续实行，也取得了效果，以致清后期不再见到满人取冠汉姓的三字名了，凡以汉文取名者，几乎是清一色的二字名，如文祥、锡良、寿荫、荣禄、桂祥等等，成为带有旗人特色的满人名字。①

2. 语言文字及词语方面。满人包括乾隆帝自己，与汉官交流必须说汉语，所以无法禁止满人说汉语。但仍竭力维持其在本民族内的延续使用。为此，在职官制度方面，乾隆把测试满语掌握程度，作为满人在选官、考职、封爵时的必要条件，以促使满人不放弃满语。在官员选任时，被举荐的满洲官员凡"不能清语之人，不准列入保举"。② 有的官员在皇帝召见时，因"不能国语，且才具平常"，而被降职。③ 有的满洲武官，因所管满兵"未能娴习国语"、武技平庸等因，而被"严行议处"。④ 袭爵者被引见时，乾隆帝皆以满语询问，凡不会满语者不准袭爵，改由该家族的其他人承袭。⑤ 这些措施有的在以前也实行过，乾隆帝则加大严行力度。而对于满文，除了在公文中保持其作为"国语"使用，更特别严厉要求满人官员给皇帝上的奏折都要用满文，乾隆还不时纠正满官在奏折中用得不准确的满文，这在乾隆朝满文《寄信档》中有不少记述。

在词语方面，乾隆帝也颇费心思。满族入关后，在与汉人的接触交往及行政中，需要使用大量的汉语词汇，⑥ 这些汉语词汇，是满族的语言文字中所没有的，满人在公文中用满文书写，简单快捷的方式是"音译"，即用接近汉语词汇之音的满语字头之音发声、或作满文文字表达。如汉语的"知县"，满文作 jy hiyan（罗马字母标示，下同），汉语的"匣子"，满文作 hiyase，并以此发声而作为满语口语。这种语音、文字表达形式，实际是以汉语汉文为中心、为根本，而以满语满文为依从。这种以"国语"（又称"清语"）之满语循从汉语的做法，

---

① 以上，见杜家骥：《从取名看满族入关后的习俗与文化》，《清史研究》1993 年 2 期。

② 《清高宗实录》卷 16，乾隆元年四月丁卯。

③ 《清高宗实录》卷 1460，乾隆五十九年九月己丑。

④ 《清高宗实录》卷 779，乾隆三十二年三月庚午。

⑤ 《清高宗实录》卷 663，乾隆二十七年闰五月辛卯。

⑥ 这方面情况，在满族入关前就已经开始出现。大量出现则是在入关后。

而且在满语满文中大量存在、经常使用，在乾隆皇帝看来也是一个严重淡化、削弱满族主体统治的政治问题。对此他也不容其任意发展了。为此，他多次发布指示，清查这种词汇，将其改为"意译"，即用满语文的意思翻译为满语文词汇，以消除汉语文痕迹。这一举措，延续实行了多年，这一过程中，乾隆发现问题，如意译表达的不准确等，也随时下指示予以纠正。后人将这一举措形成的新的满语文词汇，称为"钦定新清语"，有学者统计，留存至今的乾隆朝形成的"钦定新清语"文件就有110余件，这些文件中，经过乾隆帝"钦定"的"新清语"多达1700多条，[①] 有的学者指出"终乾隆一朝，钦定新清语数千项"，[②] 当时统计的词汇、语句的条目的标准不同。有学者认为"乾隆皇帝在《御制增订清文鉴》中"钦定国语五千句"，其中大部分为排斥汉语借词而编订"。[③]

虽然乾隆皇帝竭力维护满语在满族中的使用，但由于汉语已成为满人的习惯语言，日常生活中的说话，仍主要是汉语，因而维持满语的措施并无多大效果。只有满文，由于满族皇帝强调行政中公文使用满文，另外在满族内部实行倾斜性的翻译科举，作为入仕为官的增加途径，以及满人选官的重要途径——考选笔帖式，是凭满文及其翻译成绩，等等，才使这种作为"国语"的文字得以维持存在，直至清亡。其"钦定新清语"，也因皇帝的强令改译、推行，而广泛应用于满文公文、印信及满文图书的编纂中。

3.婚姻方面。满汉不通婚的既定政策，乾隆以后被满族皇帝继续强调，主要是禁旗人尤其是其中的满洲、蒙古旗人女出嫁汉人，道光时还作具体规定，而对于汉军旗人之女嫁与汉人，则持默认态度。[④] 延续已久的满人纳汉人女为妾，仍沿袭不改。所以因此导致的满族家庭繁衍满汉混血后裔仍大量存在。满族王公府第中，雍正帝长兄直郡王允禔，至清末，其子孙满汉混血者有77人，占其后裔总人数222人的34.68%。和亲王弘昼，至清末，满汉混血39人，占子孙总人数127人的30.7%。这只是确知者，实际还要超过此数，因有一些人尚不能确定。[⑤] 皇族以外的满洲旗人家族娶汉人女的情况也不少，如满洲大族钮祜禄氏额亦都家族，以及东北与汉人杂居的满洲他塔喇氏家族，都与汉姓通婚

---

① 以上见佟永功、关嘉禄：《乾隆朝"钦定新清语"探析》，《满族研究》1995年2期。

② 徐莉：《乾隆朝"钦定新清语"及其意义》，《明清档案与历史研究论文集》北京：新华出版社，2008年。

③ 长山：《满语中汉语借词的演变轨迹考察》，《满语研究》2016年1期。

④ 以上见郭松义：《伦理与生活—清代的婚姻关系》，北京：商务印书馆，2000年，第36—52页。

⑤ 吕浩月：《清代皇族满汉血统融合研究》，南开大学硕士学位论文，2014年。

有一二百例，其中有汉军旗人女，有不在旗的汉人女，[①]满洲旗人无论其所娶的是八旗中的汉军旗人女，还是八旗之外的汉人女，这些女性都是汉族血统，为满族繁衍的，是满汉混血子孙。

4. 风俗习尚。在这方面，满族皇帝主要是在有明显外在的民族性标志方面，如穿戴服饰、缠足等，禁止仿效汉族。即使汉军旗人，也在禁止之列，当是防止与他们生活在一起的满洲旗人、蒙古旗人受到感染。乾隆四十年，乾隆帝降旨："旗妇一耳带三钳者，原系满洲旧风，断不可改。昨朕选看包衣佐领之秀女，皆带一坠子，并相沿至于一耳一钳，则竟非满洲矣。着交八旗都统、内务府大臣，将带一耳钳之风，立行禁止。"[②]嘉庆九年，皇帝又发布上谕："我朝衣冠及妇人服饰，皆有定制，自当永远奉行，岂可任意更改。今镶黄旗汉军应选秀女内，缠足者竟至十九人，殊为非是。此事所关甚钜，若不立即更正，久之竟如汉人习气。此一旗即有十九人之多，其七旗谅亦不少。今姑不加深究，所有该副都统成书、珠隆阿，俱交部察议。该参领、佐领等，交部分别议处。此秀女十九人之父兄，本当治以应得之罪，姑念此等籍隶汉军，幼居屯村，因染习气，曲加恩施，宽免治罪。将此交八旗汉军都统等，各转饬该管参领、佐领等，嗣后务家喻户晓。如经此次传谕后，仍有不遵循者，定将该秀女父兄照违制例治罪，并将该旗大臣、章京等，一并照例议处。再，看得此次秀女，衣服袖头甚属宽大，竟为汉人规制，似此任意互相效尤，不惟多事虚糜，于风俗大有关系，将此一并交八旗各参佐领。严加申禁"。[③]道光十九年又发布上谕："朕因近年旗人妇女不遵定制，衣袖宽大，竟如汉人装饰，上年曾特降谕旨，令八旗都统、副都统等严饬该管，严行晓谕。凡我满洲、蒙古、汉军人等，谅不至视为具文。明年又届挑选秀女之期，不可不重申例禁。着八旗满洲、蒙古、汉军都统副都统等，转饬该管各员，恪遵前旨，家喻户晓，一切服饰，悉遵定制。倘明年挑选之期仍有不遵者，除家长照例治罪外，定将该旗都统、章京等，一并严惩不贷。"[④]

这类风俗习尚，屡次以谕旨的形式发布禁止，正说明禁而不止，以致成为引人注目、引起满族皇帝注意的长见现象，可见禁止的效果也是有限的。

---

① 以上见杜家骥：《八旗与清朝政治论稿》第十四章《八旗旗人的婚姻及其与政治相关内容》，北京：人民出版社，2008年。
② 光绪《大清会典事例》卷1114，《八旗都统·户口·阅选秀女》乾隆四十年。
③ 光绪《大清会典事例》卷1114，《八旗都统·户口·阅选秀女》嘉庆九年。
④ 光绪《大清会典事例》卷1114，《八旗都统·户口·阅选秀女》道光十九年。

（四）晚清时期 ①

同治以后至清末，由于列强侵入，王朝危难，武力衰弱，财政拮据，八旗生计严重，朝野要求富国强兵以及宪政改革的呼声不断高涨，如何使满汉等多民族同命运、共利益的国家国富兵强，以抵御外侮，成为当时的主旋律，满汉有别的民族关系退居其次，形势逼迫满族最高统治者自觉或不自觉地实行诸方面变通改革，其中也包括满族自身及满汉关系方面，满族的独立性及其特权也进一步受到削弱。

同治三年，由于解决旗人生计，开始允许八旗旗人"听往各省谋生，其已在该地方落业，编入该省旗籍者，准与该地方民人互相嫁娶"，② 从此允许入籍地方的旗人与汉人自由结婚。30 多年后的光绪二十四年，两江总督刘坤一、湖广总督张之洞向皇帝反映"满蒙汉民久已互通婚媾，情同一家"，③ 所说"情同一家"显然有赞誉成分，但在一定程度上反映了民间基层旗民出于自然人性、不带政治性民族意识的通婚，及由此产生的淳朴情感。这部分满族人实际正融化在汉族之中，逐渐消退满族的民族意识。

晚清时期，最高统治者面对朝野强烈的宪政改革要求、实行新政的呼吁，不得不顺从舆情，实行变革。在满族最高统治者的上层，态度也不尽一致，其中出现以国家利益为重，把本满族之民族利益放在其次的思想观念，倡行君主立宪制，这种制度的实行，对满族皇帝的君权、满族的政治特权有所限制（见下述），但因为它有利于国家的发展强大，因而得到满族一些开明者的倡行，其代表人物，便是支持并实行戊戌变法的光绪皇帝，以及此后在立宪运动中的贝子溥伦等。而慈禧，则对实行宪政并不积极，只是迫于舆论压力而不得不被动地拖延实行。当时，朝野呼吁破除满汉樊篱的呼声也非常强烈，作为满族最高统治者皇帝、太后，又实行了以下破除满汉有别、减少满洲特权的一些措施。光绪二十七年十二月发布上谕，全面放开满汉通婚：

> 谕内阁：朕钦奉皇太后懿旨：满汉臣民……惟旧例不通婚姻……今则风同道一，已历二百余年，自应俯顺人情，开除此禁。所有满汉官兵人等，着准其彼此结婚。④

---

① 本小节详细内容，参见杜家骥：《清代满族与八旗的关系及民族融合问题》，《社会科学战线》2016 年 6 期。

② 光绪《大清会典事例》卷 155，《户部·户口·壮丁别寓》。

③ 刘锦藻：《皇朝续文献通考》卷 26，《户口考二·八旗户口·奴婢附》。

④ 《清德宗实录》卷 492，光绪二十七年十二月乙卯。

这一政令的发布，客观上较大地促进了满汉民族血缘融合的发展，对满族君臣及一般旗人的民族意识，也会起到淡化影响。

光绪三十二年实行官制的大幅度改革，又废除满汉复职制，从制度上取消划给满人的"满缺"特权，各部堂官（长官）不分满汉选任。皇帝上谕内阁：

> 各部堂官，均设尚书一员、侍郎二员，不分满汉。[①]

还有，原来只能由旗人担任的八旗长官都统、副都统，以及八旗地方驻防武官将军、都统，也开始选用汉人。如刘永庆、张英麟、段祺瑞、冯国璋等，都曾被任命为八旗中的汉军旗或蒙古旗的副都统或都统，[②]冯国璋还曾充任满人担任的驻防察哈尔都统，[③]程德全担任过黑龙江将军。[④]徐世昌则被任命为东三省总督，兼管三省将军事务。[⑤]皇帝上谕中也说："近来任用大小臣工，即将军、都统，亦不分满汉，均已量材器使"。[⑥]

清末满族基层的一般旗人，其满族的民族意识更显淡化，甚至出现脱离满族的现象。由于朝廷财政拮据，旗人生计问题得不到解决，贫困加剧，对满族统治者的民族情感已大不如前，他们目睹满族主体统治下的王朝衰败，对其统治也失去信心，甚至出现拥护、参加辛亥革命者。据清末"满族刘秀锋说：我们不指靠钱粮，对辛亥革命不反对，但也不愉快。满族老人关济武说：我在北京城内八旗高等学校里，秘密地看到孙中山的三民主义和其他反满小册子，多数满族同学都表示拥护革命"。他还据其所见介绍：在汪精卫谋炸满族摄政王载沣的现场，满族、汉族群众都议论"应该炸死摄政王"。满族青年罗润还与汉人同学在西安驻防的八旗兵中秘密发动反满起义。[⑦]在东北三省奉天、吉林、黑龙江以及四川成都，也有参加辛亥革命、支持新军或脱离清廷策划独立满族成员。[⑧]

---

① 《清德宗实录》卷 564，光绪三十二年九月甲寅。

② 《清德宗实录》卷 538，光绪三十年十一月甲辰。《清德宗实录》卷 572，光绪三十三年四月戊辰。《清德宗实录》卷 564，光绪三十二年九月癸亥。《宣统政纪》卷 21，宣统元年九月丙辰。

③ 《宣统政纪》卷 66，宣统三年十月壬子。

④ 《清德宗实录》卷 549，光绪三十一年九月丁酉。《宣统政纪》卷 12，宣统元年四月癸未。

⑤ 《清德宗实录》卷 571，光绪三十三年三月己亥。

⑥ 《清德宗实录》卷 576，光绪三十三年七月辛卯。

⑦ 《满族社会历史调查·北京市满族调查报告》（1958—1959 年），北京：民族出版社，2009 年刊本，第 86 页。

⑧ 袁锋：《剖析满族人民参加辛亥革命的原因》，《中央民族学院学报》1991 年 4 期。

宣统年间，由于出现反满思潮，满族皇室最高统治者感到其满族之爱新觉罗王朝已有覆亡的危险，因而竭力在政治、军事方面集权满族及其皇族，在他们身上，反而体现了更强烈的满族民族意识，行使皇权的摄政王载沣，将汉人权臣袁世凯开缺回籍，又让其皇弟载洵、载涛及满人荫昌，掌握陆海军大权。宣统三年成立的宪政"责任内阁"，13名国务大臣中，有9名是满人，其中又有7名是皇族。这些强化满族意识及权力的措施，引起朝野强烈反感，加剧了满汉矛盾，结果适得其反，加速了满族主体统治的清王朝的灭亡，该现象存在时间也很短。

三

古代，作为主体统治的民族，都要在其统治的王朝建立、维护本民族优于其他民族的利益与特权，清朝主体统治的满族也不例外。这种民族不平等，是古代社会及其所建立政权的时代性特征。清代，满族无论君还是臣，始终贯穿"首崇满洲"的民族意识，但由于客观上满汉关系的必然变化、满族的汉化，不同时期，君与臣及一般旗人，因所担任的角色不同，所考虑的问题及其角度也就有所不同，因而在对待有关满汉关系的事情上，其态度、行为、做法也有所不同，呈现非常复杂的状况。清前期的满族皇帝，作为满汉联合统治之王朝的最高掌权者，需要从全盘考虑，联合利用汉族官绅士人实施统治，实行一系列满汉官员平等的制度，这与满族权贵官员中强调满汉有别、满官权力地位高于汉官的态度与做法不同，这种现象在顺治、康熙两位皇帝亲政后的一段时期有明显体现，也因此而造成皇帝与满洲权贵之间的矛盾。

乾隆帝当政时期，满族君臣之间民族意识的差别，主要表现在乾隆皇帝强烈的满洲民族意识，以及满族臣僚之本民族意识的趋于淡化。在满汉联合统治的清王朝，满汉官员同一官场共事，日常生活也互相接触交往，满汉师生关系密近，文化习尚、道德观念相互影响，而以满族之汉化为主，满人与汉人日常生活中的人际交往带有自然性，也可以说是具有非政治性的自然"人"的本性在起作用，不会像官方政策原则那样，总以满汉有别的民族意识与原则指导自己的行为，其满汉有别的民族意识也就因此而逐渐淡化。乾隆帝眼见满族的不断汉化，甚至有被广大汉族"化掉"的危险，制定一系列制度措施，以阻止满族汉化的发展，并要求子孙君主延续实行，但效果很有限。清末满族一般基层旗人的满族民族性意识明显淡化，与清中期尤其是清初已大不相同，这是无法阻挡的发展趋势。

晚清时期，面对国家的内忧外患，国贫兵弱，作为主体统治的满族中也与汉族一样，力图富国强兵，实行变法、立宪、新政，光绪皇帝、贝子溥伦就是其中的实践者，慈禧太后等也不得不被动实行。其中变法进而实行立宪制，对满族皇帝之皇权有所限定；而实行满汉通婚，废除满汉复职而取消满缺，在官员选任上不分满汉，既取消满人的任官特权，也是破除满汉有别，化除满汉畛域的举措，是值得肯定的进步举措。但仍保留着满族及其皇家主体统治的原则与底线，不可能从根本上摆脱其作为主体统治满族及其皇家对王朝的"私"性，因而清末宣统期间，当满族最高掌权者感到满族主体统治、爱新觉罗家族帝制王朝的存亡已面临严重威胁时，便体现出其满族及皇家在"私"性方面的局限性，摄政王载沣等采取一系列强化满族及其皇族政治军事权力的做法就是明证。

前述事实又似乎预示着这样一个规律，就是，非皇家的满族人，其满族的民族意识在清初最强烈，以后由于不断地汉化，其满族的民族意识在逐渐地削弱，如果没有像乾隆等皇帝那样采取人为政策的维持，终究会像乾隆担心的那样，被汉族"化掉"。清末满族成员的民族意识、在满汉关系上的观念，也不能与清初同日而语。而身为皇家成员之皇帝，则随形势之变化而在满汉关系、满族之主体统治、民族意识及爱新觉罗家族之特权地位上，采取不同的态度与措施，但都是从维护其满族之主体性统治、爱新觉罗皇朝之长久保持这一"私"性根本利益去考虑的。这种民族的、家族的对王朝国家的"私"性，只有在帝制王朝变革为近现代国家的过程中，以"公"性因素去消除它，因而民国以后，私性帝制不可能存在，同时倡行的汉满蒙回藏的"公性"五族共和国家，也不是某一民族的民族性政权了。

清代蒙人与汉商的债务纠纷

赖惠敏

一、前言

过去讨论蒙古独立的原因，常归咎汉商放高利贷，蒙古人无力偿还，遂有独立之举。究竟汉商和蒙古人的债务起因为何？或者债务的利息如何偿还？仍须讨论。〔俄〕阿·马·波兹德涅耶夫《蒙古及蒙古人》提到许多蒙古人向汉商借贷的案例。譬如 1891 年 7 月，土谢图汗部落的罗布桑和儿子额林钦向乌里雅苏台的汉商乌力吉图借 10 两银子，每两银的月息 5 分。到次年 8 月，得用 22.1 两来偿付。[①] 月息 5 分是否为普遍现象？B. 锡林迪布讨论汉商在蒙古地区采用高利贷赊出商品，实施"通赊"制度，即蒙古的高官与商号订立一定期限内承担相互间义务的保证书。在 1 个月内偿还债务不取利息，超出 1 个月时每 30 个沙尔莱增加 2% 的利息。又提到 1907 至 1912 年在库伦开设的大清银行，根据张惩戒给蒙古居民的短期性贷款年利为 9%，在付给贷款时即予扣除。实际上，银行利息是 12%，而不是 9%。银行和商号的借贷和赊货使得许多蒙古牧民破产。[②] M. Sanjdorj 讨论蒙古债务认为库伦的商人像吸血鬼一样，重利盘剥蒙古人，使蒙古的经济败坏。他提到商号喜欢借贷贸易，赊账的货品比付现还贵，譬如 1 块砖茶付现等于羊毛 7、8 斤，赊账则值羊毛 12 至 15 斤。牲畜抵债的价

---

① 〔俄〕阿·马·波兹德涅耶夫：《蒙古及蒙古人》卷 1，刘汉明等译，呼和浩特：内蒙古人民出版社，1989 年，第 249—250 页。

② 沙尔莱为货币单位，1 两银等于 165 沙尔莱，1 块薄砖茶等于 40 沙尔莱，1 卢布等于 150 沙尔莱。B. 锡林迪布：《十九世纪末与二十世纪初的蒙古社会经济状况》，载内蒙古大学蒙古史研究所编《蒙古史研究参考资料》第 9 辑（1978 年 4 月），第 25、29 页。这制度对蒙古官员有利之处是可以随时取得所需的货品；对商人有利之处则可以到广大领土上做买卖。

格也被低估，1 匹马价值 16 两，用来抵债才值 10 至 12 两。① 相对来说，民初有孟榘到蒙古，提到乌里雅苏台大盛魁益发达，营业徧喀尔喀科布多，资本近万万，例放各旗公债，但蒙古独立后大盛魁的债务一笔勾销，损失庞大。② 看起来旅蒙商放债也不是一本万利的行业。

本篇论文拟利用清代的档案与 B. 锡林迪布、M. Sanjdorj 进行对话。首先，M. Sanjdorj 认为清朝禁止汉商到蒙古各旗活动，商人罔顾政令贸易遍及蒙古各地。实际上，中俄恰克图贸易中断期间，乾隆皇帝允许商人在蒙古贸易。③ 其次，学者们讨论商人放高利贷，蒙古人借钱依照一本一利，期满 3 年，连本带利重新签订契约，汉商的高利贷像滚雪球一样。又，库伦的官员偏袒汉商，让蒙古人破产。根据《大清律例·户律》："典当财物每月取利并不得过三分，年月虽多，不过一本一利。"④《大清律例》规定利息不超过 3 分，且利息不能超过本金，按照契约文书资料看来，商人遵守规定。本文利用蒙古国家档案局藏的债务资料，说明债务的形成以及偿还方式等。

商人透过商民事务衙门处理借贷纠纷，所以留下许多借贷案件，但汉人借给蒙古货物按照《大清律例》月息 3 分，以及商民事务衙门处理还债比例，仍值得讨论。⑤ 本文利用《喀尔喀法典》《理藩院则例》《蒙古律例》等法律典籍，⑥ 这些典籍规定在蒙古地区汉人与蒙人的纠纷按照蒙古的律例。《喀尔喀法典》规定："商人欲赊贷蒙古人以某物，务须禀告当局。赖债者即由当局科罚。否则无知之人即可以诈骗借贷，使商人受屈。商人应对此三思！"⑦ 乾隆年间商人到蒙古各王旗贸易，商人携带内地货物贸易，换取蒙古人的牲畜。两者贸易通常采

---

① M. Sanjdorj, *Manchu Chinese colonial rule in Northern Mongolia*, translated from the Mongolian and annotated by Urgunge Onon; pref. by Owen Lattimore, New York: St. Martin's Press, 1980, pp. 42-43.

② 孟榘:《乌城回忆录》，载《中国边疆行记调查记报告书等边务资料丛编（初编）》第 22 册，香港：蝠池书院出版有限公司，2009 年，第 334 页。

③ M. Sanjdorj, *Manchu Chinese colonial rule in Northern Mongolia*, translated from the Mongolian and annotated by Urgunge Onon; pref. by Owen Lattimore, pp. 70-71.

④ 吴坛撰，马建石、杨育棠主编:《大清律例通考校注》卷 14，北京：中国政法大学出版社，1992 年，第 522 页。

⑤ 《喀尔喀法典》，《蒙古史研究参考资料》新编第 24 辑（1982），第 921—922 页。

⑥ 关于《蒙古律例》与《理藩院则例》的关系已经有许多研究和争论，譬如达力扎布认为《理藩院则例》比《蒙古律例》内容更广泛。道光、光绪等朝随着对蒙古地区管理的需要，几次增删修订《理藩院则例》，以汉、满、蒙古三种文字刊刻发行。达力扎布:《〈蒙古律例〉及其与〈理藩院则例〉的关系》，《清史研究》2003 年第 4 期，第 1—10 页。文中提及乾隆内府抄本《理藩院则例》，见赵云田:《〈蒙古律例〉和〈理藩院则例〉》，《清史研究》1995 年第 3 期，第 106—110 页。

⑦ 《喀尔喀法典》，《蒙古史研究参考资料》新编第 24 辑，第 922 页。

取以物易物方式，汉人到旗里的买卖很赚钱，主要是卖货或允许赊账，每年收账 1 次。因此《喀尔喀法典》提醒商人得防范蒙人诈骗借贷。[①] 本文从蒙古国国家档案局藏的商号账簿，如"将军王爷取货账""蒙古宝账""客货宝账"等，长期的阅读档案，进行资料比对、筛选、分析；故本文讨论蒙古之债务如何计算利息及偿还比例如何。

二、蒙古欠债的原因

M. Sanjdorj 认为清朝法律限制商人到各旗贸易，乾隆二十三年（1758）库伦办事大臣的幕僚允许 30 位汉商到艾马克收账和贸易。在 1759 年的档案中记载有 1000 位汉人在库伦活动，伊瑷有数百位农民耕种，且有许多汉商在库伦附近活动。[②] 不过，根据乾隆二十四年（1759）上谕："向来前往蒙古部落贸易商人，由部领给照票稽核放行。嗣后，凡有领票前赴贸易人等所过喀尔喀各旗仍照旧随便交易以裨生业，其一切稽察弹压地方官及各扎萨克留心妥协经理。"[③] 显示出皇帝许可商人领照票到蒙古部落贸易；另从乾隆年间商人到各地种地的花名册，可知汉商到各旗贸易是合法的。

18 世纪蒙古的王公和平民借欠汉商许多银两。乾隆二十二年（1757），蒙古喀尔喀四部落共欠商人债务银 153739 两。此事起因是"乾隆十九年自军兴以来，军需项目比前增加，且驻扎萨克济萨又办事胡涂重叠，致不能偿还。今查其册档，自塔米尔运送军械粮米至乌里雅苏台，雇用汉人驼只、雇夫银两，交其看守之罪犯厄鲁特等应给高粱、自京城驰驿前来的大臣、侍卫等预备蒙古帐包、高粱、锅具、木柴等，再为军营传递事务预备马驼等项，虽皆系公务，原无现成银两，不仅以高价取给商人，办理事务之济萨，唯顾眼前公务简易，妄自做脸给发，下面不肖之徒，不无乘间敛索入己，以致债务如此。"[④] 所谓济萨为蒙古社会中专管喇嘛食物的机构，亦称之为集赛。蒙古济萨办理军需，像汉商借款都是公务所致。

---

① 〔俄〕阿·马·波兹德涅耶夫：《蒙古及蒙古人》卷 1，刘汉明等译，第 340 页。

② M. Sanjdorj, *Manchu Chinese colonial rule in Northern Mongolia*, translated from the Mongolian and annotated by Urgunge Onon; pref. by Owen Lattimore, p. 70.

③ 参见《"中央研究院"历史语言研究所现存清代内阁大库原藏明清档案》（乾隆二十四年二月），登录号 230703-001。

④ 《署定边左副将军车布登札布奏喀尔喀等所欠商人之债官为偿还并请将喀尔喀驿站官为经营折》，中国第一历史档案馆藏，《军机处满文录副奏折》，编号 03-1643-005，微卷 045，第 2652—2667 页。

乾隆四十年（1775），定边左副将军瑚图灵阿奏称："定例出口贸易人等，应在恰克图、库伦、塔密尔、乌里雅苏台一带集场。今商人图利，向各喀尔喀游牧贸易者甚多。蒙古等始图赊欠，后以牲畜加倍折算，屡启讼端，请严行禁止。现在蒙古等所欠各商银，限一年内，通行完结。理藩院议覆：商人等在游牧贸易多年，蒙古所欠者自必多寡不等，如统限一年完结，势必不能。应饬各扎萨克等，将众蒙古所欠，查明呈报将军大臣。如新欠为数无多者，限一年内完结。倘所欠年久，商人已得重利，令其酌减归还，总期限内全清。"①

M. Sanjdorj 讨论蒙古欠债的原因。第一，蒙古是游牧社会，产品随季节波动，以羊毛、羊肉等交换日常所需。但牲畜买卖有季节性，牧民产品不能久存，必须赶快贩卖产品。贩卖产品与日常所需的时间不一致，很多案例说明牧民只能偿还旧债，故受放贷者的控制。第二，商号喜欢借贷贸易，赊账的货品比付现还贵。②B. 锡林迪布则认为蒙古的封建主卖掉牲畜或畜牧业原料，换回奢侈品如宝石、金子、锦缎、珍珠等；喇嘛则买宗教祈祷的物品，如面粉、茶叶、哈达、礼品等。③据《考察蒙古日记》载："有一种地内行商于三、四月之交，即携带货物用品之为蒙人所酷嗜者，分往喀尔喀境内各台站附近分发各土人。不需现行交易，有需用货物者辄随便与之，故销行极广。至五、六、七、八等月则索取价偿，均以牲畜作价；或羊毛、驼绒等项，惟收羊最多。大概货物之价格甚高，交付欵项不过十分五、六，此五、六分之中扣之物本利金已有余裕，其余则作为成债。还与不还皆在其次，惟债名穷年累积终无已时矣。"④

M. Sanjdorj 说蒙古人欠商号的债务有两种，第一种是私人的债务；第二种是公家债务。所谓公家债务是蒙古部落有会盟，而每部落有轮值办公、各旗亦有办公费用。因各机构没有预算，所需的牲畜由平民负担。然而，平民贩卖牲畜有季节性，蒙古衙门未得税收前，只能向商号借贷。商人也喜欢让公家欠债，因可收到利息，还可建立良好的主顾关系。譬如，民间借贷月息3分，而公家和商人借贷签订合同，前10个月免息；第11个月以后月息3%。若3年未还

---

① 觉罗勒德洪等奉敕修《大清高宗纯皇帝实录》卷990，乾隆四十年九月上，北京：中华书局1986年。

② M. Sanjdorj, *Manchu Chinese colonial rule in Northern Mongolia*, translated from the Mongolian and annotated by Urgunge Onon; pref. by Owen Lattimore, pp. 42-43.

③ B. 锡林迪布：《十九世纪末与二十世纪初的蒙古社会经济状况》，《蒙古史研究参考资料》第9辑，第34页。

④ 佚名撰《考察蒙古日记》，北京：学苑出版社，2006年，第490—491页。

债务，则再订新的合同，将未付的利息也变成本金，利上加利。^①有关公家债务包括雇用汉人运粮等，皇帝谕旨："乾隆十九年自军兴以来，军需项目比前增加，且驻扎萨克济萨又办事胡涂重叠，致不能偿还。今查其册档，自塔米尔运送军械粮米至乌里雅苏台，雇用汉人驼只、雇夫银两，交其看守之罪犯厄鲁特等应给高粱、自京城驰驿前来的大臣、侍卫等预备蒙古帐包、高粱、锅具、木柴等，再为军营传递事务预备马驼等项，皆系公务，原无现成银两，以高价取给商人。"^②皇帝也知道商人到蒙古获利很大，但是商人提供军需这情况也无可避免。

蒙古的公债在 1757 年在 15 万两，1775 年到 20 万两。19 世纪末蒙古喀尔喀四部债务都超过 20 万两，如 1855 年土谢图汗部落债务为 72 万 7000 两。1884 年土谢图汗部、车臣汗部各 96 万两、三音诺颜部 30 万两、沙毕衙门债务 50 万两。^③蒙古部落旗主将债务分给平民，以蒙古诚信的性格，保证能收到债务。孟榘的《乌城回忆录》说蒙人特性，其欠债数目只凭汉人账簿，蒙古人无记载。偿还债务，以父死子还、夫死妻还，死无后者，本旗公还。^④

道光五年（1825），从《王车登多尔济旗居住民人房间并所属众蒙古该欠众铺民账银总册》档案中可知，蒙古人欠债达 73670 两以上。

商号	哈厦一所内有土房（间）	外该账银大约（余两）
四合成	32	23400
兴隆魁	22	18700
天裕魁	24	16400
永茂盛	13	790
三合魁	18	6300
万盛吉	14	6400
段龙光	1	140

① M. Sanjdorj, *Manchu Chinese colonial rule in Northern Mongolia*, translated from the Mongolian and annotated by Urgunge Onon; pref. by Owen Lattimore, pp. 50-51.

② 《署定边左副将军车布登札布奏喀尔喀等所欠商人之债官为偿还并请将喀尔喀驿站官为经营折》，中国第一历史档案馆藏军机处满文录副奏折，编号 03-1643-005，微卷 045，第 2652—2667 页。

③ M. Sanjdorj, *Manchu Chinese colonial rule in Northern Mongolia*, translated from the Mongolian and annotated by Urgunge Onon; pref. by Owen Lattimore, p. 58.

④ 孟榘：《乌城回忆录》，载《中国边疆行记调查记报告书等边务资料丛编（初编）》第 22 册，香港：蝠池书院出版有限公司，2009 年，第 353 页。

续表

商号	哈厦一所内有土房（间）	外该账银大约（余两）
白兆骐	2	150
王贵贞	2	360
福泉涌	4	40
郭应文	3	290
吕廷献	7	700
万盛高	2	-
以上铺户共数 13 家、哈厦共数 13 所、土房共数 144 间家		

资料来源："台北蒙藏委员会"藏蒙古国家档案局档案，编号 029-005，页 0076—0081。

从以上讨论可知，19 世纪初蒙古人向汉商借款从唐努乌梁海到库伦、王车登多尔济旗等地，身分包括蒙古王公、喇嘛、牧民、沙毕等。蒙古除了产牲畜为大宗外，其他衣食日用都必须由内地提供，在 1861 年中国商人运往蒙古的商品，有粗平布、面粉、黍、大米、茶叶、烟、鼻烟、绸子、金片、漆、黄铜、铜等，其价值约合 180 万块砖茶至 215.6 万块砖茶。[①] 蒙古牲畜产季有所限制，日常所需则无季节性，故需举债过日。

三、蒙古人借贷的利息

〔俄〕阿·马·波兹德涅耶夫《蒙古及蒙古人》提到，1889 年扎雅班第达呼图克图（简称扎雅格根）罗布桑纳木扎勒蒙清廷召见，不只将带来的 3 万两银子全部花光，还花掉了向汉商店铺（蒙文名字为巴彦吉尔噶勒）新借的 2 万两白银，这笔借款按普通的 3 分 3 的年利起息。换句话说，每年还要付 6 千两的利息。3 年期间利息已积为 2 万两。按照大清所实行的法律，至少是对蒙古人实行的法律，放高利贷者可以索取这样巨大的一笔利息；然而这个法律又有保护债务人的专门规定：如果利息的总额同借出的本金相等时，利息就停止增长，债主只有向债务人索取 2 倍于本金的款额的权利。由于 1889 年扎雅格根向巴彦吉尔噶勒所借债款的利息已达到本金之数因而不再孳生，所以汉人现在来到扎雅格根的财库，索讨全部债款，也就是合计为 4 万两白银的本息。从来未

---

① B. 锡林迪布：《十九世纪末与二十世纪初的蒙古社会经济状况》，《蒙古史研究参考资料》第 9 辑，第 25 页。

曾有过这么多钱的财库自然付不出钱，于是汉人要求或者立刻付款，或者另讨4万两借款的契约，年利息为1万3千2百两，同时规定这笔利息应无条件地由扎雅沙比衙门直接解送北京。无力还债的财库只好同意这些苛刻的条件。波兹德涅耶夫在该寺庙时，双方签订债据。[①]另1个案例是1891年7月，土谢图汗部落的罗布桑和儿子额林钦向乌里雅苏台的汉商乌力吉图借10两银子，每两银的月息5分。到次年的8月，得用22.1两来偿付。[②]这个案例也出现在M. Sanjdorj 的书中，证明商号经营高利贷的情形。[③]

但是，M. Sanjdorj 又说《大清律例·户律》中"典当财物每月取利并不得过三分，年月虽多，不过一本一利"的法律并没被遵守。19世纪，商号卖1块砖茶抵1只小羊，1年内没付清，第2年成2岁羊，第3年为3岁羊，本利总债务为2只3岁羊。但1只大羊相当于2、3只小羊。其次，一本一利的意思是利息不能超过本金，以年息36%来计算，3年的利息等于本金，就把本金和利息加在一起当本金，重新定3年的契约。例如，1810年蒙古王公借贷600两，1年后本利共816两。他还了290两剩526两，到1816年本利达1871两。[④]

宣统二年（1910）库伦办事大臣三多奏折提到："图（图谢图汗）、车（车臣汗）二盟、沙毕等三处屡报灾祲，不堪供应。历年息借华俄债款，迭经报官索欠者，约计不下百万余两。询之各旗户口牲畜产业，竟有以一旗之牲畜估计价值不足抵其债务者"。[⑤]在此利用《库伦十二甲长呈递各铺账目清册》说明，商民透过12甲首向商民事务衙门呈请还债，甲长也就是甲首。

许多人认为汉商放高利贷导致蒙古的穷困，但就档案内容分析，情况有点复杂，首先讨论人和厚商号的案例。光绪十九年（1893）商卓特巴衙门外仓向人和厚借银，该商号向库伦办事大臣请求处理商卓特巴衙门借款：

诉禀钦宪大人明鉴事。于光绪十九年十二月间佛爷外仓在京都借过小号人和厚银一万一千两正。经手人系乜力巴旦木丁、笔且气巴大马多尔济、喇嘛扣扣东杜各。三人当下将借过小号人和厚之银付给永祥李三银一万零一百零八两

---

① 〔俄〕阿·马·波兹德涅耶夫：《蒙古及蒙古人》卷1，刘汉明等译，第443—448页。

② 〔俄〕阿·马·波兹德涅耶夫：《蒙古及蒙古人》卷1，刘汉明等译，第249—250页。

③ M. Sanjdorj, *Manchu Chinese colonial rule in Northern Mongolia*, translated from the Mongolian and annotated by Urgunge Onon; pref. by Owen Lattimore, pp. 51.

④ M. Sanjdorj, *Manchu Chinese colonial rule in Northern Mongolia*, translated from the Mongolian and annotated by Urgunge Onon; pref. by Owen Lattimore, pp. 48-49.

⑤ 《三多奏为蠲除积弊加给薪津折》，载三多撰《库伦奏议》第1册，北京：全国图书馆文献缩微复制中心，2004年，第120—121页。

正，又付给大德堂银八百九十二两正。此二笔共合银一万一千两正，言明由光绪十九年十二月间起利，每月每两按二分八厘行息，当下立过蒙古字约一张。于光绪二十一年三月内在库伦商卓特巴衙门同巴大马多尔济笔且气算明，至光绪二十一年三月内共合该利银四千七百三十二两七钱八分。本利共合该欠小号人和厚银一万五千七百三十二两七钱八分。此款在库伦佛爷外仓将小号人和厚欠款银两本利全为付清。①

上文中"笔且气"（biciyeci）蒙语意思是书记员，和满语"笔帖式"（bitheci）一样。②人和厚在北京借给商卓特巴衙门的外仓银两，收取月息2.8%，年息为32.4%。但是，该商号并非所有的借款都可以获得高利，《库伦十二甲长呈递各铺账目清册》的档案载，人和厚有利息的放款只占6.2%，无利息者占93.8%。其他的北京商号如万盛号、东富有、通和号、万通号等商铺取息的比例都偏低，这可能是京商铺子在库伦的地理位置不佳，同治十三年（1874），皇帝曾饬令库伦办事大臣张廷岳拆除北京的商铺。③光绪年间商卓特巴衙门又再上书，北京商号怕又被拆房，借给商卓特巴衙门取息的少，以获得该衙门的容忍。

陈箓将库伦的商人分成西帮和京帮。西帮的商号有：裕源永、兴隆魁、公合全、源发长、达顺明、福原长、锦泰亨、蔚长盛、锦泉涌等。京帮的商号有：通和号、福来号、协和公、隆和玉、人和厚、隆兴和、隆聚和等10家。他认为西帮非专指山西一省，并包括天津、宣化、蔚州、万全、张家口、察哈尔、多伦诺尔之商人；京帮者系专指北京安定门外的外馆各商在库伦所设之分号。④然而，档案所记载商号执事人的籍贯，京帮泛指直隶各府州县的商人，而西帮则是山西人。当时的调查员陆世葵记录的西帮和京帮商号则相当清楚，大致符合

---

① 《人和厚禀明佛爷外苍借银并支付永祥李三事》，"行政院蒙藏委员会"藏《蒙古共和国国家档案局档案》，编号 070-029，第 0175—0176 页。

② 笔帖式为清朝在其所属各机构中设立品级低的文职官员，主要职责为办理文书档案工作。如光绪 18 年库伦办事大臣安德奏称："库伦地处极边，辖境辽阔，蒙民杂处，政务繁赜。近年以来办理中俄交涉事件倍增，于前全赖满蒙各员中有才堪肆应，通晓三艺，熟习律例、讲求条约者，始能办理妥协。"库伦印房理藩院笔帖式穆成额、双奎通晓满、蒙、汉文，办理命盗案百余件，堪予奖励。《安德奏为库伦印房理藩院笔帖式穆成额等办理中俄交涉印房公事尤为出力请奖事》，中国第一历史档案馆藏《宫中档朱批奏折》，编号 04-01-012-0555-020，光绪十八年六月初四日。

③ 《具奏商卓特巴等构衅一折恭录谕旨知照由》（光绪十一年五月十二日），"中央研究院"近代史研究所藏《总理各国事务衙门档案》，档号 01-17-051-03-003。

④ 陈箓：《止室笔记·驻扎库伦日记》卷 2，台北：文海，1968 年，第 249—251 页。

档案所载。[①] 但话说回来，最早在北京经营商业活动的又都是山西人。

协和公由领部票贸易转为放款借贷的商号，取息的比例较高，有利息的放款只占 72.9%，无利息占 27.3%。

双舜全商号股东为王智迪，也是放蒙款兼货庄。该商号借给商卓特巴所属之众哦兔（鄂托克）银两"按三分行息"；[②] 然而，详细情况各有不同。光绪二十一年（1895）库伦 12 甲首呈递办事大臣，商卓特巴外仓、鄂托克借欠银两、砖茶等；其中包括双舜全商号，其执事人殷锡惠禀称，与呼图克图外仓往来 7 年，欠银 2786.87 两、砖茶 27240 块。于光绪二十年（1894）八月，由外仓拨兑 7 家鄂多克现银 8480.13 两，限至十一月初 1 月起利，共收过本银 8068.95 两，收过利银 449.58 两，尚欠本银 411.18。此项每月利息 1.85 分，年息为 22.2%。又十一月由外仓上拨兑六家鄂多克现银 2914.7 两，限至二十一年二月初一日起利，共收过本银 2855.22 两，共收过利银银 205.8 两，尚欠本银 59.48 两。此项每月利息 2 分 4 厘，年息为 28.8%。21 年 2 月由外仓上拨兑 12 家鄂多克银 9721 两，限至 7 月初 1 起利，共收过本银 8128.93 两，共收过利银银 277.59 两，尚欠本银 1592.07 两。此项每月利息 9.5 厘，年息为 11.94%。又九月由外仓上拨兑 17 家鄂多克银 7730.75 两，限至二十二年（1896）正月初一起利，共收过本银 2644.37 两，尚欠本银 5086.38 两。以上 4 宗共欠本银 7149.13 两。又 19 家鄂多克达噜嘎亲手共取过现砖茶 133975 块 9 包，共收过本砖茶 84155 块 20 包，共收过利砖茶 49819 块 19 包。其茶按 5.5 块折算银 1 两，合银 9058.12 两。以上两宗除收净欠 16207.23 两。[③] 按照 M. Sanjdorj 的说法，蒙古人和商号订合同，若借款在 6 至 10 月内免息，11 月以后利息为 3%，借债超过 3 年则利息和本金必须订新合同。[④] 如此看来，似乎也不是借期在 6 至 10 月期限内免利息。

---

① 陆世荄：《库伦商业报告书》，《中国银行业务会计通讯簿》第 11 期，1915 年，第 21 页。陆世荄将这些商号列为零售京广杂货业，"由北京外馆输入各种绸缎、布定、杂货等项，营销于蒙古沙毕图车三札四盟范围，亦颇扩充所有转运外路。一切骆驼、牛车、脚价均由货物中加价而得其纯利。"万盛京、通和号、人和厚、隆和玉、福来号、富有号、长兴厚等商号主要经营杂货业，运输货物到库伦赚取差价利润。

② 《西双舜全众哦兔该银茶总抄清册》，"行政院蒙藏委员会"藏《蒙古共和国国家档案局档案》，编号 071-011，第 0055—0062 页。

③ 《东双舜全殷锡惠呈为与佛爷仓上及众鄂多克交易并无虚谬蒙蔽出具甘结》，"行政院蒙藏委员会"藏《蒙古共和国国家档案局档案》，编号 071-036，第 0163—0164 页。

④ M. Sanjdorj, *Manchu Chinese colonial rule in Northern Mongolia*, translated from the Mongolian and annotated by Urgunge Onon; pref. by Owen Lattimore, p. 51.

根据《库伦十二甲长呈递各铺账目清册》所载，双舜全放债有利息的占56.07%，无利息占43.93%。双舜全出现在库伦的时间为嘉庆十八年（1813），至民国四年（1915）陆世荄到库伦调查时已经超过100年。陆世荄将双舜全列为批发百货业之"发货庄"，就是由张家口货房装运各种布疋以及民间日常用品到库伦，转批发给京广杂货庄。双舜全资本32000两，当时为一等商号，股东为王智迪，经理为宋昌宏。[①] 从光绪二十一年（1895）的档案看来，双舜全应属放蒙古帐款兼货庄。

方行认为高利贷为年利息在15%以上，也就是说高于地租的收入，月利2分、3分为各地银钱借贷的常利。[②] 根据《大清律例·户律》《违禁取利》之条载："凡私放钱债及典当财物，每月取利并不得过三分，年月虽多，不过一本一利。"[③] 清朝规定每月取利不得超过3分，违者笞40。但是，北京城有典当业不顾违禁取利的条文，敢明目张胆在借票上写"钱每百月利4文，甚有至于每月6文"。[④]

不过，蒙古的喇嘛和寺庙为了获得收入将货物赊给牧民，有时也将钱赊借给牧民。1903年库伦牧民向扎米扬多尔济喇嘛借1680块砖茶每月收息3.5%，向洛多伊喇嘛借3600块砖茶每月收利息100块砖茶，即2.7%的利息。[⑤] 如此看来，汉商借贷利息也不是特别高。

《大清律例》以汉人支付利息的法律来用在蒙古人身上欠缺公允，因为汉人借贷的时间在青黄不接之际，时间较短。如方行提到农村借贷是春借秋还，秋取6个月利；而蒙古人借贷得等到牲畜繁殖至少1、2年时间，借贷时间较长。

四、还债的比例

M. Sanjdorj 提到1754至1756年乌里雅苏台等地因蒙古人负担驻军之需，

---

① 陆世荄：《库伦商业报告书》，《中国银行业务会计通讯簿》第11期，第9—36页。

② 方行：《清代前期农村的高利贷资本》，《清史研究》1994年第3期，第11—26页；彭凯翔、陈志武、袁为鹏：《近代中国农村借贷市场的机制—基于民间文书的研究》，《经济研究》2008年第5期，第153页。

③ 吴坛撰，马建石、杨育棠主编：《大清律例通考校注》卷14，北京：中国政法大学出版社，1992年，第522页。

④ 《苏伯合奏为请严禁大小典当违禁取利以便兵民事》（雍正12年6月28日），台北故宫博物院藏《宫中档奏折·雍正朝》，编号402005883。

⑤ B. 锡林迪布：《十九世纪末与二十世纪初的蒙古社会经济状况》，《蒙古史研究参考资料》第9辑，第32页。

欠债 10 余万两。^① 此事在满文奏折也提到，乾隆二十二年（1757），皇帝上谕：
"据闻各该处查明喀尔喀等欠商人债务，查车臣汗部落共欠商人银 114330 两
零，其余三部落除陆续已还者外，土谢图汗部落欠银 26175 两零，赛音诺彦部
落欠银 4630 两零，扎萨克图汗部落欠银 8602 两零不等，核计四部落共负欠债
务银 153739 两零"。皇帝施恩由户部出资代替蒙古偿还欠债，亦悯恤商人，希
望商人减银。皇帝说："尔等赊给蒙古等查系高利，一两估值为二两。"商人等
会商后呈称：情愿减银 85700 两，请赏给银 68000 两。为了减轻蒙古喀尔喀四
部落的徭役负担，停止蒙古派取军营传递需用马匹牲畜。此外，差派至喀尔喀
的大臣、侍卫等吃用官羊外，建造蒙古帐包 20、账房 20、办给锅具等项皆收贮
库房，以备往来差使所需，若有损毁破烂者，呈报将军大臣等于粮饷银内修理。
并停止为传递事务，由济萨预备马驼，即于官牲畜内派拨马 100 匹、驼 50 只为
一达哈拉喇台站。需用乌拉齐即照乌里雅苏台之数，于喀尔喀兵丁内派出 25 名
当差，达哈拉喇台站之马驼，照喀喇沁台站之例，每年准倒马匹 3 分、准倒驼
只 2 分，其缺额由官牲畜内取补。^② 如此，军营所有之公事，并无需用喀尔喀之
项，商人赊给济萨之处永行停止。但是，清朝仅此一次由户部拨款替蒙古还债，
而不久仍恢复派差之事，蒙古债务仍越来越兴盛。乾隆皇帝要求商人之债务减
银归还，大约只归还 44%。

嘉庆十年（1805），乌里雅苏台参赞大臣常安奏清查哲布尊丹巴属下欠债，
事因乾隆五十四年（1789），因恰克图闭关，由库伦派去 14 名民人，前往公齐
旺达什旗。自耕居以来，有商人陆续抵达群居耕种者，亦有放债者。赊给蒙古
人茶、烟、布等物，即加利勒索牲畜。倘若不给，则利上加利，致使蒙古人渐
失生计者众多耳。其内病故、开罪流放脱逃者债额，向其该管之员索取时，蒙
古人不愿偿还，民人即以此为据，任意聚居，欺诈蒙古之事属实。常安等聚集
放债之民，欠债之徒等，秉公取来其债务账本，逐一对质核查，所赊货物均与
时价相符，本息俱足者，即勾去账本不赔外，虽收本银，未收息银者，我等均
视其原取货物数目，增加半倍利息还给。本息全欠者，皆与本银上加一半利息，

① M. Sanjdorj, *Manchu Chinese colonial rule in Northern Mongolia*, translated from the
Mongolian and annotated by Urgunge Onon; pref. by Owen Lattimore, pp. 65.
② 《署定边左副将军车布登札布奏喀尔喀等所欠商人之债官为偿还并请将喀尔喀驿站官为经
营折》，中国第一历史档案馆藏《军机处满文录副奏折》，编号 03-1643-005，微卷 045，第 2652—
2667 页。

一并偿还。如此拟办，蒙古人、民均不会受损。①

乌里雅苏台参赞大臣常安奏清查格根属下 118 名赊欠民人张高、孙玉珍等 47 人之账目。有赊欠债本并无收过利息者 34 名，应照价本再加一半利息还给；赊欠民人物件本利全未还给者 53 名，按一本半利一并归还。赊欠账目还给牲畜每匹马作价银 6 两、每条牛 1 岁作银 1 两、羯羊作银 1.2 两、母羊作银 6 钱、山羊作银 4 钱、羊皮作银 1 钱、砖茶每块作银 3 钱、黄烟每包作银 1 钱、毛布每疋作银 1 两、梭布每疋作银 8 钱、麦一斗作银 3 钱、面十斤作银 3 钱。

下表为嘉庆十四年（1809）唐努乌梁海的蒙古人借欠库伦商号的账册中借欠数目和还钱比例：

债主	欠债（两）	还银（两）	还债比例	备注
宋福沛	1435.33	191.33	13.3%	债主已故，其子宋开往同伊父伙计张正文具结领去销账完结
张吉	640.96	85.44	13.3%	此银伊伙计郝廷兰具结领去销账完结
孙起秦	820.54	109.38	13.3%	此银伊伙计赵越宽具结领去销账完结
张重德	563.71	75.14	13.3%	张重德回籍此银交值月甲首四合成记左澄收存俟本人到日具结收领
李应乾	28.75	3.83	13.3%	李应乾回籍此银交值月甲首四合成记左澄收存俟本人到日具结收领
韩生晃	583.92	77.84	13.3%	韩生晃回籍此银交值月甲首四合成记左澄收存俟本人到日具结收领

资料来源："行政院蒙藏委员会"藏《蒙古共和国国家档案局档案》，编号 026-010，页 034—037。

乌梁海蒙古人借欠汉商宋福沛、张吉、孙起秦等债务，亦摊还 13.33%。现今存留的道光朝档案，有几件是归还 7 成。如万盛高商号执事人袁珏具结：今在王爷旗内贸易所欠小的账银共数 2699.6 两，今奉盟长公爷大老爷来谕以 7 扣实银 1889.34 两，累次共收过银 1889.34 两。俱以收结恐口无凭，立约为证。道光八年（1828）5 月 29 日万盛高袁珏叩具。②

光绪二十二年（1896）6 月，库伦办事大臣桂斌奏："哲布尊丹巴呼图克图

---

① 《乌里雅苏台参赞大臣常安奏清查哲布尊丹巴咱雅班第达两呼图克图属下赊欠民人账目折》，中国第一历史档案馆藏《军机处满文录副奏折》，编号 03-3679-032，微卷 172，第 2586—2596 页。

② 《万盛高号袁珏收结蒙古王爷旗账目书契》，"台北蒙藏委员会"藏蒙古国家档案局档案，编号 002-027，第 0177—0180 页。

属沙毕一项困苦特甚，流亡过多。呼图克图忠厚存心，用人失当，一任喇嘛等勾通内地商民以及在官人等百方诈取，若罔闻知。迨用度过窘，不得不加倍苛派，所由欠负累累，上下交困。体访其属堪布喇嘛诺们罕巴勒党吹木巴勒为僧俗所仰慕，应责成清理已檄署商卓特巴巴特多尔济等，凡一切商上应办事宜，悉心咨商，妥为筹划。先将沙毕等应派光绪二十二年分摊款，查照十年以前，各按牲畜多寡，秉公匀摊，不准加派，核实酌裁。近年增添浮费，务量所摊撙节动用，俾纾民力。并请将东营台市甲首各商，每遇两大臣节寿酬款项不减不增，按年代哲布尊丹巴归商欠。"①

光绪二十三年（1897）六月，库伦办事大臣连顺奏："桂斌所奏归还哲布尊丹巴商欠办法，四成实银，分年带销，虽恤蒙情，未恤商情，致该商等亏累太多，不敢与沙毕内外两仓及鄂托克交易。而两仓鄂拓克虽有牲畜，无处易换，市井萧条，诸货不能畅销。现呼图克图之庙工久竣，应照桂斌所奏，不得苛派，休息蒙众。两仓所用货物银茶及鄂拓克息借之款，应循旧日章程，设法算拨。"②桂斌主张解决欠债办法为偿还 4 成，分年付款。因商民损失太大，不敢和鄂托克交易，以致于牲畜未能出售，市场萧条。

库墨尔根郡王向铺商大盛鸣、永聚公借款，偿还同样比例的债务。王旗欠永聚公本利银共 20000 余两、欠大盛鸣本利银共 90000 余两。库伦大臣连顺议，因该王旗欠大盛鸣为数太巨，断另核减利银约 20000 两，尚应还银 70000 余两。永聚公已歇业，应照理藩院来咨，如数偿还。均予限 2 年不得再行拖欠。③图什业图汗部落札萨克郡王阿囊塔瓦齐尔以承审司员纳贿勒结朦混库伦大臣入奏，理藩院奉谕旨将案内人证卷宗解京质讯。光绪二十六年（1900）五月，理藩院署被劫，此案卷宗账簿全行遗失，续遭兵燹，双方人证逃避，未能结案。大盛鸣商人刘天运又到理藩院呈控，理藩院请旨饬交库伦大臣就近质讯奏结。④

具甘结西库伦商大盛鸣东家乔弼山西太原府徐沟县人氏、执事人刘天运山西太原府文水县人氏为前呈控墨尔根王推欠借银七万三千零四十两。蒙钦宪大

① 赵尔巽：《清史稿》卷 521，北京：中华书局，1985 年，第 14409—14410 页。
② 《连顺奏为前任大臣桂斌办理哲布尊丹巴呼图克图仓久一案以节寿陋规代还内外仓账目请裁革陋规以祛商累由（附片）》（光绪二十三年五月初四日朱批），台北故宫博物院藏《军机处档折件》，编号 139112。
③ 《连顺奏报穆尔根郡王积欠商款勒限偿还（折片）》（光绪二十三年九月初一日），台北故宫博物院藏《军机处档折件》，编号 141495。
④ 《敬信奏报查办库伦商人刘天运呈控图什业图汗部落郡王阿囊塔瓦齐尔欠债不还案》（光绪三十年四月初十日），台北故宫博物院藏《军机处档折件》，编号 159954。

人派员公断，按四成了案。该墨尔根王旗应还银二万九千两整。其款当堂如数领讫，两出情愿了事。钦署司员人等盖无勒索情事，所具是寔。为此出具甘结。光绪三十年九月 ①

库伦办事大臣奏，员外郎恒钰办理郡王阿囊塔瓦斋尔与大盛鸣多年债案完结，拟请从优奖叙。②

宣统年间，通和号借给蒙古人的的文契上记载欠银"言名以五扣"，也就是说蒙古人归还借欠银两打了5折。其文契如下：

他布那各沙各德收令，挽住净欠银一千五百五十一两三钱五分，言明以五扣，合实银七百三十五两六钱三分五厘。其银言明本年七（十）月标在东口清付。宣统元年新正月十九日（北通和号图记）具帖。③

亦肯巴拉各测卜各多尔计、打拉各敎土各，挽住净欠咱银二百八十六两八钱二分三厘，言明以五扣。合宜之银一百四十三两四钱一分一厘。口肯挠阳布的斋僧打拉各敎土各，挽住净欠咱银一千七百一十二两二钱九厘，言明以五扣。合实银八百五十六两一钱。二共合实银九百九十九两五钱五分六厘。以上二笔俱言明本年十月标东口付。己酉（宣统元年）正月十九日（通和号图记）具。④

这2件契约上提到"标东口付"，东口也就是张家口，库伦商号的总号大多设在张家口，蒙古牲畜在秋冬之际赶到此地，因而许多借契言明在张家口付账。过去研究旅蒙商的学者常认为商人借钱给蒙古人，获取巨大利息。不过，按照各种案例来看，借钱利息高，但也不一定如数归还本金。通和号在民国十年（1921）俄国革命后俄币贬值，该号属于北京钱业商会，存有俄币36000元。⑤民国十五年（1926），马鹤天提到西库伦汉商惟北通和号每年可得利10000元左

① 《西库伦铺商大盛鸣禀为领讫穆尔根王旗清偿拖欠银两》，"台北蒙藏委员会"藏蒙古国家档案局档案，编号080-043，第0149—0150页。

② 《咨明员外郎恒钰办理郡王阿囊塔瓦斋尔与大盛鸣多年债案完结拟请从优奖叙》，"台北蒙藏委员会"藏蒙古国家档案局档案，编号084-046，第0119页。

③ 《通和号与他布那各沙各德收令文契》，"台北蒙藏委员会"藏蒙古国家档案局档案，编号088-066，第0153页。

④ 《北通和号与亦肯巴拉各测卜各多尔计等收令文契》，"台北蒙藏委员会"藏蒙古国家档案局档案，编号088-067，第0154页。

⑤ 《函送京师钱业商会造送各号所存俄国羌帖数目表请汇办由》，"中央研究院"近代史研究所档案馆藏"外交部"档案，馆藏号03-32-410-01-012。

右，如此看起来通和号应该从事借贷行业。[①]

五、牲畜折抵

蒙古人向商人借贷，以牲畜折价偿还，价格有偏低的趋势。譬如嘉庆十年（1805）还给牲畜每匹马作价银 6 两、每条牛 1 岁作银 1 两（每岁递增 1 两）、羖羊作银 1.2 两、母羊作银 6 钱、山羊作银 4 钱、羊皮作银 1 钱。[②] 根据商人的账簿，18 世纪下半叶如乾隆二十八年（1763），羖羊、母羊、大羊每只 1.5 两，羊皮每张 0.2 至 0.4 两；乾隆四十七年（1782）记载骟马每匹 10 至 15 两；乾隆 50 年（1785）4 岁牛 1 条 4.5 两。[③] 商人账簿的价格都比嘉庆年间牲畜折价高。

道光二十年（1840），《大盛魁禀明大亲王爷雇驼用银事》记载城内去西营它粮雇 3 个兵用银 33 两，牲群 2 次打印用柴火 3 车银 1 两 5 钱。科牲群添雇兵用扇马 4 匹 32 两，替今蜜的甲色合少牲群补印用扇它 1 只 22 两。大处来耳气节扣遏并跟随用盘费银 1 两 2 钱。大库伦 3 次来罕力吓器用盘费柴火银 7 两 5 分。以上共合银 799.65 两，收过银 63 两吉沙手与至此全吉沙面挽定除讫。净该银 736 两 6 钱 5 分。[④]

M. Sanjdorj 提到 18 世纪到 19 世纪初，蒙汉贸易以实物计价，汉商以砖茶计价，蒙古人以羊计价。砖茶和羊的换算如下：1786 年 2 块砖茶等于 3 岁羊；1856 年 3 岁羊等于 1.2 块砖茶；1870 年 3 岁羊才等于 0.5 块砖茶。同年，1 匹马值 7 块砖茶、骟牛值 6 块砖茶、骟骆驼值 15 块砖茶。商人把牲畜赶到张家口 1 只羊值 30 块砖茶，去除赶羊 5 块砖茶的费用，净赚 24.5 块砖茶。[⑤] 光绪十八年（1892）波兹德涅耶夫从科布多到库伦途中，向蒙古人买 1 只羊，索价达 5 两。原来不到 1 个月前，大盛魁钱庄的汉人经过这里，他们把绵羊抢去顶旗

---

① 马鹤天：《内外蒙古考察日记》，载《中国边疆社会调查报告集成》第 1 辑，第 12 册，第 215 页。

② 《乌里雅苏台参赞大臣常安奏清查哲布尊丹巴咱雅班第达两呼图克图属下赊欠民人账目折》，中国第一历史档案馆藏《军机处满文录副奏折》，编号 03-3679-032，微卷 172，第 2586—2587 页。

③ 参见"行政院蒙藏委员会"藏《蒙古共和国国家档案局档案》，《弘源发记二大人取货宝账》，编号 015-001，第 0001-0025 页；《蒙古宝账》，编号 017-011，第 0029-0040 页；《客货宝账》，编号 020-001，第 0001-0028 页；《蒙古出入宝账》，编号 020-002，第 0029—0047 页。

④ 《大盛魁禀明大亲王爷雇驼用银事》，台北蒙藏委员会藏蒙古国家档案局档案，编号 038-003，第 0115—0116 页。

⑤ 潘季驯：《河防一览》卷 2，《河议辨惑》。

的债务，所以才有这样的高价。① 光绪十九年（1893），波兹德涅耶夫记录多伦诺尔的好马每匹 10 至 15 两，甚至 20 两，牛每条 8 至 15 两，冬天的羊只较贵，每只 6 两。牛皮每张 1500 文、绵羊皮每张 500 文、山羊皮每张 600 文。② 光绪二十九年（1893）大盛魁与土谢图汗盟长等定《牲畜货物价值章程》：骟马每匹 10 两、牛每条 15 两、大母羊 1 两、大甲羊每只 2 两、山羊每只 6 钱。③ 商人向蒙古购买牲畜折抵偏低，俄国的学者认为商人接收牲畜抵作债款时，至少要压价 3 分之 1。例如，马的市价为 18 至 20 两，他们只按 12 至 13 两收受。靠着这样的手段，除了正式取利 36% 之外，还至少非正式地取利 30—35%。结果，他们实际上所取的利息高达 70 至 80%，有时甚至达 100%。因此，蒙古的借贷业务是特别能获利的事业。④

宣统年间三多任职库伦办事大臣奏称，喀尔喀有图、车两盟、沙毕等 3 处，历年息借华俄借款，迭经报官索欠者约计不下百万余两。过去，学者讨论哲布尊丹巴在 1911 年宣布独立，着重政治因素。⑤ 本文由蒙古债务情况看来，蒙古向俄国求取军事和经济援助似乎也无可避免。

孟榘的《乌城回忆录》提到乌里雅苏台有天义德商号，亦大商家。旧与大盛魁等。近大盛魁益发达。营业偏喀尔喀科布多，资本近万万。例放各旗公债，而天义德则亏累矣。民国十年（1921）。"外蒙" 2 次独立，"赤俄" 暗中主持。没收华人货物财产，欠债一律取消，大盛魁一家，损失已数千万。⑥

六、结论

清朝在蒙古地区的库伦、乌里雅苏台、科布多设官，乾隆二十一年（1756）皇帝任命桑斋多尔济为喀尔喀副将军，二十八年（1763）特派驻库伦办事大臣，掌俄罗斯之往来，明其禁令。库伦办事大臣兼管汉人与蒙人的纠纷案件，故许

---

① 〔俄〕阿·马·波兹德涅耶夫：《蒙古及蒙古人》卷 1，刘汉明等译，第 436 页。

② 〔俄〕阿·马·波兹德涅耶夫：《蒙古及蒙古人》卷 2，刘汉明等译，第 343 页。

③ 《大盛魁与秃舍雅图罕工同定妥相与乌科取使一应差事》，"行政院蒙藏委员会" 藏《蒙古共和国国家档案局档案》，编号 079-019，第 0097—0101 页。

④ 〔俄〕伊·米·迈斯基：《革命前夜的外蒙古经济》，《蒙古史研究参考资料》第 4 辑（1975），第 56 页。

⑤ 张启雄：《外蒙主权归属交涉（1911-1916）》，台北："中央研究院" 近代史研究所，1995 年。

⑥ 孟榘：《乌城回忆录》，载《中国边疆行记调查记报告书等边务资料丛编（初编）》第 22 册，香港：蝠池书院出版有限公司，2009 年，第 334 页。

多汉蒙债务纠纷档案藏在蒙古国家档案馆和清朝的公文书中。

蒙古债务的起因是从事畜牧业的蒙古人，其牲畜买卖有季节性，贩卖产品与日常所需的时间不一致，牧民边举债过日边偿还旧债。民国四年（1915），陆世荚到库伦进行调查，提到商号放款给蒙古的数额：如协裕和的蒙古借款约有 2、300000 元，林盛元的蒙古借款约有 300000 元，大盛魁的蒙古借款约有 200000 余元，天义德的蒙古借款约有 6、700000 元，协和公蒙古借款约有 2、300000 元。①

其次，关于借贷的利息。但汉人借贷的时间在农村青黄不接之际，春借秋还，利息为 6 个月；而蒙古人归还借贷得等到牲畜繁殖，至少 1 年以上，借贷时间长，故 3 分利对蒙古人来说利息算高。

蒙古独立以后，商号纷纷倒闭，货款汇兑艰难，资金亦不易周转，加以蒙人欠款疲滞不归，百商大受影响，遂使 200 年来的库伦、张家口、北京的商贸网络消失。现今存留库伦的档案相当多，本文仅利用部分满汉文讨论商卓特巴衙门与商号的关系，将来继续撰写库伦商号与地方财政，以了解清代边疆的财政问题。

《清代蒙古志》载，自 18 世纪中叶起，哲布尊丹巴呼图克图所属的大库伦各吉萨利用自己在集市中心的便利条件，在发放高利贷方面与汉商竞争。从此，蒙古其他寺院也开始从事高利贷活动，月利息自 1 分至 3 分不等。四世哲布尊丹巴呼图克图考虑到寺院放高利贷有损形象，曾下令禁止。但到清末，大库伦放高利贷活动仍有增无减。光绪年间，大库伦各吉萨的高利贷利率由原来的 15％至 36％提高到 60％。②蒙古的债务似乎不仅是汉商和蒙人的问题，也存在贫富阶级问题。

---

① 陆世荚:《库伦商业报告书》,《中国银行业务会计通讯簿》第 11 期，第 9—36 页。

② 金海、齐木德道尔吉、胡日茶、哈斯巴根:《清代蒙古志》,呼和浩特：内蒙古人民出版社，2009 年，第 334—335 页。

略述清代水运交通与城镇兴衰

——以扬州邵伯镇为例证

刘石吉

笔者于 20 世纪 70 年代中期，在台湾大学历史研究所，提出以明清时代江南市镇发展为主题的学位论文，经修订后于 1978 年分篇在《食货》《思与言》等期刊发表。上述各文由中国社科出版社辑为专书《明清时代江南市镇研究》，1987 年出版。其中有关交通线转移与市镇兴衰等章未收入书中。此处略述要旨。

一

传统中国乡村地区集市与市镇的成长发展，可说是一种"商业化"（commercialization）的过程。商业机能决定了市镇的兴废。这种机能的转变，必然与远程贸易及市场因素有关，而交通运输路线的具备与否，更与之息息相关。此所以施坚雅（G. William Skinner）认为："缺乏基本交通运输系统改良之商业化，终究只是一种假的近代化而已"（"Commercialization without intrasystemic transport improvement amounts to a kind of false modernization"）。

形成江南三角洲市镇与商品经济发展最重要的交通要素无疑是水运。在西方汽船没有驶进长江及内地各支流以前，大运河是这运输系统中的大动脉，而南方稠密的湖泊与水道，更是连络这个动脉不可或缺的网络。几乎所有的方志记载与官方及时人论述，均可肯定水运交通对江南社会经济发展的史实。笔者以往研究的江南各市镇，几乎均是依河湖而成的聚落，更有不少是沿河两岸发展形成街市，较著名的如：乌青镇、唐栖镇、长安镇、南浔镇、双林镇、菱湖镇、平望镇、震泽镇、周庄镇、盛泽镇、同里镇、王江泾等。如果就中国城市性质而论，北方的城市大多是行政与军事中心，而且多数有城墙；南方的城镇几乎都是依河流与湖泊而发展，自始就是航运的冲要地或是具备内河商港的性质，贸易的功能在此表现无遗。

<h1 style="text-align:center">二</h1>

从中古以来，南北纵走的大运河，以及它的漕运功能，其意义实不止限于首都经济之补给线而已。最重要的，它具备一种调节南北经济的功能，如就清代全国贸易体系而言，它似乎更具备了调节全国市场物价的作用。唐宋以后，随着江南经济优越地位的形成（所谓"辇东南以供西北"），这条交通线之重要性更是相得益彰。运河所经之处，亦即漕艘所经之处，许多商业与市镇跟着形成，最有名的如山东西部的临清、济宁、聊城（东昌）、德州（并同台儿庄、夏镇、南旺、袁口、安山、张秋，号称"沿运十镇"），江苏的徐州、淮安（山阳）、扬州（以瓜洲、邵伯镇为著名）、镇江、常州、苏州，浙江的杭州、湖州、嘉兴等地。我们几乎可以从现存的方志史料中寻绎出许多宋明以来，因着这条水道而兴起的市镇的例子。

19 世纪中叶后，影响长江下游地区市镇的兴衰，主要来自三个因素：一是京杭运河航运机能的丧失，二是太平天国战乱的影响，三是代表西方势力的通商口岸及铁路交通的冲击。下以清末江北淮安府城山阳县为例证（境内清江浦为清代漕运总督驻地），可说明其盛衰关键：

> 自黄河夺淮，而长淮之险失；河流北徙而洪河之防又失。筑湖堰、置运堤，西南湖荡泥淖之地多变而为田，而湖荡之阻又失。咸丰军兴，民罹兵燹，一岁数惊，仅恃运河，一衣带水，别筑围砦辅之，形势一变。海运行，河运废，河漕大官相继裁撤，职无专司。运河淤垫，水小易涸，水大易溢，无论利便，且为隐患。……迨津浦铁道成，北发燕齐，南抵江皖，一日千里，称快捷方式焉。自是山阳几成僻壤，形势又一变矣。（民国《续纂山阳县志》，卷 1）

现存清道光年间以后的地方志书，江北淮安府、扬州府与江宁府、镇江府部份几乎可以看出彼时市镇衰败的趋向。这种衰败趋向不只表现在量的减少（甚至记载简略或完全不载，譬如光绪《江宁府续志》），而且表现在质的没落方面。

这个转变关键之一就是京杭运河航运机能的丧失，也就是"南漕改折"以及漕运改由海道的影响。江南漕粮长久以来天下最重，而此项漕米向由运河输送，鉴于海道交通之便捷与历来漕弊之积习，故清廷于咸丰初年毅然将南漕改由海道运送至京；同时由于货币经济的普遍化及漕粮的诸多弊端，清政府更进一步在光绪末年将江南的漕米全数改征折色（征银）。此举在清代税政史上堪称一大进步。但其影响于江南区域商品经济与市镇机能的发展则是不能忽略的。最可以说明这种运河航运机能转移对地区经济盛衰影响的是上引江北淮安府山阳县的例子。又据《续纂山阳县志》所载，可以看出漕运改途前后的对比：

> 闾阎之盛由明季至国（清）朝不稍替。漕督居城，仓司屯卫，星罗棋布，俨然省会。夏秋之交，粮艘衔尾，入境皆停泊于城西运河，以待盘验。牵挽往来，百货山列。北关厢为淮北纲盐顿集之地，任醓商者皆徽扬高赀巨户，役使千夫，商贩辐辏。榷关居其西北，搜括留滞，舟车阗咽，利之所在，百族斯聚。市不以夜息，人不以业名，富庶相沿，奢侈成俗。乃纲盐改票，昔之甲族夷为编氓；漕运改途，昔之巨商去而他适。百事罢废，生计萧然，富者益贫，贫者日益偷。

扬州府所属瓜洲镇在京杭运河与长江交会点上，唐宋以来因漕运而兴，明至清中叶发展成为"巨镇"。嘉庆年间修的《瓜洲志》引旧志云：

> 瓜洲虽弹丸，然瞰京口，接建康，际沧海，襟大江，实七省咽喉，全扬保障也。……日夜灌输京师，居天下之七者，率于江都先之。且每岁漕艘数百万浮江而至，百州贸易，迁涉之人，往还络绎必停泊于是。其为南北之利讵可忽哉。（《瓜洲志》，卷1）

民国（1927）《瓜洲续志》的编纂者在形容此镇明季至盛清时繁庶景况之余，则不免对瓜洲在清中叶后的衰颓有所慨叹：

> 瓜洲虽非县城，惟以五省通衢，漕运要地，故设官建城，视同县邑。地势临江，面对金山，隔江京口诸山如列屏障。……地设由关（由闸税关总口），厕身关务。地值水陆要冲，五方商贾云集，漕船停泊，贸易繁盛，地方富庶，风俗奢侈，有由来也。近则城圮民移，已成村落。抚今追昔，感慨系之。（《瓜洲续志》，12/15）

清季以来，扬州与淮安的没落，一变而成为"老年期"都市，一反 18 世纪以前繁荣的景况，主要仍然决定于大运河航线的存废与兴衰。

传统中国以水运而发展起来的市镇，如以现代聚落地理学的观点来看，可说是属于"内河港口"的性质，这几乎是宋明以来江南市镇的共同特征。它有别于沿海的重要商港。19 世纪中叶与西方接触以后，在中国沿海兴起了许多的海港——通商口岸——但在本质上，它与"内河港口"不同（虽然在中国传统中，仍然有海港的存在，如广州、明州、扬州、泉州等市舶贸易港）。就清末江南市镇的兴衰现象观察，苏南的东半部（指松江府与太仓州）有大规模的市镇兴起，而其中绝大多数是受到海运兴起与通商口岸的影响。但在江南的西半部，彼时市镇有大量递减与衰退现象（主要为江宁、镇江府；江北淮安府、扬州府亦同），其盛衰症结是太平天国之乱与运河功能的丧失；通商口岸对这一地区市镇经济的影响则相对稀薄。扬州所属瓜洲、邵伯为漕运两大重镇，清中叶后渐趋没落。关于瓜洲镇的兴衰，将另作论述。以下试以江北运河沿岸的邵伯镇略作观察。

三、运河港市——邵伯镇

今邵伯镇隶属于扬州地级市下辖之江都市，位于江都北 12 公里、扬州城东 23 公里处，里运河与盐邵河交汇处；西滨邵伯湖，居运河之要冲，扼江淮之咽喉，水陆交通条件极为优越。古名步邱，晋名新城，别名甘棠。清雍正九年（1731）分扬州府江都县置甘泉县（同为附郭），邵伯属甘泉县。

《诗经·召南·甘棠》："蔽芾甘棠，勿翦勿伐，召公所茇"。"邵伯"原指西周时的召伯，史称召公；邵伯镇得名由来，是借用召伯故事赞扬晋朝的谢安。晋时，谢安镇广陵，见步丘西高东低，经常造成水灾，危害百姓，乃率领百姓筑大堤，不让堤西的湖水淹没堤东的农田，使航运和农业两利。后来百姓咸感德泽，在此建谢太傅祠，并把他比着周朝的召伯，称这道堤为"邵伯埭"，其镇与湖都源于此。

正式文献记载是宋《元丰九域志》及《太平寰宇记》始用邵伯之名；从此南来北往的船只在此过埭，逐渐成市，迄今为已有 1600 多年历史的运河古镇。自隋代开凿南北大运河后，邵伯更加日益兴盛。唐、宋、明以后，邵伯已成为"南北舟车孔道，烟火万家，行旅如织"的运河重镇。

试列举几段相关重要史料如下：

（宋）乐史《太平寰宇记》卷123《淮南道》：

邵伯埭，有斗门，县东北四十里，临合渎渠。有小渠，阔六步五尺，东去七里入艾陵湖。按《晋书》："太元十一年（386），太傅谢安镇广陵，于城东北二十里筑垒，名曰新城。城北二十里筑堰，名邵伯埭"。盖安新筑，即后人追思安德，比于邵伯，因以立名。

（清）顾祖禹《读史方舆纪要》卷23：

邵伯湖，府北四十五里。东接艾陵湖，西接白茆湖，南通新城湖。旁有邵伯埭。晋太元十一年（386），谢安筑新城于城北二十里，筑堰以灌民田，民思其德，比于邵公，因名。其后湖水侵淫渐为民害。唐兴元中，李吉甫筑堤以护田，谓之平津堰，自是相继修筑，为运河堤，有斗门桥。宋天圣七年（1029），发运使钟离瑾置闸通漕处也。遇官河水涸，辄引湖水济之。嘉靖中，县令张公宁议曰："邵伯湖上受诸湖之水，下流入江，湖口阔二十丈，以故水发则横溢为害。且邵伯堤一带与湖相连水发则直冲堤岸，宜北自露筋庙南抵马家渡，于旧堤南别筑一堤，又自马家渡而南至八塔铺另筑一堤，成一夹河，则河堤可保无事云"。今为邵伯镇，置巡司于此。邵伯驿亦在焉，为水陆孔道。

（清）谈迁《北游录·纪程》（1653年7月）：

乙巳。阴。午发。十五里扬子湾，一曰茱萸湾，故隋北宫也。四十里泊邵伯镇，晋太傅谢安出镇广陵，筑湖堤，民比召伯甘棠焉，因名湖与埭，属江都。其东艾陵湖，齐建武五年（498）立表塘屯，以灌民田。西白茆湖，旧有斗门桥，漕河涸则引湖水济运。

雍正《扬州府志》卷4、6：

江南之瓜州镇称纲运之襟喉，甘泉之邵伯埭为舟车所荟萃，又皆是雄峙江淮，当南北一望县云。……瓜州镇商旅鳞集，城郭市廛不减郡城，有江防同知、巡检司及防汛守备官兵。邵伯镇在城北四十五里，居人众盛，为水陆孔道，市廛之内百货备具，与瓜州镇并为四方所称，置巡检司、驿丞各一。

雍正《江都县志》卷7，形容邵伯镇："百货屯集，烟火万灶，俗亦近奢"。乾隆《江南通志》卷26，形容邵伯镇："商民辐辏，帆樯云集"。嘉庆《两淮盐法志》卷41："邵伯为诸路粮食汇聚之所"。嘉庆《扬州府志》卷8："居民稠密，商贾辐辏之所"。咸丰《甘棠小志》引《万历江都县志》及清太守尹会一〈同善堂记〉言："邵伯南北水陆孔道，百货屯聚，烟火万灶，行旅如织"。

清人董醇所撰《甘棠小志》刊于咸丰五年（1855），为专记邵伯镇之志书（清代所修的市镇志，多数集中于长江三角洲、苏南、浙西地区，扬州府属另有《瓜洲志》《北湖小志》等数种而已）。此志除卷首、卷末外，只有4卷，分为建置、运道、湖潴、河渠、修防、坊铺、里巷、村镇、祠庙等九篇。详于运河湖泊、河渠修防，备载邵伯镇24坊8保甲铺，各里巷及邵伯巡检司所辖县内各村镇名称方位。是书也详述镇内各祠庙，计有甘棠庙、罗令祠、城隍庙、土地庙、五谷庙、泰山行宫、文昌楼、关帝庙、大王庙、龙王庙、财神庙、法华寺、东岳庙、万寿宫、护国寺、晏公庙、梵行寺、二郎庙等近50座，是一大特色。这些祠庙多有明清两代邵伯地方官员、士绅、豪族、寺僧、善人捐资修建，也不少具有善堂、普济等慈善机构及各地商人会馆的性质（如万寿宫〔江西会馆〕、关帝庙〔山陕会馆〕、银庵〔句容会馆〕、祠山行宫〔浙绍会馆〕等），可略观其地之商业网络与士商绅民互动关系。惟缺少较详尽之人物、风俗、商业贸易、米粮生产运销及人口税额等史料。此志成于19世纪中期，所引资料多为前代所纂刊之府、县志，新增新纂者不多，诚为美中不足者（另有1966年江苏人民出版社新纂《邵伯镇志》，附《甘棠小志》全文）。

邵伯镇在明清两代设有巡检司（为县境内两个巡司之一），盛清时其繁庶臻于高峰，居民已达万家，有商号400多家，为著名米市；镇境内铁牛湾并设扬关分收税局（钞关），征收落地税。清末渐衰退，其地位由仙女庙取而代之，但其粮食贸易仍很重要，清末仍有商家300多，粮行60多家。近代以来，邵伯仍为米、麦、大豆的主要粮食市场，与仙女庙、瓜州、黄桥、姜堰、新城、石港、平湖等镇齐名。①

---

① 参考《甘棠小志》，梁磊：《近代苏中市镇经济研究》，北京：社科文献出版社，2007年。

四、历代诗咏邵伯例举

乾隆御制诗,《过邵伯镇》(乾隆十六年)

太傅堤存绿水浔,惠方邵伯颂棠阴。
兰舟缓过思遗躅,绝胜东山丝竹音。

(宋)文天祥,《过邵伯镇》

今朝车马地,昔日战争场。
我有扬州鹤,谁存邵伯棠。
一湾流水小,数亩故城荒。
回首江南路,青山断夕阳。

(宋)秦观,《还自广陵四首其一》

南北悠悠三十年,谢公遗垄故依然。
欲寻旧事无人共,卧听钟声古寺边。

(明)于慎行,《邵伯湖夕泊》

日暮倚菊桡,秋江正寂寥。
驿门斜对雨,郡郭远通潮。
急橹看商舶,寒灯见市桥。
隋堤前路近,欲听月中箫。

(明)赵鹤,《过邵伯湖》

湖口人家住处幽,桃花蹊下晚驱牛。
水耕谁信为农苦,春望何妨作客游。
落日波声侵短竹,平沙风色带眠鸥。
送行最爱长堤柳,直到官河绿未休。

（清）王士祯,《邵伯舟中》

一望遥天阔，茫茫泛夕槎。
树分罾湖水，月上楚人家。
野戍寒虫乱，回堤古庙斜。
芜城前路近，宫柳欲栖鸦。

（清）宗元鼎

一村烟接众村平，湖岸荒荒水石声。
凫阵惯街云脚过，渔舠能敌浪头行。
当年逸事东山兴，今日劳人故国情。
远近荻芦连暮雨，不知何地是芜城。

（清）王鸿藻

匹马嘶风赋北征，今宵初别广陵城。
平山望里应无色，邗水听来尚有声。
宇宙大观尊岱岳，草茅奇气赴神京。
天涯知己浑难觅，一片荒沙独远行。

五、扬州研究主要参考书目列举

1.韦明铧:《二十四桥明月夜：扬州》，上海：上海古籍出版社，2000 年。

2.韦明铧:《扬州瘦马》，福州：福建人民出版社，1998 年。

3.韦明铧:《扬州文化谈片》，扬州：广陵书社，2004 年。

4.韦明铧:《两淮盐商》，福州：福建人民出版社，1999 年。

5.韦明铧:《广陵绝唱》，天津：百花文艺出版社，2003 年。

6.韦明铧:《风雨豪门：扬州盐商大宅院》，扬州：广陵书社，2003 年。

7.韦明铧:《扬州掌故》，苏州：苏州大学，2001 年。

8.冯尔康主编:《扬州研究：江都陈轶群先生百龄冥诞纪念论文集》，台北：联经出版公司，1996 年。

9. 梁磊：《近代苏中市镇经济研究》，北京：社会科学文献出版社，2007 年。

10. 王瑜、朱正海主编：《盐商与扬州》，南京：江苏古籍出版社，2001 年。

11. 王振忠：《明清徽商与淮扬社会变迁》，北京：三联书店，1996 年。

12. 方盛良：《清代扬州徽商与东南地区文学艺术研究：以"扬州二马"为中心》，北京：人民文学出版社，2008 年。

13. 戴健：《清初至中叶扬州娱乐文化与文学》，北京：社会科学文献出版社，2008 年。

14. 柯玲：《民俗视野中的清代扬州俗文学》，上海：上海社会科学出版社，2006 年。

15. 朱福烓：《扬州史述》，苏州：苏州大学出版社，2001 年。

16. 李保华：《扬州诗咏》，苏州：苏州大学出版社，2001 年。

17. 王鸿：《扬州散记》，南京：江苏古籍出版社，2000 年。

18. 卞孝萱主编：《扬州八怪年谱》，南京：江苏美术出版社，1993 年。

19. 丁家桐、朱福烓：《扬州八怪传》，上海：上海人民出版社，1993 年。

20. 周时奋：《扬州八怪画传》，济南：山东画报出版社，2007 年。

21. 易君左：《闲话扬州》，合肥：黄山书社，1993 年。

22. 李廷先：《唐代扬州史考》，南京：江苏古籍出版社，1992 年。

23. 徐立望：《嘉道之际扬州、常州区域文化比较研究》，杭州：浙江大学出版社，2007 年。

24. 赵明主编：《扬州大观》，合肥：黄山书社，1993 年。

25.《扬州民间故事集》，中国民间文艺，1989 年。

26.《扬州文化丛书》（8 卷），苏州：苏州大学出版社，2001 年。

27. 中国人民政治协商会议江苏省扬州市委员会文史资料研究委员会编：《扬州文史资料》（1—21 辑），扬州：中国人民政治协商会议江苏省扬州市委员会文史资料研究委员会，1982 年。

28.（清）佶山监纂：《两淮盐法志》五十六卷，卷首四卷（嘉庆十一年）。

29.（清）王世球等纂修：《两淮盐法志》四十卷，卷首一卷（光绪十九年），北京：国家图书馆出版社，2009 年。

30.（清）尹会一（1691—1748）修、程梦星等纂：《扬州府志》四十卷（雍正十一年，1733）（万历 1601，康熙 1664、1674、1685，同治 1874）。

31.（清）阿克当阿修，（清）姚文田、江藩等纂：《嘉庆重修扬州府志》七十二卷，首一卷（嘉庆十五年，1810）。

32.（明）朱怀幹修；（明）盛仪纂：《惟扬志》三十八卷（嘉靖，1523），上海：上海古籍书店，1963 年（1981 年重印）。

33.（清）焦循、江藩撰，薛飞校点：《扬州图经》（1801），南京：江苏古籍，1998 年。

34. 李斗（1749—1817）撰：《扬州画舫录》十八卷，扬州：广陵书社，2003 年。

35.《江都县志》（万历 1599，康熙 1717，雍正 1729，乾隆 1743，嘉庆 1811，光绪 1884，民国 1926、1932）。

36.《甘泉县志》（乾隆 1743，嘉庆 1810，光绪 1881，民国 1921）。

37.《瓜洲志》（嘉庆，民国 1927）（《中国地方志集成》，《乡镇志专辑》15，上海：上海古籍出版社，1992 年）。

38.《北湖小志》（嘉庆 1808，道光 1847，咸丰 1860）（《中国地方志集成》，《乡镇志专辑》15）。

39.（清）董醇撰：《甘棠小志》四卷，首一卷，末一卷（咸丰五年，1855）（《中国地方志集成》，《乡镇志专辑》16）

40.《邵伯镇志》，南京：江苏人民出版社，1996 年。

41.〔美〕梅尔清，朱修春译：《清初扬州文化》，上海：复旦大学出版社，2004 年。（Tobie Meyer-Fong，Building Culture in Early Qing Yangzhou，Stanford，Calif.：Stanford University Press，2003.）

42.〔澳〕安东篱，李霞译，李恭忠校：《说扬州：1550—1850 年的一座中国城市》，北京：中华书局，2007 年。（Antonia Finnane，*Speaking of Yangzhou: a Chinese City, 1550-1850*，Harvard Univ. Asia Center，2004.）

43.〔美〕乔迅；邱士华、刘宇珍等译，《石涛：清初中国的绘画与现代性》，北京：生活·读书·新知三联书店，2010 年。（Jonathan Hay，*Shitao: Painting and Modernity in Early Qing China*，Univ. of Cambridge，2001.）

44.〔丹麦〕易德波（Vibeke Bordahl）《扬州评话探讨》(The Oral Tradition of Yangzhou Storytelling)，南京：江苏人民出版社，2016 年。

45. Ping-ti Ho（何炳棣），"The Salt Merchants of Yang-Chou: A Study of Commercial Capitalism in Eighteenth-Century China"，Harvard Journal of Asiatic Studies，Vol. 17，No. 12（Jun.，1954），pp. 130-168.

论《清史稿·土司传》的编撰

——以《四川土司传》为例

冯明珠

　　《清史稿·土司传》共 6 卷，分别为：湖广土司、四川土司、云南土司、贵州土司、广西土司、甘肃土司。根据现藏台北故宫博物院清史馆档 13 册《土司传》[①]稿封面载示，是由清末民初著名藏书家、金石家、史学家、方志学者缪荃孙（1844—1919）负责编纂。缪荃孙，字筱珊，光绪二年（1876）进士，历翰林院编修，1914（民国三年）清史馆开馆，礼聘为总纂，负责定传目，任儒林、文苑、康熙朝大臣及土司传之编撰。[②]笔者于 1978 年经陈捷先老师推荐进入台北故宫博物院图书文献处从事《清史稿》校注，其中 6 卷《土司传》即由笔者负责句读校注，对缪荃孙编撰《土司传》的剪裁、参考征引资料稍有研究，于 1982 年发表《读校"清史稿四川土司传"》[③]一文，本文是在上述基础上撰成，初稿曾在 2018 年 10 月 17—18 日湖南吉首大学"第二届中国土司学高层论坛"中宣读，如今修订完成，作为陈老师领我入《清史》之纪念。

一、清史馆中看得到的典籍档案

　　民国初年为易代修史所组织的清史馆，设置于清国史馆原址，因此清国史

---

　　①　台北故宫博物院所藏 13 册《土司传》，分别为《湖广土司传》2 册，档案编号 701008082、701007969，《四川土司传》3 册，档案编号 701008083、701008084、701007970，《云南土司传》2 册，档案编号 701008081、701007971，《贵州土司传》2 册，档案编号 701008087、701007972，《广西土司传》2 册，档案编号 701008086、701007973，《甘肃土司传》2 册，档案编号 701008085、701007974，封面编者俱载：缪荃孙。

　　②　许师慎辑：《有关清史稿编印经过及各方意见汇编》上册《编撰人员之丞聘》，台北：中华民国史料中心，1979 年。

　　③　拙著《读校"清史稿四川土司传"》，《食货月刊》第 12 卷 7 期，第 242—256 页，1982 年 10 月。

馆原藏的典籍、官书、档案，都成为清史馆典藏，作为清史馆修清史之用。原清国史馆究竟有那些典藏呢？笔者试以保存在台北故宫博物院的清国史馆档案及清国史馆担负的职责分析，应有以下 6 类：

其一，清国史馆原修国史所遗留下来史册档案，如各朝本纪；各类志书，如天文志、时宪志、地理志、礼志、乐志、舆服志、仪卫志、选举志、职官志、食货志、河渠志、兵志、刑法志等；各种年表、人表、事表、职官表等；各类人物列传，分进呈本《大清国史列传》及各人物列传之稿本《传稿》与以人为单位汇集其传记资料成包之《传包》等。根据台北故宫博物院"清代文献档册目录资料库"著录的清国史馆档案，共 12201 笔，是清史馆史官纂修《清史》最重要的依据。

其二，各类官书，历朝《圣训》《奏议》《实录》《起居注册》、各类《方略》《国榷》《夷务始末记》等。

其三，各类史册，《长编总档》《长编总册》、吏户礼兵刑工六科史书。

其四，《四库全书》。①

其五，修《大清一统志》留下的地方志及舆图资料。

其六，清史馆开馆向民间征集的书籍，包括：各省通儒硕彦著作、各省图志、私家传记碑铭墓碣等。②

其中最重要者，当属清国史馆编修的纪传体的各式史册及留存下来的稿本档案。笔者校注《清史稿》长达六年，通过校勘比对，《清史稿》各纪、志、表、传，大致本清国史馆原纂各纪、志、表、传，加以抄录增删而成；清国史馆未有之条目，则由清史馆增列，如邦交志、交通志、艺文志、属国传、藩部传、土司传等；其中"传目"即由缪荃孙拟定，本文讨论的《清史稿·土司传》是由缪氏独立完成。

二、《四川土司传》编撰与征引

《清史稿·四川土司传》内容大至分为 3 部分，首先叙述康雍乾 3 朝对四川土司的经略，重点放在乾隆朝平定大、小金川的经过与成果；中段叙述同治朝后迄清末川边各土司叛乱及被清廷"改土归屯"或"改土归流"的历程；末段

---

① 《大总统袁世凯特颁征书命令》所征者除《四库全书》著录外，说明馆中或附近有《四库全书》可供参考。《有关清史稿编印经过及各方意见汇编》上册，第 4 页。

② 《有关清史稿编印经过及各方意见彙编》上册，第 5—9 页。

则将川省土司、土官中较著者详载于篇。

乾隆朝平定大、小金川之役，是清高宗十全武功之一，也是清廷历康雍乾对四川土司整顿后的具体成果。首段缪荃孙以巨大篇幅叙述此事，主要是根据魏源（1794—1856）《圣武记》卷7《乾隆初定金川土司记》及《乾隆再定金川土司记》两文修改编撰而成。这种说法只须对勘《圣武记》与《四川土司传》便可得到印证。例如《圣武记》卷7，所载平定大小金川文字如下：

康熙五年，其土司嘉勒巴内附，给演化禅师印，俾领其众，其庶孙莎罗奔者，以土舍将兵，从将军岳钟琪征西藏羊峒番有功。雍正元年，奏授金川安抚司，莎罗奔自号大金川，而以旧土司泽旺为小金川。莎罗奔寻以女阿扣妻泽旺，泽旺懦，为妻所制。乾隆十一年，莎罗奔劫泽旺归，夺其印，四川总督檄谕之，始还泽旺于故地。明年，又攻革布什札及明正两土司，巡抚纪山遣副将率兵弹治，不奉约，反伤我官兵，纪山奏请进剿，上以云贵总督张广泗征苗有功，调督四川，进屯泽汪所居美诺官寨，而以其弟良尔吉从征。时莎罗奔居勒乌围，其兄子郎卡居噶尔厓，地在大河之东，而河西亦有贼地数百里，张广泗奏调兵三万，分两路，一由川西入攻河东，一由川南入攻河西。

《清史稿·四川土司传》则作：

康熙五年，其酋嘉勒巴复来归，给演化禅师印。其庶孙莎罗奔，以土舍将兵从将军岳钟琪征西藏羊峒番，雍正元年，奏授安抚司，居大金川；而旧土司泽旺为小金川，莎罗奔以女阿扣妻泽旺。泽旺懦，为妻所制。乾隆十一年，莎罗奔劫泽旺归，夺其印。十二年，又攻革布什札及明正两土司。朝廷调张广泗总督四川，进驻泽汪所居美诺官寨，而以其弟良尔吉从征。时莎罗奔居勒乌围，其兄子郎卡居噶尔厓，地在大河之东，而河西亦有地数百里。张广泗调兵三万，一路出川西攻河东，一路出川南攻河西。

叙事方式与内容完全一致，缪荃孙仅稍作文字删减。

又如《圣武记》卷7，节录乾隆十四年（1749）春正月大学士傅恒（1720—1770）奏言一大段，《清史稿·四川土司传》亦载录了该段奏言。其中有一段

《圣武记》载："沃日、瓦寺兵强而少，杂楞、绰斯甲等兵众而懦，明正、木坪忠顺有余，强干不足，革什乍兵锐可当一路。是各土司环攻分地之说，虽不可恃，而未尝不可资其兵力。"《清史稿·四川土司传》所录亦同，唯"杂楞"脱一"楞"字，应为排印时之疏误。然而傅恒原奏应作："杂楞兵众而懦，绰斯甲心怀疑贰，未足凭信。"见《钦定平定金川方略》卷22，与《圣武记》及《清史稿·四川土司传》均异。足证缪荃孙是依据魏源《圣武记》之《乾隆初定金川土司记》及《乾隆再定金川土司记》。

以下再以两例说明：

例1：川边土司：革布什札、革布什咱、革什乍、革布咱，为同音异译名词。《圣武记》叙述前作：革布什札，后做：革什乍，首尾所用名词各异，《清史稿·四川土司传》沿袭《圣武记》，竟有同样谬误。

例2：噶尔厓（崖）、噶拉依、噶喇衣、刮耳崖，为同音异译地名。《圣武记》选用：噶尔厓，《清史稿·四川土司传》沿用之。

从以上例证，当可说明缪荃孙所撰《清史稿·四川土司传》的第一部分本是魏源《圣武记》中《乾隆初定金川土司记》及《乾隆再定金川土司记》二文剪裁编撰而成，两者之间叙述内容、文字结构，甚至于谬误，均完全相同。

案：魏源《乾隆初定金川土司记》及《乾隆再定金川土司记》沿袭自赵翼（1727—1814）《清朝武功记盛》卷4《平定两金川述略》，唯魏源述事较详，所录奏言较多，例如《圣武记》所录乾隆十四年正月傅恒奏言，赵翼《清朝武功记盛》则未录。此一说法只须将两书校阅一遍便可得证。惟与本文主旨无关，自不必赘言。

《清史稿·四川土司传》第二部分叙述川边土司改土归流的经过，以收回瞻对土司、平定巴塘及赵尔丰的改土归流为主要内容。缪荃孙征引者多为第一手史料。例如：叙述收回三瞻始末，主要是依据历年来大臣奏章，其中以四川总督鹿传霖（1836—1910）的奏折为主。光绪三十一年巴塘变乱，则征引四川总督锡良（1853—1917）的奏折。光绪末年，清廷在康藏地区实施改流，主其事者是督办川滇边务大臣赵尔丰（1845—1911）及其兄长赵尔巽（1844—1927），缪氏述事则以此昆仲的奏折为本。

第三部分是将川境土司传世较久者并著于篇，摘录自嘉庆二十一年重修本《四川通志》卷96《武备十五·土司一》及卷97《武备十六·土司二》两卷所载土司。

以上述所本，是经多方校勘排比所得。例如为了查探第三部分之所本，曾将《清史稿·四川土司传》与下列诸志书相校阅，其中包括黄廷桂修（1691—1759），雍正十三年（1735）刊本《四川通志》，常明（？—1817）修，嘉庆二十一年（1816）刊本《四川通志》，《西昌县志》《龙安府志》《打箭炉志》《盐源县志》《会理州志》（以上5志，均为乾隆年间钞本，清史馆征集典籍）、乾隆十一年（1746）刊本《夔州府志》、乾隆四十年（1775）刊本《石砫厅志》、任启烈原辑，乾隆刊本《九姓司志》、陈登龙（1742—1815）修，嘉庆十五年（1810）钞本《里塘志略》《嘉庆重修大清一统志》《清朝文献通考》等。

三、评《清史稿·四川土司传》之编撰

笔者以为若要评论《清史稿·四川土司传》的编撰，应立足于缪荃孙所处时空背景，以及就当时所能看到的档案资料作评述；时空背景将影响编者的主观论述，看得到的档案资料则反应在编辑征引上。先谈背景。清史馆开馆于1914年9月，[①] 缪荃孙以光绪二年进士曾任职翰林院编修国史的崇高社会地位，于开馆之初被延聘入馆任总纂，负责定"传目"，任《儒林传》《文苑传》《康熙朝大臣传》及《土司传》编纂，在馆未及4年，卒于1918年，完成了《儒林传》与6卷《土司传》。[②] 对缪氏编撰《四川土司传》肯定有影响的时事，是自1913年8月迄1914年7月历时近1年的"中英西姆拉会议"宣告失败，中国议约代表陈贻范（1870—1919）以"不能擅让领土，改变疆域"为由正式拒绝英方的签约要求。[③] 陈氏"不能擅让领土，改变疆域"指的即是英国强逼中国接受的川藏界线与藏印界线。西姆拉会议中，英国以武力作后盾，屯兵拉萨，对川藏领域侵占野心已昭然布达于国际，见载于媒体，时论哗然，中国的有识之士无不义愤填膺；况清史馆馆长赵尔巽（1844—1927）曾于光绪三十三至三十四年间任四川总督，其弟赵尔丰（1845—1911）历川滇边务大臣，负责执行川滇藏间土司改土归流，发展至民国初年川边的康区已有建省呼声。川藏间局势发展至此，英国的侵藏行为已全面曝露，缪荃孙不可能忽略不闻，也必然反应在编撰《四川土司传》的叙述中。

① 《清史馆馆长赵尔巽呈报开馆日期》，《有关清史稿编印经过及各方意见汇编》上册，页5—6。

② 缪荃孙留下之清史馆《儒林传》、《文苑传》及《土司传》传稿，现藏台北故宫博物院。

③ 详见拙著《近代中英西藏交涉与川藏边情》第10章。

证之于《清史稿·四川土司传》,缪荃孙以极大篇幅叙述清高宗剿平大小金川,强调当地土司、土官相继改土归屯,设懋功厅管辖。此段叙述征引缪氏征引的是魏源《圣武记》。《圣武记》撰于道光二十二年(1842),距离平定大、小金川之役已有半个多世纪。清史馆中应藏有清国史馆乾隆年间奉御纂修之《钦定平定金川方略》及《钦定平定两金川述略》及《金川档》,缪氏撰稿,舍此整理完善的第一手史料官书不用,而摘录《圣武记》,或有其理由,但以今日史学论,当属史料运用上的缺失。第二部分叙述川边土司改流经过,缪氏所征引者皆为当事人的奏牍,当无可议之处。第三部分是将川境土司传世较久者并著于篇,所本者为《嘉庆重修四川通志》,则充分说明了缪氏对川省边域情势的了解。

四川边境辽阔,水复山重,草木蒙昧,历代虽设有土司以相控制,但其间此起彼伏,要考其本末源流,实非易事。笔者在校注时曾将清代四川各种方志、一统志、地理志及文献通考互相比对,发现其中出入颇大,无怪缪氏在《四川土司传》中云:"今采传世较永者著于篇,其国初归附未久旋即绝灭者,尚不胜记云。"缪氏以《嘉庆四川通志》为底本,将川边土司逐一列举,并简述土著族类、土职名目及归附授职日期。若该土司在清代曾与朝廷发生冲突,则详述其后;清末被改流者,也并述于篇。

结语

现存清代地方官撰修的《四川通志》有二,雍正十三年四川总督黄廷桂主修之《四川通志》与嘉庆二十一年四川总督常明监修之《四川通志》。前者在明代旧志基础上加入清朝入关后前三朝:顺治、康熙、雍正对川省的经略;嘉庆版《四川通志》则将乾隆元年至嘉庆二十年,80年间清廷经略川边的成果详载于篇。再者,嘉庆版《四川通志》是经历乾嘉学风熏陶后的作品,方志在史学上应有的地位已获得肯定,载述内容已大为扩大,由雍正版《四川通志》共43卷47册,嘉庆版《四川通志》已扩充为226卷,12志,共160册。单就两部《四川通志》载所土司,雍正版《四川通志》列土司1卷,嘉庆版《四川通志》于《武备志》下列土司3卷,细载土司沿革、四至地界及风俗民情,详加以考证。又,土司纳入武备,彰显了清廷改土归屯的成果,土司已肩负起国家的防卫职责。诚如嘉庆版《四川通志》凡例所谓:

土司世袭之沿革，地界之至到，贡赋之输将，旧志颇详，今加之厘正，而于各土司条下分缀风俗，以便省览。至近年以来，有土司慕化归流，纳粮升科者，亦有生番部落，新经平定，设立土目，分辖其地者，自宜分别叙列。其杂谷、懋功二厅，皆以土司改土归屯，垦地练兵，设立屯弁，以钤束之，亦有合于古人任地简卒之义，故并载焉。

缪氏编撰《清史稿·四川土司传》以嘉庆版《四川通志》为本，以修史的时空背景而言，当是最正确之选择。

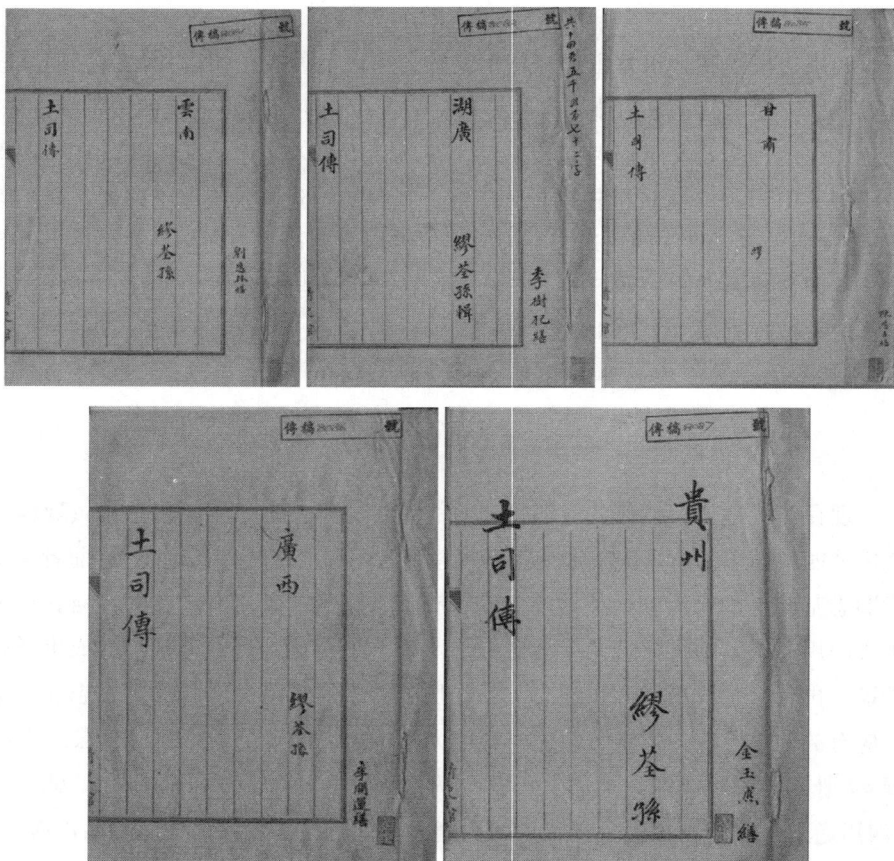

台北故宫博物院藏《清史馆·土司传》6 卷，封面均载：缪荃孙

从接触到交融：晚清民国时期的中式西菜

戴晋新

一、引言

中式西菜或中国西餐，起源于晚清，流行于民国时期。它以欧、美菜式为基础，加入中国食材，模仿西式菜肴的名称与款式，兼采中、西烹调方法与调味，是一种不中不西、又中又西、中西合璧的"改良型"西菜。这种菜式的出现，一方面是为了解决中国人对西餐口味上的不适应而又有工作上（如：涉外官员、买办）与心理上（如：崇洋、尝鲜、好奇、时尚）吃西餐的需要；另一方面也是中国饮食文化对西方饮食文化的回应，其中不乏创意料理，有些菜式还进了中餐馆。中式西菜的现象本身十分有趣，同时具有丰富的文化意涵可供解读，并非全然如徐珂在《清稗类钞》中所称"今繁盛商埠，皆有西餐之肆，然其烹调法不中不西，徒为外人扩充食物原料之贩路而已"①。本文拟从文化交流的角度，略言其趣，并略释其义。

二、西餐传华

西餐，在中文里泛指欧美各国的菜点，何时传入中国？难以具体考定。有人以为 13 世纪意大利人马可·波罗来华生活时间较长，可能已将某些家乡的菜点制作方法传入中国。明代西方传教士来华，也可能带来西餐制法。清朝康熙初年，传教士曾节录艾儒略《西方问答》编成《西方要记》一书，专记西洋风

---

① 徐珂：《清稗类钞》，北京：中华书局，1986 年，第 13 册《饮食类·西餐》，第 6270 页。

物，其中有一则是介绍西人饮食习俗的。[①] 金梁说"在盛京清宁宫所收藏的清代历朝实录满洲档案里，曾经看到康熙初年，光禄寺奏报添置西餐所用刀叉器皿，雇用洋厨，接待外宾。平日无事，准其在外设肆营业种种记载"；[②] 赵珩谓"从清宫所藏康熙时置办的全套西餐餐具看，当时宫中已经能操办十分正规的西餐了"；[③] 但西餐传华设肆营业成为社会现象，可能还是要到 1840 年鸦片战争之后，与西人在华居留渐多有关。

早期餐馆营业史料往往欠缺档案，多凭时人或后人笔记杂文所述，记忆各殊，众说纷纭，"最早"的西餐馆或番菜馆难有定论。[④] 但作为社会现象与历史情境，晚清民国时期可以说是西餐传华的第一个阶段，反映了中国人对西餐从接触到适应的过程。

由于中、西方的饮食文化差异甚大，中国人开始接触西餐，并非一拍即合。

张德彝在《航海述奇》中提到同治五年（1866）他出使英国在轮船上吃西餐的经验，"盖英国饮馔与中国迥异，味非素嗜，食难下咽"、"牛羊肉皆切大块，熟者黑而焦，生者腥而硬；鸡鸭不煮而烤，鱼虾味辣且酸"，他连吃了几天，"一嗅即吐"，一闻吃饭铃声"便大吐不止"。[⑤] 这个故事常被征引，广为人知。张德彝吃不惯西餐是事实，但"鱼虾味辣且酸"似非一般西餐口味，且西餐的调味酱汁常与食物分置由食客自行取用沾食，何以酸辣如是？大吐不止或许与其在海上沉浮晕船有一定关系。光绪九年（1883）畹香留梦室主黄协埙（式权）在《淞南梦影录》中也说"西人肴馔，俱就火上烤熟，牛羊鸡鸭之类，非酸辣即腥膻。盖风尚不同，故嗜好亦异焉"，"近日所开一家春、一品香等番菜店，其装饰之华丽，伺应之周到，几欲驾苏馆、津馆而上之，饮膳则有坐茶、小食、大餐诸名色。裙屐少年，往往异味争尝，津津乐道，余则掩鼻不遑矣"。[⑥]

"非酸辣即腥膻"似为中国人接触西餐的初始印象。对吃惯传统中国菜的人

---

① 邱庞同：《清代西餐传华的概况》，《饮食杂俎——中国饮食烹饪研究》，济南：山东画报出版社，2008 年，第 235 页。

② 唐鲁孙：《北平的西餐馆》，《天下味》，台北：大地出版社，1985 年，第 232 页。

③ 赵珩：《中国西餐的嬗变》，《老饕续笔》，北京：三联书店，2011 年，第 39 页。

④ 例如上海最早的番菜馆就有万年春、海天春、一品香等不同说法；北京最早供应西菜的餐馆，齐如山说是东交民巷的筑紫办馆，邱庞同说是六国饭店，赵珩说是撷英番菜馆，说法亦不同；1935 年出版的马芷庠《北平旅行指南》（北京燕山出版社 1997 年更名《老北京旅行指南》重排初版）卷 2《食住游览之部》收录西餐馆 12 家，供应西菜西点的咖啡馆、茶点社 8、9 家，未见筑紫办馆，各家"创办年月"栏多空白。另旅馆中有 6 家中、西餐皆备，六国饭店竟不在其中。

⑤ 张德彝：《航海述奇》，长沙：湖南人民出版社，1981 年，第 5 页。

⑥ 黄协埙：《淞南梦影录》，台北：新文丰出版社，丛书集成三编第 73 册，卷 3。

而言，西餐的鱼、肉、禽类料理难免有腥膻之感，酱汁酸或有之，辣则除了印度咖喱似乎机率不大。不知当时他们接触的西餐究竟是怎样的一种调味，以致"一嗅即吐""掩鼻不遑"？

据邹振寰引述铢庵《人物制度风俗丛谈》的记载，道光四年（1824）赵文恪游粤时曾"登夷馆楼阁设席大餐"，[①] 吃大餐已成为当时广州官场应酬的选项；但"登夷馆楼阁设席大餐"可能是官场活动，未必是一般营业性的餐馆场所；大餐设肆普及的时间可能稍迟至19世纪中叶。徐珂关于西餐传华的说法广被征引：

国人食西式之饭，曰西餐，一曰大餐，一曰番菜，一曰大菜。席具刀、叉、瓢三事，不设箸。光绪朝都会商埠已有之，至宣统时尤为盛行。

今繁盛商埠皆有西餐之肆，然其烹饪之法，不中不西，徒为外人扩充食物原料之贩路而已。

我国之设肆售西餐者，始于上海福州路之一品香，其价每人大餐一元，坐茶七角，小食五角，外加堂彩、烟酒之费。当时人鲜过问，其后渐有趋之者，于是有海天春、一家春、江南春、万长春、吉祥春等继起，且分室设座焉。[②]

影响甚大。相近的说法常见不鲜，例如：

旧上海最早出现的西菜馆，被称为"番菜馆"。西菜传到我国，和外国传教士在华活动以及鸦片战争后外人在上海居留渐多有关。…上海在开埠以后，大约十九世纪五十年代，已开始出现各式西菜馆。[③]

上海的西菜馆从此日益发展：

旧上海西菜馆主要是在租界由外商或华侨开办的。到了本世纪三十年代初，上海已有英、美、法、德、意、俄等各式西菜馆上百家之多，解放前夕，上海

---

① 邹振寰：《西餐的出现与最早汉译的西餐烹饪专书〈造洋饭书〉》，《影响中国近代社会的一百种译作》，北京：中国对外翻译出版公司，1994年，页59页。

② 徐珂：《清稗类钞》，北京：中华书局，1986年，第13册《饮食类·西餐》，第6270—6271页。

③ 吴承联：《旧上海茶馆酒楼》，上海：华东师范大学出版社，1989年，第123页。

西菜馆布满全市，约有近千家。①

北京西餐馆的出现较上海为晚，齐如山《北京三百六十行》提到北京最早供应西式菜品的洋饭馆，"洋饭馆，专卖西式菜品。此行最早者为东交民巷'筑紫办馆'光绪庚子后始有日本人开设，又有西洋人开的西式饭店，于是中国人渐有开设者，民国后始大为发达"；② 邱庞同《清代西餐传华的概况》则谓北京的西餐馆"先是有'六国饭店'等外国人开的饭店"、"光绪末年和宣统初年，北京还建有'醉琼林'、'裕珍园'两家西餐馆"；③ 也有人认为北京"第一家专营西餐的馆子是前门外的撷英番菜馆"，"从民国初年至三十年代初，'撷英'是北京城最负盛名的西餐馆了"。④ 上海、北京之外，天津、青岛、成都、广州也是西餐传华入境设肆较早的城市。

三、中式西菜的兴起

西餐设肆营业后，自然依风味分了派系，中式西餐也应运而生。朱家潘说：

北京的西餐派系有英、法、俄、德、英法式。第一流的如：北京饭店、六国饭店、西绅总会……其它二、三流西餐馆都算是英法式的，但只这三家最地道，丝毫不迁就中国人习惯。还有一家也是第一流的，可是比较迁就中国人的饮食习惯，所以不能说地道，但质精量大，原料和手艺都非常讲究，门面也是中国味十足，黑光漆描金的竖匾"撷英番菜馆"五个大字，堪与对面"内联升靴鞋店"的金字匾媲美。⑤

迁就不迁就中国人的饮食习惯是正宗西菜馆与番菜馆的分野，迁就的范围有时超过饮食口味本身，例如"上海早年由本地人办的番菜馆，吃的是西菜，菜馆设施及花天酒地、抽大烟、叫妓局等，仍和旧式酒楼并无二致"。⑥

---

① 吴承联：《旧上海茶馆酒楼》，第 127 页。
② 齐如山：《北京三百六十行》，1941 初版，北京：中华书局，2015 重刊，第 190 页。
③ 邱庞同：《饮食杂俎——中国饮食烹饪研究》，第 236 页。
④ 赵珩：《老饕续笔》，第 40 页。
⑤ 赵珩：《老饕漫笔》，朱家潘：《序》，北京：三联书店，2001 年，第 2—3 页。
⑥ 吴承联：《旧上海茶馆酒楼》第 124 页；125 页提到名教育家黄炎培与朋友在西菜馆用餐，黄自己不叫局，但不能禁止别人叫局，召来侑饮的妓女中，有一位竟是黄炎培在城东女学校教书时见过的女学生，后来得知是上海当时花界鼎鼎大名的小四金刚之一的金小宝。

　　吃大餐的场景，小说中也有些描述，可资印证。李伯元《文明小史》第18回"一灯呼吸竞说维新　半价招徕谬称克己"有一幕"万年春"番菜馆的景象，书中人物姚文通接到胡中立在万年春发来请客票头，请他前去吃大菜。他应邀赴约，进了4号房间，其时席面上已有3个人，"还有两个躺在炕上抽鸦片烟"，"主人请他点菜，他肚子里一样菜都没有，仍旧托主人替他点了一汤四菜，又要了一样蛋炒饭。一霎细崽端上菜来，姚文通吃了，并不觉得奇怪，后来吃到一样拿刀子割开来红利利的，姚文通不认得，胡中立便告诉他说：'这是牛排，我们读书人吃了顶补心的'姚文通一向不吃牛肉，胡中立哈哈大笑道：'老同年！亏你是个讲新学的，连个牛肉都不吃，岂不惹维新朋友笑话你吗？'"。[1]李伯元的描述透露了上海大菜馆里有烟榻可以抽鸦片，供应菜品包括蛋炒饭这类中式料理，吃大菜牛排为新派作风等讯息。

　　蛋炒饭、吃牛排、抽大烟、叫妓局、讲新学，是晚清民国时期上海番菜馆里可能见到的中、西交融景象。

　　孙家振《海上繁华梦》第3回"款嘉宾一品香开筵，奏新声七展灯演剧"，写到书中4位人物在一品香番菜馆的用餐情形，透露的讯息更为丰富，包括：一、菜品：鲍鱼鸡丝汤、炸板鱼、冬菇鸭、法猪排、虾仁汤、禾花雀、火腿蛋、芥辣鸡饭、元蛤汤、腌鳜鱼、铁排鸡，香蕉夹饼、洋葱汁牛肉汤、腓力牛排、红煨山鸡、虾仁粉饺、西米布丁，其中不乏中式菜肴与中式西菜。二、饮料：香槟、啤酒。三、言谈中除了提到四马路的九家番菜馆，另外还能分辨外国人吃的"真番菜馆""广东酒楼带做的大菜馆""中国番菜馆""外国番菜馆"等名目；并知晓礼查饭店是西国客馆，不是番菜馆。四、"有妓女度曲之声"，与万年春一样，可叫局召妓。[2]可惜的是，小说中缺乏对各种菜式滋味的描述，大概这并非小说的重点，也可能作者并非知味之人。

　　赵珩在《中国西餐的嬗变》一文中对北京的"中国西餐"谈了不少：

　　旧京西餐虽多以英、法、德、俄式为标榜，实际大多是迎合中国人口味而改良的西餐，口味油腻厚重，其中不无杜撰的成分，例如法式猪排、德式大王肉饼之类，我在法国和德国就从来没有看见过这等菜肴。

　　大凡外国的东西进了中国，很少能保持原样，一成不变，西餐也不例外。"中国西餐"的说法听起来好像十分荒唐，但在一百年前西餐进入中国餐饮并为

---

　　① 李伯元：《文明小史》，台北：广雅出版社，1984年，第141—142页。

　　② 孙家振：《海上繁华梦》，北京：中国戏剧出版社，2000年，第29—31页。

部分中国人接受之时，为了适应大众的口味，确实经历了很长时间的改良过程，经过这一改良，"中国西餐"大抵就名副其实了。

早年这种"中国西餐"有十分普遍的市场，从豪华考究的六国饭店、北京饭店，到市民阶层的撷英番菜馆、二妙堂，大多未能跳出这种模式。这些馆子里菜名冠以的英式、法式、德式大多是靠不住的，甚至根本是子虚乌有。英国人好吃炸土豆条、炸鱼，于是许多沾面包糠的油炸鸡、鱼、肉就都冠以英式；法国人喜欢各种沙司，于是西餐馆就发明了一种以西红柿酱、胡萝卜丁、口蘑丁、豌豆和葡萄干为主要原料的自制沙司，红红绿绿，味道甜酸，只要浇在炸猪排、炸鱼或肉饼上，就可以冠以"法式××"了。

五十年代北京的和平餐厅、吉士林、华宫、大地，甚至是新侨饭店，经营的所谓英法式大菜，几乎都是这种经过改良的"中国西餐"。[1]

北京的西餐馆与旧上海的番菜馆风气不同，但不中不西、又中又西的口味特色仍在，一直保持到 20 世纪 50 年代。

陈定山在《春申旧闻》中历数上海大菜的种种：

这些西菜社，都是中国大司务，烧的西菜，也是专合中国人口味，故名为中国大菜。……

自从密菜里消失之后，最早著名的外国饭店，当推四马路都城饭店，白渡桥外滩路理查德饭店，南京路汇中饭店，鼎足而三。三家的排华观念，非常严酷，中国人进出都要走边门，吃饭的地方，也不与西人一处。……

汇中、都城、理查德德之外，便推大华饭店了。……

这些饭店，都是旅馆兼业，声名虽大，菜却不尽理想。法租界迈尔西爱路十三层大楼，也是沙逊的，里面西菜非常标准，华人去的很少。[2]

说明华人还是爱吃"大菜"，标准的西餐馆去的人很少，除了口味因素，与环境、氛围也有关系。所谓中国人的口味究竟是怎样的口味呢？周三金曾归纳上海中式西菜的特色为："它具有熟而鲜嫩、酥香而脆、汤汁浓而清鲜、滋味纯而鲜美，且毫无腥味的特点"，[3] 连用了三个"鲜"字，可见熟而不生、嫩而不

---

① 赵珩：《老饕续笔》，第 42、43 页。

② 陈定山：《春申旧闻》，台北：世界文物出版社，1978 年再版，第 193—194 页。

③ 周三金：《上海老菜馆》，上海：上海辞书出版社，2008 年，第 243 页。

腥、突出鲜味是中式西菜为适应中国人忌生、怕腥、喜鲜口味改良的重点。

四、中式西菜菜品举例

宣统年间印行的傅崇矩《成都通览》,书中列举了一百多种大餐菜品,[①] 其中有些难明其所以,如:扬州卫生面、荷花店;有些明显带有中式食材与烹制方法,如:香糟鱼排、鸡生粥、鸭生粥、鱼生粥、八宝稀饭、燕窝粥、西国鱼翅汤、三丝鲍鱼汤、如意鲍鱼汤、口蘑鲍鱼(汤)、鸡丝鲍鱼汤、桂花鲍鱼汤、鸽蛋鲍鱼汤、金钱海参汤、绣球海参汤、蝴蝶海参汤、鸡(丝?)鱼翅、攒丝鱼翅、鱼翅鸡汤、凤尾鱼翅汤、葱烧斑鸠、五香斑鸠、香菜烩斑鸠、葱烧野鸡、香菇烩野鸡、红糟猪脾、糟牛舌、南糟甜鸭等。其它品项有些可知其风味,如"加力"即"咖哩";但像外国牛肉、外国火肉、外国洋桃、外国木瓜等之"外国",系指何种风味就不得而知。这份菜单从名称到食材、制法、风味都是不中不西、又中又西、中西合璧的中式西菜范例。

1928年出版的陈无我《老上海三十年见闻录》有《番菜食单摘录》、《番菜小志》两节与番菜有关的内容,《番菜食单摘录》将番菜分为汤、鱼、牛肉、羊肉、猪肉、鸡、鸽子、鸭、野味、来路、生菜、饭、粥、布丁、攀(派)15类,原料与做法混成一气,分类并不严谨。其中有许多菜品的原料或做法明显带有中国风味,如:鱼翅汤、鲍鱼汤、甲鱼汤、鱼片汤、鸡粥汤、葱头汤、粉丝汤、清蒸鲫鱼、烟黄鱼、烧猪仔、白烩猪肚,蘑菇鸡、冬菇鸡、蘑菇烩鸭、冬菇烩鸭、五香鸽子、蘑菇烩鸽子、虾仁蛋炒饭、鸡茸粥、火腿鸡粥、冬菇粥、鱼片粥、鸡粥、鸭粥等。[②] 分类中有"来路"一项,包括通心粉雀肉、菜底雀肉、沙生治、来路火腿鸡、英国火腿、路(芦)笋等,系指"来路货",即食材与风味皆系进口食品。

《番菜小志》谓:"火腿饭则纯然真味矣,绝不似燕窝鱼翅之寄人篱下";又有腊肠饭:"黄油如注,漾洄一盎,食之三日,定当脑满肠肥"。[③] "饭"而列为菜品,自非正宗西菜。火腿饭虽未言做法,但要有真味,且与燕窝鱼翅对举,用的极可能是中式火腿。腊肠饭"黄油如注",形容夸张;"漾洄一盎",则疑似粤式原盅腊味饭。

---

① 傅崇矩:《成都通览》,下册,成都:巴蜀书社,1987年,第254—256页。

② 陈无我:《老上海三十年见闻录》,上海书店,1997年,第365—367页。

③ 陈无我:《老上海三十年见闻录》,第368—369页。

周三金在介绍上海中式西菜名馆时曾归纳上海中式西菜的名菜有：奶油虾仁、炸明虾、红烩牛肉、忌司焗蟹、金必多汤、烤小牛肉、煎牛排、烟熏鲳鱼、蕾茜烤鸡、椒盐三饼、葡国鸡等。其中金必多汤（Potage Campadore）最常被人提起，几乎是中式西餐汤品的代表。其做法，逯耀东说"即奶油浓汤加火腿、胡萝卜与鲍鱼等加鱼翅制成，胡萝卜象征多金"。[1] 唐鲁孙说"是拿鱼翅鸡茸做的"。[2] 周三金说"原是上海一些中式西菜馆根据中菜'烩八珍'的用料与制法改制而成的一道中式西菜，赵有才略加改进，使其食材更加丰富、滋味更鲜美。他取鱼翅、蘑菇、鸡丝、干贝等八样食物原料，用鸡汤调制成奶油白汤，再配以水氽蔬菜共烩而成，奶油味重，滋味鲜香可口"。[3]3 位先生都是美食名家，周三金更有老正兴馆厨师的背景，但都没有完整说明此汤的内容物与具体做法。上网一查，则多是不得要领的道听途说。此汤原名或与"买办"有关，中文名称十分讨喜，口味中西兼顾，流行之后，几乎是中式西餐馆必备，其中鸡汁奶汤、鱼翅是必需的，其它物料可随意加减，是典型的番菜风格。

唐鲁孙还提到"忌司炸蟹盖"："到了大闸蟹上市，有一时菜忌司炸蟹盖，把蟹蒸好，剔出膏肉，放在蟹盖里，洒上一层厚厚的忌司粉，放进烤箱烤熟了吃，不但省了自己动手剥剔，而蟹的鲜味完全保持，爱吃螃蟹的老饕，真可大快朵颐。最初西餐馆只有白色洋醋，吃蟹而沾白醋，实在大煞风景，于是晋隆茶房领班，遇到会吃阔客，就奉上特制私房高醋，说穿了不过是镇江香醋，临时挤点姜汁兑上而已"。[4]大闸蟹、忌司粉、镇江醋，完全融合了中西食材、作法与调味。"忌司炸蟹盖"广受欢迎，成为一道名菜，又称"忌司焗蟹"，周三金《上海老菜馆》将其列为中式西菜名馆的名菜。[5]

中式西菜的重点就是西菜中有"中味"，同为火腿，中、西味道不同，"森隆有一位大师傅曾经在意大利邮船做过，所以烤通心粉火候拿得准，烤得恰到好处，软硬适中，尤其洒在烤盘浮面的不是洋火腿屑，而是中国金华火腿味，当然咸里带鲜，比洋火腿高明多矣"。[6]

杜撰的中式西菜也可能美味，赵珩回忆 20 世纪 50 年代欧美同学会文化餐厅时说："我太太总是提起小时候他父亲带他去吃饭，有一道菜是带汁的'大王

① 逯耀东：《造洋饭书》，《出门访古早》，台北：东大图书公司，1998 年，第 392 页。
② 唐鲁孙：《中国吃》，台北：大地出版社，1976 年，第 109 页。
③ 周三金：《上海老菜馆》，第 251 页。
④ 唐鲁孙：《中国吃》，第 109 页。
⑤ 周三金：《上海老菜馆》，第 243 页。
⑥ 唐鲁孙：《天下味》，第 250 页。

肉饼'，个头很大的长圆形肉饼配上一些土豆，炸焦了的皮子裹着汁，吃起来香腴适口，现在想起来，根本就是中式西餐的味道"。[1]

五、中式西菜的印象与评价

1944 年王了一在《西餐》一文中对"中国文化本位的西餐"有所批评："刀叉是西式的，盘子是西式的，菜的顺序是西式的，甚至菜单也用了西文，有哪一点儿不像西餐呢？……餐不像西餐却应该是有法子改正的，正像飞机大炮一般，全盘接受过来就是了。那么，为什么弄到不像呢？这因为多数人以为十分像了，想不到还有需要改正的地方；少数人虽知道不像，也不敢提倡改正。因为改正就不合国情，不是中国本位文化了啊！""中国本位文化的西餐之所以不像西餐，首先就是菜味儿不像。""真正西餐里的臭东西，我们的西餐馆里反倒没有，那就是奶酪。中国的西餐席上，菜吃完了就来点心咖啡和水果，很少看见来'奇士'。"[2]西人面条里加"奇士"；我们的西餐馆里如果这样办，包管你明天没有顾客上门"、"在中国，很难有机会吃到一顿名副其实的西餐。七七事变后，逃难经过青岛，那里的西餐才算是西餐，每客一元二毛。连吃了三顿，假使不是赶火车到济南，还要吃第四顿。但是，那种西餐搬到内地来一定不受欢迎，因为缺乏中国本位文化的缘故"。[3]可惜的是，除了"奇士"，他并没有具体说出名副其实的西餐究竟是怎样？中国文化本味的西餐除了不地道究竟有何不好？

梁实秋 1927 年在《大菜》一文中说道："所谓大菜也者，就是先喝汤后吃菜，用刀叉而舍竹筷的一种饭食。……但是我们中国人有许多人吃不惯牛油，喝不惯凉水，所以另有一种中国式的大菜应运而生。这种中国式的大菜，是以中国菜为体，以大菜为用，闭着眼睛嗅，喷香的中国菜的味儿，睁开眼睛看，有刀有叉又有匙，罗列满桌"，[4]他讲的重点似乎只是中菜西吃、刀叉满桌；"喷香的中国菜的味儿"不能改变他对上海"大菜"的讽刺；实则中国式大菜并不只是中菜西吃而已。

赵珩则批评中式西餐油腻厚重，"旧京西餐虽多以英、法、德、俄视为标

---

① 赵珩：《壳外谭屑：近五十年闻见摭忆》，北京：三联书店，2006 年，第 77 页。

② 原注，cheese，干酪。

③ 以上引文见：王了一：《西餐》，收入曾煜编：《烟酒茶食趣》，长春：吉林人民出版社，1969 年，第 5—8 页。

④ 梁实秋：《雅舍谈吃》，济南：山东画报出版社，2005 年，第 230 页。

榜，实际大多是迎合中国人口味而改良的西餐，口味油腻厚重，其中不无杜撰的成分，例如法式猪排、德式大王肉饼之类"。[1]

番菜既然能流行，予以好评的人自然也有，陈莲痕《京华春梦录》："年来颇有仿效西夷，设置番菜馆者，除北京、东方诸饭店外，尚有撷英、美意等菜馆，及西车站之餐室，其菜品烹制虽异，亦自可口，而所造点饥物，如布丁、凉冻、奶茶等品，偶一食之，芬留齿颊，颇觉耐人寻味"。[2] 其所谓"菜品烹制虽异，亦自可口"、"偶一食之，芬留齿颊，颇觉耐人寻味"，应属忠于自己的味觉不受先入为主意识形态左右的持平之论。以当时华人对西餐的一般体验，单纯诉诸味觉，番菜可能较正宗西菜容易入口，因而较为风行；那些批评番菜不地道者，真能懂正宗西菜与说出西菜地道美味者其实罕见。这需要时间，真正见过吃过地道西餐的人多了，对西方饮食文化认识与接受度提高之后才有可能真懂西菜，今昔对比，其理昭然。

六、结语：中式西菜的文化意义

中式西菜的出现并且流行了一段时间，可以说是中、西两种不同的饮食文化接触碰撞后中国饮食文化的回应，在学会尊重、欣赏西方饮食原味之前，有一个过渡期。饮食行为不只是口味的适应与选择，还包括社会的、心理的各方面的因素。中式西菜的不中不西、又中又西、中西合璧，除了满足胃口，在它流行的时期，也带有文明、进步、新派、时髦等社会心理的因素，所谓："吃大菜不得了，意味着做人上了档子（沪语：品位层次高）"，[3] 尽管实际胃口不一定都真能获得满足。西餐入华，在食材、调料、烹饪技术上当然也对中菜发生一些影响，这涉及较多专业知识与技术层面的问题，需另作讨论，本文从略。

饮食文化交流的影响面向深广，不是一篇文章能谈完的。本文着重探讨中国人接触西餐后，一方面由于种种的原因保持一定程度的接纳，一方面又将西餐转为番菜，使其能满足更多人的胃口。有识之士虽然知道番菜并非正宗西菜，甚至加以批评，但番菜仍有其一定的市场。事实上番菜或西菜的某些食材、调料与烹饪技法也影响中菜，甚至登堂入室出现在中菜馆的菜单上，例如以面包粉裹炸的方法被称为"西法"也称为"板炸"，早期西餐中的"炸板鱼"，就是

---

① 赵珩：《老饕续笔》，第 42 页。
② 转引自邱庞同：《饮食杂俎——中国饮食烹饪研究》第 237 页。
③ 芮新林：《小吃大味》，上海：上海文化出版社，2015 年，第 237 页。

这种制法，至今在中餐馆中仍不时可见到像"西法大虾"这类"西法"菜名与菜色。又如传统中菜本无咖喱、茄汁、奶油味型，后来也都渗入中菜料理。

当然，西菜中化的例子也不少。2015年出版的一本谈论现代上海小吃的书中，芮新林提到罗宋汤与炸猪排成为上海小吃的有趣现象：

> 俄罗斯的罗宋汤和奥地利的炸肉排，一经黄浦江的风吹，味道就全然改变。上海人充分发挥他们的海派精神，把两道外国名菜，愣生生改成了家喻户晓的上海变种西餐，最后改成了上海传统小吃。

> 俄罗斯的罗宋汤，原料里用红菜头和牛肉，上海人却以默林西红柿酱和红肠替代，那股子味瞬间就变成上海的味。维也纳肉排用的是牛排，上海人用猪排替代，外国牛肉的臊气立刻没了影。

> 最厉害的，是吃炸猪排一定要蘸上海独有的"泰康黄牌辣酱油"。这种辣酱油，竟然也源于外国……可经过上海人一改良，辣酱油的原料里竟然没有一滴酱油，也没有一根辣椒。

> 辣酱油既不怎么辣，也不怎么咸，倒是鲜得很，解腻得很，蘸油炸小吃绝佳，特别是蘸上海的炸猪排。泰康黄牌辣酱油，酸辛微辣，愣是把英国的燕尾服味，改成了中国的长衫味。

> 如今，放西红柿酱的罗宋汤和拍面包粉的炸猪排，已经成为两款"极具特色的上海小吃，许多海派西餐店、老牌小吃店、街边饮食店将其作为店中招牌菜"。(维基百科)[1]

调整西菜做法与味道最后变成上海风味小吃，可说是西体中用将中式西菜发挥到极致了。《清稗类钞》饮食类有一味"炸猪排"，"以猪肋排去骨，纯用精肉，切成长三吋、阔二吋、厚半吋许之块，外用面包粉蘸满，入大油镬炸之。食时自用刀叉切成小块，蘸胡椒、酱油，各取适口"，[2]可见"拍面包粉的炸猪排"由来已久。

台湾的西餐也有许多带有传统台湾品位，有些营业超过3、40年的老牌西餐厅，供应的牛排、配菜常有"独家"风味。例如一家位在台北市忠孝东路四段的老西餐厅，从装潢到供餐内容，至今都维持20世纪六七十年代传统台湾西餐厅的风味，由于价位适中，生意仍可维持，但比起全盛时期还是有式微之感。

---

① 芮新林：《小吃大味》，第239—240页。

② 徐珂：《清稗类钞》，第6428页。

至于许多强调平价的牛排馆或夜市的牛排摊，传统台湾风味更是必要的特色。一本 1994 年出版的《吃在台湾》，说到当时及之前台湾人吃西餐，"西餐厅在台湾，休闲的意义要大于供餐的功能。……由于休闲的功能过于明显，在台湾大部分的西餐厅实际上是吃不到正式西餐的。MENU 上的汤、菜、色拉、点心，尽管名称有模有样，口味却是'不中不西，又中又西'"。①

随着信息与社会条件的国际化以及消费选择的多样化，华人社会中各式地道的西餐馆已日渐普及，专业乃至顶级的西餐馆如米其林星级餐厅也所在多有，往昔"吃大菜"的社会心理因素日渐消泯，华人对西餐的认识、要求与接受度大幅提升，代之而起的是"相对地道而经济的 CP 值"与"顶级正宗美食"的消费心理，中式西餐今非昔比，即使是曾经脍炙人口的经典菜式，恐亦风华难再。

夏晓虹的研究 ② 指出一个有趣的现象：晚清的西餐食谱《西法食谱》与《造洋饭书》，前者食洋不化，面对的是精益求精的西方厨师，执行的是标准的西餐做法；后者只是为了教中国厨师做出适合外国人口味与习惯的菜肴，对西餐进行了有意识的本土化处理。结果《西法食谱》一版而绝，《造洋饭书》迭次重版。本文认为这与同一时期中式西菜的流行，可视为共伴现象，其中所涉及的文化接触、调适与融合的问题本质上是一样的，其过渡与阶段性的特质亦然。

附识：我没上过陈捷先先生的课，亦非先生指导论文的入室弟子。20 世纪 80 年代后期始得缘亲炙，深受先生的鼓励与提携；因缘际会，先生的宴饮活动也常随侍在侧，谨执弟子之礼，略效杯箸之劳。先生辞世不返，前尘往事历历在目，思之泫然，谨以拙作一篇忝入先生的纪念文集，以志永怀。

---

① 李泽治：《吃在台湾》，台北：吃在中国出版社，1994 年，第 61 页。

② 夏晓虹：《晚清的西餐食谱及其文化意涵》，《学术研究》2008 年第 1 期，第 138—146 页。

18 世纪台米流通与区域粮食市场 [①]

谢美娥

一、前言

19 世纪晚期台湾诗人许梦青《积谷待价歌》吟曰：

台阳向为产米区，一年耕种三年余。
设陂蓄水水濛纡，足御旱涝勤耰锄。
东南其亩皆丰腴，上供正粟资军需。
余米运省济民居，兼及西浙与东吴。[②]

许诗赞颂清代台湾的农业成就，米产最为丰裕，除消费有余并供应军需之外，粮食外运不仅北至福建省城，更能远销苏、浙，也就是台地的米谷供给与长江下游地区的米粮市场有所联系。考察清领后的台湾经济，农业的扩充是其主要变动，这是由持续的人口移入带入劳动力、资金及技术，推动了耕地的增加、水利的发达，促使农业生产增长，与内地同样经历"广泛性成长"

---

① 本文曾宣读于"中央研究院"人文社会科学中心地理信息科学研究专题中心、香港中文大学历史系及太空与地球信息科学研究所合办"明清时期江南市场经济的空间、制度与网络国际研讨会"（台北："中央研究院"人文社会科学研究中心，2009 年 10 月 5—6 日），今据会议论文稿修改。

② 许氏为泉州人，世居彰化鹿港，一生未仕，其诗"悲歌激越，多作不平语"，《积谷待价歌》收入《台湾诗钞》（台湾文献丛刊第 280 种，"中央研究院"汉籍电子文献 http: //hanji.sinica. edu.tw/；本文所引各种台湾文献丛刊，皆使用此数字化版本，下文不另注明），卷 22，第 416 页。

（extensive growth）过程。[①] 自 17 世纪晚期或 18 世纪初期起，台湾粮食即自给有余并且持续输出。18 世纪中期为台湾米谷出口的旺盛期，直至该世纪结束，一直都是粮食输出大府。[②] 因此，诗中所颂台米输出盛况至少是 18 世纪（或至 19 世纪初期）曾有的景象。然而，18 世纪的台湾，一方面成为福建省内的粮食供给大户，应无疑问；但另方面，是否透过米谷的长程流通，与全国粮食市场中心的长江下游（江南；苏、浙）市场存在关联？似需厘清。这里的市场关联，是指两地是否形成粮食供需关系、市场整合。

针对这一课题，或有学者认为，18 世纪台湾至多包含在福建地域经济圈内，其与台湾以外地区的粮食供需关系未及于长江下游（江南、江浙）。[③] 也有学者主张，台湾主要与闽南构成粮食市场区，位属该市场区的边缘，供给核心市场泉州大部分的粮食。因而若以泉州米价运动代表福建南区粮食市场，甚至代表福建、东南沿海地区市场的话，则与长江下游地区（苏州、杭州）市场有相当的整合。此一看法是以台湾米价（下限至 1760 年）分析，主张台湾与福建南部、与粤省沿海的粮食市场都有较高的整合，而与长江下游地区的米价运动也出现相当程度的同步化。也就是说，18 世纪台湾与长江下游地区的米粮市场有一定的关联，其整合程度虽非极高，但不可忽视。[④]

以上这两种论述其实存在不小的差异，还有再讨论的空间。首先，以台米供给为中心来看，18 世纪台米流通的远程市场及于或不及于长江下游地区，或台米市场的贸易四至如何，以及粮食流通所及之处是否即构成供需常态，都应再加确认。其次，利用米价变动分析一途，泉州虽与台湾粮食供需关系紧密，然以泉州为代表的数量处理，似乎未能整体呈现台湾米粮出口与台湾以外地区粮食市场的整合程度。米粮的长距离贩运，地理远近是一个变量，因此从台湾到泉州，从泉州到浙江，乃至长江下游，可将这些台湾周边地理范围内的各地米价一并纳入，以便明确化台湾所属粮食市场区的范畴，及其与台湾以外不同市场区的关联。本文以施坚雅（G. William Skinner）的"东南沿海大区"（Macroregion of Southeast Coast）视为"台湾与周边地区"，包括闽省全部、浙

---

① "广泛性成长"指生产总量有增加而人均产量未必改变，王业键用以总结 17 世纪中期至 19 世纪中期中国经济发展态型，见王业键：《清代经济刍论》，收入王业键：《清代经济史论文集》，台北：稻乡出版社，2003 年，第 1 册，第 7—8 页。

② 谢美娥：《清代台湾米价研究》，台北：稻乡出版社，2008 年，第 249、387、404、406 页。

③ 〔日〕山本进：《清代の市场构造と经济政策》，名古屋：名古屋大学出版会，2002 页，第 6 章，《清代福建の商品生产と台湾米流通》，第 134—156 页。

④ 王业键：《清代经济史论文集》，第 2 册，第 79—117、119—150、179—207 页；第 3 册，第 359—396、397—415 页。

江及广东部分地区共 17 个府州，分析其米价，以区别台地的米谷输出与近处周边（福建、广东）和远处周边（长江下游）米粮市场的关联。

二、两种研究途径的讨论

如何探得包含台湾在内的粮食市场区？近人论著反映了两种研究途径：一为以米谷流通方向及其四至的变迁来界划，一为以米价变动的相关程度来衡量。两者都是粮食供需关系的研究，但有差异。前者通常寻求史料文献中有粮食流通记录者为证，是质化研究；后者则关涉粮食市场整合的探讨，主要依据粮食价格的变动而论，为量化研究。

第一种途径，如山本进，讨论苏、浙、闽、台间的地域经济关系，认为受康熙四十七年（1708）起对出洋商船所携食米数量实施管制政策——米禁——的影响，福建输出糖、烟，由交换江浙的米、棉，改变为交换绢织、棉，而原由江浙输入福建的米粮则改变为从台湾输入。台湾藉米谷出口换取由江浙输入福建再经厦门转口的棉绢制品，形成江浙—福建—台湾间的 L 形交易关系。并且，以米禁为契机，台湾编入了福建地域经济圈内，透过福建，与江浙手工业商品的流通牢牢结合起来。这里涉及粮食市场与手工业品市场的交易关联，但是如果以粮食流通来看，山本进谈的是，康熙四十七年（1708）后苏、浙、闽、台之间的米谷流通路线，从原本的江浙往福建转变为台湾往福建。至米禁弛松（嘉庆年间）后，江浙米更往福建输送，台米则反而流往浙江、天津，更甚于输往福建。因而 L 形交易关系产生变化，福建—江浙，台湾—江浙之间流通活络，台湾以与江南（山本进用词）直接交易为重，"游离"了福建地域经济圈。[①]

山本进提及，苏、浙、闽、台之间的米谷流通路线，因江苏出洋商船米禁之故而发生改变，但文中却未提到从福建（尤其厦门）出洋商船以及从台湾出口米粮的限制。事实上，与浙、闽、台之间的米谷流通路线相关者，可能是闽、台的米禁限令，而非江苏出洋商船的米禁限令。其次，据其看法，18 世纪台湾与闽省内地形成闽台经济圈，与江南市场的关系既不直接，也不在粮食供需方面。但到 19 世纪时，台湾愈来愈不包含在闽省范围的粮食市场区域内，而更有

① 〔日〕山本进：《海禁と米禁——清代闽浙沿海の米谷流通》，《社会经济史学》第 55 卷第 5 号（1989 年 12 月），第 81—110 页。收入山本进：《清代の市场构造と经济政策》，第 134—156 页。此文部分内文用语与收入专书之文前后略异，但皆主张台湾从福建地域经济圈游离，闽、台并未自成一个地方经济圈，而是被吸入以江浙为中心的全国市场之中。至于山本进说的米禁松弛，是指解除由江苏运米至浙江、福建的管制，他推测大概在嘉庆年间以后。

意思的是，台湾与江浙（江南）之间的粮食供需关系形成，两地的关系变得直接，也就是说两者包含在同一粮食市场区内。然而 18 世纪时台湾与江浙（江南）市场的关系，是否不含粮食供需关系？ 19 世纪时台米输入福建减少的原因，是否如山本进所言，与台米"频繁"出口至浙江乃至天津有关？尤其，台湾与遥远的天津粮食市场会形成供需关系吗？尽管从米粮流通路线可以看到台米销路的远程点跨越闽省省域之外，但是以台米运输的地域广度为据，是否足够判断闽、台成为一个经济圈（粮食市场）？或称台湾"游离"了福建地域经济圈？

再看另一研究途径的论述，亦即从米价分析来看粮食市场区域的分划和其间的疏密关系。王业键《十八世纪福建的粮食供需与粮价分析》（1986）一文分析 1745—1756 年福建两个边缘府——邵武、台湾（皆为粮食有余区），两个核心府——福州、泉州（皆为粮食不足区）的米价，发现核心区与边缘区的米价皆同步运动，尤以台湾和泉州最为明显。又，有余粮外运的台湾，米价水平在大多数年分里竟高于缺粮的福州，推测福州单靠闽江上游各府供给已然充分，米价水平才会较台湾为低，因此台米供给不可能北到福州。根据这些米价讯息，作者将福建的粮食市场划为 3 区：南区（以泉州为中心，尚含漳州、永春、龙岩、台湾）、闽江流域区（以福州为中心，再含建宁、邵武、延平、兴化、福宁）和西区（汀州）。南区的缺粮程度最甚，其米价上升速度比闽江流域区快，西区则划入与江西粮食供需有关的市场区内。[①]

上述王业键 1986 年一文只处理以福建为主的单一省区的粮食市场，然而包含隶属福建府区在内的跨省区的粮食市场研究，王氏续有数篇论文，应该一究其竟。1989 年《十八世纪中国粮食供需的考察》、1990 年的《Food Supply and Grain Prices in the Yangtze Delta in the Eighteenth Century》二文，都是分析苏州、杭州、泉州、汉阳、淮安、广东 1738—1789 年的米价，广东省之外，每一个府各都是一个市场区的核心。其米价相关结果显示，除了广东之外，其他各府都与苏州的相关甚高，表示苏州是这 6 大市场区的枢纽。作者以泉州代表闽南，或代表施坚雅的"东南沿海大区"（泉州为核心，台湾为边缘，当然含于此区之内），该地与各府的相关皆高，意谓泉州所代表的市场区，与南北两个三角洲互

---

① 原为 "Food Supply in Eighteenth-Century Fukien" 刊于 1986 年，其后译为中文。中文版收于王业键：《清代经济史论文集》，第 2 册，第 119—150 页；英文版收于同书第 3 册，第 359—396 页。

操作性都高。①

其后，1999 年王业键、黄莹珏《清中叶东南沿海的粮食作物分布、粮食供需及粮价分析》再度分析长江三角洲和珠江三角洲两个大区中的苏州、杭州、泉州、广州 4 府的米价（1741—1760）。该文认为，苏、杭两府相关高，泉、广两府的相关也高，但前两府与后两府之间——长江三角洲与闽粤地区之间——的相关相对较低。若以苏州为中心，则距苏州愈远的府，与苏州的相关愈低。这两种现象意谓两大三角洲之间的关联较弱，互通有无的程度不那么显著，看法与 1990 年一文相呼应。② 但是大区之间的关联是否孤立（如施坚雅所言）？从其文中泉、广两府的高相关，以及泉与苏、杭两府的相关并非极低的现象来看，却又否定此点。可以说，福建沿海无论是与广州，或与长江三角洲地区的市场，都有相当程度的整合。③ 如此，以泉州为代表的市场区，若不与广州合观，则其与南北两个三角洲的关联有一定的强度，不能忽略。看来，探讨台湾、泉州乃至福建的粮食市场，学者有兴趣的，不只是单点与单点间的粮食供需，而是企图了解更大范围的粮食市场及之间的关系。

王、黄 1999 年一文的结论，于陈仁义、王业键、周昭宏《十八世纪东南沿海米价市场的整合性分析》（2002）中再度加以证实。同样使用 1741—1760 年米价，同样是以苏、浙、闽、粤 4 省为主，不同的是观察对象增加到 39 个府区之多。该文运用更为复杂的"相关系数矩阵指针函数"统计方法进行验证，结果支持王、黄一文的看法。第一，长江三角洲地区和珠江三角洲地区各自的区内关联高于区间关联，4 省内的粮食有余区与粮食不足区的交流显著。第二，以长江三角洲地区为中心，地理交通与之愈近者，与其市场整合度愈高。至于文中对福建粮食市场的验证，作者们认为福州与闽江上游的建宁、邵武、延平 3 府关联较密，泉州与漳州、台湾和广东的潮州互操作性强，皆与王业键 1986

---

① 泉州与各府的相关系数为：与苏州 0.7377，与杭州 0.5478，与淮安 0.6908，与广东 0.6630（广东米价指该省 12 个月移动平均值），与汉阳 0.7924。见王业键、黄国枢：《十八世纪中国粮食供需的考察》，以及王业键 "Food Supply and Grain Prices in the Yangtze Delta in the Eighteenth Century"，收入王业键：《清代经济史论文集》，第 1 册，第 157 页，表三；以及同论文集，第 3 册，第 349 页，Table 6。

② 王业键、黄莹珏：《清中叶东南沿海的粮食作物分布、粮食供需及粮价分析》，收入王业键，《清代经济史论文集》，第 2 册，第 79—117 页。

③ 王业键、黄莹珏：《清中叶东南沿海的粮食作物分布、粮食供需及粮价分析》，收入王业键，《清代经济史论文集》，第 2 册，表八，第 113—114 页。

年福建一文看法一致。[①]

同是 2002 年王业键、陈仁义另篇 *Grain Market in Eighteenth-Century China* 在施坚雅的 6 个大区（macroregions）范围中各选择一个核心府、一个边缘府，使用 1741—1755 年的米、麦价格，获得的结果除了更支持上列 1990、1999、2002 年三文的主要看法外，对 18 世纪中国粮食市场的整合情形，已有一个比较整体性、近于全貌的论点。作者们认为，除了长江上游大区较显独立外，以长江下游大区为中心的话，与之距离愈近者，也就是沿着长江、东南沿海和大运河这一大片地区的价格运动愈为同步（长江下游大区和长江中游大区最整合，此两大区又与华北大区南部有相当程度的整合），而东南沿海大区和岭南大区两者与长江下游大区的相关则稍次。[②] 此文中，"东南沿海大区"选取泉州为核心府，台湾为边缘府，两者米价呈现高相关（0.840），并无意外。泉州与其他核心府的相关为：苏州 0.665、杭州 0.571、广州 0.670。对照 1999 年王、黄一文的泉州与苏、杭、广米价相关为 0.44、0.55、0.78，两文数据虽然略有差异，但在意义上仍可视泉州所代表的粮食市场区与长江下游大区有相当程度的整合。至于台湾，与苏州 0.481、与杭州 0.326、与广州 0.540。[③] 如此，泉—广关系甚密，台—广亦然，而台湾与其他核心府的相关程度不如泉州紧密，也可想而知。但令人疑惑的是，台湾与杭州的相关低，与距离较远的苏州却仍有稍高的价格整合倾向。

归纳王业键等人几篇研究沿海地区市场整合的看法：18 世纪台湾只与闽南形成一个粮食市场区（核心在泉州），且又与其他同等级市场区共同构成不含汀州在内的福建粮食市场。若以核心泉州代表福建粮食市场区的话，则与江南，也就是与长江三角洲地区的粮食市场关系，尽管不是高度整合，也不能说关联疏远。根据其论见，以台湾为主来看的话，台湾与福建南部、与粤省沿海的粮食市场虽有较高的整合，但与长江下游地区的关联似乎不能忽略。

与山本进的看法相较，王业键等人多篇论文的探讨断限一直为 18 世纪，未述及 19 世纪的变化，可是台湾与长江下游市场的关联，两种途径的看法其实是

① 陈仁义、王业键、周昭宏：《十八世纪东南沿海米价市场的整合性分析》，收入王业键：《清代经济史论文集》，第 2 册，第 179—207 页。该文列入的福建各府，未将闽西的汀州府纳入，未见作者说明缘由，应是根据王业键 1986 年 "Food Supply in Eighteenth-Century Fukien" 一文的结论而来。

② Yeh-chien Wang & Zen-yi Chen, *Grain Market in Eighteenth-Century China*，收入王业键：《清代经济史论文集》，第 3 册，第 397—415 页。

③ Yeh-chien Wang & Zen-yi Chen, *Grain Market in Eighteenth-Century China*，收入王业键：《清代经济史论文集》，第 3 册，第 414 页，Table 2。

不同的。亦即，就粮食供需关系与粮食市场区的形成而言，王业键等人主张台湾未必要到 19 世纪才与长江下游地区发生关联，两者米价运动早在 18 世纪已有相当程度的同步化。而山本进认为 18 世纪的台湾只编入福建地域经济圈，与江浙（江南）市场的结合在手工业商品市场，不是粮食市场。长时段而言，台湾是否只与闽南、粤省沿海共同构成一粮食市场区？将台湾包含于以泉州为代表的粮食市场区，所获得的与长江下游地区的关联，是否可以视同台湾与长江下游地区的关联？台湾与江浙（江南）粮食市场的关联是否如山本进一文所宣称的那样？

从以上两种研究途径的讨论可以看到，学界对清代台湾与周边地区——从台湾到泉州、从泉州到江南——粮食市场的关联或整合程度，论见殊异，必须再加考察。着眼于近人研究多聚焦于 18 世纪，本文亦针对这一时段进行分析。所用方法，仍透过米价相关，但也兼顾另一研究途径，藉以判断、厘清近人的异论。

三、利用米价分析的再观察

上文已云，本文视施坚雅"东南沿海大区"为"台湾与周边地区"，亦即东南沿海地区，包括闽省全部、浙江 3 府（处州、台州、温州）、粤省 2 府州（潮州府、嘉应州）17 个府州。其中，可靠且较长时间的清代台湾米价已由谢美娥建立出 1738—1850 年数列，可为本文利用。[①] 长江下游地区的米价采用王业键《Seclar Trends of Rice Prices in the Yangzi Delta，1638—1935》（1992）一文所建构，由苏州府（1741—1910）、苏州城（1696—1740）、上海（1638—1935、1911—1935）4 个米价系列组成的米价数列，本文使用 1738—1799 年一段。[②] 其余米价数据取自王业键编的"清代粮价资料库"，断限为 1738—1799 年。[③] 18 世纪中国的粮食作物分布是南稻北麦格局，"清代粮价资料库"中东南沿海地区粮价主要为米价，皆月价资料，而且每府州都有高价与低价两种数列。"清代粮价资料库"中，浙江米价包括的粮食类别为早米（籼米）、晚米、细早米

---

① 谢美娥：《清代台湾米价研究》只将米价变动样貌及其变动因素加以厘清，在粮食流通方面着重于台米输出量如何影响米价变动，未涉及台米流通与外围地区粮食市场的关联（整合）。其粮食流通见该书第五章，第二章第四节处理台湾府与长江下游地区 1738—1850 年 31 年移动平均的趋势，未考察两者的米价相关。

② 该文收于王业键：《清代经济史论文集》，第 3 册，第 285—322 页。

③ 数据库见"中央研究院"近代史研究所网址 http://mhdb.mh.sinica.edu.tw/foodprice/。

（细籼米）和细晚米 4 种，两种"细"米的价格都较另两种米价为高。考虑到浙省稻作以早稻为主，故选取早米（籼米）米价。福建和广东为"水稻双获区"，资料库中两省米价的粮食类别都有上米、中米、下米 3 种，价格以中米居中，本文选取中米米价。[1]

（一）粮食市场区的区划

笔者将 17 府州 34 个米价数列以"米价连续不变"法则评估米价数据的可靠性。[2] 评估结果表明高价数列的可靠性相对较优,故采用高价数列进行分析。[3] 其后，对各府州的遗漏予以补值。[4] 补值之后，将各府州 1 年 12 个月的月价平均（消除季节变动因子），以其年平均价格剔除趋势值和循环值，再计其相关，见表 1。[5]

表 1　18 世纪东南沿海地区米价相关系数

	处州府	台州府	温州府	福宁府	福州府	兴化府	泉州府	漳州府
处州府	1	–	–	–	–	–	–	–
台州府	0.68	1	–	–	–	–	–	–

① 18 世纪粮作区与稻作分布见王业键、谢美娥、黄翔瑜:《十八世纪中国粮食作物的分布》，收于王业键:《清代经济史论文集》，第 1 册，第 74、94 页。王业键等人的米价研究，江、浙两省都用晚米，闽粤两省用中米。

② 此即计算米价连续不变月数的比例，比较不同时段或不同数列之间的差异，取其较佳者研究。其法为将米价连续不变月数分成小于等于 3 个月、7 到 12 个月之间、大于等于 13 个月 3 个群组来观察。第一个群组的比例愈高愈好，另两个群组的比例则愈低愈好。王业键、陈仁义、温丽平、欧昌豪:《清代粮价资料之可靠性检定》，收入王业键:《清代经济史论文集》，第 2 册，第 300—301 页。

③ 以小于等于 3 个月群组的比例而言，高价数列的比例都高于低价数列者有 11 个府州；以大于等于 13 个月群组来看，高价数列的比例都低于或等于低价数列者有 12 个府州，故选取高价数列。

④ 使用内插与外推（Interpolation and Extrapolation）法与季节指数调整法补值。谢美娥:《清代台湾米价研究》，第 94 页。

⑤ 根据王业键、黄莹珏在《清中叶东南沿海的粮食作物分布、粮食供需及粮价分析》中所获东南沿海地区米价循环变动的周期长度，大多为 4 年，部分为 5 或 6 年。本采 4 年周期，以剔除循环值。此外，测度粮食市场整合的统计方法众多，笔者认为，运用价格相关分析虽然会获得过高的相关系数值，但如果粮价数列之间本就有较高的关联，亦即共整合关系长期存在，那么价格相关分析结果未必完全不可相信。王业键:《清代经济史论文集》，第 2 册，第 112 页。谢美娥:《贩运者多：十八世纪湖北的粮价与粮食市场（1738—1797）》，台北：明文书局股份有限公司，2012 年，第 327 页。

	处州府	台州府	温州府	福宁府	福州府	兴化府	泉州府	漳州府
温州府	0.71	0.56	1	—	—	—	—	—
福宁府	0.41	0.30	0.65	1	—	—	—	—
福州府	0.27	0.29	0.47	0.75	1	—	—	—
兴化府	0.03	0.23	0.25	0.53	0.80	1	—	—
泉州府	0.06	0.14	0.17	0.44	0.74	0.80	1	—
漳州府	0.03	0.12	0.10	0.29	0.55	0.62	0.85	1
台湾府	-0.05	-0.04	0.16	0.44	0.65	0.54	0.73	0.68
建宁府	0.59	0.42	0.54	0.67	0.54	0.30	0.19	0.12
邵武府	0.52	0.28	0.44	0.62	0.45	0.32	0.24	0.21
延平府	0.48	0.32	0.53	0.65	0.50	0.31	0.21	0.13
永春州	0.34	0.18	0.45	0.62	0.70	0.56	0.59	0.46
龙岩州	0.23	0.25	0.31	0.55	0.73	0.73	0.73	0.55
汀州府	0.34	0.33	0.35	0.55	0.61	0.66	0.69	0.61
潮州府	0.06	0.33	0.17	0.27	0.47	0.63	0.70	0.73
嘉应州	0.18	0.30	0.25	0.46	0.60	0.66	0.75	0.76

	台湾府	建宁府	邵武府	延平府	永春州	龙岩州	汀州府	潮州府	嘉应州
处州府	—	—	—	—	—	—	—	—	—
台州府	—	—	—	—	—	—	—	—	—
温州府	—	—	—	—	—	—	—	—	—
福宁府	—	—	—	—	—	—	—	—	—
福州府	—	—	—	—	—	—	—	—	—
兴化府	—	—	—	—	—	—	—	—	—
泉州府	—	—	—	—	—	—	—	—	—
漳州府	—	—	—	—	—	—	—	—	—
台湾府	1	—	—	—	—	—	—	—	—
建宁府	0.04	1	—	—	—	—	—	—	—
邵武府	0.06	0.84	1	—	—	—	—	—	—

	台湾府	建宁府	邵武府	延平府	永春州	龙岩州	汀州府	潮州府	嘉应州
延平府	0.07	0.88	0.83	1	–	–	–	–	–
永春州	0.45	0.53	0.55	0.52	1	–	–	–	–
龙岩州	0.60	0.33	0.29	0.34	0.63	1	–	–	–
汀州府	0.51	0.51	0.50	0.53	0.56	0.68	1	–	–
潮州府	0.52	0.04	0.10	0.03	0.35	0.52	0.65	1	–
嘉应州	0.62	0.25	0.31	0.27	0.45	0.58	0.77	0.84	1

表 1 反映了什么讯息？先看表中相关系数最高者，两两府州彼此皆在 0.8 等级以上者有 3 个群组，表示个别群组之内的各府州彼此关联紧密：

1. 福州府、兴化府、泉州府、漳州府

2. 建宁府、邵武府、延平府

3. 潮州府、嘉应州

但是也可以看到，从相关系数等级 0.5 至 0.7 之间，台湾府总是与福、兴、泉、漳这一群组有着高相关，因此可将之加入，5 府州形成同一个粮食市场区。另，在 0.5 至 0.6 等级之间，永春州、龙岩州、汀州府 3 府州两两有较高的相关，这 3 处可视为同一个粮食市场区。类似的情形是，从 0.5 至 0.7 等级之间，浙省的处州府、台州府、温州府 3 府也是两两有较高相关，亦可视为一个粮食市场区。这样，东南沿海地区米价高相关者实为 5 个群组，亦即本区之内有 5 个次级的粮食市场区，见图 1。

然而，部分府州分别与这 5 个次级粮食市场区有稍高的相关，像处州府、温州府与第 2 群组，潮州府、嘉应州与永春州、龙岩州、汀州府 3 府，如图 2 所示。因此也可说东南沿海地区可划为 3 个次级粮食市场区，它们是：

A. 福州府、兴化府、泉州府、漳州府、台湾府

B. 建宁府、邵武府、延平府、处州府、温州府

C. 永春州、龙岩州、汀州府、潮州府、嘉应州

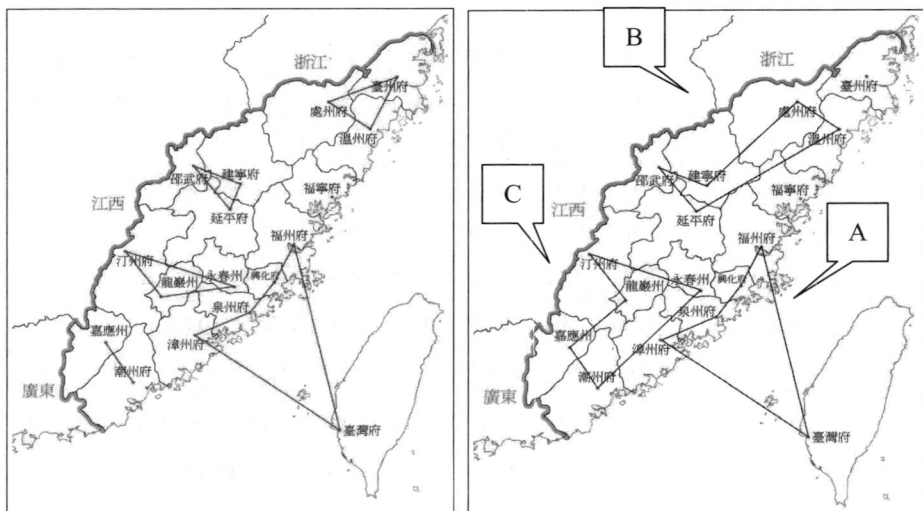

图 1　18 世纪东南沿海地区米价高相关 5 区　图 2　18 世纪东南沿海地区米价高相关 3 区

　　由于本文预设了"东南沿海地区"的地理范围，因而此处看到的是浙 3 府在 B 区，而粤 2 府州在 C 区。如果将这几府分别与浙省、粤省各自省内的府州分析其相关，或会有分区上的不同亦未可知。笔者也注意到，上述 3 个次级粮食市场区的区间关系，通常是某区中的部分府州与另一区的部分府州有着较高的相关。例如，永春州、龙岩州与 A 群组的福、兴、泉，潮州府、嘉应州与 A 群组的泉、漳，相关皆在 0.7 等级。再如，永春州、汀州府与 B 群组的建、邵、延 3 府，相关为 0.5 等级。或者，如 A、B 次级粮食市场区，彼此有较高相关的府州极少。A 群组中，仅福州府与 B 群组的建宁府、延平府产生 0.5 等级的相关，与邵武府则为 0.45。

　　以上的群组划分还说明了什么？笔者认为，3 个次级粮食市场区的区间相关似乎不够紧密，每一个府大致都与其相邻的府有较高相关。因而以施坚雅"东南沿海大区"为预设的地理范围，是否可（或不可）自成一个粮食市场大区？表 1 的讯息似未能充分支持，无法断论。

　　A 市场区分布于沿海，其与粤 2 府州的相关实甚于浙 3 府，仅首府福州与闽省以北、闽西北较有关联，区内其余大多与闽南、闽西南关系程度较高。泉州府和台湾府，与府外的高相关区几乎重迭。值得注意的是，台湾府与福州府的高相关 0.65 仅次于与泉、漳的 0.73、0.68，与粤 2 府州的相关稍居其次。还有，台湾府与浙 3 府的相关极低，与处州府、台州府甚至出现负相关，惟其系数值微乎其微，几乎可以视为无相关。

B 市场区分布在闽西北和相邻的浙省 2 府。本区之中，单一府别与外府有 0.5 等级以上相关，且相关府数最多者，为建宁府。而台州府是浙 3 府中与闽省关联最低的，即使与建宁府相关程度最高，也仅 0.42。浙 3 府彼此相关不低，其处、温 2 府与闽省高相关区主要集中在建、邵、延 3 府。

C 市场区分布范围跨闽、粤，其中的潮州府、嘉应州与 A 市场区的部分府州相关较高，在 0.6 至 0.7 等级。

（二）与长江下游粮食市场的关联

针对学界提到台湾或闽、粤与长江下游地区产生关联的不同论述，此处也将处理东南沿海地区各府州与长江下游地区两者的米价相关。如表 2 所示，其相关系数最高的前 3 者为处州府、台州府、温州府，其中两府同属 B 粮食市场区，而浙省的府较闽省的府程度显著。次高者为 B 粮食市场区其他 3 府。而 A 区与长江下游的相关系数普遍都低，省会福州虽是 A 区系数最高者，却不是极为显著。尤其沿海的泉州府、漳州府，极低的相关程度至为明显，甚至台湾府呈现的是负相关。因此，即使以泉州代表府级以上较大的市场区（含台湾在内），所显示的与长江下游的相关并不显著。

表 2　18 世纪东南沿海地区与长江下游地区米价相关系数

A 粮食市场区	福州府	兴化府	泉州府	漳州府	台湾府
米价相关系数	0.17	0.13	0.04	0.08	-0.10
B 粮食市场区	建宁府	邵武府	延平府	处州府	温州府
米价相关系数	0.43	0.44	0.37	0.59	0.48
C 粮食市场区	永春州	龙岩州	汀州府	潮州府	嘉应州
米价相关系数	0.21	0.13	0.33	0.15	0.22
其他	台州府	福宁府			
米价相关系数	0.54	0.30			

以此讯息与近人多篇包含苏—杭—泉—广米价相关的研究结果相较，令人惊讶的差异在于泉州—苏州（或可视为长江下游地区）的相关程度。近人研究中，早期论著显示泉州—苏州相关皆高（0.74），后期文章系数略低（0.44）。[1]

---

[1]　0.74 者为王业键 1989、1990 年二文，0.44 者为其 1999 年一文。

无论何者，学者都将之解释为两个大区的粮食市场有相当程度的相关、较高的互动性。然而表2显示，泉州—苏州的关联未如近人所称那般显著。笔者将于后文寻求史料文献的辅证，以判断何者合理。

C区的情形，笔者注意的是与A粮食市场区相关甚高的潮州府。该府与长江下游地区的米价相关（0.15），和A区的表现颇为一致（趋低）。与近人以苏州—广州米价所做的相关程度（0.11）亦接近，符合近人解释为南北两个三角洲市场的弱关联。① 可以说，东南沿海地区以浙省的府州、闽省偏北的府州，与长江下游米价的变动较相关，而闽省临海的府州与长江下游米价相关极低（或几乎没有相关）。这一现象多少反映了距离长江下游地区愈近者，两地米价较可能相互牵引。

（三）更多的佐证

以上结果还可佐以文字史料为证，所涉议题包含：第一、台湾府与福州府何以米价高相关？两者是否可属同一粮食市场区？与台湾同一市场区的其他府州，其间米价高相关的实情如何？ 第二、台湾府与长江下游地区米价相关实情又如何？亦即以泉州为代表（包含台湾在内的区）所显示的本区与外区的相关，是否足以表示台湾与与外区的相关？以下逐一处理。

1. 台湾府与福州府的高相关

18世纪福建粮食供需格局，如王业键所称，在闽省内，粮食供给有余者4府、缺粮者4府：建宁、邵武、延平和台湾，前三者每年经常运米供应福州，台湾府跨海输米，以供给泉州、漳州为主。② 王氏更认为，台米主要供应闽南，很少北运福州，福州从内地即可获得充分的粮食供应，不需台米。也就是以泉州为核心，台湾为边缘，含漳州、永春、龙岩在内的地区为福建南区粮食市场；以福州为核心，含建宁、邵武、延平、兴化、福宁在内的地区则构成闽江流域区粮食市场。③

此一早期的见解描述了闽省粮食供需的基本轮廓，然而有关台湾与福州的看法则应再议。寻诸史料，可以发现，台湾与福州的粮食供需关系早在18世纪

① 王业键、黄莹珏：《清中叶东南沿海的粮食作物分布、粮食供需及粮价分析》，收入王业键：《清代经济史论文集》，第2册，第114页。

② 王业键、黄莹珏：《清中叶东南沿海的粮食作物分布、粮食供需及粮价分析》，王业键：《清代经济史论文集》，第2册，第102—103页。

③ 王业键：《十八世纪福建的粮食供需与粮价分析》，王业键：《清代经济史论文集》，第2册，第135—136页。

初期即已形成，并岁成常态。台米经由 3 种管道运往福州：内地委员赴台采买、由台仓拨运谷石运福州仓存储、商人赴台贩运。康熙五十二年（1713）闰五月间福州米价腾贵，官方除"开仓平粜，又招商并委员买运台湾积谷"；这年运了台米 3 万石到福州平粜，也将台仓陈粮卖给赴台行商的福、兴、泉、漳商人，使运往省城。[①] 雍正四年（1726）闽省官员屡称"福、兴、泉、漳四府人多田少，皆仰给台湾之米"，"因福建省城及泉、漳等府米价高昂，俱向台湾采买办运"，"运过台湾仓谷七万石，皆以填补福、兴、泉、漳四府之仓"。[②] 雍正七年（1729）总督高其倬分配台湾照例应运赴泉、漳平粜的米石额度时，"仍令台属运米五万石，以三万石运赴福州……福州平粜有资。"[③]

福州仰藉台米的情形，康、雍以来即已形成，乾隆时期依然如此。[④] 因此，福州府虽然依赖闽江上游建宁、邵武、延平 3 府客米，但是接济尚有不足，"惟有台湾米谷由洋可以运济"，在开仓平粜时节即有台米源源济应。[⑤] 而自台仓动拨的米谷，由厦门进口后，即"令福、兴等府厅县按积谷之数派运入仓"，分储福、兴、漳、泉 4 府仓，以为仓谷易旧汰新或临时调度之用。[⑥] 乾隆十一年（1746）因考虑"福、兴、漳、泉四府民食、仓储不能不仰藉台湾运济"，更令台属须陆续买足 40 万石谷的定额备用。[⑦] 乾隆三十五年（1770），官员报告，

① 中国第一历史档案馆编：《康熙朝汉文朱批奏折汇编》，北京：档案出版社，1984 年，第 4 册，第 879 页。王小虹等译，中国第一历史档案馆编：《康熙朝满文朱批奏折全译》，北京：中国社会科学出版，1996 年，第 854、862—863、872、894、899 页。

② 张本政主编：《清实录台湾史资料专辑》，福州：福建人民出版社，1993 年，第 100 页。台北故宫博物院图书文献处文献股：《宫中档雍正朝奏折》，台北：台北故宫博物院，1977—1980 年，第 6 辑，第 257—258 页。中国第一历史档案馆：《雍正朝汉文朱批奏折汇编》，南京：江苏古籍出版社，1986 年，第 7 册，第 702 页。

③ 中国第一历史档案馆：《雍正朝汉文朱批奏折汇编》，第 13 册，第 490 页。

④ 中国第一历史档案馆编，"中央研究院"近代史研究所影印：《宫中朱批奏折·财政类·仓储》，北京：中国第一历史档案馆，1987 年，第 16 册，第 206 页；第 21 册，第 179 页；第 24 册，第 72 页；第 28 册，第 204 页；第 36 册，第 12 页。张本政主编：《清实录台湾史资料专辑》，页 141。中国第一历史档案馆：《军机处录副奏折：全国水利雨水自然灾害资料》，北京：中国第一历史档案馆，1990 年，微卷号 694，档号 9723.12。台北故宫博物院图书文献处：《军机处档·月折包》，台北：台北故宫博物院图书文献处，文献编号 002689。

⑤ 中国第一历史档案馆编，"中央研究院"近代史研究所影印：《宫中朱批奏折·财政类·仓储》，第 28 册，第 96 页；第 48 册，第 209 页。张本政主编，《清实录台湾史资料专辑》，第 248 页。台北故宫博物院图书文献处，"军机处档·月折包"，文献编号 011945。《清实录·高宗纯皇帝实录》（北京：中华书局，1986 年），（十一），卷 845，乾隆三十五年三月上，第 444 页。

⑥ 张本政主编：《清实录台湾史资料专辑》，第 106、165 页。

⑦ 《清会典台湾事例》（台湾文献丛刊第 226 种），（一），《户部·积储·丰年备储》，第 51 页。

厦门经管仓粮内设有专备接济省城之用的谷石，主要依赖台湾运厦。[①] 18 世纪 80 年代，福康安奏称"不特漳、泉一带藉资接济，即沿海各府地方食米，亦多仰给台湾"。[②] 沿海各府指的就是包含福州、兴化在内的范围。嘉庆二年（1797）台湾因飓风被灾，晚稻多损坏，余粮堪忧，"福、兴等府来岁赈运较难"，[③] 谕称："福、兴、漳、泉等府向赖台米，朕所深知，本年台湾既被风灾，即使来春稔收，仅堪自给，恐无余米可以运售内地。"[④]

前述主要是民食，再从台湾米谷供应内地兵食方面来观察。清代台湾输出的米谷，包括由政府支配动员的内地兵眷、金厦提镇督标、内地漳泉平粜、随机拨运及政府采买，以及由商业领域动员的商船带米、商民请照买运、走私，其中由政府支配动员的粮食多属仓储系统运作的一环。[⑤] 内地兵眷类包含内地兵米、戍台班兵眷米（谷）两者，金厦提镇督标类是指金门镇标、厦门提标、福州督标兵米。[⑥] 18 世纪三十年代，逐渐规定由台仓供粟支应这些兵眷米谷。[⑦] 乾隆十二年（1747），户部议覆福建巡抚陈大受所奏台郡积贮事宜时提到，台米支给班兵眷米之中，包含了原由福州府厅县拨给的兵米，有福宁、建宁、汀州 3 镇，有延平、邵武二协。[⑧] 至 18 世纪 80 年代，省会督标兵饷其实是台米运给，省城所有标营眷米也是"向拨台谷运赴福州府仓碾给"。[⑨]

此外，像陆路提标（驻泉州府）辖下的泉州城守等营，以及派运侯官、长乐、罗源（皆福州府）、莆田（兴化府）、同安（泉州府）、诏安、海澄（皆漳州府）等县碾给各营的兵眷米，在在指望台粮供给，可以说"内地兵粮、民食、

---

① 中国第一历史档案馆编，"中央研究院"近代史研究所影印：《宫中朱批奏折·财政类·仓储》，第 48 册，第 209 页。

② 清廷臣奉敕撰：《钦定平定台湾纪略》（乾隆五十三年，1788 年，台湾文献丛刊第 102 种），卷 61，第 976 页。

③ 洪安全总编辑：《清宫廷寄档台湾史料》，台北：台北故宫博物院，1998 年，第 440 页。中国第一历史档案馆：《嘉庆道光两朝上谕档》，桂林：广西师范大学出版社，2000 年，第 2 册，第 298 页。

④ 洪安全总编辑：《清宫廷寄档台湾史料》，第 444—445 页。

⑤ 谢美娥：《清代闽台米谷流通类项与数量的考察》，《中国史学》第 17 卷（2007 年），第 56 页。

⑥ 闽浙总督统绿旗营，驻札省城，专辖本标称督标；金门镇，总兵官驻同安县，专辖本标称镇标；厦门，水师提督驻札，专辖本标称提标。孙尔准等修、陈寿祺纂：《重纂福建通志》（1829 年重纂，1871 年刊，台湾文献丛刊第 84 种），卷 83，《国朝》，第 261、288 页。周凯，《厦门志》，卷 6，《兵制考·职官裁设》，第 84 页。

⑦ 谢美娥：《清代闽台米谷流通类项与数量的考察》，第 56—57 页。

⑧ 张本政主编：《清实录台湾史资料专辑》，第 155—156 页。

⑨ 洪安全主编：《清宫宫中档奏折台湾史料》（台北：台北故宫博物院，2001—2003 年），第 8 册，第 471、515 页（此书第 1—6 册页数连续，本文引用此 6 册范围时不标册数）。

积储，岁多取给于台地"。① 福、兴、泉、漳 4 府各营每年不敷兵眷米谷，其支给方式大致都是各府厅州县先于存贮仓谷内借碾支放，再派拨台湾供粟运补还仓。② 不过，也有军方直接交由商人赴台买谷运回驻地者。18 世纪 30 年代中期，向来在泉州采买兵谷的建宁镇，因泉郡产谷稀少，艰于采买，认为"采买必资台湾之谷"，所以发交商民领价，赴台湾采买，直接取得台谷。③ 另外，在内陆的龙岩州兵营，也有与沿海 4 府一样，直接获得台粟补充者。乾隆三十五年（1770）官员报告金厦提镇督标类粮食使用的结果时，提到龙岩兵食实"仰于台属"，是在金厦两标剩粟内拨给的。④

仰台仓米粟补给的驻点之所以范围较大，一方面是因为闽省各营轮拨过台兵丁，眷口仍留内地，每年皆应支给眷米之故。⑤ 另方面，即使未轮过戍台的内地兵丁米粮，凡有不足，也会向有余粮的台湾寻求粮源。因而兵食方面，台谷流通主要在沿海各府，间接惠及闽西北的建宁、延平、邵武，闽西的汀州、龙岩，以及闽北的福宁。

以上可知，整个 18 世纪台湾与福州之间的粮食供需关系紧密，台湾米谷或者经由厦门仓配入福州仓，或者直接在台采买运入福州，两府自然都包含在各自的米价高相关区，因而主张台米很少北运福州之说并不正确。可以说，台湾余粮接济最频繁、最直接的范围，实即 A 粮食市场区，官员拨运与采买台湾米谷的分配，泉州、漳州固然重要，也都少不了福州、兴化，4 府米价当然出现与台湾高相关。这意味台湾并非只与泉州、漳州共同构成一个以泉州为中心的粮食市场区，而是笔者认为的 A 粮食市场区。

2. 福州之外的府州与台湾府的高相关

上述主要是修正近人福州不需台米之说以及证明包含台湾在内的粮食市场区划的合理性，但是据表 1，与台湾府米价较高相关者，还包含龙岩州、粤 2

---

① 洪安全主编：《清宫宫中档奏折台湾史料》，第 7 册，第 378—7379 页。

② 中国第一历史档案馆编，"中央研究院"近代史研究所影印：《宫中朱批奏折·财政类·仓储》，第 45 册，第 123 页。

③ 不计陆海风险，途远赴台采买，也因建宁本地产谷与自台湾买谷的价差每石谷约计银 1 钱左右，在可以接受的范围。洪安全主编：《清宫宫中档奏折台湾史料》，第 3818 页。中国第一历史档案馆编，"中央研究院"近代史研究所影印：《宫中朱批奏折·财政类·仓储》，第 1 册，第 171 页。

④ 中国第一历史档案馆：《军机处录副雍正、乾隆朝》（全文影像），文件号 03.0501.022。

⑤ "中央研究院"历史语言研究所，"内阁大库档案"，台北："中央研究院"历史语言研究所，登录号 058485。

府州以及相关稍次的永春州（0.45），也应该寻求解释。① 18 世纪每当闽省督抚
报告地方雨雪粮价和粮食供给状况时，大皆强调福、泉、漳 3 府粮食吃紧的急
迫性，也强调建、延、邵、台 4 府粮食有余的重要，其他府州的粮食丰啬大概
是时而可自给、时而不足。或称"汀、永、龙一岁所收，纵值丰年，仅供半载
之食"，或谓"龙、永……所产米谷每致不敷民食"，或"汀、宁、永、龙本地
出产稍可支持"，或"汀州、福宁二府，龙岩、永春二州，近山各县所产米谷盈
绌相仿。"② 据乾隆十一年（1746）闽省官员的报告，"闽省所产米谷有限，外省
客贩从不至闽，惟就各属一年出产，敷衍一年民食，稍有歉收，则价值增昂…
福州府各邑除上游客米接济尚有不足，同兴、泉、漳、永、龙五府州属，均须
台粟济应。"③ 点出粮食供给时而自给、时而不足的永春、龙岩 2 州，也与台湾
的粮食供给发生关联，稍可解释台湾府的米价较高相关区何以还及于这两个
府州。

至于台湾与粤 2 府州（嘉应州、潮州府）的粮食供需关系如何？嘉应州为
粮食不足府，其粮食供需似未与台湾发生关联，而是依赖过路汀州的江西米
（故表 4 可见嘉应州与汀州米价相关甚高）、省内惠州和潮州 2 府粮石，以及由
广州运到潮州再转来的洋米接济（故表 1 可见两府米价相关甚高）。④ 至于潮州
府，据笔者掌握的史料，18 世纪台湾只有一次因天候亢旱收成不丰而向广东潮
州借运谷石。乾隆五、六年（1740—1741）间，台湾先因秋获前缺雨收成歉薄，
继而冬月严寒、雨霜伤稼，接着春间少雨。督抚恐青黄不接时期米价过昂，委

---

① 从表 1 来看，台湾府虽与汀州府米价有较高相关，但是证之史料，皆云汀州不足之粮主
要"藉江西、粤东肩贩"，或只"赖江右挑贩接济"，以江西米粜汀州，或者官员调运外粮来时可分
配到一部分（见台北故宫博物院图书文献处文献股：《宫中档雍正朝奏折》，第 2 辑，第 893 页；中
国第一历史档案馆，《雍正朝汉文朱批奏折汇编》，第 9 册，第 32 页。台北故宫博物院图书文献处
文献股：《宫中档乾隆朝奏折》，台北：台北故宫博物院，1982 年，第 3 辑，第 215 页。台北故宫博
物院图书文献处，"军机处档·月折包"，文献编号 002591、000794、001888、002312）。目前可寻
得的史料当中，仅知汀州镇兵食间接受惠于台湾运粮，但仍无法充分解释这两者何以有米价较高相
关（或许是汀州府米价数据的问题亦未可知），故本文保留，待有较充足的史料证据时再议。
② 中国第一历史档案馆编，"中央研究院"近代史研究所影印：《宫中朱批奏折·财政类·仓
储》，第 19 册，第 199 页；第 37 册，第 193 页。台北故宫博物院图书文献处：《军机处档·月折包》，
文献编号 004475。台北故宫博物院图书文献处文献股：《宫中档乾隆朝奏折》，第 6 辑，第 519—520
页。
③ 中国第一历史档案馆编，"中央研究院"近代史研究所影印：《宫中朱批奏折·财政类·仓
储》，第 28 册，第 96 页；第 64 册，第 189 页。
④ 陈春声：《市场机制与社会变迁——18 世纪广东米价分析》，广州：中山大学出版社，
1992 年，第 34 页、第 74 页之图 6。王业键、黄莹珏：《清中叶东南沿海的粮食作物分布、粮食供
需及粮价分析》，收入王业键：《清代经济史论文集》，第 2 册，第 104 页。

员赴粤省潮属采买 6 万谷石。① 何以是粤东之谷（而非江浙）？闽抚王恕称：粤省督、抚告知"潮州府属仓储充盈，可济邻省。"② 然而粤省官员却有附语："潮郡界连闽省，向来民食亦借资台湾商贩，往来转运较易"，考虑的虽是运输条件和民情习性，却也道出潮州民食有赖台湾，而非台湾仰仗潮州供给。③ 当闽方赴买时，引起民众抗拒。潮阳城城厢内外铺店并未开张，颇有罢市之势。民人扬称本地米贵（至 2 两 2 钱）艰食，闽省又来借拨仓谷，恐将来无可接济云云，民众拥入县堂，欲请停拨借谷及要求开仓平粜惠济本地。但官府弹压拿人，铺户才陆续开张。④ 这批谷石为潮州府海阳、潮阳、揭阳等县仓释放出来的贮谷，运台途中几经转折，截留了 3 万石运赴泉、漳 2 府盘收，其余除去在洋遭风漂没的数额，台湾实收 2 万 5000 余谷石。⑤ 以 18 世纪 40 年代平均年输出约 7、80 万米石的粮食有余府而言，潮州支持额实在微不足道。⑥ 潮州并不成为供给台湾米粮的地区，此次向潮州借运谷石也是绝无仅有。

潮州原是粮食自给不足之府，雍正初年，闽粤官员常称"潮州米贵，来泉、漳籴买者多"，"漳州价昂，广东潮州价更昂，搬买漳州之米者亦多"，"粤省潮州来闽搬运者樯帆不绝"，或称"粤省潮州府米价高，纷赴闽省厦门等处购米"等语，但也说泉、漳 2 府亦资潮州之米。⑦ 殆是受每年米价水平差异的推力所致，而且泉、漳 2 府经常有客米涌至，未必是这两府常态性供给潮洲米粮。然而由于经常相互搬米，说明了这几府的米价何以呈现高相关。

应注意的是，上引粤省所言"向来民食亦借资台湾商贩"，反倒点出了潮、台之间的粮食供需关系。商贩而来的台地米谷主要汇集于厦门，粤人只需"赴

---

① 中国第一历史档案馆编，"中央研究院"近代史研究所影印：《宫中朱批奏折·财政类·仓储》，第 12 册，第 201—203 页；第 13 册，第 53—54 页。中国第一历史档案馆：《军机处录副奏折：全国水利雨水自然灾害数据》，微卷编号 692，档号 9702.33、9702.36。洪安全总编辑：《清宫谕旨档台湾史料》（台北：台北故宫博物院，1996—1997 年），第 3 页。

② 李桓：《清耆献类征选编》（台湾文献丛刊第 230 种），卷 9，王恕条，第 786 页。

③ 中国第一历史档案馆编，"中央研究院"近代史研究所影印：《宫中朱批奏折·财政类·仓储》，第 12 册，第 244—246 页。

④ 中国第一历史档案馆编，"中央研究院"近代史研究所影印：《宫中朱批奏折·财政类·仓储》，第 12 册，第 248—250 页。

⑤ 中国第一历史档案馆编，"中央研究院"近代史研究所影印：《宫中朱批奏折·财政类·仓储》，第 12 册，第 244—246 页。中国第一历史档案馆：《军机处录副奏折：全国水利雨水自然灾害数据》，微卷编号 692，档号 9702.34、9702.35。中国社会科学院经济研究所：《题本：仓务》，北京：中国社会科学院经济研究所，第 5 册，第 245 页。

⑥ 谢美娥：《清代闽台米谷流通类项与数量的考察》，第 69 页，表 5。

⑦ 中国第一历史档案馆：《雍正朝汉文朱批奏折汇编》，第 7 册，第 227、260、482 页；第 9 册，第 32 页。

厦门买籴台运米谷"即可。^① 但是否存在商船带米、商民请照买运乃至走私等来自台湾的商贩米谷，不得而知。据乾隆七年（1742）巡台御史舒辂、张湄的观察，台地"大半皆漳、泉、潮、惠无家室之人侨寓于台，以垦种为业。故一当收成之后，粤人惟知粜谷易银，以便携带回籍；闽人则将谷搬运内地，以赡其家口。"^② 在台地即将稻谷易为货财流通，少有搬运实谷。倒是官方的采买，为直接于台、潮间运谷。乾隆初年，粤省官员盘算本省仓储采买之务时，虽然经常往粤西、湖南（衡州、湘潭）等处寻求粮源，却也认为湘米到潮州"山路崎岖，挽运不易，惟与闽省之台湾航海数日可至。彼处产谷甚多，拟将潮属应买之谷，委员赴台采买。"^③ 地理区位条件搭起潮、台间的粮食供需关联，也可以解释图 7 中潮州府也在台湾米价高相关的地区之内。

3. 台湾府与浙 3 府、长江下游地区的低相关

自台湾归入清领版图以来，闽省"所需食米全赖台湾一方已数十年"，似乎台米只供给福建一省，其实不然。^④ 康熙五十六年（1717）至雍正五年（1727），清廷实施禁往南洋贸易的海禁期间，对台米出洋则采取由官方统筹才能输出的政策（只能在"遇内地有灾祲之需"时、官运），不准私人未经政府允许而贩卖，是为米禁。上述山本进将康熙四十七年（1708）起对江苏出洋商船所携食米数量（50 石）的管制政策，视同福建沿海及台湾实施的米禁内容，不甚精确。出洋商船所携食米即商船带米，指的是在沿岸或贸易返回内地的商船，每船可容许载运的伙食米、余米额度。已知 18 世纪初期起，赴台商船回棹时以及台地商、渔船出口时皆可带食米 60 石离岸。18 世纪中期后开放带米额度，往来台、厦的横洋船可带米 200 石。^⑤

依循台米出洋的管制原则，雍正元、二年（1723—1724）台米得以过海 5 万石，不是到厦门，而是扬帆到浙江宁波，因浙省温州、台州、宁波、绍兴、象山、定海等处被灾，米粮不能接济，需米平抑。^⑥ 但何以是台米？沿长江而下衔接大运河相关水路到浙省的粮食原为该省所赖，然而"恐江西、湖广之米一时未能接济，遂先拨闽省仓谷（福州与台湾）"以济，实基于闽浙总督所辖封

① 中国第一历史档案馆：《雍正朝汉文朱批奏折汇编》，第 7 册，第 293 页。
② 中国第一历史档案馆编，"中央研究院"近代史研究所影印：《宫中朱批奏折·财政类·仓储》，第 14 册，第 136 页。
③ 《清高宗实录选辑》（台湾文献丛刊第 186 种），（二），乾隆二年闰九月是月条，第 10 页。
④ 雍正初年水师提督蓝廷珍之语，见中国第一历史档案馆：《雍正朝汉文朱批奏折汇编》，第 7 册，第 293 页。
⑤ 谢美娥：《清代台湾米价研究》，第 366—367 页。
⑥ 谢美娥：《清代台湾米价研究》，第 375—376 页。

域内就近调度的应变策略，并不是非由台米供给不可。① 这批运浙平粜米最后
未全数运入浙省，而是截留 3 万米石到兴、泉 2 府。② 无论如何，正是在"遇
内地有灾祲之需"时，由官统筹的管制原则下，台湾直接接济浙省粮食，惟仍
声明"待救灾事毕，海运米石仍照以往严禁。"③

但是台湾与浙省地区是否形成常态的粮食供需关系？雍正九年（1731）厦
门税口禀报，当地五月（阴历）米价增长，其因乃"台湾米船近多往江浙地方"，
但是六月间厦门米价立即平减，因"近日台湾米船来多"。④ 不能确定这种变动
是否为常例，也就是每年春夏之间（青黄时节）台湾米船必常驶往江浙贩卖。

综观雍乾时期台湾与浙江之间米粮流通相涉的事例，都是在"遇内地有灾
祲之需"（或青黄不接）时由官提案，事毕即止。⑤ 不似台湾与闽省内地的粮食
流通，即便是官为主导，也是年年例行。台、浙之间的米粮流通可分为两种型
态：一为由闽省沿海府州仓储拨运浙省，或者招商到闽省沿海释出谷石的府州
运谷回浙售卖，两者都是再运台谷补其仓。另为招浙商直接赴台领买，运浙粜
售。前者多由商人赴闽自由买谷，较少官方拨运，可见于雍正十一年（1733）
商运台州、乾隆十六年（1751）对温州和台州，乾隆二十四年（1759）、四十三
年（1778）、五十年（1785）都是对浙西杭州、嘉兴、湖州 3 府输运。⑥ 后者只
见于乾隆五十一年（1786），台仓释出 10 万谷石等候浙商来台粜买；其运作方
式为浙商在浙省交银，给照赴台搬运（商人承担运费），所交谷价由浙省解贮台

① 《雍正朱批奏折选辑》（台湾文献丛刊第 300 种），（一），《福建巡抚黄国材恭缴谕旨折》，
第 22 页。
② 中国第一历史档案馆：《雍正朝汉文朱批奏折汇编》，第 4 册，第 572、619 页。
③ 中国第一历史档案馆译编：《雍正朝满文朱批奏折全译》，合肥：黄山书社，1998 年，第
491 页。
④ 台北故宫博物院图书文献处文献股：《宫中档雍正朝奏折》，第 18 辑，第 374 页。中国第
一历史档案馆：《雍正朝汉文朱批奏折汇编》，第 2 册，第 713 页。
⑤ 台北故宫博物院图书文献处：《军机处档·月折包》，文献编号 007140。
⑥ 中国第一历史档案馆：《雍正朝汉文朱批奏折汇编》，第 24 册，第 67、272、320、440、
741 页。张本政主编：《清实录台湾史资料专辑》，第 174 页。台北故宫博物院图书文献处：《军机处
档·月折包》，文献编号 007140、025740。洪安全主编：《清宫宫中档奏折台湾史料》，第 14092—
4097、4136—4139 页。中国第一历史档案馆编，"中央研究院"近代史研究所影印：《宫中朱批奏
折·财政类·仓储》，第 43 册，第 150—152、166—167 页；第 44 册，第 187 页；第 57 册，第 125
页；第 58 册，第 13—14 页。中国第一历史档案馆：《军机处录副雍正、乾隆朝》（全文影像），文件
号 03.01459.046、03.0839.004。洪安全总编辑：《清宫廷寄档台湾史料》，第 217—218 页。这种从内
地拨浙商谷石，再于台属官仓内运还的程序，由于台仓仍需采买回填运出之量，到嘉庆二年（1797）
改为"浙省将价解闽，察看情形，责成台湾如数代买运内地原拨各厅县仓库归款，毋庸复动台仓谷
石"，见台北故宫博物院图书文献处文献股：《宫中档嘉庆朝奏折》（台北：台北故宫博物院，1993—
1995 年，第 30 辑，第 539 页。洪安全总编辑：《清宫廷寄档台湾史料》，第 1061 页。

湾府库。^①因而乾隆五十一年（1786）才有"台湾米谷商贩流通，兼多运至江浙接济"之语，^②惟此处"多运江浙"并非经常性的流通，而且"江浙"应指浙西杭州、嘉兴、湖州3府和浙东的部分府州。如此，山本进认为18世纪台湾与江浙市场的关系既不直接，且连结在手工业商品市场，不在粮食供需方面，此看法似应调整。

笔者认为，台、浙之间第一型态的米粮流通为浙省间接受惠于台谷，增强了台湾与福、兴、泉、漳各府的米价相关；第2型态为台湾对浙省的直接米粮流通，若成为经常之举，则台湾与浙省受惠府州之间的米价相关应该显著。倘若这样的解释不甚偏误，则可以理解何以表1之中浙3府（尤其与台谷接济有关的温州与台州）与台湾府米价相关极低。

承如前述，浙省（尤其是浙西3府）在18世纪多次求粮闽省，尽管如此，福建所倚赖的省外粮源，除粤米、赣米、洋米之外，"在北则资于浙，而温州之米为多"。^③因此，或差员到温州采买米石，或拨温州、台州仓谷运闽，或于"江西及浙省温州产米之乡购补，年以为例"，应是雍正年间经常之事。^④官员称"招商给照，令往江、浙等处贩运来闽"，"即丰收之年尚赖江、浙、粤省商船运到接济，由来旧矣"。^⑤这里的"江"，可能是江西，福州和汀州经常分配到从江西采买、拨运而来的米粮。当然，江、浙是漕米必经之地，截漕至闽也是一途。^⑥特别是当台湾粮少价昂时，闽省从温州、台州取得米源的重要性就更大。^⑦缘此，台湾与浙3府米价相关较低，是可以理解的。

至于江南，或者说长江下游地区，东南沿海地区17府州中除浙3府之外，与它直接有米谷流通关系者，并非台湾，而是闽省福、兴、泉、漳4府及沿海

---

① "中央研究院"历史语言研究所：《内阁大库档案》，登录号058482。《清实录·高宗纯皇帝实录》，（十六），卷1247，乾隆51年1月下，第751—752页。

② 洪安全主编：《清宫宫中档奏折台湾史料》，第8册，第707页。

③ 此语引自成书于16世纪的《筹海图编》，见孙尔准等修，陈寿祺纂：《福建通志台湾府》（道光九年纂，1829，台湾文献丛刊第84种），《海防》，第396页。

④ 中国第一历史档案馆：《雍正朝汉文朱批奏折汇编》，第7册，第260、293—294、304—305页；第8册，第93—94页。中国第一历史档案馆编，"中央研究院"近代史研究所影印：《宫中朱批奏折·财政类·仓储》，第40册，第174—176页；第41册，第237页。中国第一历史档案馆：《军机处录副雍正、乾隆朝》（全文影像），文件号03.0750.019。张本政主编：《清实录台湾史资料专辑》，第197页。

⑤ 中国第一历史档案馆：《雍正朝汉文朱批奏折汇编》，第8册，第93页。《雍正朱批奏折选辑》（台湾文献丛刊第300种），（一），《福建陆路提督吴升奏闻事折》，第86页；《浙闽总督高其倬奏闻年成米价情形折》，第116页。

⑥ 谢美娥：《清代闽台米谷流通类项与数量的考察》，第349页。

⑦ 洪安全主编：《清宫宫中档奏折台湾史料》，第7册，第294、276—277页。

各军事驻岛。康熙五十二年（1713），曾拨江南米 5 万石运闽备赈。[1] 雍正四至六年（1726—1728）间，沿海 4 府或因米价过昂，或因冬成歉薄，除了台米、浙江截漕谷、江浙所买米谷、江南漕米之外，每年都往江南买米，甚至也往江北的淮安、山东采购小麦以为平粜，为获得粮源，四处采买，非常活络。[2] 但是也应注意，这些来自江南、江浙的各种米谷，虽然分散于福、兴、泉、漳 4 府，但泉州毕竟"六分资于台湾"，漳州"半藉台湾商粜"。[3] 因此，较受长江下游地区粮源之助而致米价相关增长者，可能是福州、兴化 2 府。在表 2，A 粮食市场区各府中，确实也是福州、兴化 2 府与长江下游地区的米价相关相对上比其他府州要明显一些。而在整个 A 粮食市场区，江南米进入闽省的影响程度，在米价相关上则不如清人文字叙述的那样。

无论 A 粮食市场区是以泉州或以福州为核心，或者以泉州代表闽省粮食市场，表 2 的讯息至少指向 A 粮食市场区（而非闽省）与长江下游地区米粮市场的关联不甚显著，区内的台湾更难看出与长江下游市场的互操作性，未如王业键、陈仁义 2002 年一文所认为的台湾与苏、杭有相当的价格整合。

四、结论

本文以 18 世纪台米流通为中心，利用东南沿海地区——"台湾与周边地区"共 17 个府州米价，进行有关台湾米谷输出与其近处周边（福建、广东）、远处周边（长江下游）米粮市场关联程度的验证，结论如下：

第一，米价相关分析显示，东南沿海地区可分为 3 个次级粮食市场区，台湾和沿海的福州、兴化、泉州、漳州（A 区）互操作性最高；闽江上游的建宁、邵武、延平和浙省的处州、温州（B 区）大都属粮食有余；而闽西南的永春、龙岩、汀州和广东的潮州、嘉应（C 区）则较为紧密。3 区的区间关系，通常是某区中部分府州与另一区部分府州有着较高的相关。此与学者划分的闽省南区（以泉州为中心，含漳州、永春、龙岩、台湾）、闽江流域区（以福州为中心，含建宁、邵武、延平、兴化、福宁）和属于江西粮食市场的闽省西区（汀

① 孙尔准等修，陈寿祺纂：《福建通志台湾府》（道光九年纂，1829，台湾文献丛刊第 84 种），《仓储》，第 173 页。
② 中国第一历史档案馆：《雍正朝汉文朱批奏折汇编》，第 8 册，第 547—548 页；第 9 册，第 579—582；第 13 册，第 489—491 页。
③ 中国第一历史档案馆：《雍正朝汉文朱批奏折汇编》，第 13 册，第 489 页。中国第一历史档案馆：《军机处录副奏折：全国水利雨水自然灾害数据》，微卷编号 691，档号 9691.48。

州）颇有不同，尤其是本文的 A 区和学者的闽省南区差异最大，个中关键则是台湾与福州粮食供需关系的判定。

第二，计量讯息表明，台湾与泉、漳 2 府的相关最高，台、泉两者与外府的高相关范围几乎迭合。同时，台湾与福州府又有较高的相关，其程度仅次于与泉、漳的相关。而台湾与潮州、嘉应的相关，则又居于与福州相关之次。至于台湾与浙 3 府、长江下游的米价相关则相当的低，这种情形非独台湾如此，整个 A 区各府情形都相似。可以说东南沿海地区以浙省的府州、闽省偏北的府州，与长江下游米价的变动较为相关，而闽省临海的府州与长江下游米价相关反而不显著。此又与近人研究认为的东南沿海粮食市场区（无论是以泉州为代表，或以此区内的边缘台湾来看）与长江下游三角洲有一定关联强度的看法，非常的不同。

但是如何理解上述差异？首先，关于台湾与福州，本文认为 18 世纪两地的粮食供需关系已属常态，台地米谷经常经由厦门仓配入福州仓，也常由政府委员直接在台采买运到福州，或者由商人赴台贩运运省，因而近人称台米很少北运福州，而福州只与建宁、邵武、延平形成供需关系之说，并不全然正确。台湾余粮接济最为频繁的范围就是 A 粮食市场区，泉州、漳州缺粮时的粮源固然来自台湾的比例不小，但是每当有台谷资济时，政府进行的分配仍少不了福州、兴化。不仅如此，台谷也长期承担了福建内地兵食供给的重要角色，例年必须运出的内地兵眷、金厦提镇督标两类粮食，也是分布在 A 市场区。这表示台谷流通主要在沿海各府，但并非只与泉州、漳州共同构成一个以泉州为中心的粮食市场区，而是 A 粮食市场区。18 世纪中期官员的观察称"福、兴、漳、泉四府民食、仓储不能不仰藉台湾运济"，正是此种经济关系的表述。

其次，除了 A 区之外，台湾米价还与 C 区的部分府州有相当的相关，但与浙 3 府（处州、温州、台州）、长江下游的米价相关却相当的低。C 区的永春、龙岩粮食自给时而可足时而不足，不足时的粮源以台粟最可赖；经常赴泉、漳一带搬米的潮州，即常从厦门购得运厦的台米，或由官赴台采买，因此台湾与这几个府州相关显著并不难想象。

而台湾与浙 3 府之所以米价相关不显著，本文认为与台、浙之间未形成经常性的粮食供需关系有关。康、雍之际台米出洋管制政策具体化，只有"遇内地有灾祲之需"时，由官方统筹之下，台谷才可直接接济浙省，但事毕须止。浙省虽可获得台粮，却与闽省有别。台湾对闽省的米谷输运，即便由官主导，却都是年年例行，长期下来，足以形成长期稳定的粮食供需关系。记录所见，18 世纪台、浙之间的米粮流通出现多次，但并非经常之举。当浙省灾歉需粮时，招商直接赴台领买者只见于乾隆五十一年（1786），其余由闽仓（福、兴、泉、漳）拨补浙仓、再由台仓运补闽仓者 5 次（执行时以招浙商到闽运谷回浙最便易），以输往浙西杭州、嘉兴、湖州 3 府居多，也曾运至温州、台州。台湾与浙省这两种米粮流通渠道都是因应特定情形而开，两地的供需关系长期而言很难说是常态。尤其上述第 2 种管道，更增强台湾与沿海 4 府的米价相关，而非浙省。

至于台湾与长江下游地区米价的低相关（或几近无相关），原因是 18 世纪台湾并未与该区有直接的米谷流通关系，但 A 粮食市场区其他各府则与之稍有关联。雍正四至六年（1726—1728）间，闽省沿海 4 府冬成歉薄，官方每年往江南买米，也四处购运粮食，台米、浙江截漕谷、江浙所买米谷、江南漕米，应有尽有。这些米谷运闽后分散于福、兴、泉、漳 4 府，然而泉州毕竟"六分资于台湾"，漳州"半藉台湾商粜"，较受长江下游地区粮源之助而致米价相关增长者应是福州、兴化 2 府，惟乾隆时期是否仍然如此，不得而知。应指出的是，近人研究曾认为 18 世纪台湾与江浙市场的关系不在粮食供需，此一说法实应调整。本文证明了台粮事实上"兼及西浙"（尤其浙西 3 府），只是未与浙省、长江下游地区形成经常的供需关系，市场整合程度较不显著。

归纳上述，台湾和福州、兴化、泉州、漳州的市场整合程度最高，与闽省部分府州和粤省潮州也有较高的关联。然而随着地理距离的推远，以及粮食流通未必维持恒常，台湾与浙江或长江下游地区的市场整合并不如近人研究所称的显著。

附带补充的是，关于学者主张以 19 世纪台米因多输往浙江和天津使得输入福建减少为据，提出台湾"游离"福建地域经济圈的见解。笔者以为，19 世纪台米北运至天津粜卖，或因米船避海盗飘至天津，或配合中央谕令项目筹粮，闽省所筹台米藉沿岸贸易体系的透北商船运赴。19 世纪台米几度至津皆因特殊情况，没有在天津粮食市场占一席之位，两地也未见后续的粮食供需关系。台米仍以闽省为主要市场，"游离"福建地域经济圈之说较难成立。①

---

① 谢美娥：《清代台湾米价研究》，第 352—355、406、412 页。

明清朝廷对于"禁令"解释下何谓商与盗、海商与国家关系变化探讨

林泩翰

明代倭寇事件中，朝廷对于海商的形容为"非盗即奸"。但从其他史料中不难发现国家的运作却与商人活动有着相辅相成的关系。为何沿海地区通海特别兴盛？引《明实录》中一段话形容对于沿海地区居民相互掩护情形的描述。

地险民犷，素以航海通番为生，^① 其间豪右之家，往往藏匿无赖，私造巨舟，接济器食，相倚为利。

由此可知，海禁的颁行，所要面临的并不是只有海商的反对，而是与其息息相关的众生之口。在当时私人海商不仅规模大，而且活动范围广阔。《玩鹿亭稿》中以"虽极远番，皆能通之"，^② 形容浙江海商活动区域。《漫游记略》中记述的福建海商"皆擅海舶之利，西至欧罗巴，东至日本之吕宋、长崎，每一舶至则钱货充牣"。^③ 因此，各阶层纷纷投入从事海上贸易活动，以浙江沿海盐民来说：

灶户舍其本业。竟趋海利，名曰"取柴卤"，曰"补盐课"，实则与贼为市。^④

缓则鬻贩鱼盐以自业，及则票寇商贾，劫掠村聚以为利。^⑤

---

① 《明实录》,《世宗·实录》，卷 189，第 3997 页。
② 万表:《玩鹿亭稿》，卷 5。
③ 王胜时:《漫游记略》，卷 1。
④ 《皇明经世文编》，卷 206，朱纨:《计处海防竈船事》，第 2171 页。
⑤ 转引自林仁川:《明末清初私人海上贸易》，第 68 页。

这也说明了盐民为求利字而兼职商寇。从事海上贸易的海商，可归类为下列几种：

一、私人造船，其自行雇用船员，其本身鲜少有贩卖的行为，主要以躲避官府注意来赚取有意出海商贩的散商之佣金为主，类似于现今的海运客轮。海禁部分取消后，一些散商会组织起来，以合资的方式来造船、经商。在《东西洋考》中提道：

> 每舶舶主为政，诸商附之，如蚁封卫长，合并徒巢。[①]

自嘉靖后，此类散商合资的情形很多，光是吕宋的福建商人就有数万人，还不包括浙粤等地，以及在其地区的商人。此类集团如上引所提，以各船只为单位、各自为政的小型商团，在海禁时期对于国家整体而言，并无太大影响。

二、官宦豪门所组织的海商集团。自明代起便有"豪门巨室间有乘巨舰贸易海外者"。[②]沿海势族大家借由雄厚资金建造航海大船，世家在官场势力的影响下，在中央与地方的庇护下进行走私贸易。明廷派任浙江巡抚都御史朱纨兼管福建海道提督军务，朱纨革渡船，严保甲，言出法随，令行严急。沿海居民需靠贩贸赖以维生，顿失依凭，权贵之家亦骤失其重利，甚至朱纨在上疏中道：

> 通盗势家，往往窃发文移，欲泄事机。即有捕获，又巧眩真赝。[③]

公开揭发闽、浙权贵之家通番勾连之事，是故沿海地区皆甚恶之。

三、先沿海居民因海禁失去生活来源，铤而走险亡命海上，以养家糊口。此类型海商其本身无资本，又无权贵在后资助，只能纠结亲朋邻人数人，自行武装防卫以进行私人贸易，朱纨对此也有所警觉，提道：

> 以海为家之徒，安居城郭，既无剥床之灾；棹出海洋，又有同舟之济。三尺童子，是海贼如衣食父母，视军门如世代仇雠。[④]

---

① 张燮：《东西洋考》，卷9。
② 张燮：《东西洋考》，卷7，《饷税考》。
③ 《皇明经世文编》，卷206，朱纨：《海洋贼船出没事疏》，第2172页。
④ 《皇明经世文编》，卷206，朱纨：《海洋贼船出没事疏》，第2172页。

往往此类型商团，容易成为所谓的亦盗亦商的海商集团。

这些类型的商团，各自为政并无撼动到国家安全，其活动历经明清两代海禁至今依然存在着。然而，自明中叶后，这些商团以联结、吞并等方式联合起来，其势力日益庞大，垄断了海上航运与贸易。以著名的"净海王"王直、最后的"海上大王"郑芝龙为代表，在沿海地区称为"海商"，中央政府则是以"海贼"称之。其本身并非愿为盗为乱，其希望能借此逼迫官府开港通市，回归原本。其转变经过，不但代表着大多数海商蜕变成海盗的态度，也说明了海禁时期沿海地方的心声。

自明太祖朱元璋统一全国之后，对于海商的管理一直面临"管""禁""放"三方面彼此矛盾的问题。明初时所制定的《大明律》中《舶商匿货》律文规定：

> 凡泛海客商，舶船到岸，即将物货尽实报告抽分。若停塌沿港士商牙侩之家不报者，杖一百。虽公报而不尽者，罪亦如之，物货并入官。停藏之人同罪。告获者，官给赏银二十两。[①]

从这条律文中可以知道，海商原先是允许可以出海贸易的，政府只要按照规定缴纳税金。有人曾经记载过朱元璋接见海外贸易的商人：

> 朱君道山，泉州人也，以宝货往来海上，务有信义，故凡海内外之商者接推焉以为师。时两浙既臣附，道山首率群商入贡于朝。上嘉纳道山之能为远人先，俾居辇毂之下，优游咏歌，以依日月末光，示所以怀柔远人之道。海外闻之，皆知道山入贡之荣如此也，至是海舶集于龙河，而远人之来得以望都城而赡宫阙。[②]

这位朱道山为当时海商领袖，在朱元璋平定两浙之后，带领群商入贡，目的希望明朝能保护海上贸易。朱元璋也加以笼络，并先后积极派遣使者分赴日本、爪哇、真腊等国，主动建立政治上的联系。

元末，天下未定，方国珍、张士诚以及其部众大多出身于海商。因商路被

---

① 《大明律》，卷8，《户律·课程》。
② 王彝：《王常宗集》补遗，《送朱道山还京师序》。

阻,遂组织商团,以求自保,然最终参与元朝对抗明朱,朱元璋怀恨在心,[①] 因而被列入海寇之列。然而好景不长,天下初定,根基尚未稳固,方国珍、张士诚余部与日本倭乱相结合,时时骚扰中国沿海地区。

> 明兴,高皇帝即位,方国珍、张士诚相继服诛. 诸豪亡命,往往纠岛人入寇山东滨海州县。[②]
>
> 张士诚、方国珍余党,导倭出没海上。焚民居、掠货财、北自辽东、山东,南抵闽、浙、东粤,滨海之区,无岁不被其害。[③]

朱元璋由以上经验,对于海商不能完全信任,担心类似方国珍、张士诚的势力再度出现,故订立海禁抑制海商作为防范。

严令海禁并非完全能阻止自唐宋以来已经长期发展起来的中外贸易,在"有无相迁,邦国之常"的供需关系下,外国贸易者络绎不绝。明廷制订"朝贡贸易"的方式是为了有效控制外舶贸易,并防止私商、海盗。朝贡贸易在"怀柔远人""厚往薄来"的原则下进行,明代统治者不但不加以抽分课税,反而给予更丰厚赏赐。

每次朝贡期间,所带的货物,除了上贡之外,只准在港口市舶司或京都的会同馆,在政府的监督下,开市3—5天,除此之外,其他的贸易行为,一律不许。此种贸易形态为有限定的贸易,并不能满足国内或国外的市场需求,原本兴盛的海上贸易因而被迫转向私自贸易,开启了中国海上私人贸易时期。

私贩者无奈迫于法律与政策,时时受到拘束,只得攀交权贵,得其庇护。有这样一段的记载:

> 自罢市舶后,凡番货至,辄主商家,商率为奸利负其责,多者万金,少不下数千金。索急,责避去。已而主贵官家,而贵官家之负甚于商。番人近岛坐索其负,久之不得,乏食,乃出没海上为盗。辄构难,有所杀伤。贵官家患之,欲其急去,乃出危言憾当事者,为番人近岛,杀掠人,而不出一兵驱之,备倭固当如是耶?当事者果出师,而先阴泄之,以为得利。因盘踞岛中不去,并海

---

① 康熙《两淮盐法志》,卷15,第3页,"明太祖恨江南人为张士诚守,乃籍其富豪之田为官田,以重税苦之,或迁徙其人以困辱之,或供垦作,或迁之于海滨为灶户,使其世服熬波之役"。

② 《明史》,卷322,列传第210,《日本》,第8341页。

③ 《明史纪事本末》,卷55。

民生计困破者纠引之，失职衣冠士及不得志生儒亦皆与通，为之向导，时时寇沿海诸郡县。①

由上引文可知，起初私人贩贸者常与权贵之家结托，以求庇护。权贵之家坐索重赂，初以为私贩者关说拯拔，后则与私贩相结合，甚至成为幕后金主，既而阴持两端，要挟骗勒玩弄期间。私贩者愤其阴狠狡诈，遂与盗乱结合报复，曾发生"谢迁宅案"，《明实录》记载：

（嘉靖二十八年，1549）海上之事，初起于内地奸商王直、徐海等，常阑出中国财物与番客市易，皆主于余姚谢氏。久之谢氏颇抑勒其值，诸奸索之急，谢氏度负多不能偿，则以言恐之曰："吾将首汝于官。"诸奸既恨且惧，乃纠合徒党番客，夜劫谢氏，火其居，杀男女数人，大掠而去。②

以此来看，谢宅被焚劫，海禁转严，实多为中国海商唆使或假倭人之名为以宣泄，长久以来所受到的欺压，其并非皆为倭人所为，此可能为海商转为海盗主要关键之一。

另一方面，由前述引文可以发现，投资海上贸易之中，也有不少地方乡绅加入行列。当私贩商人企图摆脱乡绅资本的控制时，亦需与乡绅阶层所经营的贸易事业对立，因此，不仅无法受到乡绅阶层的保护，还需面临官方的镇压。官方对于乡绅之类的走私大户，通常无法捕捉，也无可奈何，因而只能对沿海居民小规模的贸易加以镇压以充当绩效，如此一来切断地方小民的经济来源，逼使他们走上绝路。

从世界史的角度来看，这个时候不仅中国周遭的国家如：琉球、朝鲜、越南等，进行官方贸易——朝贡，西方世界也已经进入大航海时代，葡萄牙、西班牙、荷兰等国的海上商业舰队透过新航路陆续到中国海域进行贸易。然而传统观念中：非我族类，其心必异。以戒慎的心理，将这些外来夷人列为海禁对象，在利之所趋的前提下，远道而来的夷商不愿空手而归，因而与沿海海商结合，在中国沿海地区的安全与防务上，形成新的问题，为戒之越盛，禁之越炽

---

① 《明史纪事本末》，卷55。

② 《明实录》，《世宗·实录》，卷350，7月壬申，第6326页。谢迁为弘治、正德年间大学士，谥号文正。然，另一本书《穷和话海》卷6："丁未（二十六年）林剪自彭亨诱引贼众驾船七十余艘至浙海，合许二、许四为一踪，劫掠沿海地方，而谢文正公迁宅为之一空。"与《明实录》内容有所出入，此以《实录》为主。

的最佳写照。

　　然明清交替之际，海商集团却是明末最后的依靠，在《南天痕》书中作者感叹地说："嗟乎！明臣愧海盗者众矣。"[1] 其中最著名的且最具争议的人物——郑芝龙。郑芝龙接受了政府的招抚，不仅拥有自己的商队，也统领了明朝海军，成为唯一一位官方"军海商"。以南明隆武朝来说，郑芝龙其本身拥有庞大贸易商队，此外建立自己的军队，隆武朝由上到下的开支，以及军事防务，大多由郑氏商团所提供，亦可谓富可敌国。因此康熙下令给东南沿海的文武官员说道：

　　严禁商民船之私自出海，有将一切粮食货物等项，与逆贼贸易者，或地方官察出，或被人告发，即将贸易之人，不论官民，俱行奏文正法；货物入官，本犯家产尽给告发之人。其该管地方文武官员，不行盘诘勤缉，皆革职，从重治罪。地方保甲，通同容隐，不行举首，皆论死。[2]

　　以此断绝郑氏军所需的粮饷来源的策略，不可不谓严厉。但是郑氏军依然在突击沿海各地征粮，"海禁"效果有限，最后以迁界令——"尽令迁移内地"，以切断郑成功与陆地的联系，这样的禁海、迁界，多次重申并且加码实施，对海商贸易造成严重损害。

　　以海商来说，一艘船"造舶费可千余金，每还往，岁一修辑，亦不下五六百金"。其背后需要大批造船工匠，如：铁匠、竹匠、锁匠、木匠等，船下洋时，另需雇佣大批水手。在这工业生产链中，工作人员少则数百人，多则数千上万人不等，他们的身后，大都有着自己的家庭抚养，若将家庭人数乘以工作人员人数，显示依靠贩海为生的人，为数不少，更何况不只有一艘。所搭载的物品其背后生产者更是不用说了。因此当这些契子结合起来的时候，形成一股足以撼动国本的力量，这并非当朝政府愿意所见的。明清两代的建国者都有共同的不愉悦的经验，因此，对此甚加提防。雍正年间，李卫的一篇奏折道出了明清两代统治者对于海商戒律：

　　海船一出外洋，茫茫大海渺无涯际，东西任其所之，既不能跟随踪迹，焉保其不驶往别洋？及至回收口之处，又只能查坐回是否原船，人数是否符合，

---

　　① 凌雪：《南天痕》，卷24，《武臣传》评语。
　　② 转引自陈捷先：《不剃头与"两国论"》，第76页。

并有无夹带军人炮械。①

　　由上引言可知，明清统治者对于无法掌握的讯息戒慎恐惧，因此以禁制的方式来面对，殊不知民间的联系与商业网络彼此息息相关。明代重视漕运也有相当的关系，明末清初时期利用贯通长江、赣江、北江的南北运河，连接了以北京为主向各地延伸的8条干道中的3条。②这些交通联结，为明清时期手工业发达的推手之一。在当时中国市场交易物品以粮食、布和食盐为主，其余属于经济性商品的市场至多停留在中大型都市，在已经发展起来的手工业下，生产了大量价廉物美的商品，是促使富裕的城市生活奢靡的主因之一。其国内市场仍是有限，唯一未能满足的市场，只有那些带着大量银圆的国外商人。在一方缺银圆，一方缺中国商品的相互供给需求的情形下，工商业活动更加热络，以供养更多的人口。

　　明代政府以各种禁令的方式企图抑制商人的活动，但殊不知其本身的政策却助长了禁制对象的发展，如上所提明代颁令海禁限制海运的发展，但是物资的运送需靠水运来节省成本，因此发展了漕运，重视漕运的疏通，反而促使手工业的进步，间接扩大了海外贸易的发展，此种矛盾现象逐渐扩张到政府本身。明代严行海禁的朱纨在《阅视海防事》中提道：

　　夫军不可用，故取之乡夫，官船不可用，故取之民船。……官费银数百两，可以尽系澳港之船，而有所稽者，各船得银数两，可以尽报于官，而不敢妄自非为。……将民间乌尾大船，加价收买，或费七八百两，可得一只。如福建浯屿得二只，铜山峰火各一只，这将一辆买二三只。③

　　朱纨也是购买民间所用大船，来作为海防之用，本身作为海禁执法官员，却购买民间违禁大只，朱纨的海禁宣告失败的原因，不仅有商人家世的中央官员从中作梗外，还有其本身的执法过程出现前后不一情形。霍与瑕《上潘大巡广州事宜》中：

　　其广东沿海备倭兵将原有可恃者，以东莞相山多走海南，及生盐艚船轮差

　　① 《宫中档雍正朝奏折》，第7辑，第499页。
　　② 儋漪子、杨正泰校注：《天下路程图引》，第1—265页、第354—512页。
　　③ 朱纨：《皇明经世文编》，卷206，《阅视海防事》，第9—10页。

守御，舟巨而士勇，习于风涛战斗之险，无有畏敌之心也。闻近日上司不知存恤，诛求后而征调烦，商人多告去者，夫商人利微而害大，则不愿走海洋之货，不愿走海，则不作大艚，不作大艚，则上无以映备倭之差，下无以养敢死之士，敢死之士无所于依势将他图……今能序海商，即所以固海防也。[①]

明代严禁海商活动的时候，海防所需之船只，却是需要依靠临时征调海商的海船作战。由于借调民船过多，不仅引起商人反弹，也影响了海防。

广东先年有商人艚船，器械锋利，兵夫强劲，如黄萧养、林乌铁等贼，皆系艚船剿灭，后因浙直借御倭患，片板不归，夫尽客死。及吴平等各贼猖獗，官府勒行重造，商人丧家亡身，怨恨彻骨，宁受刑责，不肯造船，致海上备御无策，盗贼纵横自如。[②]

在西力东渐的时候，私人海上贸易缺乏保障，遂使海上武装商团兴起。到了明末，海防反而必须借重所招抚的海商如郑芝龙，使得海盗大致平定，并与外国势力相抗衡，重新主导环中国海的贸易，可说是成立民间海商集团与政府合作的见证。到了清代此种矛盾现象依然延续着，大臣靳辅奏疏提道：

我朝定顶支出，商民初洋者亦俱有禁，虽然进而不严，而商舶往来亦自若也。[③]

甚至还有浙江陈肇鼎商人奉命，集银造船，"往鸡笼、淡水地方采买硫黄"，以制作火药。[④]此外《天津卫志》记载康熙十一年起"盐船运盐"[⑤]，海盐的运销也配合着海运。

与清朝相抗衡的郑成功，他的军需来源，除了向沿海筹措之外，在相当的比例上是依靠与外国贸易的所得，有人曾说：

---

① 霍与瑕：《皇明经世文编》，卷368，《上潘大巡广州事宜》，第6—7页。
② 《明实录》，《神宗·实录》，卷2，6月乙亥条，第49页。
③ 靳辅：《靳文襄公奏疏》，卷7，《生财裕饷第二疏》。
④ 中国第一历史档案馆藏，《顺治朝题本》，顺治十三年十一月十八日图海题，转引自郭松义、张泽咸：《中国航运史》，第272页。
⑤ 康熙《天津卫志》，卷2，《赋役》《利弊》。

我朝严禁通洋，片板不得入海，而商贾垄断，原赂守口官兵，潜通郑氏以达厦门，然后通贩各国，凡中国名货，海外皆仰资郑氏，于是通洋之利，为郑氏独操之，财用益饶。[①]

由上引文证实，郑氏集团的资金收入中，对外贸易的收益这一项占了不小的分量。反观清廷，发布了一系列的海禁措施，不仅造成了自己对外的商业阻隔，反而替郑氏集团在这段时间搭建了活跃的表现的机会。明末清初时期，郑氏集团抗清以厦门为基地，亦商亦战，维持一只庞大贸易船队，南向取粮于惠、潮，中向取货于泉、漳，北向取材于福、温，货物源源不断。[②]并对外向日本、琉球、东南亚地区进行贸易，以维持庞大军队的需求。

清廷为了隔断沿海人民与郑氏集团的联系，施行海禁与迁界政策。民众为脱离困境，往往贿赂沿海守界官兵，或以武装走私，或有鱼则渔，无鱼则盗，进行海上走私贸易。郑成功入海之后，为增加财政收入，持续和日本进行贸易。其贸易舰队常出入日本长崎港，运出大量物资。郑成功还设立山海五商直接经营与大陆的秘密贸易。在顺治十二年（1655年），清朝查获囤积在衙行潘一使家的"旭远号"赃物有：

胡椒60袋（每袋重50斤）、牛角15捆（每捆50斤）、降香8捆（每捆50斤）、金钱27袋（每袋重50斤）、檀香10捆（每捆50斤）、黄蜡7包（每包重50斤）、良姜136包（每包重50斤）、大枫子11袋（每袋重50斤）。[③]

由此可知，清朝严行海禁，但是商团仍然出海贸易。

清朝如同朱元璋一样，历经了千辛万苦才将郑氏家族的海上势力平定，因此对于海禁的开放始终保持着保守的态度，虽然康熙二十三年开放海禁，设立海关，准许通商，但是沿袭着明代的朝贡形式，控制往来的贸易，防备出洋贸易的商人，亦避免类似郑氏集团的出现。虽然如此，在物以稀为贵的供需观念中，海外贸易与商品经济反而日益膨胀，清初走私贸易依然没有中断，这种情形，康熙也相当清楚，他在上谕中承认：

---

① 黄叔璥：《台海使槎录》，卷4，《伪郑逸事》。
② 《清世祖章（顺治）皇帝实录》，卷109，第852页，顺治十四年四月丁卯。
③ 江日升：《台湾外纪》，卷6。

向虽严海禁，其私自贸易者，何尝断绝。①

可见清朝统治者清楚完全实行海禁是不可能的，然而私人贩贸的物品又是以粮食、硫黄、铁、火药等等居多，都是朝廷所最忌讳、最不愿意为外人所得，康熙时代，朝廷对此的看法为：

细查盗贼出没之由，多系内地奸民接济。②

康熙对此批以："海贼易治，陆盗难治，十分留心，以安百姓。"③ 由上奏折内容来看，清廷认为"盗源"主要来自陆上物资的供应，此外也深知严行海禁，容易官逼民反。

与明代相同，防商但又离不开商的情况表现在几个方面。例如：为朝廷运送班兵或粮饷，"办理台湾远隔重洋运兵丁粮饷等项，俱系雇木民船应用……一切装载兵丁运送粮饷，需船正多"；④ 送公文、犯人，"船户金瑞核配载台湾防厅犯人九名并公文包封"；⑤ 捐献朝廷"洋盐二商两次共捐银散十二万两"；⑥ 传递讯息，雍正十年（1732年），福建总督郝玉麟的奏折提到"台湾土番不法杀害官兵"⑦一事，此消息是经由台湾到内地的商船互相告知而得知，比官方传递讯息还快。

综以上等所述，可证明海禁政策，在国家的政策内部就有着相当矛盾的现象，虽然就商言商，只要有同值的待遇或配套措施，商人愿意配合，但是不论是明朝或清廷皆基于考虑自己的安全与垄断的利益，不论商人动机如何，全然以叛乱的方式处理，却又在许多方面依赖所谓"乱源"的商人。

然而话虽如此，政府却在商团所开设的钱庄中存款生利息，利用利息另做抚恤官员兵丁或办公经费之用，雍正十三年三月上谕：

各直省督、抚、提、镇、标下之兵丁，朕俱赏给生息银两，以济其缓急

---

① 《清圣祖仁（康熙）皇帝实录》，卷116，第205页，康熙二十三年七月。
② 《宫中档康熙朝奏折》，第3辑，第337页，康熙五十年，浙江巡抚王度昭奏折。
③ 同上。
④ 《宫中档乾隆朝奏折》，第63辑，第839页，乾隆五十二年四月八日，闽浙总督李侍尧奏折。
⑤ 《宫中档嘉庆朝奏折》，第21、22辑，第181页，嘉庆十三年十二月三日，闽浙总督阿林保、福建巡抚张师诚奏折。
⑥ 《宫中档嘉庆朝奏折》，第19辑，第421页，嘉庆十三年正月十八日，两广总督吴熊光奏折。
⑦ 台湾银行经济研究室：《雍正珠批奏折选辑》，第228—229页。

之用。①

另外，还可作为教育、水利、赈灾等费用，并非全依靠商人的捐输。例如：乾隆二十八年，湖南巡抚陈宏谋所经营的岳麓、城南书院，将其原来 4000 两的经费交由盐商生息，再提出利息约 2500 两交由典商生息，每年纳息银 450 两。②

在商人营运能有如此厚利之下，清初时便有官员将薪资存入钱庄、票号中以生息，"先生本寒素，仅称百余金，于汪氏当中，取薄息以佐薪水"，③甚至有不少官员将亏空、侵占等贪污所得的赃款也转存入当铺之中，例如：雍正年间所发生的"利瓦伊钧贪案"，负责此案的浙江巡抚李卫，查抄结果发现利瓦伊钧的财产除了有大量的田产、房宅、金银、器物之外，还有高达 6 万多两的存款，其分别存入四家当铺中。④由上可知官方将款项存入商贾的当铺、钱庄、票号等已经是常见的现象。商贾所接受的存款，必须另做投资以能支付利息，除了其本身经商外，还有借贷他人之用，其对象包含了其他商人、手工业者、官员等，形成另一种联结关系。

若上述将清初的海禁与迁界联结起来，不难想象其影响范围不仅只有沿海地区，还牵连了内陆各种手工业、农业产品的销路，市场紧缩，货币奇缺，间接动摇到国家整体经济的发展，有人指出：

> 自迁海既严，而片帆不许出洋矣，生银之两图并绝。……银日用日亏，别无补益之路，用既亏而愈急，终无生息之期，如是求财之裕，求用之舒，何异塞水源而望其流之溢也。岂惟舒裕为难，而匮乏之忧，日甚一日，将有不可胜言者矣。……可知未禁之日，岁进若干之银，既禁之后，岁减若干之利，揆此二十年来，所坐弃之金银，不可以亿万计。⑤

大臣们反映了海禁或迁界导致民生穷困以及经济倒退的现象，最终不仅无法根治问题，反而是破坏了自己根基。

---

① 张茂炯：《清盐法志》，卷 232，《两广·征榷门·生息》。
② 陈宏谋：《培远堂偶存稿》，文檄 48，《声明书院条规以励实学示》。
③ 《前徽录》。
④ 《雍正朱批谕旨》，第 40 册，第 39 页，雍正十年十月浙江巡抚李卫奏。
⑤ 转引自陈捷先：《康熙写真》，《康熙开海禁与进海政策》。

浅述郑板桥的狂放性格与寺院调适

陈进传[*]

一、前言

或谓性格影响思维，左右行为，甚至决定命运，而有所谓的性格定命论，而且性格形成后，几乎就已定型，即"江山易改，本性难移"。再者，人的性格各如其面，个别差异，不尽相同，使得每个人的情绪纷纭、态度不一、理念分殊，导致其外在行为、举止动作各自歧异，截然有别，真是"一个人一款命"。因此，研究人的生平事迹与思想表现，从其性格着眼，不失为可行的途径。倘若上述说法合理，以此检视郑板桥的情境，可以对号入座，非常得宜。这位聪明颖悟，艺文通绝，系念社稷，关怀民生的有志之士，却落得只当七品县官，还忤逆当道，黯然抑闷，最后挂冠而去，卖画过活，进士文人的穷途末路，莫此为甚，说来有几许的不舍。这样的结局，朝政败坏贪腐，固然是重要原因，但郑板桥的独特性格应负更大的责任。换言之，郑板桥的个性表现，决定了生涯命运，进而多少也影响其对佛教的态度。至于郑板桥的性格为何？简单归结四个字，即真、狂、怪、异。得其一项，就已宦途难容，郑板桥却四者兼备，但他之能受后人赞赏感佩，亦种缘于此。这种个性虽获激赏，甚受肯定，却是社会适应困难。对板桥本人很受挫折，懊恼不已，就认识交往而言，也是到处碰壁，造成隔阂。解决之道，只好向佛求援，住居寺院，对话上人，俾有寄情，寻得慰藉，所谓宗教疗愈，亦称贴切。

二、郑板桥性格之一：真

中国文人以"真"见长者，陶渊明当之无愧。方东树曰："读陶公诗，专取其真，事真、景真、情真、理真，不烦绳削而自合。"[1] 陶渊明诗字里行间，处处见真，以其本性如此。郑板桥恰可比拟，故曰："板桥有三绝，曰画、曰诗、曰书。三绝之中又有三真，曰真气、曰真意、曰真趣。"可见郑板桥的真，天赋秉性，不假自成。二人各生于晋与清，相距 1300 余年，前后辉映，声气相通，品味一致，共谱真性情的生命与创作。

郑板桥的真率，表现在现实生活的真相揭露，因而其诗文"必切于日用"，直抒胸臆，眼见为凭，铁证俱在。内容有反映农民的惨痛生活，抨击封建社会的罪恶，同情妇女的不幸遭遇，挖掘富豪的腐败情形，如《悍吏》《私刑恶》《逃荒行》《思归行》《还家行》《姑恶》等诗篇，都是具体描述社会底层的苦难与农村景象的残破。同时也藉此表达对百姓的深切情感与诚挚关怀。[2] 故诗曰：

衙斋卧听萧萧竹，疑是民间疾苦声。

些小吾曹州县吏，一枝一叶总关情。

《潍县署中画竹呈年伯包大中丞括》

再举一文，以示不该无视社稷民生，曰：

古人以文章经世，吾辈所为，风月花酒而已。逐光景，慕颜色，嗟困穷，伤老大，虽刳形去皮，搜精扶髓，不过一骚坛词客尔，何与于社稷生民之计，三百篇之旨哉。《后刻诗序》

历来文人大都怀才不遇，有志难伸，甚至生活清苦，一生潦倒。面临如此遭遇，郑板桥不失天真浪漫的率性，坦然处之，藉诗、书、画以遣兴舒怀，真情安身。自言"日卖百钱，以代耕稼，实救困贫。托名风雅，免谒当途，乞求官舍。座有清风，门无车马。"《示弟四言诗》此外，恣情山水，结交骚人野衲，兴来时，酒家僧寺壁上，信笔作画题诗。豪门贵户求尺幅，却不假辞色。同情

---

[1] 方东树：《昭昧詹言》，台北：汉京文化公司，1985 年 9 月，第 98 页。

[2] 杨樱林、黄幼钧编著：《中国书画名家画语图解——郑板桥》，北京：中国人民大学出版社，2010 年 2 月，第 57 页。

贫苦，润笔之资，随手散尽，穷不积财，且不废酒色。[①]作画同样要有真情，才能画得好，自曰：

抽毫先得性情真，画到工夫自有神。

瑟瑟萧萧风雨夜，赏音谁是个中人。

《作"赏竹图"并题识》[②]

凡此情事，唯"真"为之。因此，郑板桥足堪谓无处不在表现一个"真"字，完完全全的"真人"。这种真人的作品与行为，当然是真作品、真性情，较之其他诗人、画工、书家、专骛名利，弄权算计，相去何止千里，天壤之别，所以郑板桥活显了"真人"的真生命。[③]郑板桥作画后的题识，曾参照陶渊明的文意与真情，即可得到明证，曰：

陶靖节云：少乐琴书，偶爱闲静，开卷有得，便欣然忘食。见树木交阴，时鸟变声，亦复欣然有喜。尝言：五六月北窗下卧，凉风暂至，自谓是羲皇上人。《兰菊图》

郑板桥的真，更表现在行为上，流露对朋友的真率真情。其一，误闻挚友金农亡逝，设灵位而哭。金农曰：

十年前，卧疾江上，吾友郑进士板桥宰潍县，闻予捐世，服缌麻，设位而哭。沈上舍房仲道赴东莱，乃云冬心先生虽撄二竖，至今无恙也。板桥始破涕改容，千里致书慰问。予感其生死不渝，赋诗报谢之。《冬心自写真题记》[④]

其二，郑板桥年长袁枚 33 岁，素未见过，然赏识其才学，曾误听袁枚去世，痛哭一场，以显真情。袁枚曰：

兴化郑板作宰山东，与余从未识面。有误传余死者，板桥大哭，以足蹑地。

① 沈贤恺：《郑板桥研究》，台北：新文丰出版公司，1988 年 7 月，第 5 页。
② 引自党明放：《郑板桥年谱》，北京：首都师范大学出版社，2007 年 1 月，第 375—376 页。
③ 王建生：《郑板桥研究》，台北：文津出版社，1999 年 8 月，第 275 页。
④ 引自党明放：《郑板桥年谱》，北京：首都师范大学出版社，2007 年 1 月，第 182 页。

余闻而感焉。①

其三，郑板桥深受徐渭的启发。徐渭，号青藤山人，虽才华横溢，却怀才不遇，得了狂病，然在诗书画，乃至剧本等方面，别树一帜，独步千古，而为郑板桥同情、赞叹和仰慕的对象。于是特别自刻"青藤门下牛马走""徐青藤门下走狗郑燮"之印，在他人看来，认为太不雅观，却是郑板桥佩服得五体投地的真诚表现，极为自然，毫无虚假。②

关于郑板桥的真，王缙尘曾做深刻的论述。曰：

人之情，本天生也，非娇柔而有也。然或因他故而亡其情，此则不能不为之感喟已，板桥则不然，其胸臆中所蓄之真情，常时时流露于字里行间，使人讽诵之，尝低槐感叹而不能已，或继之泣而不自知也，乃我亲身之经历，非为恭维板桥也。③

郑板桥友人顾万峰则总结说："读尔文章天性真，他年可以亲吾民。"因其为真，故能亲近百姓，体恤人民。④

三、郑板桥性格之二：狂

传统文人读过些书，自视甚高，总会带有狂气，即所谓"狂狷之士"。何况文人相轻，向来如此。郑板桥的狂妄，终其一生，未曾稍歇，由是凭添几许逸事佳话，文人中，少有能比，如对历代诗家可放言评论，大肆批判，倒也无妨；但官场上，掣肘受限，就已显露狂放、叛逆、偏激、恃才、傲物的性格。因其出身穷儒世家，虽天资颖悟，读书用功，然困苦坎坷，且身体瘦弱，外貌丑陋，容易遭人轻贱，不愿交往，于焉挑动其愤怒与不满，狂妄自负随之加深。⑤郑板桥即自曰：

---

① 袁枚：《随园诗话》，台北：汉京文化公司，1984年2月，第317页。
② 刘中建、林存阳：《郑板桥的狂怪人生》，北京：古籍出版社，2002年8月，第118—119页。
③ 王建生：《郑板桥研究》，第275页。
④ 王建生：《郑板桥研究》，第33—34页。
⑤ 吉秋炜：《论郑板桥的性格对其人生及艺术的影响》，载刘方明主编：《扬州八怪》，扬州：广陵出版社，2008年9月，第56页。

幼时殊无异人处，少长，虽长大，貌寝陋，人咸易之。又好大言，自负太过，漫骂无择，诸先辈皆侧目，戒勿与往来。然读书能自刻苦、自愤激、自竖立，不苟同俗，深自屈曲委蛇，由浅入深，由卑及高，由迩达远，以赴古人之奥区，以自畅其性情才力之所不尽。

《板桥自叙》

这种年少落魄与体相所种下的狂妄，长大后，犹萦绕心头，不敢或忘。词曰：

荥阳郑，有慕歌家世，乞食风情，单寒骨相难更，笑席帽青衫太瘦生。看蓬门秋草，年年破巷，疏窗细雨，夜夜孤灯。难道天公，还箝恨口，不许长吁一两声？颠狂甚，取乌丝百福，细写凄清。

《沁园春·恨》

郑板桥之狂，有得诸别人的感受，但他亦以狂自道，不以为意，甚至自称为"狂"，兹举数例为证。

1.古狂：作为反映和标示本人身分、地位、志趣、经历与籍贯的印章，向来为文人雅士所重视。所谓印者，无不打上印主之思想烙印；观其印，则可推知、测定其人十之七、八矣。[1] 因此，印文可看出主人的心态。郑板桥有一自刻之印曰："古狂"，长形白文，见于乾隆十七年（1752《重修城隍庙碑记》，南京博物馆怨藏墨迹）。[2] 修庙是何等大事，城隍爷管辖阴阳两界，神灵威赫，但郑板桥百无禁忌，竟敢盖上"古狂"的印章，真是有够狂妄。

2.狂兄：传统农家社会，家人同住，鲜少远行，如有任官经商，必须他往，均以书信互通消息，所言不外告知近况，训勉子弟，讨论学问，抒发感想等，惟大都涉及家务私事，不宜公开出书。郑板桥并不介意，却自选16封家书，随同诗文，编成全集，作小引曰：

几篇家信，原算不得文章，有些好处，大家看看；如无好处，糊窗糊壁，覆瓿覆盎而已，何以叙为！《十六篇家书小引》

---

① 金实秋：《郑板桥与佛教禅宗》，北京：宗教文化出版社，2001年4月，第80—81页。
② 党明放：《郑板桥年谱》，第448页。

简短数言，状似轻松，其实内容大都讲述忠厚传家，勤读好书与评论各家，看来有些沉重。由于家书全都是寄给堂弟郑墨，所以信尾，郑板桥常署"愚兄""哥哥"等，但偶有"狂兄"之称谓，如"吾弟当留心此地，为狂兄娱老之资，不知可能逐愿否？"《范县署中寄舍弟墨第二书》书信应尊称对方，自己要谦虚客气，郑板桥自谓"狂兄"，狂妄的程度，确实少见。

3. 狂客：文人除作诗填词外，也常有对联，以表时兴与情境。郑板桥有一现藏扬州天宁寺的七言联，曰：

风吹柳絮为狂客，雪逼梅花做冷人。

在此联中，作者以"狂客""冷人"自况，以"风吹""雪逼"作衬，表现对现实的强烈不满。并用拟人手法写"柳絮"因风吹拂而成了"狂客"；"梅花"因冬雪逼迫而作了"冷人"。所谓"冷人"，即喻孤傲不羁之士，与"狂客"实为同义。郑板桥的性格与情操不禁令人肃然起敬，却也多所感悟。[①]

郑板桥在另一诗，也是以狂客自居，即雍正十一年（1733），他客次海陵，于弥陀庵告别梅鉴上人时作，曰：

海陵南郭居人少，古寺斜阳破佛楼。
一径晚烟篱菊瘦，几家黄叶苣棚秋。
云山有约怜狂客，钟鼓无情老比丘。
回首旧房留宿处，暗窗寒纸飒飔飔。
《别梅鉴上人》

4. 狂儒：中国儒家社会，文人雅士，常以"儒"冠称，如"儒士""儒生"等。郑板桥则违背习性，自称"狂儒"有够偏离。话说雍正驾崩那年，郑板桥来到扬州瘦西湖畔，忽听船家大声吆喝，扬州知府等贵人到此饮酒赏花，要郑板桥让开，以便系缆。郑板桥未予搭哩，端坐不动。随后，头戴花翎的知府走出质阁，"你是何人？"郑板桥应道："江南狂儒"；知府又道："你既是"儒"，当知冒犯本官，便是无礼，世间岂有如此儒生？"结果郑板桥，昂然无畏，以

---

① 党明放：《郑板桥年谱》，第406—407页。

眼前情景即兴题诗，责备知府身为朝廷命官，于国丧期间买酒作乐，应当治罪，吓得知府非常恐惧，送银谢罪，赶紧离去。① "狂儒"之谓，还真实至名归。另一诗曰："吹嘘更不劳前辈，从此江南一极顽。"《送都转运卢公》亦庶几同狂兼趣。

至于郑板桥狂的情形，清人郑方坤有所叙述：

> 板桥幼颖悟，读书饶别解，卓有文名，家固贫，落拓不羁。壮岁客燕市，喜与禅家尊宿及期门、羽林诸子弟游。日放言高谈，臧否人物，无所忌讳，坐是得狂名。②

《清史列传·郑燮传》也有如上同样的说法。郑板桥游览北京，时雍正三年（1735），其目的是吟诗作画，结交朋友，找个差事，然此时尚未中举，如此狂妄，虽能自我推销，引人注目，终究不会讨喜，北京岂是撒野之地，只好失意南归。

郑板桥狂妄的具体事实就是骂人，尤其是骂读书人。骂曰：

> 试看秀才们，一篇腐烂文章，侥幸中式，即如小儿得饼，穷汉拾金，处处示人阔大，却处处露其狭窄，处处自暴丑陋，诗云子曰，动辄以《诗》《书》吓人，酸腐之气，尤属可憎，若问胸中经济，只一团茅草蓬蓬耳。板桥尝见一秀才手札，四引孔子，五引孟子，经训满纸，宛如一篇隋文，归根到底，只是劝人戒酒，费如许大气力，该骂乎？不该骂乎？《寄潘桐冈》

尽管郑板桥所骂都是末流文人，毕竟也是秀才、举人、进士出身，总会引起文人们的不悦与怨恨，郑板桥虽有所感，仍依旧照骂不误。

对于郑板桥的狂妄行径，吾人认为乃发自性情的任意表现，无多顾忌，没有一定的规迹可循，有时甚至不可理喻。例如他那借酒骂坐，出言无逊的狂妄，曾自承"徒以狂故不理于口"。平常不拘小节，居官听讼，"则右窭子而左富商"，已属任性的偏颇。淮扬以至长江流域一带，至今尚有一些郑板桥临事任性的传闻。虽无可征信，甚至有些悖离礼法，却为世俗人情所嘉许，而得以流传

---

① 杨樱林、黄幼钧编著：《中国书画名家画语图解——郑板桥》，第147—148页。

② 郑方坤：《郑燮小传》，《国朝耆献类征初编》，引自《郑板桥集》，台北：宏业书局，1987年3月，第252页。

开来。①

个性狂放的人，往往得到朋友的赞许拥护，陶元藻写信给郑板桥，说数旬不见，是"数旬不接嵇阮"，把一位在职的县官比作嵇康、阮籍，说明他在当时社会上有狂士、畸人之目，真是好有一比。②因此陶元藻在《简郑板桥》诗中，就是以"狂"视之，曰：

出山多浊流，俗吏面可唾。

荥阳耻卑官，言放迎侯情。

白眼醒而狂，直夺次公座。③

四、郑板桥性格之三：怪

清盛世年间，扬州凭靠长江，运河黄金水道之利和两淮盐业之富，再度繁盛，成为东南沿海一大商业都会。兼以地方官员热心倡导文化事业，风雅盐商亦慷慨资助文人墨客，而有"天下名士，半在淮扬"之说。大批才学高富的文人画家，也先后汇集扬州，以文会友，藉艺维生，相互切磋，气味相投，掀起一股新的艺术思潮，其主力军就是世所称道的"扬州八怪"。他们既以"怪"驰名，其基本特色与最具吸力，就是"怪"，不仅思想观念怪诞超俗，举止行为亦与众不同，其怪中之怪，首屈一指的即郑板桥。④

先就思想而言，传统社会所认同的士农工商，均以士排第一。郑板桥颠覆旧习，独排众议，以农为先，士居尾末，重农之说已是难得，因历来偶有此论。至于贬损文士，违逆常理，确实罕见。曰：

我想天地间第一等人，只有农夫，而士为四民之末。农夫上者种地百亩，其次七八十亩，其次五六十亩，皆苦其身，勤其力，耕种收获，以养天下之人。使天下无农夫，举世皆饿死矣。我辈读书人，入则孝，出则弟，守先待后，得志泽加于民，不得志修身见于世，所以又高于农夫一等。今则不然，一捧书本，便想中举、中进士、作官，如何攫取金钱、造大房屋、置多田产，起手便错了

---

① 沈贤恺：《郑板桥研究》，第216—217页。

② 丁家桐：《绝世风流——郑燮传》，上海：上海人民出版社，2001年8月，第190页。

③ 引自金实秋：《郑板桥与佛教禅宗》，第97页。

④ 吉秋炜：《扬州八怪知多少》，载刘方明主编：《扬州八怪》第49页。

路头,后来越做越坏,总没有个好结果。其不能发达者,乡里作恶,小头锐面,更不可当。夫束修自好者,岂无其人?经济自期,亢怀千古者,亦所在多有。而好人为坏人所累,遂令我辈开不得口;一开口,人便笑曰:汝辈书生,总是会说,他日居官,便不如此说了。所以忍气吞声,只得捱人笑骂。工人制器利用,贾人搬有运无,皆有便民之处,而士独于民大不便,无怪乎居四民之末也。
《范县署中寄舍弟墨第四书》

虽然郑板桥轻漫文人,但家无恒产,谋活不易,还是步上读书老路。论及读书,郑板桥自有一番说理。他认为"读书要有特识,依样葫芦,无有用处。"又说"书中有书,书外有书",不能被古人束缚,切勿被古人牵着鼻子走。这种特识换一种说法,叫做"自出眼孔,自竖脊骨。"而且要读一流的好书,古籍汗牛充栋,只须选些好书,"终身读不尽,终生受用不尽。"二流以次诸书可以不念,以免耗尽心力。①

郑板桥看到南京孔庙的围墙被风雨摧倒数丈,"突发奇想"的认为"现任教谕,亦属胸中无点墨者。斯文扫地,辱没圣门。"孔圣人才"特毁墙以示驱逐之意",这种附会说法,在当时堪称离经叛道,称得上是怪论。此外,更有意思的是,郑板桥读经,不但钻研经义,而且独特的研治方法,即"以文章之法论经"。他曾说:"有时说经,亦爱其斑驳陆离,五色炫烂,以文章之法论经,非《六经》本根也。"这或许是郑板桥有别于"腐儒"的地方。②此种排除前人解经的窠臼,另辟以文章论经的蹊径,确有高明之处;惟在当时,思想之怪,见解之奇,令人叹服。

次述行为部分,郑板桥从小调皮作怪,俗称"三岁看大",颇适用在他身上。郑板桥家族人丁不多,有一郑省庵叔父,二人年纪相若,感情很好,因共同生活,造成叔父的受罪连累,且诸多帮助。郑板桥诗曰:

有叔有叔偏爱侄,护短论长潜覆匿。
倦书逃药无事无,藏怀负背趋而逸。
布衾单薄如空橐,败絮零星兼卧恶。
纵横溲溺漫不省,就湿移干叔夜醒。
呜呼四歌兮风萧萧,一天寒雨闻鸡号。
《七歌之四》

---

① 丁家桐:《绝世风流——郑燮传》,第75页。
② 刘中建、林存阳:《郑板桥的狂怪人生》,第71页。

诗中所述小孩的恶习怪癖，郑板桥几乎全染上，如"倦书""逃药""趋逸""卧恶""溲溺"等。

郑板桥的继母郝氏归宁时，还带幼年的板桥到郝家庄，向她的族叔——名儒郝梅岩请教。梅岩公当时设塾于净土庵的东厢房里。板桥在净土庵学字习画，老和尚一见板桥来了，忙不迭地把纸藏起来。板桥无纸，便在大殿的墙上、神龛的板壁以及香桌、门窗写字、绘画，包括真草隶篆，还有花卉翎毛等。板桥成名后，郝家庄的人把这些都刻意保存，可惜毁于1921年的一场大火。[①] 幼童喜欢随意涂鸦是常事，但像郑板桥在寺庙里到处弄笔随画，倒是少有。因寺庙是庄严圣地，须保持干净，不许乱画，连梅岩公跟老和尚都无法阻止，板桥的搞怪好动，不仅是与生俱来，而且一意孤行，任谁都奈何不了。

郑板桥出名后，作画的习性和索画的情形，也颇有怪癖，读来鲜活有趣，不觉莞尔，惟他人是学不来的。蒋宝龄曰：

（郑板桥）于是恣情山水，与骚人野衲作醉乡游。时写丛兰瘦石于酒廊、僧壁，随手题句，观者叹绝。豪贵家虽踵门请乞，寸笺尺幅，未易得也。家酷贫，不废声色，所入润笔钱，随手辄尽。晚年竟无立锥，寄居同乡李三鳝宅，而豪气不减。……板桥题画之作，与其书画悉称，故觉妙绝，他人不宜学也。[②]

奇怪的行为尚有多起，只举书画为例。郑板桥为官十载，两袖清风，难以为继，只好卖画维生。自曰：

广陵市上卖兰花，现取金钱不肯赊。
一笑老夫无长物，自顽自画作生涯。
《题画兰图》

由于郑板桥的声名远播，求画者络绎不绝，然而个性狂妄怪异，率性而画，以致趣事横生。曰：

---

① 丁家桐：《绝世风流——郑燮传》，第13页。
② 蒋宝龄：《墨林今话》，引自王其和点校纂注：《板桥论画》，济南：山东画报出版社，2009年4月，第201页。

索我画，偏不画；不索我画，偏要画；极是不可解处，然解人于此，但笑而听之。《靳秋田索画》

这种任性风格，有时拒绝作画，造成朋友离去。自曰：

板桥平生无不知己，无一知己，其诗文字画每为人爱，求索无休时，略不遂意，则怫然而去。故今日好为弟兄，明日便成陌路。《板桥自序》

为避免类此尴尬与困扰，拙公和尚建议订出书画的笔润价格，论件计酬，时年67岁的郑板桥深感赞同，于是在其书房张贴润格告示。曰：

大幅六两，中幅四两，小幅二两，条幅对联一两，扇子斗方五钱。凡送礼物食物，总不如白银为妙；公之所送，未必弟之所好也。送现银则中心喜乐，书画皆佳。礼物既属纠缠，赊欠尤为赖账。年老体倦，亦不能陪诸君子作无益语言也。
画竹多于买竹钱，纸高六尺价三千。任渠话旧论交接，只当秋风过耳边。乾隆己卯，拙公和尚属书谢客。《板桥润格》

由于郑板桥书画标有明确价目，前所未见，大家争相谈论，同时也看出郑板桥的真诚可爱。这种银货两讫的情形，最具传奇性的一则是，郑板桥晚年在扬州声名日隆，时江西张真人晋京入觐回来，道经扬州，商人争相结友，其中有一商人欲得板桥书联献给真人，特从江西订做笺纸，长丈余、阔6尺，乃可一不可再者，使人婉求板桥书，且求撰句。问需要多少钱？板桥索一千金，来者允五百。板桥欣然奋笔直扫，顷成上联："龙虎山中真宰相"。求书次联，板桥笑着说："言明一千金，你只给五百，我也只有写一半。"其人往告商人，不得已，便如数付给。他即书次联："麒麟阁上活神仙"。人人赞叹，工妙绝伦。①
虽然郑板桥的书量已订有价码，但并非每一幅都须以银交易。事实上只要他的故友、知交、亲族、上人、学生等，兴之所至，或适当场景，郑板桥都会相赠奉送。曰：

① 王幻：《郑板桥评传》，台北：台湾商务印书馆，1967年10月，第59页。

今日晨起无事，扫地焚香、烹茶洗砚，而故人之纸忽至，欣然命笔，作数箭兰、数竿竹、数块石，颇有洒然清脱之趣，其得时得笔之侯乎？《靳秋田索画》

又如罗聘妻30岁生日，特作画题诗以贺。曰：

板桥道人没分晓，满幅画兰画不了。兰子兰孙百辈多，累尔夫妻直到老。乾隆辛巳，为两峰罗四兄尊嫂方夫人三十初度。《石壁丛兰图》

另有一种可免费得到郑板桥的书画，即他平生爱吃狗肉，随便什么人，即使贩夫牧童有烹狗肉以进的，他都作小幅的字画以报之。传说那时扬州有一盐商，赋性鄙劣，板桥恶其为人，虽丰值属求字画，板桥偏不画，虽然辗转购得数幅，终以无上款不大光彩。盐商后探知板桥好出游，乃想出一条"狗肉计"以骗之。计谋得逞后，郑板桥也无可奈何，于此可知，他的确名重当时。[①]

由上看来，郑板桥真的是"怪"令人无从捉摸，但也有人不以为怪，特加赏识。郑板桥可谓吾道不孤，遇到知音，了堪告慰。陆恢曰：

板桥板桥荥阳郑，姿态丰神出生硬。只有冬心一片心，江南江北相辉映。人皆以怪病，我独以怪敬。无盐丑女列贞贤，怀中别有光明镜。[②]

五、郑板桥性格之四：异

论到"异"，其实跟前述的狂、怪，有些雷同，似难区别，但为行文顺当与便于理解，还是分开讨论为宜。此处的"异"，重点放在文学与艺术的创作上。

扬州画派的最大特点，在绘画领域中舍弃古典和谐，破除沉闷局面，以标新立异和惊世骇俗的艺术主张，对古典主义美学作了有利的否定与清算。从而高举个性、自我、发挥创新精神，在传统中，注入丰富的现实内容，改革了写意画的结构布局和技法技巧，形成别开生面的崭新艺术风格；尤有进者，它们比前代任何画家更关注民生疾苦，自觉地用绘画表达对劳苦大众的同情，且富

---

① 王幻：《郑板桥评传》，第60页。
② 陆恢：《题郑燮兰竹图卷》，引自载王其和点校纂注：《板桥论画》，第208页。

于批判丑恶现实的使命感。① 作为扬州八怪龙头的郑板桥在文学与艺术的突破与创新，当然更是众所瞩目的焦点。

1. 文学：对文学的创作和理论研究，郑板桥主张既要吸收和传承优秀传统，又要自出新意，独树别裁。曾曰："凡作文者，当作主子文章，不可做奴才文章也。"这就是认为作家对生活、艺术要有自己独立的认识和见解，表现在作品中，就是要有自己创作个性和殊异面目，亦即他说的"学者当自树其帜"。换言之，他对前人的经验都能精当分析，进行舍取吸收，最后达到自成一家，展现"一块元气团结而成"。所谓"一块元气"，就是博采众长，提炼加工，从事具有思想意识和艺术特色的文学创作。② 这种创作就不能拘束固执，设框束缚。自曰："文章一道，本无定质，文法繁简，各有妙处，视人之用者如何，执一以求之，未有不画虎类犬，神气索然，贻笑于人者也者。"

郑板桥传世的文学作品中，以诗为多，其在诗论中，探讨诗歌的创造方法，确有真知灼见。曰："总之，意在笔先者，定则也；趣在法外者，化趣也。独画云乎哉？"此项创作有二个原则：一是动笔之前要有"意"，即精神触念，有感而发，内心先要有创作的冲动，反对无病呻吟，拾人余唾。二是创作时不拘泥于"法"，反对墨守成规，只管随手写去，以畅达性情，寓痛快酣畅之豪气，可见郑板桥的文章是强调直抒性质的，决不局限于各种陈规旧习。所以这种表现在诗歌创作上的自立门户，不拘泥古法，则是对"屈曲达心，沉着痛快之妙"的追求，确乎异于常理。③

2. 书法：郑板桥的字，自成一体，另具格调，其灵感十分有趣。据云郑板桥与夫人徐氏共寝，板桥潜心练字，在被子上画来画去，不小心便比划到徐氏的肌肤上，徐氏被弄醒，责备板桥说："人各有体"，意思是不宜在别人身上画字。想不到此语竟启发了郑板桥，各人有各人的身体，写字也应有各自的字体，于是潜心钻研，管收各家，取精用宏，创造出适合自己风格的"乱石铺街"体，也就是"六分半书"。④ 因此，傅抱石论曰：

他（板桥）的字，是把真、草、隶、篆四种书体以真、隶为主结合起来的一种新的书体，而且又用作画的方法去写，这不但在当时是一种大胆而惊人的

---

① 周来祥主编：《中国美学主潮》，济南：山东大学出版社，1992年6月，第651—652页。

② 杨樱林、黄幼钧编著：《中国书画名家画语图解——郑板桥》，第84页。

③ 魏中林、蒋国林：《郑板桥诗论浅析》，《佛山科学技术学院学报》第23卷4期，2005年7月，第27—28页。

④ 丁家桐：《绝世风流——郑燮传》，第26页。

变化，就是几千年来也从未见过像他这样自我创造，形成一派的。[①]

此种"乱石铺街"体的章法是字的大小疏密、短长肥瘦，参参差差而连缀成篇，其总体特性是灵动而不刻板，"有序"即"无序"。一切似乎无序，但细加玩索，其中山脉相连，错落有致，彷佛一幅上下承接、左右呼应的图画。因此，有人称为"乱石铺街"或"浪里插篙"，不离不碎，不散不结，别具格调。[②] 牛应之亦曰：

> 郑燮工书画，书增减真隶，别为一格，如秋花倚石，野鹤戛烟，自然成趣。时亦称板桥体，多数之者，然弗能似也。[③]

所谓"友桥体"，表示板桥书法有超群脱拔之势，才有多人效法学习；至于"弗能似也"，就是高明特异，任谁也学不来。这充分说明郑板桥书法的独到殊异之处。

3. 绘画：郑板桥评画，同样异于传统，革固顶新，甚至强调以"乱"为佳。曰：

> 文与可、梅道人画竹，未画兰也。兰竹之妙，始于所南翁，继以古白先生。郑则元品，陈则明笔。近代白丁、清湖，或浑成，或奇纵，皆脱古维新特立。近日禹鸿胪画竹，颇能乱，甚妙。乱之一字，甚当体任，甚当体任！《题兰竹图》

画家师法自然，是常有的事，但取之于窗影的灵感，还真只此一家，堪谓异数。曰：

> 余家有茅屋二间，南面种竹。夏日新篁初放，绿阴照人。置一小榻其中，甚凉适也。秋冬之际，取围屏骨子，断去两头，横安以为窗棂，用匀薄洁白之纸糊之。风和日暖，冻蝇触窗纸上，冬冬作小鼓声。于时一片竹影零乱，岂非天然图画乎！凡吾画竹，无所师承，多得于纸窗粉壁、日光月影中耳。《竹》

---

① 引自杨樱林、黄幼钧编著：《中国书画名家画语图解——郑板桥》，第178页。
② 吉秋炜：《扬州八怪知多少》，载刘方明主编：《扬州八怪》，第49页。
③ 引自杨樱林、黄幼钧编著：《中国书画名家画语图解——郑板桥》，第61页。

蒋宝玲认为郑板桥的"诗词书画,皆旷世独立,自成一家。"徐悲鸿也说:"板桥先生为中国近三百年来最卓绝人物之一,其思想奇、文奇、书画尤奇。"所谓"旷世独立,自成一家"、"思想奇、文奇、书画尤奇。"云云,即精确地揭示郑板桥鲜明的个人风格和绝妙的殊异特性。①

六、郑板桥性格的寺院调适

郑板桥特立独行的性格,固然空谷足音、清流鲜活,在中国文人中诚属罕见,即或有之,亦难企及。但是人是社会动物,不能离群索居,更希望施展抱负,因此,如何安适自处,进而与他人相处,乃无可回避的现实问题。大致说来,板桥个性狂怪、于己悲苦,外界难容,终至黯然神伤。

再者,依心理学解释,狂放怪异性格的内心深处,往往伴随困顿、失意、落寞、孤寂的思维与情绪,这两种看似不同的性格,事实上是一体两面,互为表里。然均需心理上加以纾解调适,精神上有所寄情依托,否则将忧闷寡欢,难以度日。

如上境遇,郑板桥兼而有之,加上他一生贫寒清苦,就算出身进士,当上县官,昭显书画,因性格使然,依旧穷愁潦倒,其诗文就是最好的告白。如长诗《七歌》、组诗《哭犉儿五首》、律诗《得南闱捷音》等,均从现实的人生困苦出发,回忆往惜的苦难,再回到眼前的窘境之中,其他诗作亦大致如是。及至获得朝思暮想的科举功名之后,却突然觉得也是一场梦。凡此均表达他个人的悲苦情怀,对人生的绝望感受,甚或发展到向天叹吁,指责苍天的地步。②

照此说来,还真难为了郑板桥,折磨了郑板桥,解脱之道可有多端,如投注诗文、雅好艺术、喜欢旅游、结交朋友等,都能达到释怀的效果。好在郑板桥对这些皆得心应手,卓有绩效。更重要的是他长期与佛结缘,纵身寺院,放下俗念。盖宗教是人们心灵的归向,精神的寄托,特别是佛教信持诸行无常、诸法无我,一切是苦,要人离苦得乐,开悟解脱,而承载修行的场域就是寺院。因此中国文人经常参访佛寺,用为清理烦恼、得享宁静、增广福慧。所以寺院成为传统文人绝佳的游赏去处和寄情所在。

中国咏佛寺诗最脍炙人口的就是张继的寒山寺《枫桥夜泊》,曰:

---

① 刘中建、林存阳:《郑板桥的狂怪人生》,第251页。
② 吴根友:《郑板桥的诗与画》,南京:南京出版社,1998年1月,第98—100页。

月落乌啼霜满天，江枫渔火对愁眠。

姑苏城外寒山寺，夜半钟声到客船。

　　诗中既包罗丰富的内容，如画的景观，更彰显长夜不眠的寂寞心情。即描写了残月、啼乌、霜天、江枫、渔火、寒山寺、客船，当然还有那位未眠的诗人，这些物象组成一个和谐的整体，渲染一种迷茫、凄清和孤寂幽深的情调。换言之，形、色、声、情的自然交融，形成了江南月夜的孤舟、古刹低送的钟声和天涯未归的倦客，这是何等惆怅、郁闷沈思悲凉的心境。①

　　从诗中浮露的情思与抚慰，推而释之，在现实生活中，文人经常遇到处世的不顺与痛苦，为求消解，于焉投向寺院，通过游居寺院，观赏寺景、阅读佛经、晤谈佛僧、体认佛理，以减轻烦恼、消解苦闷、看破红尘。因此，寺院成为文人落寞的避风港、心灵的庇护所。盛唐诗人王维曾云："一生几许伤心事，不向空门何处销。"中唐时期，朝政腐败、党争激烈、仕途险峻、遇事挫折，寻求解脱的愿望，油然而生，转向寺院。刘锡禹即曰："然后知所谓道，无非畏途，唯出世间法可尽心耳。"出世间法的最佳指标就是寺院。甚至有些文人驻足佛寺时，将科举失意与官场不顺的情绪大加宣泄，如韦庄落第后，遁入佛门求解脱，《下第题青龙寺僧房》曰："酒薄恨浓消不得，却将惆怅问支郊。"数举不第的晚唐诗人李洞则闲居废寺，悲从中来，曰"病居废庙冷吟烟，无力争飞类病禅。"另有些文人游宿寺院时，面对寺院宁静幽雅，自然产生遁世尘外之想，即"旷然出尘境，忧虑澹已忘。"如朱庆余在游寺诗中曰："经年为客倦，半日与闲僧。"②

　　柳宗元则是贬官的案例，他谪居永州，初到时，没有官舍，生活不便，寄居龙兴寺，随行老母不久以水土不服病殁，致使精神身体都受到严重摧残。幸有龙兴寺的和尚重巽对他多所照顾，重巽内外学养甚好，二人建立亲密友谊。他进而跟一些僧侣往还，与游方僧文约"联栋而居"。如此一来，柳宗元的现实压迫得到缓解，对佛教信仰更加深许多，甚至撰写不少宣扬佛教的诗文。③

　　秉持中国文人的寺院经验与疏导，郑板桥感染之余，在性格强烈与境遇坎坷的波折下，自然地就步上后尘，在寺院中寻求安慰与庇佑，何况长期以来，

---

① 吴英才、郭隽杰主编：《中国的佛寺》，天津：天津人民出版社，1994年3月，第168页。
② 李芳民：《唐五代佛寺辑考》，北京：商务印书馆，2006年9月，第322—324页。
③ 孙昌武：《佛教与中国文学》，上海：上海人民出版社，1988年8月，第112—113页。

他个人与家族均有深厚的佛学渊源。①纵然郑板桥在作品中，没有明示研读佛学的情形与专论，但通览他的印文、楹联、诗词与文章后，加上其方外之交达三十余僧，吾人可以断言郑板桥不仅念过佛禅著作，而且还读得不少，研究很深，越到后来，所受禅佛思想的影响更为明显，生活的磨难，人世的沧桑，使其一些诗作具有超脱出尘的样态，反映他已熟谙佛理、契合禅道，体认佛法的浩瀚精深②。

康熙五十四年（1715），郑板桥23岁，开始出游，首站是天朝皇权中心的北京，初生之犊，虽勇气可嘉，却无人搭理闻问，落得失望以归。雍正三年（1725）郑板桥经历人生的苦难与辛酸后，再度重游北京，意图转换跑道，探觅机遇。本来就性情豁达的他，此时更显得狂怪不羁。无处居住，便藉慈仁寺，暂且栖身，正好可与禅师们日夜交谈，而此时的禅师们，正受狂禅风气的熏陶，亦颇放荡，板桥正好藉此机会发泄心中的愤懑，口出狂言、品评人物。再者，京师的谋生求官，尚无讯息，颇感无聊苦闷，而禅寺生活清静、寂寥，郑板桥仍在等待，只好在寺中阅读经典，上人对话，以释愁苦心情。③

郑板桥40岁赴南京乡试之便，游杭州，至韬光庵，与和尚长谈，写诗寄意，此时正是他经历父死、师死、子死、妻死后，贫困难脱，意念低落，情绪颓唐，甚至萌发"我已无家不愿归，请来了此前生果"的出家之想。所以郑板桥在备尝波折，饱受艰困之余，还能心境终归于平和淡远，寄住山寺、禅房幽深、和尚对话自然很有关系。④

读书佛寺是郑板桥习以为常的事，可吃、可住、可游、可读、可谈、可写，更能消灾解厄，摒除杂念。雍正十三年，时届43岁的郑板桥在焦山别峰庵读书迎考，与啸江和尚甚善。阅览之余，来到镇江南郊招隐山，修行溪泉、松林红叶、恬静明洁。此山为东晋戴颙隐居处，也是梁昭明太子读书之所，山上有招隐寺，联曰："读书人去留萧寺，招隐山空忆戴公"，望之令人宠辱皆忘。板桥昔日游寺，曾结交寺中和尚，今重游游招隐寺。上人见了旧友，兴奋的脱了袈裟，让客人揩汗食爪，在竹塌上小卧，板桥亦不拘礼，支枕看花，其乐融融。接着入了禅房，细品新茶，僧俗十分投契，便吮墨吟诗，雅兴正浓，天色将晚，山光幽暗，再回焦山，已是不及。这天晚上，必然又是一番

---

① 陈进传：《郑板桥对佛教的态度》，载《盛清社会与扬州研究》，台北：远流出版公司，2011年9月，第311—334页。

② 金实秋：《郑板桥与佛教禅宗》，北京：宗教文化出版社，2001年4月，第88—96页。

③ 吴根友：《郑板桥的诗与画》，第34—35页。

④ 沈贤恺：《郑板桥研究》，第186—187页。

促膝长谈，彻夜未眠。①

郑板桥后于乾隆元年（1736），44 岁之龄考中进士，旋即再度前往北京，目的也是为了封官挂印。然而板桥丑陋的面容，狂傲的性格和横溢的才气，都是步入仕途的大忌。加上乾隆新立，朝廷党派争执激烈，板桥缺乏政治背景，无所问津，及年怏然返乡。惟值得安慰宽心的是，到寺院挂住，探访和尚，高谈阔论，以息感慨。如到万寿山找无方上人叙旧，赴卧佛寺访青崖和尚，去法海寺见仁公上人，赋诗作画，吐露心声，用慰情怀。②

郑板桥花甲之年，无意仕途，遂辞官返里，迁居扬州卖画 10 年。复显和尚跟他颇有交往，其所著《雪庐吟草》有诗曰："避暑过郊寺，迎凉坐竹林。长髯惊座客，高论豁达襟。久别颜如旧，重逢话更深。松风吹日暮，静听足消音。"朱孝纯回忆板桥行踪，有"古寺何年载酒瓢，竹林寒翠晚萧萧"之句。可见在此期间，郑板桥较多时总是住在城北的竹林寺。③从诗中可见，复显和尚与板桥不是初次见面，亦非泛泛之交，而是心灵相通，议论投机的文友，另据资料所示，复显为扬州建隆寺方丈。④要之，郑板桥取进佛学、佛真、佛寺，就是寺院调适，所谓宗教疗愈，即此之谓也。竹林寺或建隆寺都在扬州，均为复显所主持的寺院。尽管郑板桥书画已远近驰名，各界购买者众，生活颇有改善，但他仍旧乐于留宿寺院，因夜幕低垂后，可与和尚上下千古，谈心论事，不知东方之既白。

七、结语

郑板桥的思想行为兼摄儒、释、道三家，却归本儒宗，以释道为用，他从小接受儒学教育，稍长学习制艺科举，种下功名仕途的理想，然因狂放怪异、愤世嫉俗的性格，到处碰壁，有志难伸，遂陷入矛盾纠结、痛苦深渊。于是借助佛教与庄老思想，以获取精神支柱，求得心灵安慰。因此，终郑板桥一生，与儒学人物互动不多，倒是经常出入佛教寺院，参访高僧上人，每当失意落拓，就是跟佛门接触最频繁之时。再者，板桥长期似有佛缘，喜好游览，每到一地，就与僧人交往并寄宿寺院，所以寺院成为郑板桥的云游家居，和尚就是方外

① 丁家桐：《绝世风流郑燮传》，第 91 页。
② 陈书良：《郑板桥评传》，成都：巴蜀书社，1989 年 7 月，第 114—116 页。
③ 丁家桐、朱福烓：《扬州八怪传》，上海：上海人民出版社，1993 年 2 月，第 118—119 页。
④ 杨士林：《郑板桥评传》，第 73—74 页。

知交。①

在幽静的佛居之地，安宁的寺院之间，生命的存在并不需要语言，也非语言所能言尽，只须用心体验、感受自然，领悟、察觉生活的动静，方外之幽静与方内之热烈，对比鲜明，亦令发人深省。郑板桥的咏寺院诗、赠上人诗，在在描绘的山间景色之美、山中生活之闲，抒情感怀之意。因此，出入江南水乡和佛寺道观的郑板桥，不仅在嚣嚣尘世获得了充分的生命底气，踏实的心灵自由与交往的人生默契。这是何等的法喜充满，自在开脱。循此理路，吾人就能了解，当郑板桥中式科举，弃置官宦，厌倦红尘，淡定困扰后，往日佛门寺院与僧家诗友，就成为他抒发出世情怀的上等去处与最好对象。如《赠翁山冘方上人二首》分别歌颂僧居寺院的美好、幽静、安适，以及上人的禅机深妙与自在生活，确实令人流连忘返，不忍离去。②

---

① 金实秋：《郑板桥与佛教禅宗》，第 23 页。
② 吴根友：《郑板桥的诗与画》，第 125—129 页。

论宜兰的观音信仰

陈旺城

一、绪言

宜兰地区，位在台湾东北角，旧称蛤仔难、甲子兰、葛玛兰。三面为中央山脉、雪山山脉环绕，东临太平洋，形成一呈三角形落陷的平原。天候晴朗时，旭日东升，好一片向阳之地，所以又有"兰阳"之别称，地形上因山脉包围而与外地阻隔，地理封闭，使宜兰长期独立发展，外界的冲击，鲜少影响，也因此传统美好文化，得以保存；宗教信仰，独特传播。尤其地震台风，天灾频仍，气候潮湿多变，瘴疠之气与"番害"严重，所以大慈大悲，救苦救难形象的神明崇拜——观音信仰，得有"家家拜观音""天天拜观音"的普遍传布，并有别于台湾其他地区的特色与流变。

二、宜兰汉人族群开兰与民间信仰的特色及演化

台湾汉人大规模入台垦殖，基本上是在明末清初，以闽、粤居多，尤其闽南（漳、泉）河洛人为主（部分闽东莆田、福州人）及闽西、粤东客家人。汉人入台前，宜兰密林山地，为泰雅人等少数民族猎场，而平地水畔处则是噶玛兰人居地。汉人入兰初属2次移民，清嘉庆元年（1796）漳浦人吴沙，曾率漳、泉、粤近千人入兰，在今头城乌石港南，筑土围占垦受当地噶玛兰人顽抗未果而退回三貂休养调息。次年（1797）再次入垦，噶玛兰人时因痘病盛行，吴沙略谙药石，救活无数噶玛兰人，咸感其恩德，愿分地付垦，吴沙顺依噶玛兰人习俗，埋石立誓，并为帮其抗海盗，允为外援，共约不相侵扰，而得顺利拓垦。

　　中国民间信仰是"以古代的泛灵信仰为基础，再融合儒、释、道三家"[①]而成为中国宗教文化的主要内容。台湾多为闽、粤移民，其民间信仰，"在深受中华文化传统影响的同时，与闽台地区的自然、社会、历史等密切相关"，其形成"随着汉代之后，中原汉人大批迁徙福建和明末清初闽人大批移民台湾，民间信仰得到迅速传播而南宋经济重心的南移，又有力地推动了福建民间信仰的发展"[②]。所以汉人入台来，宫庙林立，民间信仰特别发达。

　　宜兰地区，地处台湾东北一隅，西距兰地汉人原乡闽、粤较远，又三面环山，交通险阻，所以相较台湾北、西、南，开发较晚（由吴沙入垦的 1796 年至清廷纳兰地入版图的 1810 年推算约迟西南北部一百多年）。而民间信仰又社群地域性连接极强，所以宜兰民间信仰的特色、演变与发展，与宜兰"独特的地理环境，民俗与社会变迁等几个因素有关"[③]。其地理环境封闭，与世无通，所以文化上自成一格。例如王爷信仰，"有王船而不送王船"；妈祖无如台湾中南部大规模"回娘家"活动；祖籍漳州人多，北派"除煞的强制性仪式为目的"的傀儡戏，得以"在宜兰保存下来"；又原台湾各地的抢孤活动，"到了二十世纪，只剩下宜兰地区有举办"，而使宜兰成为保存地方文化的重镇。宜兰人入台开荒辟土较晚，民风强悍，而致不屈性格。清代时，多聚匪徒、流民，所以有"治台难，治宜兰更难"之传言。然孤立环境，地区内的人与人互动紧密加上源自漳州原乡口音的"酥酥软软，吃饭配卤蛋"保有原乡口音的宜兰腔，标识明显，加强宜兰乡亲"我群观"，培养出"宜兰人的集体意识"。例如：都市计划家，林根旺所言："当一个地区有完整清晰的地标时，这地区的人较容易形成深厚的地缘认同感"，所以许多"以同主祀神明庙宇为对象的庙宇联谊会，得以在宜兰组成，开创了汉人民间信仰的新页"，而"社会的变迁仍是影响宜兰民间信仰最大的因素"[④]。

　　宜兰的民间信仰，由于入垦开拓殖初期的死伤与水土不服，故有殊多"有应公""大众庙"和"玛璘公"[⑤]信仰，定居后，始有牧童"搜土尪仔神"形成公共祭祀，"庙宇成了小区的中心"，中经日据时，"有日本异于干涉民间信仰"，"寺庙被强占"，"神像被没收"。光复后，国民政府因民国 36 年（1947）228 事

　　① 飞云居士：《细说台湾民间信仰》，台北：益群书店，1995 年，第 38 页。
　　② 林国平：《闽台民间信仰源流》，福州：福建人民出版社，2005 年，第 1 页。
　　③ 游谦、施芳珑：《宜兰县民间信仰》，宜兰：宜兰县文化局，2003 年，第 22—23 页。
　　④ 同上注。
　　⑤ "玛璘"一词等同"污染""倒霉"，而"玛璘公信仰"为开兰入垦初因"蕃汉冲突"而对平埔于骨骸的一种崇拜。详见游谦、施芳珑，前引书，第 12—13 页。

件，管制大型宗教集会，直至 20 世纪 60 年代，台湾由农业转工商社会，民间宗教才有"盖大庙"及"庙团联谊会"的成立，并有回大陆进香的谒祖。①

三、宜兰观因信仰的发展与流变

"观音"（Avalokiteshvara），是佛教"菩萨"（Bodhisattva），全称为"观世音菩萨"。中国观音信仰最重要的经典，《妙法莲华经·观世音普门品》说："观其音声，皆得解脱"，祂的称号很多，一般叫"观世音、观音大士、观自在、俗称观音妈。"②

中国观音信仰始于三国，隋唐时已"家家阿弥陀佛，户户观世音"，崇拜之盛，显示当时民间的苦难，因而冀望观音能使"人离难，难离身，一切灾殃化为尘"情况。通称"观音"乃自唐避李世民讳，沿用至今。

最古印度出现之莲华手菩萨，手持莲花是当时观音的主要特征，"本为男性，敦煌中的观音，就有两撇淡淡的小胡子"，因救度众生，法力无边，《妙法莲华经》里有 32 化身，其形象神变，是菩萨的一个特点。其造型南北朝的北魏初，采印度模式为男面相，有发。隋时以有女相（甘肃庆阳石窟），至唐而成全新局面，宋元时密宗在中土流行，至明清形象朝程序化、世俗化、民族化发展。在佛教神佛世界中，影响最广，信仰者最多，当推观世音菩萨。祂传入中国后不只汉族，以观世音为名成供奉观世音为主的寺、庙、阁、堂、庵、楼，不可胜数，甚至其他少数民族中，"观世音也有众多的信仰者"，尤其"在妇女中，观音的影响甚至超过佛祖释迦牟尼，所以古人有'佛殿何必深山求，处处观音处处有。'之盛况。"③

闽粤观音信仰，唐、五代时已现，宋元时福建闽南相当普遍，尤其在观音造像中"千手千眼观音，最具特色"④，而台湾最早的观音寺，以建于明永乐七年（1653 年）的鹿港龙山寺为最，所以至今该寺门外仍立一"衍自安海龙山

---

① 同上注，第 24 页。
② "观音"梵文（Avalokitesvara）"阿缚·卢积帝湿伐暹"，译为"由高处向下观之君主"或"探视下界之神"，而"菩萨"为梵文（Bodhisattva）"菩提萨锤"音略，"菩提"为觉悟；"萨锤"为本质，即其觉悟本质，全义为"菩提以言心，萨锤以言志"是智慧、有悲心能普渡众生之意，一般"上求佛道，下化众生的大乘修行者"，所以，修道的佛教徒就是菩萨，详见颜素慧，《观音小百科》，台北，橡树林文化出版社，2001 年；姜义镇，《台湾民间信仰》台北：武陵出版社，1990 年，第 19 页及飞云居士，前引书，第 53 页。
③ 林国平，前引书，第 210—211 页。
④ 同上注，第 212 页。

寺石碑"①。台湾的观音,"基本上有两个形象,一是佛教化的形象,一是民间化的形象"②,而民间化的观音被当作神明,有时尚称观音佛祖(观音妈),所以有"爱顾佛祖,嘛爱顾腹肚"之俗谚。观音信仰的中国化、民俗化、地方化与明清入台垦殖汉人,环境险恶,治安不佳,族群冲突,分类格斗渡海悲歌的移民经验有关,如此则大慈大悲,寻声救苦的观音,如林美容《台湾的民间佛教与岩仔的观音信仰之社会实践》一文所言:"正符合移垦社会中,面对生存的威胁和对亲人亡故而加倍祈求和思念",而使"观音信仰遂成为深入人心的抚慰力量"。而宜兰观音信仰,依林仁昱及阚正宗二氏为文"同意清代的观音信仰,系宜兰地区佛教发展之滥觞",且引据清代方志谓正信佛教与斋堂系统外,清代延续至今的观音信仰是始于"下渡头木佛及大三阄观音亭"③。如今宜兰观光、信仰发展及演化结果,观音宫庙众多,而百姓家中公厅或神明厅神龛都祀以观音为上阶五神像(俗称佛祖漆)及公妈牌位,每年农历2月19日、6月19日、9月19日是观音佛祖之诞辰(或转劫)日,得道(或披剃)日,出家(或正位)日,而盛大祭拜或举行各种宗教活动。

观音信仰在宜兰"清代所见的观音寺庙在日据以前(—1895)的发展,完全偏向民间信仰形式,与法脉建寺的出家人并无互动可能",但"观音信仰与无主孤魂祭祀"却产生互动,"观音佛祖庙,本是佛教民间化的结果,而民间化观音信仰与民间信仰中的其他类项发生互动,可谓观音信仰的再民间化",本来"观音管生,地藏管死"是民间对此二菩萨的既定认知,但"观音在渡人之外,尚背负渡亡魂的使命产生"阴阳共济"④的现象,似可理解为扩张观音信仰在发展上的可能性"⑤,虽"传统型佛教寺院正式于宜兰地区传法是在日据时期"⑥,但迄今民间型观音寺庙与传统佛教的互动,自国民党来台以后,因诸多原故,亦有或将寺庙管理委托出家人者,此乃"观音菩萨是源自于佛教"的共识,"民间

①　陈晓亮、万淳慧:《寻根缆胜话泉州》,泉州,华艺出版社,1991年,第108—109页。

②　赖淑美:《云林县寺庙观音造型之探讨》,台北:中国文化大学史学所硕士论文,2001年,把观音行象分显教、密教、民俗观音三种,与民俗观音有莺鸟为伴,善才龙女为侍。

③　林仁昱:《兰阳地区佛教发展史初探》,《宜兰文献》23期,(宜兰,宜兰文化局,1996年),第3—45页及阚正宗:《兰阳地区佛教与斋醮的发展及转型》,《宜兰文献》49期(宜兰,宜兰文化局,2001年),第3—47页。

④　林美容:《从南部地区的"岩仔"来看台湾民间佛教》,《思与言》33卷2期(台北,思与言出版社,1995年),第34页。

⑤　赖俊尧:《宜兰的观音信仰及其造型艺术》,台北艺术大学硕士论文,2012年第20页。

⑥　真精发师于光绪十四年(1888)于头城九股山创"吉祥寺",但其开始传法与建寺主要都在日据初期,详见阚正宗,前引文,第11页。

化的观音信仰又再度回归佛教体系"①之缘故，只不过这种承继或有信仰内容，信仰圈与供品祭仪如"荤、素"的冲突发生。又宜兰的开发由北而南，清嘉庆年间吴沙所率三籍（漳、泉、粤）人士大规模入垦，基本上在头围（头城）、五围（宜市）及罗东已形成聚落并建立较稳固的信仰中心，此由清代观音寺庙的地域分布与建庙年代可知（附表一：宜兰观音佛祖寺庙一览表），其中位居宜兰浊水溪南之三星、冬山、苏澳的山区聚落的信仰中心相对较迟。甲午战后，台湾被迫日据，虽因太平山林场伐木及樟脑开采而有"熟番"集团与西部客籍新移民的迁入，对三星等山地进行开发，但较平原地带的闽南河洛移民而言，仍属地处偏僻及规模较小，而且"在民间佛教中扮演重要角色的斋堂，经历日据至战后，多已名存实亡，或转型为传统佛教寺院，宜兰地区创建于日据的两座观音斋堂（笔者注：一为宜市碧莲堂，一为头城静养堂）亦在战后先后没落，只留下些许历史残迹，可谓昙花一现"②。但日本西国三十三所观音石佛信仰引入台湾基隆、新竹、台北及宜兰，其中"宜兰地区的西国三十三所观音灵场，其空间跨度颇大，它并非如基隆、新竹、五股（新北）等地是分布集中，甚至座落于特定寺院附近"③，而是横跨县辖7乡镇中（附表二：宜兰地区"西国三十三所观音灵场"总表）。所谓日本西国三十三所，乃日本关西（京都、大阪、神户一带、九州岛、四国即称西国）（而本州岛关东东京一带及北方则称东国）的观音石佛信仰，日人普遍信仰能渡化六道轮回众生的"密教六观音"（圣观音、千手观音、十一面观音、马头观音、准提观音、如意轮观音）在渡化六道（天、阿修众、人、畜生、饿鬼、地狱）众生时，会随机缘的变化而产生的六种形象。而宜兰观音石佛信仰，缘自1921年日政府在南方澳筑渔港，大批日渔民移居南方澳，以确保其由京都、大阪来台海上平安，带来日本关西三十三观音灵场信仰之石观音，后来因渔民各奉石观音在宜兰县辖渔港另谋生活，所以各处常有观音石佛出现。

但台湾光复后，时过境迁，这些作客的日本观音石佛多已散失，目前尚剩

① 赖俊尧：前引硕士论文，第64页。
② 同上注，第77页。
③ "日本西国三十三所观音灵场"是日本关西地区观音信仰的宗教巡礼活动的场所"，信徒走访圣迹灵场，借由巡礼参拜，成就心中祈愿，亦可满足强身健体及亲近山水的现实需求"，相传为718年长古寺道德上人在病中弥留之际，梦见阎王嘱咐他尚不能死，要设三十三处观音灵场供人巡礼参拜。然当时未为世人所接受，至988年后才由花山法皇重新振兴。最初的文献记载收录在1225—1234年的《寺门高僧记》第4篇一圆城寺的僧行传，《观音灵场三十三所巡礼记》，而行尊开始巡礼年份为1090年，参阅《西国三十三所观音灵场的传说与历史》，1995年西国三十三所札所会。引自，赖俊尧，前引硕士论文，第78页注1。

11尊。（附表三：宜兰地区日本西国三十三所观音灵场尚存观音石佛简表）。宜兰虽地处偏僻，但东距日本较近。政治上，是日据时代日本殖民政府开发的重点，同时因风景悠静，或许因"纯宗教因素"考虑"借安奉观音灵场，拉近甚而模糊日、台信仰在现实空间里的界限"，抑或日本"原风景"①理念为来台日本人"追寻与创造"②他们"新故乡"的心灵圣地而选择了宜兰，给宜兰汉人自明末清初移垦及借日据的历史转折中赋予宜兰观音信仰的建立、摧毁、转化再融合的发展及流变过程添加新页与内容。

四、宜兰观音信仰传布特质与观音寺、庙突兀事例

明清时代汉人移垦而传入台湾的观音供像，"在造型上系以中国东南沿海盛行的南海观音为基底"③，因此，"出现于'民间佛教'④场域中的观音，都被视为女神，背景多为普陀岩与竹林，亦配祀善才、龙女和鹦鸟"⑤，这种把观音视为神明称"观音佛祖"且为女神，奉祀在有翘脊的宇宙建筑中，是观音信仰中国化的结果，但其如前述林仁昱等有宜兰县早期的佛教发展，是由观音信仰开始的说法，因此民间观音神庙与佛寺无法截然划分。即民间佛教的观音佛祖具有强烈佛教色彩，所以"相较主祀其他神明的寺庙，地方上主祀观音的寺庙，易倾向于宣称是佛寺"，以致"本宜兰县有些观音庙的信众曾与佛门弟子发生冲突，暴露出民间信仰与正统佛教的根本差异。"⑥宜兰地区由于民间化观音佛祖以宫庙为祭祀场所，而与奉观音菩萨以佛寺为修行场所之格格不入，更有殊多以寺为名，却奉民间化的观音佛祖的突兀事例，所以传布过程中有佛教观音菩萨与民间信仰观音佛祖信仰冲突之发生，如建于道光五年（1825年）之五结乡季新村水仙寺，供奉观音佛祖，却以寺为名，就曾因陈姓比丘尼任主持时，阻止信徒以三牲五礼祭拜，主张礼拜素食，甚至欲更替寺内匾额"神光普照"为"佛

---

① "原风景"一词，日人宫家准称指基本上带神圣特征，经由幼年、少年及青年期的体验而深刻烙印在人的内心世界，它深藏日本民俗宗教的思想。"圣地的'原风景'系指日本深深信仰的神社与寺院所在圣地的风景，如西国三十三所及四国八十八所。"详见宫家准著，赵仲明译，《日本民俗宗教》，南京：南京大学，2008年，第22、37页。

② 赖俊尧：前引硕士论文，第96页。

③ 同上注，第97页。

④ "民间佛教"（Folk Buddhism）一词，亦可称"通俗佛教"（Popular Buddhism），但因指陈其所受民间信仰影响而产生变化，所以称"民间佛教"一词最宜，详见林美容，前引文，注30。

⑤ 赖俊尧：前引硕士论文，第97页。

⑥ 游谦，施芳珑：前引书，第275页。

光普照", 逐与管理委员会及信众冲突, 终被驱离之实例。又头城镇金盈里金威庙信徒认为观音佛祖造型应是南海观音形象, 所以雕装一尊南海观音佛祖, 暂置礁溪乡妙释寺供奉, 想不到佛门弟子, 却要将祂由"南海观音"改塑为"千手观音", 金盈里信众不同意, 于是将此尊南海观音迎回自己建庙奉祀。

由此可知"虽然神明观音已广为佛教与民间信众所共同接受, 但是二者对于祭拜观音的方式确有着不同的信念与主张", 而宜兰"地方上的观音庙有坚强的祭祀组织, 并同时供奉其他民间诸神, 实在有别于佛寺"①。或有主祀期他神祇宫庙亦大多同祀观音佛祖者, 如一般宫庙正龛主祀三山国王、关圣帝君、开漳圣王、开台圣王、天上圣母、玄天上帝、玉皇大帝、三官大帝、古公三王、孚佑帝君、城隍爷、神农大帝、保生大帝、中坛元帅、玄坛元帅、广泽尊王、豁落神君、五显大帝、东岳大帝、清水祖师、孙公圣君等, 大多同祀观音佛祖, 慎重者在龙龛供观音佛祖, 虎龛奉福德正神 (附图一: 冬山三官大帝指安宫同祀观音佛祖图)。

宜兰汉人族群一般有民间信仰的传统家庭, 大多会在大厅设"红架桌"(神案)龙边置五神像, 虎边为"公妈牌位"(祖先牌位)。因住民大多为闽南客家与河洛人混居, 早晚拜家中神明或祖先后转身向吊悬大门后横梁(三界公楹)之三界公香炉上香, 再踏出门外拜天公, 将香插在"龙边"钉在墙上之小支竹管或铁管的天公炉(附图二: 宜兰传统民居大厅神案及天公炉摆设图), 但现已改建新式楼房三界公炉已不再, 但尚有天公炉。甲午战争, 日本据台时, 宜兰汉人, 民心惶惶, 有科举功名、仕绅、地方富商如李望洋、杨士芳、黄赞绪、卢廷翰等, 创以宗教抚慰人心, 乃兴起组织鸾堂(儒宗神教), 从事扶鸾问乩, 印鸾书(善册), 宜兰圣谕, 代天宣化, 宜兰市新民堂是全台鸾堂的发源地(一说是宜兰头城唤醒堂), 而各鸾堂均奉祀"恩主公"②。其中以观音佛祖为恩主的鸾堂, 以宜兰冬山乡永美村之觉善堂最驰名, 该堂草创于清嘉庆十年(1805年), 历经多次修建, 于清同治十二年(1873年)地方仕绅由48人佛前请圣筊, 由邱芳洲担任主事, 并加强扶鸾济世, 设鸾务院, 购鸾台设备, 且受命正鸾生林舜田等礼生, "代天宣化", 扶鸾济世, 光绪九年(1883年)造善书(觉礼鉴善), 印佛经免费赠阅, 行布施迄十九年(1893年)后, 因签赌盛行, 为免沦

---

① 游谦、施芳珑: 前引书, 第275—276页。
② 鸾堂供奉之恩主公, 一般以王恩主(王天君、豁落神君)、李恩主(李观涛)、岳恩主(岳飞)、关恩主(关圣帝君)、吕恩主(吕仙祖)、观音佛祖、玄天上帝、三山国王、开漳圣王、神农大帝、五显大帝、司命灶君、东岳大帝、救世真人、顺天圣母(靖姑娘妈)、太乙救苦真人等。

为求问明牌之困扰，经请示观音佛祖准而不再扶鸾，替人问事。此为观音信仰宜兰传布与鸾堂结合的又一独特事例。

五、结语

当代著名文化人类学家基辛（R.Keesing）在其《当代文化人类学》一书中说："宗教强化了人类应付人生问题的能力"，在生、老、病、死问题上，"遭逢焦虑和危机之时，宗教可以抚慰人类的心理，给予安全感和生命意义，因为这个世界，从自然主义的立场而言，充满了不可逆料，反复无常和意外的悲剧"。大陆学者刑莉，《华夏诸神》观音卷一书也称："中国民间诸神，主来自佛、道，但又不同于佛、道二教，自成一家，自圆其说，深深扎根中国本土文化，适应百姓需要，表现平民百姓的追求。"

宜兰地区，汉人移垦较台湾北、西、南部还晚，其拓殖由北而南，先平原而近山，初期携带原乡观音香火，远渡重洋，选择这块封避险阻的地方，作为安身立命处所，由于那个多灾年代需要救苦救难的大慈大悲女神，保障其生命财产，净化心灵，因此僻居山后的宜兰，观音信仰倍极兴盛，但一般百姓不可能天天走寺庙求神拜佛，却能日日居家大厅礼拜以观音佛祖为上位之五神像，此正所谓，"家家拜观音"，"天天拜观音"，遇有灾厄或困难，便不自觉双手合十，口念"南无观世音菩萨""救苦救难观世音佛祖""佛祖保佑"，祈求观世音闻声救苦，逢凶化吉，即或日据异族观音石佛信仰，尚有遗存，另如以观音为恩主儒宗神教的鸾堂文化亦在宜兰发源自然因应形成，广泛传布，发扬光大。

附表一：宜兰观音佛祖寺庙一览表

寺庙名称	寺庙所在地	创建年代	备注
开成寺	头城镇新建里	嘉庆元年（1796）	大陆香火
金威庙	头城镇金盈里	民国八年（1919）	
龙山岩石观音 （本业寺千手观音）	头城镇大里里	光绪十五年（1889）	
庆安宫	头城堡	日据时代	现已不存
慈云寺	宜市七张里	乾隆五十年（1785）	大陆香火，原木佛寺
慈安宫	宜市慈安里	同治七年（1868）	
慈云宫	宜市西门里	光绪十五年（1889）	现已改为佛教寺院
慈爱寺	宜市升平里	光绪十三年（1887）	香火不明
南兴庙	宜市民生里	咸丰年间	香火不明
大三阄惠寺	员山乡尚德村	道光二十年（1840）	香火不明，原观音亭
三阄二慈惠寺	员山乡尚德村	道光二十四年（1844）	香火不明，原观音亭
普昭寺	员山乡员山村	民国元年（1912）	香火不明，原观音亭
千慧寺	员山乡内城村	待查	香火不明
仙水寺	五结乡季新村	咸丰十一年（1861）	大陆香火
隆恩寺	五结乡利泽简堡	咸丰九年（1859）	香火不明
善法寺 （正法寺千手观音）	罗东镇汉民里		120年以上
慈安寺	罗东镇罗庄里	光绪六年（1880）	香火不明
永和寺	罗东镇仁爱里	乾隆四十八年（1783）	大陆香火或为歪仔歪社永和寺，待考。
永和寺	罗东镇清水沟堡歪仔歪社	同治五年（1866）	大陆香火
石岩庙	罗东镇东光段	民国三十七年（1948）	
三井寺 （三井寺如意轮观世音）	罗东镇圣母医院前	待考	
妙觉寺	罗东镇仓前路	待考	
慈惠寺	罗东镇清潭路	光绪十六年（1890）	水流佛像，现已改为佛教寺院

寺庙名称	寺庙所在地	创建年代	备注
金龙寺 （粉河寺千手观世音）	苏澳镇南方澳		80 年以上
龙恩庙	苏澳龙德里		180 年以上
招宝寺	苏澳镇岳明新村	1963 年	
觉善堂	冬山乡永美村	光绪十三（1887）年 或十年（1884）	香火不明
正安宫	冬山乡秀和村	咸丰十年（1860）	
福山寺	三星乡天送埤	民国三十四年（1945）	
甘泉寺 （清水寺千手千眼观音）	三星乡集庆村	1966 年	
照光寺	礁溪乡吴沙村		

数据源：

1. 仇德哉：《台湾之寺庙与神明》，台中：台湾省文献会，1983 年，第 282—283 页。

2. 游谦、施芳珑：《宜兰县民间信仰》，宜兰：宜兰文化局，2003 年，第 283—284 页。

3. 赖俊尧：《宜兰的观音信仰及其造型艺术》，台北：台北艺术大学硕士论文，2012 年，第 30—31，67 页。

4. 郭耀清：宜兰寺庙田野考察数据，（2015 年 8 月提供）及笔者自行田野考察数据。

附表二：宜兰地区，西国三十三所观音灵场总表

序号	寺名	本尊	现今所在地	备注
1	青岸渡寺	如意轮观音	南方澳城隍庙	
2	金刚宝寺	十一面观音	缺	
3	粉河寺	千手观音	其中之一于南方澳金龙寺	为千手立像，铭记被销毁。
4	施福寺	千手观音		
5	藤井寺	千手观音	缺	图文见台湾"文化数据库"系统识别号："0002274909"
6	南法华寺	千手观音	缺	
7	龙盖寺	如意轮观音	缺	
8	长谷寺	十一面观音	缺	
9	兴福寺	不空绢索观音	缺	
10	三室户寺	千手观音	缺	
11	上醍醐寺	准胝观音	罗东震安宫	
12	正法寺	千手观音	罗东善法寺	前身为斋教龙华派"振昌堂"
13	石山寺	如意轮观音	台湾省自来水公司第八区管理处 - 罗东营运所第二取水站	日据时期此地为"罗东第一水源地"位罗东街以西21町
14	三井寺	如意轮观音	罗东三井寺	
15	观音寺	十一面观音	缺	
16	清水寺	千手观音	三星甘泉寺	原安奉于柑仔坑水源地附近
17	大波罗蜜寺	十一面观音	缺	
18	顶法寺	如意轮观音	缺	
19	行愿寺	千手观音	缺	
20	善峰寺	千手观音	缺	
21	穴太寺	圣观音	缺	
22	总持寺	千手观音	缺	
23	胜尾寺	千手观音	缺	
24	中山寺	十一面观音	缺	

续表

序号	寺名	本尊	现今所在地	备注
25	清水寺	千手观音	缺	
26	一乘寺	圣观音	缺	
27	圆教寺	如意轮观音	缺	
28	成相寺	圣观音	缺	
29	松尾寺	马头观音	壮围同安庙	1949年由南庵寺移来。铭记被销毁。
30	本业寺	千手观音	头城龙山岩石观音寺	1948年由宜兰五谷庙移来。
31	长命寺	圣观音	礁溪正觉寺	
32	观音正寺	千手观音	缺	
33	华严寺	十一面观音	缺	

数据源：赖俊尧，《宜兰的观音信仰及其造型艺术》（台北，台北艺术大学硕士论文，101年），页79-80。

附图一：宜兰冬山三官大帝指安宫同祀
观音佛祖图

说明：宜兰县冬山乡柯林村主祀三官大帝之指安宫，龙龛供观音佛祖，虎龛奉福德正神。

数据源：郭耀清，田野考察资料（未出版）

附图二：宜兰传统民居大厅神案及
天供炉摆设图

说明：闽南客家人大厅摆设"红架桌"（神案），龙边置五神像，虎边为大型公妈牌位。五神像上阶为观音佛祖、中阶龙边关圣帝君、中阶虎边天上圣母、下阶龙边司命灶君、下阶虎边福德正神。

数据源：同图一。

附表三：宜兰地区"西国三十三所观音灵场"尚存观音石佛简表

番号	原佛寺	佛号	现存寺庙	备注
1	青岸渡寺	如意轮观世音	苏澳镇南方澳城隍庙	11 尊中只1 尊在纯佛教佛寺，即南方澳南光寺。另有 6 尊在民间宗教奉祀观音佛祖寺庙，3 尊在民间宗教的寺庙，1 尊在自来水厂。
2	金钢宝寺	十一面观世音	苏澳镇南方澳南光寺	
3	粉河寺	千手观世音	苏澳镇南方澳金能寺	
11	醍醐寺	准提观世音	罗东镇镇安宫（妈祖宫）后殿	
12	正法寺	千手观世音	罗东镇善法寺前右侧树下	
13	石山寺	二臂如意轮观世音	冬山乡广兴自来水场水塔旁	
14	三井寺	如意轮观世音	罗东镇三井寺	
16	清水寺	千手千眼观世音	三星乡甘泉寺庙前右侧	
29	松尾寺	马头观世音	壮围乡同安庙	
30	本业寺	千手观世音	头城镇大溪石观音寺	
31	长命寺	圣观世音	礁溪乡龙潭正觉寺	

数据源：郭耀清，田野调查资料（未出版）及赖俊尧，前引硕士论文，第80—81 页。

清代宜兰乡约

杨晋平[*]

第一节

许倬云认为"宜兰在十九世纪上半期的发展呈现了饶富旨趣的个案"，[①] 并且可以以宜兰为例探测中国边区开拓发展的方式。也有人指出宜兰的历史发展就是台湾历史发展的缩影，对宜兰的了解就是对台湾的了解。尤其宜兰无论在自然环境或人文条件上都成独立体系，适于从事区域研究。[②]

所以研究者纷纷对宜兰社会、政治、经济、文化、历史、地理各领域进行研究，而其中一部分是希望透过宜兰的区域研究，当作台湾研究的范例。而新近宜兰本地学者的投入，地方政府大力提倡及仰山文教基金会的奖助，[③] 使宜兰研究更为蓬勃，研究旨趣也更为多元。现今宜兰研究有丰富的研究成果与较广阔的视野，应归功于众人的努力。

许倬云在《十九世纪上半期的宜兰》的结论中提出，宜兰是由人民群众自行且几乎不依靠政府协助所拓殖而成的一个地域广袤的移民社会，而这社会是

* 杨晋平，佛光大学历史学系硕士、曾任罗东、宜兰小区大学讲师，现任九芎城文化发展协会常务监事。

[①] 许倬云：《十九世纪上半期的宜兰》，《宜兰文献》第五期，（宜兰，宜兰县文化中心，1993年9月）第88页。原载于《"中央研究院"民族学研究所集刊》第33期。

[②] 廖风德：《清代之噶玛兰》，台北：正中书局，1990年，第3页。

[③] 仰山文教基金会是在1990年，陈五福医师是首任董事长。以延续仰山书院的古道遗风，为兰阳发掘、培育并奖掖人才。保存、整理及发扬兰阳文化。探索兰阳文教趋势，研究发展策略。结合各界力量，共创兰阳美景。培养以宜兰县为研究对象的研究人才，推动以宜兰为主体的各项人文与自然科学之研究风气为宗旨。自1991年至2002年以台湾公私立大学院校博、硕士班研究生为对象，奖助其从事与宜兰有关的论文计划，硕士论文每篇赞助25000元，博士论文每篇赞助4万元，共奖助硕博士论文129篇，对宜兰研究有重大贡献。

由魅力领导、地缘与血缘的结盟和社会契约所组成，这样的地域拓殖模式，在中国历史上屡见不鲜，然而宜兰个案为时甚新近，有利于更加详尽地去重建。也因此更凸显宜兰个案的重要性，因为宜兰研究有助于中国历史上其他事例的补充。[①] 许倬云提出的结论与本论文有关乡约的讨论，不谋而合。乡约在地域社会中，尤其是边区拓垦移民社会，在官未至民已辟的情况下，官府势力并未达到这地区、人民群众自行建立、自行运作这一移垦社会，而这个移垦社会的魅力领袖就是乡约，台湾称总理，在移垦社会中拥有行政权与司法权，是移垦社会的决策者与管理者。血缘与地缘，就是同宗或同籍，这是移垦社会的支柱。移垦是集体的，尤其台湾是属武力拓垦，所以是组织性行为，而同宗或同籍就是拓垦组织成员的主要成分，到了拓垦地区血缘与地缘还是存在，并且可能成为组织，是拓垦社会的次级组织，在宜兰就有漳籍、泉籍、粤籍总理的出现。当然这移垦社会有领袖，有分化组织外，还有自己的法律，这也就是许倬云所说的："社会契约"，事实上就是乡约，台湾一般称"合约"。这是移垦社会经过众人公议后，所订定的"民间法"，他具有法律的约束力，由总理负责执行，移垦社会中的众人都必须遵行。

这说明清代台湾移垦社会在官府势力还未到达时，是乡约在主导，乡约是移垦社会官府行政组织未建立前的准官府组织，而这组织的组成与运作都是以自治公议的精神来进行，与现在的地方自治颇为相似。在官府行政组织进到移垦社会后，乡约组织还是一样存在，成为厅县的次级地方组织，只是它在地方的主导性会被厅县官衙所取代。

本论文是以有关乡约的论述为基础，再加以许倬云《十九世纪上半期的宜兰》的结论做参照，对清代宜兰乡约做区域性的观察和审视。当然微观研究可更细致地去检视研究目标，可让研究者看到更清晰的历史原貌，但太细微的研究，一定会遇到史料不足的问题，幸亏前人已做过许多努力，愿在前人努力的成果下，再接再厉。

第二节　汉人入垦前的宜兰

宜兰旧称"噶玛兰"，位在台湾东北角，东面是浩瀚的太平洋，西北有雪山山脉，西南有中央山脉，是连绵3000多尺的高山，由三面环抱，其间是辽阔的

---

① 许倬云：《十九世纪上半期的宜兰》，《宜兰文献》第五期，（宜兰，宜兰县文化中心，1993年9月）第88页。原载于《"中央研究院"民族学研究所集刊》第33期。

兰阳平原，地形封闭，自成一独立区域。

宜兰地区原为噶玛兰人所居住，是一世外桃源，外国势力的入侵，始于明崇祯五年（1633）西班牙人为控制菲律宾与中国间的航路，进占苏澳滨海一带，建圣劳伦斯教堂，向噶玛兰人传教，当时各番社由"甲螺"[①]自行治理，西班牙未建立治民组织。明崇祯十四年（1642）荷兰人将西班牙势力逐出台湾北部，荷兰人承继西班牙在东港与头城一带建立教堂，派有宣教师传播福音，并教授噶玛兰人罗马字。地方事务，仍委由噶玛兰各社长老自行治理，每年则召集长老会议一次，报告各社一年统治概况。[②]明永历十五年（1662）郑成功进入台湾，荷兰人撤走，但郑成功政治势力未扩及台湾北部，噶玛兰是为化外地区。

清朝于康熙二十二年（1683）领有台湾，是地仍属部落政治，各自推选头目，统摄社务；外御敌人入侵及维护社内秩序，另有长老备咨询或协调。直到嘉庆元年（1796）吴沙率漳、泉、粤3籍移民1000多人，海陆并进，进入乌石港南边，[③]建立头围土城。此为汉人大规模开垦宜兰的开始，在这之前宜兰主要是噶玛兰人活动的场域，此后汉人渐成宜兰地域的主宰者，吴沙是转变这历史的关键人物，汉人奉吴沙为开兰始祖。吴沙入兰拓垦，将宜兰从原住民社会，转化成汉人社会，并将汉人基层社会的自治组织——乡约，引进到宜兰，自此乡约成为宜兰的地方自治组织。

第三节　吴沙与宜兰乡约

一、在原乡的吴沙

吴沙于雍正九年（1731），出生在福建漳浦县西门外小山城元房大围头，他的妻子出生在乾隆十六年（1751），小他20岁，乾隆三十六年（1771）长子吴光裔出生，乾隆三十八年（1773）即渡海来台。[④]吴沙幼时家贫落拓，近40岁才结婚，41岁才生子，43岁还渡海来台。原乡的吴沙，在已过不惑的年龄，人生已过三分之二（按：吴沙68岁过世），但一事无成，所以鼓起余勇，离乡背

---

① 卢世标：《宜兰县志·政事志·自治篇》（宜兰，宜兰县文献委员会，1970年）第1页。甲螺如内地乡老。

② 林万荣：《礁溪乡志》（礁溪，礁溪乡公所，1994年）第82—83页。

③ 唐羽：《吴沙入垦哈仔兰路线与淡兰古道之研究》，《台湾文献》40卷4期，（台湾文献会，1989年12月）第171—172页。

④ 吴沙初中编：《吴沙年表》，《吴沙公开兰一九五周年纪念专辑》（宜兰，宜兰县政府，1991年10月）未注页码。

井，冒险渡海来台，自是成就一大事业，开辟一新天地，为汉人拓垦台湾留下典范。

二、唐山过台湾的吴沙

吴沙于乾隆三十八年（1773）由唐山原乡渡海来台，吴沙会冒险举家迁台，原因可能有三：一是原乡生活困苦，到台湾寻求出路。二是在原乡犯案，到台湾躲避官府。三是在台有亲友，来台依亲。[①] 无论原因是什么？年近半百的吴沙，会抛弃家园，冒海上风涛凶险，来到一个完全陌生的天地，以当时航海技术，要横渡台湾海峡要有相当勇气，且吴沙还带着年轻的妻子和方两岁的幼子光裔，所以吴沙必有不得不走的苦衷与非走不可的决心，才促成他涉险来台。

吴沙来台首先在淡水落脚，为人执役，但不能适应，在乾隆三十八年（1773）就迁居到三貂社。[②] 所以吴沙可能是自淡水上岸，只在淡水短暂停留，就徙居三貂社，吴沙此后的23年，一直在三貂社经营发展。三貂是在淡水厅极北，极偏僻的山区，住民以凯达噶兰人为主，吴沙是最早进入的汉人，可见吴沙是准备来台拓荒的，甘愿涉险进入山区。宜兰与山貂仅一山相隔，吴沙占有地利的方便，得以观察宜兰平原沃野千里，而吴沙又与当地少数民族从事布、盐、糖等交易，经常进出番地，对宜兰十分熟悉，遂有开发的企图，积极筹划，想寻机进入开垦。

三、入兰开垦的吴沙

吴沙在嘉庆元年（1796）自感时机成熟，就率漳、泉、粤先民，进入乌石港南面，筑起土围城，做为开垦的第1个据点。而在开垦的队伍中，除了垦民外，有许天送、朱合、洪掌等头人，又有23名通番语的人，另有100多名民壮，是属武装部队，所以吴沙开兰是属有计划的武装拓垦。当时吴沙已66岁，虽经长期布署筹划，吴沙还是遭受噶玛兰人的强烈抵抗，在激战中双方死伤惨重，吴沙弟吴立也战死，在无奈下，吴沙退回三貂。来年宜兰地区发生痘患，吴沙出方施药，活人无数，当地少数民族为感谢吴沙，情愿分地，立石为界，供汉人开垦。

吴沙在拓垦事业有所进展后，立即取得官府义首戳记，并"招佃缴租，以每五甲为一张犁，每张犁取饼银一二十元助乡勇费，并立乡约，辟道路，设隘

---

① 高双印、吴秀玉：《开兰始祖——吴沙之研究》，台北，师大书苑，1997年，第98—99页。
② 吴旺橘：《吴氏家谱》宜兰：影印本，1958年，未注页码。

寮，募丁防守，奠定宜兰开发的基础"①。嘉庆三年（1798）冬，吴沙即病逝，享年68岁，其子、侄在他建立的基础上，继续他的拓垦事业。

四、吴沙立乡约

在嘉庆十五年（1810）之前清朝官府的行政范围仅限在台湾西部，位在台湾后山的宜兰还是蛮荒，吴沙等人是私自入垦，所以是民已到，官未设。在没有官宪管理的移民社会，既要维持社会的安定又要求社会的发展，强有力的组织与领导是必需的。福建侯官县人谢金銮，于嘉庆十一年（1806）任嘉义县教谕时所作的《蛤子难纪略》说：

> 内地民人蕃庶，地力已尽，蛤仔难番既通贸易，漳、泉、广东之民多至其地垦田，结庐以居以食蚕丛未辟，官吏不至，以为乐土，闻风者接踵以至。于是围堡御患，自北而南，为头围、二围、三围，又南为四围。漳人有吴沙者，遂统其事，众目为头家，沙能部署，设立乡勇以防生番。②

汉人是在大陆原乡，因土地无法滋养过多的人口下，不得不漂洋过海，翻山越岭，长途跋涉来到宜兰拓垦。在宜兰初辟时，官府的势力尚未进入，当时宜兰地区的领导人就是吴沙，而且吴沙善于地方的管理与规划，拓垦事务进行得井然有序，虽未设官治理，但已成乐土，漳、泉、粤垦民纷至，在吴沙的经营下，宜兰已自成一个自治社会。

吴沙率众越界入垦宜兰，被垦民视为"头家"，是移垦社会的领袖，但宜兰属番界，以清律论吴沙等是违法行为。吴沙因恐私垦获罪，就向并淡水厅署，请领谕札丈单，几经交涉淡水同知在"吴沙在日，官给以吴春郁义首戳，疏节阔目，一切颇听其便"。③吴沙依此展开各项宜兰自治工作，且运作良好，俨然成为一"独立王国"。《台湾通史·吴沙传》对吴沙开兰有如下记述：

> 二年，沙赴淡水厅给照。许之，与以吴春郁义首之戳。疏节阔目，一切听从其便。沙乃召佃农，立乡约，征租谷，刊木筑道。沿山各隘，分设隘寮十一所，曰民壮寮，募丁壮以守。每隘十余人，或五、六十人，昼夜击柝，行旅

---

① 庄英章、吴文星：《头城镇志》，宜兰：头城镇公所，1985年，第39页。

② 谢金銮：《蛤仔难纪略》，《噶玛兰志略》，南投：台湾省文献委员会，1993年，第161页。

③ 陈淑均：《噶玛兰厅志》，南投：台湾省文献委员会，1993年，第330页。

无害。①

吴沙于嘉庆二年（1797），透过淡水殷商柯有成等向淡水厅申请垦照。吴沙的目的应是要借由垦照，以为护持并进而号召群众来宜兰开垦。淡水同知何如莲并没有发给垦照，只发给"义首吴春郁"戳记，这说明淡水同知并没有明文准许吴沙等入兰开垦，而是以追捕林爽文余党的名目，给吴沙一个义首的头衔，让吴沙有出入番界的正当理由。吴沙是以"义首"的名义，在宜兰行使"总理"②的职权，订立乡约，进行实际的地方治理，更确切的说是地方统治。

吴沙在宜兰进行治理时所订的乡约内容，谢金銮在《蛤子难纪略》说是：

> 设立乡勇以防生番。内地来者入，饼银一二十助乡勇费，任耕其地。陆路由三貂入，初径险，仅容一人行，牛不得度，后渐辟以广，然闻寂无人，生番伏路，行者多中伤。沙乃定为日期，率乡勇迎外入者，以益众，且通有无。③

这说明吴沙在宜兰有分配耕地、征收租税、设立防卫武力、招募拓垦事业、建立贸易机能等职权。这些职能多数属官府权责，吴沙属平民应不具有这些职权，纵使吴沙是"义首"，义首仅是义民的领袖，是在地方有骚乱时，起来协助官府平乱，不可能介入或主导这些地方事务。但事实上吴沙就是主导这些地方事务，杨廷理在《议开台湾后山噶玛兰即蛤仔难节略》也说："吴沙遂招漳、泉、广三籍之人，并议设乡勇，以防生番反复. 内地流民，闻风踊至，吴沙恐以私垦获罪，嘉庆二年，赴淡防同知何如莲呈请给札招垦，每五甲为一张，每张取饼银一二十元助乡勇费。"④杨廷理指出吴沙是"议设乡勇"，这表示吴沙治理宜兰的职权是众人"公议"出来后，由吴沙来执行，不是吴沙可专断自为，这就是乡约的精神所在，与现在的地方自治非常接近。再来看连横的《台湾通史·吴沙传》就更为清楚，连横说："二年，沙赴淡水厅给照。许之，与以吴春郁义首之戳。疏节阔目，一切听从其便。沙乃召佃农，立乡约，征租谷，刊木筑道沿山各隘。"⑤这说明指嘉庆二年（1797）吴沙一进入宜兰，就设立乡约，以乡约

---

① 连横：《台湾通史》，台北：众文图书公司，1994年，第854页。
② 台湾乡约称"总理"，请参阅本人硕论《清代台湾乡约研究》，宜兰：佛光人文社会学院历史研究所硕士论文，2007年，第17—19页。
③ 谢金銮：《蛤仔难纪略》，《噶玛兰志略》，南投：台湾省文献委员会，1993年，第161页。
④ 陈淑均：《噶玛兰厅志》，南投：台湾省文献委员会，1993年，第365—366页。
⑤ 连横：《台湾通史》，台北：众文图书公司，1994年，第854页。

来建立移民社会体系，推行移民社会建设，所以宜兰乡约早在嘉庆二年（1797）就已出现，且内容、职能犹如一地方政府。

乡约是地方自治，属于公议制，吴沙是以淡水同知何如莲所给的"义首吴春郁"戳记，行使"总理"的职权，是宜兰实质的领袖，而其下还设有董事6人，分别是柯有成、陈奠邦、何桧、赖岳、吴化与吴光裔合为6人，[1] 吴化是吴沙侄，吴光裔是吴沙长子，他们都是吴沙的亲信或亲人，乡约应是吴沙与他们共同议订，他们也共同协助吴沙执行地方的公共事务，嘉庆三年（1800）吴沙去世，这6名董事在地方的重要性更为提高，吴光裔继吴沙成为义首。

第四节　清政府设治前宜兰的乡约

一、谁承继吴沙成为宜兰头人

谢金銮在《蛤仔难纪略》首先说："吴光裔无能，西势人情不一。"[2] 杨廷理更在《蛤仔难纪略序》中说："最后论证，盖以蛤仔难西势心不一，吴光裔等无才，不能与东势并力。"[3] 后来姚莹在《东槎纪略》中接着说："二年，沙死，子光裔无能，侄吴化代理其事。复有吴养、刘贻、蔡添福附之。"[4] 连横《台湾通史》也说："三年，沙死，子光裔无能，侄化代领其事"。[5] 因这一连串的叙事发展，使吴沙去世后，吴沙长子吴光裔能力不足，吴沙侄吴化成为吴沙的继承人，成为史实。使人误以为吴化顶充吴沙义首缺，成为宜兰地区领导人。

事实上"吴沙既死，其子光裔嗣为头家"，[6] 吴光裔是吴沙的长子，宜兰的领导人当然是由其继承，而且"吴沙在日，官给以吴春郁义首戳，疏节阔目，一切颇听其便. 及三年，沙已死，子吴光裔顶充"。[7] 吴光裔不仅顶充吴沙的义首缺，也继承了吴沙"头家"的职权，所以吴光裔是名实相符的吴沙继承人。而吴化并没有顶充吴沙的义首职。到嘉庆十七年（1812）吴光裔还是拥有义首身份。[8] 而嘉庆十一年（1806）"牵北审噶玛兰；时尚未设厅治，义民吴化等合土

① 谢金銮：《蛤仔难纪略》《噶玛兰志略》，南投：台湾省文献委员会，1993年，第163页。
② 谢金銮：《蛤仔难纪略》《噶玛兰志略》，南投：台湾省文献委员会，1993年，第165页。
③ 杨廷理：《蛤仔难纪略序》《噶玛兰志略》，南投：台湾省文献委员会，1993年，第180页。
④ 姚莹：《东槎纪略》，南投：台湾省文献委员会，1996年，第70页。
⑤ 连横：《台湾通史》，台北：众文图书公司，1994年，第854页。
⑥ 谢金銮：《蛤仔难纪略》，《噶玛兰志略》，南投：台湾省文献委员会，1993年，第162页。
⑦ 陈淑均：《噶玛兰厅志》，南投：台湾省文献委员会，1993年，第330页。
⑧ 临时台湾土地调查局编：《宜兰厅管内埤圳调查书下卷》，台北：临时台湾土地调查局，1905年，第180页。

番御之，牵败去"，^① 到嘉庆十一年吴化还只是"义民"，不是义首，也不是头人，所以说"侄化代领其事"的说法并不正确，吴光裔才是继承吴沙的宜兰领导人。

二、吴光裔头人面临的挑战

（一）领导权的问题

吴光裔在吴沙去世后，虽顶充为义首头人，成为宜兰地域名义的领导人，但首先要面对的是柯有成等元老的挑战，所以说："沙死，子光裔不得众心，于是北境董事者柯有成、陈奠邦、何桧、赖岳、吴化与光裔共六家。"^② 柯有成等与吴光裔共同分享权力，吴光裔的领导权威大不如吴沙。当然这可能是吴光裔无过人才能与出众的领袖气质所致，但柯有成等都是豪杰型人物，是与吴沙共同拓垦宜兰的元老，辈分比吴光裔高，就连吴化也是吴光裔的堂兄，而且乡约是属合议制，在制度上就不利于强势领导，最重要的是拓垦社会的主要资源，土地的分配权就在头人手中，这不但是权力之争，更是利益之争，吴光裔面对这样的情况，当然不易施为。

（二）垦照问题

作为吴沙的继承人，吴光裔是有作为的，吴化并没有"代领其事"。吴光裔首先要处理的是垦照问题，因请领不到垦照，就是私垦，各垦户的权益没有保障，也可能因此获罪，所以吴光裔以头人职责，积极向官府办理垦照与报升事宜。尤在嘉庆四年（1801），有人以苏长发名字，赴藩宪衙门，呈请给垦。吴光裔为反制立即以堵御生番等词呈请报升，几多次陈请，仍不准行，吴光裔又私带无地名四至垦单与数万两巨款，分赴省宪及台道府各衙门，送给经胥，预备委官勘丈，供应报升册费，但也没有结果。^③ 最后吴光裔还因被刘碧玉诬骗，牵涉到捏造准充噶玛兰业户部照案，被官府押送北京受审途中"在洋漂没"，^④ 葬身海底。

清朝官府对台湾地方豪强，是既要利用，又要裁抑。对板桥林家如此，对雾峰林家也是如此，雾峰林家以乡勇四处助战，无论对太平天国或戴潮春民变都战功显赫，但事平后，官府为裁抑豪强，林文明虽贵为副将，还是在彰化县

---

① 丁绍仪：《东瀛识略》，台北：台湾银行，1957 年，第 90 页。

② 台湾银行经济研究室编：《福建通志台湾》，台北：台湾银行，1960 年，第 740 页。

③ 杨廷理：《议开台湾后山噶玛兰即蛤仔难节略》，《噶玛兰厅志》，南投：台湾省文献委员会，1993 年，第 366 页。

④ 台湾银行经济研究室编：《台案汇录·戊集》，台北：台湾银行，1963 年，第 165 页。

衙被斩杀,^① 后来战事又起,官府又借重林家参与中法与中日战役的战事与防务。官府是利用吴沙进入宜兰追捕林爽文余党,结果没有发现余党,吴光裔却要在宜兰落户开垦,官府不给垦照报升是必然的,吴光裔为尽领导人的职责,一再努力,最后以身相殉,应算是鞠躬尽瘁,却被说成是"光裔无能",这对吴光裔是不公平的。

（三）分类械斗的问题

垦民冒险越过崇山峻岭,来到宜兰又遇到少数民族的抵抗。嘉庆三年（1798）吴沙死后粤籍为土地问题立即与泉籍展开械斗；嘉庆九年（1804）西部流番潘贤文等也来宜兰争地；十一年泉籍、粤籍、西部流番与漳籍,因土地问题展开大规模械斗。嘉庆十一年（1806）海盗蔡牵图踞蛤仔难；12年蔡牵党羽朱濆载运农具,入泊苏澳。^② 这些分类械斗与海盗入侵事件,对宜兰地域安全与秩序,有相当大的危害,身为当时头人的吴光裔,从文献中看不到吴光裔的作为,反倒在《台湾通史》对吴化有较多的着墨,说:"化及三人者咸戒其众",^③又说:"化谋拒之",^④ 好像吴化是宜兰领导人,并且主导械斗与海盗入侵事务。连横也说:"皆奉化为义首。"^⑤ 而吴化并不是义首,顶充吴沙义首一职的是吴光裔,直到嘉庆十七年（1812）吴光裔还是义首,^⑥ 所以连横所指的吴化有可能是吴光裔之误,进一步说吴光裔当时是宜兰的头人,维护地方安全,仲裁地方纠纷是其职责；吴化是董事,依乡约体制,仅是协助,不能主导,而吴化握有主导权,应是在取得总理职位以后的事^⑦,这在清代台湾乡职职权划分上是十分清楚的；吴光裔是义首,以乡约行使总理的职权,就如现在的乡长,吴化是董事,就像现在的乡民代表,乡政务的主导权是在乡长,不可能由乡民代表来主导乡政。所以吴光裔应是有为的地方领袖,他的无能可能是被误导的。

（四）天灾的问题

在嘉庆二年（1797）吴沙因"番社患痘,出方施药,全活甚众,番德之",^⑧

---

① 黄富三:《雾峰林家的中挫》,台北:自立晚报社文化出版部,1992年,第167—405页。
② 连横:《台湾通史》,台北:众文图书公司,1994年,第854—856页。
③ 连横:《台湾通史》,台北:众文图书公司,1994年,第854页。
④ 连横:《台湾通史》,台北:众文图书公司,1994年,第855页。
⑤ 连横:《台湾通史》,台北:众文图书公司,1994年,第854页。
⑥ 临时台湾土地调查局编:《宜兰厅管内埤圳调查书下卷》,台北:临时台湾土地调查局,1905年,第180页。
⑦ 按:吴化可能在嘉庆十二年以后取得总理一职。
⑧ 陈淑均:《噶玛兰厅志》,南投:台湾省文献委员会,1993年,第330页。

才愿意埋石立约，分地供吴沙等开垦，在"嘉庆八年，蛤仔难疫"，[①]又有不少人死伤，宜兰原就是瘴疠蛮荒地区，瘟疫盛行。再者宜兰是冲积平原，地势低，水道纵横，虽然肥沃，遇雨成灾，又因地理位置面向太平洋，恰在台风行经的主要路线上，夏秋多台风，冬天又因地形关系，屏障在东南边的雪山山脉与中央山脉尽是连绵 3000 多公尺的高山，将东北季风的水气阻挡而在宜兰形成地形雨，泛滥成灾。另外宜兰是在菲律宾板块与大陆板块的接壤处，地震也相当频繁，所以陈叔均说："台地多震，兰初辟尤盛。"[②]而以陈淑均对宜兰天灾的描述有"田园冲、堤堰决""田园冲压""田园冲塌""亦有地裂，见泉，一亩田而分高下者""飓风陡起，瓦屋皆飞""暴雨狂风、水涌山裂""卢舍田园冲失无数"。[③]姚莹也说"噶玛兰辟十一年矣，水患之岁五，飓风之岁三"，[④]由此就可知宜兰天灾的频繁与灾情的惨重。而灾害发生，身为头人的吴光裔要去救助、要去勘灾、要减免租赋、要协助重建家园，这是地方头人责无旁贷的工作。而宜兰的拓垦工作，并没有受到这些人为或自然因素的阻碍，道光初年姚莹禀文说："淡水、噶玛兰二厅，台湾、凤山、嘉义、彰化四县，生齿日繁，地利尽辟，久无旷土。"[⑤]宜兰在嘉庆年初才开始开垦，到道光初年，30 年不到，就"地利尽辟，久无旷土"，拓垦如此迅速，吴光裔的领导应是被肯定。而且不只土地拓垦，在人口的增长更是可观。嘉庆元年（1796）吴沙入垦时仅 1200 多人，到嘉庆十五年（1810）清朝要收入版图的初额是 42，904 丁，[⑥]15 年成长 35.7 倍。所以说吴光裔在这期间，如无卓越的领导，也不应以"无能"抹煞他的辛劳。

三、宜兰总理的初现

（一）清朝官府势力进入宜兰

吴沙父子因入番界私垦，恐因此获罪，所以积极"请入版图，有司以土地辽远，虑有变，不许"，[⑦]虽经一再陈请，清朝还是不为所动。到嘉庆十二年（1807）海盗蔡牵、朱濆等先看出宜兰的富饶，流窜到宜兰来，欲据为根据地，王得禄、杨廷理奉命追剿，这是清朝官府第一次与宜兰地方的接触，后来清朝

---

① 谢金銮：《蛤仔难纪略》，《噶玛兰志略》，南投：台湾省文献委员会，1993 年，第 162 页。
② 陈淑均：《噶玛兰厅志》，南投：台湾省文献委员会，1993 年，第 222 页。
③ 陈淑均：《噶玛兰厅志》，南投：台湾省文献委员会，1993 年，第 222—223 页。
④ 姚莹：《噶玛兰台异记》，《噶玛兰厅志》，南投：台湾省文献委员会，1993 年，第 382 页。
⑤ 台湾银行经济研究室编辑：《台案汇录甲集》，南投：台湾省文献委员会，1997 年，第 164 页。
⑥ 陈淑均：《噶玛兰厅志》，南投：台湾省文献委员会，1993 年，第 74 页。
⑦ 连横：《台湾通史》，台北：众文图书公司，1994 年，第 856 页。

又警觉到"况其地又膏腴，素为贼匪觊觎，若不官为经理，妥协防守，设竟为贼匪占踞，岂不成其巢穴，更添台湾肘腋之患乎"。[①]清朝恐宜兰成为"台湾肘腋之患"，所以在嘉庆十五年（1810）将宜兰收入版图，在嘉庆十七年（1812）设官治理，就是噶玛兰厅，杨廷理是第一任通判。

（二）吴光裔的际遇

吴沙、吴光裔父子虽以乡约统治宜兰，但他们都没有取得总理的头衔，而是以义首行总理职，是自立的总理，没有正当性。而总理的选充，要有选举与认充的诸多程序，最关键要有官府颁授的谕与戳，也就是人事命令与总理印信。

吴光裔是当时宜兰实际的统治者，但清朝官府对吴光裔是不友善的，不给垦照，不准报升，不给正当的职衔。甚至被杨廷理、谢金銮等官员指为"无才"、"无能"，而杨廷理在宜兰力裁业户，说是为增加税收，但杨廷理也说："谋充业户者，十五年前（按：指嘉庆十五年，宜兰收入清版图前），不无破耗赀财，今日所谋不遂，不免归怨于理"。[②]杨廷理知道吴光裔是宜兰最大业户，力裁业户让吴光裔"破耗赀财"，当然吴光裔在宜兰的影响力就可以减弱。所以杨廷理又说他的办法是"使善良者知有官之可乐，奸滑者知有法之可畏"，[③]所以吴光裔在清朝官府势力进入宜兰后，因垦照案被逮捕，在被押解到福建的途中，葬身大海中，真是应验了"法之可畏"。

（三）宜兰开始有总理

在清朝官府势力进入宜兰后，宜兰有正式的总理出现，谢金銮在描述杨廷理嘉庆十二年（1807）进入宜兰的情形时说："蛤仔难之人，漳为多，诸总理皆漳属"，[④]这说明清朝官府势力一进入宜兰，宜兰就有总理，总理以漳州裔为主，人数还不只一人，那是谁受青睐出任总理？又为何受青睐？

史料中在清设置前就出任总理有陈奠邦，陈奠邦是因"协同泉籍义首，引导官兵夹攻，水陆贼退．事闻于朝，有旨追赏，出袍挂料各一副，五两重银牌各一面．时奠邦已奉母入兰，为街总理，闾里以为荣"，[⑤]陈奠邦协助杨廷理防堵海盗朱濆有功，杨廷理奏请朝廷对陈奠邦封赏外，可能也在这时选任陈奠邦为宜兰街总理。

① 姚莹：《东槎纪略》，南投：台湾省文献委员会，1996年，第75页。

② 杨廷理：《议开台湾后山噶玛兰即蛤仔难节略》，《噶玛兰厅志》，南投：台湾省文献委员会，1993年，第370页。

③ 陈淑均：《噶玛兰厅志》，南投：台湾省文献委员会，1993年，第62页。

④ 谢金銮：《蛤仔难纪略》，《噶玛兰志略》，南投：台湾省文献委员会，1993年，第165页。

⑤ 陈淑均：《噶玛兰厅志》，南投：台湾省文献委员会，1993年，第330页。

在设治前就已任总理还有：刘光慈嘉庆十五年（1810）已任都美福保总理、[1] 曾永水嘉庆十五年（1810）已任员山保总理、吴化嘉庆 17 年（1812）已任总理[2]、翁清和嘉庆十九年（1814）已任总理、[3] 林典嘉庆二十年（1815）已任总理。[4] 这说明当时他们已是总理，但他们何时取得总理职？只能说是在这时间之前，若依推论，吴化在嘉庆十一年（1804），海盗蔡牵入侵乌石港时，与陈奠邦等认为"今通贼，官兵必讨，不如拒之，且以为功"，[5] 所以纠集乡勇埋伏岸边，乘海盗上岸捆绑 13 名海盗送交官府，与官府建立起关系。次年朱濆进到苏澳港，杨廷理恐宜兰头人与朱濆合作，以札谕柯有成、何绩、陈奠邦、赖岳、吴化、吴光裔、潘贤文 7 人，晓以大义，并以哗叽十板、红布五百疋、番银千饼送给众人，[6] 吴化与官府的关系再进一步，所以吴化很有可能是在嘉庆十二年（1807）与陈奠邦一起被任命总理。至于翁清和也是嘉庆十二年（1807）杨廷理入兰时"召义首林永福、翁清和抚慰之"，[7] "义首林永福、翁清和等愿率精壮效用"，[8] "事平，奉叨褒赉，查出贡生柯有成守港出力，义首翁清和、林永福、高培助率领义兵赴澳宣力，与奠邦番通目等追赏金帛有差"。[9] 翁清和在杨廷理追剿海盗朱濆时，率乡勇助战，与陈奠邦等受到追赏，他的总理有可能也是这时杨廷理所选任。林典虽事迹不详，但他是粤籍，宜兰开辟初期的主要战斗部队民壮，以粤籍为主干，要追剿海盗，民壮是不可忽视的。杨廷理既可能在嘉庆十二年（1807）选任漳州籍的陈奠邦、吴化，泉州籍的翁清和为总理，为族群平衡，林典可能也是当时被选任为总理，所以陈奠邦、吴化、翁清和、林典可能是在嘉庆十二年（1807）同一时间被杨廷理选任为总理，是宜兰最早的总理。当时被选认为总理的可能不只陈奠邦等 6 人，但因史料不足，不可过渡推论，而会认定陈奠邦、吴化、翁清和、林典、刘光慈、曾永水等 6 人是宜兰最

---

[1] 宜兰县史馆典藏：《嘉庆十五年十一月林耍为甲子兰五围大四阄二埔地壹所立杜卖尽绝根契》。
[2] 临时台湾土地调查局编：《宜兰厅管内埤圳调查书下卷》，台北：临时台湾土地调查局，1905 年，第 30 页。
[3] 临时台湾土地调查局编：《宜兰厅管内埤圳调查书上卷》，台北：临时台湾土地调查局，1905 年，第 240 页。
[4] 临时台湾土地调查局编：《宜兰厅管内埤圳调查书上卷》，台北：临时台湾土地调查局，1905 年，第 290 页。
[5] 姚莹：《东槎纪略》，南投：台湾省文献委员会，1996 年，第 73 页。
[6] 姚莹：《东槎纪略》，南投：台湾省文献委员会，1996 年，第 73—74 页。
[7] 连横：《台湾通史》，台北：众文图书公司，1994 年，第 855 页。
[8] 姚莹：《东槎纪略》，南投：台湾省文献委员会，1996 年，第 74 页。
[9] 柯培元：《噶玛兰志略》，南投：台湾省文献委员会，1993 年，第 91 页。

早的总理,是因有明确史料说明他们是总理,再依史料的时间点,与他们所涉历史事件比对推断,所下的假定,希望尔后有更多史料出现,可有成为更有力的论证。

而在宜兰未设治前,被任命的总理中,还有管理番社的番总理,嘉庆十五年(1812)台湾知府杨廷理"举汉人为各社总理,设立通事、土目,约束社众,造报丁册,教以人事",[①] 而这总理是西势的番总理,依《台湾私法物权篇》嘉庆二十一年(1818)所留有史料对照,[②] 杨廷理在嘉庆十五年(1812)所任命的番总理应是林兴邦,而番总理到咸丰六年(1856)依然存在,是由宜兰第一位举人黄钻绪担任,[③] 这大略是清朝官府势力进入宜兰初期,所出现的总理,他们因得到清朝官府的正式任命,成为名符其实的总理。

第五节 宜兰的总理与头人

宜兰的乡约是以保、联庄或族群的形式出现,而其领导人没有称约长或约正概称总理。现可知清嘉庆十二年(1807)至日据初年(1896)近90年间,宜兰地区有资料可按的总理有36人,副总理2人,还有总理以下各种头人现列表如下:[④]

表1 清代宜兰头人简表

名称	姓名	年代	资料来
义首(头家)	吴沙(吴春郁)	嘉庆二年(1798)立乡约	噶玛兰志略:161 噶玛兰厅志:330 台湾通史:854
义首(头家)	吴光裔	嘉庆三年(1799) 嘉庆十七年(1813)	噶玛兰厅志:330 宜兰厅管内埤圳调查书下:180
总理	吴化	嘉庆十七年(1813)	宜兰厅管内埤圳调查书下:30

---

① 姚莹:《东槎纪略》,南投:台湾省文献委员会,1996年,第77页。

② 台湾银行经济研究室编辑:《台湾私法物权篇》,台北:台湾湾银行,1963年,第1431页。

③ 何培夫:《台湾地区现存碑碣图志 – 宜兰县、基隆市篇》,台北:"中央图书"台湾分馆,1999年,第6页。

④ 本表为兰阳博物馆林正芳组长提供,尚未发表。表中大部份资料是林老师所整理笔者只做少部分增补。

名称	姓名	年代	资料来
宜兰街总理	陈奠邦	嘉庆十二年（1807）—嘉庆二十三年（1818）	噶玛兰厅志：330—331
宜兰街总理	陈贵仁	光绪十七年（1891）	兰阳杂志 10 期：72
都美福保总理	刘光慈	嘉庆十五年（1810）	嘉庆十五年十一月林耍为甲子兰五围大四阄二埔地壹所立杜卖尽绝根契
员山保总理	曾永水	嘉庆十五年（1810）	员山庄庄志：10
员山保总理	曾梓来	道光二年（1822）	员山庄庄志：10
员山保总理	陈永合	光绪元年（1875）	员山庄庄志：10
员山保总理	吕只恒	光绪十年（1884）	员山庄庄志：10
泉籍总理	翁清和	嘉庆十九年（1814） 道光元年（1821）	宜兰厅管内埤圳调查书上：240 噶玛兰厅志：349
粤籍总理	林典	嘉庆二十年（1815） 道光元年（1821）	宜兰厅管内埤圳调查书上：290 噶玛兰厅志：349
西势番总理	林兴邦	嘉庆二十一（1816） 道光元年（1821）	台湾私法物权编：1431 噶玛兰厅志：33
三籍总理	杨德昭	道光九年（1829） 道光二十四年（1844） 道光二十六年（1846） 咸丰二年（1852）	台湾地区现存碑碣图志－宜兰县、基隆市篇：275 宜兰厅管内埤圳调查书下：26、166、281
三围保总理	游德淮	咸丰七年（1857）	咸丰七年十二月游水来等为坐落林尾二陂仔埔园壹段立杜卖尽根契字
四围保总理	林连三	道光十三年（1833）任30年	礁溪乡志：673
四围保副总理	林生	咸丰六年（1856）	宜兰古文书五：198
四围保总理	吴宗	咸丰八年（1858）	宜兰古文书一：81
四围保总理	吴添喜	咸丰九年（1859）	宜兰厅管内埤圳调查书下：282

名称	姓名	年代	资料来
四围等庄总理	吴舜年	光绪四年（1878）、光绪十四年（1888）、光绪十七年（1891）	宜兰古文书一：96、105、128
民壮围总理	郑山	道光二十六年（1846）同治元年（1862）	宜兰厅管内埤圳调查书下：83、134
利泽简总理	李家亮	咸丰九年（1859）	宜兰厅管内埤圳调查书上：196、197
利泽简总理	简万福	光绪二十年（1894）	宜兰厅管内埤圳调查书上：215
招募开垦岐澜总理	邱永在	同治三年（1864）	宜兰古文书三：91
冬山庄副总理	林文华	同治十一年（1872）	宜兰古文书一：143
三澳总理	郑礼泉	光绪元年（1875）	台湾地区现存碑碣图志－宜兰县、基隆市篇：168－169
头围街庄总理	陈顺水	光绪年间任20余年	头城镇志：430
头围街总理	吴顺年	光绪十七年（1891）	续修头城镇志：39
头围八庄总理理	李皆然	日据初	头城镇志：417
淇武兰保第二任总理	林祖陈	光绪三年（1877）接任，至乙末（光绪二十一，1895）割台	礁溪乡志：182
东势总理	陈辉煌	光绪四年（1878）	吴光禄使闽奏稿选录：30
茅仔寮保总理	林文富	光绪六年（1880）原浦邑族副职员	宜兰古文书三：119
总理	黄缵绪	光绪十三年（1887）	台湾地区现存碑碣图志－宜兰县、基隆市篇：8、81、82
总理	林荣国	光绪十三年（1887）	台湾地区现存碑碣图志－宜兰县、基隆市篇：118－119
罗东保总理	陈谦逊	光绪十三年（1887）	台湾列绅传：68
罗东保总理	张和美	光绪十九年（1893）	罗东联庄保甲和约字

名称	姓名	年代	资料来
东势三籍总理	江茂兰		台湾列绅传：69
东势六堡总理	江锦章	光绪十六年（1890）	台湾列绅传：69
清水沟保总理	陈家添		台湾列绅传：73
清水沟保总理	张江池		台湾列绅传：76
西势董事	柯有成	嘉庆十二年（1807）	噶玛兰厅志：426
西势董事	何绘	嘉庆十二年（1807）	噶玛兰厅志：426
西势董事	陈奠邦	嘉庆十二年（1807）	噶玛兰厅志：426
西势董事	赖岳	嘉庆十二年（1807）	噶玛兰厅志：426
西势董事	吴化	嘉庆十二年（1807）	噶玛兰厅志：426
西势董事	吴光裔	嘉庆十二年（1807）	噶玛兰厅志：426
民壮围董事	江振盛	道光二十六年（1846）	宜兰厅管内埤圳调查书下：133
四围董事	庄套	道光三十年（1850）	宜兰古文书五：85
三籍董事	李家亮	咸丰元年（1851） 同治四年（1865）原利泽总理简	宜兰古文书六：13 宜兰古文书五：111
一快保董事	蓝藤忠	同治十一年（1874）	宜兰古文书三：103
员山堡董事	林新举	光绪十年（1884）	员山庄庄志：10
员山堡董事	陈竹浦	光绪十年（1884）	员山庄庄志：10
宜兰街长	吴尚儒	道光十年（1830）	台湾地区现存碑碣图志－宜兰县、基隆市篇：274
宜兰街长	蒋昆	道光十年（1830）	台湾地区现存碑碣图志－宜兰县、基隆市篇：274
宜兰街长	陈听	道光十年（1830）	台湾地区现存碑碣图志－宜兰县、基隆市篇：274
顶五结庄长	黄永在	道光二十年（1840）	宜兰古文书一：17
镇平庄长	张成瑞	道光二十九年（1849）	宜兰古文书五：31
大堀庄长	杨胜	咸丰七年（1857）	宜兰古文书五：89

名称	姓名	年代	资料来
玛璘社庄长	吴连春	咸丰八年（1858）	宜兰古文书一：81
得安庄长	张其宗	光绪元年（1875）	宜兰古文书三：107
西三快保甲长	邱时勋	光绪十三年（1887）	宜兰古文书一：101
族副	吴少	道光三年（1823）	宜兰古文书五：81
游姓族正	游道维	咸丰七年（1857）	宜兰古文书五：93
游姓族正	游厚结	咸丰七年（1857）	宜兰古文书五：93
大堀庄副族长	陈传旺	咸丰七年（1857）	宜兰古文书五：89
大堀庄族长	陈树	光绪十年（1884）	宜兰古文书五：141
陈姓族正	陈阶平	咸丰七年（1857）	宜兰古文书五：89
陈姓族副	陈天机	咸丰七年（1857）	宜兰古文书五：89
陈姓族长	陈达源	光绪二十年（1884）	宜兰古文书五：165
平和吴姓房长	吴时亨	咸丰八年（1858）	宜兰古文书一：81
七邑林姓族正	林国翰	咸丰九年（1859）	宜兰古文书三：31
七邑族正	陈家隆	同治四年（1865）	宜兰古文书五：99
七邑族正	吴炳文	光绪三年（1877）	宜兰古文书二：69
族正	杨志高	同治元年（1862）	宜兰古文书五：41
漳浦邑族正	林振德	同治三年（1864）	宜兰古文书一：87
浦邑族副职员	林文富	光绪五年（1879）	宜兰古文书三：37
吴姓族副	吴承泽	同治九年（1870）	宜兰古文书二：67
和邑族副	林苏	同治九年（1870）	宜兰古文书三：101
族正	张绍祁	同治十一年（1872）	台湾地区现存碑碣图志－宜兰县、基隆市篇：275
族正	黄守甫	同治十一年（1872）	台湾地区现存碑碣图志－宜兰县、基隆市篇：275
族正	陈霸	同治十一年（1872）	台湾地区现存碑碣图志－宜兰县、基隆市篇：275
族正	黄长茂	同治十一年（1872）	台湾地区现存碑碣图志－宜兰县、基隆市篇：275

名称	姓名	年代	资料来
族正	李庆顺	同治十一年（1872）	台湾地区现存碑碣图志－宜兰县、基隆市篇：275
族正	吴港生	同治十一年（1872）	台湾地区现存碑碣图志－宜兰县、基隆市篇：275
黄姓族正	黄振先	光绪十三年（1887）	宜兰古文书一：101
五结乡勇首	郭三元	嘉庆十年（1805）	古文书五：12
东势粤籍隘首	李仁安	嘉庆二十五年（1820）	宜兰古文书四：30
柴围隘首	吴得成	道光二十三年（1843）	宜兰古文书五：21
结头	刘群贵	嘉庆十六年（1811）	宜兰古文书一：7
结首	林宋	嘉庆二十一年（1816）	宜兰古文书一：17
结首	陈泰兴	道光十一年（1831）	宜兰古文书三：71
员山堡老大	张清	嘉庆十五年（1810）	员山庄庄志：10
员山堡老大	朱振源	道光二年（1822）	员山庄庄志：10
员山堡老大	李天泰	道光十五年（1835）	员山庄庄志：10
员山堡老大	李建明	光绪元年（1875）	员山庄庄志：10
东势通事	潘贤文	嘉庆十二年（1807）	噶玛兰志略：148
东势里脑社土目	铜枝礼夺	道光十三年（1833）、咸丰四年（1854）	宜兰古文书一：132、158
东势里脑社土目	夺返眉	光绪六年（1880）	宜兰古文书一：162
东势加礼宛社土目	宛如买尔夺头那网	道光二十七年（1847）、同治二年（1863）、同治三年（1864）	宜兰古文书一：46、136、138
东势加礼宛社通事	龟刘淡美产	同治二年（1863）、同治三年（1864）	宜兰古文书一：136、138
东势扫笏社通事	武歹？兰	道光二十年（1840）	宜兰古文书一：39
东势奇武荖社土目	加荖敏	道光二十八年（1848）、咸丰二年（1852）	宜兰古文书五：30、34
东势正总番头人	阿返加必	同治四年（1865）	宜兰古文书二：43
东势副总头人	夺龟刘	同治四年（1865）、同治十一年（1872）	宜兰古文书一：140、146

名称	姓名	年代	资料来
东势流流社土目	武歹夺	同治四年（1865）	宜兰古文书一：140
东势婆罗辛仔宛社土目	打那网施八	同治八年（1869）	宜兰古文书一：142
东势婆罗辛仔宛下社土目	荳弄	光绪六年（1880）	宜兰古文书一：166
西势武暖高东社土目	龟刘斗瓦	咸丰三年（1853）	宜兰古文书五：37
西势武暖高东社土目	踏丁	同治二年（1863）	宜兰古文书五：48
西势武暖高东社土目	抵? 斗?	光绪六年（1880）	宜兰古文书五：202
西势踏踏社土目	阿蚊臣力龟刘	咸丰三年（1853）	宜兰古文书五：37
西势抵美抵美社土目	□□阿蚊	咸丰三年（1853）、同治二年（1863）	宜兰古文书五：37、46
西势抵美福社土目	阿夺笼爻	咸丰十一年（1861）、同治二年（1863）、同治四年（1865）、同治七年（1868）、同治八年（1869）、咸丰六年（1856）、	宜兰古文书二：10、39、43、51、88、98
抵美福社土目	笼爻更承	同治十一年（1872）	宜兰古文书二：12
西势抵美福社土目	耳笼	光绪十三年（1887）、光绪七年（1881）	宜兰古文书二：77、106
西势抵美福社番头目	龟刘	光绪十五年（1889）、光绪十八年（1892）	宜兰古文书二：84、114
抵美福社头目	武歹	1898 年	宜兰古文书二：22
西势抵美福社头目	偕化成	1901 年	宜兰古文书二：31
西势二十社总通事	什美笼	咸丰四年（1854）	宜兰厅管内埤圳调查书下：255
西势二十社总通事	福良成	1898 年	宜兰古文书二：118
辛仔罕社土目	龟刘武礼	咸丰四年（1854）	宜兰厅管内埤圳调查书下：255

名称	姓名	年代	资料来
玛僯社土目	龟眉	光绪五年（1879）	宜兰古文书一：57
西势哆啰美远社番头目	笼爻其山	光绪二十年（1894）	古宜兰文书五：62

乡约是清代中国边区汉人社会出现后，必然随之出现的社会基层组织，清代的台湾也是如此，宜兰也不例外。从上表中，可看出在嘉庆二年（1797）吴沙一进入宜兰，就立乡约。这也显示乡约在清代中国已发展为成熟而普遍的基层社会组织，所以很容易随着汉人移民，推行到各边区。

总理是台湾乡约的领导人，所以总理会随乡约组织的产生而产生，但宜兰自嘉庆二年（1797）到嘉庆十二年（1807），有乡约但没有名义上的总理，吴沙父子是用乡约的形式，以义首为名，在宜兰行使总理的职权，进行地方自主性治理。吴光裔会四处奔走，散尽数万金，除了垦照问题外，取得正式总理一职，也是重要动机，只是吴光裔一直没有如愿。

宜兰的总理各种类行：族群总理，如泉籍总理翁清和；街庄总理，如宜兰街总理陈奠邦；招垦总理，如招募开垦岐澜总理邱永在；港澳总理，如3澳总理郑礼泉。但道光以后回归常态，以街庄总理为主，而且有的街庄，还有设副总理，例如四围保，但副总理较少见。以总理的地域分布来看兰阳溪以北总理有24人，溪南仅有12人，这与宜兰开发由北而南是一致的，因溪北开发较早，街庄发展较成熟，所以反映在基层社会组织上，占有比例也较高。

在时间上嘉庆朝有总理7人，道光有4人，咸丰有4人，同治有1人，光绪有16人，日据时期有1人，时间不详有3人。在时间的分布上，因各段时间有长短，所以不能以各段人数多寡来做分析，且因数据搜整不全，骤然下判断，可能造成以偏概全，但以时间点的分布来看相当平均，这可说明乡约在宜兰应是持续普遍在推行的。

总理要随厅县官的更迭换戳，但总理一经任命，有少部分被革退外，其实都是久任其职，四围保总理林连三任期在30年以上。任期在20年以上的还有头围街总理陈顺水与3籍总理杨德昭。任期在10年以上的更多，有宜兰街总理陈奠邦、泉籍总理翁清和、粤籍总理林典、番总理林兴邦、四围保总理吴舜年、民壮围总理郑山及吴化等。台湾的厅县官都是2年一换，又要回避本籍，所以对地方不熟悉，任期又短，还没进入状况就要调职，所以地方事务几乎都委任土生土长，又久任其职的地方总理。徐宗干就认为："台属地方辽阔，各厅、县恃分防佐杂为耳目，而遇事借以收指臂之助；平日于所管各乡，事无巨细，随时探报，且与绅士总理比印官易于亲近，往往收息事安民之效。"①因此很多厅县官将地方事务都委由总理办理，总理好似地方小衙门。

总理以下清代宜兰地方头人还有义首、董事、街庄长、保甲长、族正、结首、隘首、老大、通事、土目等，他们各有职权，但受总理的统领，总理才是地域社会的主要领导者，董事等是协助或接受总理指派执行地方事务工作。

在表中吴沙与吴光裔是父子，与吴化是叔侄，江茂兰与江锦章也是父子，除吴沙、江茂兰是父子相承，绝大多数总理是没有血源关系的。以强宗大族来看，吴沙家族出任总理外，溪南的开拓者陈辉煌也出任总理，宜兰第一位举人黄钻绪也是总理，可见总理在地域社会中的重要。宜兰唯一的进士杨士芳虽未见他出任总理，但他对乡约的宣讲圣谕非常热衷，是宜兰乡约教化的推动者。以吴沙家族做观察，宜兰乡约的发展自嘉庆二年（1797）至嘉庆十二年（1807），是由吴沙以"吴春郁"义首为名，立乡约，征租谷，以许天送、朱合、洪掌、柯有成、何缵、赵隆盛、吴光裔、吴化闻其事，②以乡约自在化外筹组自治组织，正式对宜兰展开治理的工作。

第六节　清朝设治后的宜兰乡约

一、设治与乡约

（一）《噶玛兰厅志·风教／宣讲圣谕》引述《大清通礼》称：

《通礼》：月朔望，直省、府、州、县、乡、堡，择适中地为乡约所。选老成公正一人为约正，朴实谨守者三四人直月，按期集所部民，宣讲世祖章皇帝钦定六谕、圣祖仁皇帝圣谕十六条、世宗宪皇帝圣谕广训。择律文内民俗易犯者，咸宣示之。守土官实力董率，并饬各属随时巡行，倡导兵民围听。宣毕，各退。③

这说明清代在直省、府、州、县、乡、堡均设有乡约，约正是选任，并按

---

① 徐宗干:《斯未信斋存稿》,《治台必告录》,南投:台湾省文献委员会,1997年,第329页。

② 连横:《台湾通史》,台北:众文图书公司,1994年,第853页。

③ 陈淑均:《噶玛兰厅志》,南投:台湾省文献委员会,1993年,第119页。

期宣讲圣谕，各地官宪有倡导、巡查的责任，兵民要到约所听讲，事毕始可退场。宜兰当也按期宣讲，所以陈淑均将其制加载《噶玛兰厅志》中。宜兰在嘉庆十七年（1812）设治后，乡约是政府法定必须设立与推行，宜兰既已纳入清朝版图，乡约当然在宜兰境内实施。

二、设治后总理的选充

闽浙总督汪志伊与福建巡抚张师诚，在嘉庆十六年（1811），为规划宜兰设治事宜，所提的《双衔会奏稿》中说：

> 仍于各乡举设诚实总董，协同地保稽查，一家有犯，十家连坐，庶匪徒无从托足。该地漳人最多，泉人次之，粤人又次之。漳州十八姓内，惟林、吴、张三姓最为族大丁多，平日倚恃人众；以强欺弱等事，不一而足．必须金举族正，秉公约束，庶几返朴还醇。该府杨廷理前经在地选举各姓族正，详请责成约束，二年后并无械　抢劫等案，即属办理得宜。[①]

汪志伊与张师诚在规划宜兰设治时，在各乡举设总理、董事，后来姚莹"将兰境通盘筹划，应分为七保：西势、头围、抵美简庄为第一保。四围、淇武兰庄为第二保。五围、本城为第三保。民壮围、镇平庄为第四保。东势、罗东为第五保。鹿埔、顺安庄为第六保。马赛、南兴庄为第七保"。[②] 这也就是说宜兰在设治初期有 7 保 13 街庄，每一保、每一街庄都设有总理，再加上漳、泉、粤 3 籍总理与番总理，全境总理应在 24 人以上。同时也选举族正，约束族人，醇净地方。这里同时也说到杨廷理在两年前入兰勘查时，在宜兰选举各姓族正，这些族正对地方的绥靖很有成效，两年来械斗与抢劫案件都没有发生。由杨廷理族正的选举，更可肯定嘉庆十二年（1807）杨廷理入兰追剿海盗朱濆时，就任命陈奠邦、吴化等为总理，吴化应是被举充为漳籍总理或 3 籍总理，成为宜兰地区新的领导人。后人不查，误以为吴沙死后"侄化代领其事"，事实上吴化是在吴沙死后近 10 年，才得以成为宜兰领导人。

---

① 汪志伊、张师诚:《双衔会奏稿》,《噶玛兰志略》,南投：台湾省文献委员会,1993 年,第 148 页。

② 姚莹:《筹议噶玛兰定制》,《噶玛兰厅志》,南投：台湾省文献委员会,1993 年,第 357 页。

三、在地官员与乡约

（一）《噶玛兰厅志·规制卷·乡庄篇》

曾任噶玛兰通判陈盛韶在《问俗录》说："惟清庄时，另造闲民一册，着总理、族长，严谨约束，分授执事，俾勿闲游。其不率教者，禀官、逐水内渡。然总理、族长，难得其人；认真清庄者，尤难得其人。"又说："总理之邪者不肯为，总理之正而无势者又不能为。"① 台湾之难治在于罗汉脚充斥，随处结党，是清代台湾治安大问题，宜兰也如此。陈盛韶知道只要透过总理、族长严谨约束，认真执法，问题就能有效遏止，但能适任又愿认真执行的总理，难得其人。

陈盛韶在《问俗录》又说：

台湾滋事，有起于分类而变为叛逆者；有始于叛逆而变为分类者，官畏其叛逆，谓祸在官；民畏其分类，谓祸在民，百余年来，官民之不安以此，是惟平日选有家产才干声望之总理，遇嫌隙出为理处，已讼则官为分断平允，至分类小则会营严谕解散，大则御之以兵，仍治总理以徇纵之罪，是亦遏流之一道也。②

清代台湾民变与械斗的频繁，让官民都深受其害，而总理来自地方，对地方状况能立即掌握，又是街庄的头人，若能在纠纷刚起的时候，能适时适切的调处，一定可以弭祸于无形。所以陈盛韶要求总理"遇嫌隙出为理处"，而若酿成民变或械斗，唯总理是问。所以总理在地方有很大的权责，相对地也负有很大的责任。

（二）姚莹要总理负械斗责任

曾任宜兰通判姚莹认为："台本沃土，民久习于奢淫，富而忽贫，常人且不能安分，况海外浮动之区乎。"又分析富而忽贫的原因是："台民生财之道，一曰树艺，二曰贸迁。及其敝也，一耗于奢淫、二耗于词讼、三耗于械斗、四耗于乱逆、五耗于盗贼并至。"要消除械斗就是要赋予总理责任，"一县千数百庄，庄有董事十数，董事举一总理，理之、董之，能无械斗者有赏，斗者有罚"，③

---

① 陈盛韶：《问俗录》，《噶玛兰厅志》，南投：台湾省文献委员会，1993 年，第 28 页。
② 陈盛韶：《问俗录》，《噶玛兰厅志》，南投：台湾省文献委员会，1993 年，第 194 页。
③ 姚莹：《中复堂选集》，南投：台湾省文献委员会，1994 年，第 118—119 页。

如此械斗就可逐渐消弭。

四、宜兰乡约的条规

（一）罗东联庄保甲合约字

宜兰联庄规约，仅见日据时期《四围堡四结庄联庄规约》一则，其余概不得见，虽搜寻各大图书馆，也遍访地方耆老，更参尽前人研究，就是不可得。幸遇古文书收藏家高贤治来访，特向其请教，其竟告知：有见过罗东镇公所出版小册，其中收有一则罗东联庄规约，但年代远，已不知书名。因此，转向罗东镇公所查询，多次都没有结果。后又向宜兰县史馆查找，也是没有发现。不意，一次偶遇，曾在县史馆服务的廖正雄，谈及此事，蒙其慨赠复印件，如获至宝，其文如次：①

全立联庄合约字人东势总理江锦章、罗东保总理陈谦逊、张和美、甲长廖荣昌、杨升东、胡金洽、简清红、张祈福、陈有德、徐蔡源、李傅慈、游德源、增生黄迁乔、廪生赖撝谦、生员林乐山、武生林朝、族正林援魁、监生陈经纶暨街庄等，荷蒙宪谕举办弭匪安良以靖地方事。盖闻防贼安民莫善于保甲，除奸御匪莫要于联庄，平居则稽查必严，有警则守望相助，地方赖以保卫，即身家资以安全。况我罗东保，素系朴实之乡，共荷升平之福地，迩来人烟稠密，犃错难齐，间有无知之徒，勾通外匪成群结党，掳掠勒索惨不胜言。今逢宪谕谆谆申明约束，务使父教其子兄戒其弟，互相劝勉，毋致纵逸为非，庶几休戚相关，内奸无从窃发，捍卫严密外匪何处藏身，而盛平之世不难再见于今日矣！仅将所约条规开列于左：

一、议庄中倘有不法之徒，敢有窝藏盗匪，接济销赃，一经查有实据，定即公仝拘拿送官究治决不姑宽。如有知情者，出首者从优奖赏，此照！

一、议庄中如被盗匪劫抢，一闻有警宜鸣锣为号，各家各执器械齐出救护，如有拿获著名匪徒者，赏银四拾圆。倘不幸反被盗匪所伤，公众医治痊愈，如不能痊愈以致手足不仁者，公给洋银陆拾圆，抑或毙命者给白事银壹百圆，概由保内均摊给发。如在家无恙，临时推诿不前者，不论何等之人，若被查出，公议重罚决不宽贷，此照！

一、议庄内如有贫老乞丐病死，以及遗旁死尸，我等务必闻众鸠资收埋，

---

① 《罗东联庄保甲合约字》，《罗东镇建镇一百六十周年暨新厦落成记念辑》，罗东：罗东镇公所，1969年，未注页码。

倘有棍徒借作尸亲妄任诈索，公仝获送官究治，此照！

一、议如有匪徒私将军装木料以及等物，潜移入境，波累善良者，我等随将借认之人拿获送官究办，此照！

一、议庄内所有五谷地瓜，以及蔬菜菓子等物，我等须要互相劝勉，不可贪心妄取，如有私心妄取，立即鸣众议罚，决不宽姑，此照！

一、议庄内如有畜养群鸭，以三十只为限，多者恐致残害五谷，不拘何人，立即鸣众议罚，抑或将鸭充公，决不食言，此照！

一、议庄内如有异服面生可疑者，我等须向前问其来历，既非亲戚朋友，即逐出不可留宿在庄，违者闻众拿获送官究治，此照！

一、议街庄路巷自黄昏以后，出行宜执明灯为号，倘有三五成群，行迹可疑者，务要鸣铮捕拿送官究办，倘若善良者被挟怨诬供，以及匪徒拖扯，该众宜出结具保，以分良莠，此照！

一、议街庄中如有不法之徒，作奸犯科开设赌场、宰杀耕牛、私买小钱等情，例禁森严倘敢故违，均应禀官究治，此照！

一、议保内讲赏调治诸费，均就保内殷户斟酌捐施，各不得推诿，违者禀官究治，此照！

一、立联庄保甲合约字拾柒纸存案，余各总董联甲绅士分执，为照！

光绪拾玖年伍月

这是目前发现清代宜兰唯一一则乡约条规，是在清光绪十九年（1893）五月所订，是罗东保受宜兰知县汪应泰谕令，为弭匪安良以靖地方事，由东势总理江锦章、罗东保总理陈谦逊、张和美邀集保内甲长廖荣昌9人，董事杨向荣等8人合议，所约条规11条，有弭盗，有守望相助，有经费摊派，甚至有养鸭30为限的规定。

（二）四围堡四结庄联庄规约

《兰阳史迹文化图鉴》收有1898年四围堡四结庄联庄规约一则，四围堡四结庄联庄规约虽议订在日据初期，但其形式与内容与清代台湾乡约并没有二至，所以还是可资参考，其内容为：[①]

仝立联庄合约字人四围堡四结庄良民吴红九、吴步蟾、谢佛、谢茂、吴昆

① 凌武昌、林焰龙主编：《兰阳史迹文物图鉴》，宜兰：宜兰县文化中心，1986年，第182页。

山、黄荣升、魏井泉、王江淮、吴天来、朱阿荣、李天文、李敦义，上抵美庄良民吴水清、吴清蒲，玛璘社庄良民黄宗岱、吴福寿等，窃思官有正条，无非范下民之标准；民有私约，实可立该庄之范围。兹因子庄内地近山涯崖，匪徒之出没无定，而庄民之寝食难安，爰邀集庄长并甲长到庄公仝酌议，立约为凭，凡遇有匪徒下乡攻击民家，该约内之人务须同心协力开炮救护，不得袖手旁观，如敢坐视不救，被人查出，从重议罚，各不得异言，此系同乡共井守望相助，口恐无凭，字实可据，爰立合约字壹样参纸为照。

即日仝庄长并甲长立过合约字壹样参纸是实再照。

一批明日夜遇有匪徒攻击民家，该约内之人如敢坐视不救者，查出罚金拾贰员以采买铳子，约内之人按份均分，各无异言，倘有故违者，定即禀官究办，决不姑宽，批照。

一批明日夜遇有匪徒攻击民家，该约内之人协力救护，若有人拾得匪徒之物，宜以先到者按份均分，后到者不能争执，批照。

一批明凡有侦知匪徒下乡隐匿民家，该约内之人务要各出一人持执刀铳，协同搜捕，倘有推诿不前者，罚金陆圆以作公用，如敢故违，禀官治罪，决不食言，批照。

一批明约内之人各设日本旗一枝，凡遇救护之时将旗为号，批照。

一批明合约字壹样参纸，议交吴步蟾壹纸，又谢坤壹纸，又吴福寿壹纸，共参纸。若有要用，取出公阅，不得刁难，批照。

一批明或遇匪徒入庄，开炮参声为号，批照。

此约是宜兰四围堡上抵美、四结、玛璘社3庄，于日据初期，为防台湾北部匪乱，所订定的联庄规约，日本据台初期，沿用清代基层组织，以地方自治的乡约组织，自立规约，连庄自保，维护地方秩序与安全，绥靖反抗势力。日本政府就是靠宜兰这一地方基层组织，逐步掌控宜兰地域社会秩序，并逐步达成稳定统治。

第七节　清代宜兰乡约职掌分析

《东瀛纪事》说："总理即该地耆老，官给戳记，使理一乡之事，多系士豪为之。"① 清代台湾总理与现在的乡镇长，十分相似，是一乡的领导人，掌理一乡的大小事务。陈奠邦是宜兰最早的总理。《噶玛兰志略》说：嘉庆十七年（1812），建造宜兰城"奠邦率先结首，分段完筑，栽护竹围。道光四年，山匠林泳春滋事，构获正法，奠邦亦与有微劳. 大抵遇地方事，皆知向前自效，毫无因循观望之态. 其处乡里也，贫则周之，少则抚之，排难解纷。"② 陈奠邦是总理的典范，所以能被选充为总理，并久任期职，且屡获奖赏。但他的工作也不少，这就是总理的职掌，现仅就宜兰文献可见部分稍做了解：

《宜兰县志》清代宜兰总理的职掌，分列 9 项：

1. 调解辖内各街庄人民之民事诉讼案件，及其他纷争事项。
2. 处理经官厅私下驳回之民事诉讼案件。
3. 处理辖境内公共事务。
4. 对与地方公益捐款，应与各街庄绅董协同保管并支用。
5. 领导人民迎送上官，并办理接待事项。
6. 办理保甲及门牌等事项。
7. 办理冬防及联庄等事项。
8. 稽查歹徒匪类，随时报告官厅，并策划境内安全。
9. 传达官厅命令，通告人民。③

宜兰至今发现有清代的乡约文献还是有限，所以对清代宜兰乡约只能有片段的了解，而《宜兰县志》为乡约提供一较为清楚的轮廓，清代宜兰乡约的职能有调解诉讼、处理地方事务、征收保管运用地方公款、迎送上官、办理保甲冬防、稽查匪类、宣达政令等，以此而言宜兰的乡约与台湾各地或中国各地是相同的，这表示在职能上，乡约职役化，官府对乡约有统一的要求，所以清朝乡约的职掌是划一的，宜兰当然不例外。

一、自治功能

《台湾通史·吴沙传》中说吴沙"召佃农，立乡约，征租谷，刊木筑道，沿

---

① 林豪：《东瀛纪事》，南投：台湾省文献委员会，1997 年，第 4 页。
② 柯培元：《噶玛兰志略》，南投：台湾省文献委员会，1993 年，第 90—91 页。
③ 卢世标：《宜兰县志·政事志·自治篇》，宜兰：宜兰县文献委员会，1970 年，第 4 页。

山各隘，分设隘寮十一所"。[1] 吴沙嘉庆二年（1797）在宜兰立乡约，并以乡约为依据，推行地方公共事务，建立地方社会组织。当时清朝官府还将宜兰视为化外，吴沙却在宜兰实施地方自治。

乡约的组织是合议制，所以设有董事，柯有成、陈奠邦、何桧、赖岳、吴化与吴光裔六人就是宜兰最早的董事，总理是由董事与地方头人街庄长、族正、结首等选举产生，乡约的条规也是出于头人的公议，地方公务的推行也是要由董事与各头人协同办理，有很明显的地方自治功能。

二、教化功能

乡约初始的目的，在推行乡里教化，所以教化是乡约的主要工作，所以受到帝王与仕绅的重视。《噶玛兰厅志·风教·宣讲圣谕》引述《大清·通礼》说明每月朔望，在乡约所，按期集合官民，宣讲世祖6谕、圣祖圣谕16条、世宗圣谕广训。并选择民众易犯的法律条文，一并宣读。厅宪要带领官员与约，并派员巡行各保，督导各乡约宣讲情形。乡约原本旨在教化，后虽成为重要乡职，但教化宣讲功能仍是乡约重要工作。宜兰清代遍设乡约所，按期宣讲，通判还要亲自与约，官民也要到约所听讲，事毕始可退场，宣讲圣谕成为推行乡约教化的方式。

在《噶玛兰厅志》中对宣讲圣谕还有进一步的说明：

顺治九年颁"御制六谕"曰："孝顺父母，恭敬长上，和睦乡里，教训子孙，各安生理，无作非为。"即今学宫所立卧碑文也。

康熙九年颁"圣谕十六条"曰："敦孝弟以重人伦，笃宗族以昭雍睦，和乡党以息争讼，重农桑以足衣食，尚节俭以惜财用，隆学校以端士习，黜异端以崇正学，讲法律以警愚顽，明礼让以厚风俗，务本业以定民志，训子弟以禁非为，息诬告以全善良，诫窝逃以免株连，完钱粮以省催科，联保甲以弭盗贼，解仇忿以重身命。"雍正元年，就此十六条为题，各篇敷绎至论，计共万言，谓之圣谕广训，即今着令生员岁、科试及新进童生所默写者也。

乾隆五年钦颁太学训饬士子文，通行颁发直省学宫，令朔望一体宣读，永远遵行。[2]

---

① 连横：《台湾通史》，台北：众文图书公司，1994年，第853页。
② 陈淑均：《噶玛兰厅志》，南投：台湾省文献委员会，1993年，第119—121页。

清代宜兰宣讲圣谕的风气很盛，仕绅是主要推动者，书房或由书房转化的鸾堂与善堂是主要推动的场所。这宣讲风潮，经日据50年，直到1951年以后才消失。所以现在宜兰70岁以上的耆老，对讲圣谕还留有印象，甚至听过圣谕，知道讲圣谕是在说教，宜兰现在有"听你在讲圣谕"俗谚，意识是听你在说教。

对于清代宜兰乡约的宣讲圣谕具体内容，史料比较缺乏，到日据时期因报纸的出现，有关宣讲圣谕的报导十分丰富，可补这方面的不足。1897年，《台湾新闻报》对杨士芳宣讲圣谕有生动的报导：

> 宜兰有邑绅杨士芳者年迈古稀，尤童颜鹤发，步武如壮。现设立宣讲在于街衢间巷各处劝化。杨君任讲堂之责。每遇讲枘迎请别处宣讲，则仪仗整齐，鼓乐迭奏。杨君不辞劳烦登台首讲善书，讲毕，行三跪九叩之礼，举止康健，人咸美其乐善不倦。[①]

宣讲圣谕是在城乡街衢间巷各处，定时或不定时轮流宣讲，宣讲前的仪仗、鼓乐绕境，是一种宣传，要吸引民众前去听讲。在宣讲圣谕时加入善书，是在鸾堂、善堂加入宣讲行列后新加入的部分。杨士芳在宣讲前及讲毕，对圣谕牌行三跪九叩之礼，圣谕牌就如皇帝亲临，杨士芳向圣谕牌行最敬礼，就如同对皇帝行礼一般。

1916年，《台湾日日新报》对宣讲圣谕也有如下报导：

> 宜兰劝善局董事庄赞勋、吕子香、游登三、蔡振芳等人，依例于旧历元宵日，邀集绅商善士人等，恭迎岳武穆王牌位至天后宫宣讲善书，劝化愚民，以敦风俗。是日午后一时，各宣讲生及诸绅士、区长、保正集武穆王庙，如例举行祝典，乃迎神舆绕街。先是头队龙凤旗16面、大鼓吹8阵，次执娘伞六、七十付，具系各保人民献纳，华彩夺目，次音乐队4阵，次钟鼓亭4枘，次提炉日月扇，次圣谕亭，又次武穆王神舆。掌驾16人，随驾捻香者，乘轿2百余顶，步行千余名，沿街遍巷，排列香案，环巡至妈祖宫止。即行开讲式，择品学兼优，最负众望者，登台开讲善书，绅董静听，式终。自是由该局讲生，每夜轮流宣讲，或设于市井，或设于庄，均从其便，迄今历22年之久，任其责

---

① 《台湾新闻报》1897年10月12日"至城宣讲"条。转引自王见川《关于碧霞宫——兼答林静宜之质疑》，《宜兰文献杂志》27期，宜兰：宜兰县立文化中心，1997年，第85页。

者，始终如一，热心苦口，有益于地方不少。①

又1931年《台湾日日新报》的《宜兰碧霞宫劝善局纪念祭典》文载："宜兰碧霞宫劝善局，自明治二十八年，旧四月二十四日。进士杨士芳等，创宣讲圣谕以来，迄今继续三十有六载。"② 杨士芳是同治元年（1861）中举人，同治七年中进士，是宜兰唯一的进士，是宣讲圣谕不二人选，所以杨士芳应是在中进士，甚至中举人之前就开始宣讲圣谕，《台湾日日新报》所指的22年、36年是指碧霞宫劝善局开办宣讲圣谕的时间。

碧霞宫是位在宜兰的鸾堂，杨士芳曾参与创建，主祀神是岳飞。清末宜兰鸾堂十分兴盛，地方仕绅大都投入鸾堂活动，鸾堂并与宣讲圣谕结合，在鸾堂庙堂上都会悬挂"代天宣化"匾额，并仿乡约订有堂规，现抄录头城"唤醒堂"堂规如后：

一、凡入堂诸生，务宜学习礼仪，遵守规矩，勿意气乖张，致干罪咎，切记毋忽。

一、进堂之人，不论大小执事，总要衣冠整齐，心口清净，不可语言狂躁，步履声扬，无存敬畏，以触神威，违者记过。

一、凡礼诵之人，务须只字分明，勿鱼目混珠，信口妄宣，胡涂塞责，至司香茶者，亦须虔诚敬奉，不可草创从事，侮慢神祇，违者记过。

一、凡有诸真列圣到堂挥鸾，务要鹭序鸳班，端立左右，以尽厥职，而表诚敬，切莫斜东倚西，致失威仪，敢有不遵者，决不姑宽。

一、左右鸾生以及抄录传宣之人，务须恪恭汝职，善养精神，切勿畏难偷安，互相推诿，致碍堂规，以招神怒，违者记大过，遵者赏一功，各宜凛之。

一、凡迎送之时，务宜细听训语，勿仓皇而乱窜，叩跪亦须恪恭，不准举头斜视，敢有故违者记过。

一、凡停鸾之际，不准言语宣哗，互相闲谈戏笑，以乱堂规，敢有不遵者记过。

一、凡有职任者，务须自励其心，切勿嗜酒乱性，恼触神祇，遵者决不宽恕。

---

① 《台湾日日新报》1916年2月26日"宣讲劝善"条。转引自林正芳《宜兰市志·大事记上》，宜兰：宜兰市公所，2003年，第130页。
② 《台湾日日新报》1931年6月13日"宜兰碧霞宫劝善局纪念祭典"条。

一、凡为诸生者，当一视同人，互相忍让，时为劝勉，切莫以少凌长，以尊压卑，亦不可自恃己才，骄傲成性，不和于人，有忝厥职，敢有如此者，决不宽容。

一、凡为本堂之鸾下者，当要有始有终，切莫中途畏缩，如或奸贪成性，淫欲伤风，不忠不孝，不慈不善，凡诸恶事，切莫妄为，遵者记功，违者最在不赦。

一、主理及董协等，凡有公事，当妥商办理，勿执己见，切记。

一、自堂规悬示之后，各宜遵守而行，胆敢故违者，斥革。[①]

三、兴建宜兰城

《噶玛兰厅志·杂识》载有：

> 五围地方应建城垣，挑挖濠沟，春筑城基，前守杨廷理原议栽种土产九芎树为城。前通判翟淦莅任，因九芎树木过大，一时不能生根，令总理结首，城基之上遍插莿竹，已经全活；再于城基之旁，另栽小九芎树。将来树竹茂盛，即有空隙，亦可将竹枝编排，城垣愈形巩固，系属因地制宜，奉宪檄照所议办理。仍令将承办各总理结首姓名及建筑丈尺，造册详送，以凭奖励。卑职抵任，督同总理陈奠邦等，履勘所插莿竹，现在茂密，其城边并无所种之小九芎树。询据陈奠邦称：城边种树，已非一次，因兰地每于秋冬雨多，地土松湿，不能存活。惟莿竹一律整齐，又濠沟淤浅，亦即挑挖通流，可资捍卫。[②]

宜兰城的兴筑，是由宜兰地方总理，发动民工兴建的，官府借用地方乡约组织，完成政府重大工程，政府财政大为减轻，地方官在工程完工后将总理结首姓名及建筑丈尺造册，呈报台湾府，再转呈朝廷叙奖。宜兰城自嘉庆十五年（1812）到道光初年，经杨廷理、翟淦、姚莹等通判多次的修筑，由种九芎、种刺竹，到建城墙，前后十多年都是由宜兰街总理陈奠邦总其事，所以说："陈奠邦是建造宜兰城的大功臣"，甚至说陈奠邦是宜兰城的建造者都不为过。

四、警备功能

《噶玛兰志略·武功志》载有道光三年（1823），林泳春民变，水师提督许

---

① 《录善奇篇》，宜兰：唤醒堂，1984年9月重刊，第17—18页。

② 陈淑均：《噶玛兰厅志》，南投：台湾省文献委员会，1993年，第348—349页。

松年适以阅兵巡台，将入兰，总理陈奠邦等中途呼援。陈奠邦自嘉庆十二年之后就任街总理，至是时，已 10 多年，由此推知，陈氏应是干练的人，能得各方拥戴，长任斯职。且其对官府忠诚，一有警讯，立即告官，所以能得皇帝下旨赐赏。

五、辟筑宜兰联外备道

《噶玛兰厅志·杂识》记有:

入山备道，应照前署厅姚莹原议缓修也. 志恒议曰:"噶玛兰厅应修备道二条，泉、粤二籍民人分垦地界，各得其一，各前厅遵照奏案，谕雇二籍头人兴修。旋据泉籍总理翁清和、粤籍总理林典等禀请宽展年限。前署厅姚莹传齐各头人结首，细加咨询。缘两处备道，一由艋舺之大坪林进山，从内山折转，至大湖隘，始抵东势之溪洲，系泉人分得地界;一由竹堑之九芎林进山，经盐菜瓮，翻玉山内鹿埔，可出东势之小叭哩沙喃口，系粤人分得地界。[①]"

姚莹是道光元年（1821）到任，当年就升任台湾道离职，而吕志恒是道光三年（1823）到任，道光五年（1825）升台湾知府，从泉籍总理与粤籍总理推论，是时当有漳籍总理，且数额应不只一人，因宜兰漳人占十分之九，泉、粤加总尚不足十分之一。另这也说明泉粤 2 籍总理须在自己地界内，督促族人开筑对外联络备道，而其工程不小，泉粤 2 籍民人似有不胜负荷，故请求宽展工期。

六、理番功能

《噶玛兰厅志·规制·番社·附考》称:"西势加留沙埔久未及行;道光元年（1821），署通判姚莹乃督西势番总理林兴邦、社丁张金标、通事八宝笼，会同各社土目勘定。"[②]清代宜兰设治初杨廷理以汉人充当番总理,至道光元年（1821）姚莹署理噶玛兰通判时，番总理仍然存在，当时西势番总理为林兴邦，番总理其平素负责约束社众，对于加留沙埔地的堪定，关系当地少数民族各社权益，是番总理的职责。

---

① 陈淑均:《噶玛兰厅志》，南投:台湾省文献委员会，1993 年，第 349 页。
② 姚莹:《东槎纪略》，《噶玛兰厅志》，南投:台湾省文献委员会，1993 年，第 33 页。

七、保结功能

《噶玛兰志略·番市志》述有嘉庆二十年（1815）因有 112 甲未垦埔地要招垦，泉籍总理翁清和等保结民人翁辉承充当官庄垦户，自备工本，不论歪斜地角尽力开垦。[①]

总理不但要管理约束乡民，在民人与政府往来时，要查核民人并为民人作保。所以总理是政府与人民的沟通桥梁，人民欲与官府打交道，非透过总理不可，这就是清代总理在地方有很大影响力的原因。

八、公证功能

在古文书中可在书契后看到公见人，公见人就是见证人或公证人，在宜兰古文书中也可看到总理为人公证，例:《宜兰古文书·第一辑》录有:"咸丰八年（1858）四围总理吴宗为民人吴合成等阄分约字公证"，[②] "光绪四年（1878）四围保总理吴舜年为民人吴溪中分管约字公证"[③];第三辑录有:"光绪六年（1880）茅仔寮保总理林文富为民人林得福立遗书字公证。"[④] 总理是地方的头人，由总理公证，公信力获得保证，且总理有戳记，可在文书上盖印总理戳，所以公证也是总里服务地方的职能之一。

第八节　宜兰乡约呈现出的意义

乡约组织原只是在宣讲，强调教化，后因介入地方基层组织，成为地方最重要的乡职，在职役化后，地方事务才是乡约的重点工作，宣讲往往流于形式，这是乡约普遍现象，一般皆然。而宜兰乡约有与大环境相同的现象，但也有受宜兰时空环境影响的地方特点，现归纳成以下五点做一概述:

一、宜兰乡约称总理

在方志史料中，宜兰乡约均称总理，没有称约长约正，在上表 36 人中，无一人称约长约正，可为证明。这不是宜兰特有现象，全台都是以总理称乡约，而在大陆却没有这情形，王凯泰、何澄、唐赞衮等都已注意到这一现象。

---

① 柯培元:《噶玛兰志略》，南投：台湾省文献委员会，1993 年，第 125 页。
② 邱水金:《宜兰古文书·第一辑》，宜兰：宜兰县文化局，1994 年，第 82 页。
③ 邱水金:《宜兰古文书·第一辑》，宜兰：宜兰县文化局，1994 年，第 96 页。
④ 邱水金:《宜兰古文书·第三辑》，宜兰：宜兰县文化局，1996 年，第 119 页。

二、嘉庆二年（1797）至嘉庆十七年（1812）宜兰以乡约实施自治

吴沙是有计划武装入垦宜兰，吴沙入兰前在淡水厅三貂社居住 23 年，时任番割，进行汉番交易，对宜兰很早就有入垦的准备，所以在进入宜兰的第 2 年（嘉庆二年，1797），即马上立乡约，建立移民社会组织，实施自治，宜兰以乡约进行自治的状态一直维持到嘉庆十七年（1812），清朝在宜兰设治为止。

三、宜兰的三籍总理

宜兰是以漳、泉、粤 3 籍移民为主，在移垦社会，聚籍而居可为生活与安全提供保障，所以宜兰开垦是以祖籍作为地域划分，因此在清朝未设治前就出现 3 籍总理，这种现象直到咸丰二年（1852）时还有发现。

一般总理是以保（里）、庄（街）等地域为范围，这也是通例，而宜兰以祖籍设总理是少有现象，但这也显现出乡约作为基层最重要的组织，因是属乡里自治组织，不是政府制式单位，保有很大的可变性，可随环境做调整，所以清代宜兰就出现 3 籍总理的情形。

四、宜兰主要家族与总理

清代宜兰主要家族有吴沙、黄缵绪、卢廷汉、杨士芳、李明顺、李望洋、陈辉煌、陈朝铿等家族，吴沙、陈辉煌是拓垦，黄缵绪、杨士芳、李望洋是科举，陈朝铿是拓垦兼科举，李明顺是经商兼科举，卢廷汉是经商。他们几大家族是宜兰既富又贵的家族，但由上表可知，吴沙与黄缵绪、陈辉煌家族有实际涉入乡约运作，尤以吴沙家族涉入较深，时间也较长，其他家族成员几乎都未出任总理这一乡职。但杨士芳、李明顺、李望洋、陈朝铿等家族对乡约教化部分的宣将圣谕，则十分热衷。

总理是清代最重要乡职，是官府与乡民间最主要沟通的桥梁，各大家族应深知总理的重要，以各家族在宜兰的影响力，要推派子弟出任总理，应是十分容易，但宜兰还是有一半以上的大族，没有成员出任总理，为何他们不出任总理，原因可能有二：一清律为防官宦或退职返乡官员鱼肉乡里，所以明令禁止绅衿不可出任乡职。二是总理是职役，要被官衙呼来唤去，且地方事务烦琐，各大家族子弟养尊处优，把出任总理视为畏途，所以还是有人不愿出任总理。

五、总理史料不足与研究稀少

总理虽是重要乡职，但组织位阶很低，长期以来不受重视，所以相关资料

不多，研究的人也很少，所以庄英章、吴文星《头城镇志》："本镇名头围堡，惜担任总理、董事及街庄正副之乡贤，一时不得其详。"[1] 林正芳《续头城镇志》也说："惜担任总理、董事及街庄正副之乡贤，一时不得其详。"[2] 林万荣《礁溪乡志》也叹称："本乡初设置之总理、董事，因史类文献欠缺，已无从考据。"[3] 尹章义《罗东镇志》稍有述及"清朝政府亦在罗东地区设置'总理'，如罗东堡总理陈谦逊，光绪十三年（1887）上任，统辖堡里事务"[4] 一条数据而已。宜兰地方志书，有关乡约的记载不多，偶有述及也是片段。古文书部分是有零星数据，但要做全面有系统的研究，还要再接再厉，才可能稍有进展。

① 庄英章、吴文星：《头城镇志》，头城：头城镇公所，1985 年，第 103 页。
② 林正芳：《续头城镇志》，头城：头城镇公所，2002 年，第 130 页。
③ 林万荣：《礁溪乡志》，礁溪：礁溪乡公所，1994 年，第 206 页。
④ 尹章义：《罗东镇志》，罗东：罗东镇公所，2002 年，第 215 页。

附编

陈捷先教授追思会

发起人：段昌国[①]、古伟瀛[②]
会场人员：杨晋平[③]、林洤翰[④]、古承瑄[⑤]、陈佩臻[⑥]
录音人员：林洤翰、陈佩臻、傅建富[⑦]
笔录整理人员：林洤翰、苏家俊

陈捷先教授

（1932—2019），江苏江都人，出生于江都邵伯，1949年自上海乘船来台，初抵高雄，进入高雄中学就读。1956年毕业于台湾大学历史系，1959年获台大历史研究所硕士，后应邀加入哈佛大学访问学人计划。1970年任台大历史系主任、历史研究所所长等

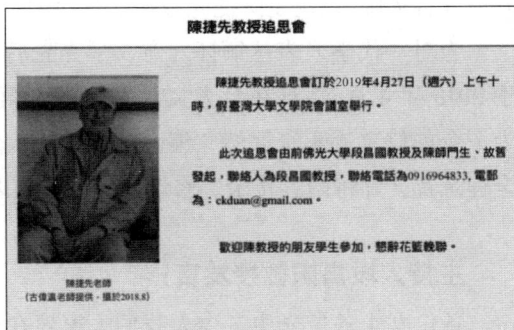

陈捷先老师
（古伟瀛老师提供·摄于2018.8）

职。1973年，借调成大历史系主任三载。1980年，应聘为美国麻州大学客座教授，1990年荣获韩国圆光大学名誉博士学位。1995年退休，获聘台湾大学名誉教授，南开大学历史系客座教授，移居加拿大。2002年获聘佛光人文社会学院

---

① 陈捷先教授于台湾大学历史系授课学生，宜兰大学文学院长院长。
② 陈捷先教授于台湾大学历史系授课学生，台湾大学历史系名誉教授。
③ 陈捷先教授于佛光大学历史系研究所第一届硕士班指导学生，现任九芎城文化发展协会常务监事。
④ 陈捷先教授于佛光大学历史系研究所第一届硕士班指导学生。
⑤ 非陈捷先教授学生，与教授认识多年，百龄小学教师。
⑥ 陈捷先教授于佛光大学历史系研究所第二届硕士班指导学生。
⑦ 陈捷先教授于佛光大学历史系研究所第二届硕士班学生。

教授，2006 年退休返回加拿大，并获聘佛光大学名誉教授。2019 年 3 月 17 日逝世于加拿大温哥华。

捷公自 1953 年考进台大历史系，至 1995 年退休，人生近半在台大度过。而为学专治清史、档案学与满族研究，著有《以史为鉴——漫谈明清史事》、《清史杂笔》《努尔哈齐写真》《康熙写真》《雍正写真》《乾隆写真》《明清史》、《透视康熙》、《满清之晨——探看皇朝兴起前后》《青出于蓝——一窥雍正帝王术》《满洲丛考》《清代台湾方志研究》《东亚古方志探论》、*Manchu Archival Materials*、*The Manchu Palace Memorials*、《族谱学论集》等书。

先生领导学术研究尤其卓著，经由他创设或主导的国际学会有："亚洲族谱学术研讨会""中韩历史关系国际学术会议""中国域外汉籍国际学术会议"及"中琉历史关系国际学术会议"等。并长期参与台北故宫博物院的清代档案整理、出版与研究。筹办"国学文献馆"并出任馆长，调查、收集海外珍藏之我国文献资料。举办大规模清史学术研讨会，广邀海内外清史专家，齐聚论学，这些会议与学门都因先生领导策划而蓬勃发展，培养年轻学者更不计其数，"既开风气且为师"，正是陈捷先教授最佳写照。

为对一代学人表达缅怀之意，学界先后为捷公举行了两场追思会。第一场于 2019 年 4 月 27 日在台大文学院举行，第二场于 5 月 1 日在佛光大学举办。为了令前修事迹不至泯然，编者特邀佛光大学萧家怡博士将第一场追悼会进行全程录音，并将内容转录、修订为本专辑，以飨读者。

主持人段昌国教授发言：

各位女士各位先生，今天我们大家聚在这里，一同怀念我们敬爱的陈捷先教授，陈捷先老师。现在邀请现场各位起立默哀一分钟。

默哀毕，请各位就坐。我们先请古伟瀛教授播放怀念捷公的影片。

古伟瀛教授发言：

在座的各位老师、长辈、陈老师的亲友，我今天在这里因为段昌国教授在召集我们追怀陈老师活动的时候，他知道我前一阵子有去看他，所以叫我先把影片放给大家参考一下，当然大家对陈老师的关系，以及对他认识会比我有更多，我只是在这边作一个开头，请各位参考一下。

大家晓得沈师母曾祥和女士是令人尊敬的前辈。去年年底"中研院"近史所出版了她的《曾祥和女士访问纪录》，访问：沈怀玉、游鉴明；记录：周维朋，（"中研院"近史所，2018/12）。在这个访问记录里面很特别提到了陈老师两次，我在这边特别提出来。

沈师母提到沈刚伯教授"当年台大杰出的学生有很多，盛极一时，有在台大或到国外教书，也有在'中央研究院'研究的。学生当中学问好的太多了，无法列举，学问也无法比较，就像杜甫跟李白一样无法比较，各有长短，学问都很好。不过有一个人不但学问好又有行政管理能力，就是陈捷先。据我了解，刚伯认为最能干的是陈捷先，特别赏识陈捷先，凡是人家找他办事都先找陈捷先。当时阿尔泰学会，大家都很有感受。在台湾开过不少次会议，他都让陈捷先当执行秘书，后来让陈捷先做历史系主任。"（第422、423页）

书中提到斯坦福大学在台大设立语文中心，是美国第一个在台湾设立的语言中心，后来美国不少汉学家也那里学习中文。早期主管都是美国人，而"第一任执行秘书是刚伯推荐的陈捷先，中心主管一年一任，担任办事的执行秘书，陈捷先很能干，做得很不错。陈捷先在台大念书时同学都称他为'扬州才子'。后来在台湾结婚的时候，还请沈院长证婚。出国回来后，担任过台大历史系系主任，后来调任成功大学历史系系主任，《联合报》创办人王惕吾也很赏识他，请他担任《历史月刊》的总编辑（之后换王曾才，他们两位都曾找我写文章）。"（第450页）

以上是我在沈师母的回忆录中看到这两次当时陈老师被称赞的情况。

下面这个照片，这一张是段昌国教授经由香港中文大学中文系的陈炜舜所提供的。这是 1963 年时台湾"东亚学术研究计划委员会第 11 届常会"的照片。这照片里面是当时台湾人文社会科学界非常重要的主持及奠定方向的人物，像董作宾、郭廷以、李济、沈院长，还有刚回台的许倬云主任、李亦园、刑慕寰（这位好像在余英时先生回忆录中提到的）、衍圣公孔德成，再来就是萧纶徽教授，然后就是陈老师，当时英姿焕发。当时奠定台湾人文社会基础的老一辈年轻一辈的工作者都在这里。

这些学者主持东亚学术研究会工作，当时候岛内很穷困，许多学术界的人士都受到东亚学会的补助，在座或许很多人都曾接受过像是哈佛燕京社等的补助。

接下来是陈老师的一些书法，我们台大历史系，在会议室开会里有几个重要的书法就是陈老师写的，像是台大历史系标志，这是他的一个对联：

史才欲过陈承祚，足迹还如马子长

这是陈老师在我们系里面放的，很有意思的对联，希望与历史系的同仁共勉。

这是我去年 8 月去拜访陈老师在温哥华家里跟他见面，留影。他跟师母在客厅拍的照片，桌上的文件非常多但整整齐齐，可见他的行政能力非常好。我去的时候他正在看联经出版的一些故宫的清朝档案，他说他正在写文章，因为今年有很多会议要来台湾，也要去大陆参加南开大学冯尔康教授举办的国际会议，正在写一篇文章，很可惜我们没机会看到。这是他书房前面，他跟师母鹣鲽情深，这是他与师母的照片，那时候拜访是去年 8 月。

最后是他给我的一些书法，我三年前退休后也去年温哥华，这时写了一张书法给我，写着"别有天地"，人退休了，找到另外一种生活，人生重来，果然有非常多发展空间。去年去的时候他又给我一张"一堂和气"，最后他给我一张，代表他的心境，他的人生态度的最后一张：

清气若兰，虚怀当竹，乐情在水，静趣同山

这个看得出来陈老师在温哥华之后他的人生态度，谦虚，淡泊，人生的享受。

我最近看到洛夫作品，他说人间有天堂的话，天堂就是温哥华。陈老师在人生最后 20 年的时间，大部分的时间在温哥华，享受人生最快乐的时光。他的谦虚、好学、晚年出版的许多深入浅出的清史著作，以及他对朋友的真诚与协助，都是我们非常难忘怀的，这些是我的一些照片分享，并且深痛的悼念陈老师的去世。谢谢各位。

书房外　　　　　　　　　　　　加拿大客厅

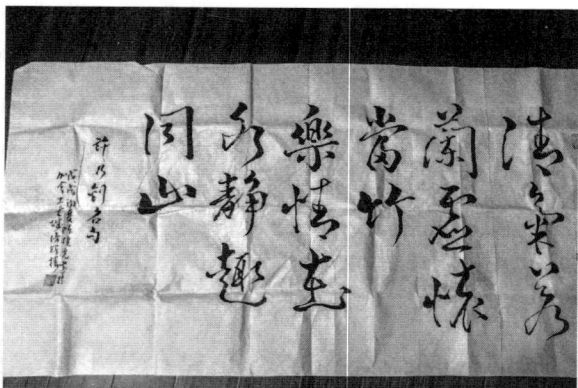

主持人段昌国教授发言:

谢谢古教授提供这么多珍贵的捷公照片,并让我们在这些难得的影像中见到捷公的书法。他的书法别有韵味,他也很乐意赠送给他的学生、朋友和他相识的人。接着请与他私交超过半个世纪以上的刘景辉教授来谈他与捷公的交谊。

张存武教授[①] **发言:**

各位同学,我与捷公是最好的同学,今天我得到这消息,无论如何都要出席追思会。记得第一次认识捷公是在广禄先生的满文课上。广禄先生的课很有意思,我上了一年就毕业了,后来没有用到满文,但是陈捷先、庄吉发他们可以用满文来做研究。那么短的时间就训练那么好,很值得纪念。那是一个开头,后来我与捷公常常在一块开会,我们共同开创了"中韩关系学会",开启了台湾中韩关系史研究,捷公是灵魂人物,召开了好几次会议,也出版了会议论文集。台湾和琉球关系好,捷公有个学生叫赤岭守,我们又一起发动了"中琉关系交流学会",迄今台北故宫博物院还在编辑出版《清代琉球史料汇编》。

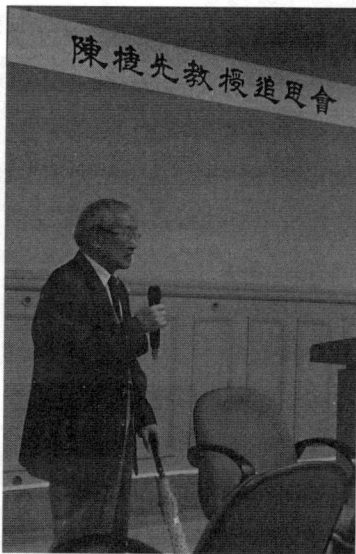

---

① 为陈捷先教授在台湾大学历史系的学长,"中研院"近史所研究人员。

我老了，很多事情讲着就忘掉了，总之，捷公在史学界办了很多事，很值得我们怀念，谢谢。

主持人段昌国教授发言：

谢谢张教授。今天来了位贵宾，是陈师母侯友兰女士的弟弟。

侯先生发言：

谢谢各位教授、同学，谢谢。

主持人段昌国教授发言：

谢谢侯先生。接下来换刘景辉教授发言。刘教授与捷公私交超过半个世纪以上，我们请他谈谈与捷公之间的公谊私情。

刘景辉[①] 教授发言：

主持人、各位贵宾，我们今天来追悼陈捷先教授，在座的每一位对于他的才华非常尊敬，对他的人非常非常尊敬。

我讲一点点大家可能不太知道的事。他刚接系主任时，有一次我从系办公室前面走过去的时候，他走过来，我那个时候是个讲师，刚从国外回来。前一年，八大讲师去考博士班，取了一位。陈教授陈主任就跟我说："景辉啊，我们台大的历史系的博士一定要像一个历史系博士。"简换言之，历史系这个名字很悠久，所以他很认真看这学院。这样讲很有道理，因为我是 1958 年进台大，那年校庆是胡适之博士的演讲。我站第一排，我个子高，胡先生演讲结束后，我对他的品格、他的博学、他的气度佩服极了，我想我在历史系才华不够、用功不够、气度不够，博士跟我来讲是非常遥远非常遥远的，连想都不必想，我能大学毕业就已经谢天谢地了。最后我看了胡适之先生所有的作品，是一个了不起的人哪！人品无缺失，还有那个气度，我想这就是陈老师对台大博士生的要求，陈老师的要求和他的理念，可

---

① 陈捷先教授于台湾大学历史系任职时期同事，台湾大学历史系教授。

能得罪了某些人，这影响后来他的发展，下面我就不讲了。这就是他一生的转折点，我想不少人知道这件事。

另外一件事，可能知道的人也不多。我是国民党党员，老蒋先生还奉行教师节活动，教师节请各大专院校的老师都到中山楼去吃饭。那里面有十个名额来给教授发言，我们陈教授是发言人之一，他讲了许多教育方面的改革意见，蒋先生坐在后面房间观看电视。诸位知道吗？每个人发言只有短短十分钟，掌声最大的就是我们的陈老师，陈教授。全场鼓掌，换而言之他把教育界的毛病讲得清清楚楚，佩服呀！佩服呀！了不起阿！而且这样参加中山楼的，我们系上可能有几位，后来蒋先生出来做总评说："我们会按着根据各位教授的意见，来作为促进改进参考。"

最后一点，我一直很敬佩陈教授，我一直很想学他的打领带，尤其是他的穿着，他正式场合永远打上领带。但我就是学不会，不行就是不行，他的学识更是望尘莫及啊！我们大家都会永远怀念这位导师，博学和仁厚宽慈的好老师和好朋友。

主持人段昌国教授发言：

谢谢刘教授。到目前为止，他获得的掌声最大。今天所有的发言都会录下来，所以刘教授今天讲话非常慎重。接着有请庄吉发教授。

庄吉发[①] 教授发言：

对不起，我叫庄吉发，刚刚要我出来，原因是我的年纪较大，那真正应该出来讲的还有很多我的长官们，包含（台北）故宫博物院的院长，所以我最感慨的是，没有陈老师，就没有今天（台北）故宫博物院的规模，我个人因为上了陈老师清史资料的课，我开始注意到档案，毕业后，陈老师把我带进（台北）故宫博物院做学徒、

整理档案、开箱、编目，我很认真地听陈老师的指导，所以我学会了很多档案整理的基本功夫，我常常很感慨，我宁可不到大学教书，但是我决心要到故宫

---

① 陈捷先老师于台湾大学历史学系授课学生，台北故宫博物院研究员。

当学徒，这个是我一直努力的方向。

刚才张存武老师也提到学满文的事情，陈老师有很多的满文工作是我帮他翻译处理，因为他提醒我满文的重要性，所以除了在故宫，回来旁听广禄老师的满文课以外，我还跟着广禄夫人继续学满文，因为广师母是故宫满文顾问，在那边指导我们的同事，我也在旁边认真学。此外，我也跟胡格金台，这一位达呼尔的长辈学很重要的最基础的翻译工作。因此，我应该感谢陈老师，把我带进了清史的领域。清代档案一般人只看汉文，而我能看满文档案、能翻译，直到现在我没有停止过。

我一直在教满文，所以海峡两岸满文的交流，在目前来说的确值得肯定。我长期请同学看满文，包含我昨天考学生的题目里面也含有满文。大家学问再好，但是不能不看满文。举个例子：紫禁城南边的午门，大家一看都知道午门，但是满文怎么翻译大家没有注意到。天上有南天门，对应南天门，地上就有南中门，所以午门满文翻译成南中门，来对应天上的南天门。因此，我到紫禁城以后，我帮着故宫博物院，把很多牌匾，有满文的，一般人不注意满文，我可以不用查字典的，我都很清楚。国内能背满文大词典的人大概没有几个，我是其中一个，必须要肯定的。我上课不必查字典，我看满文档案不必查字典，所以我能这么认真、这么负责地把满文学好，完全是受到陈老师的影响，他希望我这样子做，他带我走进满文的世界，也带我到韩国、日本、琉球参加很重要的阿尔泰会议等等。因此，我个人还好在台大也修了日文课，所以我的日文也能通，因此不论到琉球、到日本，我的论文发表一定是用日文发表，所以我特别强调语文的重要。

我非常感谢恩师陈老师，没有陈老师，就没有今天的台湾的满文或者档案的一些成果。所以不敢浪费各位长辈或者老师的时间，我只能简单提到我的感谢，谢谢。

主持人段昌国教授发言：

谢谢庄教授。前不久世界文化遗产调查，全中国能用满文讲话的人数不超过一千。我想这一千人之中讲得最好的，应该就是庄吉发教授。既然庄教授提到故宫，我们当然不能忘掉曾经担任故宫博物院院长的冯明珠。

主持人段昌国教授发言：

大家都礼让，让到最后，还是跑不掉。潘教授要先讲吗？还是也要让……？

潘教授也是我们的好朋友，留到后面讲好了，由您压轴。那么有请冯院长。

冯明珠[①] 院长发言：

各位老师，各位同学，各位好朋友，各位坐在一起怀念陈老师的门生故旧。我们今天能共聚一堂缅怀陈老师，首先要感谢段昌国教授。从我知道陈老师仙逝的消息，我就请陈龙贵联络台大历史系，看看能否比照李守孔老师，杜维运老师为陈老师办追思会。各方奔走无结果，最后是由段昌国与古伟瀛两位教授直接发起承办。
我非常感谢，如果没有段昌国的努力，今天大家不会相聚在台大文学院里，我们熟悉的地方。

刚刚古伟瀛教授追忆说：陈老师的事迹我们都知道，陈老师的能干、陈老师对学生之爱与提携，实在是了不起。别的我不赘述，我说说老师对我的提携。我是香港侨生，毕业于 1978 年，当时我留在台湾跟朋友们做一些事，结果陈老师引荐我进入故宫从事《清史稿校注》，当时台北故宫博物院在钱穆先生和陈捷先老师领导正进行《清史稿》校注工作，我因此深入了清史研究领域。前后六年，待故宫《清史稿校注》阶段性工作完成后，我正式进入故宫图书文献处服务。陈老师与故宫图书文献处关系极深，台北故宫博物院在 1967 年建立，翌年图书文献处成立，台大历史研究所毕业的学生如庄吉发、刘家驹、萧凡等人均经进入故宫博物院里面服务，开始编目清宫档案，陈老师因与当时图书文献处处长昌彼得先生关系深厚，也是成为故宫档案编目重要的指导人，致使故宫所藏清代 40 万档案全部编目完成，于 1983 年出版目录，当时全世界要做清史研究的学者，都靠这一本目录，来到台北故宫博物院看档案。大家知道另外一个典藏清代档案最多的机构是中国第一历史档案馆，是那个时候他们的档案完全没整理，一史馆大规模开始整理档案远落在故宫博物院之后。

陈老师教导我，推荐我进入故宫从事《清史稿》校注，而陈老师一直都是故宫顾问。他对故宫的另一项协助，是培养中国艺术研究人才。他当台大历史研究所所长的时候跟故宫合作，在台大历史研究所增加的历史所艺术史组，与

---

①　陈捷先老师于台湾大学历史学系授课学生，台北故宫博物院院长。

一般史组、近代史组并列；在历史研究所艺术史组的基础下，最后台湾大学成立了艺术史研究所。艺术史组栽培出来历届的同学，都先后成为中国艺术史研究的拔尖人才，撑起了台北故宫博物院的研究，或开创了艺术史教学，如陈葆真、陈芳妹、邓淑苹、石守谦、王耀庭、嵇若昕等等。陈老师行政能力之强，让台湾的中国艺术史研究在世界占一席地位，始作俑者或创始人就是陈捷先教授。

陈老师推荐我进入故宫，是带领我进入清史学界，参加两岸清史学术研究会、阿尔泰学会，我也深入清史研究领域。《清史稿校注》完毕后，"国史馆"开始在校注的基础下重修《清史》，陈老师、庄吉发及我均参与其中，可惜时不我与，2000年政党轮替，一切都改变了。"国史馆"说应修台湾史，重修《清史》是大陆的事，这可以记是台湾治清史的人之恨。2004年大陆开始修清史，戴逸先生领导的"新清史大计划"正式启动，据说今年会出版了，陈老师也受邀参与规划，他遂领着一群台湾做清史的学者参与其事。

陈老师也倡导中韩关系、中琉关系研究，直到今天台北故宫博物院仍与琉球合作出版清代中琉关系史料；我进故宫时编辑的中韩关系史料仍堆在故宫图书文献处的库房中。这些都是陈老师始作俑推动的研究工作。陈老师也推动过"域外汉籍研究"，这都是他超凡的行政能力，令我这个做学生的非常敬仰。

我进入故宫后的发展也是一步一脚印。6年校注《清史稿》时间，我是故宫与"国史馆"合聘的研究人员，不算正式公务人员，但我从来没有因工作不稳定而想离开，在故宫一待38年，成为故宫院长是因缘际会的结果。陈老师一直都很关心我在故宫的工作，从我校注《清史稿》开始，升副研究员、研究员、图书文献处处长、副院长、院长，陈老师对我的关照从未少过。我所有召开的国际研讨会议、两岸交流会议等，陈老师无役不予。我策划"乾隆的文化大业""雍正：清世宗文物大展""康熙大帝与太阳王路易十四""十全乾隆——清高宗的艺术品位"等陈老师均参与其中，应我之邀为清帝写传，他总能在截稿前就送来完稿。陈老师跟故宫博物院渊源很深，我原与庄吉发、龙贵商量，若台大历史系不办追思会，我们就要去见故宫现任院长吴密察，请他出面办理。谢谢段昌国教授，因他的积极让我们今天能够共聚一堂缅怀老师。

最后我要补充一点，就是陈老师去世消息传到大陆后，3月20号阎崇年老师就打电话给我，原来他与冯尔康教授已经要发起，要出版一本《追思陈捷先教授纪念论文集》，遂邀本人参与，努力把海峡两岸陈老师的故旧门生们集合起来，为一生贡献于清史研究、教学与两岸交流的陈捷先教授出版一本纪念文集，台湾邀稿集稿部分由我来负责。约稿内容可以是缅怀纪念文或历史论文均可。陈老师是扬州邵伯人，邵伯地方政府正努力兴建一座陈捷先教授纪念馆，预计在9月开幕，配合开馆希望这一本文集能顺利于9月出版。

最后，陈老师已经高寿87，农历年时仍跟大家联络互道安好，他的突然仙逝，对我们而言有些突然，但也表示他在没有太多病痛下安然地走了。人虽已走，但他留下丰富的著作，他的影响仍然在海峡两岸发酵之中，谢谢大家聆听。

主持人段昌国教授发言：

谢谢冯院长。戴晋新跟冯院长鹣鲽情深，都没告诉我她泪线那么低，所以我手上这包卫生纸准备得太迟了。不过我还是放在这里，或许等一下会有人需要。潘美月老师，您准备好了吗？能否请您讲几句？您跟捷公的距离非常近。不好意思，本来炜舜跟我说潘老师只是来参加，不准备讲话。不过刚才刘教授点名，还有一位年长的。

潘美月[①] 教授发言：

各位长辈，各位老师，各位朋友，我今天是没有打算要讲话。关于陈教授的学术成就及办事能力，他的学生同事知道的可能比我还多。我们在台大多年，可彼此都不认识，我跟陈教授认识是因为同在温州街置产，是因为置产才认识的。

那时候大家都定好了选哪一间，后来昌彼得先生去骂我，他说："你为什么选在那一边呢？为什么不在陈捷先的隔壁？"其实我那个时候都不认识他，也不认识侯友兰，我都称她侯姐姐。后来我们先买了，之后小区常常开会，讨论兴建进度，我们因此变得熟络，且经常通电话。我想起一件事，他看到我买了一套厨具后说："你这套很漂亮，我也要一套。"于是，我也帮他订了一套。我们关系都是在生活上，在学术上我们没有太大的关联，因为学的都不一样，虽然文史一家，但还是有些差别。我与他的朋友都认识但也没有很多交往，今天来参加感觉很熟悉，很多都见过的，可是

---

① 佛光大学文学系系主任。

看到的都比我年轻。我与捷公是同辈，但我比较年轻一点。

我跟他算是瞒有缘分的，买了房子以后，就常有接触。最好玩的是，他是买最左边的边间五楼，我是买在中间的5楼。我们共同的朋友很多，由其是昌彼得先生是我们两家最熟，最要好的朋友。如果他到我家的时候都会跟捷公打个电话："我在你隔壁。"那怎么办呢？我们是5层楼，如果他要下来再到我这边来，那要走十层。结果我们想了个办法，我们叫"打高空"，打高空就是把屋顶的门打开。他（捷公）都叫我小妹："小妹呀，你去开门，我过来。"跑过来看昌公。至于昌公到他们家的时候，也是先打个电话，那么我跟先生也是打高空说"你过来吧"。喝喝茶，聊聊天，就是这样子交情，说起来很像一家人一样，很亲，非常亲。

我跟他的缘分还不止这些，台大的同事这一段是比较没有关系的。几十年的邻居，后来他好像把屋子卖掉，搬到温哥华去。他搬去以后，2002年到佛光大学教书。龚鹏程校长找我去佛光教书就是拿捷公当招牌："潘老师您来我们这里教书嘛，我们这里还有一位您认识的陈捷先教授。"确实我那时候只认识他一个。除了捷公外，佛光里几乎一个人也不认识。所以我后来到佛光以后，我们重新成为同事。这一次就很熟了，跟以前在台大不一样。我在佛光6年，他大概也差不多吧？他比我先离开，离开后又回到温哥华。

我记得有一次我到温哥华的时候，打电话给他，他说要来接我，我说："不用，我住在学生家里。你告诉我学生，开车怎么开。"他也很可爱，他说："来看看我们的房子，你下次跟你先生来住这间，昌公来住这间，吴老（师大英艾系吴匡教授）住这间，都来很好呀，好热闹喔，你去办。"我觉得自己很对不起他，我最终也没有把这件事完成。我后来第二次去温哥华的时候，我打电话给他，他说："我不开车了，我没办法来接你。"我说不用，打给电话，讲讲话。大家都好就好了，第二次也没有见到面。

一直到他回来，我们在历史系见了一下。听说那天是他生日，佛光历史系替他庆生，我们闲聊了一下。我跟他很有缘分，但是也谈不上什么关系，说同事？同学嘛？他大我五届，他跟我们系上的林文月是同届，他们都高我五届。说同事也没有同事过，因为我进台大时，他们也已经当老师了。所以这个关系很特别，是从温州街16巷的房子开始，是很好的邻居。

我后来还想到一件事，当时买房子时需要贷款，贷款需要请人担保，他就先找我。他说："潘美月，我们两个联名贷款，我走了话，你就帮我付钱。"其实都不会走的，因为一个月才扣一两千块而已。后来我跟侯姐姐认识也是我先认识他妹妹侯美兰，是中文系的。他每次回来都住他弟弟那边，住是温州街附近。所以我一直有印象的是朋友，家里的事情知道的比较多，他的学术研究等不太清楚。

他给人的印象是非常和蔼可亲，很高也很帅，口才也很好，对人真的很好。我很感激他是，后来我要升教授的时候，有碰到一些问题。他说："小妹没问题，陈大哥在这里，我一定会帮你忙。"尽管在不同系，他也帮了我忙。后来听到他去世的消息，我觉得很惊讶，因为他身体一直很好，精力充沛的，一天到晚开会的，跑到这里那里。就这样子就走掉了，有点受不了。

我是不太需要卫生纸，因为我比冯明珠年龄大得多，我碰到什么事情比你多得多，几乎一两个星期就会到殡仪馆参加告别式。上礼拜中文系有位柯庆明教授也走了，他年纪比我小。我现在已经碰到从前送老师，现在送朋友，连学生辈都比我先走了，所以还瞒难过的。我从前很爱哭，小时候非常爱哭，人家打我一下就哭，我结婚后受到委屈也是哭。后来，我有一天在想为什么我哭，从今天开始我不哭了。不管谁过世我都不哭，不管参加什么场合我都不哭，人就慢慢变得坚强。

我非常怀念陈大哥，非常怀念他。现在这里看到他的好朋友，他的好同事，亲戚，很多的学生，心里觉得很欣慰。

主持人段昌国教授发言：

谢谢潘老师，您不哭以后，我们的卫生纸滞销了。除了您跟捷公住在同一条巷子以外，还有一位年纪最小的，我也是住在同一条巷子。接下来请捷公的学生辈讲话。刘石吉在吗？你要抛砖引玉，你忘记自己是砖了吗？

刘石吉[①]教授发言：

没想到我需要在此讲话。听到捷公老师过世的消息，非常难过。去年快过年时才通过电话，现在心情迷茫沉重，不知道要讲些什么。关于陈老师的事情，刚刚几位前辈老师已经讲得很多，我只能回忆一些与陈老师相处的生活片段。我在台大历史系从大学部到研究所上过很多老师的

---

① 陈捷先教授于台湾大学历史系授课学生，"中研院"人文社会科学研究中心研究员。

课，其中接触时间最久，最常见面请教的教授就是陈捷先老师。

1966 年我进台大，那时系主任是许倬云老师，他是 1930 年出生，捷先老师是 1932 年，他们先后当系主任时都只是 30 几岁的教授。当时老一辈的教授，沈刚伯、姚从吾、李玄伯、方豪、夏德仪、刘崇鋐老师等好几位都在，但接班梯队一下子就落到了许先生那一代。这大概比我历史系同班同学吴敦义现在所领导的国民党接班，世代交替提早了半个世纪。

我念大二时，那一年许倬云老师短期请假到美国当客座教授，其实捷公老师就先代理系务，后来 1970 年他正式当系主任。之所以讲到这一段，因为当时的系主任办公室在现在第一研究室，而第七研究室是学生的系会，同学大家见面，读书，休息的地方。当时，许倬云或陈捷先老师有一天看我在系里打工，就对我说："我当第一研究室的主任，你去当第七研究室的'主任'吧。"所以那几年我个人对历史系的人、事、物了解较多。

回想大二（1967）注册时，注册和选课都在旧的体育馆，那时系主任都要率领助教在那里等着选课核准签名。当时见到陈老师第一个印象是，这个人如玉树临风，英俊挺拔，风华正茂。那时候捷公老师才 30 几岁，蒋孝瑀助教还不到 30，而我们还不到 20 岁。我记得当年他在研究所新开一门清史资料的课，刚刚庄吉发学长也谈到。因为这是研究所的课，所以选课的时候，我就很不安地问系主任："陈老师，我能否先选清史资料。"他说："可以可以，就过来选吧。"所以我跟几位学长们在清史数据这门课上是同班的，直到大三时才回头选清史课，当年从陈老师那里学到很多清代历史的基本知识。

1970 年大学毕业时，捷公老师跟我说："你先不要去当兵，要先上研究所，因为我们从美国请了郝延平、陶晋生教授回来当客座。如果你当了一年预备军官回来会错过他们的课。"所以在捷公老师担任系主任、所长时，开始念研究所，我向他们请教与互动的机会就很多。

1970 年以后捷公当系主任，但时间并不长，后来历史系发生了一连串事情，类似"战国时代"，在此就不用多说了。1973 年他借调成功大学担任历史系主任，我在 1975 年研究所毕业以后，当时就想"告老还乡"了，所以就装了一车子的书搬回台南老家。事先跟陈老师恳求："我能否在成大找个工作？"他说："先来成大兼课吧！"后来我就开始在成大兼课。捷公安排我开了两门课，一门"中国近代史"，一门"中国近代史英文名著选读"。那个时候年纪尚轻，夜间部很多学生年纪比较大，我初上讲坛，颇觉胜任愉快，所以跟捷公老师有整年的时间在我的故乡共处。我们一起到郊外各地做史迹勘考，他还特别到我故乡老家吃了一顿简单的饭。我想这样的因缘，历史系老师只有他跟我们有这种密切关系。

捷公老师不管在那里总会积极推动一些研究出版计划。在台大 1970 年我们开始念研究所时，那时有个《亚洲史研究译丛》（他与郝延平老师共同主编），出了两册。在成大时，为了要发展台湾史，所以跟李冕世、黄典权教授策划主编出版各期《史迹勘考》。《故宫文献》其实也是在捷公老师推动下由故宫博物院出版的，当然现在这些杂志已经都不见了。我生平第一篇学术论文还是在老师推荐下，于《故宫文献》发表的，那是 1971 年。

1976 年捷公老师结束在成大的借调回台北。那一年，本来我一心一意想留在成大，但成大并没有改聘专任的机会，同年"中央研究院"成立三民主义研究所，一直到今天，叫人文社科研究所、人文社科中心。后来我应约到"中研院"，又浩浩荡荡装了一卡车的书搬回台北来。从 1976 年直到前几年退休，我都在"中研院"。40 年来与陈老师也不断地保持联系，其间有很多他的学术事业就不用我来多说了。

1990—1991 年我在香港中文大学担任客座，有几次到大陆，跟韦庆远、王戎笙、冯尔康、阎崇年教授都很熟，当时捷公老师还没回过大陆。他们一直希望能与陈老师多做交流。我记得当时在香港多次与两岸间电话联系的情景。韦庆远教授就说请你转告捷公教授："请他过来，不用顾虑，没有什么问题。"大概 1990 年以后，陈老师就开始与大陆那边有所交流。

最后应该提到 2010 年 10 月下旬，在扬州召开的"盛清社会与扬州"研讨会。陈老师、师母专程参加，另有冯尔康教授为首的多位大陆清史专家，还有几位台湾去的朋友。扬州会后，我们到了江都，江都为扬州管辖的县级市，这里也是江泽民与星云大师的故乡。然后再到京杭运河重镇邵伯。邵伯镇是捷公老师的故乡，捷公老师特别回去探望旧居并祭拜祖坟。

几年前我退休之后，捷公老师从海外寄送我几个字，我看了非常感动，跟大家分享一下：

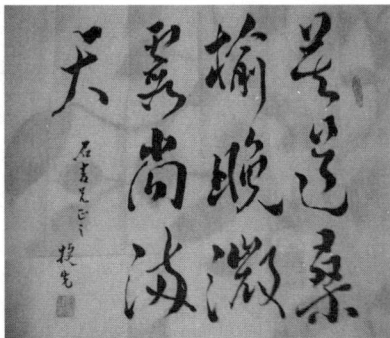

莫道桑榆晚，微霞尚满天

我想在座的老师们、前辈们、同学们、朋友们，大家渐渐年纪也不小了，我觉得这个"微霞尚满天"（唐人刘禹锡诗句）可以借用来送给大家。记得游扬州平山堂时，我看到欧阳修的一幅对联，就跟捷公老师说我们在这里真好，"晓起凭栏，六代青山都到眼；晚来对酒，二分明月正当头"。陈老师跟我说："我们扬州不只是二分明月，是三分明月。"一分在酒杯里，另一分可能在心里。捷公老师生平除大量学术著作外，也常写散文，而以"月三"为笔名，我想是有这种情怀关系的。

今天我们回到台大文学院课堂来，在此追思怀念捷公老师，睹物思人，然物换星移，实不胜感慨。先生之风，山高水长。

主持人段昌国教授发言：

在座有两位院士，一位是我同班同学，一位比我高好几班。陈永发院士不讲话吗，他们抛砖引玉，您这玉不见了？我的同学邢义田院士呢？院士都不讲？那就有请周伯戡教授，他写好了一篇悼文，也已经传给我了。周教授您如果不上台，我就帮您念了。

周伯戡[①] **教授发言：**

这是我昨天晚上临时写的，写完就发给了段学长。

刚刚听到陈老师学生，陈老师入室弟子讲的一些话，实际上我不是陈老师的入室弟子。我在读硕士的时候，我没有选清史做研究的课题，我是选上古史的；但是在大四那一年，我去修陈老师"清史"的课。那一年他教完后就去了成大了。以后我去芝加哥大学修佛教和宗教史，离清史课题愈来愈远。但有两个因缘，我又和陈老师有了接触与认识。历史系曾安排我去教中国近现代史，这不是我的专长。然而就因为受益于陈老师的这门课，我有了清朝背景知识，使我在准备功课的时候，能很快进入中国近现代史。至今现在还记得一些事情，例如清朝

---

① 陈捷先教授于台湾大学历史系授课学生，台湾大学历史系教授。

的火耗和清代官吏的腐败。

第二个因缘是我去了佛光大学，我才发现佛光大学历史系是陈老师建立的。佛光大学是个小学校，原来我们很多人在台大不熟的人，最后到了佛光大学都熟络起来，所以在许多社交的活动和陈老师一起吃饭、共欢等等。他喝酒的豪劲，始终不减。最后跟陈老师喝酒是三四年前的事情。

当段学长说陈老师去世时，往生时，我还以为段学长放个假消息给我，后来证实这消息是真的，不禁怅然。

陈老师已经去世了，我想用下面几句话，希望陈老师以后：

断苦离生，得无上净，涅盘寂静，常住乐土。

这是我这个学生对老师最后的哀思，谢谢。

段昌国教授发言：

周教授改学佛学，希望你们都听得懂。我也希望跟他一样，到那边去。大家刚才提到捷公去成功大学创办了历史系，今天有成大历史系的蔡幸娟女士，代表成大历史系跟大家说说捷公在成大的事迹。

成大历史系蔡幸娟[①] 教授发言：

各位老师大家好，以我的辈份是没办法代表成大历史系。事实上，我没有来得及上过老师的课程，虽然我研究及跟博士班在台大历史系读书，但是没有来得及上到老师的课程。我今天是跟在座所有的师长一样，我是怀着最大的尊敬，怀念，跟所有的师长一起追思老师。

那我跟老师认识是在 10 年前，因为 2009 年成大历史系创系 40 周年，那我们要编一个简单的系史，当时候是由我来负责。所以，我就打电话，当时应该是透过陈龙贵学长联系上老师。老师当时候因为没办法及时回到台湾接受我们的口述，所以后来邀请了老师写了一个当时候到历史系的 3 年如何规划成大历史系的一个发展。接下来的这 10 年，我跟陈老师

---

① 台湾成功大学历史系教授。

陆陆续续有一些书信的简单来往。

今年刚好又过了 10 年，成大历史系刚好 50 周年，所以我们有一些系列的庆祝活动，其中有一个活动就是我们要办一个台湾史的学术研讨会。因为成大的历史，当年在陈捷先老师担任系主任的时代，他其实有一个很重要的擘画的前景发展。他觉得成大历史系刚创立，怎么样跟当时的一些国内的大学历史系做一个特色的发展，所以他给当时的成大历史系规划了两个重点的发展，一个就是台湾史的发展，另外一个就是东北亚史的发展。包括像我从他的口中得知，比方说当时透过张存武老师的介绍，所以聘请了刚从韩国回来的蔡茂松老师到我们系里任教，那这些其实都是当时陈老师的一些规划。那么他有了这两个重点的发展以后，他在聘人的时都往这两个角度去接受一些推荐，或聘请当时的一些学者来我们历史系来发展。

因为我们今年 50 周年的系庆，想要已经规划好了，我们在 5 月 17，18 号两天，要一个国际的台湾史学术研讨会，所以我从去年 9 月开始，我又跟老师积极地联系，我们邀请他，希望由他来谈一下当年他是怎么规划成大历史系，要在台湾史这方面展开。老师也很开心地答应我，因为他想要开眼睛，因为他有一些白内障的问题，所以只要手术过程都很顺利，术后恢复得很好，那么他今年就可以回来，所以我就持续跟老师有一些联系。在过旧历年的时候我还跟老师通过电话，就是持续有通过电话。我问他眼睛手术很顺利吗？复原得好吗？老师回答说很好很好。所以我们都一直很期待着，然后我们的议程也安排了，老师是在 5 月 17 号那天要帮我们开幕，做一个专题的演讲。

结果我在 2 月底 3 月初时又跟老师联系，因为要请问一下老师的数据，机票等等，但是在电话都没办法联系上，我就非常焦急。我于是透过台大办公室的助教，请问还有什么联系老师的方式，还有请教古伟瀛老师，看有没有其他方式联络上，但是因为就是只有那个电话，所以我们一直积极地联络。后来，我们是透过第二届的毕业学长，在老师温哥华附近邻居的一个学长叫黎拔刚，我请他开车去老师家看一下，到底怎么了，为什么我们一直联系不上。后来才得知老师已经不幸过世了。

所以对我们历史系来讲是非常大的震惊，又是难过，我们满心期待老师 5 月 17 要回来，现在已经无法回来了。今天我在这里，因为在座所有的人都是老师，都是师长，所以我跟大家一样的心情，我是怀着最大的敬意跟难过，还有怀念跟大家在这里追思老师，希望老师在天上可以安息，谢谢。

主持人段昌国教授发言：

在座的两位院士仍然都不讲话吗？在座还有两位院长，冯院长已经讲过了，现在请现任的院长吴密察教授讲话。你也不讲吗？真的不讲吗？事不过三。那就请中文系的陈炜舜老师，他是现场最年轻的，跟捷公在佛光大学共事了几年。请炜舜来说几句。

陈炜舜[①] 教授发言：

各位师长好。感谢段昌国老师给我机会讲话，本来我想，请来潘美月老师，我就不用讲了。我跟捷公的因缘也是在佛光大学，当年 2004 年从香港中文大学博士班毕业，后到佛光大学工作。因此跟捷公有将近两年的共事时间，我觉得很难得。今天有好几位曾经在佛光大学共事的同事——段老师、周老师、潘美月老师，而且还有当年捷公教过的学生沂芬，她现在也在故宫工作。大家都很重情分，到这里共同追思捷公。捷公是非常温和的长者，有时候也很幽默，偶尔会和大家一起喝酒。

我那时对近代语音学和满文都有点兴趣，听说爱新觉罗一姓，是宋朝国姓赵氏在满文变音而成，而清朝皇室可能是宋朝皇室的后裔。从声韵学的角度来讲，"觉"和"赵"的声母是不一样的，我于是请教捷公。捷公那天喝酒喝在兴头上，说："我迟些答复你。"到了第 3 天，竟收到捷公手书一封很长的信，跟我解释这两者是怎么样的关系，而且举了很珍贵的史料。那封信我一直都好好地保存着。后来我回到香港中文大学工作，今年刚好研修假期，在"中研院"访学，没想到遇上捷公往生。我希望回到香港之后，能把那封信找出来，给大家参考。

刚才在途中，我起草了一副对联送给捷公。按照传统习惯，如此场合未必适合用嵌名联，不过我想这是新的时代，也就无妨了：

捷思洞红尘，三生世外无量寿；
先声启青史，八德池中几品莲。

---

① 与陈捷先教授为佛光大学任职时期同事。

望捷公在西方净土如意安祥。谢谢大家。

主持人段昌国教授发言：

炜舜虽然年纪轻，但才华很高。他跟捷公在一起同事的时候，捷公非常高兴，看到这么一位年少英雄。两位故宫博物院的院长，只有一位院长发言。吴院长我叫了你一次，你还是不讲，那么就请朱惠良同学来代表故宫。

朱惠良[①] 处长发言：

各位师长，各位同学：

我只是来参加追思会，没有想要发言，因为我不是做清史研究，最后是走艺术史研究方向。捷公的书我并没有全读，有些偶尔细读，所以，今天其实不应该我来讲，但是主持人段学长说吴密察院长不讲，那你来讲吧，只好恭敬不如从命了！今天故宫好像来了3位，虽然不是主修清史，而且跟捷公交情的深浅与学习的程度，各有差异，但是，有一点是不变的，那就是对陈捷先老师他教学的风采与内涵的印象，是深深刻画在在心里面的。

前几年写了一篇清朝书法家俞樾的文章，清季国学大师俞樾卅岁时，于保和殿覆试对应科考"淡烟疏雨落花天"诗题，所撰五言诗以"花落春仍在，天时尚艳阳"起首。当时礼部侍郎曾国藩任阅卷官，对俞樾首句"花落春仍在"深为赏识，认为咏落花而无衰瑟之意，较之其他以花落惆怅悲伤等情绪破题者高明进取许多，他日前途未可限量，遂以俞樾为第一进呈，俞樾因此由进士得入翰林。后因人言罢官，俞樾感念曾国藩惜才之举，遂以"花落春仍在"诗句名其斋为"春在堂"。

我为什么讲这个，是因为曾国藩有两个学生很有名，一个是李鸿章，一个是俞樾。曾国藩曾经很幽默地批评过这两位学生，他说李鸿章"拼命做官"，俞樾"拼命著书"。这样的比喻让我想到，我们的陈捷先老师也是"拼命做学问"，"拼命地教育我们"，"拼命地让我们现在中国的历史研究能够有一条明清史研究康庄大道"，而且他不止为了学术界，不止为了历史专业的学生，他更希望让整

---

① 台北故宫博物院教育展资处处长。

个明清史的内涵，以及该为后世所记忆、所遵循、甚至跟着慢慢实践的精神能广为人知，他深入浅出的《写真》系列，让很多不常读历史的读者，透过他的《写真》系列能够了解明清史，这是他功不可没，非常值得推崇的成就，因为学术的圈子实在太小，但是整个广大的民众，包括大陆十几亿的人，透过捷先老师这一些深入浅出的书籍，能更了解明清两个朝代究竟发生了什么事。

我只修了老师的清史，后来念艺术史，研究的时代就一直往上走。虽然，我的硕士论文是《赵左研究》，后来做明末董其昌研究，再往上是元朝杨维祯等等，但是陈捷先老师给我的训练与我的研究却有着密切关系，他教导我怎么进入这个历史史实，怎么去了解这个历史人物，怎么样让这个历史人物透过研究给更多人知道，捷先老师启发了我以后想学、想做事时，应有的正确态度。虽然我不能在清史研究上有所贡献，但是我想以捷先老师曾经给佐伯富教授所写的满文对联来代表我对捷先老师的怀念，他说：

半榻图书子史，一帘明月清风

共勉之，谢谢。

主持人段昌国教授发言：

在座还有一位故宫的老人，嵇若昕，不是说你年纪老。吴密察院长，你推托再三，不能再推托了，不然可能对故宫有点伤害。

嵇若昕[1] 教授发言：

各位师长，各位前辈，以及各位同学，也许有比我晚的同学在，其实我原本完全没有要讲话的，可是段学长说替故宫丢脸，我就不能不站出来了。所以吴密察这是你的事。我们艺术史组的同学其实都会怀念陈老师。因为，尤其在故宫工作的时候，我们不时地都会跟陈老师经常来往，尤其是昌公总要带着我们喝酒。大家都没有谈陈老师喝酒，其实我们这些晚辈跟他喝酒佩服极了。

---

[1]　台北故宫博物院器物处、登录保存处与安全管理处处长。

没有人喝得过他。我们喝一下就醉了，陈老师喝得比我们还多的时候，脸一抹又可以从头喝起，那个我也搞不清为什么，总之从来都是他赢，我们一群晚辈每一个都输。可是我在这边要讲的是，我后来的研究跟清史比较有关系，这个我打算以后在文章中说明，答应了庄大学士要写一篇怀念文章。

我只想讲一个，在我们班上同学，每次同学会都会流传当时候的一些事情。我想修过清史的同学或许记得：陈老师考期末考一向给两个时间，提前一个礼拜，或者是那一个礼拜，然后你自己选要考哪一场。我们班上有一个同学，吴密察你会记得，就是吴颖虎，是我们班上的才子，琴棋书画几乎全能上手。我们当年考清史时，陈老师都是出 4 个问答题。他决定考第 2 次。他的想法是，第 2 次的考题即使不会 4 题都相同，总会有一两道题是一样的吧！结果，陈老师出来的 4 个题目跟他准备的都不一样，他心想："怎么可以这样？"他就不管了，于是他自己在答案卷上出了上一次的 4 个题目，然后自己再答出事先准备好的答案，便交卷了。陈老师真的很大度，给了 86 分。每次同学会他都要讲，我讲这个小故事的意思是，陈老师对学生，他一向只有鼓励，他认为你学到，因为他每次题目都是问答题，都是很大的，没有标准答案，他觉得你有准备就是好了，你答得很完整就好的。我只说到这里，谢谢大家。

主持人段昌国教授发言：

今天在座还有一位非常特别的来宾。大家看到三民书局出版了很多捷公的书，三民书局副总编辑萧远芬小姐今天也出席了。请萧小姐代表三民书局来讲话。

三民书局副总编辑萧小姐发言：

各位师长好，很荣幸代表三民书局出席今天的场合。各位都是前辈，作为小辈，在这里和大家分享捷先教授和三民的小故事。

记得第一次见到捷先教授已经是好几年前的事，他来拜访三民的创办人刘振强先生，两位老友在办公室聊天。那天刘先生请我到办公室，说捷先老师有事情分享。捷先教授从包包里面拿出几大迭的稿子出来，和我们讲讲这些书为什么要这么写。大家看到的著

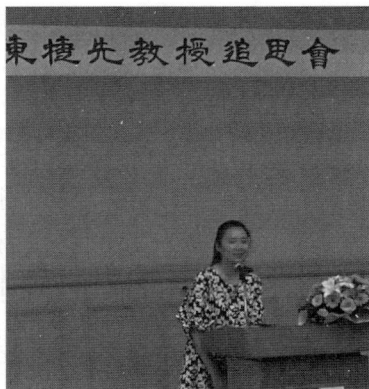

作列单上，如大专用书明清史，和比较通俗的讲康熙（《透视康熙》）、讲清初（《满清之晨：探看皇朝》），捷先老师一本一本细讲为什么这么写，对我们在历史类一般书出版的路线影响甚大。

过一阵子，捷先教授又带了一迭的稿子来跟大家分享，四本即《青出于蓝：一窥雍正帝王术》《族谱学论集》《以史为鉴：漫谈明清史事》《明清中琉关系论集》。捷先教授通俗性的文章如讲雍正的《青出于蓝》和去年6月出版的《以史为鉴》，颇受读者欢迎。此外在学术性著作上，捷先教授对我们也指点颇多，如《族谱学论集》，还有一本目前编辑中的《中琉关系》，我们今年一定会用最快的时间完成，让大家看到这本书。

捷先教授对我们一直不吝指导，期望兼顾历史普及性的推广及专门学术著作。三民在出版上今日能有清楚的书系规划，其中非常感激捷先教授对我们的协助。捷先教授最后的著作，有劳陈龙贵老师多帮忙，我们会尽快出版，借由文字作品缅怀教授，谢谢！

《明清中琉关系论集》已于2019年6月7日出版。

http://www.sanmin.com.tw/Product/index/007235602。

陈捷先老师在三民书局出版品

http://www.sanmin.com.tw/search/index?ct=AU&AU=%E9%99%B3%E6%8D%B7%E5%85%88&ls=SD&vs=List&fq=（publisher:%22%E4%B8%89%E6%B0%91%E6%9B%B8%E5%B1%80%22。）

主持人段昌国教授发言：

吴密察院长你还是不讲话吗？请吴院长不要怪我，因为你的秘书事先传了讯息给我，说你今天有公事不能来。结果你来了。既然来了，就是明知山有虎，偏向虎山行。这表示你一定有话要讲。

吴密察院长 [①] 发言：

段学长用各种激将法叫我一定要讲话，好像我不讲话就帮故宫丢脸的样子，所以我只好上来讲几句话了。其实，我在故宫可以说是最资浅的，上任才只有两个月又十天，怎么轮都

---

① 台北故宫博物院现任院长。

轮不到我讲话，我也不太知道陈老师与故宫的关系。今天在场的陈老师的学生当中，我也是比较晚期的。我上过他的清史。

当时上陈老师的清史课印象，是他前面一两个礼拜的课非常迷人。他口才很好，内容讲的又是美女在天池洗澡的满洲神话，大家听得很有兴致。另外，他身材好，很挺拔，走起路来很有精神，几乎天天都穿西装打领带。即使是很热的夏天，至少也一定是白衬衫。

大家都知道陈老师经常办很多国际会议，当时我在系里当助教，有时他会叫我们去帮忙。会议之后的晚宴，是很可怕的事。跟陈老师吃饭是一件很可怕的事，因为一定要喝酒，而且是很可怕的喝酒！大家刚刚也提到赤岭守，我们跟赤岭守私底下怎么形容陈老师的喝酒呢？我们说陈老师的胃是 Stainless（不锈钢）的。他高粱可以就是一杯一杯地一直灌一直灌，又会用各种办法劝酒，让人难以招架。我不会喝酒，所以很怕跟他吃饭。但是开完会议后，接下来一定会吃饭，要喝酒。不过，那时候也因为透过这些会议，认识了很多外国朋友，尤其是日本的学者，因为那个时候我会一点点日文，所以像加藤直人、细谷良夫、石桥崇雄等人就是在这样的场合认识的。

陈老师的学问，我也不太知道。刚刚大家说的，上他的清史课，一开始很有听劲，后来他讲很多年羹尧。年羹尧的时候，老实说我就不太有兴趣了，这个时候我就常常逃学。不过老师有一个好处，大家都知道。绝不挡人，而且成绩也都给得很不错。这是我们当时候对老师的印象。国际学术的场合上他很能干，可以说是行政、社交干才。当时台湾的国际学术研讨会不多，但他总是能不断有点子可以去召集很多海内外的人来开会。

刚才张存武老师也提到，我们当年举办了"中琉关系史"的研讨会，这个研讨会每两年轮流在台北、冲绳开一次，持续很久。开了几次之后，我曾经跟赤岭守说，中琉关系史只跟台湾学者开会是不够的，因为照理说中琉关系史，重点是明清时期的朝贡贸易，应该要把大陆学者纳进来一起开会才对。但那个时候陈老师是反对的，显然当时陈老师对于两岸交流并不积极。不过，后来我们发现，他是把台湾的清史研究带进大陆去的一个台湾很重要的学者。

我讲的这些都跟故宫无关，只是因为被段学长重语激了，让我只好出来讲几句话，请大家包涵。

主持人段昌国教授发言：

没关系，错有错着，才显得故宫无所不有。请问还有人要讲话的吗？请佛光的学生。

庄宇清[①] 先生发言：

在座的师长们好，我是佛光大学历史所研究所的第二届学生，敝姓庄，庄宇清。我这边想分享陈老师的事情是，我记得我进来的第一年2003年的10月，在佛光举办的第一届清史研讨会。那时候在座也有不少的老师曾经参加这场会议，包括冯老师、戴老师、嵇老师、庄老师等。我记得那时候我是硕一，其实很紧张，那时陈老师号称所谓"百人会"前面老师也有提到，像刚刚吴院长也提到中琉交流的会议等等。当时佛光会议是所谓的清史，就大陆清史编纂计划准备启动，所以那时陈老师召集大陆学者，几十位一齐来台湾跟台湾学者，大概也是几十位，号称"百人会"。我忘记那时候陈老师本人讲，还是谁说，如果那时候飞机出事了，清史研究就少了非常多重要的学者。

我的印象中，当时应该是台大场的小会议室。我记得那天，就陈老师召开这场会议当中，庄吉发老师和东吴大学的黄兆强老师跟大陆学者，我忘了是跟冯老师和戴老师针对清史编纂上有个很直接的讨论。那时庄老师和黄老师就在这边提出质疑。我想过了15年16年以后，因为刚刚冯老师上台说好像今年要正式提出来了。我不知道这10多年后会编起来什么样子，当时第一个事情"清史研讨会"的印象，是陈老师召开的。

陈老师在我们佛光这一边，就我学生辈的一个角度，刚刚也有提到，有关于那时陈老师私底下喝酒的印象。我印象比较深刻的是来年2004年的10月，那时学生辈第一届学长姐们第二届的学生们一起去北京，因为当时清史主要计划戴逸先生在人民大学的清史研究所，所以我们第2年就去了。那时候也开了相关讨论，还记得那时候跟大陆老师，包括成崇德老师等以蒙古仪式喝酒后的有趣影片，留有相关影像。好像佛光也有那个录像吧，过了几天5月1号在佛光大学那边也有另外一个纪念会，佛光学生们也会在那边纪念陈老师。

另一个比较有印象的是，当时陈老师好像是清史文献学的课程，我去修陈老师的课，记得就是陈老师十五六年前准备这堂课很认真的，就像刚刚师长们

---

① 陈捷先教授于佛光大学历史系研究所第二届硕士班学生。

提到的，老师本人的一些稿件信件，备课时，一些相关备课的课程的文件老师也是很认真地把他写出来，为我们授课，为我们教授清史文献的一些知识。我想事情就不分享那么多，就想到就几件，因为想到说陈老师最后就是在回到温哥华之前有几年是来到佛光任教，所以想主动希望能上堂分享一下陈老师在佛光授课，学生所忆起的事情。谢谢。

段昌国教授发言：

最后容我跟诸位报告，讲捷公的事情不要有太多的压力，因为他这个人非常平易近人。大家都记得他的好酒量，他的好手艺。他最后那几年在佛光任教，对佛光情感非常浓厚。有一次他回到宜兰，当时我在宜兰，不记得什么事情他跟我打赌，我若赢他要教我怎么做扬州的狮子头，结果我输了，输了就没得学，他看我很失望的样子，他就说好吧，我教你。他做的狮子头跟别人的不一样，跟其他所谓的扬州狮子头也绝不一样。他的狮子头就只有肉，没有其他材料。他用两把刀，把肉剁到不沾刀为止，他说这就差不多，然后把肉揉成丸子，不能揉太大颗，也不能揉太小颗，恰到好处，刚好可以一口吞下去。揉好之后，烧一大锅水，就是白水，水滚了以后，就把肉丸子丢下去。煮到肉丸子浮起来，然后过一阵子，闻到肉香四溢，就大功告成了。他一做就做了几十个，结果在场的每一个人都像猪八戒吃人参果，一人吃了好几个，滋味确实不同凡响。他说，很多人把狮子头拿去炸，或蒸，或掺很多其他东西，那些都不是非常纯正的作法。

捷公有一个特长，就是喝酒从来不挑酒，他只要是酒，都一定要喝，拿起来就喝下去。不管他喝多少酒，最后总是要吃一碗饭，在座的周天瑞就模仿过他的动作。他每次喝到差不多的时候，就开始要吃饭。甚么时候算差不多呢？他有个动作，不知道你们有没有发现。我因为喜欢观察他，所以注意到了。他会把脸一抹，像关公把脸一抹，就表示酒喝得差不多了。他一定要吃一碗饭，什么饭都可以。他拿来一碗白饭，就泡热的菜汤，其他佳肴美味都不需要，就是一碗白饭，剩下的残汤倒在一起。吃完这一碗饭，他这一餐就完成了。

有一年我们去参加"扬州会议"，他特别带我们到江都，去看他出生的地方，是在一个窄窄的弄巷里面。那一次大家会开得很愉快，也喝得很愉快、吃得很愉快。最后的最后，他又说，我们总要吃个宵夜才结束。他问大家吃什么宵夜？有人说要吃面条，他说扬州不吃面条；有人说要吃小笼包，他说神经病半夜那有做小笼包。然后他说周伯戡最会吃了，问周伯戡要吃什么，周伯戡回

431

答面疙瘩。周伯戡和星云大师有过多次接触，知道星云每次到了晚上饥肠辘辘，都是吃面疙瘩。所以他大概也知道，江都这地方吃面疙瘩非常有名。做面疙瘩根本不需要什么特别的技术，把所有的东西都丢进锅子里面，再把面团放进去煮成各种形状，吃起来味道非常特别。捷公是一个很有趣的人，他也很不喜欢正经八百说很多大道理。

今天本来也想邀请联合报的代表来讲，他在联合报文化基金会的国学文献馆做了好几年的馆长。王惕吾先生对他非常欣赏。王惕老在的时候欣赏两个人，一个是沈君山，另一个就是捷公。他认为捷公平易近人，多才多艺。刚才朱惠良讲了，其实朱惠良非常喜欢捷公讲的清史，而捷公也喜欢听她唱昆曲和京剧。

我跟潘老师一样，都跟捷公住在同一条巷子。我常常上他的当。他那时候在国学馆，王老给他经费，他就带着大家去开会。有一次他开完会以后，就去喝酒，从中午喝到晚上，喝得酩酊大醉，不敢回家。他说："昌国，你不是也住在十六巷吗？"我说："是。"他说："你家里还有别人吗？"我说："没有，太太跟孩子在美国。"他说："所以你就一个人在家吗？"我说："是。"他就要去我家里坐一坐。他来真是蓬荜生辉，当时在场的还有沈谦教授，跟他也是同乡，江苏东台人。他就在我的客厅，四仰八叉躺在沙发椅上，谈了很多艺文典故，也讲了很多有趣的事。他讲了很多又很精彩，其实是因为时间已经太晚了，他怕惊醒师母，又不敢打电话回家。他问我什么时候要搭飞机去美国。我说隔天早上六点。他说这样恰好嘛，到了美国有时差，你今天晚上过一夜，到了美国之后，时差自然解决。我说老师说得也对。他讲得很痛快，我们两个最好的听众就听他讲了通宵。

捷公还有一个专长，他很会打麻将，号称玻璃麻将，意思是说，其他 3 个人的牌，他都知道，就好像他面前摆了一块玻璃，3 家的牌就放在那边。当时跟他打牌的人，后来在温哥华聚在一起的有杜维运教授；而李迈先教授、李守孔教授，后来则是住在美国加州。其中李守孔教授反应最慢，捷公打牌时心思非常灵敏，所以他常常赢钱。不过有人更有特色，就是傅乐成教授，他一旦拿到么鸡和四条，他看都不看，就丢出去。所以在他下家的听牌只要听么鸡或四条，一定会开胡。

今天还有几位朋友不能出席，他们用不同方式表达他们的哀思，让我很感动。有一位美国朋友，中文名字叫白慕堂。他在美国，从古伟瀛教授那边得知捷公过世的消息，很惋惜知道消息太晚，没办法安排到台湾，特别在此请我跟大家说他对捷公充满无限的怀念。另外还有一位黄富三教授，他用电邮告诉我说痛失名师，也希望借我的口向大家表示，他对捷公非常怀念，深感哀痛。

捷公跟大家在各个不同的场合愉快地相处过，他也非常重视学生的教育。我用所罗门王说的一段话来跟大家分享。所罗门王说："要使少年人有知识和谋略，要使有智慧的人能够听见，然后增长他们所闻，使聪明的人学得各种的智谋，使大家明白箴言和譬喻，懂得智慧人的言辞和谜语。"我想我们同学在受教以后都知道，他不要你读死书，他希望你有知识，要有谋略，不然只是读了一大堆书，却没有谋略，到头来也是一场空。

今天大家在这里怀念捷公，炜舜会将所有的发言整理、编辑成纪念文稿，发表在《华人文化研究》。谢谢各位来，也谢谢师母的家人来。捷公跟他夫人侯友兰女士鹣鲽情深，夫人画画，捷公写诗，两人合作无间。捷公真的是个多才多艺的人。最后的最后，我借用《箴言》里面的一句话送给他，也送给大家。"踊跃在他为人预备可住之地，也喜悦住在世人之间。"（《箴言》8:31—33）今天我们在这里怀念陈老师，我觉得就好像是他先一步到那边，为我们预备地方，我们在那边还会跟他相见。感谢大家齐聚一堂，各自从许多不同面向表达了对我们的恩师陈捷先教授的追忆与怀念。

附录：

既开风气且为师
佛大历史学系办"陈捷先教授纪念追思会"

佛光大学历史系范纯武教授／报导

佛光大学历史学系元老陈捷先教授，今年3月17日逝于加拿大温哥华。为缅怀陈捷先教授，佛光大学人文学院历史学系5月1日举办"既开风气且为师——陈捷先教授纪念追思会"。陈捷先教授师友、故人如台湾大学刘景辉教授、段昌国教授、古伟瀛教授、故宫博物院陈龙贵教授夫妇和本校陈进传教授、卓克华教授、戚国雄教授均冒雨前来参加，缅怀故人。

陈捷先教授江苏江都人，1932年生，毕业于台湾大学历史系，1959年获台大历史研究所硕士，后应邀赴美加入哈佛大学访问学人计划研究，1980年应聘为美国麻州大学客座教授，1990年获韩国圆光大学名誉博士学位。返台后曾任台大、成功等大学历史系主任，历史研究所所长等职。

陈教授专攻清代史，精通满文及档案学，响誉国际；他在满族研究、方志学、族谱学等各方面别具贡献。著有《满洲丛考》《清史杂笔》《清代台湾方志研究》《东亚古方志探论》《雍正写真》《康熙写真》《乾隆写真》《不剃头与"两国论"》、*Manchu Archival Materials*、*The Manchu Palace Memorials* 及中英论文百余篇。

于佛光大学建校初期，应龚鹏程、李纪祥教授力邀，陈捷先曾于历史所任教。他奉献己力筹办当时海峡两岸规模最大的清史会议，各国清史专家齐聚一堂，漪欤盛哉！亦奠定了佛光大学历史学系在学界的良好名声与学术传统。2006 年退休后，返回加拿大，仍笔耕不辍，著述颇丰，2018 年更出版《以史为鉴——漫谈明清史事》（三民书局出版）等著。

佛光大学历史系为陈教授晚年心血所注，情感非比寻常，遂发起本次追思会。由李纪祥教授引言，范纯武教授担任司会；追思会由与会师长、学子们分享个人记忆中，关于陈捷先教授的学术贡献和生活点滴。会中并播放影片重温陈捷先教授昔日身影，留给在场人士无限感怀。

陈捷先教授大事年表

1932 年（1 岁）	· 农历十月十四日（11 月 14 日）出生于江苏省扬州市江都县邵伯镇（仓港镇），属猴。父亲陈联群，母亲陈学纯。
	· 来台后为了上学，登记的出生日期为 1933 年 7 月 1 日。
1949 年（17 岁）	· 从上海来台，定居高雄，就读高雄中学。
	· 2 月 28 日迁入高雄前金区青山里 3 邻新盛路 2 巷 1 号。
1951 年（20 岁）	· 迁入高雄鼓山区三山里 5 邻鼓山二路 49 号（同年 12 月 11 日迁出）。
1953 年（22 岁）	· 与侯友兰女士（广东梅州；父侯幕彝，母侯李碧云）结婚。
1956 年（24 岁）	· 台湾大学历史系毕业。
1959 年（27 岁）	· 台湾大学历史研究所毕业，毕业论文为《清太宗实录研究》，因成绩优异，获留校任历史系讲师。
1963 年（31 岁）	·《满洲丛考》出版。
1964 年（32 岁）	· "哈佛燕京访问学人计划"赴美留学。
	· 时住台北市古亭区龙福里 4 邻牯岭街 9 巷 2 号
1965 年（33 岁）	· 应聘为台北故宫博物院顾问，参与规划清宫档案整理出版。
1966 年（34 岁）	· 结束留美，返回台大历史系任教。
1967 年（35 岁）	· 使用笔名"月三"。
	按：教授发表一些非学术文章时，会用"月三"作为笔名；教授之所以会用此一笔名的典故"一月三捷"，语出《诗经》。《诗·小雅·鹿鸣之什·采薇》共有 6 章，以下仅节录与老师笔名有关的第 4 章：彼尔维何，维常之华。彼

路斯何，君子之车。戎车既驾，四牧业业。岂敢定居，一月三捷。

1969 年（37 岁）·升台湾大学历史系教授。

·应聘为《故宫文献》主编。

·促成台北故宫博物院出版《旧满洲档》。

·指导陈永发硕士论文《清政府从海禁到护侨之演变》。

1970 年（38 岁）·擢升台湾大学历史系所主任，应聘为《图书季刊》编辑委员。

·指导辛胜夏硕士论文《甲午战前中国朝野对朝鲜问题的看法》。

1972 年（40 岁）·参与"世界阿尔泰会议"（The Permanent International Altaistic Conference；PIAC）。

1973 年（41 岁）·指导台北故宫博物院陆续出版《宫中档光绪朝奏折》《宫中档康熙朝奏折》《宫中档雍正朝奏折》及《宫中档乾隆朝奏折》等清宫奏折，助长了国际清史研究。

·借聘为成功大学历史系主任，拓展台湾史研究。

·指导赵绮娜硕士论文《清初东北之驻防八旗》。

1976 年（44 岁）·促成台北故宫博物院与联合报文化基金会合作陆续出版《清代起居注册》。

·回任台湾大学历史系。

1977 年（45 岁）·与故宫研究员谭旦冏联名指导王耀庭硕士论文《盛清宫廷绘画初探》。

·《清史杂笔》出版。

1978 年（46 岁）·《满文清实录研究》出版。

·迁入大安区龙坡里 8 邻温州街 16 巷 1 号 5 楼（1993 年 8 月 26 日迁出）。

1979 年（47 岁）·与缪全吉联名指导曾令伟硕士论文《清初黄教对蒙藏政治之影响：清室与黄教会之历史渊源、经过及影响》。

1980 年（48 岁）·应聘为美国麻州大学客座教授。

·任《清史稿校注》审查委员。

·指导唐启华硕士论文《明臣仕清及对清初建国的影响》。

·与辅仁大学历史系教授方豪神父联名指导叶其忠《明郑

降清叛清官兵的研究》。

1981 年（49 岁） · 创设并主持联合报系文化基金会国学文献馆，大量搜集闽南地区族谱资料。

· 与故宫研究员谭旦冏联名指导李梅龄硕士论文《清代的珐琅彩瓷》

· 《满文清本纪研究》出版。

1982 年（50 岁） · 开创并主持"中国族谱学术研讨会"，并举行族谱资料展览。

· 与东海大学历史系教授吕士朋联名指导王仲尧硕士论文《努尔哈齐的治术》。

· 指导张淑雅硕士论文《清末广东四大书院的研究》。

1983 年（51 岁） · 开创并主持"亚洲族谱学术研讨会"，推动族谱学。

· 指导赤岭守硕士论文《光绪初年琉球与中日两国之关系》。

1984 年（52 岁） · 担任第二、三届"中韩研究学会"理事长，开办"中国族谱研习班"。

1986 年（54 岁） · 协助办理日本"中国优良图书展"。

· 推动"中琉历史关系国际学术会议"。

· 指导李贞琳硕士论文《清圣祖对西学的关心及其对传教士的态度》。

1987 年（55 岁） · 推动"中国域外汉籍国际学术会议"。

· 指导卓宏祺硕士论文《清代台湾理番政策之研究》。

· 指导许瑞浩硕士论文《清初限制渡台政策下的闽南人移民活动》。

· 指导叶泉宏硕士论文《明代前期中韩国交之研究（1368 ～ 1488）》。

· *The Manchu Palace Memorials* 出版。

1988 年（56 岁） · 与"中研院"近代史研究员曹永和联名指导许瑞浩硕士论文《清初限制渡台政策下的闽南人移民活动》。

· *Manchu Archival Materials* 出版。

1990 年（58 岁） · 获颁韩国圆光大学荣誉博士学位。

· 指导赤岭守博士论文《清末琉球复国运动之研究》。

· 《明清史》出版。

1991 年（59 岁） · 指导李汾阳硕士论文《清代蠲恤制度之研究》。

1992 年（60 岁） · 担任"世界阿尔泰会议"主席。

· 在台北召开第 35 届"世界阿尔泰会议年会"。

· 指导柳智元硕士论文《清初满族萨满教的演变及其文化性格》。

· 担任《历史月刊》总编辑。

1993 年（61 岁） · 促成《台湾研究资料汇编》出版。

· 与台北故宫博物院研究员庄吉发联名指导黄美秀硕士论文《清康雍乾三朝八旗生计问题之研究》。

1994 年（62 岁） · 指导寇强硕士论文《明清山西、陕西两省之经济结构》。

· 指导李燕博士论文《蒙古秘史研究》。

1995 年（63 岁） · 从台湾大学历史系退休，获颁台湾大学名誉教授。

· 转任南开大学历史系客座教授。

· 指导寇强硕士论文《明清山西、陕西两省之经济结构》。

1996 年（64 岁） ·《清代台湾方志研究》出版。

· 指导柳智元博士论文《清初东北城市及其市民生活研究：以满族崛起时期都城为中心》。

· 指导高进硕士论文《从制度面看清代的河防工程：以乾隆时期为范围的探讨》。

· 指导郭哲铭硕士论文《汪辉祖之研究：以其吏治思想为中心》。

· 指导张惠珠硕士论文《盛清时期四川常平仓之研究》。

· 指导吴瑞秀博士论文《雍正朝的鄂尔泰》。

1997 年（65 岁） ·《清史论集》《东亚古方志学探论》出版。

1999 年（67 岁） ·《中国的族谱》出版。

2000 年（68 岁） ·《康熙写真》出版。

2001 年（69 岁） ·《不剃头与"两国论"》《雍正写真》出版。

2002 年（70 岁） · 获聘佛光大学人文社会学院教授。

· 指导台北故宫博物院策划"乾隆皇帝文化大业"特展，负责撰写《略论乾隆朝的文化政策》。

·《乾隆写真》出版。

2003 年（71 岁） · 主持"海峡两岸清史档案学术研讨会"。

· 《努尔哈齐写真》出版。

2004 年（72 岁）· 《皇太极写真》出版。

2005 年（73 岁）· 主编《清史事典》12 册。

· 《努尔哈齐事典》出版。

2006 年（74 岁）· 《顺治写真》出版。

· 指导陈佩榛硕士论文《上海〈申报〉副刊"妇女园地"之研究（1934～1935）》。

· 指导林泩翰硕士论文《明清禁令与沿海盗寇、移民、盐枭问题之研究》。

· 指导杨晋平硕士论文《清代宜兰乡约研究》。

· 指导梁毅鹏硕士论文《海禁与海门的海外贸易（1535—1684）》。

· 退休定居加拿大温哥华，获颁佛光大学名誉教授。

2008 年（76 岁）· 《宣统事典》《蒋良骐及其〈东华录〉研究》出版。

2009 年（77 岁）· 指导台北故宫博物院策划"雍正：清世宗文物大展"，负责撰写《谈雍正其人》。

· 出版《雍正：勤政的皇帝·传奇的一生》。

2010 年（78 岁）· 与阎崇年、冯尔康发起召开"盛清扬州社会高端论坛"研讨会。

· 指导翁政其硕士论文《鲍超研究——清季军事人物个案探讨》。

· 出版《慈禧写真》。

2011 年（79 岁）· 《康熙大帝：中国历史上最杰出的皇帝》出版。

2012 年（80 岁）· 《透视康熙》《满清之晨——探看皇朝兴起前后》出版。

2014 年（82 岁）· 《华夷秩序与琉球王国——陈捷先教授中琉歷史関係论文集》出版。

2016 年（84 岁）· 指导台北故宫博物院策划"嘉庆君游台湾：清仁宗文物大展"，负责撰写《我看"嘉庆君游台湾"》。

· 出版《嘉庆皇帝与台湾》。

2017 年（85 岁）· 《族谱学论集》《青出于蓝：一窥雍正帝王术》出版。

2018 年（86 岁）· 《以史为鉴——漫谈明清史事》出版。

2019 年（87 岁）· 3 月 17 日逝世于加拿大温哥华（中原标准时间为 3 月 18 日）。

陈捷先教授著作目录

一、学位论文

1.《清太宗实录研究》,台湾大学历史研究所硕士论文,1959。

二、专著

1.《满洲丛考》(台北:台湾大学文史丛刊本,1963)。

2.《清史杂笔》(台北:学海出版社,1977—1984;高雄:学海,2016)。

3.《千湖国杂记》(台北:联经出版公司,1977)。

4.《满文清实录研究》(台北:大化书局,1978)。

5.《满文清本纪研究》(台北:明文书局,1981)。

6.《中国的族谱》(台北:"行政院文建会",1984;增订一版,1999)。

7. *The Manchu Palace Memorials*(台北:联经出版公司,1987)。

8. *Manchu Archival Materials*(台北:联经出版公司,1988)。

9.《明清史》(台北:三民书局,1990;增订二版,2004.1)。

10.《清代台湾方志研究》(台北:台湾学生书局,1996)。

11.《东亚古方志学探论》(台北:陈氏出版公司,1997;台北:联经出版公司,1998)。

12.《清史论集》(台北:东大图书公司,1997)。

13.《康熙写真》(台北:远流出版公司,2000;浙江:浙江文艺,2003;台北:远流出版公司,2010;北京:商务,2011)。

14.《不剃头与"两国论"》(台北:远流出版公司,2001.5)。

15.《雍正写真》(台北:远流,2001.11;浙江:浙江文艺,2003;北京:商务,2011;台北:远流出版公司,2019.2)。

16.《乾隆写真》(台北：远流图书公司，2002；浙江：浙江文艺，2003；台北：远流，2010；北京：商务，2011)。

17.《努尔哈齐写真》(台北：远流图书公司，2003.6)。

18.《皇太极写真》(台北：远流图书公司，2004.10；北京：商务，2011)。

19.《努尔哈齐事典》(台北：远流图书公司，2005.3；北京：紫禁城，2010)。

20.《顺治写真》(台北：远流图书公司，2006.7；北京：商务，2011)。

21.《宣统事典》(台北：远流图书公司，2008.12；北京：紫禁城，2010)。

22.《蒋良骐及其〈东华录〉研究》(北京：中华书局，2008.12)。

23.《雍正：勤政的皇帝·传奇的一生》(台北故宫博物院，2009)。

24.《慈禧写真》(台北：远流图书公司，2010.5)。

25.《康熙大帝：中国历史上最杰出的皇帝》(台北故宫博物院，2011)。

26.《透视康熙》(台北：三民书局，2012.1)。

27.《满清之晨：探看皇朝兴起前后》(台北：三民书局，2012.7)。

28.《华夷秩序と琉球王国——陈捷先教授中琉历史关系论文集》(宜野湾：榕树书林，2014)。

29.《嘉庆皇帝与台湾》(台北故宫博物院 2016)。

30.《族谱学论集》(台北：三民书局 2017.6)。

31.《青出于蓝：一窥雍正帝王术》(台北：三民书局 2017.9)。

32.《以史为鉴——漫谈明清史事》(台北：三民书局 2018.6)。

三、编著

1. 陈捷先等编：《第三届东亚阿尔泰学会会议记录》(台北：台湾大学，1969)。

2. 姚从吾撰、陈捷先、札奇斯钦同编：《姚从吾先生全集》(台北：正中书局，1971)。

3. 陈捷先主编：《亚洲研究译丛》(台北：台湾大学历史学系，1971)。

4. 罗龙治著、屈万里、陈捷先主编：《进士科与唐代的文学社会》(台北：台湾大学文学院，1971.12)。

5. 陈捷先主编：《宫中档光绪朝奏折(全26册)》(台北故宫博物院，1973)。

6. 李冕世、黄典权、陈捷先等编：《史迹勘考》(台南：成功大学，1973)。

7. 吕士朋、蒋永敬、李守孔、李云汉、陈捷先等著，《民国史二十讲》(台北：幼狮文化，1979）。

8. 陈捷先主编：《第五届东亚阿尔泰学会会议记录》（台北：台湾大学，1980）。

9. 陈三井总纂，陈捷先编纂，《台北市发展史（二）·军事篇》（台北：文献员会印行，1982）。

10. 陈捷先主编：《第六届东亚阿尔泰学会会议记录》（台北：台湾大学，1983）。

11. 叶达雄、林瑞翰、陈捷先、王曾才等编：《中国通史》（上）（下）（台北："空中教学委员会"，1985）。

12. 陈捷先，盛清沂主编：《中国家训》（台北："行政院文建委会"，1987；二版，1988）。

13. 陈捷先主编：《陈奇禄院士七秩荣庆论文集》（台北：联经，1992）。

14. 陈捷先编辑：《第三十五届世界阿尔泰学会会议记录》（台北：汉学研究中心，1993）。

15. 陈捷先主编：《庆祝札奇斯钦教授八十寿辰学术论文集》（台北：联合报文化基金会国学文献馆，1995）。

16. 李国祁总纂、陈捷先副总纂：《台湾近代史·文化篇》（南投县：台湾省文献委员会，1995）。

17. 陈捷先等编：《海峡两岸少数民族文学研讨会论文集》（台北：扬智文化，1998）。

18. 陈捷先编：《海峡两岸清史文学研讨会论文集》（台北：历史文学学会，1998）。

19. 陈捷先主编：《第十届中国域外汉籍国际学术会议论文集》（台北：联合报系文化基金会，1999）。

20. 陈捷先主编，宫宝利编著：《顺治事典》（台北：远流图书公司，2005；北京：紫禁城出版社，2010）。

21. 陈捷先主编，庄吉发编著：《雍正事典》（台北：远流图书公司，2005；北京：紫禁城出版社，2010）。

22. 陈捷先主编，杜家骥编著：《皇太极事典》（台北：远流图书公司，2005；北京：紫禁城出版社，2010）。

23. 陈捷先主编，刘耿生编著：《同治事典》（台北：远流图书公司，2005；北京：紫禁城出版社，2010）。

24. 陈捷先主编，刘耿生编著：《光绪事典》（台北：远流图书公司，2005；北京：紫禁城出版社，2010）。

25. 陈捷先，成崇德，李纪祥主编：《清史论集》（北京：人民出版社，2006）。

26. 陈捷先主编，王思治，冯尔康编著：《康熙事典》（台北：远流图书公司，2006；北京：紫禁城出版社，2010）。

27. 陈捷先主编，余新忠编著：《道光事典》（台北：远流图书公司，2006；北京：紫禁城出版社，2010）。

28. 陈捷先主编，杜家骥，李然撰：《嘉庆事典》（台北：远流图书公司，2006；北京：紫禁城出版社，2010）。

29. 陈捷先主编，庄吉发编著：《咸丰事典》（台北：远流图书公司，2008；北京：紫禁城出版社，2010）。

30. 陈捷先主编、常建华编著：《乾隆事典》（台北：远流图书公司，2008；北京：紫禁城出版社，2010）。

31. 陈捷先，阎崇年主编：《清代台湾》（北京：九州出版社，2009）。

四、校订、监修、译述

1. 李约瑟（Jospph Needham）著，陈立夫主译，杜维运、陈捷先、程沧波等译述：《中国之科学与文明》（台北：商务印书馆，1977）。

2. 史耀古编撰，薛人仰主编，陈捷先校订：《成吉思汗传》（台湾：中华书局，1983）。

3. 孟庆江，姜成安编辑，刘景胜，李爱国绘图，陈捷先监修：《辛亥革命与清朝的覆亡》（台北：光复书局，1990）。

4. 孟庆江，姜成安编辑，王绍基，戴仁绘图，陈捷先监修：《项羽和刘邦楚汉相争》（台北：光复书局，1990）。

5. 孟庆江，姜成安编辑，于绍文，吴琼绘图，陈捷先监修：《贻祸无穷的鸦片战争》（台北：光复书局，1990，2002）。

6. 孟庆江，姜成安编辑，王双贵，王力敏绘图，陈捷先监修著：《慈禧太后垂帘听政》（台北：光复书局，1990，2002）。

7. 孟庆江，姜成安编辑，何野，伊宫绘图，陈捷先监修：《一统天下的秦始皇》（台北：光复书局，1991）。

8. 孟庆江，姜成安编辑，陈捷先监修：《中兴汉室光武帝》（台北：光复书局，1991）。

9. 孟庆江，姜成安编辑，陈捷先监修：《雄才大略的汉武帝》（台北：光复书局，1991）。

10. 孟庆江，姜成安编辑，陈捷先监修：《满洲兴起与清人入关》（台北：光复书局，1991）。

11. 孟庆江，姜成安编辑，陈捷先监修：《清初的太平盛世》（台北：光复书局，1991）。

12. 孟庆江，姜成安编辑，陈捷先监修：《新朝皇帝王莽》（台北：光复书局，1992）。

五、出版

1. 冯尔康等：《扬州研究：江都陈轶群先生百龄冥诞纪念论文集》（台北：陈捷先；联经出版公司总经销，1996）。

六、期刊论文

1.《清国姓爱新觉罗考》，《大陆杂志》20：12（1960.6），第5—12页。

2.《说"满洲"》，《幼狮学志》1：1（1962.1），第1—20页。

3.《明末女真之婚姻问题研究》，《幼狮学志》1：4（1962.10），第1—26页。

4.《洪业先生及其著作》，《书目季刊》1：3（1967.03），第61—68页。

5.《哈佛守旧举隅》，《中国一周》903（1967.08），第26—27页。

6.《美国新英格兰区的地名》，《中国一周》904（1967.08），第16+15页。

7.《论八旗通志》，《书目季刊》2：4（1968.6），第3—18页。

8.《盛清时期的中华文化复兴运动》，《中华文化复兴月刊》1：6（1968.8），第19—25页。

9.《满洲文与清史研究》，《中华文化复兴月刊》2：1（1968.12），第10—15页。

10.《我编中华文化复兴月刊的构想》，《中国历史学会史学集刊》2：4（1969.4），第38页。

11.《后金领旗贝勒略考》，《故宫文献》1：1（1969.12），第43—48页。

12.《记第三届东亚阿尔泰学会议·上》，《东方杂志》3：7（1970.01），第85—89页。

13.《记第三届东亚阿尔泰学会议·下》,《东方杂志》3：8（1970.02），第94—98页。

14.《多尔衮称"皇父摄攻王"研究》,《故宫文献》1：2（1970.3），第1—20页。

15.《奕欣恭王封号及其相关诸问题研究》,《中国历史学会史学集刊》2（1970.4），第71—79页。

16.《清室姓名汉化考》,《政治大学边政研究所年报》1（1970.7），第101—134页。

17.《略论清世宗之性格》,《幼狮学志》9：3（1970.9），第1—19页。

18.《〈影印袁世凯奏折专辑〉弁言》,《图书季刊》1：2（1970.10），第62—70页。

19.《雍正朱批谕旨——控制臣僚的一种工具》,《"中央图书馆"馆刊》4：2（1971），第1—9页。

20.《论英文著述中满洲人名的音译问题》,《故宫文献》2：2（1971.3），第13—22页。

21.《康熙朝奏折与朱批研究》,《"中国历史学会"史学集刊》3（1971.5），第127—142页。

22.《雍正批朱谕旨——控制巨僚的一种工具》,《"中央图书馆"馆刊》4：（1971.6），第1—9页。

23.《"汤若望传"中的清初史料》,《东方杂志》5：8（1972.2），第60—93页。

24.《清朝皇帝的满文本纪》,《故宫文献》3：2（1972.3），第1—30页。

25.《〈宫中档光绪朝奏折〉前记》,《故宫文献》4：4（1973.9），第54—60页。

26.《论盛清名臣田文镜之得宠及其原因》,《故宫文献》4：4（1973.9），第25—42页。

27.《林爽文反清新资料（导火线起于嘉义）》,《嘉义文献》五（1973.12）页。

28.《满文起居注略考》,《华冈学报》8（1974.7），第253—280页。

29.《清宫新年庆典杂谈》,《"中国宪政"》10：3（1975.3），第25—29页。

30.《清世宗继统与年羹尧之关系考》,《成功大学学报》10（1975.5），第165—182页。

31.《年羹尧死因探微》,《成功大学历史学报》2（1975.7），第109—121页。

32.《澎湖历史文献之搜集与调查》,《史迹勘考》4（1976.4），第14—52页。

33.《道光壬寅台湾县民抗粮案考》,《台湾大学历史学系学报》3（1976.5）：第197—220页。

34.《盛清名臣田文镜之家世及其发迹背景略考》,《成功大学历史学报》3（1976.7），第93—101页。

35.《"第八次全国代表大会"》,《中华学报》4.1（1977.1），第116—128页。

36.《台湾的满文石碑》,《台湾人文》1（1977.10），第33—50页。

37.《蒋良骐〈东华录〉所记南明与台湾史事研究》,《台湾人文》2（1978.1），第17—36页。

38.《雍正初年清世宗与年羹尧之君臣关系》,《台湾大学历史学系学报》5（1978.6），第105—119页。

39.《先民开台的历史教训》,《中国论坛》7：2（1978.10），第7—9页。

40.《雍正初年（元年—三年）整顿吏治浪潮下的牺牲品——年羹尧》,《史苑》31（1979），第26—35页。

41.《清史研究的新趋势》,《史系通讯》11（1979.1），第17—21页。

42.《略论故宫博物院珍藏乾隆朝两种满文本纪》,《故宫季刊》14：2（1979冬）：第5—24页。

43.《记第五届东亚阿尔泰学会议》,《世界华学季刊》1：1（1980.3），第35—40页。

44.《盛清皇帝与台湾西瓜》,《史联杂志》1：1（1980.12），第4—9页。

45.《清初满蒙关系》,《蒙藏问题讲演丛刊》（1983）页。

46.《禅济布巡台事迹考》,《台北文献》61/62（1983.3），第105—134页。

47.《满文传习的历史与现状》,《满族文化》4（1983.4），第14—19页。

48.《蒋良骐〈东华录校释〉–1–》,《汉学研究》1：1=1（1983.6），第41—60页。

49.《台湾史迹研究资料简介》,《讲义汇编》72（1983.7），第1—10页。

50.《清代"谱禁"探微》,《故宫学术季刊》1：1（1983秋），第11—29页。

51.《另一种国宝："联合报文化基金会"国学文献馆藏《中国族谱序例选刊》介绍》,《新书月刊》2（1983.11），第62—63页。

52.《蒋良骐东华录校释 -2-》,《汉学研究》1：2=2（1983.12），第 475—488 页。

53.《台湾史迹研究资料简介》,《讲义汇编》74（1984.6），第 1—10 页。

54.《蒋良骐东华录校释 -3-》,《汉学研究》2：1=3（1984.6），第 117—133 页。

55.《田文镜晚年事迹及其卒后褒贬考》,《台湾大学历史学系学报》10/11（1984.12），第 359—374 页。

56.《蒋良骐东华录校释 -4-》,《汉学研究》2：2=4（1984.12），第 623—638 页。

57.《台湾史迹研究资料简介》,《讲义汇编》74：冬（1985.2），第 397—406 页。

58.《台湾史迹研究资料简介》,《讲义汇编》74：夏（1985.7），第 397—406 页。

59.《康熙丁酉阿克敦出使朝鲜事迹考》,《韩国学报》5（1985.12），第 263—278 页。

60.《论清代台湾地区方志的义例》,《汉学研究》3：2=6（1985.12），第 157—232 页。

61.《台湾史迹研究资料简介》,《讲义汇编》75（1986.2），第 437—446 页。

62.《蒋良骐〈东华录〉校释 -5-》,《汉学研究》4：1=7（1986.6），第 265—280 页。

63.《台湾史迹研究资料简介》,《讲义汇编》75：夏（1986.7），第 415—424 页。

64.《族谱资料与台湾史迹》,《讲义汇编》75（1986.7），第 425—445+446_1+446_2 页。

65.《族谱资料与中韩关系研究》,《韩国学报》6（1986.12），第 141—151 页。

66.《蒋良骐〈东华录〉校释 -6-》,《汉学研究》5：1=9（1987.6），第 275—293 页。

67.《族谱资料与台湾史迹》,《讲义汇编》76：夏（1987.7），第 319—339，341，343 页。

68.《台湾史迹研究资料简介》,《讲义汇编》76：夏（1987.7），第 345—354 页。

69.《族谱资料与台湾史迹之研究》,《讲义汇编》77：冬（1988.2），第319—339+341—343页。

70.《台湾史迹研究资料简介》,《讲义汇编》77：冬（1988.2），第345—354页。

71.《岳钟琪与雍正朝曾静、张熙的文字狱案》,《历史月刊》2（1988.3），第54—61页。

72.《从族谱家训看家》,《历史月刊》12（1989.1），第41—47页。

73.《族谱资料与台湾史迹之研究》,《讲义汇编》78（1989.2），第319—339，341—343页。

74.《台湾史迹研究资料简介》,《讲义汇编》78：冬（1989.2），第345—354页。

75.《中韩古方志义例研究》,《韩国学报》8（1989.5），第1—7页。

76.《族谱资料与台湾史迹之研究》,《讲义汇编》78：夏（1989.7），第319—339，341—343页。

77.《台湾史迹研究资料简介》,《讲义汇编》78：夏（1989.7），第345—354页。

78.《范文正公仲淹先生先世考》,《故宫学术季刊》7：1（1989秋），第103—116页。

79.《台湾地区族谱学研究之近况及问题》,《汉学研究》7:2=14（1989.12），第137—149页。

80.《族谱资料与台湾史迹之研究》,《讲义汇编》79：冬（1990.2），第309—329，331—333页。

81.《台湾史迹研究资料简介》,《讲义汇编》79：冬（1990.2），第335—344页。

82.《族谱资料与台湾史迹之研究》,《讲义汇编》79：夏（1990.7），第309-329+331-333页。

83.《台湾史迹研究资料简介》,《讲义汇编》79：夏（1990.7），第335—344页。

84.《从近世方志学的发展看世变与学术》,《故宫学术季刊》8：1（1990秋），第1—18页。

85.《清代满族婚俗汉化略考》,《台湾大学历史学系学报》15（1990.12），第207—215页。

86.《略述"尼山萨蛮传"中的儒释道思想》,《满族文化》15（1991）页。

87.《族谱资料与台湾史迹之研究》,《讲义汇编》80：冬（1991.2），第309—329，331—333 页。

88.《台湾史迹研究资料简介》,《讲义汇编》80：冬（1991.2），第335—344 页。

89.《雍正皇帝为何宠幸岳钟琪》,《历史月刊》38（1991.3），第90—96 页。

90.《十八世纪末的盛清文化》,《联合文学》7：8=80（1991.6），第98—103 页。

91.《"乾隆扫黑记"观后杂感——兼论乾隆帝南巡得失及其历史功过》,《历史月刊》42（1991.7），第87—93 页。

92.《族谱资料与台湾史迹之研究》,《讲义汇编》80（1991.8），第309—329，331—333 页。

93.《台湾史迹研究资料简介》,《讲义汇编》80：夏（1991.8），第335—344 页。

94.《略论清初三朝与喇嘛教之关系》,《满族文化》16（1992.2），第19—30 页。

95.《族谱资料与台湾史迹之研究》,《讲义汇编》81：冬（1992.2），第309—329+331—333 页。

96.《台湾史迹研究资料简介》,《讲义汇编》81：冬（1992.2），第335—344 页。

97.《林爽文事件碑林树立小史》,《史联杂志》20（1992.6），第63—66 页。

98.《乾隆扫黑记观后杂感——兼论乾隆帝南巡得失及其历史功过》,《史联杂志》（1992.6），第63—66 页。

99.《三田渡满文清太宗功德碑研究》,《满学研究》1（1992.7）139—151 页。

100.《清入关前满族的宗教信仰》,《台湾大学历史学系学报》17（1992.12），第273—285 页。

101.《清宫年俗琐谈》,《历史月刊》60（1993.1），第39—48 页。

102《明清时期中琉的深厚情谊》,《历史月刊》61（1993.2），第29 页。

103《漫谈清代琉球贡使来华的行程与活动》,《历史月刊》61（1993.2），第43—50 页。

104.《清朝太监何以为祸不大》,《历史月刊》65（1993.6），第70—75 页。

105.《"乾隆扫黑记"观后杂感——兼论乾隆帝南巡得失及其历史功过》，《满族文化》18（1993.6），第24—28页。

106.《中国古代官场贪渎之风》，《历史月刊》72（1994.1），第34—39页。

107.《酒在国事上的正反角色》，《历史月刊》73（1994.2），第23—24页。

108.《清朝太监何以为祸不大》，《领导文萃》94年8期（1994.8），第45—46页。

109.《从族谱资料看满族汉化》，《满学研究》2（1994.12）159—168页。

110.《酒在国事上的正反角色》，《领导文萃》95年6期（1995.6），第59—65页。

111.《漫谈符瑞.图谶与政治》，《历史月刊》92（1995.9），第36—43页。

112.《清朝入关前后的满汉融和政策》，《历史月刊》94（1995.11），第59—65页。

113.《清初帝王与〈三国演义〉》，《历史月刊》95（1995.12），第34—39页。

114.《康熙三次亲征噶尔丹评析》，《历史月刊》100（1996.5），第58—66页。

115.《〈南岛志〉简介》，《台大历史学报》19（1996.6），第201—218页。

116.《刘墉——锄奸惩贪述源》，《历史月刊》103（1996.8），第73—77页。

117.《略论清末对外缔约与国家权力之丧失》，《故宫学术季刊》14：4（1997夏）1-23+左1页。

118.《满族的始祖诞生神话》，《历史月刊》110（1997.3），第41—45页。

119.《明清帝位继承制的因袭与创新》，《历史月刊》116（1997.9），第57—63页。

120.《龚自珍与扬州》，《庆北史学》21辑别刊（1997.12）页。

121.《编辑"历史月刊"杂忆》，《历史月刊》121（1998.2），第39—43页。

122.《略论清帝南巡扬州及其功过》，《故宫学术季刊》15：4（1998春），第11—32页。

123.《隋炀帝作秀的联想》，《历史月刊》123（1998.4），第46—49页。

124.《也谈"戒急用忍"》，《历史月刊》123（1998.4），第42—45页。

125.《戊戌变法前后的帝后党争》，《历史月刊》125（1998.6），第34—41页。

126.《扬州访古记》，《历史月刊》129（1998.10），第4—11页。

127.《从"五不曜"谈两岸关系》，《历史月刊》131（1998.12），第

99—101 页。

128.《"刻舟求剑"的两岸关系》,《历史月刊》131（1998.12），第 96—98 页。

129.《康熙皇帝与台湾西瓜》,《历史月刊》136（1999.5），第 18—20 页。

130.《清康熙年间有关"台湾问题"的争论》,《历史月刊》138（1999.7），第 65—71 页。

131.《慈禧垂帘与清末政局》,《历史月刊》142（1999.11），第 89—95 页。

132.《康熙皇帝与书法》,《故宫学术季刊》17：1（1999 秋号），第 1—18 页。

133.《评郑海麟著〈钓鱼台列屿之历史与法理研究〉》,《历史研究》6（1999.12），第 165—169 页。

134.《康熙皇帝的饮食世界》,《历史月刊》145（2000.2），第 116—118 页。

135.《康熙与医学——兼论清初医学现代化》,《中国社会历史评论》2（2000.4），第 386—397 页。

136.《义和团与八国联军之因和果》,《历史月刊》149（2000.6），第 34—41 页。

137.《清末西学与五四运动》,《文化中国》23（2000.7）页。

138.《康熙的血统》,《历史月刊》151（2000.8），第 124—127 页。

139.《康熙爱戏曲》,《历史月刊》152（2000.9），第 87—91 页。

140.《康熙攻台胜利的原因》,《历史月刊》153（台北：2000.10），第 46—52 页。

141.《康熙与台湾少数民族》,《历史月刊》154（2000.11），第 83—86 页。

142.《东施效颦》,《历史月刊》163（2001.8），第 70—71 页。

143.《多行不义必自毙》,《历史月刊》164（2001.9），第 86—87 页。

144.《从清代档案看雍正治台》,《故宫学术季刊》19：1（2001.6），第 1—19，295—296 页。

145.《康熙皇帝的养生之道》,《历史月刊》161（2001.6），第 98—102 页。

146.《迷信的雍正皇帝》,《历史月刊》165（2001.10），第 20—26 页。

147.《明末清初的台海两岸关系》,《历史月刊》166（2001.11），第 31—39 页。

148.《政治人物的责人与罪己》,《历史月刊》167（2001.12），第 88—89 页。

149.《从"天人感应"思想看康熙皇帝的治术》,《明清史集刊》6,(2002),第119—130页。

150.《郑成功的抗清及其成败得失》,《历史月刊》173(2002.6),第13—21页。

151.《中国与东南亚国家的历史文化关系》,《历史月刊》179(2002.12),第44—52页。

152.《康熙好色》,《历史月刊》193(2004.2),第47—53页。

153.《略述明朝亡国的原因》,《历史月刊》194(2004.3),第55—64页。

154.《读史杂感三则》,《历史月刊》194(2004.3),第126—127页。

155.《雍正继位是不是篡立?》,《历史月刊》199期(2004.8),第117—123页。

156.《皇太极的国事梦》,《历史月刊》220(2006.5),第30—35页。

157.《谈皇太极的哭》,《历史月刊》221(2006.6),第52—57页。

158.《历史与小说之间——读〈荡子皇帝朱厚照别传〉》,《故宫文物月刊》301(2008.4)120—127页。

159.《历史与小说之间》,《读书》2008年8期(2008.08),第16—33页。

160.《康熙皇帝的"天人感应"思想——读清宫书档杂记》,《故宫文物月刊》306(2008.9),第4—13页。

161.《康熙皇帝严管太监略述——读清宫书档杂记》,《故宫文物月刊》312(2009.3),第88—97页。

162.《略述雍正史事》,《故宫文物月刊》318(2009.9),第16—33页。

163.《说康熙》,《故宫文物月刊》343(2010.10),第32—42页。

164.《康熙皇帝的海洋政策》,《故宫文物月刊》362(2013.5),第14—21页。

七、学术论文

1.《论英文著述中满州人名的音译问题》,《姚师从吾先生纪念论文集》(台北:国立台湾大学历史系,1971),第103—113页。

2.《盛清帝王与中华文化》,《史学论集》(台北:华冈,1977),第425—432页。

3.《蒋良骐〈东华录〉版本及其研究略考》,《屈万里先生七秩荣庆论文集》(台北:联经,1978),第435—454页。

4.《清雍正朝之理番政策及抚番诸役》,《台湾史研讨会:中华民族在台湾的拓展记录》(台北:台湾大学历史学系,1978),第 46—54 页。

5.《论蒋良骐编纂〈东华录〉的动机》,《"中央研究院"国际汉学会议论文集:历史考古组》(台北:"中央研究院",1981),第 1031—1056 页。

6.《雍正初年清世宗与年羹尧之军臣关系》,《中国史学论文选集第四辑——附国内外中文中国史学论文索引》(台北:幼狮文化,1981),第 385—410 页。

7.《清太祖时期满州与朝鲜关系考》,《金俊烨华甲纪念——中国学论丛》,(首尔:"中国学论丛"刊行委员会,1983)。

8.《中韩族谱比较研究》,《中日韩文化关系研讨会论文集》(台北:太平洋文化基金会,1983),第 537—577 页。

9.《满文译书与中西文化交流》,《纪念:利玛窦来华四百周年中西文化交流国际学术会议》(台北:辅仁大学出版社,1983),第 111—122 页。

10.《清代"谱禁"探微》,《第一届亚洲族谱学术研讨会会议纪录》(台北:联合报文化基金会国学文献馆,1984),第 104—130 页。

11.《清代谱禁探微》,《第一届亚洲族谱学术研讨会会议纪录》(台北:联合报文化基金会国学文献馆,1984),第 104—130 页。

12.《论中国传统族谱之学的保存与创新》,《北美华人学术研讨会论文集》("文建会"主办,洛杉矶,1984),第 1—14 页。

13.《万历朝鲜之役以后的明朝》,《第十四回东洋学研讨会纪录》(汉城,1984),第 1—16 页。

14.《清代族谱家训与儒家伦理》,《第二届亚洲族谱学术研讨会议记录》(台北:联合报文化基金会国学文献馆,1985),第 161—182 页。

15.《一六三六年满洲与朝鲜战争原因略考》,《台湾政治大学国际中国边疆学术会议论文集》(台北:台湾政治大学,1985),第 105—119 页。

16.《清朝皇帝谥号略考》,《中国史新论》(台北:傅乐治,1985),第 591—602 页。

17.《平议台湾地区方志书中的开辟史料》,《台湾地区开辟史料学术论文集》(台北:联合报国学文献馆,1985),第 51—76 页。

18.《略论清代蒙古的族谱》,《蒙藏学术研究研讨会》(台北,1985)。

19.《百济在东北亚洲文化史上的地位》,《第八届马韩百济文化国际学术会议论文集》(韩国里里市圆光大学,1985),第 217—225 页。

20.《论满洲族谱》,《第三届亚洲族谱学术研讨会记录》(台北:联经,

1986)。

21.《从中国族谱发展看宋代文化》，"第六次中国学大会"（汉城，1986 ）。

22.《略论中国族谱学对韩日琉越汉文族谱的影响》，"第一届中国域外汉籍学术会议"（东京，1986 ）。

23.《中国族谱学对韩日琉越族谱之影响》，"中国域外汉籍国际学术会议"，（东京，1986.9 ）。

24.《岳钟琪的家世及其发迹略考》，《劳贞一先生八秩荣庆论文集》（台北：商务，1986 ），第 479—491 页。

25.《清代台湾地区的方志族谱与老字据》，《近代台湾的社会发展与民族意识》香港：香港大学校外课程部，1986 ），第 11—26 页。

26.《略论清初三朝与喇嘛教之关系》，《韩国东国大学校八十周年纪念论丛》（汉城，1987 ），第 1151—1167 页。

27.《略论清代族谱学的发展——以武岭蒋氏宗谱为研究中心》，《蒋慰堂先生九秩荣庆论文集》（台北："中国图书馆学会"，1987 ），第 425—441 页。

28.《清代奏折资料与中琉关系史研究》，《第一届中琉历史关系国际学术会议论文集》（台北：联合报文化基金会国学文献馆，1987 ），第 289—305 页。

29.《谈满州族谱》，《第三届亚州族谱学术研讨会会议纪录》（台北：联合报文化基金会国学文献馆，1987 ），第 59—93 页。

30.《"旧满洲档"中的中韩关系史料》，"第三届中韩文化关系学术研讨会"（台北，1987.5 ）。

31.《评介中国学者对百济学的研究》，"第八回国际马韩百济国际学术会议"（韩国里里，1987.11 ）。

32.《朝鲜王朝方志中儒家经世思想》，"第二届中国域外汉籍国际学术会议"（台北，1987.12 ）。

33.《唐代族略述谱》，"第一届唐代学术国际研究会议"（台北，1988.1 ）。

34.《中韩古方志义例研究》，"中韩文化关系国际学术会议"（台北，1988.5 ）。

35.《清代琉球使臣在华行程与活动略考》，"第二届中琉历史关系国际学术会议"（那霸，1988.10 ）。

36.《族谱中所见太平军战乱期间江浙死难人口举隅》，《第四届亚州族谱学术研讨会会议纪录》（台北：联合报文化基金会国学文献馆，1989 ），第 99—119 页。

37.《从清初中央建置看满洲汉化》，《近代中国初期历史研讨会论文集》，上册（台北："中央研究院"近代史研究所，1989）。

38.《朝鲜王朝方志中的儒家经世思想》，《第二届中国域外汉籍国际学术会议论文集》（台北：联合报文化基金会国学文献馆，1989），第 375—391 页。

39.《唐代族谱略述》，《第一届国际唐代学术会议论文集》（台北：唐代学者联谊，1989），第 854—874 页。

40.《明清时代华人对中国文化东被琉球的贡献》，"亚太地区地方文献国际会议"，香港大学主办（香港，1989.4）。

41.《清圣祖废储考原》，《"中央研究院"第二届国际汉学会议论文集：明清与近代史组》（台北："中央研究院"，1989），第 65—82 页。

42.《中国族谱学义例东传朝鲜略考》，《中外关系史国际学术研讨会论文集—思想与文物交流》（台北：陈雅鸿、淡江大学历史系，1989），第 155—165 页。

43.《百济姓氏略考》，《第十回马韩百济文化国际学术会议论文集》韩国圆光大学主办（韩国里里，1989.11）。

44.《从范文正公家族谱籍资料看中国族谱学的发展》，《第五届亚洲族谱学术研讨会会议记录》（台北：联合报文化基金会国学文献馆，1989），第 245—266 页。

45.《范文正公仲淹先生先世考》，《范仲淹一千年诞辰国际学术研讨会论文集》（台北：台湾大学文学院，1990），第 789—811 页。

46.《清代在华行程与活动略考》，《第二届中琉关系国际学术会议中琉历史关系论文集（中文版）》（台北：中琉文化经济协会，1990），第 49—96 页。

47.《朝鲜〈中京志〉研究》，《第三届中国域外汉籍国际学术会议论文集》（台北：联合报文化基金会国学文献馆，1990），第 201—225 页。

48.《琉球久米系家谱研究》，收入中琉文化经济协会编《第三届中琉历史关系国际学术会议论文集》（台北：三民书局，1991.6），第 963—986 页。

49.《黎崱〈安南志略〉研究》，《第四届中国域外汉籍国际学术会议论文集》（台北：联合报文化基金会国学文献馆，1991.8），第 181—210 页。

50.《略论中国域外汉籍的史料价值——以清初阿克敦访韩事为例》，《第五届中国域外汉籍国际学术会议论文集》（台北：联合报文化基金会国学文献馆，1991），第 159—178 页。

51.《民国以来国内满文书文件资料研究平议》，《民国以来国史研究的回顾与展望研讨会论文集》（台北：台湾大学出版组，1992），第 1261—1272 页。

52.《清世宗储位密建法略论》，《第二届国际华学研究会议论文集》（台北：中国文化大学文学院，1992），第 693—702 页。

53.《从族谱资料看满族汉化》，《北京国际满学研讨会论文集》（北京：民族出版社，1992），第 166—175 页。

54.《中国方志学东传朝鲜略考——以《东国舆地胜览》为例》，《陈奇禄院士七秩荣庆论文集》（台北：联经，1992.5），第 7—15 页。

55.《三田渡满文清太宗功德碑研究》，收入阎崇年主编，《满学研究》（吉林：吉林文史出版社，1992），第一辑，第 148—160 页。

56.《中韩方志学比较研究——以"东国舆地胜览"一书为例》，收入珠海文史研究所学会编，《罗香林教授纪念论文集》（台北：新文丰股，1992），第 1283—1298 页。

57.《三田渡"大清皇帝功德碑"树立小考——兼论清初中韩关系》，《第二届中外关系史国际学术研讨会论文集》（台北：淡江大学历史学系，1992），第 299—307 页。

58.《简介越南〈嘉定城通志〉》，《第六届中国域外汉籍国际学术会议论文集》（台北：联合报文化基金会国学文献馆，1993.6），第 201—230 页。

59.《从吴县〈范氏家乘〉看宋代恩荫制度》，收入《第六届亚洲族谱学术研讨会会议记录》（台北市：联合报文化基金会国学文献馆，1993 年），第 381—402 页。

60.《明清中琉封贡关系源流略考》，《第四届中琉关系国际学术会议中琉历史关系论文集中文版》（台北：中琉文化经济协会，1994），第 313—326 页。

61.《从民族问题的处理看清朝政权的建立》，收入台湾师范大学历史系、台湾师范大学历史研究所同编，《中国边疆史学术研讨会论文集》（台北："蒙藏委员会"，1995），第 1—37 页。

62.《朝鲜李民宬谈明清萨尔浒之役——评介〈栅中日录〉》，《第七、八届中国域外汉籍国际学术会议论文集合刊》（台北：联合报文化基金会国学文献馆，1995），第 265—287 页。

63.《〈东华备遗录〉简介》，《第七、八届中国域外汉籍国际学术会议论文集合刊》（台北：联合报文化基金会国学文献馆，1995），第 591—603 页。

64.《略述日本古方志》，《庆祝札奇斯钦教授八十寿辰学术论文集》（台北：联合报文化基金会国学文献馆 1995），第 99—127 页。

65.《传统中国方志学与东亚文化》,《东亚文化的探索:传统文化的发展》(台北:正中书局,1996),第435—452页。

66.《谈清代成书的几种琉球方志》,"第五届中琉历史关系国际学术会议",收入林毓琼责任编辑,《第五届中琉历史关系学术会议论文集》(福建:福建教育出版社,1996),第1—26页。

67.《韩国〈新安朱氏世谱〉读后杂记》,收入联合报文化基金会国学文献馆编,《第七届亚洲族谱学术研讨会会议记录》(台北:联合报文化基金会国学文献馆,1996),第111—119页。

68.《康熙与琉球》,"第六届中琉历史关系国际学术会议"(北京,1996.10)。

69.《蒙藏喇嘛对清朝建立的贡献》,《近世中国之传统与蜕变——刘广京院士七十五岁祝寿论文集上册 中文论文集》(台北:"中央研究院"近代史所,1998),第171—178页。

70.《〈旧满洲档〉前言(节录)》,收入阎崇年主编,《满学研究(第四辑)》(北京:民族出版,1998),第四辑,第202—203页。

71.《从抄本〈东华备遗录〉看蒋良骐〈东华录〉刻本的内容》,"第十届中国域外汉籍国际学术会议",收入《第十届中国域外汉籍国际学术研讨会论文集》(台北:联合报系文化基金会,1999.8)第363—383页。

72.《盛清北京与中西文化交流》,《档案与北京史国际学术研究会论文集》(北京:中国档案,1999.8)。

73.《从〈满文老档〉用字看满族汉化》,《第二届国际满学研讨会论文集(下)》(北京:民族出版社,1999),第272—284页。

74.《康熙与医学——兼论清初医学现代化》,"明清以来中国社会国际学术研讨会"(天津,1999.9)。

75.《清康熙朝中央与地方之关系》,《国史上中央与地方关系专题第五届研讨会专题论文集》(台北:"国史馆",1999)。

76.《康熙皇帝对中琉关系延续与加强的贡献》,收入中国第一历史当案馆编,《第六届中琉历史关系学术研讨会论文集》(北京:中国第一历史档案馆,2000),第191页。

77.《球王位继承略考》,《第八回中琉历史关系国际学术会议论文集》(那霸:琉球中国关系国际学术会议出版,2001)。

78.《清康熙朝的中央与地方关系》,《中华民国史专题论文集》(台北:"国史馆",2001),第949—975页。

79.《从"天人感应"思想看康熙皇帝的治术》,"明清史国际研讨会"(香港,2001.4)。

80.《中国古代行旅文学与家国变故》,"行旅文学专题研究会·第五届华人文学",(加拿大温哥华,2001.7)。

81.《从清宫电视剧谈文学与历史——以〈康熙帝国〉为例》,"第一届海峡两岸历史文学与历史文学创作研讨会"(宜兰:佛光人文社会学院文学系所,2002)。

82.《论〈八旗通志〉》,《第三届国际满学研讨会论文集》(北京:民族出版社,2002),第387—408页。

83.《东亚文化圈的形成与发展——以琉球王室汉化为约论中心》,收入《东亚文化圈的形成与发展国际学术研讨会会议论文集》(台北:台湾大学历史系,2002)。

84.《略论乾隆朝的文化政策》,收录冯明珠主编,《乾隆皇帝的文化大业》(台北故宫博物院,2002),第217—229页。

85.《从经筵日讲谈康熙的好学》,"明清史人学术研讨会",广西师范大学与南开大学合办(2002.9)。

86.《东亚文化圈的形成与发展——以琉球王室汉化为约论中心》,收入高明士主编《东亚文化圈的形成与发展·政治法制篇》(台北:台湾大学历史系,2003),第181—198页。

87.《清初满汉文化冲突及其历史教训》,"文明冲突与文化中国国际研讨会"(加拿大温哥华,2004.7.13)。

88.《略论皇太极的哭》,"满学和北京文化国际学术研讨会"(北京:北京市社会科学院、北京文化发展研究院,2004.8.22)。

89.《清兴一因》,"清文化国际学术研讨会",沈阳文化局等主办(沈阳,2004.8.26)。

90.《回顾与展望——故宫档案与清史研究》,"文献足征——第二届清代档案国际学术研讨会",(台北故宫博物院,2005.11.3—5)。

91.潘美月,陈捷先,陈仕华合撰,《昌瑞卿先生在古典文献学上的贡献》,收入淡江中文系编,《昌彼得教授八秩晋五寿庆论文集》,(台湾:学生书局,2005),第1—14页。

92.《从御膳看盛清宫廷饮食汉化》,《胡人汉化与汉人胡化》,(嘉义:中正大学台湾人文研究中心,2006。)

93.《关于清史编纂的几个问题》,"第十二届国际清史学术研讨会",（北京：国家清史编纂委员会和故宫博物院，2007 年 8 月 24—26 日）。

94.《雍正朱批谕旨——控制臣僚的一种工具》,《辛亥史学论集》（美国密歇根州：密歇根大学，2007）。

95.《法家天子——雍正皇帝》,"两岸故宫第一届学术研讨会：为君难——雍正其人其事及其时代",（台北故宫博物院，2009 年 11 月 4 日）。

96.《康熙皇帝与中西文化交流》,收录于《两岸故宫第三届学术研讨会——十七、十八世纪（1662—1722）》,（台北故宫博物院，2011），第 23—47 页。

97.《章学诚与清末台湾方志》,《庆祝中国第一历史档案馆成立 80 周年——明清档案与历史研究学术讨论会论文集》,（北京：新华书局，2015），第 120—121 页。

98.《民国以来的中国族谱学研究略述》,《六十年来的中国近代史研究》下册（台北："中央研究院"近代史研究所，2015），第 641—661 页。

八、他类文章

1.《〈旧满洲档〉述略》,《旧满洲档》（一）（台北故宫博物院，1969）。

《景印"清代起居注册"前言》,《清代起居注册》（一）（台北故宫博物院，1985）。

2.《宫中档光绪朝奏折出版前记》,《宫中档光绪朝奏折（一）》（台北故宫博物院，1973）。

3. 谢浩，陈捷先讲评《"高志"义例及其史料运用价值的评鉴》《汉学研究》3：2=6（1985.12）：271-315。

4.《蒋公与中国族谱学》（《国学文献馆馆讯》）17（1987）。

5.《第一届中琉历史关系国际学术会议侧纪》,《"国史馆"馆刊》复刊 1（1987）。

6.《第四届亚洲族谱学术研讨会侧记》,《"国史馆"馆刊》复刊 3（1987）。

7.《记第三届中国域外汉籍国际学术会议》,《"国史馆"馆刊》复刊 5（1988）。

8.《"第二届中琉历史关系国际学术会议"简介》,《"国史馆"馆刊》复刊 5（1988）。

9.《第二届中国域外汉籍国际学术会议侧记》,《"国史馆"馆刊》复刊 4（1988）。

10.《"纪念范仲淹一千年诞辰国际学术研讨会"侧记》,《"国史馆"馆刊》复刊 7（1989）。

11.《第六届中国域外汉籍国际学术会议侧记》《"国史馆"馆刊》复刊 11（1991）。

12.《第六届亚洲族谱学术研讨会纪略》《"国史馆"馆刊》复刊 11（1991）。

《北京满学学术讨论会祝辞》,《北京国际满学研讨会论文集》（北京：民族出版社，1992），第 411—413 页。

13.《在第二届国际满学研讨会开幕式上的致辞》,《第二届国际满学研讨会论文集（上）》（北京：民族出版社，1999），第 24—26 页。

14.《怀念的金俊烨总长》,《韩国学报》23（2012.6），第 19—20 页。

九、英文论文

1. A Study of the Succession to the Throne in Ching Dynasty. (*The Third Biennial conference of the International association of Historians of Asia .Hongkong, 1964*)。

2. On the Future of Oriental Cultures. (*The 7th Joint Meeting of Harvard-Yenching Visiting Scholars. Association of China, Japan & Korea .Tokyo, 1968*)。

3. The Sinificatino of Manchu Names,《中国历史学会史学集刊》1（1969.3）：1-20。

4. The Value of the ' ' Early Manchu Archives (*The Third East Asian Altaistic Conference , Proc.Taipei, 1969.*)。

5. Notes on the Manchu Edition of Ch ' ' ing Emperors ' ' Pan-chi（本纪）(*The Fourth East Asian Altaistic Conference, proc . Taipei, 1971.*)。

6. Introduction to the Manchu Text Version of the Ching EmperorsChi-chu-chu（Notes on the Emperors Daily Activities）（起居注）(*Central Asiatic Journal, v.17 n.2-4, West Germany, 1973*)。

7. New Trend of Manchu Studies. (*The 9th Joint Meeting of Harvard-Yenching Visiting Scholars Association of China. Japan & Korea , Proc. Taipei. 1973*)。

8. Bridging － East and West：Dr. Sun Yat-sens Three Principles of the People, (*The 10th Joint Meeting of Harvard-Yenching visiting Scholars Association of China, Japan & Korea, Proc. Tokyo, 1974*)。

9. Emotional Insights into the Personality of a Manchu Emperor － based on the

Yung-cheng Emperors Vermillon Endorsements.（ *Prepared for the 18th Meeting of the Permanent lnternational Altaistic conference, Indiana, USA, 1975* ）。

10. The Decline of Manchu Language in China During the Ching Period. （ *Zentral-Asiatische Studies, Bonn, Germany, 1975* ）。

11. The Newly - found Manchu Archival Material and the Study of lnner Asian History.（ *Proc., of the 7th Conft .of the lnternational Asso. of Historians of Asia, Tailand, 1978* ）。

12. The Newly-Found Manchu Archival Material and The Study of Inner Asian History, *Chinese Culture Quarterly*（1978.6）：33-46。

13. Manchu Collections of East and West.（ *proc, of the 12th Meeting of Haruard-Yenching. Taipei. 1978* ）。

14. Introductory Notes to the Manchu Memorials,《政治大学边政研究所年报》（1978.8）：29-46。

15. A Brief Comparison of Two Manchu Manuscripts of the Ch''ien-lung Pen-Chi（本纪）,《第五届东亚阿尔泰学会议纪录》,231—254 页, Taipei, 1980 ）。

16. The Origin and Value of the Man-Chou Shih-Lu Manchu VeritableRecords《清史档案研讨会论文集》, 页 42-65, 台北, 1981 ）。

17. A Study of the Manchu Posthumous Titles of the Ching Emperors, *Central Asiatic Journal*（ vol.26, no.3 pp.187-192, West Germany 1982 ）。

18. On the Romanization System of Manchu Terms in Hummels Eminent Chinese of the Ching Period（《第二届东亚阿尔泰学会议纪录》页 237-244. Taipei 1983 ）。

19. The Manchu Emperor Kanghsi and Father Ripa（ *The 28th meeting of the PIAC, Italy 1985* ）。

20. Manchu Agriculture During the Period of Nurhaei and Hong Taiji（ *Altaistic Studies, pp.23-28, Stockhoim, Sweden 1985* ）。

21. A Study of Manchu Marriage Customs During the Ching Period（ *31 Permanent lnternational Altaistic Conference, Weimar 1986* ）。

22. A Brief Discussion of the Korean Yi Dynasty National Gazeteer（ *The 5th International Conference on Korean Studies, Seoul 1986* ）。

23. Notes on Manchu Text Version of Ching Emperors Shih-lu Veritable Records, 《台湾大学历史学系学报》7（1980.12）：349-366。

24. A Critique of Hummel's Eminent Chinese of the Ching Period,《台湾大学文史哲学报》（1981.12）：377-394。

25. The Present State of Korean Studies in the Republic of China,《韩国学报》（1988.1）：281-287。

26. A Study of the Transformation from T'u Ching to Fang Chih,《台湾大学历史学系学报》14（1988.7）：449-461。

27. An Examination of Manchu Sinification as Reflected in the Central Government of the Early Ch'ing Period,《台湾大学历史学系学报》16（1991.8）：245-256。

十、时论杂文

1.《先民开台的历史教训》（台湾《联合报》《联合副刊》，以下简称《联合报》1978.10.25）。

2.《身分证籍贯栏存废平议》（《联合报》1985.8.10）。

3.《台湾族谱、古契中所见先民开台的艰辛》（《联合报》1985.10.25）。

4.《祭祖杂谈》（《联合报》1986.2.4）。

5.《汉文化的海外流布与传承——简介"中国域外汉籍国际学术会议"》（《联合报》1986.9.29）。

6.《我从哪里来》（《联合报》1987.4.5）。

7.《落第未尝不是福》（《联合报》1987.8.8）。

8.《扬州的琼花》（《联合报》1991.5.28）。

9.《敬悼高阳先生》（《民生报》1992.6.7）。

10.《功利之外——长江三峡考察杂感》（《联合报》1993.4.22）。

11.《民意如流水》（《联合报》1993.5.12）。

12.《君子有党》（《联合报》1993.10.18）。

13.《破坏容易建设难》（《联合报》1974.1.6）。

14.《升官发财》（《联合报》1994.1.25）。

15.《两个嘴巴的㞒》（《联合报》1995.8.13）。

16.《细腰的联想》（《联合报》1995.8.13）。

17.《历史上的劝进》（《联合报》1995.8.21）。

18.《内禅妙处多》（《联合报》1995.8.30）。

19.《吃老公》（《联合报》1995.9.27）。

20.《象牙筷子能亡国》（《联合报》1995.10.20）。

21.《让他三尺又何妨》（《联合报》1995.11.17）。

22.《台湾——你的名字叫杀光？》（《联合报》1995.12.2）。

23.《墨与默》（《联合报》1996.2.6）。

24.《书有一卷传，亦抵公卿贵》（《联合报》1996.3.4）。

25.《水鸭啄鱼》（《联合报》1996.3.10）。

26.《荡兵之思》（《联合报》1996.3.12）。

27.《从独孤后想到政治人物的另一半》（《联合报》1996.3.27）。

28.《不过三石》（《联合报》1996.4.10）。

29.《书卷之光》（《联合报》1996.4.19）。

30《我的父亲》（《联合报》1996.10.21）。

31.《我的父亲》（《联合报》1996.10.22）。

32.《虱子与意怠鸟》（《联合报》1996.4.26）。

33.《第十一诫》（《联合报》1996.7.24）。

34.《天灾与贪案》（《联合报》1997.3.22）。

35.《功臣不可为》（《联合报》1998.12.8）。

36.《中国"雍正热"的联想》（加拿大温哥华《明报·五弦琴》，以下简称《明报》1999.3.23）。

37.《财神难为》（《明报》1999.3.30）。

38.《领袖当同孙仲谋》（《明报》1999.4.6）。

39.《元首与战争》（《明报》1999.4.12）。

40.《春秋之争》（《明报》1999.4.19）。

41.《流氓世界》（《明报》1999.4.27）。

42.《说谎亦须说得圆》（《明报》1999.5.4）。

43.《妈祖与政要》（《明报》1999.5.11）。

44.《孙悟空第二》（《明报》1999.5.18）。

45.《护夫与弃夫》（《明报》1999.6.1）。

46.《三思一言》（《明报》1999.6.8）。

47.《鸡婆》（《明报》1999.6.15）。

48.《但爱臧生能诈圣》（《明报》1999.6.22）。

49.《名园不见万灵愁》（《明报》1999.6.29）。

50.《我看〈台湾的主张〉》（《明报》1999.7.6）。

51.《雍正继承传说质疑》(《明报》1999.7.13)。

52.《黄袍加身》(《明报》1999.7.20)。

53.《我看〈康熙微服私访〉》(《明报》1999.7.13)。

54.《碎玉的教训》(《明报》1999.8.3)。

55.《梦话》(《明报》1999.8.10)。

56.《雍正的浪费与私房钱》(《明报》1999.8.17)。

57.《为巴尔干祈祷》(《明报》1999.8.24)。

58.《高官无祖国》(《明报》1999.8.31)。

59.《官不聊生》(《明报》1999.9.7)。

60.《雍正要杀欧阳修？》(《明报》1999.9.14)。

61.《台湾有和？》(《明报》1999.9.21)。

62.《迷信的雍正皇帝》(《明报》1999.9.28)。

63.《中国印象》：修路 (《明报》1999.10.5)。

64.《郑天挺先生》(《明报》1999.10.2)。

65.《也谈乌思道》(《明报》1999.10.19)。

66.《危机与转机》(《明报》1999.10.26)。

67.《骂人》(《明报》1999.11.2)。

68.《勤民方不愧为君》(《明报》1999.11.9)。

69.《"杀光岛"？》(《明报》1999.12.7)。

70.《看华语电视新闻》(《明报》1999.12.14)。

71.《千禧新愿》(《明报》2000.1.4)。

72.《上书房与南书房》(《明报》2000.1.11)。

73.《谈雍正用人》(《明报》2000.1.18)。

74.《福建蛇民》(《明报》2000.1.25)。

75.《清帝年终赐福字》(《明报》2000.2.1)。

76.《金钱万能》(《明报》2000.2.8)。

77.《乌沙帽》(《明报》2000.2.22)。

78.《我看"母语教学"》(《明报》2000.2.29)。

79.《姑妄听之》(《明报》2000.3.7)。

80.《浮阳之奂》(《明报》2000.3.14)。

81.《安知非福》(《明报》2000.3.28)。

82.《"台湾钱淹脚目"》(《明报》2000.4.4)。

83.《照吃照喝》(《明报》2000.4.11)。

84.《矛盾新语》(《明报》2000.4.18)。

85.《台湾打油诗》(《明报》2000.4.25)。

86.《官瘾》(加拿大温哥华《星岛日报·枫趣/枫采》,以下简称《星岛》2000.6.3)。

87.《又见杨花入污泥》(《星岛》2000.6.10)。

88.《赏牡丹记》(《星岛》2000.6.17)。

89.《"知止常上、终身不耻"》(《星岛》2000.6.24)。

90.《说"唐飞"》(《星岛》2000.7.1)。

91.《富贵人之所欲也》(《星岛》2000.7.8)。

92.《义和团又来了?》(《星岛》2000.7.15)。

93.《审时度势易成功》(《星岛》2000.7.22)。

94.《"母鸡打鸣.家有不宁"》(《星岛》2000.7.29)。

95.《风水轮流转》(《星岛》2000.8.5)。

96.《浩劫百年的省思》(《星岛》2000.8.12)。

97.《小心灭顶》(《星岛》2000.8.19)。

98.《"山庄咫尺间,真作万里观"》(《星岛》2000.8.26)。

99.《参观书展杂感》(《星岛》2000.9.2)。

100.《从民谣民谚看台风》(《星岛》2000.9.9)。

101.《"行走"官员》(《星岛》2000.9.16)。

102.《寄生草》(《星岛》2000.9.23)。

103.《〈海上沤鸟〉》(《星岛》2000.9.30)。

104.《唐代福建开发的启示》(《星岛》2000.10.7)。

105.《漓江月下过中秋》(《星岛》2000.10.14)。

106.《政坛如戏台》(《星岛》2000.10.21)。

107.《处变不惊》(《星岛》2000.10.28)。

108.《兄弟同心,其力断金》(《星岛》2000.11.4)。

109.《台湾花鼓》(《星岛》2000.11.11)。

110.《桂林古王城》(《星岛》2000.11.18)。

111.《内讧导致败亡》(《星岛》2000.11.25)。

112.《寝薪未燃》(《星岛》2000.12.2)。

113.《胶柱鼓瑟》(《星岛》2000.12.9)。

114.《访大理"紫禁城"》(《星岛》2000.12.16)。

115.《粉身碎骨》(《星岛》2000.12.23)。

116.《龙虫兼雕话康熙》(《联合报》2000.12.21)。

117.《兴奋忧虑新世纪》(《星岛》2000.12.30)。

118.《岁暮飨宴》(《星岛》2001.1.6)。

119.《日本帝国臣民》(《星岛》2001.1.13)。

120.《好勇斗狠》(《星岛》2001.1.20)。

121.《龙与蛇》(《星岛》2001.1.27)。

122.《无赖》(《星岛》2001.2.3)。

123.《"奢侈之费，甚于天灾"》(《星岛》2001.2.10)。

124.《"张皇帝"》(《星岛》2001.2.17)。

125.《诗中有史》(《星岛》2001.2.24)。

126.《又见房奴共舞》(《星岛》2001.3.3)。

127.《同种相残也策勋》(《星岛》2001.3.10)。

128.《桥边犹有未烧书》(《星岛》2001.3.17)。

129.《梅香拜把子——都是奴才》(《星岛》2001.3.24)。

130.《猪八戒照镜子》(《星岛》2001.3.31)。

131.《一娘生九子》(《星岛》2001.4.7)。

132.《岂不可耻》(《星岛》2001.4.14)。

133.《贪污》(《星岛》2001.4.21)。

134.《得民》(《星岛》2001.4.28)。

135.《最后的郑成功》(《联合报》2001.4.29)。

136.《最后的郑成功》(《联合报》2001.4.30)。

137.《最后的郑成功——清郑之战争与议和》(《联合报》2001.5.1)。

138.《大理四景》(《星岛》2001.5.5)。

139.《点苍山石画》(《星岛》2001.5.12)。

140.《港大明清史研讨会》(《星岛》2001.5.19)。

141.《小树与老树》(《星岛》2001.5.26)。

142.《"五不"与"三留"》(《星岛》2001.6.2)。

143.《又见卜筮》(《星岛》2001.6.9)。

144.《救赎靠自身》(《星岛》2001.6.16)。

145.《一人得道，鸡犬升天》(《星岛》2001.6.23)。

146.《东施效颦》(《星岛》2001.6.30)。

147.《康熙写真》(《星岛》2001.7.7)。

148.《军民老少共长生》(《星岛》2001.7.14)。

149.《实录》(《星岛》2001.7.21)。

150.《没字碑》(《星岛》2001.7.28)。

151.《艺术家与政客》(《星岛》2001.8.4)。

152.《防灾胜救灾》(《星岛》2001.8.11)。

153.《九头鸟》(《星岛》2001.8.18)。

154.《"爸"气十足》(《星岛》2001.8.25)。

155.《青史字不泯》(《星岛》2001.9.1)。

156.《今之直躬》(《星岛》2001.9.8)。

157.《买鞋的寓言》(《星岛》2001.9.15)。

158.《从台湾内斗看历史巧合》(《星岛》2001.9.22)。

159.《从台湾灾异看历史巧合》(《星岛》2001.9.29)。

160.《从台湾经济看历史巧合》(《星岛》2001.10.6)。

161.《从台人叛逃看历史巧合》(《星岛》2001.10.13)。

162.《有尾者斩》(《星岛》2001.10.20)。

163.《"春秋"责帅》(《星岛》2001.10.27)。

164.《错估与无能》(《星岛》2001.11.3)。

165.《请多写优质的书》(《星岛》2001.11.10)。

166.《下诏罪己》(《星岛》2001.11.17)。

167.《寻根》(《星岛》2001.11.24)。

168.《晏子的三殃》(《星岛》2001.12.1)。

169.《政治人寻根》(《星岛》2001.12.8)。

170.《见金不见人》(《星岛》2001.12.15)。

171.《骗子不朽》(《星岛》2001.12.22)。

172.《小巫见大巫》(《星岛》2001.12.29)。

173.《报应观念》(《星岛》2002.1.5)。

174.《登徒子》(《星岛》2002.1.12)。

175.《台湾"油条歌"》(《星岛》2002.1.19)。

176.《太上皇》(《星岛》2002.1.26)。

177.《中华文化在日韩》(《星岛》2003.11.12)。

178.《儒学在日本的兴衰》(《星岛》2003.11.19)。

179.《日本人中国观的改变》(《星岛》2003.11.26)。

180.《请妈祖、收大租》(《联合报》2004.12.14)。